복음서의 여자들

복음서에 명시된 여자들에 관한 연구

(주)죠이북스는 그리스도를 대신한 사신으로
문서를 통한 지상 명령 성취와 하나님 나라 확장을 위해 노력합니다.

Gospel Women: Studies of the Named Women in the Gospels
by Richard Bauckham

ⓒ 2002 by Wm. B. Eerdmans Publishing Co.
Originally published in English as *Gospel Women: Studies of the Named Women in the Gospels*
by Wm. B. Eerdmans Publishing Co.,Grand Rapids, Michigan, U.S.A.

This Korean translation edition ⓒ 2025 by JOY BOOKS Co. Ltd., Seoul, Republic of Korea.
This Korean edition is published by arrangement of Wm. B. Eerdmans Publishing Co. through rMaeng2, Seoul, Republic of Korea.
All rights reserved.

이 한국어판의 저작권은 알맹2를 통하여 Wm. B. Eerdmans Publishing Co.와 독점 계약한 (주)죠이북스에 있습니다. 신 저작권법에 의하여 한국 내에서 보호받는 저작물이므로 무단 전재와 무단 복제를 금합니다.

복음서의 여자들

복음서에 명시된 여자들에 관한 연구

리처드 보컴 지음

박규태 옮김

죠이북스

옮긴이 일러두기

1. 저자가 인용한 성경 본문은 저자가 전개하는 논리의 전제이니만큼 이미 나와 있는 한국어판 성경의 본문을 그대로 싣지 않고 저자가 제시한 본문을 직접 번역하여 실었습니다.
2. 저자가 인용한 근대와 현대 학자들은 페이지 하단에 따로 모아(●표) 소개했습니다.

자신을 마르다 같은 이라고 말하던
내 어머니 스테파니아 릴리언 보컴(본래 성은 웰스였습니다, 1911-1998)에게
이 책을 바칩니다.

차례

일러두기   10
들어가는 글   11

1장   **여성 중심 성경 읽기의 열쇠, 룻기**   **30**

1. 룻기에서 울려 퍼지는 여성의 목소리   30
2. 여자와 남자의 시각   38
3. 여성의 힘과 남성의 권위   42
4. 계보의 문제   45
5. 여성 중심 본문이 정경에서 하는 역할   49

2장   **메시아의 이방인 여자 조상들**   **56**

1. 왜 이 여자들이 여기에 있는가   56
2. 다말의 조상   74
3. 라합의 혼인   83
4. 가나안 족속 여자들   94

3장   **누가복음 1장의 엘리사벳과 마리아**   **103**
        _상호본문성 원리를 따라 여성 중심 본문 읽기

1. 누가복음 1장 5-80절: 여성 중심 본문   103
2. 하나님의 이스라엘 구원을 대행하는 마리아   114
3. 마리아의 낮은 지위   136

| 4장 | 아셀 지파의 안나 | 149 |

  1. 들어가는 글　149
  2. 아셀 지파는 어디 있었는가　151
  3. 예루살렘과 메디아 디아스포라　165
  4. 안나와 바누엘, 그리고 토비트서　172
  5. 복음서와 역사 속의 안나　181
  추가 주 A. 에스라4서 13장에서 포로로 잡혀갔다고
  　　　　　 일러 주는 북쪽 지파들　185
  추가 주 B. 토비트서가 기록된 곳　190

| 5장 | 사도 요안나 | 197 |

  1. 예수와 그 제자들과 동행하다　198
  2. 재산 소유자였던 유대인 여자들　216
  3. 헤롯의 '청지기'의 아내　237
  4. 나바테아 사람 구사의 아내　261
  5. 후원자인가, 종인가　279
  6. 유니아로도 알려져 있는 요안나　286
  7. 사도 같은 증인 요안나　319
  8. 역사 속 요안나 – 스케치　333
  9. 요안나와 동행하는 독자들　340

| 6장 | 글로바의 마리아 | 347 |

  1. 글로바의 마리아는 누구였는가　348
  2. 글로바의 마리아가 팔레스타인에 있는 교회의 선교에서
  　 한 역할　362
  추가 주. 요한복음 19장 25-27절에 나오는 전승　370

| 7장 | 두 살로메와 마가비밀복음 | **379** |

1. 예수의 누이 살로메   381
2. 예수의 제자 살로메   393
3. 마가비밀복음   413
부록. 예수의 제자 살로메를 언급하는 정경 밖의
　　　몇몇 텍스트   424

| 8장 | 여자들과 부활 | **428** |
_그들이 들려준 이야기의 신빙성

1. 들어가는 글   428
2. 복음서 부활 내러티브의 형성   435
3. 여자들의 신빙성   444
4. 마태복음의 여자들   457
5. 누가복음의 여자들   460
6. 요한복음의 여자들   466
7. 마가복음의 여자들   471
8. 초기 교회에서 권위 있는 증인이던 여자들   485
9. 케리그마 요약에 등장하는 여자들   500

고대 인명과 지명 찾아보기   510
근현대 저자 찾아보기   524
고대 문헌 찾아보기   534

Gospel Women
: Studies of the Named Women in the Gospels

일러두기

· 1장은 "The Book of Ruth and the Possibility of a Feminist Canonical Hermeneutic," *Biblical Interpretation* 5 (1997) 29-45쪽을 개정한 것이다.

· 2장 일부는 "Tamar's Ancestry and Rahab's Marriage: Two Problems in the Matthean Genealogy," *Novum Testamentum* 37 (1995) 313-329쪽으로 출간되었다.

· 4장은 "Anna of the Tribe of Asher (Luke 2:36-38)," *Revue biblique* 104 (1997) 161-191쪽의 확장판이다.

· 6장은 "Mary of Clopas (John 19:25)," in G. J. Brooke, ed., *Women in the Biblical Tradition* (Lewiston, N. Y.: Edwin Mellen, 1992), 231-255쪽을 조금 개정한 것이다.

· 7장은 "Salome the Sister of Jesus, Salome the Disciple of Jesus, and the Secret Gospel of Mark," *Novum Testamentum* 33 (1991), 245-275쪽을 개정한 것이다.

· 3장과 5장, 8장은 전에 출간된 적이 없다. (8장의 짧은 버전을 2001년에 열린 런던 바이블 칼리지 랭 강연에서 발표했었다.)

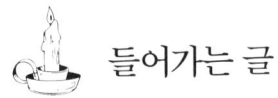 들어가는 글

성경의 여자들과 남자들을 그저 어떤 고정된 문맥 속에 자리한 본문에 고정되어 있는 대상으로만 보기보다 상상력을 동원하여 그 여자들과 남자들이 가진 시각을 채택하면 다른 세상이 열리고 다른 가능성들이 나타난다.[1]

이 책은 그저 복음서의 여자들을 다룬 또 다른 책이 아니다. 물론 이 책은 특히 엘리자베스 쉬슬러 피오렌자(Elisabeth Schüssler Fiorenza)•가 엄청난 영향을 끼친 선구작 「그*를 기억하며: 기독교의 기원들에 대한 페미니스트 신학적 재구성」(*In Memory of Her: A Feminist Theological Reconstruction of Christian Origins*, 1983)[2]을 내놓은 뒤로 20년 넘는 세월이 흐르는 동안 거대한 파도와 같은 관심이 이 주제에 밀어닥친 상황을 반영하고 있다. 잇달아 등장한 이 주제의 연구서들은 역사 속 예수의 사역이나 복음서 전반

---

1 E. Schüssler Fiorenza, *Jesus and the Politics of Interpretation* (New York: Continuum, 2000), 36.
• 엘리자베스 쉬슬러 피오렌자(Elisabeth Schüssler Fiorenza, 1938-). 루마니아계 독일인 페미니즘 신학자이며 현재는 미국에서 활동 중이다. 성경 본문을 자유를 얻기 위한 여성의 투쟁이라는 관점에서 새롭게 해석해 보려고 시도했다.
2 E. Schüssler Fiorenza, *In Memory of Her: A Feminist Theological Reconstruction of Christian Origins* (New YorK: Crossroad, London: SCM, 1983)(「그*를 기억하며: 기독교의 기원들에 대한 페미니스트 신학적 재구성」, 감은사 역간).

에 등장하는 여자들을 연구한 반면,[3] 또 다른 이들은 정경의 네 복음서 중 하나 혹은 두어 책을 골라 이 주제를 연구했다.[4] 내가 이 책에서 제시하는 연구 결과가 속한 학문 영역을 표시하는 데 중요하게 기여한 또 다른 책들은 근래에 제2성전기 말 유대 팔레스타인의 삶과 문헌 속에 등장하는 여자들을 연구한 결과인데,[5] 그중에서도 특히 이스라엘 학자인 탈 일

---

[3] E. Moltmann-Wendel, *The Woman Around Jesus* (tr. J. Bowden; New York: Crossroad; London: SCM, 1982); B. Witherington III, *Women in the Ministry of Jesus* (SNTSMS 51; Cambridge: Cambridge University Press, 1984); S. Heine, *Women and Early Christianity: Are the Feminist Scholars Right?* (tr. J. Bowden; Minneapolis: Augsburg; London: SCM, 1987); J. A. Grassi, *The Hidden Heroes of the Gospels* (Collegeville, Minn.: Liturgical, 1989); L. Schottroff, *Let the Oppressed Go Free: Feminist Perspectives on the New Testament* (Louisville: Westminster/ John Knox, 1991); K. E. Corley, *Private Women, Public Meals: Social Conflict in the Synoptic Tradition* (Peabody, Mass.: Hendrickson, 1993); C. Ricci, *Mary Magdalene and Many Others* (tr. P. Burns; Minneapolis: Fortress, 1994); E. Schüssler Fiorenza, *Jesus: Miriam's Child, Sophia's Prophet* (New York: Continuum; London: SCM, 1994); L. Schottroff, *Lydia's Impatient Sisters: A Feminist Social History of Early Christianity* (tr. B. and M. Rumscheidt; Louisville: Westminster John Knox; London: SCM, 1995); H. M. Keller, *Jesus und die Frauen: Eine Verhältnisverstimmung nach dem synoptischen Evangelien* (Freiburg: Herder, 1997); I. R. Kitzberger, ed., *Transformative Encounters: Jesus and Women Re-viewed* (BibIntSer 43; Leiden: Brill, 2000). 아울러 복음서에 있는 여자들을 다룬 논문이 상당히 많은 여러 논문집을 참고하라. G. J. Brooke, ed., *Women in the Biblical Tradition* (Studies in Women and Religion 31; Lewiston, N.Y.: Mellen, 1992); R. S. Kraemer and M. R. D'Angelo, eds., *Women and Christian Origins* (New York: Oxford University Press, 1999).

[4] 마태복음: E. M. Wainwright, *Towards a Feminist Critical Reading of the Gospel of Matthew* (BZNW 60; Berlin/New York: de Gruyter, 1991); E. M. Wainwright, *Shall We Look for Another? A Feminist Rereading of the Matthean Jesus* (Maryknoll, N.Y.: Orbis, 1998).
마가복음: H. Kinukawa, *Women and Jesus in Mark: A Japanese Feminist Perspective* (Maryknoll, N.Y.: Orbis, 1994).
누가복음 또는 누가복음-사도행전: T. K. Seim, *The Double Message: Patterns of Gender in Luke-Acts* (Nashville: Abingdon; Edinburgh: T. & T. Clark, 1994); B. E. Reid, *Choosing the Better Part? Women in the Gospel of Luke* (Collegeville, Minn.: Liturgical, 1996); J. M. Arlandson, *Women, Class, and Society in Early Christianity: Models from Luke-Acts* (Peabody, Mass.: Hendrickson, 1997).
요한복음: M. Scott, *Sophia and the Johannine Jesus* (JSNTSup 71; Sheffield: Sheffield Academic Press, 1992); R. G. Maccini, *Her Testimony Is True: Women as Witnesses according to John* (JSNTSup 125; Sheffield: Sheffield Academic Press, 1996); A. Fehribach, *The Women in the Life of the Bridegroom: A Feminist Historical-Literary Analysis of the Female Characters in the Fourth Gospel* (Collegeville, Minn: Liturgical, 1998).

[5] L. J. Archer, *Her Price Is Beyond Rubies: The Jewish Woman in Graeco-Roman Palestine* (JSOTSup 60; Sheffield: Sheffield Academic Press, 1990); A.-J. Levine, ed., *"Women Like This": New Perspectives on Jewish Women in Greco-Roman World* (SBLEJIL 01; Atlanta: Scholars Press, 1991); C. A. Brown, *No Longer Be Silent: First Century Jewish Portraits of Biblical Women*

란(Tal Ilan)*의 연구⁶가 두드러진다. 물론 이 문단의 여러 주에서 열거한 책 외에도 학술지에 실린 많은 논문, 그리고 여러 사람이 이 주제를 놓고 쓴 책에 실린 많은 논문이 있으며, 그 가운데 몇몇은 이 책 전체의 여러 각주에 등장한다. 아울러 신약 성경이 기록된 직후 시대를 포함하여 바울계 교회(Pauline churches)와 초기 교회 전체에서 활동한 여자들을 다룬 연구도 많다. 복음서의 여자들을 다룬 연구 결과를 그런 연구와 떼어 놓는 것은 억지일 것이며 도움이 되지 않을 것이다. 히브리 성경/구약 성경 분야에서 페미니스트 학자들이 내놓은 방대한 연구 문헌도 복음서와 관련이 있어 중요한데도 그 중요성만큼 인정받지 못할 때가 빈번하다.⁷ 나는 이런 연구 결과 중 가장 훌륭한 몇 작품에서 내가 신약 학계의 페미니스트 학자들에게서 배울 수 없던 것들을 배웠다.

이런 문헌은 방법론상 아주 다양한 접근법을 사용한다. 이런 문헌의 저자들은 거의 모두 자신과 자신의 접근법을 페미니스트라는 주제로 규정하면서도 그 주제를 조금씩 다르게 이해하려 한다. 그럼에도 전체를 통틀어 살펴보면, 이런 연구 결과의 총체는 믿음이 갈 만큼 상당한 성취다. 나는 이런 성취에 많은 신세를 졌으며, 여기에서도 대부분의 연구 결과를 학계의 후속 연구가 토대로 삼을 수 있는 성취로 받아들인다(물론 나는 여러 구체적 문제에서 이 학자들 가운데 많은 이와 의견을 달리하며, 때로는 이런 학자들

(Louisville: Westminster/John Knox, 1992).

• 탈 일란(Tal Ilan, 1956-). 이스라엘의 역사가다. 유대교 내부 여성의 역사를 깊이 연구했다.

6　T. Ilan, *Jewish Women in Greco-Roman Palestine* (TSAJ 44; Tübingen: Mohr [Siebeck], 1995; Peabody, Mass.: Hendrickson, 1996); idem, *Mine and Yours Are Hers: Retrieving Women's History from Rabbinic Literature* (AGAJU 41; Leiden: Brill, 1997).

7　다른 책도 많지만 그 가운데에서도 아탈랴 브레너(Athalya Brenner, 1943- . 네덜란드계 이스라엘인 성경 학자다. 페미니즘을 토대로 성경을 연구하는 데 주력해 왔다_ 옮긴이)가 편집하고 열 권으로 구성된 *Feminist Companion to the Bible* (첫 번째 시리즈; Sheffield: Sheffield Academic Press, 1993-1996; 열 권 모두 히브리 성경/구약 성경을 다루지만, 마지막 권은 신약 성경에 등장하는 히브리 성경 본문을 다룬다)이 주목할 만하다. 두 번째 시리즈가 근래에 출간되기 시작했다(2023년 현재, 9권까지 출간되었다_ 옮긴이).

이 서로 아주 광범위한 논쟁을 벌이며 다투듯이, 나도 그들과 논쟁한다). 가장 중요한 점(차이)이 있다면, 이 학자들은 단지 여러 세대에 걸쳐 남성 학자들이 (친절하게 표현하자면) 도통 흥미를 느끼지 않던 본문들이나 그런 남성 학자들이 고생하며 연구할 만큼 중요한 의미가 있다고 생각하지 않던 본문들의 증거에 주목하여 사람들이 복음서의 여자들을 볼 수 있게 만들었다는 점이다. 예를 들어, 많은 학자가 한때는 부활 내러티브에서 여자 제자들이 한 핵심 역할을 변증 목적의 전설을 담은 것이라 여겨 아주 오만하게 무시하고 이를 통해 기독교의 기원을 그야말로 학자답게 설명하여 그런 여자 제자들의 역할을 철저히 간과한 점은 주목할 만하다.[8] 이런 의미에서 보면 근현대에 역사 비평을 따른 연구는 과거 여러 세기 동안 남성 중심이면서도 (경멸조의 상투적인 표현을 사용한다면) 비평 이전(precritical) 해석이 이루어 내지 못한 일을 성취했다. 즉 역사 비평을 따른 연구는 복음서의 예수 이야기가 들려주는 구원 사건들(예수의 성육신과 십자가, 그리고 부활)에서 복음서의 여자들이 두드러진 위치를 차지한다는 것을 인정하지 않은 것이다. 페미니즘에 기초한 비평이 등장한 뒤, 사람들은 그런 움직임을 더 이상 순수한 객관적 역사 판단으로 여길 수 없게 되었다. 그렇지만 페미니즘을 지지하는 많은 비평가도 복음서가 제시하는 역사 전반의 신뢰성에 적잖이 회의적이다(이것이 그 비평가들이 보여 주는 독특한 점이다). 역사 사실이든 아니든, 여자들이 예수의 출생과 수난, 부활 내러티브에서 두드러지게 나타나며, 우리로 하여금 이런 점이 중요하고 흥미롭다는 것을 깨닫게 해준 것이야말로 페미니스트 학자들이 우리 모두에게 행한 최소한의 기여다.

페미니스트 학자들은 여자들에 관하여 본문 안에 실제로 존재하는 것에 주목하게 만들면서 우리가 이런 증거에 주목하지 못하게 막던 남성 중

---

[8] 방법만 달리한 채 이런 설명을 여전히 계속하는 이가 J. D. Crossan, *The Historical Jesus: The Life of a Mediterranean Jewish Peasant* (San Francisco: HarperSanFrancisco; Edinburgh: T. & T. Clark, 1991)(「역사적 예수」, 한국기독교연구소 역간)다.

심의 편견을 폭로했지만, 동시에 그들은 본문에 존재하지 않은 것에도 주목하게 만들었다. 우리가 일단 복음서의 여자들에게 주목하면, 그들이 본문에 등장하는 것보다 중요한 인물이었는지 의문이 들기 시작한다. 다시 말해 이런 의문이 들기 시작하는 것이다. 남성인 복음서 기자들 또는 이 복음서 기자들보다 앞서 존재한 남성 구전 전달자들의 남성 중심 시각이 복음서의 여자들을 변두리로 밀어내고 복음서에 나오는 여자들과 같은 다른 이들을 복음서 이야기에서 모조리 빼 버린 것일까? 전통적으로 여자들에게 특히 호감을 갖고 있다고 여겨져 온 누가가 그의 복음서에서 여자들을 다른 복음서보다는 크게 제시하긴 하지만, 그런 것조차도 여자들을 그들의 자리에 붙박아 두는 대가에 지나지 않은 것이었을까? 이런 질문들은 중요하긴 하지만, **지금** 본문에 **있는** 것을 되도록 진지하게 주목하고 살펴봐야 비로소 대답할 수 있다. 이 책에 들어 있는 논문들에서 내가 무엇보다 **지금** 본문에 **있는** 것을 가능한 한 진지하게 주목하고 살펴보는 데 심혈을 기울인 것도 바로 그 때문이다. 우리가 본문에서 빠졌을 법한 것에 의문을 갖기 전에 먼저 해야 할 일은 본문 자체를 지금 있는 그대로 읽되, 우리가 지닌 가설과 편견을 우리 스스로 비판하며 깨어 있는 자세로 읽는 것이다. 역사 면에서 설득력이 있거나 개연성이 있는 많은 판단 뒤에는 가부장제에 바탕을 둔 역사 기록 전통에서 유래한 가설이나 (더 근래에는) 사회 인류학에서 말하는 남성 중심 전통에서 유래한 가설이 자리하고 있다. 그리고 때로는 가장 '급진적'이라 할 페미니즘 진영의 비평도 바로 그런 가설에 사로잡힌 채, 모든 복음서 본문이 구제불능일 정도로 여자들을 억압하고 있음을 폭로하는 일에 열심을 내는 데만 급급하다. 그래서 본문을 새롭게 살펴보면 본문이 일러 주었을 의미를 간과하지 못하는 잘못을 저지르기도 한다. 역사적 타당성이나 개연성이라는 판단 기준은 편견을 갖게 할 정도로 몹시 취약하기 때문에 그런 기준 대신 무엇이 **가능한가**를 찾아봐야 한다는 쉬슬러 피오렌자의 주장에는 생각해 볼 만한 점이 많다.[9] 역사는 성경-기독교 전통(biblical-Christian tradition)에서 늘 새로운 가능성을 지닌 영역이며, 해석학은 본문이 갖고 있는 여러 가능성을 오늘날의 새로운 삶에 적용할 수 있는 가능성으로 발견하는 것이다.

여자들이 예수 운동과 사회에서 한 역할을 살펴볼 때는 두 종류의 가능성이 있으며, 그 두 가능성을 모두 알고 있는 것이 유익하다. 하나는 여자들이 사회에서 용인하는 그들의 역할 밖으로 나가야 했거나 아니면 (내가 예수 운동에 관하여 말할 때 더 즐겨 말하는 것처럼) 여자와 남자가 함께 사회가 용인하는 그들의 역할 밖으로 나가야 했을 가능성이다. 다른 하나는 여자들이(아니면 이 경우에도 여자와 남자가 함께) 사회가 용인하는 그들의 삶의 틀 안에서 새로운 가능성을 발견해야 했을 가능성이다. 나는 두 가능성 모두 복음서 안에서 현실로 이루어졌음을 볼 수 있다고 판단하지만, 그래도 우리는 그 두 가능성을 조심스럽게 구분해야 하며 이 가능성을 뒷받침하는 증거를 저 가능성을 뒷받침하는 증거로 사용하지 않도록 조심해야 한다. 아울러 우리는 모든 증거를 모아 어느 한 가능성을 뒷받침하는 증거로 내세우길 고집하는 일도 하지 말아야 한다. 내가 보기에는 여기서 발생하는 혼란(증거를 세심하게 구분하여 사용하지 못함에 따른 혼란_ 옮긴이)도 복음서에 여자들의 역할이 묘사된 것과 관련하여 더 급진적 시각과 더 보수적 시각이 서로 다른 해석을 내놓게 만든 원인이 아닌가 싶다. 아울러 복음서에 관한 인식에는 페미니스트 해석자들이 복음서에서 여자들을 볼 수 있다는 것에 보인 관심이 우리 가운데 불러일으킨 분명한 측면이 하나 있는데, 이 측면 자체는 앞서 말한 두 가지 새로운 가능성 중 어느 것과도 관련이 없지만 그럼에도 중요한 의미를 지닌다. 고대의 많은 내러티브는 남성 중심 시각을 드러내면서 남자가 가장 중요하게 여겨지고 그들이 관심을 보이는

---

9 Schüssler Fiorenza, *Jesus and the Politics*, 52-53.

삶의 측면들에 초점을 맞췄지만, 이런 남성 중심 시각과 반대로, 방금 말한 측면은 여성 중심 시각이 여자들의 세계를 순전히 있는 그대로 우리에게 활짝 열어 보이는 방식을 다룬다. 어떤 페미니스트 비평가들은 신약 성경보다는 히브리 성경과 관련하여 그런 점에 주의를 기울인 반면, 또 다른 페미니스트 비평가들은 가부장 구조를 노골적으로 비판하지 않는 내러티브도 여성 중심일 수 있음을 서서히 깨달았다. 우리는 어떤 본문이 여자에 관한 남성의 견해를 제시하는지, 아니면 정말로(즉 정말로 그 시대와 장소를 적절히 고찰한 결과) 여자의 시각을 제시하는지 더 정확하게 식별하여 판단하는 법을 배워야 한다.

초기 기독교 문헌에 관하여 일부 페미니스트 학자가 펼치는 비평 작업에서 나타나는 강한 흐름에 내가 동의하지 않는 한 가지 지점은 페미니스트가 의심의 해석학을 과도하게, 그리고 하나의 도그마처럼 사용하는 것으로 보이는 점이다. 의심의 해석학을 적절히 사용하면 남자와 여자가 한 사회 안에서 서로 다른 위치에 있었으며, 이런 사회에서는 공중 가운데서 권위를 행사한 이들이 거의 다 남자였음을 틀림없이 인식하게 될 것이다. 우리는 본문이나 개념이 이바지할 수 있는 관심사가 누구의 관심사인지에 주의를 기울여야 하며, 본문이 남자의 시각에서 제시하는 세계가 여자의 시각(여자의 시각으로 본 세계)과 아주 달라 보였을 수도 있음을 인식해야 한다. 본문은 이념상 중립적이지 않다. (물론 이런 고찰은 사회에서 만들어 내는 젠더의 차이에만 국한해서는 안 되고, 힘의 위계 구조 안에 존재하는 사회적, 경제적 위치까지 확장해야 한다.) 그러나 페미니스트가 주장하는 의심의 해석학이 본문 읽기(해석)를 통제하는 유일한 원리가 되면 한 가지 문제가 등장한다. 결국 해석의 결과가 이미 방법론의 출발점과 접근법에 따라 결정되는 것이다. 본문이 가부장제의 여성 억압을 지지하는 것으로 읽힐 수밖에 없는 것이다. 말하자면, 본문을 유죄임이 증명될 때까지 무죄라고 추정하는 것이 아니라, 공정한 청문 기회가 주어지지 않았어도 유죄라고 추정하는 것이다. 가부장제나 고대 가부장제 사회 같은 진부한 표현이 본문에 꼼꼼히 주의를 집중하는 끈질긴 해석을 대신한다. 우리 해석이 고집불통의 편견에 사로잡히지 않으려면, 본문과 본문에 나오는 인물, 그리고 본문이 묘사하는 상황의 특수성에 주목해야 하며, 그런 것이 우리에게 드러내는 놀라운 것들에 열린 자세를 가져야 한다. 여기서 내가 자칫 오해를 받을지도 모르겠으나, 그래도 나는 '한 쟁점에만 매달리는 주해'(one-issue exegesis)에도 문제가 있지 않나 하는 생각을 해 본다. 즉 본문을 주해하는 이가 오로지 가부장제의 여성 억압이라는 쟁점에만 관심을 갖고 그 쟁점만을 본문 주해에 들여와서, 결국 페미니스트가 주장하는 의심의 해석학을 유일한 주해 도구로 채용하지 않나 하는 생각을 하는 것이다. 본문을 주해하는 이가 정말 그 본문이 이야기하는 모든 것에 관심을 기울이지 않으면, 그리고 본문에 다가갈 때 본문을 어떤 이데올로기를 증명할 근거로 활용하려는 목적이 아니라 본문 자체가 말하는 것을 명명백백히 활짝 드러낼 목적으로 고안된, 역사학 방법과 문학 방법이라는 형태로 활용할 수 있는 풍성한 해석 자원을 사용하여 다가가지 않으면, 본문에 열린 자세로 공정하게 귀를 기울이기가 힘들다. 페미니스트가 내거는 의심의 해석학을 좁은 시각으로 사용하는 것은 마치 케케묵은 교리 중심의 신학 해석 형태, 그러니까 모든 본문에서 발견해야 할 것을 미리 알고 본문 주해는 그저 이미 결정된 교의의 설명을 따라 제시하는 또 다른 설명에 지나지 않은 해석 형태와 아주 비슷하다. 앞 문장에서 쓴 "좁은 시각으로"(blinkered)라는 말은 내가 지금 말하는 것이 우리가 본문에 다가갈 때면 해석의 시각과 관심사, 그리고 해석 틀이 없이 그냥 본문에 다가가야 한다(또는 다가갈 수 있다)는 것이 아님을 분명히 일러 준다. 내 말은 다만 이런 것들(곧 해석의 시각과 관심사, 해석 틀)이 본문이 말하는 것에 적합해야 하며, 그 나름의 특별한 완전성(integrity)을 지닌 본문에 끈질기게 주목하는 일을 방해하기보다는 촉진해야 한다는 뜻이다.

지난 20년 동안 복음서의 여자들을 다룬 연구가 거둔 주요 업적에 관한 내 설명을 요약하면서, 반(反)유대교라는 쟁점을 언급하지 않을 수 없다. 그것은 특히 이 책에 실린 논문들이 이런 식으로든 저런 식으로든 복음서와 그 안에 등장하는 여자들을 철저히 유대라는 맥락에 놓고 살펴보기 때문이다. 비록 유대 팔레스타인이 지중해 세계 전반에 널리 퍼져 있던 문화에 참여하긴 했지만, 그래도 내가 보기에 이 본문들이 가지는 특별함의 본질은 이 본문들에서 배어 나오는 유대 고유의 색채(Jewishness)다. 우리가 유대의 종교 전통과 문화 전통을 헬레니즘화(그리스화, hellenization)나 지중해 세계의 인간론에 비춰 읽든 아니면 이 둘을 모두 고려하며 읽든, 유대의 그런 종교 전통과 문화 전통은 독특한 특징이 강하며, 복음서를 해석하거나 기독교의 기원을 연구할 때는 반드시 그런 특징들을 받아들이고 고려해야 한다. 지금은 사람들이 잘 인식하고 있지만, 복음서의 여자들을 다룬 초기의 학술서 가운데 몇몇은 복음서가 갖고 있는 유대라는 맥락의 중요성을 잘 알면서도 신약 학계에서 여전히 통설로 군림하던 모델에 굴복했다. 즉 당시에 통설이던 모델은 예수와 그의 운동을 오로지 그 시대 유대교와 대립하는 모습으로 묘사했으며, 그 결과, 학자들은 예수와 그의 운동에서 훌륭하다 싶은 점을 발견하면 그것이 무엇이든, 유대교 안에서 그것과 반대되는 어두운 배경과 대조하였다. 어떤 이는 때로 예수를 따르던 여자들이 아마도 현대 기준에 비춰 볼 때 부러운 지위에 있지 않았겠지만, 아주 끔찍하던 당시 유대인 여자의 처지와 비교하면 예수 운동에 합류한 여자들의 지위가 놀라워 보인다는 인상을 받을 수도 있을 것 같다. 나는 근래에 복음서의 여자들을 다룬 작품은 기독교나 페미니즘의 반유대교 사상이 가지는 위험을 잘 인식하고 그런 위험을 대부분 피했다고 판단한다. 유대인 여성 학자들이 그런 반유대교 사상에 대항하는 일에서 중요한 역할을 했다. 물론, 우리는 여자들이 예수 운동에서 한 역할이나 차지한 지위가 팔레스타인의 유대인 사회 전체에서 대세를 이루던 여자들의 역할이나 지위와 다르지 않았을 수도 있다는 것을 어떤 선험적 원리로 대신할 수는 없다. 내가 볼 때 이데올로기를 앞세워 유대 역사를 악용하는 것을 가장 효과 있게 방어할 수 있는 것은 그와는 다른 원리다. 즉 학자들은 우리가 기독교 쪽에 있는 이런 종류의 텍스트와 증거에 관심을 기울이는 것만큼이나 유대교 쪽의 텍스트와 증거에도 관심을 기울여야 한다는 원리가 바로 그것이다. 제2성전기 유대교 문헌은 (시락처럼) 우리가 여성 혐오자라고 부를 수밖에 없는 이들이 쓴 텍스트(시락이 쓴 문헌이 집회서다_옮긴이)는 물론이고, "페미니스트"라 부르고 싶은 마음이 들 뿐 아니라 시대착오(anachronism)라는 문제만 없으면 십중팔구는 그렇게 불렸을 이들이 쓴 텍스트(위(僞) 필론이 쓴 「성경 고대사」[Biblical Antiquities]가 그 예인데, 이는 창조부터 사울 때까지 성경의 역사를 다시 들려주는 문헌으로 주후 1세기 후반에 팔레스타인에서 기록된 작품이다)를 포함한다. 다시 말하지만 이런 일을 하려면, 그 시대의 텍스트가 모두 가부장제에 매여 있다는 선입견을 갖지 말고 텍스트의 특수성에 주목해야 하며(설령 어떤 텍스트가 다른 텍스트보다 미묘하게 가부장제에 매여 있는 모습을 보인다 할지라도 그리해야 한다), 그런 선입견을 갖게 만든 관심사가 페미니즘이든, 남성 중심주의든 상관없이 각 텍스트의 특수성에 관심을 기울여야 한다.

나는 이 책이 복음서의 여자들을 다룬 또 하나의 책이 아니라는 주장을 뒷받침할 정당한 근거를 내놓지 않았지만, 근래에 복음서의 여자들을 다룬 연구가 이룩한 업적들을 충분히 이야기하는 것으로 내가 그런 연구를 결코 경시하지 않는다는 점만은 분명히 밝혔다. 그러나 나는 여태까지 학자들이 취해 온 여러 접근법을 따르면 앞으로 더 나아갈 여지가 많지 않을 수도 있다고 느꼈고, 이미 잘 밟고 다져 온 땅을 다시 걸어가고 싶지는 않았다. 따라서 이 책은 예수를 에워싼 여자들을 일반론 차원에서 다룬 연구도, 어느 한 복음서에 등장하는 여자들을 편집이나 문학의 관점에서 연구한 책도 아니다. 나는 오직 복음서에 등장하는 특별한 사람이나 본문만 다루었으며, 그들(그것들)에 관하여 정말 새롭게 말해야 할 것만을 썼다. 나는 그들(그것들)을 두루 훑어 보거나 종합하는 대신, 잇달아 깊이 파고들며 조사했다. 물론, 다른 연구자들은 복음서에 등장하는 여자 개개인을 연구했다. 이 책에 실린 연구 결과는 대부분 그런 이들이 여태까지 연구한 적 없는 여자들이나 그저 아주 짧게 연구하고 넘어간 여자들을 다룬 것이다. 나는 독자들이 이 여자 중 몇몇에 관하여 우리가 알 수 있는 것이 얼마나 많은지를 발견하고 깜짝 놀라기를 바란다. 나는 우선 이런 여자 한 사람 한 사람을 무언가의 대표자(초기 그리스도인 공동체 안에서 여자가 한 역할이나 복음서 저자의 여성관 전반을 대표하는 이)로 주목하지 않고 개인으로 주목했다(그런 여자 개개인에게 주목할 때, 나는 역사 속에 등장하는 인물이든 복음서에 등장하는 인물이든 상관하지 않았지만, 내가 주목한 여자는 양쪽에 모두 속하는 경우가 잦았으며, 때로는 복음서에만 등장하는 인물인 경우도 있었다). 따라서 나는 이런 여자들과 관련하여 '페미니스트'가 던지는 질문도 제기했지만, 무슨 질문이든 흥미로운 대답이 나올 것 같은 질문도 제기했다. 내게는 이런 일들이 심장을 뛰게 하는 발견의 여정이었다. 그 과정에서 나는 나 자신이 앞서 공식처럼 정립한 것을 새롭게 깨달았다. 즉 복음서는 주로 예수 이야기지만(예수의 전기이며, 여기서 전기는 고대의 전기 장르를 의미한다), 동시에 바로 예수 이야기가 가지는 본질 때문에 예수를 만나고 따른 많은 개인에 관한 이야기이기도 하다는 것을 깨달았다. 현대의 '역사 속 예수' 연구와 관련 문헌은 대부분 예수 이야기를 제외한 다른 이야기를 복음서의 인물을 다루는 마당에서 밀어내 버리지만(이렇게 하다 보니, 예수의 여자 제자들은 여전히 들어설 자리가 거의 없다), 그렇게 다른 이야기를 밖으로 밀어내야 예수 이야기를 제대로 다룰 수 있는 것은 아니다. 일부러 의식하고 그런 것은 아니었지만, 나는 이제 와서야 이 책에 '여자에 대한 예수의 태도'를 다룬 내용이 없음을 깨닫는다. 그런 내용이 빠진 것은 내가 그런 문제가 중요하지 않다고 여겼거나 그런 문제에 흥미가 없었기 때문이 아니라, 내가 여자들과 예수의 관계, 그리고 예수 이야기에 등장하는 사건들에서 여자들 쪽에 초점을 맞추었기 때문이다.

방법론의 관점에서 보면, 이 책에 있는 논문들은 다양하고 독특하며 절충적이다. 나는 복음서의 성격, 그리고 복음서에 적절히 제기할 수 있는 질문 범위를 고려할 때, 폭넓은 해석 방법을 활용하는 것이 적절하다고 생각한다. 역사 중심 접근법과 문학적 접근법은 분명 서로 배척하지 않으며, 실제로 둘 다 서로 다른 접근법을 참고하지 않으면 앞으로 나아가지 못하는 것이 보통이다. 나는 특히 이 책 4장과 5장, 8장에서 이 두 접근법을 서로 긴밀하게 연결하여 펼쳐 보여서 본문의 세계와 본문이 역사와 관련지어 언급하는 세계를 밝히 설명하려 했다. 무슨 일이 일어났는가, 본문은 일어난 일을 어떤 문학적 버전으로 어떻게 구성하고 있는가, 그리고 본문은 우리더러 그 내러티브를 어떻게 읽으라고 권하는가가 모두 중요한 문제다. 두 번째 문제와 세 번째 문제에 주목하지 않으면 첫 번째 문제에 접근하는 것도 분명 불가능하다. 어떤 독자들은 이 책에 실린 논문들에서는 현재 복음서 해석을 지배하는 한 모델, 즉 복음서를 각 복음서 기자가 속한 그리스도인 공동체의 특수한 필요와 상황에 부응하여 가공하고 만들어 낸 산물로 보는 모델을 도통 찾아볼 수 없다는 점에 놀랄지도 모르겠다. 나는 다른 곳에서 복음서는 어느 특정 그리스도인 공동체에 보내는 글로 쓴 것이 아니며 그런 공동체에 관하여 우리가 알 수 있는 것이 거의 없음을, 도리어 복음서는 모든 기독 교회에 몸담고 있는 폭넓은 청중을 상대로 쓴 것으로, 교회들이 당연히 돌려가며 읽을 것을 예상하고 쓴 것임을 논증했다.[10]

나는 내가 이 책의 논문들에서 사용한 방법들이 엄격한 역사학 방법론을 따르고 있으며(그렇다고 복음서가 서술하는 역사에 회의적이라는 의미는 결

---

10   R. Bauckham, ed., *The Gospels for All Christians: Rethinking the Gospel Audiences* (Grand Rapids: Eerdmans; Edinburgh: T. & T. Clark, 1998).

코 아니다) 문학적 상상력을 활용한 것이라 생각하고 싶다(아니면 문학 차원에서는 엄격하고, 역사 차원에서는 상상력을 활용한 방법이라 말하는 것이 적절할 수도 있겠다). 좋은 역사 기록은 상상력을 적절하게 그리고 능숙한 솜씨로 활용하게 마련임을 기억하는 것이 중요하기 때문이다. 역사에 관한 한, 나는 상세하고 심지어 꼼꼼하기까지 한 역사 탐구가 엄청나게 많은 열매를 맺었음을 발견한다. 이제는 그렇게 고생하며 역사 탐구에 매달리는 신약 학자가 많지 않다. 나는 오랫동안 고대 자료와 증거를 진정 깊이 파고드는 대신 2차 문헌을 참고하는 것에 단호히 반대해 왔다. 아울러 나는 역사를 알지도 못하면서 역사를 도그마처럼 만들어 그것으로 어떤 신학 연구든 **역사 중심 연구**(historical)라 주장하는 연구라면 마땅히 해야 하는(그러나 나는 신약 연구라면 모름지기 이런 종류의 연구**여야 한다**고 말하는 것은 아니다) 신선한 발견들을 대신하는 것에도 단호히 반대해 왔다. 일부 사람들이 상상하는 것처럼, 신약 성경을 역사의 관점에서(historically) 이해하는 것과 관련된 모든 것이 여러 참고 문헌이나 오래된 주석에서 발견되었고 또 발견할 수 있다고 생각하는 것은 옳지 않다. 예를 들면, 빈 무덤 이야기들과 관련하여 설명을 제시해 준다고 판명된 위 필론 본문들(이 책 8장 §3)은 빈 무덤 문제와 관련하여 한 번도 고찰 대상이 되지 않은 반면, 누가복음을 주석한 어느 누구도 빈 무덤을 목격한 여자가 아셀 지파 사람이었음을 일러 주는 역사 증거는 전혀 몰랐던 것 같다(이 책 4장). 더욱이, 계속하여 신선하게 활용할 수 있게 된 고대 세계의 자료들(자원들)이 존재한다. 그 좋은 예가 유대인 여자들의 재산 소유권에 관하여 한참 전부터 활용할 수 있게 된 새 증거이지만(이 책 5장 §2), 누가복음 8장 2, 3절에 관한 어떤 토론에서도 여태까지 그 증거를 어렴풋이나마 암시하거나 그 증거에 관한 희미한 지식조차 등장하지 않았다. 내가 보기에 이 책에 실린 몇몇 논문에서 복음서의 여자들에 관한 우리의 이해를 정말로 진전시킨 것으로 보였던 정성스러운 역사 연구 작업에서 그들에 관한 연구가 혜택을 받은 적은 드물었다. 더욱이, 이런 맥락에서 우리가 관심을 가지는 영역에 관하여 다시금 꼭 강조해 둘 것이 있다. 이 논문들이 제시하는 역사 연구 결과는 고대 세계와 제2성전기 유대교 세계에서 살았던 여자들의 삶에 관한 질문만 다루지는 않았다(이제는 그 세계와 관련된 모든 증거를 아주 꼼꼼히 다룬 훌륭한 역사 연구 결과가 존재한다). 그 질문도 반드시 필요하지만, 그래도 특별한 여자 개개인을 다뤄야 할 때는 우리 관심 영역을 확장하여 어느 방향으로든 그런 여자들을 다루었다(예를 들면 4장에서 북쪽 지파들의 메디아 디아스포라를 다룬 것이나 5장에서 헤롯 안티파스의 궁정을 다룬 것이 그 예다). 이는 이런 여자들과 그들의 이야기가 그들의 전형성이나 대표성 때문이 아니라 그들의 특수성 때문에 주목할 가치가 있다는 사실을 존중한 것이다.

이 책에 실린 논문들에서는 아주 빈번히 활용한 역사 연구 자원이지만 신약 연구에서 대체로 무시해 온 것이 이름 연구(고유 명사 연구, onomastics)다. 우리가 마주하는 고대 증거는 그 본질상 이름에서 상당한 증거를 확보할 수 있고, 계속하여 그런 증거가 늘고 있다. 우리는 아주 많은 고대 사람의 이름을 알고 있지만, 이름 말고는 그 사람들에 관하여 아는 것이 많지 않다. 꼼꼼히 활용하기만 하면, 이름이라는 증거는 많은 정보를 일러 줄 수 있다.

문학적 방법의 경우, 이 책에 실린 몇몇 논문에서는 특히 두 방법이 가치 있다는 것이 증명되었다. 하나는 상호본문성(intertextuality, 이 책 3장에서는 아주 유연한 이 개념을 내가 어떻게 이해하는지 설명했다)이며, 다른 하나는 내러티브에서 남성 중심 시각과 여성 중심 시각의 구분인데, 나는 특히 이런 구분을 히브리 성경/구약 성경 연구에 적용한 페미니스트 학자들에게 신세를 졌다. 이 책 1장은 그런 시각 구분을 설명한다. 동시에 어떤 의미에서 보면 그런 시각 부분이 이 책 1장을 설명해 주기도 한다. 1장은 룻기를 다룬 논문이다. 그 때문에 복음서의 여자들을 다룬 연구를 수록한 책에 룻기를 다룬 논문을 실은 것은 변칙처럼 보일지도 모르겠다(그러나 사실 룻 자신이 복음서에 등장한다. 마태복음 1장 5절을 보라). 이 책의 몇몇 장은 1장보다 앞서 쓴 것이다. 그럴지라도 그 몇몇 장 역시, 적어도 문학의 관점에서 보면, 나에게 복음서의 모든 부분이 남성 중심은 아니라는 인식을 심어 줌과 동시에 남성 중심 시각과 여성 중심 시각의 구분을 복음서 내러티브에 적용할 수 있는 여러 가능성을 열어 준 1장을 토대로 삼아 연구한 것이다. 복음서는 많은 독자에게 복음서에 등장하는 여성 인물들의 시각을 공유하도록 권유할 목적으로 기록되었다. 복음서를 읽을 때 남성 중심 시각과 여성 중심 시각의 구분과 서사학(narratology)에서 말하는 시각 개념을 접목하면(이를 종종 '초점화'[focalization]라 부른다) 내가 이 책에서 비로소 탐구하기 시작한 많은 시사점을 간파할 수 있다. 그러나 룻기를 다룬 논문은, 비록 관련 이유에서이긴 하지만 그래도 또 다른 논문을 이끌 만한 위치에 있다. 많은 페미니스트 성경 비평가와 달리, 나는 정경을 절망스러운 가부장제로 뒤덮인 구조물로 여기지 않는다. 성경 본문을 지배하고 있는 남성 중심 시각이 초래한 결과는 진짜 여성 중심 시각을 담고 있는 본문이 존재한다는 인식으로 상쇄될 수 있다. 물론 그런 여성 중심 시각을 드러내는 본문이 남성 중심 시각을 드러내는 본문보다 적긴 하지만, 그래도 정경에서 다른 본문의 남성 중심성을 비판적 시각으로 상쇄하는 기능을 할 수 있다. 실제로 그런 본문은 자칫 남성 중심 본문으로 읽을 수도 있는 본문을 여성 중심으로 읽어 내는 해석에 정당성을 부여해 줄 수도 있다. 나는 이 책 5장 끝부분에서 남성 중심 시각으로 기록된 본문들을 여성 중심 시각으로 읽어 내는 것에 정당성을 부여해 주는 본문이 존재한다는 이런 관념을 어떻게 누가복음에 적용할 수 있는지 제시했다. 여성 중심 읽기가 그 정당성을 인정받아야 한다는 생각에, 그것도 특히 남성 저자에게 정당성을 인정받아야 한다는 생각에 반발하는 페미니스트가 많을 것이다. 그러나 이런 생각은 그 본문 전체의 핵심 취지에 부합하는 여성 중심 읽기가 존재할 수 있음을 제시하는 것이다. 물론 그런 읽기가 그 본문에서 남성 중심 색채를

드러내는 부분들에 반할 수는 있지만, 그래도 분명 그 본문 전체의 핵심 취지에 부합하는 여성 중심 읽기는 존재할 수 있다. 일단 여성 중심 읽기가 남성 중심 시각에 종속되지 않고 나름의 자리를 잡게 되면, 당연히 여성 중심 읽기와 남성 중심 읽기는 (페미니스트는 '보완'이라는 말도 불명예스럽게 여기겠지만) 서로 보완하는 관계가 된다. 그러나 남성 중심 시각을 담은 본문을 공감하며 읽는 것이 여자들에게 억압으로 다가오지 않을 때가 분명 올 것이다. 그럴 때까지는 당분간, 성경에 들어 있는 여성 중심 내러티브가 모든 독자에게 열어 주는 새로운 읽기(해석) 가능성을 발견하는 것이 여자는 물론이고 남자에게도 해방을 가져다준다.

마지막으로, 이 책에 실린 모든 논문이 **성경에 이름이 나와 있는** 여자들을 다룬다는 사실을 설명해야겠다. 정경의 네 복음서가 이름을 밝힌 여자는 열다섯 명이다. 그 가운데에 세 명은 히브리 성경/구약 성경에 등장하는 여자들로 마태가 제시한 예수의 계보에 포함되어 있다. 즉, 다말과 라합, 룻(마 1:3, 5)이다. 한 명은 헤롯의 아내(본래 헤롯 동생 빌립의 아내) 헤로디아다(마 14:3, 6; 막 6:17, 19, 22[11]; 눅 3:19). 세례 요한의 어머니 엘리사벳과 선지자 안나가 누가복음의 첫 두 장에 등장하며, 예수의 어머니 마리아도 함께 등장한다. 마리아는 공관복음서의 다른 곳에서도 이름이 언급되지만, 요한복음에서는 그 이름이 나타나지 않는다. 이름이 나와 있는 나머지 여덟 여자는 예수의 제자다. 요안나, 베다니에 살던 마리아와 마르다 자매, 막달라 마리아, 야고보와 요세의 어머니 마리아, 글로바의 아내 마리아, 살로메, 그리고 수산나다. 이 모든 여자에게 주목함이 마땅하나 이 책에 실린 연구에서는 그리하지 못했다. 그래도 최소한 그 이름만큼은 언급했다. 예수의 제자였던 여자 가운데 가장 주목한 이가 요안나, 글로바

---

11 마가복음 6장 22절을 담고 있는 일부 필사본에 따르면, 여기서 언급하는 이는 또 다른 헤로디아, 곧 헤로디아와 헤롯 안티파스의 딸이다.

의 아내 마리아, 살로메, 그리고 예수의 빈 무덤을 발견한 이들로서 한 무리로 보이는 여자들이다(이 여자 가운데에는 막달라 마리아, 야고보와 요세의 어머니 마리아, 살로메, 그리고 요안나가 들어 있다). 베다니의 마리아와 마르다 자매는 거의 논하지 않았고, 예수의 어머니 마리아는 누가복음 1장에 등장할 때만 논했다. 이렇게 논의를 생략한 이유는 내가 실질상 새로이 기여할 만한 본문과 사람을 다룬 논문만 썼기 때문이다. 사실, 이 책에서 다루는 대상을 **성경에 이름이 나와 있는** 여자로 제한한 것은 우연도 한몫했다. 나는 본래 수로보니게(또는 가나안) 여자(2장에서 중요한 인물로 등장한다), 그리고 출혈(hemorrhage)로 고생하다 치유받은 여자를 다룬 논문을 이 책에 포함시키려 했다. 그러나 성경에 이름이 나와 있는 여자들에 관하여 내가 이미 쓴 것과 쓰고자 한 것만으로도 책 한 권을 충분히 채울 수 있기 때문에, 성경에 이름이 나와 있는 여자들로 제한하는 것이 이 책에 어떤 일관성을 부여해 준다는 것이 분명해졌다(물론 복음서에 이름이 나오지 않는 여자들도 복음서 안의 남자들처럼 연구할 가치가 있다. 그런 여자들 가운데에는 내가 여기서 연구한 여자 가운데 몇몇 사람만큼이나 상당히 무시받아 온 이가 많다).

복음서가 이름을 밝힌 여자들이 아주 적은 것은 단순히 전승이나 복음서 기자들의 남성 중심 태도에서 비롯된 결과만은 아니지만, 그래도 그런 남성 중심 태도를 가벼이 볼 수는 없다. 그 여자가 누구인지 밝힐 때 이름이 아니라 남성 친족을 언급하면서 밝힌 여자가 몇 사람 있는 것도 놀랍다(야이로의 딸, 베드로의 장모, 세베대의 아들들의 어머니, 빌라도의 아내). 그 시대의 일반 관습을 고려할 때, 그런 경우가 더 많았으리라고 예상해 볼 수 있다. 아울러 복음 내러티브에서 많은 남자가 익명으로 등장하는 것도 사실이다. 치유 이야기에 나오는 여자는 누구도 이름을 밝혀 놓지 않았지만(그러나 누가복음 8장 2, 3절은 치유받은 세 여자의 이름을 제시한다), 남자의 경우를 봐도 남자와 관련된 치유 이야기가 여자와 관련된 치유 이야기보다 훨씬 많지만, 치유 이야기에서 이름을 밝혀 놓은 남자는 둘 뿐이다(바디매오, 나사로). 복음 전승이 이름을 그대로 유지한 경우는 보통 (헤롯 같은 공적 인물의 경우를 제외하면) 초기 그리스도인 공동체 안에서 유명한 인물일 때뿐인 것으로 보인다. 그렇게 볼 경우, 아홉 여자(성경에 이름이 나와 있는 여덟 제자와 예수의 어머니 마리아)와 스물네 남자가 그런 예에 해당할 것이다. 이를 바울이 로마서 16장 3-15절에서 이름을 부르며 인사를 전하는 로마의 그리스도인 가운데 여자가 아홉이고 남자가 열여섯이라는 사실과 비교해 볼 수도 있을 것이다. 우리는 이런 숫자를 보면서 초기 그리스도인 공동체에서 지도자 역할을 한 남자와 여자가 그런 비율이었으리라고 대략 생각해 보아도 될 것 같다.

Gospel Women
: Studies of the Named Women in the Gospels

# 1장
여성 중심 성경 읽기의 열쇠, 룻기

룻이 한 남자와 함께 타작마당에 누웠으니,

이는 당신 때문이라. 룻의 사랑은 대담했으니,

이는 당신 때문이라.[1]

1. 룻기에서 울려 퍼지는 여성의 목소리

안드레 브링크(André Brink)•의 소설 「역병의 벽」(*The Wall of the Plague*)은 일인칭으로 쓴 작품이다. 이 작품을 쓴 소설가는 아프리카너(Afrikaner, 남아프리카로 이주한 네덜란드인의 후예로 아프리칸스어를 쓰는 이들_ 옮긴이)인 남성인데, 내러티브에 나오는 '나'는 남아프리카의 '유색인'(혼혈) 여성이다. 여성의 독특한 물리적 체험을 생생히 설명한 내용은 여성 등장인물의 시각을 철두철미하게 받아들인 것에 강한 힘을 실어 준다. 그러나 이 소설은

---

1 Ephrem, "Hymns on the Nativity: Hymn 9," in *Ephrem the Syrian: Hymns* (tr. K. E. McVey; Classics of Western Spirituality; New York: Paulist, 1989) 127.

• 안드레 브링크(André Philippus Brink, 1935-2015). 남아프리카의 소설가이자 시인이다. 영어와 아프리칸스어로 작품을 썼다.

짧은 결말 부분에 이르면 목소리가 바뀐다. 이 여자의 연인인 남아프리카 백인 남자가 이 작품의 마지막 두 페이지에서 그 여자가 아닌 그가 이 이야기를 썼음을 밝히면서, 이를 "당신이라는 존재로 산다는 것이 어떤 것인지 상상해 보려는" 시도라 말한다. 그는 독자가 방금 전에 다 읽은 내러티브를 쓰는 일에 다가가면서, 실패를 두려워한다. "내가 어떻게 당신이 내 갈비뼈에서 만들어졌다고 상상할 수 있겠어? 감히 어떻게 그런 상상을 하겠어? …… 당신을 제대로 다루려면 본질적 불의가 필요해. 그것이 내 딜레마의 핵심이야. 나는 당신일 수 없어. 그러나 내가 나 자신이 되려면 당신이라는 존재로 산다는 것이 무엇인지 상상해야만 해."[2] 진짜 저자는 허구 저자의 두 차원이라는 독창적 도구를 사용하여 자신이 이 여자로 존재하며 살아간다는 것이 어떤 것인지 상상해 보려 한 시도에서 그 자신을 멀찌감치 떼어 놓는다. 결국 그것은 혼혈 여성으로 존재하며 산다는 것이 무엇인지 상상해 보려는 백인 남성의 시도**일 뿐**이다. 그러나 독자는 이 모든 것을 내내 간파했다. 마지막 계시(책 마지막 부분에서 밝힌 내용)는 독자에게 어떤 기능을 할까? 그것은 저자가 완전히 성공을 거두지 못했다는 독자의 비판을 선수 쳐 피해 보려는 저자의 시도일까? 더 진지하게 말하면, 그 마지막 계시가 한 일은 소설이 만들어 낸 상상의 세계 속에서 여성의 목소리 뒤에 한 남성 저자가 숨어 있음을 간파한 독자들의 인식을 인정한 것이다. 소설이 마지막 한 페이지를 남겨 두고 있을 때까지도 이런 인식은 그저 텍스트 밖에 머물러 있었다. 소설이 독자가 거주하는 나름의 세계를 창조하는 데 성공할수록, 그 세계는 독자가 그 소설의 저자에 관하여 알고 있는 것에서 점점 독립된 곳이 된다. 그러나 이 소설의 경우, 특히 저자와 소설의 등장인물이 모두 남아프리카 국적임을 고려할 때, 독자 대부분에게는 백인 남성인 저자와 유색인(혼혈) 여성 내레이터의 대비가 매우 강렬하

---

2   A. Brink, *The Wall of the Plague* (New York: Summit, 1984; London: Fontana, 1985) 445.

다 보니, 결국 이런 대비가 그들이 이 소설을 읽는 데도 좋지 않은 영향을 끼치게 된다. 독자가 저자와 내레이터의 대비를 덜 인식할 정도로 양자의 대비가 더 약하다면, 마지막 계시는 그때까지 독자가 갖고 있던 텍스트 밖의 지식에 거의 영향을 받지 않던 착각을 뒤집어엎었을지도 모른다. 그러나 마지막 계시는 말 그대로 이런 텍스트 밖의 지식을 소설의 세계 안으로 끌어들이며, 그들이 결코 피할 수 없던 텍스트 밖의 지식과 텍스트 내부 세계 사이의 긴장을 텍스트 내부의 현실로 만들어 버린다.

룻기는 일인칭 내러티브가 아니라, 두 주인공인 나오미와 룻이라는 여성의 시각을 주로 채택한다. 두 주인공 가운데 한 명은 이스라엘 사람이고, 다른 한 명은 모압 사람이다. 룻기의 제목이 들어 있는 페이지에는 저자 이름이 없다. 따라서 우리는 무턱대고 그 저자가 여성 혹은 남성, 모압 사람 아니면 이스라엘 사람이라고 생각해서는 안 된다. 나는 모든 독자가 룻기 저자를 당연히 이스라엘 사람으로 생각하리라고 추측하지만, 독자의 의식 속에서는 모압 사람이라는 등장인물과 이스라엘 사람이라는 **청중**의 대비가 모압 사람이라는 등장인물과 이스라엘 사람이라는 저자의 대비보다 크게 다가왔으리라고 생각한다. (이렇게 된 데에는 일단 룻이 나오미를 평생 섬기기로 하고 모압을 떠난 이상 그가 모압 출신이라는 것이 이 이야기에서 더는 아무런 역할을 하지 못하게 된 것도 한몫했을 수 있다. 그러나 이 내러티브가 룻의 시각을 받아들일 때 모압 사람의 시각도 설득력 있게 받아들이고 있는가라는 문제를 충실히 이해할 수 있는 문화 도구가 우리에게 없다는 것도 사실이다.) 반면, 남성 저자가 룻기를 썼으리라는 가설은 주로 역사학자들이 전통 대대로 아무런 의문 없이 주장해 왔는데,[3] 이런 주장은 근래에 들어와 룻기가 "여성의 텍스

---

3 하지만 E. F. Campbell, *Ruth* (AB; Garden City, N.Y.: Doubleday, 1975), 22-23은 페미니스트의 관심사를 전혀 인식하지 못하고 있음을 보여 주는 한 주석에서 룻기 저자가 여성일 가능성을 진지하게 고려했다.

트"⁴이거나 "여자들의 문화에서 태어난 집단 창작물"⁵이거나 "여자들의 문화와 관심사를 표현한 작품"⁶임을 강하게 일러 주는 증거를 발견한 연구 결과의 도전을 받았다. 하지만 이런 도전은 저자가 여자임을 증명하는 것이 주된 목적이 아니다. 실제로 여자가 저자일 가능성도 있긴 하지만, 룻기라는 텍스트가 진실로 여자들의 체험을 반영하고 여자의 시각을 설득력 있게 채택한 증거가 있기 때문에 이 룻기를 '여성의 텍스트'나 '여자들의 문학'으로 정의해야 한다 할지라도, 그런 증거가 여성이 곧 룻기의 저자임을 실제로 증명해 주지는 않는다. 사람들이 보통 표현하지는 않지만 고대 이스라엘 여자들은 문학 작품을 짓지 않았다는 전통적 가설을 그대로 받아들여야 할 이유는 전혀 없으며, 굳이 그런 가설을 받아들여야 할 이유가 있다면 남성 중심의 편견밖에 없다. 마찬가지로, 브링크 같은 현대의 남성 소설가가 보여 준 것처럼 고대 이스라엘의 남성 저자가 여자의 시각을 받아들일 수 있는 상상력을 갖고 있지 않았다고 생각할 이유도 없다.[7] 룻기의 진짜 저자가 남성인지, 여성인지 우리는 알 수 없다.[8] 근래 일부 여성 비평가[9]가 채택한 여성 저자 가설은 텍스트 외부의 지식과 텍스트 내부의 지

---

4   A. Brenner, "Introduction," in A. Brenner, ed., *A Feminist Companion to Ruth* (FCB 1/3; Sheffield: Sheffield Academic Press, 1993) 14; C. Meyers, "Returning Home: Ruth 1.8 and the Gendering of the Book of Ruth," in Brenner, ed., *Ruth*, 114.

5   F. van Dijk-Hemmes, "Ruth: A Product of Women's Culture?" in Brenner, ed., *Ruth*, 139.

6   A. Brenner, "Naomi and Ruth: Further Reflections," in Brenner, ed., *Ruth*, 143.

7   이를 훌륭하게 보여 주는 사례가 익명으로 출간되었고 그 시대 사람들이 보통 여성 저자가 썼으리라고 생각한 토머스 하디(Thomas Hardy)의 첫 두 소설이다. 이 점을 내게 일러 준 이는 전에 내 동료였던 피터 콕슨(Peter Coxon)이다.

8   고대 문헌의 저자가 여성인지 판단할 기준을 논한 글을 보려면, M. R. Lefkowitz, "Did Ancient Woman Write Novels?" 그리고 R. S. Kraemer, "Women's Authorship of Jewish and Christian Literature in the Greco-Roman Period," both in A.-J. Levine, ed., *"Women Like This": New Perspectives on Jewish Women in the Greco-Roman World* (SBLEJL 01; Atlanta: Scholars Press, 1991) 199-219, 221-242; M. T. DesCamp, "Why Are These Women Here? An Examination of the Sociological Setting of Pseudo-Philo Through Comparative Reading," *JSP* 16 (1997) 53-80을 보라.

9   주목할 만한 글이 A. J. Bledstein, "Female Companionships: If the Book of Ruth were Written

식 사이에 존재하는 것과 같은 긴장, 곧 브링크의 소설을 읽은 이들이 체험하는 긴장, 그리고 룻기를 읽는 이들도 남성이 룻기를 썼다는 전통적 가설을 받아들임과 동시에 텍스트 안에 존재하는 젠더 쟁점과 시각에 주의를 기울일 때 체험할 수 있는 긴장을 몰아내려고 만든 것이다. 하지만 우리에게는 저자를 알려 주는 텍스트 외부의 증거가 없기 때문에, 이런 종류의 긴장을 하지 않아도 된다. 이 경우에 우리는 룻기의 진짜 저자를 역사상 가능성 있는 여러 불확실한 영역에 놓아 두어도 안심할 수 있다. 내가 보기에 근래 페미니스트 학자들이 룻기에 관하여 펼치는 논의들은 룻기라는 텍스트가 그 독자들에게 이야기하는 **목소리**가 여성의 **목소리**임을 보여 주는 것 같다.[10] 독자는 고대 이스라엘 사회를 바라보는 고대 이스라엘 여자의 시각[11]을 제공받고 그 시각 속으로 이끌려 들어간다. 텍스트 안의 모든 것은 이런 시각과 일치한다.[12]

즉 마지막 몇 구절에 이르기까지 그렇다. 계보를 보면(4:18-22), 한 남성의 목소리가 베레스에서 시작하여 다윗 왕의 부계 혈통을 낭송하면서 보아스에게 계보에서 일곱 번째로 등장하는 이름이라는 영광스러운 자리를 부여한다. 이 계보에서 열 번째 대에 다윗이 있다. 보통 이스라엘의 계보 기록 방식을 보면, 여자는 남계(男系) 혈통을 보여 주려는 계보의 목적과 무관하다 여겨 배제했다. 여기서 들려오는 목소리는 남성의 목소리가 틀림없지만, 전승으로 내려온 계보를 모아 편찬한 이들의 집단 음성으로 이

---

by a Woman …," in Brenner, ed., *Ruth*, 116-133이다.

10 Van Dijk-Hemmes, "Ruth," 136은 "텍스트 안에서 말하는 목소리를 F(여성/여성 중심의) 목소리로 인식한다"고 말하길 선호한다. 이런 개념에 관하여 더 자세히 알아보려면, A. Brenner and F. van Dijk-Hemmes, *On Gendering Texts: Female and Male Voices in the Hebrew Bible* (BibIntSer 1; Leiden: Brill, 1993)을 보라. Meyers, "Returning Home," 89는 "어쩌면 주어진 본문 저자의 젠더 정체성보다 주어진 본문이 표방하는 젠더 시각에 초점을 맞추는 것이 더 나을지도 모른다"라고 말한다.

11 물론 젠더라는 것이 문화에 따라 달라질 수 있음을 인식하는 것이 중요하다.

12 특히 Meyers, "Returning Home"; van Dijk-Hemmes, "Ruth"; Brenner, "Naomi and Ruth"을 보라.

해할 수도 있을 것 같다. 그런 집단 음성에서 하나를 뽑아낸 것으로 이해할 수도 있고, 어떤 이유로든 이 구절들을 본래 17절에서 끝난 작품에 덧붙인 편집자의 목소리로 이해할 수도 있으며, 아니면 결국 저자의 목소리로 이해할 수도 있을 것 같다. (모든 이가 그런 것은 아니지만)[13] 많은 페미니스트의 룻기 읽기(해석)는 은연중 이 계보가 후대에 덧붙인 부록이라는 비평 학자들의 전통적 판단에 의존하고, 계보는 다루지 않는다.[14] 이 페미니스트 해석자들은 베들레헴 여자들 이야기(4:14-17)를 룻기의 마지막 부분으로 여기면서, 룻의 아이 낳음을 바라보는 여자들의 시각을 강조하는 것으로 이 이야기를 끝맺는다. 보아스와 성문에 있는 사람들이 드러내는 남성의 시각은 엘리멜렉과 말론의 이름과 유업을 유지하고 보아스 자신의 혈통을 확보하는 데 관심이 있는데(4:9-12), 이런 남성의 시각은 여자들이 같은 사건을 두고 표현하는, 상당히 다른 시각으로 말미암아 상대화되어 버린다(절대성을 지닌 시각이 아니라 여성의 시각과 대립하는 남성의 시각쯤으로 바뀌어 버린다_ 옮긴이). 이리하여 여자들은 몇 구절 때문에 결국 남자들의 이야기가 될 뻔한 것을 룻의 이야기, 그리고 특히 나오미의 이야기로 회복시킨다. 그러나 이렇게 여자들의 시각이 최종 주도권을 쥐고 우위에 서서 룻기 전체의 의미와 여성 문학이라는 룻기의 특성을 확립하기 때문에, 결국 적어도 우리가 현재 갖고 있는 룻기의 최종 형태에서 룻기의 마지막 말을 이루고 있는 것으로 보이는 남성의 목소리를 해석하는 일이 중요해진다.

이 쟁점이 중요하다는 것은, 이를테면 우리가 여기서 브링크의 소설 마지막 부분과 어떤 유사성(평행을 이루는 점)을 발견한다는 것을 제시하여 증

---

13   예외가 Bledstein, "Female Companionship," 130이다.
14   필리스 트리블(Phyllis Trible, 1932- . 미국의 페미니스트 성경 학자다. 주로 구약 성경을 깊이 연구했으며, 많은 페미니스트 해석자에게 영향을 끼쳤다_ 옮긴이)이 페미니즘 문학 관점에서 제시한 선구적 룻기 분석은 4장 17절에서 끝난다: *God and the Rhetoric of Sexuality* (OBT; Philadelphia: Fortress, 1978)(『하나님과 성의 수사학』, 알맹e 역간), 195; 아울러 Brenner, "Naomi and Ruth," 140-141을 참고하라. 트리블은 자신의 논문 "Ruth, Book of," *ABD* 5:845에서 이 계보를 설명한다.

명해 보일 수 있다. 저자는 마지막에 자신이 남성임을 드러내어서 그가 이 이야기의 내레이터로 택한 여성의 목소리가 이 이야기의 저자일 것이라는 독자의 추측을 무너뜨린다(라고 말해야 할 것 같다). 그의 관심사는 부계 혈통이다. 그는 여성의 시각을 채택했지만, 그가 그리한 것은 부계 혈통이 사라져 버릴 수도 있는 경우에 부계 혈통을 안전히 확보해 주는 기능을 하는 가부장 중심의 법과 관습이 남자들은 물론이고 여자들에게도 이롭게 작동한다는 것을 독자들에게 이해시키려 하기 때문이다. 계보와 관련된 쟁점을 이런 식으로 결론짓는 것은 룻기를 좋지 않게 보는 평결을 내리면서 룻과 나오미의 행동이 비록 겉보기에는 용기 있고 독립된 행동처럼 보이지만 사실은 남성의 이익을 보장하는 기능을 한다고 주장하는 소수 페미니스트 비평가의 견해에 힘을 실어 줄 수도 있다. 남성 저자가 여성의 목소리를 채택한 것은 "가부장제 이데올로기 옹호자의 패러다임"인 여자들을 칭송하고 모방할 이들로 추켜세우려 했기 때문이다.[15] 하지만 이 계보가 단순히 보아스와 그 아버지 살몬을 거쳐 베레스까지 다윗의 혈통을 추적하는 것이라면, 계보의 기능에 대한 이런 해석은 별로 설득력이 없다. 사람들이 보통 추측하듯이, 보아스와 룻의 혼인이 룻의 죽은 남편 말론의 뒤를 이을 아들과 나오미의 죽은 남편 엘리멜렉의 뒤를 이을 손자를 확보하려는 일종의 계대결혼(levirate marriage)이라면, 이 계보는 이 계대결혼을 완전히 무시한 것이다. 보아스와 룻의 혼인 목적이 이 계보가 인정하는 이 이야기에서 드러나는 유일한 사실, 곧 그저 보아스 뒤를 이을 아들을 확실히 얻으려는 것이라면, 룻기 이야기는 우스울 정도로 지루한 장광설이다.

전통에 더 충실하려는 제안은 룻기 마지막에 등장한 계보가 이미 4장 17절 하반절(일부 사람들은 이 구절 자체를 원래 있던 텍스트에 추가한 것으로, 계보에 앞서 추가한 부분으로 여긴다)에서 강조한 것을 확장하고자 편집자가 추

---

15 E. Fuchs가 Meyers, "Returning Home," 88에서 인용.

가한 부분으로 기능한다고 설명하기도 한다.[16] 17절 하반절은 나오미의 손자 오벳이 다윗의 할아버지가 되었음을 지적하여 룻기 이야기를 더 큰 성경 이야기, 곧 하나님이 이스라엘을 다루신 이야기와 연결하는 데 이바지한다. 계보 추가는 이 점을 "어떤 형태로 공식 천명하는 데 이바지한다."[17] 이 경우에 룻기의 마지막 절은 정경적 비평의 시각을 활짝 열어 놓는다. 이 계보는 히브리 성경이라는 더 큰 덩어리 안에 존재하는 정경의 자리(무대)를 룻기에 제공한다. 하지만 페미니스트의 정경 비평이라도 이 추가를 통해 한 남성의 목소리가 이 이야기를 들려준 여성의 목소리를 이어 간다는 점을 무시할 수는 없을 것이다. 17절 하반절은 나오미에게서 이어지는 다윗의 혈통을 추적하여 다윗과의 연관성을 만들어 내지만, 18절부터 이어지는 계보는 이 이야기에 들어 있는 여자들의 시각을 완전히 대체한다. 이 경우에 계보는 여성 중심의 룻기 이야기를 남성 중심의 시각이 압도하는 성경의 나머지 부분 속에 포함시키는 기능을 하는 것 같다. 룻기를 여자들의 문학으로 읽는 것은 룻기를 정경으로 '형성'하는 데 저항하는 일이 될 수밖에 없을 것이다.

나는 적절한 때에 학자들이 4장 18-22절에 존재하는 남성의 목소리를 해석하고자 내놓은 두 제안의 대안을 하나 제시해 보겠다. 그러나 이 제안들도 이 구절들이 애초부터 텍스트에 들어 있던 본문인지 아닌지 묻는 전통적 질문을 이 텍스트가 담고 있는 젠더에 비춰 다시 고찰해 봐야 한다는 것을 보여 주는 데 이바지한다. 그뿐 아니라, 룻기를 여자들의 문학으로 읽는 것이 정경에 관한 여러 질문을 불러일으키는 유익한 결과를 낳을 수 있음을 보여 주는 데도 이바지할 것 같다. 룻기를 여자들의 문학[18]으로 읽

---

16 가령 B. Childs, *Introduction to the Old Testament as Scripture* (Philadelphia: Fortress; London: SCM, 1979) 566.

17 Childs, *Introduction*, 566.

18 나는 '여자들의 문학'이라는 용어를 이 논문의 두 번째 문단에서 정의한 의미로 사용한다. "진실로

는다는 것 자체뿐 아니라 남성 중심 시각이 압도하는 정경 속에서 여자들의 문학으로 읽는다는 것은 무슨 의미일까? 페미니스트 세계에서는 정경을 좋지 않게 평가하는 경향이 대세이며, 이는 이해할 만한 일이다. 그러나 나는 그런 경향에 맞서 룻기가 정경의 규범적 기능을 받아들임과 동시에 정경의 많은 문헌이 표방하는 남성 중심성에 맞서는 페미니스트 정경 해석학에서 아주 긴요한 역할을 할 수 있음을 제시해 보겠다.

2. 여자와 남자의 시각

우선 사회 구조와 룻기 등장인물의 관계가 갖는 두 측면부터 다루어 보겠다. 첫째, 룻기에 등장하는 인물들은 가부장제 구조와 얼마나 큰 불화를 겪고 있는가? 룻기 이야기는 분명 생활을 영위할 자원을 공급해 줄 남자가 없으면 여자가 살아남기에 아주 힘든 사회 구조 및 경제 구조를 전제한다. 나오미의 곤경은 남편도, 아들도 없다는 것이다. 룻이 나오미에게 보인 주목할 만한 용기 있는 헌신은 모압에서 남편을 얻을 기회를 버리고 나오미가 겪는 곤경에 함께하기로 한 것이다. 룻이 이렇게 하여 결국 남편을 얻을 소망도 아예 사라져 버렸다. 많은 페미니스트 비평가가 지적하듯이, 실제로 나오미와 룻은 그들이 살아가는 사회 구조가 그들에게 허용하는 선택지가 상당히 제한된 상황에서 누구에게도 의존하지 않고 주도권을 행사하며, 둘이 함께 연대하고 둘이 가진 자원을 공유하여 온갖 역경에 맞서 자신들의 미래를 확보한다. 아울러 이 사회에는 이 두 사람이 처한 상황을 도와주려고 마련된 몇 가지 제도적 구조가 존재한다. 이 내러티브가 하는 기능 가운데 하나는 당연히 그렇게 작동해야 했던 법적 구조들, 곧 이스라엘 사회에서 가장 취약한 그룹(자식이 없는 과부와 거류 외인[나오미는 자

여자들의 체험을 반영하고 여자의 시각을 설득력 있게 채택하고 있는" 문학이 바로 그것이다.

식이 없는 과부이며, 룻은 자식이 없는 과부이자 거류 외인이다])에 유리하게 작동하고 있던 그 사회의 법적 구조들을 보여 주는 것이다. 곡물을 수확할 때 떨어진 곡물을 주워 갈 수 있게 허용한 법은 그들 자신의 곡물을 재배할 수 없는 이들이 살아갈 수 있도록 돕는 수단을 제공하며,[19] 속량과 계대결혼을 규정한 법은 아들이 없는 과부가 혼인하여 자기 첫 남편의 재산을 물려받을 수 있는 아들을 낳음으로 안전한 경제 기반을 확보할 수 있게 해준다.[20] 그러나 룻기 내러티브는 룻과 나오미, 보아스가 함께 법이 제공하는 이런 것들이 제대로 작동하게 만들어야(룻이 חסד[헤세드]를 갖고[성실하게 혹은 보살필 책임을 다하여] 행동해야, 두 여자가 주도권을 쥐고 서로 도우며 행동해야, 그리고 보아스 역시 חסד로 반응해야) 비로소 나오미와 룻에게 이롭게 작동한다는 것을 보여 준다. 보아스는 룻에게 룻이 가진 법적 권리가 허용하는 한도를 넘어 밭에 떨어진 곡물을 거둘 수 있게 허락한다(2:15, 16). 아울러 더 가까운 친족의 예가 보여 주듯이(4:6), 보아스는 율법에 따라 자신이 원하지 않으면 룻과 혼인하지 않아도 되는 선택권을 갖고 있었다. 그러나 보아스는 두 경우 모두 룻의 주도권에 חסד로 응답한다. 이처럼 장로들이 성문에서 주관하는 법적 구조는 나오미와 룻이라는 여자, 그리고 보아스라는 남자 모두가 이롭게 작동하게 했을 때 비로소 두 여자에게 이롭게 작동한다. 이 두 여자는 분명 중요한 범위에서 자기 결정권을 행사한다. 그러나 때로 사람들이 주장했듯이, 이들이 그렇게 하여 사회 구조를 뒤집어엎거나 우회한다는 주장은 옳지 않다. 오히려 이들은 그렇게 함으로 그들을 이롭게 하려고 마련된 법적 부조(扶助) 수단들이 실제로 그들에게 이롭게 작동하도

---

[19] 나오미는 남편의 땅을 상속했지만(S. J. Osgood, "Women and the Inheritance of Land in Early Israel," in G. J. Brooke, ed., *Women in the Biblical Tradition* [Lewiston, N. Y.: Mellen, 1992] 51), 초기 이스라엘의 여자들은 보통 밭작물을 재배하는 농사일을 하지 않았다. C. Meyers, *Discovering Eve: Ancient Israelite Women in Context* (New York/Oxford: Oxford University Press, 1988) 146을 보라.

[20] T. and D. Thompson, "Some Legal Problems in the Book of Ruth," *VT* 18 (1968) 79-99을 참고하라.

록 만든다고 보는 것이 더 타당하다.

둘째, 룻기 이야기가 방금 말한 법적 부조 수단의 작용을 이야기할 때에 그 이야기는 남성의 시각과 여성의 시각을 가장 효과 있게 대비한다. 엘리멜렉이 죽고 난 뒤(1:3), 이야기는 나오미의 시각을 택하고 뒤이어 룻의 시각도 함께 택한다. 이야기는 '안전'을 확보하려는(1:9; 3:1) 두 사람의 고투(苦鬪)를 다루며, 이들은 결국 룻이 혼인하여 아들을 낳음으로 바라던 안전을 확보하게 된다. 그러나 이 두 여자의 시각에는 큰 장애가 하나 있다. 이 사회에서 법적 거래를 하려면 반드시 남자와 남자가 해야 한다는 것이다(4:1-12). 룻기 이야기는 보아스의 법적 선언과 사람들이 보아스에게 건넨 축하를 통해 그와 룻의 혼인을 바라보는 남성의 시각을 우리에게 제시한다.[21] 보아스와 룻의 혼인은 엘리멜렉과 말론에게 그 뒤를 이을 남성 상속인을 안겨 줄 뿐 아니라(4:9, 10) 보아스 자신에게도 자식을 안겨 준다(4:11, 12). 나오미와 룻이 표명한 여러 소망은 룻과 보아스가 아들을 낳음으로 이루어지지만, 이때 베들레헴 여자들은 나오미를 축하하고 태어난 아들에게 오벳이라는 이름을 붙여 주면서(4:14, 15, 17), 이 상황에 상응하면서도 아주 색다른 여성의 시각을 표명한다. 여자들은 태어난 아이를 나오미의 아들이라 본다. 법적 의미에서 그렇게 보는 것이 아니라, 나오미가 자신의 아들들이 죽었을 때 잃어버렸다고 생각한 노후의 안전을 이 아이가 나오미에게 가져다주리라고 보기 때문이다. 나오미는 "당신(나오미)을 사랑하며 당신에겐 일곱 아들보다 귀한 며느리" 덕분에 룻이 낳은 아이를 아들로 얻은 셈이다. 여자들의 시각에서 보면, 보아스가 엘리멜렉 뒤를 잇게 해줄 상속인을 얻은 것이 아니라, 룻이 나오미에게 헌신하여 결국 나오미를 노후에 봉양할 아들이 태어난 것이다. 이 두 시각에 따르면 3대까지

---

21 '사람들'(העם)에는 여자도 들어 있을 수 있지만, 만일 그렇다면 그 여자들은 남성이 지배하는 이 정황에서 남성의 시각에 흡수당한 셈이다.

이어지는 삶의 연속성이 확보된 셈이며, 역시 이 두 시각에 따르면 생물학적 연결 고리가 비(非)생물학적 연관 관계에 이바지한 셈이다. 그러나 생물학적 측면에서든 법적 측면에서든, 한 시각을 지배하고 있는 부계 혈통에 대한 관심이 다른 시각에서는 전혀 나타나지 않는다. 아울러 우리는 시각이 바뀜과 더불어 장면도 바뀐다는 점에 주목해야 한다. 즉 이야기 장면이 성문에서 집안으로 바뀌는 것이다. 성문에서는 남자들이 법률 행위를 행한다. 그곳에 모인 남자들은 그 사회를 지배하는 역할을 행하는 것처럼 보이며 세대에서 세대로 이어지는 부계 혈통을 확보한다. 그러나 집 안에서는 여자들이 법적 측면이 아니라 삶의 실제와 정서의 관점에서 세대와 세대를 이어 주는 연속성을 주관하며, 그들이 실제로 중요한 사건들을 좌우하는 주인공처럼 보인다.

여자들의 시각이 분명 이 내러티브 전체를 아우르는 시각을 완결하며, 이 내러티브에서는 보아스가 장로들과 함께 성문에 앉을 때까지 엘리멜렉 뒤를 이을 상속인을 확보하는 데 전혀 관심을 보이지 않는다. 남자들의 시각은 법적 절차의 형식에 상응하지만, 여자들의 시각은 일어난 일의 실체와 적잖은 관련이 있다. 이 내러티브가 남자들의 시각에 목소리를 제공한 것은 여자들의 시각으로 남자들의 시각을 대체하려는 목적 때문이다. 이는 남자들의 시각 자체를 무효로 만들려는 것이 아니다. 보아스는 이 법률 행위가 재산과 가족 구조의 관계에 가져올 결과를 이야기하며, 그 행위는 실제로 그런 결과를 가져온다. 그리고 보아스는 사람들이 그가 얻기를 바라는 것을 실제로 얻는다. 결국 남자들의 시각이 착각인 것은 그 시각이 주장하는 것 때문이 아니라 단지 그 시각이 보지 못하고 빠뜨린 것 때문이다. 남자들의 시각은 이 사건들이 여자들에게 지닌 중요한 의미를 간파하지 못한다. 남자들의 시각이 마치 보편적 시각인 것처럼 받아들이면, 그것은 남성의 관심사가 지배하고 있다는 그릇된 인상을 준다. 이 경우에 여자들의 시각을 남자들의 시각과 나란히 놓고 살펴보기만 해도 그런 그릇된 인상을 몰아내기에 충분하다.

다른 무엇보다도 남자들의 시각과 여자들의 시각을 대비해 보면, 부계 중심 혈통과 유업 상속이라는 관습이 가부장제 형태를 갖고 있음에도 사실은 남자만큼이나 여자에게도 도움이 되는 구조로 작동할 수 있다는 것이 드러난다. 그런 관습을 남자들의 시각에서만 보게 되면, 가부장제 색채가 실제보다 짙어 보인다.[22]

3. 여성의 힘과 남성의 권위

룻기에서 나타나는 여자들의 시각과 남자들의 시각의 관계에 관한 이런 결론은 캐롤 마이어스(Carol Meyers)˙가 룻기 1장 8절에 나오는 말인 "어머니 집"이 지닌 의미를 탐구하면서 주장한 룻기 접근법과 연관지어 볼 수 있다("어머니 집"이라는 말은 창세기 24장 28절, 아가 3장 4절과 8장 2절에서도 등장한다). 이 말은 보통 우리가 보는 문헌이 남성의 시각에서 '아버지 집'이라 정의하는 고대 이스라엘 사람들의 집안(가정)을 여성의 시각에서 정의한다. 마이어스는 이 말을 연구할 때, "젠더 위계 구조(gender hierarchy)보다 내부의 젠더 균형(internal gender balance)이라는 특징을 지닌" 것으로 집안을 이해하는 맥락에서 살펴본다(이런 이해는 그가 자신의 전작[前作][23]에서 확립한 것이다).

여기서 "내부"라는 말은 대단히 중요하다. 겉으로 나타나는 지위와 인정

---

22 Meyers, *Discovering Eve*, 41 참고. "가부장제가 남성이 여성을 절대 통제함을 의미하거나, 남성이 그 아내와 다른 집안 식구 위에 있는 머리임을 의미하거나, 여자가 남자에게 굴복함을 의미한다면, 초기 이스라엘의 부계 중심 제도를 무턱대고 가부장제와 동일시할 수는 없다."

• 캐롤 마이어스(Carol Lyons Meyers, 1942-). 미국의 성경 학자다. 듀크대학교 명예 교수이기도 하다. 페미니즘을 바탕으로 성경 세계의 여성을 깊이 연구했으며, 중동 지역의 고고학도 집중 연구했다.

23 Meyers, *Discovering Eve*.

(recognition)의 형식들은 남성의 특권(우위)을 암시하는 것 같지만, 가정이라는 단위 안에 존재하는 역학 관계는 사뭇 다를 수 있다. 심지어 여자들이 집안에서 일어나는 경제생활의 다양한 측면을 지배하고, 사회 활동과 부모로서 펼치는 양육 활동도 지배한다. 고대 이스라엘의 공공 기록도 대부분 전통 사회에서 남긴 그것과 마찬가지로 매우 남성 중심이다. 이 때문에 여성이 이스라엘의 집안에서 행사한 힘의 여러 측면을 보지 못할 수 있다. 그러나 여성의 힘이 남성의 그것보다 눈에 띄지 않는다 하여, 그것이 곧 여성의 힘이 존재하지 않았음을 의미하지는 않는다. 때로는 심지어 남성 지향의 정경에서도 여성의 힘이 언뜻언뜻 나타남을 볼 수 있다.[24]

"어머니 집"이라는 말을 사용하는 마이어스의 텍스트 연구는 집안의 내부 세계를 여자들의 시각으로 얼핏 들여다보게 해주며, "그런 자리(집안)에서는 여자들의 목소리를 들었고, 여자들의 존재를 소중하고 가치 있게 여겼으며, 여자들의 행동이 다른 이들에게 깊은 영향을 끼쳤다."[25] 아울러 마이어스는 여성이 집안에서 가진 이런 힘을 사적 영역과 공적 영역을 나누는 현대식 구분에 비춰 해석하지 말아야 한다는 점을 세심하게 강조한다. 사적 영역과 공적 영역의 구분은 집안과 일터가 사실상 동일한 고대 사회에는 적절치 않다. 가정생활은 "경제, 정치, 종교 생활을 수반하는 사회관계 전반과 구분되어 있지" 않았다.[26]

마이어스는 그의 앞 작품을 통해 초기 이스라엘에서 여성이 수행한 역할 및 젠더 관계를 확실히 재구성하여 제시했는데, 그의 룻기 연구는 그렇게 재구성한 결과와 룻기를 이어 주는 데 이바지한다. 마이어스는 룻기 연

---

24 Meyers, "Returning Home," 99.
25 Meyers, "Returning Home," 111.
26 Meyers, "Returning Home," 111-112.

구에서 페미니스트 인류학자 S. C. 로저스(Rogers)가 농경 사회를 염두에 두고 제안한 모델을 초기 이스라엘에 적용했다. 농경 사회에서는 남성의 지배라는 개념이 공중 앞에서 남성의 권위를 펼쳐 보이는 일들을 통해 구현되는 하나의 문화 신화(cultural myth) 기능을 하는 반면, 위계 구조 중심의 젠더 관계가 아무런 기능을 못한다는 점, 그리고 남성의 힘과 여성의 힘이 기능 면에서 균형을 이루고 있다는 점이 집안의 아주 중요한 차원에서 벌어지는 사회 현실을 특징짓는다. "남성의 권위는 여성의 힘으로 상쇄된다."[27] 따라서 법적 권리, 남성과 여성이 사회에서 가지는 형식상 지위, 그리고 공동체 내부에서 행하는 활동으로 세간의 이목을 끄는 것에 초점을 맞추다 보면, 이런 사회가 실제보다 가부장제 사회처럼 보이게 된다.[28] 마이어스는 초기 이스라엘을 알려 주는 고고학 증거와 문서 증거[29]가 이런 모델에 부합한다는 것을 보여 준다.[30]

마이어스의 접근법이 암시하는 것은 남성 중심 성향이 압도하는 히브리 성경 본문들이 남성의 권위가 펼쳐지는 공적 생활의 전면에 자리하면서, 이스라엘 사회를 실제 현실보다 가부장제 사회로 보이게 한다는 것이다. 그런 점은 여자들이 실제로 집안에서 가진 독립성과 주도권, 그리고

---

[27] Meyers, *Discovering Eve*, 43. 여기에서는 권위(authority)와 힘(power)의 구분이 아주 중요하다. 권위는 "무언가를 결정하고 순종을 명할 수 있는 권리로, 문화가 그 권리에 정당성을 부여한다." 반면 힘은 "공식 권위가 있더라도 그에 의존하지 않고 실제로 무언가를 통제할 능력"이다. "권위는 대체로 위계 구조에 따른 배열이며 형식을 갖춘 법적 전통이나 사법 전통을 통해 표현될 수 있다. 힘은 그런 문화적 구속력을 갖고 있지 않음에도 사회의 상호 작용에서 결정적 역할을 할 수 있다"(Meyers, *Discovering Eve*, 41, M. Z. Rosaldo를 따른다). 고대 유대 텍스트가 이런 구분을 남성의 권위와 여성의 힘에 적용한 경우를 보려면, 에스드라1(3)서 4:13-32을 보라(내게 이런 관찰 결과를 알려 준 이는 존 가이어[John Geyer]다).

[28] Meyers, *Discovering Eve*, 42-45.

[29] 마이어스가 재구성한 이스라엘 사회는 왕정 시대보다 앞선 시대의 사회다. 왕정이 수립되면서, 집안은 점점 사회를 지배하는 단위로 존재하지 못하게 되었고, 이스라엘의 농촌 생활에서는 집안의 가치와 젠더 사이의 균형이 아주 오랜 과정을 거치며 침식되었을 것이다. Meyers, *Discovering Eve*, 189-196을 보라.

[30] Meyers, *Discovering Eve*, 특히 6-8장.

힘을 볼 수 없게 만들며, 여자들과 남자들이 위계 구조 차원보다 평등한 차원에서 서로 영향을 주고받은 관계의 여러 측면을 볼 수 없게 만든다. 룻기가 여자들의 문학으로 지니는 가치는 바로 그것이 보통 때는 볼 수 없는 것을 볼 수 있게 해준다는 것이다. 나오미와 룻은 독립성과 주도권을 가진 여자들이었다. 이들은 여자로서 그들과 인연이 있던 남자들에게 존경받았다. 이들은 이스라엘이 따르던 규칙의 예외가 아니라, 오히려 그 규칙을 잘 보여 주는 보기다. 이런 점은 룻기가 제시하는 여자들의 시각만이 인식할 수 있게 해준다.

4. 계보의 문제

룻기는 논박이 아니다.[31] 룻기는 남자들을 적대시하지도 않고 비꼬지도 않는다. 룻기는 남자 중 유일하게 길게 묘사하는 인물인 보아스를 철저히 좋게 그려 보인다. 룻기는 일부러 남성의 시각과 여성의 시각을 나란히 제시하며 대비하지만, 이렇게 하는 목적은 분명 남성의 시각을 거부하기보다 보완하려는 것이다. 여성의 시각은 남성의 시각이 한쪽에 치우쳐 있음을 드러내며, 남자들에게는 어느 정도 타당하지만 여자들에게 중요한 문제를 완전히 놓치고 있음을 폭로한다. 이렇게 남성 중심성을 여성 중심성으로 보완하는 전략은 가부장제에 맞서는 페미니즘의 철저한 저항과 거리가 멀긴 하지만, 내가 룻기의 바탕을 이루는 사회 정황으로 제시한 것과 같은 사회에 부합하는 고대 이스라엘 여자들의 시각을 룻기가 진실로 표현하고 있음을 부인한다면, 그야말로 오히려 고대 이스라엘에 이 시대의 시각을 억지로 갖다 붙이는 일이 될 것이다.

이제 이런 통찰을 갖고 계보가 담긴 결론 부분의 문제를 다시 다루어

---

31 참고. Trible, "Ruth, Book of," *ABD* 5:846: "어조(tone)도 내용도 모두 논박이 아니다."

보아도 될 것 같다. 그런 통찰을 페미니스트 룻기 읽기에 통합해 보려고 시도한 이로는 에이드리언 블레드스타인(Adrien Janis Bledstein)이 거의 유일하다.[32] "룻기 이야기는 전통 그대로 처음 시작할 때처럼 남성의 계보를 설명하면서 끝을 맺는다. 이 살아남은 여자들과 그들이 택한 남자(man)를 다룬 기사가, 마치 지나치게 남성 쪽에 치우쳐 있는 그 시대 문화 경향을 은근히 비웃기라도 하는 것처럼, 고대 이스라엘에서 기록된 이야기에서 예상할 수 있는 시작과 결말 사이에 자리해 있다."[33] 룻기의 시작(1:1, 2)과 결말 사이에는 평행 관계가 존재한다. 시작과 결말 가운데 어느 것도 시작과 결말 사이에 있는 내러티브의 여성 중심 시각을 반영하지 않는다. 시작과 결말 사이의 이런 평행 관계는 이 이야기가 진행되는 내내 유효하지만, '비웃음'은 룻기가 드러내는 어조(분위기)에 전혀 들어맞지 않는다. 사실 계보는 이스라엘 사람들의 이야기가 결말을 맺을 때 등장하리라고 예상할 만한 것이 아니다. 룻기와 비교할 만한 사례, 즉 룻기처럼 계보가 결말 부분에 등장한 또 다른 사례는 존재하지 않는다.

이미 살펴봤지만, 룻기의 결말에 나오는 계보의 놀라운 특징은 룻기가 들려주는 이야기와 그다지 연관성이 없다는 점이다. 이 계보는 다만 베레스에서 시작하고 보아스에게 영예로운 일곱째 자리를 부여하여 어떤 연관성을 얻을 뿐이다. 결말의 계보가 더 큰 연관성을 갖지 못하는 이유는 물어보나마나 이 계보가 역대상에 등장하는 계보처럼 전승으로 내려온 다윗의 계보를 발췌한 것에 지나지 않고, 룻기가 기록될 때는 분명 이미 널리

---

32 또 다른 한 사람이 I. Fischer, "The Book of Ruth: A 'Feminist' Commentary on the Torah?" in A. Brenner, ed., *Ruth and Esther* (FCB 2/3; Sheffield: Sheffield Academic Press, 1999), 48이다. "룻기 저자는 남성 중심 문학 장르인 톨레도트(*tôlᵉdôt*)를 사용하여 그의(her) '페미니스트' 주제를 전승 속에 안착시킨다. 이 저자는 성문에서 벌어진 장면을 남성의 시각으로 제시할 때 이미 그렇게 했다. 따라서 이제 이 저자는 누가 봐도 가부장제인 사회에서 자신의 이야기가 지닌 신뢰성을 증진시키려고 자신의 관점을 바꾸는 선택을 한다."

33 Bledstein, "Female Companionships," 130.

알려졌을 것이기 때문이다. 그러나 이 계보는 지금 같은 모습 그대로 많은 이스라엘 문헌이 갖고 있는 남성 중심성을 폭로하는 여자들의 시각을 제공하려는 룻기의 목적에 훌륭히 이바지한다. 이 계보에서 들려오는 남성의 목소리는 이런 부계 혈통을 담고 있는 텍스트를 전통 대대로 편찬한 이들의 목소리이며, 하나의 선처럼 이어진 남성의 혈통을 추적하여 오랜 역사 속에 존재한 여러 시대를 집약하는 데 이바지한다. 이런 남성의 목소리를 인용한 것은, 내가 처음에 말한 것처럼 룻기 내러티브에 들어 있는 여성의 목소리를 허물려는 것이 아니라, 반대로 룻기 내러티브가 들려주는 여성의 목소리를 통해 남성 중심의 선택이라는 것이 가련할 정도로 적절치 않다는 것을 폭로하려는 것이다. 룻기의 내러티브와 계보는 같은 역사를 자세히 이야기한다고 하지만, 룻기 계보가 기록하는 남성의 혈통은 룻기의 내러티브가 담고 있는 여자들의 세계를 철저히 볼 수 없게 만들어 버린다.[34] 결국 룻기의 결론은 룻기가 바로 남성 중심의 공식 역사가 빠뜨린 이야기임을 우리에게 일러 준다.

일라나 파르데스(Ilana Pardes)*는 훌륭한 유비(비교 사례)를 하나 제시한다. "성경의 여자들이 보통 그와 대비되는 아버지들(조상들)의 행위를 분명하게 드러내는 배경 역할을 한다면, 이 내러티브에서는 부차적 줄거리(subplot)가 주된 줄거리(main plot)가 되었다. 말하자면, 톰 스토퍼드(Tom Stoppard)**의 희곡 「로젠크란츠와 길덴스턴은 죽었다」(*Rosencrantz and Guildenstern Are Dead*)와 유사한 성경의 이야기인 셈이다."[35] 스토퍼드의

---

34 물론 룻기 계보가 다윗의 모압 조상을 빼 버린 것도 사실이다. 이러다 보니, 여계 혈통만 드러난다.

• 일라나 파르데스(Ilana Pardes, 1956-). 이스라엘의 성경 학자이자 비교 문학자다. 예루살렘 히브리대학교 교수다.

•• 톰 스토퍼드(Thomas "Tom" Stoppard, 1937-). 체코에서 태어난 뒤 영국으로 건너와 활동하는 극작가다.

35 I. Pardes, *Countertraditions in the Bible: A Feminist Approach* (Cambridge: Harvard University Press, 1992), 99.

희곡은 한 줄거리 안에 「햄릿」의 짧은 대목을 여럿 담고 있는데, 이 줄거리는 「햄릿」이 묘사하지 않는 것(로젠크란츠와 길덴스턴이라는, 중요하지 않은 등장인물들이 그들의 시각에서 행하는 역할)을 묘사한다. 어떤 이는 룻기 마지막에 자리한 계보가 「로젠크란츠와 길덴스턴은 죽었다」가 「햄릿」에서 인용한 것들에 상응한다고 주장할 수도 있겠다.

더구나, 룻기 마지막에 등장한 계보를 히브리 정경에 있는 모든 남성 중심 내러티브를 대표하는 것으로 여길 수도 있을 것 같다. 그런 본문을 알고 있는 룻기 독자는 룻기가 담고 있는 여성의 시각과, 다른 본문이 표방하는 남성의 시각 사이의 대비를 끊임없이 인식할 것이다. 그런 독자는 대비라는 방법을 통해 다른 본문의 남성 중심성을 폭로하는 룻기의 효과를 체험할 것이다. 그 독자는 이를 룻기와 다른 본문의 관계가 갖는 상호본문적 기능(intertextual function)으로 인식할 것이다. 그러나 계보와 관련된 이런 결론은 결국 그런 대비를 룻기라는 본문 자체 내부에 존재하는 실체로 만든다. 따라서 정경에서 룻기라는 책에 히브리 성경이라는 더 커다란 총체 안에 있는 무대를 제공하는 기능을 하는 룻기의 결론은 정경과 관련하여 성경에 들어 있는 다른 내러티브들의 남성 중심성을 폭로하는 특별한 기능도 룻기에 부여한다. 따라서 룻기가 다른 곳에서는 볼 수 없는 것을 드러낸다는 것은 정경 전체를 놓고 볼 때, 다른 내러티브들에 널리 퍼져 있는 남성 중심성의 예외 기능을 할 수 있을 뿐 아니라, 다른 곳에는 생략되어 존재하지 않는 것을 공급하고 다른 곳에서는 억압당하는 것을 다시 세울 수 있는 권한을 독자에게 부여해 주는 기능도 할 수 있다.[36]

---

[36] 여기서 아주 다양하기 이를 데 없는 적절한 성경 읽기(해석) 전략을 활용할 수 있다. 입수할 수 있는 모든 역사 증거를 조사하고 비교 가능한 자료 및 여러 사회과학 모델을 함께 동원하면, 그런 역사 증거에서 성경 역사 시대에 살았던 여자들의 상황과 역할을 재구성해 낼 수도 있다. Meyers, *Discovering Eve*가 그런 예다. 이렇게 하면 그런 상황과 역할을 그저 짧게 혹은 에둘러 언급하는 본문에 정황과 깊이를 제공할 수도 있다. 그런가 하면, 성경 내러티브에 등장하는 여성 인물의 관점을 통해 남성 중심 시각에서 말하는 내러티브를 읽어 내어 그 본문이 빠뜨린 여자들의 시각을 그 내러티브에 제공할 수도 있다(예를 들어 F. van Dijk-Hemmes, "Sarai's Exile: A Gender Motivated Reading of Genesis

5. 여성 중심 본문이 정경에서 하는 역할

유대교 정경이나 기독교 정경에 '믿음과 삶의 실제를 규율하는 규범인 문헌'이라는 역할을 부여하는 이들은 성경의 상이한 여러 부분이 아주 다양한 방식을 통해 서로 관련을 맺고 영향을 주고받는다는 것을 익히 알고 있다. 정경 전체를 살펴볼 때, 그것만 따로 떼어 읽으면 심각한 오해로 이어지겠으나 성경의 다른 부분을 통해 보완하거나 상대화하거나 바로잡으면 성경이 들려주는 전체 증언에서 어떤 역할을 할 만한 성경 부분들이 분명 있다. 사람들은 종종 룻이 모압 사람이라는 점이 히브리 정경이 다른 곳에서 표방하는 민족적 특별주의(이스라엘 민족은 특별한 민족이라는 이념) 요소를 상대화하거나 바로잡는 기능을 룻기에 부여한다고 보아 왔다. 따라서 룻기가 히브리 정경의 다른 본문에 널리 퍼져 있는 남성 중심주의와 관련하여 비슷한 기능을 한다고 주장해도 원칙상 새로울 것은 전혀 없다.

어떤 이는 이것이 정경의 한 짧은 본문이 분량에 비해 어울리지 않는 큰 역할을 수행하는 것이라며 반대할지도 모르겠다. 그러나 첫째, 여기서 본문 분량을 기준으로 판단하는 것은 그리 적절치 않다. 분량보다 중요한 것은 사람들이 널리 인정하는 룻기의 문학적 특질이다. 룻기의 그런 특질은 독자들이 룻기가 표명하는 여성 중심 시각을 공유할 수 있게 해주며, 다른 본문의 남성 중심성을 폭로할 수 있는 힘을 룻기에 부여한다. 룻기라는 본문에 주목하는 독자는 다른 본문의 남성 중심성을 간과할 수도 없고 그런 남성 중심성에 만족할 수도 없다.

12.10-13.2," in A. Brenner, ed., *A Feminist Companion to Genesis* [FCB 1/2; Sheffield: Sheffield Academic Press, 1993], 223-234)이 그런 예다). 이 책 5장 §9을 보라. 또는 역사 자료를 사용하여 본문이 특정한 여자에 관하여 거의 말하지 않는 것을 최대로 활용할 수도 있다. 이 책 4장과 5장, 7장을 보라. 또는 여러 정보에 근거한 상상력을 발휘하여 본문이 특정한 여자에 관하여 설명하는 기사 속으로, 그리고 그런 기사 주변으로 침투해 들어갈 수도 있다(예를 들어 E. Moltmann-Wendel, *The Women around Jesus* [tr. J. Bowden; New York: Crossroad; London: SCM, 1982]가 그런 예다). 이 책 5장 §8을 보라.

둘째, 룻기는 그저 성경을 지배하는 남성 중심성을 여성 중심 시각으로 끊어 버리는 본문이 아니다. 사람들이 제시하는 이런 종류의 페미니스트 정경 해석학은 여자들의 시각이 지배하는 정경의 다른 본문들이 정경에서 행하는 독특한 역할을 탐구해 보아야 한다. 예를 들면, 아가서는 여성의 목소리가 지배하고 있으며, 실제로 여성의 목소리가 아가서를 지배하고 있다는 주장이 설득력 있게 제시되었다. 이 아가서는 진정 여성의 시각을 표현한다.[37] 그러나 아가서는 룻기처럼 남성의 시각과 여성의 시각을 대비하지는 않는다는 점에서 룻기와 다르다. 남성 지배의 여러 형식을 표현하는 세계는 아가서가 움직이는 세계에 전혀 영향을 끼치지 않기 때문에, 그 세계를 그냥 무시할 수 있다. 아가서에서 중요한 것은 오직 사랑하는 이들의 상호성(사랑하는 이들이 서로 사랑한다는 것)이다("내 연인은 내 것이요 나는 그의 것", 2:16; 6:3; 참고. 7:10[마소라 본문은 11절]).[38] 여기서 평등과 상호성을 오직 여성의 시각으로 제시할 수 있는 것은 본문이 그것들을 남성의 시각으로도 제시하기 때문이다. 따라서 신명기 법은 여성의 성(sexuality)을 남성의 재산으로 다룰 수 있지만,[39] 아가서가 남성과 여성의 성적 상호성을 찬미하는 것 자체가 충분히 힘을 갖기 때문에 아가서는 뿌리박힌 남성 지배의 틀을 그냥 무시해 버림으로 그 틀에 맞설 수 있다.

여성의 목소리와 여자들의 시각은 그런 목소리와 시각이 지배하는 성경의 극소수 책에서도 나타날 뿐 아니라(룻기와 아가서 외에 에스더서가 세 번째 예일 수 있다), 많든 적든 남성 중심 시각이 지배하는 책들에서도

---

[37] A. Brenner, "Women Poets and Authors," in Brenner, ed., *A Feminist Companion to the Song of Songs* (FCB 1/1; Sheffield: Sheffield Academic Press, 1993), 88-90.

[38] P. Trible, "Love's Lyrics Redeemed," in Brenner, ed., *Song of Songs*, pp. 117, 119; Meyers, *Discovering Eve*, 178.

[39] 예를 들어 C. Pressler, "Sexual Violence and Deuteronomic Law," in A. Brenner, ed., *A Feminist Companion to Exodus to Deuteronomy* (FCB 1/6; Sheffield: Sheffield Academic Press, 1994), 102-112을 참고하라.

나타난다. 책 전체를 더 많이 지배하는 가부장의 시각에 가모장(家母長, matriarchs)의 시각이 끼어들어 중단시키는 창세기의 여러 부분이 좋은 예다. 페미니스트는 이런 본문에서 남성 중심 시각이 여자들을 소외시키고 있다고 비판하지만, 이런 비판을 완전히 뒤집어서 방금 전에 말한 여성 중심의 끼어들기가 남성 중심의 맥락을 밝히 설명하게 할 수 있다. 이런 일은 역사에서 그런 역할을 한 여자는 거의 없었다는 의미에서 역사상 예외라 할 수 있는 드보라 같은 사람인지, 보통 본문에서 볼 수 없는 것을 볼 수 있게 해준다는 의미에서 본문상 예외라 할 수 있는 한나 같은 사람인지에 따라 각기 다른 모습으로 나타날 것이다.

성경에 있는 책 가운데 여성의 시각을 때때로 채택하고 있다고 볼 수 있는 또 다른 사례가 신약의 복음서다. 신약 복음서는 그 안에 존재하는 여자들의 시각을 진정으로 식별해 내는 프로젝트를 시도할 가치가 있게 해주는 문학적 특성을 공유하고 있지만, 복음서에 나오는 여자들을 다룬 문헌이 상당히 많은데도 이 문헌들은 아직까지 여자들의 시각을 식별해 내려는 시도를 하지 않았다. 복음서 내러티브는 대부분 독자 또는 청자(聽者)들에게 사건을 바라보는 예수의 시각을 그대로 따르라고 요구하지 않는다. 오히려 복음서 내러티브는 독자 또는 청자들에게 예수의 말을 듣고 예수를 관찰하고 예수를 만나고 예수를 따르는 이들의 수많은 상이한 시각을 차례차례 취해 보길 요구한다.[40] 그 시각은 군중이나 제자들과 같은 집단의 시각일 수도 있지만, 치유나 제자도, 또는 다른 형태의 만남을 기록한 내러티브 안에서 예수와 상호 작용을 주고받은 여러 개인 중 한 사람의 시각일 때가 빈번하다. 이런 개인 가운데 많은 이가 여자다. 이 사실이 그런 이들을 다룬 이야기가 정말 여자들의 시각을 제시한다고 보장하지는

---

40 이것이 적어도 여자들의 시각이 두드러진 누가복음과 그렇지 않은 사도행전을 대비해 봐야 할 이유 가운데 하나이기도 하다.

않지만, 그래도 우리는 어떤 남성 저자가 품은 가정(또는 그 저자가 당연시하는 생각) 때문에 그런 이야기가 정말 여자들의 시각을 제시할 가능성을 인정하지 않는 선입견을 가져서는 안 된다. 이미 안드레 브링크를 언급하며 살펴봤듯이, 남성 저자도 많든 적든 진짜 여성의 목소리를 취할 수 있다. 이런 일이 고대 세계에서도 가능했던 이유 가운데 하나는, 복음서 기자들도 분명 그런 이들이었겠지만, 능숙한 솜씨로 구술을 통해 이야기를 들려주는 민감한 이야기꾼이 이런저런 사람이 뒤섞인 청중과 이어지면, 어느 정도 청중의 참여를 허용하는 상황에서는 종종 남자 청중이 자신들과 동일시할 수 있는 인물뿐 아니라 여자 청중이 자신들과 동일시할 수 있는 인물도 묘사하게 되기 때문이다. 아울러 복음서의 내러티브처럼 무언가를 철두철미하게 묘사하기보다 전체 얼개를 개관하여 제시하는, 있어도 되고 없어도 되는 내러티브에 가까운 내러티브들은 그런 내러티브들이 분명히 표명하는 시각보다 여성의 입장을 더 충실히 반영하는 시각을 제시할 재량권을 독자에게 부여할 수 있다. 게다가, 비록 복음서 기자들이 남성이었다는 가정이 정당하다 할지라도, 복음 전승을 전달한 모든 사람이 남성이었다고 가정하는 것은 분명 정당하지 않다.

여자들을 다룬 복음서 이야기는 독자에게 진정한 여자들의 시각을 제시하거나 독자들을 그런 시각 속으로 이끌 잠재력을 갖고 있지만, 가령 '여자들에 관한 누가의 견해'를 재구성할 목적으로 그런 이야기들을 사용하는 편집 비평 연구의 경향은 그런 잠재력을 무시했다. 그러나 그런 잠재력은 내가 지금 제안하는 것과 같은 종류의 페미니스트 정경적 해석학에 대단히 중요하다. 방법론상 근래에 복음서의 여자들을 살펴본 접근법 가운데 하나로 내가 제안하는 접근법과 관련지어 볼 수 있는 것이 카를라 리치(Carla Ricci)•의 접근법이다. 그는 자신의 작업을 복음서가 "침묵하고 있는

• 카를라 리치(Carla Ricci, 1954-). 이탈리아의 여성 학자이자 역사가다. 교회사에 등장했던 여성을 집중 연구했다.

것을 주해한 것"("exegesis of the silence" of the Gospels)이라 말한다.⁴¹ 물론 리치는 이런 침묵이 철저한 침묵이라면 이를 주해할 수 없다는 것을 알고 있다. 리치의 작업은 그 출발점을 누가복음 8장 1-3절에서 찾는데, 그는 이를 다른 곳에 있는 침묵을 주해할 수 있게 해주는 "계시의 흔적"(revealing trace)으로 이해한다. 리치가 다루는 주제는 특히 예수가 갈릴리에서 사역하는 동안에 그와 함께한 여자 제자들이다. 그 사역 시기에 함께한 여자들의 경우, 이들이 하는 일은 복음서 자체가 우리에게 제공하지 않는 시각을 회복하는 것이다. 그러나 이런 점은 복음서 내러티브에서 나중에 등장하는 다른 여자들, 또는 예수와 갈릴리에서 함께한 몇몇 여자에게는 해당되지 않는다. 복음서에 나오는 여자들의 내러티브를 주해하는 것은 복음서가 침묵하는 것들에 관한 리치의 주해를 정당화하고 그의 주해에 힘을 실어 준다. 이렇게 "감춰져 있는 훨씬 넓은 실체를 가리키고 드러내는 부분들"⁴²은 본문을 더 많이 지배하는 남성의 시각 외에 중요한 의미를 지닌 여성의 시각도 함께 제시하는 여자들의 문학으로 그 부분들을 볼 수 있다면, 더욱 많은 것을 가리키고 드러내게 된다.

성경에서 남성 중심주의의 예외에 해당하는 본문에 대해 내가 제안하는 정경의 역할은 어떤 목적을 위해 이런 본문에 특권을 부여하는 것이다. 그것은 그런 본문을 '정경 속의 정경'으로 만들지 않는다(심지어 그런 본문을 여자들을 위한 본문으로 만드는 것도 아니다). 어떤 형태로든 정경 안의 정경에 의존하는 해석학 접근법이 저지르는 실수는 성경의 특정 부분에 **모든 면에서** 해석학적 특권을 부여한다는 것이다. 성경이 가진 다양한 기능을 더 잘 존중하는 길은 정경의 서로 다른 다양한 부분에 특별한 목적을 위해, 그리고 특별한 측면에서 해석학적 특권을 부여하는 것이다. 따라서 나는 여

---

41   C. Ricci, *Mary Magdalene and Many Others*, tr. P. Burns (Minneapolis: Fortress, 1994), 13과 뒤따르는 부분을 보라.

42   Ricci, *Mary Magdalene*, 23.

성 중심 본문이 모든 면에서 남성 중심 본문을 상대화하는 역할을 하는 것이 아니라, 바로 그런 본문의 남성 중심주의를 상대화하거나 바로잡는 역할을 한다고 제안한다. 이런 점에서 정경은 유대인이나 그리스도인의 생각과 실천(실제 삶) 전반에서 나타나는 남성 중심주의를 인정하고 조장하기보다 오히려 바로잡을 수 있다.[43]

페미니스트 신학에 익숙한 독자는 당연히 이런 가능성에 회의 섞인 반응을 보일지도 모르겠다. 페미니스트 신학자 가운데에는 정경을 가부장제의 구성물로 보는 견해가 널리 퍼져 있기 때문이다.[44] 이는 정경의 내용이 예외 없이 남성 중심이자 가부장제 구조를 지지한다고 보는, 좀 지나치게 포괄적이다 싶은 판단에 일부 근거한다. 그러나 동시에 이런 견해는 마치 남성 랍비들과 주교들로 이루어진 공의회가 정경을 만들어 내기라도 한 것처럼 여기는 그릇된 권위주의 정경화(정경 형성, canonization) 모델도 근거로 삼고 있다. 그러나 실제 정경화 과정은 각 종교 공동체가 정경 속의 책들을 사용하며 그 책들의 가치를 검증하고 확증하는 과정을 거치면서 오랜 기간에 걸쳐 이루어졌다. 랍비와 주교(감독)처럼 권위를 가진 이들은 정경화 과정의 마지막 단계에 가서야 그 과정에 참여하여, 이미 널리 사용하고 있던 정경을 확인하고, 남아 있는 몇몇 불확실한 문제에 관하여 판단을 내렸다. 따라서 실제 정경화 과정은 그런 본문들을 비평하고 수용하는 동안 종교 문헌의 청중이 결정적 역할을 한 과정이었음이 틀림없다. 남자들뿐만 아니라 여자들도 분명 그 과정에서 목소리를 냈다. 따라서 여자들의 문학에 해당하는 몇몇 사례를 정경에 포함시킨 것을 꼭 우연이라 여길 필

---

[43] W. Brueggemann, "Canonization and Contextualization," in Brueggemann, *Interpretation and Obedience* (Minneapolis: Fortress, 1991), 119-142에서 정경 안에 있는 '소외된 이들의 목소리'가 하는 역할에 관하여 언급한 것을 참고하라.

[44] 생태 페미니즘의 시각에서 이런 반응을 잘 보여 주는 대표 사례가 A. Primavesi, *From Apocalypse to Genesis* (Minneapolis: Fortress; Tunbridge Wells: Burns & Oates, 1991), 9장이다.

요는 없다. 이런 본문들을 여자들의 문학을 억누르려는 시도를 이겨 내고 살아남은 놀라운 생존자로 보기보다, 정경에 들어갈 책을 취사선택하는 기본 과정에서 여자들이 지닌 중요성 때문에, 그리고 성경의 나머지 부분이 갖고 있는 남성 중심주의와 균형을 맞추고자, 결국 그런 본문들을 바로 여자들의 문학으로 정경에 포함시켰다고 추정하는 것이 타당할 것이다.

2장
메시아의 이방인 여자 조상들

당신 때문에, 여자들이 남자들을
좇았으니, 다말은 홀아비가 된 남자를
원했고, 룻은 늙은 남자를 사랑했나이다.
심지어 라합은 남자들을 사로잡았으니,
당신으로 말미암아 사로잡혔나이다.[1]

1. 왜 이 여자들이 여기에 있는가

마태복음이 제시하는 예수의 계보(마 1:1-17)에는 히브리 성경/구약 성경에 나오는 네 여자(다말, 라합, 룻, 그리고 우리아의 아내)가 등장하는데, 이 네 여자의 등장은 많은 토론을 불러일으켰다.[2] 이와 같은 부계 혈통 중심의 계

---

1 Ephrem, "Hymns on the Nativity: Hymn 9," in *Ephrem the Syrian: Hymns* (tr. K. E. McVey; Classics of Western Spirituality; New York: Paulist, 1989), 126.

2 근래에 이 토론을 요약한 자료를 보려면, W. D. Davies and D. C. Allison, *A Critical and Exegetical Commentary on the Gospel according to Saint Matthew*, vol. 1 (ICC; Edinburgh: T. & T. Clark, 1988), 170-172; R. E. Brown, *The Birth of the Messiah* (2nd ed.; Garden City, N.Y.: Doubleday, 1993), 71-74, 590-596을 보라.

보에는 여자들이 있어야 할 필요가 없다. 여자들이 히브리 성경/구약 성경에 있는 계보에 등장하는 가장 흔한 상황은 한 남자의 여러 자식이 서로 다른 어머니에게서 태어났음을 구별하여 밝힐 때이지만, 이것도 보통 한 아들만 열거하지 않고 그보다 많은 아들을 열거할 때만 그렇게 한다. 실제로 유다는 다말에게서 아들들을 더 얻었고, 다윗은 우리아의 아내에게서 또 다른 아들들을 얻었으며, 아브라함과 야곱(마태복음 1장 2절은 그가 "유다와 그의 형제들"을 낳았다고 말한다) 역시 한 아내가 아니라 여러 아내에게서 아들들을 얻었다. 더구나, 라합과 룻이라는 이름을 제시한 것은 이런 식으로 설명할 수 없다. 이 책 1장에서 룻기의 마지막 부분에 등장하는 계보를 살펴본 내 생각을 이야기한 뒤이니만큼, 앞서 말한 네 여자의 등장을 철저히 부계 혈통 중심인 계보의 남성 중심성에 대한 저항 또는 제약으로 여기고 싶을 것이다. 제2성전기에 나온 유대 문헌 중 적어도 몇몇 문헌을 보면(희년서, 위 필론의 「성경 고대사」), 성경의 계보에 여자들이 빠진 자리를 채워 넣는 경향이 있다. 희년서는 아담에서 아브라함에 이르는 모든 족장의 아내, 그리고 야곱의 모든 아들의 아내 이름을 (그들의 아버지 이름과 함께) 열거하는 반면, 위 필론은 아담에서 노아에 이르기까지 모든 족장의 아내와 딸의 이름을 열거하면서,[3] 대체로 그가 성경에서 가져오거나 만들어 내는 계보 관련 정보에 여성의 이름을 더 많이 추가하는 경향이 있다. 하지만 이런 접근법은 특히 이 네 여자를 마태의 계보에서 언급해야 할 이유를 설명해 주지 못한다. 마태가 그저 몇몇 여자를 그의 계보 속에 넣길 원했다면, 그의 계보에서 언급하는 네 여자보다 그의 독자에게 훨씬 잘 알려져 있었을 사라, 리브가, 레아 같은 가모장의 이름을 넣지 않은 이유가 뭘까? 히브리 성경/구약 성경에 있는 계보나 내러티브에 나오는 이런 혈통의 흐름 속에

---

3 그 이름들을 살펴보려면, T. Ilan, "Biblical Women's Names in the Apocryphal Traditions," *JSP* 11 (1993): 3-67을 보라.

자리한 여자들이 아니라 라합을 포함시킨 이유가 뭘까? 히브리 성경/구약 성경은 그 어디에서도 라합이 살몬과 합하여 보아스를 낳았음을 언급하지 않는다. 이 특별한 여자들을 계보에 포함시킨 데는 이들이 여자라는 사실 외에 틀림없이 어떤 이유가 있는 것 같다.

첫 번째 단계는 마태복음 첫머리에 나온 이 계보가 창세기와 역대상 1-9장에 있는 계보처럼 '주석이 달린 계보'라는 점이다.[4] 이는 마태의 계보에 나오는 여자들을 논할 때 자주 주목하지 않는 사실이다. 이런 계보들은 남성의 이름을 그냥 나열하는 데 그치지 않고 다양한 주(註)를 덧붙인다. 마태의 계보는 네 어머니를 같은 부류로 제시하고 또 다른 이들을 제시한다. 마태의 계보가 어떤 남자를 언급하고 곧바로 그 남자의 형제들을 함께 언급한 이유도 명백하지 않다. 이 때문에 다음과 같이 이탤릭체로 표시한 주에는 이러한 부분도 포함시킬 수 있다.

    2절: 유다와 *그의 형제들*을 낳고
    3절: *다말에게서* 베레스와 세라를 낳고
    5절: *라합에게서* 보아스를 낳고
    5절: *룻에게서* 오벳을 낳고
    6절: 다윗 *왕*
    6절: *우리야의 아내에게서* 솔로몬을 낳고
    11절: *바벨론으로 사로잡혀 갈 때에* …… 여고냐와 *그의 형제들*을 낳으니라
    12절: *바벨론으로 사로잡혀 간 후에* 여고냐는
    16절: *마리아의 남편* 요셉을 낳았으니 *마리아에게서 메시아라 칭하는 예수가 나시니라*

---

4 J. Nolland, "Genealogical Annotation in Genesis as Background for the Matthean Genealogy of Jesus," *TynB* 47 (1996), 115-122을 보라.

이렇게 덧붙인 주들은 창세기와 역대상에 나오는 계보들이 행하는 기능, 곧 자손이나 조상을 추적할 뿐 아니라 역사를 되풀이하며 요약하는 기능과 일부 관련이 있다. 역대상 1-9장에서는 계보가 사실상 성경의 다른 책들이 들려주는 역사의 전 과정, 곧 아담에서 시작하여 역대기가 그 내러티브를 시작하는 시점(사울의 죽음)까지 펼쳐진 역사를 들려주는 하나의 방법이다. 마찬가지로, 마태의 계보도 히브리 성경/구약 성경이 아브라함 때부터 줄기차게 들려준 이야기를 요약하는 기능을 한다. 성경과 역사를 잘 아는 유대인 독자라면, 그 이름들을 보는 순간 그 내러티브를 떠올릴 것이다. 그뿐 아니라, 역대기 내러티브는 다윗 왕조 이야기이며, 역대상 1-9장은 다윗이 왕이 되고 역대기의 진정한 내러티브가 시작하는 시점까지 펼쳐진 역사 전체를 요약하는 계보를 사용하기 때문에, 마태의 계보와 역대기 사이에는 일종의 평행 관계가 존재한다. 마찬가지로, 마태의 계보는 다윗 혈통에서 난 메시아 예수에 관한 그의 내러티브가 시작하는 지점으로 데려간다.

마태의 계보를 끝까지 살펴봐야 그 점을 인식할 수 있는 것은 아니다. 그 점은 마태가 계보 도입부에서 제시한 제목에 이미 분명하게 나타나 있다. "아브라함과 다윗의 자손 메시아 예수의 계보"(1:1). 이 계보는 그저 히브리 성경/구약 성경이 들려주는 이야기를 다시 들려주는 것만이 아니다. 이 계보는 예수가 바로 그 역사 내내 선지자들이 예언하고 사람들이 대망한 사람, 아브라함과 다윗의 자손, 이 땅에 와서 그 이야기 절정 국면을 시작할 메시아라는 것을 보여 주려는 것이기도 하다. 이 계보에서 제시하는 메시아가 다윗의 자손이라는 본질을 갖고 있음은 이 계보에 나온 사람들 가운데 칭호를 가진 사람이 단 두 사람, 곧 '다윗 왕'과 '메시아 예수'라는 사실에서 분명하게 나타난다. 아울러 그 점은 마태가 꼼꼼하게 강조하는 숫자 구조에서도 분명하게 나타난다(1:17). 즉 한 묶음에 열넷씩, 모두 세 묶음을 제시하는데, 다윗은 첫 번째 시대에서 두 번째 시대로 넘어갈 때 등장하고, 바벨론에 포로로 끌려간 사건이 두 번째 시대에서 세 번째 시대로 넘어갈 때 등장한다.[5] 첫 번째 시대는 다윗 왕조 앞 시대이고, 두 번째 시대는 다윗과 그 자손들이 통치한 시대이며, 세 번째 시대는 다윗 왕조가 몰락한 후로, 메시아 예수 안에서 그 왕조가 회복되어 정점에 이른 시대다. 아울러 사람들이 여기서 종종 주목한 점은 3×14 구조가 다윗을 가리키는 히브리어 이름의 세 자음 דוד이 지닌 수가(數價)(14)에 상응한다는 것이었다(히브리어에서 ד의 수가는 4, ו의 수가는 6이며, 세 글자의 수가를 더하면 14가 된다_옮긴이). 이는 유대인과 초기 그리스도인의 성경 주해 및 고찰 속에 널리 퍼져 있던 게마트리아 관습(단어를 그에 상응하는 수가로 바꿈)에 해당하는 사례다.[6] 마태의 계보도 성경의 다른 계보처럼 계보가 담고 있는 상징적 의미를 표현하고자 대수(代數)를 조정하여 숫자 구조를 만들어 냈다(예를 들면, 역대상 6장 3-5절을 참고하라).

그런 점에서 마태의 계보에 들어 있는 몇몇 주는 분명 메시아와 관련된 다윗 혈통의 목적에 이바지한다. "유다와 그의 형제들"을 언급한 말(1:2)은 이스라엘 열두 지파 전체를 생각나게 한다. 메시아는 열두 지파 백성 전체의 메시아일 수밖에 없기 때문이다. 베레스뿐 아니라 그와 쌍둥이 형제지간인 세라까지 언급한 것(1:3)도 어쩌면 전체를 아우르려는 목적에 이바지하는지 모른다. 물론 이 쌍둥이가 유다 지파의 유일한 조상은 아니었다(이들의 배다른 형인 셀라에게도 자손들이 있었다). 이런 점을 볼 때, 세라까지 계보에 끌어들인 것은 그 어머니 다말 때문일 수도 있다. 그 어머니를 언급해야 한다면, 쌍둥이를 둘 다 언급하는 것이 자연스러웠을 것이다(역대상 2장 4절도 마찬가지지만, 룻기 4장 12절은 그렇지 않다). "바벨론으로 사로잡혀 갈 때에 …… 여고냐와 그의 형제들을 낳으니라"라고 언급한 것(1:11)은 역사

---

5 이에 관하여 알려면, 특히 Davies and Allison, *Matthew*, 1:161-165을 보라.
6 성경 계보에서 또 다른 게마트리아 사례(창 46:16)를 알아보려면, Davies and Allison, *Matthew*, 1:164을 보라.

를 일부러 신중히 축약한 것이다. 여고냐에게는 한 형제만 있었기 때문에 (대상 3:16), '형제들'은 분명 마태가 그의 계보에서 빼 버린 여고냐의 아버지 여호야김의 형제들이다. 여호야김의 형제들은 유다의 마지막 네 왕 중 두 사람인 여호아하스와 시드기야이며, 나머지 두 사람이 여호야김 자신과 그의 아들 여호야긴 또는 여고냐였다(마지막 네 왕을 순서대로 열거하면, 여호아하스, 여호야김, 여고냐, 시드기야다. 왕하 23:30-25:10). 따라서 마태복음 1장 11절이 여고냐의 형제들을 언급한 것은 유다 왕국이 끝날 때까지 이어진 유다 왕들의 명단을 완성하는 역할을 한다. 동시에 사람들이 포로 생활의 시작을 알리는 상징으로 종종 받아들인 것이 바로 여고냐 자신이 포로로 끌려간 사건이었다(참고. 대상 3:17; 렘 22:24-30).[7] 따라서 마태의 계보가 그를 이스라엘을 통치한 마지막 왕의 이름으로 삼은 것은 적절하다. 마태복음 1장 11절은 이스라엘에서 다윗의 집의 통치가 막을 내린 사건을 훌륭하게 압축하여 떠올려 준다.

나는 지금까지 마태의 계보가 지닌 구조와 주가 예수를 다윗 혈통의 메시아(Davidic Messiah)로 묘사하려는 그 계보의 목적에 이바지한다고 설명했다. 아울러 나는 마태가 제시한 계보의 첫 번째 묶음에서 열네 번째 이름이자 마지막 이름이 다윗 '왕'(게마트리아에 따르면, 다윗의 이름이 나타내는 수가가 14다)이고, 두 번째 묶음에서 열네 번째 이름이자 마지막 이름이 여고냐이며, 세 번째 묶음에서 열네 번째 이름[8]이자 마지막 이름이 '메시아' 예수임을 언급할 수 있었다. 결국 계보의 첫 번째 묶음은 왕조 수립에서 절정에 이르며, 두 번째 묶음은 왕조의 몰락에서 그 마지막에 이르고, 세

---

7   아울러 70인경 열왕국4서(열왕기하) 24장 16절이 마태가 사용하는 말 μετοικεσία를 여고냐와 다른 이들이 포로로 끌려감을 나타내는 말로 사용함을 주목하라.

8   예수를 열네 번째로 보려면 여고냐라는 이름을 두 번 세야 하는 반면, 다윗은 한 번만 헤아려야 한다 (두 번째 열넷이 솔로몬에서 시작해야 한다). 그러나 이런 차이는 마태의 계보가 모든 대수를 헤아릴 때 (1:17) 여고냐가 바벨론으로 잡혀 감을 두 번째 14대에서 세 번째 14대로 넘어가는 기준으로 삼으면서도 여고냐를 강조하여 '바벨론으로 잡혀 감'의 양쪽에 배치한 사실에서 나타난다(1:11, 12).

번째 묶음은 무너진 왕조가 영원히 다스릴 왕 안에서 다시 세워짐으로 끝을 맺는다. 그러나 우리는 이 계보가 왜 왕조 창건자이자, 그보다 위대한 자손인 메시아의 모델이 된 다윗에서 시작하지 않고 아브라함에서 시작하는지 물어야 한다. 그 이유는 다윗의 메시아가 이스라엘 통치자일 뿐 아니라, 모든 민족이 그 안에서 복을 받게 되리라는 약속을 받은 아브라함의 자손이기 때문이다(창 12:3; 22:18; 26:4; 28:14). (이런 연관성을 표현한 예 가운데 하나가 시편 제왕시 71[72]편의 70인경 버전이다. 이 시 17절 하반절은 이미 히브리어로 창세기 12장 3절을 떠오르게 하는데, 70인경은 훨씬 강하게 떠오르게 한다. 이 시가 말하는 메시아인 왕 역시 아브라함의 자손이며, 족장들이 받은 약속이 언급하는 이도 바로 이 아브라함의 자손이다.) 마태의 계보가 마태복음의 프롤로그로 더 적절한 것도 당연히 그런 점 때문이다. 마태복음은 그것이 제시하는 예수 출생 내러티브에서 예수가 곧 이방인을 위한 유대인 메시아라는 확신을 구체화하고(2:2-12), 높이 올림받은 메시아가 모든 민족을 제자로 삼으라는 사명을 수여하심(28:18, 19)으로 끝맺기 때문이다. 따라서 마태의 계보는 일찍이 하나님의 아브라함 선택에서 나타난 하나님의 목적이 지닌 보편 지향성을 표현하며, 이스라엘과 그들의 메시아는 바로 그런 보편 지향성에서 그들의 참된 정체성을 발견한다.

　나머지 주석(註釋)들은 히브리 성경/구약 성경에 나오는 네 여자, 그리고 예수의 어머니 마리아와 관련이 있다. 계보에 등장하는 여자들에 관한 여러 논의는 종종 히브리 성경/구약 성경에 나오는 네 여자를 어떤 면에서는 마리아를 앞서 보여 준 이들로 여겨, 이 여자들을 언급한 부분에 관한 설명이라면 당연히 이 다섯 여자 모두와 관련이 있어야 한다고 생각한다. 이런 생각은 이 네 여자를 언급한 부분을 설명하려는 많은 시도에 강한 선입견을 불어 넣었지만, 당연히 그렇게 생각해야 하는 것은 아니다. 네 여자는 형식상 마리아와 사뭇 다른 방식으로 마태의 계보와 관련을 맺고 있다. 마태의 계보 전체는 어떤 공식과 같은 패턴을 엄격히 따르며(A는 B를 낳고, B는 C를 낳고, C는 D를 낳고……), 16절 앞에 나오는 어떤 주석도 이 패턴을 방해하지 않는다. 주석은 모두 이 공식을 변형하지 않은 채 이 공식에 추가되어 있다. 성경에 나온 네 여자가 모두 그러한데, 계보는 이 네 여자를 모두 같은 단순한 공식(1장 3절의 ἐκ τῆς Θαμάρ[다말에게서] 등)을 사용하여 규칙적 패턴에 붙여 놓았다. 그러나 요셉에 이르러 계보의 기본 공식이 처음(이자 마지막)으로 바뀐다. "마리아의 남편 요셉을 낳았으니 마리아에게서 ……… 예수가 나시니라"(τὸν Ἰωσὴφ τὸν ἄνδρα Μαρίας, ἐξ ἧς ἐγεννήθη Ἰησοῦς). 유다는 "다말에게서" 베레스와 세라를 낳은 반면, 요셉은 예수를 낳지 않았다. 마리아가 이 계보에 등장하는 이유는 그러지 않으면 마태가 요셉과 예수의 관계를 설명할 수 없기 때문이다.[9] 마리아가 마태의 계보에 등장하는 가장 중요한 이유는 다른 네 여자에게서는 찾아볼 수 없는 것이다. 따라서 분명 네 여자가 마태의 계보에서 하는 기능이 꼭 마리아와 관련이 있어야 할 이유는 없다.

(1) 네 여자를 마태의 계보에 포함시킨 것은 이들이 모두 이방인이기 때문이라는 주장은 우리가 지금까지 이 계보의 본질 및 목적에 관하여 관찰해 온 모든 것과 일치한다.[10] 마태의 계보는 다윗 혈통에서 난 메시아가 모든 민족에게 복이 될 것이며 유대인뿐 아니라 이방인에게도 메시아가 되리라는 것을 메시아의 조상으로 이방인 여자들을 언급함으로써 상징적으로 일러 준다. 자명한 이야기지만, 이삭을 거쳐 야곱으로 이어지는 아브라함

---

9 누가복음 3장 23절(누가가 제시하는 예수 계보의 시작)은 마리아를 언급하지 않지만, 이는 마태의 계보와 진정 평행을 이루지 않는다. 누가는 누가복음 독자에게 요셉이 마리아와 혼인하여 예수와 관계를 맺게 되었음을 이미 설명했기 때문이다.

10 이 설명을 채택하는 이로 예를 들면 E. Schweizer, *The Good News according to Matthew* (tr. D. E. Green; Atlanta: John Knox; London: SPCK, 1976), 25; U. Luz, *Matthew 1-7: A Commentary* (tr. W. C. Linss; Minneapolis: Augsburg, 1989; Edinburgh: T. & T. Clark, 1990), 109-110; C. S. Keener, *A Commentary on the Gospel of Matthew* (Grand Rapids: Eerdmans, 1999), 78-80이 있다. 이 견해를 받아들이는 다른 이들을 보려면, E. M. Wainwright, *Towards a Feminist Critical Reading of the Gospel according to Matthew* (BZNW 60; Berlin/New York: de Gruyter, 1991), 65 주24를 보라.

의 자손은 이방인일 수가 없다. 따라서 아브라함에서 시작하여 다윗을 거쳐 내려오는 메시아의 혈통은 어떤 이방인 남성도 포함할 수 없다. 그러나 이 혈통에 들어 있는 남자들에게는 이방인 아내가 있을 수 있었으며, 마태는 그런 아내로 네 여자를 찾아냈다(마태가 찾아낼 수 있던 이방인 아내는 넷뿐이었겠지만, 우리가 앞으로 보겠듯이, 라합을 살몬[살마의 아내로 만드는 창조적 주해가 가능성이 희박한 다른 사례들에도 적용된 유사한 경우를 발견할 수도 있지 않을까 싶다). 여자들이 마태의 계보에서 행하는 역할을 이렇게 이해하면, 다른 모든 주석처럼 예수가 곧 메시아이심(Jesus' messiahship)이 지닌 의미를 설명하는 데 이바지하는 이점이 있다. 그런 이해는 예수가 곧 메시아이심이 지닌 의미를 설명할 때, 마태가 가장 중요하게 여기는 예수의 메시아직(예수가 곧 메시아이심)이 지닌 한 측면을 강조하는 방식으로 설명한다.

이 설명에 반대하는 세 가지 견해가 있는 것 같다. 레이먼드 브라운(Raymond Brown)•이 지적하듯이, 많은 주석자가 보기에 가장 결정적이라 할 반대 의견은 "사람들은 구약의 네 여자가 마리아가 할 역할을 준비하지만, 종종 마리아는 외인(外人)이 아니었다고 생각한다"는 것이다.[11] 나는 이 반대 의견을 이미 반박했다. 두 번째 문제는 유대인이 제2성전기 말에 마태의 계보에 나오는 네 여자 전부를 실제로 이방인으로 여겼는지 여부다. 라합이 가나안 사람이요 룻이 모압 사람이었음은 의심할 여지가 없을 것이다. 그러나 사무엘하 내러티브는 밧세바의 민족 혈통에 관하여 아무 말도 하지 않는다. 어떤 이는 밧세바의 아버지 엘리암(삼하 11:3. 역대상 3장 5절은 밧세바를 암미엘의 딸 밧수아라 기록해 놓았다)을 아히도벨의 아들 엘리암(삼하 23:34)과 연결하여 밧세바도 이스라엘 혈통으로 볼 수 있다고 했지

• 레이먼드 브라운(Raymond Edward Brown, 1928-1998). 미국의 가톨릭 사제이며 신약 학자다. 예수의 탄생과 죽음, 요한 공동체, 요한복음의 기원 등을 깊이 연구했다.

11 Brown, *Birth*, 73.

만(*b. Sanh.* 101a),¹² 밧세바의 아버지 엘리암이 아히도벨의 아들 엘리암인지 분명하지도 않고, 그 둘을 꼭 연결 지어야 하는 것도 아니다. 그런가 하면, 밧세바도 그 남편 우리아처럼 헷 사람이었다고 추측할 수도 있겠다(삼하 11:3, 6, 21; 12:9, 10). 이렇게 추측할 수 있는 이유는 마태의 계보가 다른 세 여자와 달리 밧세바는 이름을 밝히지 않고 "우리아의 아내"라 부르기 때문이다. 실제로 브라운은 "이 특별한 호칭이" 마태가 그의 계보에 "네 여자를" 이방인으로 포함시켰다는 주장을 "가장 강력하게 뒷받침하는 논거"라고 생각한다.¹³ 어쩌면 이 논거 역시 그리 강하지 않을지도 모른다. 밧세바를 "우리아의 아내"라 한 것은 밧세바와 다윗의 통정(通情)이 간음이었다는 사실에 주목하게 하려고 일부러 그런 것일 수 있다(참고. 삼하 11:26). 물론 밧세바는 솔로몬을 잉태했을 때 이미 그 남편과 사별하고 다윗과 혼인한 뒤였다. 그러나 사실 마태가 밧세바를 이방인으로서 계보에 포함시켰다고 추측하는 데에는 아무런 문제가 없다. 가장 문제 있는 경우는 네 번째 여자인 다말이다. 창세기에서는 다말이 어느 민족 출신인지 확실히 밝히지 않을 뿐 아니라, 제2성전기 유대인이 다말을 이방인으로 여겼다고 추측하면서 많은 학자가 인용하는 증거가 사실은 다말이 이방인이었음을 보여 주지 않기 때문이다. 따라서 나는 이번 장의 다음 섹션에서 다말의 혈통을 자세히 논하고 다양한 유대 전승이 존재했음을 제시하겠다. 유다 지파가 순수한 유대 민족임을 주장하는 데 관심이 많은 일부 유대인은 다말을 아브라함 집안과 연계하지만, 다말을 가나안 사람으로 여긴 또 다른 견해를 지지하는 증거도 존재한다.

네 여자가 이방인으로서 마태의 계보에 포함되었다는 견해에 대한

---

12   M. Bredin, "Gentiles and the Davidic Tradition in Matthew," in A. Brenner, ed., *A Feminist Companion to the Hebrew Bible in the New Testament* (FCB 1/10; Sheffield: Sheffield Academic Press, 1996), 96-97을 보라.

13   Brown, *Birth*, 72.

세 번째 반대 의견은 페미니스트의 견해다. 일레인 웨인라이트(Elaine Wainwright)˙는 사람들이 마태의 계보에 여자들이 존재하는 이유를 설명하려고 제시한 주요 주장은 모두 남성 중심의 추측을 반영할 뿐이라고 주장한다. "네 여자를 외인으로 분류하는 것은 여자들을 가부장 중심 세계와 문화의 외부인(outsiders)으로 보는 남성 중심의 시각을 반영한다."14 물론 웨인라이트도 동의하듯이, 이런 주장은 오직 마태의 계보 전체에 관한 해석의 일부로서만 하나의 반대 견해를 형성할 뿐이다. 실제로 마태는 그의 계보에 있는 네 여자를 이렇게 남성 중심 시각으로 보았을 수도 있다. 그러나 마태가 그렇게 보았다고 추측할 필요는 없다. 이미 설명했듯이, 이 계보에 들어 있는 이방인은 틀림없이 여자들이다. 그러나 더 깊이 들여다보면, 마태가 이방인인 여자들을 자신의 계보에 포함시킨 것은 이런 이방인을 외부인으로 대하려는 이민족 배타주의(racial exclusivism)를 지지한 것이 아니라 강하게 비판한 것이다. 메시아의 계보가 이방인을 제시한다는 것은 이방인도 메시아가 만들어 낼 하나님 백성에 들어 있음을 상징한다. 이 이방인이 여자들이라는 사실을 두고도 같은 말을 할 수 있겠지만, 그들이 여자라는 사실이 그들이 이 계보에 존재하는 주된 이유일 수는 없다. 메시아의 부계 혈통을 제시한 계보가 여자들을 특별히 언급한 것은 아무리 메시아의 부계 혈통을 제시한 계보라도 여자들을 메시아의 백성에서 배제하지 않는다는 뜻을 보여 준 것이다. 정말로 1세기의 가부장주의 사고가 외인과 여자를 "가부장 중심 세계와 문화의 외부인"과 동일시했다면, 이방인인 여자들을 계보에 포함한 것은 분명 그들을 여자로서 계보에 포함한 셈이다. 그러나 나는 제2성전기 유대 문헌이 제시하는 증거 가운데 이처럼 여자와 이방인을 연계하는 태도를 지지하는 증거를 전혀 알지

˙ 일레인 웨인라이트(Elaine Mary Wainwright, 1948-). 호주의 신학자다. 주로 페미니즘 관점에서 복음서를 깊이 연구했다.

14 Wainwright, *Towards*, 65.

못한다. 성경의 계보에 여자가 그리 나오지 않는 이유는 여자가 부계 중심의 유업 상속과 관련이 없기 때문이다. 민족 혈통의 순수성을 보존하려는 욕구 때문에 이방인을 이스라엘 민족의 계보에서 배제하려는 경우가 있지만, 성경의 계보에 여자가 그리 나오지 않음은 그런 경우와 전혀 다른 현상이다.

나는 마태의 계보에 네 여자가 존재함과 관련하여 다른 이들이 제시하고 논한 다른 설명들을 간략히 고찰해 보겠다. (2) 히에로니무스까지 거슬러 올라가는 한 설명은 네 여자가 모두 죄인이었다고 말하는데,[15] 이제 이 설명은 지지받지 못하고 있다. 이것은 예수가 가진 메시아 지위의 본질을 설명하는 데 기여한다는 점에서 계보의 목적에 이바지하는 장점을 갖고 있다. 여자들은 메시아가 와서 "자기 백성을 그들의 죄에서 구원할"(마 1:21) 것을 일러 주는 이들인 셈이다. 그러나 네 여자를 모두 죄인으로 이해하거나, 1세기의 훌륭한 독자라면 마태의 계보가 이 여자들을 언급할 때 이 여자들의 죄를 떠올렸으리라고 추측하는 것은 타당하지 않다. 다말이 창녀로 변장하고 그의 시아버지 유다가 그런 다말을 매수하여 동침한 이야기의 끝부분을 보면, 유다 스스로 이런 평결을 내린다. "그(다말)는 나보다 옳도다 내가 그를 내 아들 셀라에게 주지 아니하였음이로다"(창 38:26). 다말의 행동은 그의 첫 남편 엘의 상속인을 낳기 위함이었는데, 이때 유다는 생존해 있던 그의 아들 셀라에게 엘의 대를 이을 자식을 낳을 아내로(as levirate wife) 다말을 줘야 할 의무를 이행하지 않았다. 유대 전승은 다말이 이처럼 유다 집안의 혈통을 확실히 이어 갈 길을 대담하게 주도한 점을 고려하여 다말을 높이 평가했다. 이처럼 계보의 관점에서 보면, 다말은 오히려 상찬받아야 할 사람이다! 라합은 기생이었다(수 2:1). 그러나 이런 점

---

15 현대에 이 견해를 대표하는 이를 보려면, Wainwright, *Towards*, 64 주17; K. E. Corley, *Private Women, Public Meals* (Peabody, Mass.: Hendrickson, 1993), 149 주9를 보라.

을 고려할지라도(요세푸스는 라합이 기생이었음을 감추며 그를 여관 주인이라 불렀지만[Ant. 5.8-10], 다른 유대인 저술가들은 그 사실을 언급했다), 라합이 행한 대담한 행위는 이스라엘 정탐꾼에게, 그럼으로써 결국 이스라엘 백성 전체에게 베푼 친절(חסד, 수 2:12)이라 일컬어졌으며, 분명 그의 그런 대담한 행위는 그가 기생임을 가려 버렸다. 유대 전승은 라합을 돌이켜 이스라엘의 하나님을 믿은(2:10, 11) 모범 개종자이자, 뒤이어 이스라엘 지체 가운데 하나가 된 이로 여겼다(6:25). 룻은 그의 평판을 어느 정도 떨어뜨릴 만한 상황을 통해 스스로 보아스의 보호 아래 들어갔다. 하지만 보아스가 룻과 혼인할 수 있는 다음 순위 친족의 권리를 행사하도록 제안했다는 점에서, 룻도 חסד를 행한 셈이다(룻 3:10). 유대 전승 역시 룻을 철저히 좋게 보았다. 밧세바의 경우, 선택할 수 있는 길은 왕의 명령에 순종하는 것뿐이었을 수도 있으며(삼하 11:4), 사무엘하 내러티브는 다윗에게 모든 책임을 돌린다. "우리아의 아내"라는 마태의 표현이 다윗과 밧세바의 간음에 주목하게 할지라도, 그 간음은 분명 밧세바 책임이라기보다 다윗의 책임이다. F. W. 비어(Beare)*가 말하듯이, "현대 주석자에게는 이상해 보일지 모르지만, 유대 전승은 이 여자들에게 어떤 도덕적 낙인도 찍지 않는다."[16] 그러나 그것이 이상해 보이는 점은 유대 전승이 가부장제 관점에서 생각한 여자들과 성범죄의 연관성이 아니라 현대 가부장제 관점에서 여자들과 성범죄의 연관성에 관하여 일러 주는 부분일 것이다. 이렇게 논지를 뒤집어야 한다면, 결국 이 여자들을 언급한 것은 이 여자들 자신이 저지른 죄가 아니라 이들과 성관계를 가진 남자들에게 주목하게 하려는 것이 아닌지 의아해하는 이도 있을 것 같다. 남자들이 결국 죄인이라는 논리는 유다와 다윗에게는

• 프랜시스 라이트 비어(Francis Wright Beare, 1902-1986). 캐나다의 신학자이자 목회자이며 신학교육자였다.

16   F. W. Beare, *The Gospel according to Matthew* (San Francisco: Harper & Row; Oxford: Blackwell, 1981), 64.

잘 들어맞지만 보아스와 살몬에게는 들어맞지 않을 것이다. 하지만 만일 마태의 계보에서 죄를 찾아야 한다면, 계보에 나오는 여자들보다 남자 가운데 성경에서 훨씬 악명 높은 죄인들이 있다는 점을 눈여겨보는 주석자가 아무도 없어 보이는 것은 주목할 만하다. 열왕기하와 여러 선지서(예를 들면 예레미야 22, 23장)는 유다 왕국 말기의 대부분 왕이 약자를 위해 정의를 확보할 역할을 하나님에게 부여받았는데도 자신들의 직권을 밥 먹듯이 남용하고 간음과 억압과 폭력과 방탕에 빠져 그런 역할을 철저히 저버렸다고 가차 없이 비판한다. 마태의 계보 자체는 예레미야가 유다 왕통 전체에 내려진 심판의 최종 선고 대상으로 삼았던(렘 22:24-30) 왕들의 이름을 여고냐로 끝맺을 뿐 아니라, 이런 이들이 바벨론에 포로로 잡혀갔음을 거듭 언급하여 하나님이 이들을 심판하신 결과 결국 왕정이 무너졌음을 강하게 일깨워 준다. 메시아인 왕은 이런 왕통의 왕들과 달리(그리고 폭력을 휘두른 헤롯 왕과 달리[마태복음 2장에서 유대인의 왕인 예수와 유대인의 왕이라 불리던 헤롯을 줄곧 대비함에 주목하라]) 선지자들이 제시한 대망을 성취하고 하나님의 정의와 긍휼을 구현하여 자신의 백성을 그들의 죄에서 구원하실 것이다. 여자들이 상당히 정교한 이 계보의 구조 속에서 다른 이들 가운데 '주석'(annotations)으로 자리하고 있음을 기억하는 것이 다시금 중요하다. 이 계보에서 설명이 필요한 이는 이 여자들만이 아니다.

(3) 네 여자의 또 다른 특징(마태의 계보는 이 네 여자의 처지를 설명할 때 이들을 종종 그 다음 사람과 연계한다)도 그들을 죄인으로 비판하기는커녕, 오히려 그 특징을 증거로 삼아 그들이 어떤 남자와 하나가 됨에는 그럴 만한 '특이한 상황'이 있었음을 제시한다. 그러나 결국 네 여자가 각각 어떤 남자와 하나가 됨도 하나님이 자신의 목적을 진전시키고자 행하신 일이었다. 브라운은 이를 마태의 계보에 네 여자가 들어 있는 이유를 적어도 일부나마 해명해 주는 설명으로 지지하면서, 이렇게 생각한다. "분명 (이 접근법을 취한 사람들 대부분이 중요하게 여기는 마리아를 포함한) 이 다섯 여자는 임

신 전이나 임신했을 때 그들의 상대였던 남자와 동침하는 것이 사람들이 입방아를 찧을 만한 수치스런 추문이자 정상에서 벗어난 일탈이었다는 공통점을 갖고 있다."[17] 이 견해를 적용하기가 좀 약한 인물이 라합이다. 라합이 살몬과 혼인(동침)한 것에 관하여 우리가 아는 것은 마태가 이 계보에서 우리에게 일러 주는 것밖에 없기 때문이다(아울러 §3에서 보겠지만, 마태와 그의 독자들이 이와 관련하여 라합이 살몬과 혼인했고 보아스의 어머니였다는 것 외에 더 많은 것을 알았을 가능성은 거의 없다). 라합과 살몬의 혼인(동침)을 "수치스런 추문이자 정상에서 벗어난 일탈"로 만들려면 라합이 기생이었다는 사실에 의지해야 한다. 그러나 만일 하나님이 자칫 혈통의 연속을 방해할 수도 있었을 일탈 상황을 통해 행하신 지점들이 마태의 계보에 존재함을 일러 주는 것이 목적이라면, 하나님이 이 계보에 이름이 등장하는 아들들을 낳을 수 있게 해주신 불임(不姙) 여자인 사라, 리브가, 레아도 언급했을 법한데 언급하지 않은 점에도 주목하지 않을 수 없다. 그러나 이 견해를 변형하는 것이 이 문제에 답을 제시해 준다. 즉 마태의 계보가 여자들을 언급한 것을 예수는 곧 마리아의 사생아라는 유대인의 비판에 맞서 제시한 일종의 변증으로 보는 것이다.[18] 이렇게 볼 경우, 강조해야 할 것은 히브리 성경/구약 성경에 나오는 여자 한 사람 한 사람이 처한 상황이 본질상 수치스럽다는 것이다. 중요한 점은 솔로몬의 조상 중에도 분명 일탈인 성관계가 있었지만 각 경우의 실체를 살펴보면, 여자는 실상 의로웠으며 하나님은 일탈처럼 보이는 그런 관계를 통해 행하셨다는 것이다. 다시 말하지만, 네 여자가 처한 상황을 통념의 틀에 맞추기 위해 억지로 쥐어짜야 하는 것은 아닌지 의문이 든다. 주장이 억지스럽고 자연스럽지 못할수록 변증 효과는 떨어지는 법이다.

---

17 Brown, *Birth*, 593.
18 E. D. Freed, "The Woman in Matthew's Genealogy," *JSNT* 29 (1987), 3-19.

(4) 사람들이 종종 (3)의 제안과 결합하여 주장하는 견해는 이 여자들이 주도적이고 결단력 있게 행동했으며, 하나님은 이 여자들의 그런 주도권과 의지를 사용하여 자신의 목적을 더 진전시키셨다는 견해다. 브라운은 이번에도 이런 견해를 상당히 자신 있게 이야기한다. "마태는 갖가지 역경에 에워싸인 아주 어려운 상황에서도 자신들의 상대방보다 적극성을 보이던 이 여자들을 하나님이 사용하셔서 메시아가 태어날 수 있게 하셨다는 사실에 주목하게 하려는 것이 분명하다."[19] 웨인라이트는 넓게 보면 이와 같은 접근법을 취하면서도 페미니스트로서 다른 대안을 제시한다.

> 각 여자가 부닥친 특이한 상황 또는 위험한 상황은, 어떤 점에서는 그 여자 한 사람 한 사람을 가부장제 중심의 혼인이나 가족 구조 밖으로 밀어낸다. 각 여자의 행위는 그런 구조를 더 크게 위협한다. …… 가부장제 중심의 내러티브는 이런 행위들을 재빨리 가부장제에 맞춰 이야기하지만, 동시에 이런 행위에는 여자들의 힘이 지닌 여러 측면이 암호처럼 들어 있는 것으로 볼 수 있다. 하나님의 메시아 계획은 그런 힘 안에서, 그리고 그런 힘을 통해 펼쳐진다. 따라서 마태의 계보에 여자들이 존재함은 가부장제를 비판하는 기능을 하고, 이야기를 펼쳐 가면서 독자를 이끌어 가야 할 내러티브 속에 어떤 긴장 지점을 도입한다.[20]

다말과 라합, 룻 모두 적어도 일부나마 여성 중심 시각으로 말하는 성경 이야기 안에서 그들의 행동으로 독립성과 주도권, 그리고 결단력을 두드러지게 보여 준다는 것은 분명 사실이다. 그러나 이런 독특한 특징이 네 여자

---

19 Brown, *Birth*, 595.
20 Wainwright, *Towards*, 68. 비슷하긴 하지만 동일하지는 않은 제안을 보려면, J. Schaberg, *The Illegitimacy of Jesus: A Feminist Theological Interpretation of the Infancy Narratives* (2d ed.; New York: Crossroad, 1990), 32-34을 보라.

를 마태의 계보에 포함시킨 주된 이유라고 보는 견해의 문제는 이런 특징이 밧세바에게는 적용되지 않는다는 것이다. 웨인라이트가 인정하고[21](웨인라이트는 밧세바의 경우, 강조점을 여자들의 힘에서 옮겨 가부장제 가족 구조를 마주한 밧세바의 특이한 위치에 둔다) 제인 샤버그(Jane Schaberg)*가 자세히 설명하듯이,[22] 사무엘하 11장은 밧세바를 철저히 수동적 존재로 묘사한다. 캐슬린 콜리(Kathleen Corley)**는 밧세바의 목욕이 성적 도발 행동이었다고 암시하는데("때마침 다윗이 자신을 볼 수 있는 곳에서 목욕했다"),[23] 이는 놀라울 만큼 남성 중심 시각으로 밧세바를 비방한 것이며, 성경 내러티브도 이런 비방에 전혀 힘을 실어 주지 않는다. 그런가 하면, 웨인라이트도 "우리아의 아내가 다윗에게 간 것은 그가 스스로 한 몇 가지 행위 가운데 하나"[24]라고 말하는데, 이런 행동이 밧세바가 선택한 것은 아니었다는 점에서 오해를 불러일으킬 수 있다. 왕의 명령을 받은 밧세바(삼하 11:4)가 선택할 수 있는 길은 명령에 따르거나 그 명령을 거부하고 그에 따른 확실한 재앙을 맞이하는 것뿐이다. 우리아의 아내는 마태의 계보에 등장하는 여자들이 하나같이 주도적이고 결단력 있게 행동했다고 보는 접근법에 움직일 수 없는 장애물을 제공한다. 시리아의 에프렘(Ephrem the Syrian, 4세기에 활동한 시리아의 은수자_ 옮긴이)이 예수 탄생을 노래한 그의 아홉 번째 찬송(이번 장 첫머리에서 인용했다)에서 이 접근법을 취하면서도 다말과 라합, 그리고 룻만 언급한 점은 주목할 만하다.

---

21 Wainwright, *Towards*, 168-171.

• 제인 샤버그(Jane Dewar Schaberg, 1938-2012). 미국의 신약 학자이자 여성학 학자다. 페미니즘 관점에서 누가복음, 복음서의 예수 유아기 내러티브, 막달라 마리아 같은 성경 속 여성을 깊이 연구했다.

22 Schaberg, *Illegitimacy*, 29-32.

•• 캐슬린 콜리(Kathleen E. Corley, 1960-). 미국의 신약 학자다. 신약 성경은 물론이고 영지주의와 성경에 등장하는 여성들을 깊이 연구했다.

23 Corley, *Private Women*, 149.

24 Wainwright, *Towards*, 68.

이 네 번째 제안의 또 다른 버전을 제시한 이들이 지중해 인류학에서 신약 성경을 그 맥락에 비춰 이해할 열쇠를 찾는 사회과학적 해석 학파다. 케네스 핸슨(K. C. Hanson)*과 더글러스 오크맨(D. E. Oakman)**은 마태의 계보 전체가 예수가 그의 혈통 덕분에 갖게 된 영예를 표현하려는 단일 목적을 지녔다고 강조한다.25 다섯 여자(앞서 말한 네 여자와 마리아)는 영예를 얻는 주도권을 행사하여 예수의 영예를 높인다. "결국 예수에게 부여된 영예는 그의 부계 혈통에 부여된 영예, **그리고** 족외혼(族外婚)을 통해 인연을 맺고 이 혈통에 들어오게 된 중요한 여자들에게 부여된 영예에서 유래한다."26 그러나 이 계보를 족외혼과 연계하는 축소 해석은 마태의 계보를 단순히 예수의 영예에 관한 진술로 본다는 점에서 마태가 그의 계보에 분명하게 부여하고 있는 풍성한 메시아 관련 의미를 무시하는 것이다.

나는 히브리 성경/구약 성경에 나오는 네 여자를 이방인으로 규정하는 것이 이 네 여자가 계보에서 가진 위치와 관련하여 네 여자 모두에게 공통된 요소를 설득력 있게 제시하고, 메시아를 염두에 둔 이 계보 전체의 목적에 잘 들어맞는 해석을 제공한다고 결론짓는다. 이와 다른 견해들은 방금 말한 핵심 요소들과 관련하여 그다지 설득력이 없다. 이것은 그런 견해들의 몇몇 측면이 계보에 담긴 추가 의미로 적절치 않을 수 있다는 뜻이 아니라, 그런 견해들의 몇몇 측면이 마태의 계보에 바로 이 네 여자를 포함시킨 주된 이유라 하기에는 적절치 않아 보인다는 뜻이다. 하지만 나는 마태의 계보가 이 여자들과 관련하여 히브리 성경/구약 성경 자체에서 입수할 수

---

* 케네스 핸슨(Kenneth C. Hanson, 1952-). 미국의 신약 학자다. 신약 시대 팔레스타인의 사회와 역사를 깊이 연구했다.
** 더글러스 오크맨(Douglas Edward Oakman, 1953-). 미국의 신약 학자다. 신약 시대 사회경제 배경을 깊이 연구했다.

25 K. C. Hanson and D. E. Oakman, *Palestine in the Time of Jesus: Social Structure and Social Conflicts* (Minneapolis: Fortress, 1998), 51-57.
26 Hanson and Oakman, *Palestine*, 57.

없는 정보를 전제하는 것 같다는 사실에서 두 가지 문제가 발생한다는 점을 언급했다. 그 두 가지 중 하나는 다말이 본래 어느 민족 출신인가라는 문제인데, 이 문제에 관한 증거가 제2성전기 유대교 문헌에 존재한다. 또 다른 문제는 라합과 살몬의 혼인이라는 문제인데, 이를 뒷받침하는 증거는 존재하지 않는다. 이 두 가지 특수한 문제를 해결하려면, 관련 유대 계보에 관한 추론을 여태까지 살펴본 것보다 꼼꼼하게 검토해 보아야 한다.

2. 다말의 조상

창세기 38장은 다말의 민족이나 조상에 관하여 아무 말도 하지 않는다. 다말도 유다의 첫 번째 아내처럼 본래 가나안에 살고 있던 민족 출신이라고 추측하는 것이 자연스러울 것이다(창 38:2). 반면, 다말이 가나안 출신이라는 말이 없기 때문에 가나안 출신이 아니라고 추론하는 이도 있을 것 같다. 앞으로 보겠지만, 둘 모두 유대인 주해자의 추론이다.

다말의 조상에 관하여 일러 주는 유대 전승 가운데 가장 이른 것은 희년서 41장 1절과 유다의 유언 10장 1절에서 등장하는데, 유다의 유언에서는 "열두 족장의 유언"(Testaments of the Twelve Patriarchs)에서 빈번히 볼 수 있듯이, 희년서가 족장들에 관하여 일러 주는 것과 같은 전승을 자세히 들려준다. (유다의 유언의 기원과 저작 시기는 논쟁 중인 사항이지만, 여기서 우리가 이 쟁점까지 관심을 가질 필요는 없다. 이 경우에는 우리가 다루고 있는 전승이 유다의 유언에 언제 통합되었든, 희년서와 유다의 유언이 일치한다는 점이 우리가 오래된 전승을 다루고 있다는 것을 보장하기 때문이다.) 두 텍스트는 이 점에서 가나안 사람이 아닌 다말을 가나안 사람인 유다의 아내와 강하게 대비한다(희년서 41:1, 2; 유다의 유언 10:1, 2, 6). 희년서 41장 1절은 이렇게 말한다. "유다가 그의 맏아들 엘에게 아람의 딸들에서 아내를 얻어 주었으니, 그 이름이 다말이었다." 반면, 유다의 유언 10장 1절은 이렇게 말한다. "엘이 아람의 딸 다말을 메소포타미아에서 데려왔다." 마태의 계보를 다룬 문헌을 보면, 어떤 논의도 없이 하나같이 이 말을 다말이 '아람 사람'이라는 의미로 이해하는 것 같다.[27] 이것은 더 자세한 조사가 이루어지지 않고 학자에서 학자로 전해지는 주장 가운데 하나다. 그러나 희년서에 들어 있는 이 전승의 맥락을 조금만 연구해 보면, 희년서 41장 1절은 다말이 아람인이라는 것을 의미하지 않음을 쉽게 알 수 있다.

창세기와 희년서에 따르면, 아람(אֲרָם)이라 불리는 두 사람은 셈의 자손이다(76쪽 표1을 보라). 셈의 아들인 첫 번째 아람(창 10:22; 희년서 7:18; 9:5)은 그 형제인 엘람, 앗수르, 아르박삿, 룻이 엘람 족속, 앗수르 족속, 갈대아 족속, 루딤 족속의 조상이었듯이, 그 조상 이름을 딴 아람 족속의 조상이었다(희년서 9:2-6; Josephus, *Ant.* 1.143-144). 두 번째 아람은 창세기 22장 21절에서 아브라함과 형제 사이인 나홀의 자손으로 등장하는데, 나홀의 아들 가운데 아람의 아버지 그므엘이 들어 있다. 이는 본래 (창세기 10장 22절과는 또 다른) 아람 족속의 기원을 일러 줄 목적으로 기록해 둔 것일지도 모른다. 특히 창세기에서 나홀 집안이 아람에 있었다고 일러 주기 때문이다.[28] 70인경은 이를 그런 의미로 받아들이지만(τὸν Καμουηλ πατέρα Σύρων), 우리가 앞으로 보듯이 희년서는 그런 의미로 받아들이지 않았다.

희년서 41장 1절을 올바로 이해하는 열쇠는 희년서 34장 20절에서 야곱의 열두 아들이 맞이한 아내에 관하여 제시한 설명이다. 일곱 명의 경우에는 아내 이름만 제시한다. 그러나 납달리의 아내는 메소포타미아에서

---

27 예를 들면, Brown, *Birth*, 72 주28: 희년서 41장 1절에서는 "다말을 아람 사람이라 부른다"; Luz, *Matthew 1-7*, 110: "다말을 아람 사람으로 여긴다"; Davies and Allison, *Matthew*, 1:170: "'아람의 딸,' 곧 아람 사람"; M. D. Johnson, *The Purpose of the Biblical Genealogies* (2d ed.; SNTSMS 8; Cambridge: Cambridge University Press, 1988), 159, 270 (그는 이 아람이 창세기 10장 22절의 아람이라고 본다); 참고. J. P. Heil, "The Narrative Roles of Women in Matthew's Gospel," *Bib* 72 (1991), 539.

28 참고. C. Westermann, *Genesis 12-36: A Commentary* (tr. J. J. Scullion; Minneapolis: Augsburg, 1985), 368; W. T. Pitard, "Aram (Person)," *ABD* 1:338.

표1. 창세기와 희년서의 아람

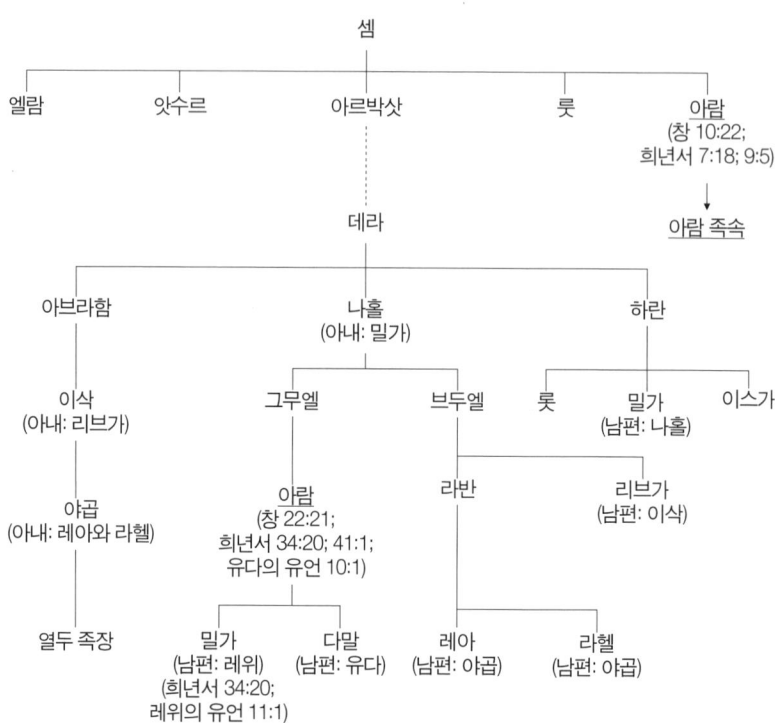

왔다고 말한다. 이 정보가 지닌 중요한 의미를 곧 살펴보겠다. 레위의 아내에 대해서는 "데라의 아들들의 자손(씨)이요 아람의 딸 가운데 하나인 멜가[밀가]"[29]라 말한다(참고. 레위의 유언 11:1). 창세기 41장 45절에 따르면, 요셉의 아내는 '이집트 사람 아스낫'이다(참고. 희년서 40:10). 또 창세기는 시므온과 유다가 가나안 사람을 아내로 맞았다고 말한다(창 38:2; 46:10[참고. 출 6:15]).

---

[29] 이 이름은 성경에서 밀가라 일컫는(창 11:29; 22:20) 나홀의 아내(희년서 19:10) 이름과 같다. 70인경 창세기 11장 29절과 22장 20절, Josephus, *Ant.* 1.151, 153에서는 나홀의 아내 밀가를 Μελχα라 적어 놓았으며, 레위의 유언 11장 1절은 레위의 아내를 Μελχα라 적어 놓았다.

희년서는 희년서 자체가 제시하는 세겜 이야기 해석(30:1-7)에 이스라엘 사람과 이방인의 혼인을 아주 엄혹하게 금지하는 내용을 덧붙여 놓았다(30:8-17).[30] 아울러 희년서는 아브라함과 이삭과 리브가가 야곱에게 야곱의 형 에서처럼 가나안 여자를 아내로 맞아서는 안 된다고 엄히 명령한 것을 강조한다(22:20; 25:1-5; 27:10). 희년서는 야곱의 아들들이 맞은 아내들을 열거하면서, 한 아들은 이집트 사람과 혼인했고 두 아들은 가나안 여자를 아내로 맞았음을 감추지 않는다.[31] 그러나 희년서는 이들의 이런 혼인을 인정하지는 않는다. 희년서는 이 명단에서 성경에 없는 정보를 덧붙인다. "시므온이 뉘우치고 그의 형제들처럼 메소포타미아 출신 아내를 하나 더 맞았다"(34:21). 이는 유다의 아내와 요셉의 아내를 제외하고 납달리의 아내뿐 아니라 다른 아내들도 메소포타미아 사람임을 암시한다. 메소포타미아는 희년서에서 나홀 집안의 고향을 나타내는 말로 사용하는 이름인데(성경은 이곳을 아람 나하라임과 밧단 아람이라 말한다), 야곱의 아내 레아와 라헬도 이곳 사람이었다(27:10, 12, 13; 29:12, 18; 아울러 유다의 유언 9장 1절을 보라). 결국 희년서에서 말하려는 의미는 야곱의 아들들 가운데 시므온과 유다, 그리고 요셉을 제외한 모든 아들이 그들 아버지의 예를 따라 아브라함과 형제지간인 나홀의 집안에서 아내를 맞았다는 것이며, 시므온도 나중에는 뉘우치고 그런 예를 따랐다는 것이다. 이런 결론을 확인해 주는 것이 레위의 아내(멜가, 곧 밀가, 창 11:29; 22:20)처럼 베냐민의 아내도 성(姓, family name)을 갖고 있다는 사실이다(야사카[Iyasaka], 곧 이스가, 창 11:29).[32] 더욱

30　J. C. Endres, *Biblical Interpretation in the Book of Jubilees* (CBQMS 18; Washington, D.C.: Catholic Biblical Association of America, 1987), 5장을 보라.

31　후대 유대인이 시므온의 아내와 유다의 아내가 가나안 사람임을 부인하려 한 점과 비교해 보라. R. H. Charles, *The Book of Jubilees* (London: A. & C. Black, 1902), 206의 주(註)들.

32　*Bib. Ant.* 4:14에서는 '에스가'(Esca)가 나홀 딸의 이름이라 말한다. 희년서 34장 20절과 평행을 이루는 시리아어 단편(Syriac fragment)에서는 갓의 아내가 나홀의 자손이라 밝힌다. Charles, *Jubilees*, 206 주를 보라.

이, 레위의 아내 조상은 더 정확하게 말한다. "데라의 아들들의 자손(씨)이요 아람의 딸 가운데." 이는 레위의 아내가 데라의 아들인 나홀의 손자 아람의 딸 가운데 하나였음을 의미하는 말임이 틀림없다. (데라라는 이름을 레위의 아내와 레위의 공통 조상으로 제시한다.) 그렇다고 이것이 레위의 아내가 아람 민족 출신임을 의미하는 것은 아니다.[33]

아람의 다른 딸이자 밀가와 자매 사이인 이가 다말이었다. 희년서 34장 20절은 다말을 언급하지 않는다. 거기서 제시하는 명단은 유다가 처음에 가나안 사람 베다수엘(Betasu'el; 41장 7절의 벳수엘[Bedsuel])과 혼인했을 때 상황을 일러 주기 때문이다. 34장 21절에서 시므온의 두 번째 혼인에 관하여 언급한 말은 유다에 관하여 언급한 말과 평행을 이루지 않는다. 유다와 다말의 혼인 이야기를 담고 있는 41장에서 유다의 혼인 상황을 다루기 때문이다. 유다의 유언에 이와 평행을 이루는 전승이 있는데, 사실은 이 평행 전승이 희년서 34장과의 연관 관계를 더 분명하게 만들어 준다. 즉 거기서 유다의 아들 엘은 할아버지의 선례를 따라 메소포타미아로 가서 아람의 딸 다말을 그의 아내로 맞는다(유다의 유언 10:1).[34]

레위와 유다가 자매간인 밀가와 다말과 각각 결혼한 것은 희년서 저자와 그의 전승을 따르는 자들에게 가장 중요한 인종적 순수성을 지키게 해 주었다. 남성 측과 여성 측, 즉 두 부족 모두 전적으로 아브라함의 아버지

---

[33] 희년서 27장 12절은 창세기 28장 5절을 따라 나홀의 아들 브두엘을 "시리아 사람 브두엘"이라 부르지만, 이는 브두엘의 출신 민족이 시리아 족속이라는 의미일 리가 없다. 희년서 37장 9절(참고. 38:3)을 보면, 아람 사람을 야곱에 맞선 에서의 동맹으로 제시하는데, 이 목록은 이스라엘과 가장 사이가 좋지 않은 이방인 원수들에 관한 저자의 인식을 확실하게 보여 준다(37:9, 10). 성경은 '아람 사람'이라는 말을 아브라함 자신을 가리키는 말로 사용하며(신 26:5) 그의 친척을 가리키는 말로도 사용한다(창 25:20; 28:5; 31:20, 24). 이런 성경의 용례는 후대 유대인을 불쾌하게 만들었다. 그들에게 '아람 사람'은 이방인이었기 때문이다. 70인경은 신명기 26장 5절 본문을 "내 아버지(조상)는 아람 사람이었다"로 기록하지 않고 "내 아버지(조상)는 시리아를 떠났다"로 기록해 놓았다. 참고. D. I. Brewer, *Techniques and Assumptions in Jewish Exegesis before 70 CE* (TSAJ 30; Tübingen: Mohr [Siebeck], 1992), 178.

[34] 희년서 41장은 창세기 38장 11절을 따라 다말의 아버지를 이 이야기에 끌어넣으면서(희년서 41:6, 13, 17), 이 이야기가 분명 가나안에서 일어났다는 문제를 무시한다. 유다의 유언은 다말의 아버지를 이 이야기에서 빼 버려서 이런 어려움을 회피한다.

인 데라의 후손인 것이다.[35]

다말의 조상에 관한 이런 설명을 보면, 다말은 이방인이었는가? 엄밀히 말하면, 하나님이 아브라함과 맺은 언약(창 17장)은 아브라함 및 그 자손과 맺은 언약이었지, 아브라함과 형제지간인 나홀의 자손과 맺은 언약이 아니었다(나홀의 남자 자손은 아마도 할례를 받지 않았을 것이다). 희년서 16장 30절은 심지어 하갈과 그두라가 낳은 아브라함의 자손은 물론이고, 에서를 통해 이어진 자손도 이방인이지 언약 백성의 구성원은 아님을 분명히 밝힌다(이와 달리, 창세기는 이를 은근히 암시할 뿐이다). 그럼에도 희년서는 족장들의 아내가 이방인이었음을 엄밀히 암시한 내용을 거의 대부분 간과하는 것 같다. 따지고 보면 그들도 아브라함 자신의 자손을 제외하면, 아브라함과 최대한 가까운 친족이었기 때문이다. 어쨌든 이런 설명에 따르면, 사라와 리브가, 레아, 라헬이 이방인이 아니었듯이, 다말도 최소한 이방인은 아니었던 셈이다. 물론, 마태가 제시하는 계보의 저자와 같은 또 다른 유대인 주해자라면, 다말의 조상에 관한 이런 설명을 토대로 다말이 사실은 이방인이었다는 결론을 끌어낼 수도 있었을 것이다. 그러나 그렇게 되면, 마태의 계보에 포함되지 않은 사라와 리브가, 레아에게도 같은 논지를 적용하게 될 것이다. 따라서 마태의 계보가 다말의 조상에 관한 이런 설명을 전제한다면, 그리고 그 계보가 사라나 리브가, 레아를 담고 있지 않은

---

35 희년서 41장 7절은 유다의 가나안 출신 아내가 낳은 아들 가운데 살아남은 셀라에게 자손이 없었다고 암시하지만(참고. 유다의 유언 11:5), 민수기 26장 20절, 역대상 4장 21절은 달리 말한다. 희년서는 유다 지파와 레위 지파의 조상이 순수 혈통을 지닌 민족이라는 것에 관심을 보이는데, 이와 유사한 예가 연대기 작가 데메트리우스(Demetrius the Chronographer, 주전 3세기 말에 알렉산드리아에서 활동한 것으로 보이는 유대인 연대기 작가로서 그리스어로 글을 썼다_ 옮긴이)의 단편 3(frg. 3 [Eusebius, *Praep. Evang.* 9.29.1-3에 있음])에서 모세의 아내 십보라의 계보를 제시하는 방식이다. 이 계보는 십보라가 아브라함과 그두라의 자손이라 밝힌다(이때 십보라의 할아버지이자 이드로의 아버지라 추정되는 라구엘[르우엘; 참고. 민 10:29]을 70인경 창세기 25장 3절에 나오는 라구엘과 동일시한다). 이 텍스트에 관하여 알아보려면, P. W. van der Horst, "The Interpretation of the Bible by the Minor Hellenistic Jewish Authors," in J. Mulder, ed., *Mikra: Text, Translation, Reading and Interpretation of the Hebrew Bible in Ancient Judaism and Early Christianity* (CRINT 2/1; Assen/Maastricht; Van Gorcum; Philadelphia: Fortress, 1988), 531을 보라.

점으로 보아, 다말이 마태의 계보에 등장하는 이유가 그를 이방인으로 여겼기 때문은 아닐 수 있다.

하지만 다말의 조상을 이렇게 보는 견해가 유대인의 유일한 견해는 아니었다. 마태의 계보와 관련이 있다고 생각되기 때문에 꼭 살펴봐야 할 견해가 또 있다. 타르굼 위(僞) 요나단(Targum Pseudo-Jonathan)(창 38:6)[36]과 후대의 랍비 전승(Gen. Rab. 85:10; Num. Rab. 13:4)에서 발견할 수 있는 견해가 그것이다. 이 견해에 따르면, 다말은 랍비들이 멜기세덱과 동일시한 셈의 딸이었다(Lev. Rab. 25:6; Num. Rab. 4:8). 마샬 존슨(Marshall Johnson)•이 이상하게 주장하듯이, 이 견해는 다말이 "아람의 딸"이라는 희년서의 견해를 "더 구체적이고 자세하게" 만든 것이다.[37] 존슨도 제시하듯이, 이는 "아브라함 자손이 아닌 다말의 조상을, 따라서 이방인인 다말의 조상을 언급하는 방식"일 수 없다. "셈은 다만 아브라함의 먼 조상이기 때문이다."[38] 분명 다말을 훨씬 분명하게 이방인 출신으로 제시하는 견해들(방법들)이 있었다! 후대의 모호한 본문인 룻기 라바(Ruth Rabbah) 8장 1절의 정확한 의미가 무엇이든,[39] 다말이 셈의 딸이었다는 생각은 바로 다말의 조상을 아주 고귀한 이들로 제시하여 유다 지파 계보의 순수성을 확보하려는 시도의 발단임이 틀림없다. 창세기 38장은 다말이 가나안 밖 출신임을 전혀 암

---

[36] 유대 전승에서 말하는 다말의 의에 관한 존슨의 논의(Johnson, Genealogies, 159-162)는 물론이고, 그가 다말의 조상에 관하여 붙여 놓은 부록(270-272)도 타르굼을 전혀 참고하지 않았다는 점이 특이하다.

• 마샬 존슨(Marshall D. Johnson, 1935-2011). 미국의 성경 학자다. 포트리스(Fortress) 출판사 디렉터로 일하기도 했다.

[37] Johnson, Genealogies, 159. 그는 이 아람을 셈의 아들로 여긴다(270).

[38] Johnson, Genealogies, 271.

[39] Johnson, Genealogies, 271-272의 견해와 달리, 이 본문은 분명 순수한 논박은 아니다. 존슨이 메시아의 조상에 관한 논박의 상황을 구성한 내용은 랍비 문헌에서 자주 문제를 제기하고 그 문제에 답하지만(다윗이 한 모압 여자의 자손임을 이야기한 Ruth Rab. 2:1이 그런 예다) 이는 반대자들에게 어떤 답을 제시하려는 목적 때문이 아니라 단지 성경 본문이 그런 문제를 불러일으켰기 때문임을 깨닫지 못함에서 비롯된 결과다. 존슨이 논박으로 여기는 것이 주해 기술일 때가 종종 있다.

시하지 않으며, 그 "아버지의 집"(38:11)이 가나안 안에 있었음을 암시한다. 이런 점 때문에 이 전승은 다말을 아브라함 집안과 상관없이 오직 참된 하나님만 예배하는 이들로서 이미 당시에 가나안에서 발견할 수 있었던 이들(셈-멜기세덱)의 딸로 만든다. 더욱이 셈-멜기세덱은 제사장이었기 때문에, 이 전승은 유다가 창세기 38장 24절에서 요구한 다말 처벌이 왜 몸을 팔아 음행을 저지른 제사장 딸에 대한 처벌(레 21:9)인지 설명해 줄 수 있었다(Tg. Ps.-Jon. 창 38:24, *Gen. Rab.* 85:10도 마찬가지다). 다말의 조상에 관한 이런 설명이 신약 시대에 이미 널리 퍼져 있었는지는 밝혀낼 수 없다.[40] 그러나 설령 그런 설명이 널리 퍼져 있었다 해도, 그것이 다말을 마태의 계보에 포함시킨 이유를 설득력 있게 일러 주지는 않는다.

위 필론이 다말을 언급한 부분(*Bib. Ant.* 9:5)은 불행히도 다말의 조상을 딱 부러지게 말하지 않는다. 모든 유대 전승처럼 위 필론도 다말의 행위를 정당화하지만, 독특한 방식으로 정당화한다. "이스라엘 자손에게서 떨어져 나가고 싶지 않았던 다말은 궁리 끝에 이렇게 말했다. '내가 이방인과 동침했다는 이유보다 내 시아버지와 동침했다는 이유로 죽임을 당하는 것이 나으리라.'" 이는 이방인과 혼인하는 것을 마뜩치 않아 하는 위 필론의 견해를 반영하지만(*Bib. Ant.* 18:13-14; 21:1; 30:1; 44:7; 45:3), 그렇다고 이것이 반드시 다말 자신이 본래 이방인 출신이 아니라는 의미는 아니다. 다말은 개종자였을 수도 있다. 그러나 이런 점을 언급하지 않고 그냥 넘어간다는 사실은 유대 전승에서 개종자로 여겼던 히브리 성경/구약 성경의 의로운 이방인에게 위 필론이 전혀 관심을 보이지 않는다는 점과 궤를 같이 할 것이다. 위 필론은 성경의 여자들에게 강한 관심을 보이면서도, 아스낫과 라합(참고. 20:7), 그리고 룻을 모두 언급하지 않고 넘어간다. 결국 위 필론은

---

40   요세푸스는 다말을 전혀 언급하지 않는다. 그는 「유대 고대사」(*Antiquities*)에서 창세기 38장에 있는 이야기를 하지 않는데, 이는 분명 다말의 조상이 누구인가라는 쟁점 때문이라기보다 다말과 유다의 의심스러운 행위 때문이다.

다말이 본래 가나안 사람이었으나 엘과 혼인할 때 개종했다고 생각한 전승을 받아들이면서도 이 전승을 강조하고 싶어 하지 않았을 수 있다. 다말을 나홀 자손이라 일러 주는 희년서 전승을 위 필론이 당연하게 받아들였을 가능성은 더 낮다. 그의 「성경 고대사」가 성경에 나오지 않는 계보 관련 정보를 풍성히 담고 있긴 하지만 희년서에서 발견할 수 있는 성경 밖의 계보 관련 전승은 전혀 공유하지 않기 때문이다.

한 랍비 전승은 3세기 말에 활동한 두 랍비가 다말이 개종자였다는 견해를 밝혔다고 일러 준다(b. Sot. 10). 존슨이 그랬듯이,[41] 이는 다말이 셈의 딸이라는 전승과 조화시키지 않아도 되는 견해다. 그러나 마태의 계보에 관한 연구에 더 적절한 견해는 다말이 개종자였다는 필론의 견해다. 그는 다말을 "팔레스타인 시리아에서 온"(ἀπὸ τῆς Παλαιστίνης Συρίας) 여자라 묘사하는데, 이는 다만 다말이 가나안 사람임을 이야기하는 필론 시대의 방식이다. 여러 신을 섬기고 우상을 숭배한 배경을 가졌던 다말은 개종하여 참된 한 하나님을 예배하고 섬기게 되었다(Virt. 220-222). 존슨은 필론이 다말을 "완전한 의미의 개종자"로 묘사하지 않는다고 말하는데,[42] 그가 그렇게 말하는 이유는 분명치 않다. 다말은 완전한 의미의 개종자인 것 같다.

이처럼 필론은 마태 시대의 유대인 주해자라면 다말을 명확히 이방인 출신으로 여겼을 수 있다는 증거를 명확하게 제시한다. 이런 견해가 다말이 마태의 계보에 포함된 이유를 잘 설명해 줄 수도 있다. 그러나 희년서 41장 1절과 유다의 유언 10장 1절은 이 견해를 뒷받침하는 증거로 더 이상 사용해서는 안 된다.

---

41   Johnson, *Genealogies*, 272.

42   Johnson, *Genealogies*, 160.

3. 라합의 혼인

마태의 계보에서 라합('Ραχαβ)이 언급된 것이 담고 있는 몇몇 측면은 독자들과 학자들을 당황하게 만들었다. 첫째, 이름의 철자가 특이하다. 70인경은 여리고의 창녀 이름 רחב을 'Ρααβ으로 음역했다(수 2:1, 3; 6:23, 25). 마태복음 1장 5절을 제외하면, 초기 기독교 문헌은 이 철자를 일관되게 사용한다.[43] 하지만 요세푸스의 「유대 고대사」 5.8-30을 담고 있는 몇몇 사본은 'Ραχαβη라 적어 놓았고, 다른 사본은 'Ρααβ이라 기록해 놓았다. 요세푸스는 성경에 나오는 이름들을 음역하는 데 70인경에 의존하지 않으며, 70인경과 다른 경우가 종종 있다. 이로 보아, 'Ραχαβη가 본래 표기일 가능성이 높으며, 'Ρααβ은 70인경과 그리스도인의 용례에 맞춘 표기일 가능성이 높다. 히브리어 ח를 그리스어 χ로 음역한 것은 특이할 게 없다. 물론 그리스어 χ는 히브리어 כ를 음역할 때도 쓴다. 따라서 철자는 마태의 계보가 보아스의 어머니를 일부러 유명한 라합으로 제시하려 한 것은 아닌지 진지하게 의심할 만한 이유가 되지 못한다. 만일 전혀 알려지지 않은 라합이나 '라갑'(Rachab)을 언급한 것이라면, 유명한 라합의 이름 철자가 특이한 것보다 설명하기가 훨씬 어려울 것이다.[44] 하지만 이 특이한 철자는 설명이 필요한 것 같다. 마태의 계보에 등장하는 이름은 대부분 70인경에서 제시하는 형태를 그대로 따르기 때문이다. 몇몇 이름이 다른 곳에서는 70인경과 다른 그리스어 이름 형태로 등장할 때도 있지만, 마태의 계보에서

---

[43] 히 11:31; 약 2:25; 클레멘스1서 12:1, 3; Justin, *Dial.* 111.4; Hippolytus, *In Dan.* 2.19.5; Origen, *In Jos.* 3.3-5; 7.5; *In Matt.* 16.5-12.

[44] 이 고찰 결과는 분명 J. D. Quinn, "Is 'PAXAB in Mt 1,5 Rahab of Jericho?" *Bib* 62 (1981), 225-228에서 제시하는 주장과 확실히 반대다. 퀸은 전혀 알려지지 않은 여자를 언급한 것이라고 주장하지만, 마태의 계보가 이 여자의 이름을 밝혀야 했던 이유는 설명하지 못한다. 마태의 계보를 보면, 히브리 성경/구약 성경 시대에 속하는 다른 세 여자는 성경에서 유명한 인물이다. 유대의 계보는 특별한 이유가 없으면 여자의 이름을 계보에 올리지 않는다.

Σαλμων(살몬, 1:5)에 이를 때까지 등장하는 사람들의 모든 이름은 70인경 형태를 따른다. 사실, 마태의 계보는 Σαλμων에 이르기까지 70인경의 역대상 1장 34절과 2장 1-11절을 그대로 따른다.[45] 하지만 Σαλμων 뒤에 이어지는 두 이름은 70인경과 다르다. Βοες는 달리 증명되지 않은 בעז의 그리스어 형태다(70인경에는 Βοος나 Βοοζ로 적혀 있다). 이는 마치 ʽΡαχαβ이 달리 증명되지 않은 רחב의 그리스어 형태인 것과 같다. 마태의 계보에 등장하는 나머지 이름 가운데 70인경의 형태와 다른 또 하나의 중요한 사례이자 유일한 경우[46]가 אסא를 음역한 ʼΑσαφ(아삽, 마 1:7[새번역])이다(70인경은 ʼΑσα, 요세푸스는 ʼΑσανος라 적어 놓았다).[47] 달리 증명되지 않은 두 형태 Βοες와 ʽΡαχαβ가 느닷없이 함께 등장한 것은 이 지점에서 마태의 계보가 이 계보의 나머지 부분과 달리, 70인경에 의존하지 않은 어떤 독립된 전승을 참고했음을 강하게 시사한다.[48]

학자들이 마태복음 1장 5절의 라합 언급에서 주목한 두 번째 특징은 이 언급 내용이 실제 연대와 일치하지 않는 것 같다는 점이다. 라합이 보

---

45 Ἑσρωμ이라는 철자를 역대상 2장 5, 9절의 A 텍스트에서 (그리고 룻기 4장 18절에서도) 발견할 수 있고, 대부분 사본의 역대상 2장 9, 10절에서는 (아울러 몇몇 사본의 룻기 4장 19절에서도) ʼΑραμ을 발견할 수 있으며, 대부분 사본의 역대상 2장 11절에서는 (아울러 룻기 4장 20, 21절의 A 텍스트에서도) Σαλμων을 발견할 수 있다.

46 Ἰωαθαμ(마 1:9)은 70인경 역대상 3장 12절의 형태(Ἰωαθαν)와 다르지만, 70인경의 다른 곳에서는 이 유다 왕을 나타낼 때 보통 이 형태를 사용한다. אמון을 가리키는 ʼΑμως(마 1:10)를 70인경의 몇몇 사본에 들어 있는 역대상 3장 14절에서 발견할 수 있으며, 70인경 사본 대부분은 다른 곳에서 이 왕의 이름을 나타낼 때 보통 이 형태를 사용한다(참고. 요세푸스: ʼΑμωσος). R. E. Brown, "*Rachab* in Mt. 1,5 Probably Is Rahab of Jericho," *Bib* 63 (1982), 79은 이 형태를 마태복음에서만 독특하게 나타나는 형태로 잘못 다루고 있다.

47 Johnson, *Genealogies*, 182은 이상하게도 여기서 증거를 잘못 이야기한다. (바로 앞 주에서 언급했듯이) אמון을 가리키는 형태로 ʼΑμως(마 1:10)를 사용한 것처럼, אסא를 가리키는 형태로 ʼΑσαφ을 사용한 것(마 1:7)은 그저 더 익숙한 이름인 אסף에 맞춘 것일 수도 있지만, 아사 왕을 시편 50편과 73-83편 저자와 동일시하는 미드라쉬의 견해를 반영한 것일 수도 있다. 이를 두고 성경의 두 인물을 "혼동"한 것이라 불러서는 안 된다(Davies and Allison, *Matthew*, 1:175). 이는 성경에서 종종 이름이 비슷한 두 사람을 동일시하던 유대교의 빈번한 주해 관습을 보여 주는 하나의 사례다. (다른 사례를 다음에서 언급할 것이다.)

48 Quinn, "PAXAB," 226-227.

아스의 어머니라는 말은 "홍미롭다. 유명한 라합은 이스라엘의 가나안 정복 시대에, 다시 말해 보아스 시대보다 거의 두 세기나 앞서 살았기 때문이다."[49] 그러나 이것은 오해다. 히브리 성경/구약 성경에 들어 있는 많은 계보처럼, 유다에서 이어지는 다윗 혈통의 계보(룻 4:18-22; 대상 2:1-15)도 그 계보가 아우르는 시대를 채우기는 턱없이 모자란 세대를 담고 있다. 레이먼드 브라운이 했던 것처럼 다윗에서 시작하여 거꾸로 거슬러 올라가며 헤아려 보면, 보아스의 아버지 살몬(마 1:4, 5; $\Sigma\alpha\lambda\mu\omega\nu$)은 라합보다 훨씬 뒤에 살았을 것이다.[50] 그러나 유대인 주해자라면 살몬을 성경 역사 속에서 소개할 때 그의 아버지 나손(마 1:4, $N\alpha\alpha\sigma\sigma\omega\nu$)을 언급하며 소개하는 것이 더 자연스러웠을 것이다. 역대상 2장 10절의 계보는 나손을 가리켜 "유다 자손의 방백"이라 말하는데, 이는 나손이 광야에서 지파 우두머리라는 지위에 있었음을 일러 준다(민 1:7; 2:3; 7:12-17; 10:14). 아울러 나손은 아론의 아내 엘리세바와 남매 사이기도 했다(출 6:23). 따라서 나손이 광야에서 죽은 출애굽 세대에 속해 있음은 잘 알려져 있었다. 그렇다면 그의 아들 살몬은 여호수아와 함께 가나안에 들어온 세대에 속했을 것이며 라합과 같은 시대 사람이었을 것이다.

마태의 계보에서 라합을 언급하는 내용과 관련하여 마지막으로 다룰 문제는 매우 명백하다. 히브리 성경/구약 성경은 물론이고 현존하는 어느 시대의 어떤 유대 텍스트에서도 라합이 살몬과 혼인한 것이나 보아스의 어머니라는 것을 알 수 없다. 이것이 꼭 마태가 라합을 다윗의 조상으로

---

49 Brown, *Birth*, 60. Davies and Allison, *Matthew*, 1:173도 브라운을 따른다("구약의 연대에 따르면, 라합과 살몬은 거의 200년이나 떨어져 있다"): Schaberg, *Illegitimacy*, 25(브라운에게 확인받지 못한 인용). Brown, "*Rachab*," 79-80은 자신이 잎시 지지른 실수를 인정하지 않은 채 올바른 견해를 빌아 들인다.

50 Josephus, *Ant*. 5.318-323은 분명 다윗부터 거꾸로 세대를 계산하여 보아스를 사사 시대 마지막 때인 엘리 때 인물로 제시한다. 그러나 룻기 1장 1절은 사사 시대에서도 그보다 훨씬 앞선 시대를 일러 주는 것 같다.

만든 원조라는 의미는 아니다. 라합을 메시아의 계보에 포함시키는 것이
(메시아와 이방인의 연관성처럼) 특정 신학 주제를 강조하는 것으로 어떤 무게
를 가지려면, 라합과 살몬의 혼인은 이미 사람들이 받아들인 주해 전통이
어야 했을 것이다. 그러나 희년서와 위 필론의 「성경 고대사」 같은 현존 유
대 문헌은 성경이 기록된 뒤에 활동한 유대인 저술가들이 성경의 계보가
일러 주는 정보에 존재하는 틈새를 메우는 데 많은 관심이 있었음을 보여
준다. 반면, 감질날 정도로 조각만 남아 있는 쿰란 문서 4Q544는 분명 출
애굽 시대와 그 뒤 시대 유다 지파와 레위 지파 구성원들의 계보에 관심이
있었으며, 계보와 관련하여 지금은 사라져 버린 추측이 분명 존재했음을
보여 준다. 따라서 이런 점들에서 유추하여, 계보와 관련된 유대인의 추측
이 성경 본문의 계보가 제시하는 정보를 확장하기도 했다는 일반 원리가
라합이 살몬과 혼인했다는 생각을 뒷받침할 만한 주해의 기초를 제시해
줄 수 있는지를 묻는 것은 당연하다.

성경에 나오는 인물들을 서로 이어 보려는 미드라쉬의 공통된 바람에
서 취한 특수한 형태 가운데 하나는 성경에서 남편을 언급하지 않은 여성
의 남편을 찾아내려는 것이었다. 야곱의 딸 디나나 모세의 누이 미리암만
큼 중요한 여자들은 필시 성경의 역사에 등장한 저명한 남자들과 혼인했
을 것이며, 확실히 그렇게 추론할 수 있다. 널리 퍼져 있는 전승에 따르면,
디나는 욥의 아내가 되었다고 한다(*Bib. Ant.* 8:7-8; *Tg. Job* 2:9; *y. B. Bat.* 15b;
Gen. Rab. 57:4).[51] 이렇게 남편을 선택했으리라는 것은 의심할 여지가 없
다. 디나 자신의 집안을 제외하면, 족장 시대에 하나님을 두려워한 유명
한 남자 가운데 디나가 혼인하기에 적합하다고 할 수 있는 사람으로 성경
이 제시하는 이가 거의 없기 때문이다. 특히 만일 욥이 종종 사람들이 주
장한 대로 에서의 증손자 요밥과 동일한 사람이라면(창 36:33; 대상 1:44; 참

---

51 욥의 유언 1장 6절에서는 디나가 욥의 두 번째 부인이었다고 말한다.

고. 70인경 욥 42:17c-d; 욥의 유언 1:1; Aristeas the Exegete, *apud* Eusebius, *Praep. Evang.* 9.25.1-3), 디나가 살던 때에 살았을 수 있다.[52] 요세푸스의 「유대 고대사」 3.54에 따르면, 그리고 어쩌면 4Q544에서도 그렇게 말하지 않나 싶은데, 미리암은 모세가 신뢰한 조력자 훌과 혼인했으며, 훌은 아론과 여호수아만큼이나 중요한 인물이었던 것 같다(출 17:10, 12; 24:14). 훌은 유다 지파에서 두드러진 사람이었다(출 31:2; 대상 2:19, 20, 50; 4:1, 4). 이 때문에 사람들은 나손의 누이와 아론의 혼인이 그랬던 것처럼 이 혼인도 레위 지파와 유다 지파 지도자들을 하나로 묶어 주는 혼인으로 적절하다고 생각했을 것이다. 비록 방법은 다르지만, 후대 랍비 전승은 미리암을 갈렙의 아내 에브랏과 동일시하여 같은 목표를 이루었다(Tg. 1 Chron 2:19; 4:4; *Exod. Rab.* 1:17; 48:4).

마찬가지로 라합에게도 남편이 필요했다. 유대 전승에 따르면, 라합은 개종자로서 큰 존경을 받았으며(*Num. Rab.* 8:9), 이스라엘의 하나님을 믿는 믿음을 하나님 백성을 위한 용기 있는 행동으로 실천한 사람이었다(히 11:31; 약 2:25; 클레멘스1서 12:1-8; Josephus, *Ant.* 5.11-14). 성경 내러티브는 여리고가 함락되었을 때 라합이 미혼이었음을 암시하지만(수 6:23),[53] 이 내러티브는 라합이 이스라엘에서 자손을 가졌음을 의미하는 것으로도 해석할 수 있을 것이다(수 6:25). 따라서 라합은 저명한 이스라엘 사람과 걸맞은 혼인을 한 게 틀림없다. 랍비 전승은 라합이 여호수아와 혼인했다고 주장했

---

[52] 디나와 욥의 혼인은 미드라쉬의 또 다른 강한 바람을 만족시킨다. 바로 욥의 아내처럼, 성경에는 그 이름이 나오지 않는 인물들의 이름을 알고 싶어 하는 욕구가 그것이다. *Bib. Ant* 44:2에서 (사사기 17장 2-4절은 그 이름을 밝히지 않는) 미가의 어머니를 들릴라와 동일시한 것과 비교해 보라. "익명성에서 후퇴"(retreat from anonymity) 원리에 관하여 알아보려면, E. Segal, "Sarah and Iscah: Method and Message in Midrashic Tradition," *JQR* 82 (1992), 419를 보라; 그리고 R. A. Freund, "Naming Names: Some Observations on 'Nameless Women' Traditions in the MT, LXX and Hellenistic Literature," *SJOT* 6 (1992), 213-232을 참고하라.

[53] Freed, "Women," 12은 Josephus, *Ant.* 5.8-15에서 라합이 혼인했으며 자손이 있었음을 암시한다고 생각한다. 그러나 그렇다 할지라도, 프리드가 주장하듯이 이 암시 내용은 마태복음 1장 5절과 아무 관계가 없다. 여리고가 함락되기 전에는 라합이 살몬을 통해 자식을 얻을 수 없었기 때문이다.

다(*b. Meg.* 14b-15a). 라합이 살몬과 혼인했다는 것 역시 같은 문제에 내놓은 다른 해결책일 것이다. 정말 그랬는지 썩 분명해 보이지는 않지만, 그렇게 혼인했다 해도 그리 놀라운 일은 아니다. 나손의 아들처럼 여호수아도 유다 지파에서 두드러진 사람이었을 것이다. 그가 라합과 혼인했다는 전승은 그가 여리고에 들어간 정탐꾼 가운데 하나였다는 전승과 연결되었을 수도 있다.

하지만 성경을 주해하면서 라합이 살몬과 혼인했다고 믿을 만한 더 구체적 이유가 있는지는 물어볼 가치가 있다. 존슨은 (*Ruth Rab.* 2:1과 *Sifre Num.* 78에 보존되어 있는)[54] 역대상 4장 21절에 대한 랍비의 주해 전승에서 라합이 유다 지파 사람과 혼인했다는 견해를 뒷받침하는 증거를 제공한다고 주장했다. 하지만 이에 대해서는 의문이 든다. 룻기 라바 2장 1절은 역대상 4장 21-23절에 관한 일련의 다른 해석 중 첫 번째 해석을 담고 있다. 이 해석은 이 본문 전체가 라합과 정탐꾼, 그리고 라합의 자손을 언급한다고 해석한다. 다른 해석들은 본문 전체를 다윗과 그의 가족을 언급한 것으로 보거나(2:2), 4장 22, 23절을 모세와 의인을 언급한 것으로 보거나(2:3), 4장 22절을 엘리멜렉과 그의 가족을 언급한 것으로 본다(2:4). 민수기 시프레(*Sifre on Numbers*) 78은 역대상 4장 21절이 (*Ruth Rab.* 2:1처럼) 라합을 언급한다고 보는 해석과 역대상 4장 22절이 (*Ruth Rab.* 2:4처럼) 엘리멜렉과 그의 가족을 언급한다고 보는 해석을 결합한다. 역대상 4장 21-23절은 유다 지파 계보에 속한다. 그렇지만 상상력을 많이 발휘한 이 랍비들의 주해가 라합을 유다 지파에 속한 이로 만드는 데 관심을 가졌을 가능성은 거의 없다. 결국 4장 22절이 모세를 언급한 것으로 보는 해석(*Ruth Rab.* 2:3)은 분명 모세를 유다 지파 사람으로 만들려 하지 않는다. 역대상 4장 21-23절 전

---

54 Y. Zarowitch, "Rahab als Mutter des Boas in der Jesus-Genealogie (Matth. I 5)," *NovT* 17 (1975), 3-4에서도 같은 두 본문을 언급한다.

체를 라합과 그 자손을 언급한 것으로 보는 해석(*Ruth Rab.* 2:1)에서는, 23절에 따를 경우 라합이 다윗의 조상이었다는 결론에 도달하기가 쉬웠겠지만, 이런 일은 이루어지지 않았다. 그 대신, 라합의 자손에 관한 전승(여기와 *Sifre Num.* 78에 있는 전승)은 라합이 선지자이기도 했던 몇몇 제사장의 조상이라고 일러 준다.[55] 다른 곳에서는 이 전승을 라합의 딸 중 몇 사람이 제사장과 혼인했으며(*Num. Rab.* 8:9) 라합의 남편은 여호수아였다는 전승(*b. Meg.* 14b-15a)과 연관 짓는다. 이러한 연관 관계는 아마도 다른 곳에는 전혀 없는 이야기일 것이다. 성경이 여호수아의 아들을 전혀 기록하지 않는다는 사실(참고. 대상 7:27)은 라합의 자손을 그의 딸을 통해 추적하는 이유를 설명해 주기 때문이다(참고. *b. Meg.* 14b). 따라서 룻기 라바 2장 1절과 민수기 시프레 78은 아마도 라합이 유다 지파 사람과 혼인했다는 전승의 증거가 아닐 것이며, 라합이 여호수아와 혼인했다는 전승을 전제한다.[56]

라합이 살몬과 혼인했다고 주해하는 근거는 오히려 역대상 2장 54, 55절에서 찾아야 한다. 이 역대상 본문은 (2장 11절과 51절과 마찬가지로) 살마

---

[55] 이는 여호수아 2장 8-13절을 라합 자신도 예언을 했음을 일러 주는 본문으로 보는 해석과 관련이 있다. Josephus, *Ant.* 5.12; 클레멘스1서 12:5-8을 보라.

[56] 내가 이 논문을 처음 발표한 뒤, 래리 라이크(Larry Lyke)는 *Ruth Rab.* 2장 1절을 존슨과 다른 방식으로 마태의 계보와 연관 지었다(라이크는 존슨이 이 본문을 다룬 내용이나 내가 이 본문을 다룬 내용을 언급하지 않는다): L. L. Lyke, "What Does Ruth Have to Do with Rahab? Midrash *Ruth Rabbah* and the Matthean Genealogy of Jesus," in C. A. Evans and J. A. Sanders, eds., *The Function of Scripture in Early Jewish and Christian Tradition* (JSNTSup 154; SSEJC 6; Sheffield: Sheffield Academic Press, 1998), 262-284. 그는 그것을 랍비들이 룻과 라합과 다말 이야기를 뒤섞은 증거로 본다. 그러나 그가 세 사람의 이야기 사이에서 발견하는 평행 본문은 룻기 라바 본문에는 전혀 존재하지 않으며, 룻기 라바와 마태의 계보의 연관성을 설명하는 데 필요하지도 않다. 앞의 내 텍스트에서 언급했듯이, *Ruth Rab.* 2장 1-4절은 역대상 4장 21, 22절에 관하여 서로 다른 세 해석을 담고 있다. 이 세 해석 가운데 둘(2장 2절은 역대상 본문을 다윗과 연계하며, 2장 4절은 엘리멜렉과 연계한다)은 역대상 4장 22절("혼인하여 모압 족속이 된")을 모압을 언급한 것으로 읽어 룻과 연계한다. 또 다른 두 해석은 역대상 4장 22절 본문을 재구성하여 그 문언을 이렇게 읽어 낸다. "그 남자/그 여자의 행적이 그 아버지에 이르렀다"(이는 라이크도 인정한다: 273쪽). 결국 이 본문을 라합과 연계하는 첫 번째 해석은 모압이나 룻과 전혀 연계하지 않는다. 룻기 라바는 분명 역대상 4장 21, 22절에 관한 네 해석을 한 덩어리로 통합해 놓았다. 하지만 그 넷 가운데 룻과 연관이 있는 것은 둘뿐이다. 참고. J. Neusner, *Ruth Rabbah: An Analytical Translation* (BJS 183; Atlanta: Scholars Press, 1989), 55-56.

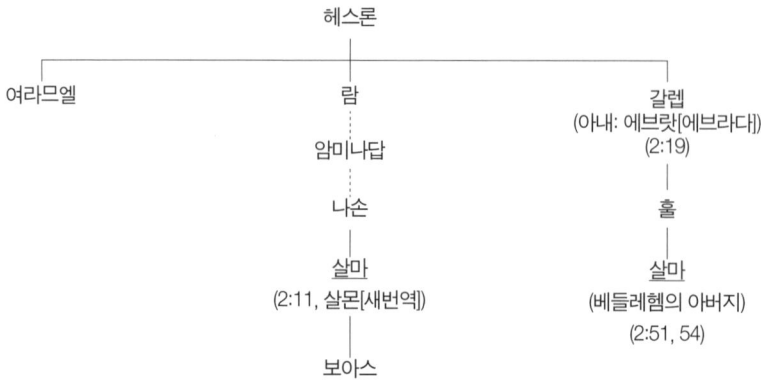

표2. 역대상 2장에서 언급하는 살마

(שׂלמא[살몬])를 언급할 뿐 아니라, (마태복음 1장 5절처럼 'Ραχαβ이라 음역할 수도 있는) 레갑(רכב)을 언급한다. 현대에 역대상 2장의 계보를 읽는 이들은 살마 (한글 개역개정 성경은 역대상 2장 11절과 54절 모두 '살마'라 번역하였고, 한글 새번역 성경은 11절은 '살몬'으로, 54절은 '살마'로 번역하였다_ 편집자)라 불리는 두 사람을 구분한다(표2를 보라). 두 사람 가운데 하나(2:11)는 다윗의 조상이었고 히브리 성경/구약 성경의 다른 곳에서는 룻기에 덧붙여 놓은 비슷한 계보에서만(룻 4:20, 21) 나타나며, 마태복음 1장 5절의 살몬(Σαλμων)이다. 그러나 또 다른 살마(대상 2:51, 54)가 베들레헴과 밀접한 관련이 있음은 주목할 만하다. 그의 할머니 에브랏은 베들레헴 주위에 살았고 베들레헴과 밀접한 이들로 여겨지게 된 부족에게 그 이름을 주었다(창 35:19; 48:7; 룻 1:2; 4:11; 삼상 17:12; 미 5:2[마소라 사본 5:1], 70인경 여호수아 15:59a). 역대상 4장 4절은 그의 아버지 훌을 베들레헴의 아버지라 부르지만, 역대상 2장 51절과 54절은 살마 자신을 베들레헴의 아버지라 부른다. 보아스와 그의 친족과 자손은 베들레헴 출신 에브랏 사람이었다(룻 1:2; 4:11; 삼상 17:12). 따라서 본래 그들의 혈통은 베들레헴의 아버지요 에브랏의 손자인 이 살마에게서

유래했을 개연성이 있다.[57] 다윗의 조상 살마는 나중에 나손의 아들이 되었을 것이다. 이는 다윗이 틀림없이 유다 방백의 자손일 것이라 생각했기 때문이다(대상 2:10).

신약 시대 유대인 주해자들은 이와 같은 역사 비평식 재구성에 몰두하지 않았겠지만, 그들이 2장 11절의 살마와 2장 51, 54절의 살마를 동일시했을 가능성은 있다.[58] 사실, 타르굼 룻기 4장 20절도 이렇게 동일시한다(아울러 Tg. 1 Chron 2:54도 참고하라). 이름이 같은 사람은 되도록 동일한 인물로 보는 것이 사실상 유대인이 행하는 성경 주해의 원리였다. 이런 사람들의 아버지 이름을 여기에서는 이렇게 말하고 저기에서는 저렇게 말하는 식으로 다 달라도 그것은 걸림돌이 되지 않았다.[59] 그러나 2장 51절의 살마가 훌의 아들임을 명백히 할 필요도 없었다. 이는 마소라 본문의 2장 50절을 70인경(υἱοὶ Ὡρ)에 맞춰 (갈렙이 훌의 아들임을 나타내는) בן חור에서 (훌의 자손을 의미하는_ 옮긴이) בני חור로 고쳐서, 뒤따르는 이름들이 훌의 자손임을 나타내기만 하면 분명해진다. 마소라 본문의 경우처럼 2장 50, 51절을 읽는 유대인 주해자라면 살마의 부모를 일러 주는 말을 찾을 수 없었을 것이며, 따라서 살마를 2장 11절의 살마와 동일시하기가 더 쉬웠을 것이다. 더군다나, 2장 54절의 살마가 다윗의 조상임은 살마의 자손을 모호하게 언

---

[57] L. M. Luker, "Ephrathah (Person)," and "Ephrathah (Place)," *ABD* 2:557-558에서는 역대상 2장 24절을 수정하여 에브랏이 헤스론의 아내였다가 나중에 갈렙의 아내가 되었으며 이를 통해 결국 다윗의 조상이 되었다고 본다. 그러나 이런 수정은 의심스럽다. 어쨌든 역대상 2장은 (다윗의 조상인) 람이 헤스론과 에브랏 사이에서 태어난 아들이었다고 말하지 않는다(헤스론에게는 다른 아내들이 있었다). 에브랏을 미리암과 동일시하는 랍비 전승(*Exod. Rab.* 1:17; 48:4)은 다윗이 에브랏-미리암에서 시작하여 (삼상 17:12) 훌, 우리, 브살렐을 거쳐 내려온(대상 2:20) 혈통의 자손이라 주장하지만, 이 다윗의 계보가 역대상 2장 9-15절과 어떻게 조화를 이루는지는 분명치 않다.

[58] 70인경은 2장 11절에서 שלמא를 Σαλμων으로 음역했지만, 2장 51절과 54절에서는 (역대상 3장 5, 10절에서 볼 수 있듯이, 보통 שלמה를 음역할 때 사용하는) Σαλωμων으로 음역했다. 이는 분명 두 사람을 구분한 것이지만, 어쩌면 후자가 솔로몬 왕과 같은 인물임을 나타내려고 그리했을 수도 있다.

[59] 예를 들어 *Num. Rab.* 10.5에서는 사무엘의 아들 요엘(삼상 8:2)을 브두엘의 아들인 선지자 요엘(욜 1:1)과 동일시하면서, 브두엘이 사무엘의 또 다른 이름이라 결론짓는다.

급한 뒤(2:54, 55) 다윗의 계보가 이어진다는 사실(3:1-24)이 확인해 주었을 것이다.

역대상 2장 55절의 레갑(רכב)과 라합(רחב)을 동일인으로 보는 것은 성경에서 같은 이름을 가진 인물뿐 아니라 비슷한 이름을 가진 인물도 동일인으로 여기는 미드라쉬 원리에 해당하는 사례일 것이다. 예를 들면, 이미 언급한 것처럼 욥을 요밥과 동일한 이로 여겼고, 선지자 미가를 이믈라의 아들 미가야와 동일한 이로 여겼으며(LivPro 6:2), 선지자 아모스(Amos)를 이사야의 아버지 아모스(Amoz)와 동일한 이로 여겼다(사 1:1; 참고. AscIsa 1:2; 4:22). 엘닷(민 11:27, 28)을 엘리닷(민 34:21; 참고. *Num. Rab.* 15:19)과 동일하다고 여겼고, 히라(창 38:1)를 두로의 히람과 동일하게 여겼다(왕상 5:1; 참고. *Gen. Rab.* 85:4). 타르굼 역대상 2장 55절에서는 레갑(רכב)을 모세의 손자 르하뱌(רחביה)(대상 23:17; 24:21; 26:25)와 동일한 이로 여긴다. 이 때문에 라합을 언급하면서 라합이 계보상 이스라엘과 연관이 있음을 확증해 줄 곳을 찾던 주해자라면 역대상 2장 55절의 레갑(רכב)에서 라합을 쉽게 찾을 수 있었을 것이다.

어떻게 이 본문을 라합이 살마(살몬)와 혼인했다는 의미로 받아들일 수 있었을까? 가능한 설명이 둘 있다. 역대상 2장 55절의 마지막 문장은 보통 이렇게 번역한다. "이는 다 레갑 집안의 조상 함맛(Hammath)에게서 나온 (חמתה) 겐 족속이더라." 여기서 함맛(חמת)을 지명으로 이해하는 것은 문제가 있다. S. 탈몬(Talmon)*은 함맛이 혼인으로 생긴 친족 관계, 곧 '시아버지'를 가리키기 때문에(참고. 창세기 38장 13, 25절, 사무엘상 4장 19, 21절에서는 חם이 '시아버지'를 가리키며, 미가 7장 6절은 그 여성형 명사인 חמות를 '시어머니'를 가리키는 말로 사용한다), 역대상 2장 55절의 마지막 문장은 이렇게 번역해야 한다고

• 셰마르야후 탈몬(Shemaryahu Talmon, 1920-2010). 이스라엘의 성경 학자다. 히브리대학교 성경 프로젝트를 이끌었으며 사해 사본 연구와 이해에 크게 기여했고, 유대교와 기독교의 상호 이해와 교류에도 적극 참여했다.

주장한다. "이들은 레갑의 집 조상의 인척에게서 나온 겐 족속이다."⁶⁰ 우리의 유대인 주해자가 מחמת을 이런 의미로 이해했다면,⁶¹ 그는 이 문장을 여호수아 2장 12, 18절, 6장 25절에서 라합의 '아버지 집'을 언급하는 말과 연계하여 읽을 수 있었을 것이며, 그 말을 살마의 자손 겐 족속이 라합 아버지의 인척에서 유래했다는 의미로 받아들였을 수 있다. 그들이 그의 인척임은 그의 딸 라합이 살마와 혼인했기 때문이다.

또 다른 가능성을 제시하는 것이 70인경의 이 구절 번역이다. 70인경 본문은 מחמת을 하맛(Hamath)이라는 장소를 언급하는 말로 보아 ἐξ Αἱμαθ로 번역했다.⁶² 그러나 대부분 사본은 ἐξ Μεσημα를 제시한다(알프레트 랄프스가 편집한 독일성서공회판 70인경은 ἐκ Μεσημα를 제시한다_ 옮긴이). 여기서는 מחמת의 첫 글자를 전치사 역할을 하는 접두어(=ἐκ)로 받아들이기보다(또는 그렇게 받아들임과 동시에) 어떤 고유 명사의 첫 음절로 받아들였다.⁶³ 이는 ἐξ Μεσημα가 셰마르야후 탈몬의 주장처럼 70인경 사본 전승 안에서 일어난 ἐξ ημαθ의 그릇된 변조(개악)일 수 없음을 의미한다.⁶⁴ 그런 주장을 따른다면, 히브리어 מ을 με로 음역할 수 없었을 것이다. 우리는 מחמת 대신 이와 다른 히브리어 형태가 있었으리라고 추정할 수밖에 없으며, 그 형태는 십중팔구 משמה였을 것이다. 이것이 가장 가능성이 높은 형태다. 히브리 성

---

60   S. Talmon, "כב־דרך בית אבי מחמה הבאים הקינים המה: 1 Chron. ⅱ, 55," *IEJ* 10 (1960), 174-180. REB에서는 이 해석을 받아들였다: "이들은 레갑 족속의 조상과 혼인으로 이어진 겐 족속이다." 탈몬의 주장에 반대하는 견해를 보려면, C. H. Knights, "Kenites=Rechabites? 1 Chronicles ⅱ 55 reconsidered," *VT* 43 (1993), 13-17을 보라. 우리 목적에 비춰 볼 때, 이 본문의 원래 의미보다 중요한 것은 신약 시대 유대인 주해자라면 이 본문을 탈몬과 같은 식으로 읽을 수 있었다는 점이다.

61   후대에 מחמת을 이런 의미로 이해했음을 보여 주는 증거는 역대상 2장 55절을 사사기 1장 16절과 연관 지어 읽은 랍비들의 주해 전통에서 찾을 수 있을 것 같다(*b. Soṭ.* 11a; Mekilta de R. Ishmael to Exod. 18:27; 참고 Tg Judg 1:16). C. H. Knights, "Jethro Merited that his Descendants Should Sit in the Chamber of Hewn Stone," *JJS* 41 (1990), 247-249을 참고하라.

62   70인경 다른 곳에서는 חמת을 Αἱμαθ 또는 Ἐμμαθ로 음역한다.

63   Talmon, "1 Chron. ⅱ, 55," 174. Knights, "Kenites," 11도 탈몬을 따른다.

64   Talmon, "1 Chron. ⅱ, 55," 175 주5.

경/구약 성경이 증언하는 히브리 이름 שמע('세마', 대상 2:43, 44; 5:8; 8:13)에서 역대상 2장 55절이 제시하는 시므앗 족속(שמעתים)의 이름이 나왔다고 여겼을 수 있기 때문이다. 이 형태를 따르면, 역대상 2장 55절 끝에 나오는 모호한 언급은 디랏 족속, 시므앗 족속(שמעתים), 그리고 수갓 족속이 "레갑의 집 조상 세마(שמע)에게서 나온 겐 족속"임을 설명해 주었을 것이다.

우리 유대인 주해자가 역대상 2장 55절 같은 히브리어 본문을 읽는다면, שמע와 שלמא를 동일하게 볼 때에야 비로소 이런 진술을 발견할 수 있을 것이다. "이들은 **라합**의 집 조상 **살마**에게서 나온 겐 족속이다." 살마는 라합의 집 조상으로서 라합의 남편이었다.

고대 유대인의 주해에 익숙하지 않은 현대 독자가 보기에는 역대상 2장 54, 55절에서 라합이 살마와 혼인했다는 정보를 끌어낼 수 있는 방법을 제시한 이 두 설명이 복잡하고 정직하지 못한 것처럼 보일지도 모르겠지만, 이는 그 시대의 주해가 충분히 제시할 수 있을 만한 견해다. 실제로 역대상 2장 54, 55절 주해가 라합이 살마와 혼인했다는 생각의 원천이라면, 마태가 70인경의 형태 'Ραάβ을 대체하지 않고 특이한 철자 'Ραχάβ을 그대로 유지하여 자신이 계보에서 제시한 정보의 기초가 바로 그런 주해임을 암시했음을 알 수 있다.

4. 가나안 족속 여자들

우리는 §2에서 희년서는 물론이고 필시 위 필론에서도 (1세기 유대인이 한 민족으로서 순수성을 유지하는 데 관심을 가진 것처럼) 이스라엘의 두 핵심 지파인 유다 지파와 레위 지파의 민족(혈통) 순수성에 관심을 가진 증거를 발견했다. 이것은 다말 같은 여자 조상을 개종자로 여기고 이방인이 유대인이 된다고 해서 누그러지지는 않을 접근법이며, 제2성전기 유대교 안에 널리 퍼져 있던 접근법도 분명 아니었다. 마태의 계보는 누가 봐도 이방인인 룻과 라합을 포함하고 있다는 점에서 그런 관심사와 극명한 대조를 이룬다. 이런 점을 볼 때, 마태는 다말도 메시아의 이방인 여자 조상에 속하는 것으로 여겼을 가능성이 높다. 아울러 우리는 §3에서 주해를 통해 살마(살몬)가 라합과 혼인했음을 인정할 근거를 찾을 수 있음을 발견했지만, 이는 교묘한 창의성을 발휘한 주해 덕분이다. 이런 창의성은 유대인의 주해에서 종종 볼 수 있는 것이지만, 논쟁 대상이 될 수 있고 보편적 지지를 받지 못할 해석으로 이어질 때도 자주 있었다. 따라서 마태가 그의 계보에 라합을 포함시키는 데 큰 중요성을 부여해서 이런 종류의 주해에 의존한 것은 분명 놀라운 점이다(그 주해는 마태 자신의 주해일 수도 있지만, 그가 알고 있던 유대교의 전통적 주해였을 개연성이 더 크다). 다시 말하지만, 마태가 생각하는 라합의 중요성은 룻과 더불어 라합도 히브리 성경/구약 성경에서 이스라엘의 하나님을 믿는다고 고백하고 하나님의 언약 백성 가운데 하나가 된 이방인 중 가장 유명한 두 본보기 가운데 하나라는 사실에 기초하여 가장 잘 설명할 수 있을 것 같다. 라합은 이방인을 포용하는 하나님 백성의 개방성을 보여 주는 두드러진 사례다. 나중에 메시아는 이런 개방성을 확인하고 확장할 것이다.

마태의 계보에 들어 있는 네 여자가 정확히 어느 민족 출신인지는 흥미로운 관심사다. 다말과 라합은 가나안 사람이었으며, 룻은 모압 사람, 그리고 밧세바는 헷 사람 우리아의 아내였다. 가나안 족속뿐 아니라 헷 족속도 하나님이 몰아내겠다고 약속하고 이스라엘에게 멸절시키라고 명령한 가나안 땅 일곱 족속 가운데 들어 있었다(출 23:23, 28; 33:2; 34:11; 신 7:1; 20:17; 수 3:10; 왕상 9:20, 21; 스 9:1). 이스라엘은 그들과 혼인하지 말아야 했다(신 7:3, 4; 삿 3:5, 6; 스 9:1). 그들은 우상을 숭배하면서 거룩한 땅을 우상 숭배와 악으로 더럽히는 이방인 가운데 가장 혐오스러운 이들이었다. 모압 족속은 이 범주에 들어 있지 않았지만, 그들은 물론이고 그들의 10대 자손까지도 "야훼의 총회"에 들어올 수 없었다(신 23:3). 따라서 메시아의 계보에 이 여자들이 존재한다는 사실은 유대인의 배타주의 사상과 특히 첨예하면서도 명백한 대조를 이룬다.

다말과 라합만이 마태복음에 나오는 가나안 족속 여자는 아니다.[65] 마태는 마가가 그 시대 관용어로 "수로보니게 족속"(시리아-페니키아 사람)이라 부르는 여자(막 7:26)[66]를 성경의 용어를 따라 "가나안 족속"이라 부른다(마 15:22).[67] 종종 말했듯이, 이것은 복음서에서 가장 주목할 만한 이야기 가운데 하나이며, 예수와 대화하는 사람이 예수로 하여금 마음을 바꾸게 만든 유일한 이야기다. 이 여자는 마태가 그의 복음서에서 끊임없이 주목하면서 여자 자신의 시각으로 이야기를 서술한 극소수 여자 가운데 한 사람이다. 마태가 서술한 기사는 마가의 그것보다 조금 길고 사뭇 다르다. (내가 볼 때) 마태는 마가복음을 거의 인용하지 않고 그가 알고 있던 평행 전승을 주로 인용한 것 같다. 이 여자와 마태의 계보에 등장하는 여자들의 유사성은 '가나안 여자'라는 호칭만이 아니다. 비록 상황은 다르지만, 이 여자도 다말과 라합과 룻처럼 주도권을 쥐고 단호한 의지를 품고서 행동하여 자신의 목적을 성취한다. 여기서 마태복음 15장 21-28절을 자세히 다루지는

---

[65] Bredin, "Gentiles"에서도 다말과 라합을 가나안 족속 여자와 연계하지만, 색다르게 마태복음이 반영하는 마태 공동체 내부의 논쟁에 관한 주장의 일부로서 그렇게 연계한다.

[66] G. Theissen, *The Gospels in Context: Social and Political History in the Synoptic Tradition* (Minneapolis: Fortress, 1991), 245-247은 마르틴 헹엘의 의견에 반대하면서, "수로보니게"라는 말을 꼭 서방(로마)의 시각으로 봐야 하는 것은 아니며, 시리아나 팔레스타인에서 사용하던 말일 수도 있다고 주장한다.

[67] "가나안 족속"이라는 말을 일부 성경에서 암시하는 유대인의 용법과 다르게 '가나안 족속' 조상을 가진 팔레스타인의 비(非)유대인 거주자를 가리키는 말로 사용했는지는 확실하지 않다. 그러나 로마 시대보다 앞선 시대 명문(새김글)인 "가나안 족속 모디르의 아들 압데쉬문"(Abdeshmun, son of Modir, Canaanite)을 살펴보려면, J. E. Taylor, *Christians and the Holy Places* (Oxford: Clarendon, 1993), 71을 보라. 아울러 SibOr 13:56 (주후 265년경)에서 가나안 족속을 언급한 말을 참고하라. 위 필론의 「성경 고대사」에서 볼 수 있듯이, 유대인은 때로 '가나안 족속' 대신 '아모리 족속'을 더 즐겨 사용했으며, 후대에 랍비들이 '아모리 족속의 길'을 논한 내용(이에 관하여 알아보려면, S. Stern, *Jewish Identity in Early Rabbinic Writings* [AGAJU 23; Leiden: Brill, 1994], 181-185을 보라) 역시 '가나안 족속' 대신 '아모리 족속'을 선호하는데, 아마도 창세기 15장 16절을 기초로 삼은 것 같다. 이 창세기 본문을 보면 15장 18-21절에 열거된 (아모리 족속을 포함한) 그 땅의 열 족속을 널리 가리키는 말로 '아모리 족속'을 사용한다.

못하지만, 이렇게 마태의 계보, 특히 라합과 연계하는 것이 이 이야기가 담고 있는 중요한 의미를 어떻게 밝히 일러 주는지 대략이나마 이야기하고자 한다.

게르트 타이센(Gerd Theissen)•은 이 이야기가 유대인과 이방인 모두 자신들의 영역을 넓히고 싶어 한 갈릴리와 페니키아 접경 지역에서 유대인과 이방인 사이의 갈등을 어떻게 되비쳐 주는지를 상당히 자세하게 보여 주었다.[68] 더불어, 팔레스타인 원주민이던 이방인이 사는 곳이면 어디나 이런 갈등이 널리 존재했으며, 1세기에 유대인의 종교 민족주의 물결이 높아짐에 따라 유대인이 로마에 맞서 봉기하던 시기에는 유대인이 거주하지 않는 도시들이 공격받았다는 말을 덧붙일 수 있을 것 같다.[69] 유대 민족주의는 로마라는 점령 세력뿐 아니라 이스라엘 땅에 살면서 우상 숭배와 부도덕한 생활 방식으로 그 땅을 더럽히던 이교도도 겨냥했다. 당시 유대인은 다윗의 자손 메시아가 로마 황제의 권력을 뒤집어엎고 그 땅을 이스라엘에게 되찾아 주며 우상을 숭배하는 이교도를 죽이거나 몰아내어서 그 땅을 깨끗케 해주리라고 기대했다. 위 필론의 「성경 고대사」는 여호수아에서 사울에 이르는 시대까지 폭넓게 초점을 맞추면서, 새 여호수아나 새 그나스 같은 지도자를 기다리던 1세기의 일부 팔레스타인 유대인에게는 여호수아서와 사사기의 내러티브들이 그들과 관련이 있는 것으로 여겨질 수 있음을 보여 준다. 결국 마태가 이 여자를 가나안 족속 사람이라 부른 것은 옛날의 관습으로 돌아간 것이 아니라 성경에 맞춰 그렇게 부른 것이다. 따라서 그가 그렇게 부른 것은 그 시대와 아주 잘 들어맞는다. 마태의 그

• 게르트 타이센(Gerd Theißen [또는 Theissen], 1943-). 독일의 신약 학자다. 사회학의 원리와 방법론을 신약 성경 연구에 접목했다.

68 Theissen, *Gospels*, 61-80.

69 A. Kasher, *Jews and Hellenistic Cities in Eretz-Israel* (TSAJ 21; Tübingen: Mohr [Siebeck], 1990)을 보라.

런 표현은 이 여자를 성경의 틀을 통해 바라보며, 마태와 같은 시대에 살던 많은 유대인도 이 여자와 예수의 만남을 그 틀로 보았을 것이다. 아울러 마가가 오로지 두로만 언급한 곳(막 7:24)을 마태는 "두로와 시돈 지방"이라 언급한 것(마 15:21)도 주목할 만하다. 이것 역시 히브리 성경/구약 성경의 스타일이다(아울러 마태 당시의 스타일이기도 하다). 여기서 우리는 여호수아가 죽을 때까지도 그 땅에서 쫓겨나지 않은 원주민 가운데 시돈 사람이 있었다는 언급(수 13:6)을 떠올리게 된다.

아울러 "다윗의 자손"이라는 칭호도 메시아를 중심으로 한 민족주의와 관련이 있다. 가나안 여자 자신도 예수를 부를 때 "다윗의 자손"이라는 호칭을 사용한다(15:22)(이것이 눈길을 끄는 것은 이 호칭을 쓰는 순간 예수는 이 여자의 원수가 되기 때문이다). 물론 이 칭호도 마태의 계보를 떠올리게 한다. 마태의 계보는 마태복음 첫머리에서 예수가 이 칭호를 가질 권리가 있음을 확증함과 동시에 예수가 다윗의 자손 메시아라는 것이 무슨 의미일지를 미리 귀띔해 주었다. 나는 마태의 계보에 이방인 여자들이 존재한다는 것이 메시아의 역할(메시아 자신의 백성을 그들의 죄에서 구할 뿐 아니라 세상 모든 민족에게 복이 됨)이 지닌 포용성을 암시한다고 주장했다. 그러나 정작 예수는 이런 이방인 여자를 만나자, 자신의 사명은 이스라엘에 한정되어 있다고 선언한다. "나는 이스라엘 집의 잃어버린 양에게만 보냄을 받았다"(15:24). 이 문장은 다윗 혈통에서 메시아가 나오리라는 에스겔 34장의 예언(34:23, 24; 참고. 34:16, 30)을 되울려 준다. 그러나 이 예언은 이방인에 관하여 아무 말도 하지 않는 것이지, 반(反)이방인을 표방한 것이 아니다. 따라서 본문과 본문의 상호 관계라는 관점에서 볼 때, 마태의 내러티브는 신명기와 사사기, 에스겔 34장, 그리고 마태 자신이 제시한 예수 계보와 연결된 관계 속에 자리한다. 다윗 자손인 메시아의 역할은 새 여호수아의 역할일까? 말하자면, 옛날 여호수아 때 가나안에서 살아남은 가나안 사람들을 몰아낸 뒤 자신에게 순종하는 이스라엘을 이끌고 그 땅을 다시 차지해서

깨끗하게 만드는 것이 그의 역할일까? 아니면 그의 역할은 흩어지고 상처 입은 하나님의 양들을 돌보는 목자의 역할에 국한되는 것일까? 다시 말해 에스겔 34장에 나오는 것처럼, 그런 양들을 치유하고 모아들인 뒤 이들을 억압하는 지도자와 위협하는 이민족들에게서 마침내 구해 내는 역할에 국한될까? 아니면 이 메시아의 조상 속에 자리한 가나안 여자들은 메시아가 이방인과 더 적극적인 관계를 가져야 한다고 요구하는 것인가? 이 모든 것이 예수, 그리고 예수가 곧 자신의 자손임을 주장하기 위해 그 계보에서 빠져나와 그 계보를 증거로 원용할 수도 있었던 가나안 여자의 만남에서 중요한 문제다.[70]

이 가나안 여자를 새 여호수아일 수 있는 메시아를 만난 새 라합으로 보는 것은 특히 유익한 가르침을 준다. 여자는 예수를 "다윗의 자손"이라 부르는데, 이는 라합이 참된 하나님을 믿는다고 고백한 것과 같다. 라합의 그런 고백은 그 하나님이 가나안 땅을 그의 백성 이스라엘에 주었음을 라합 자신이 인정한 것과 분리할 수 없다(수 2:9-11). 이 가나안 여자도 라합처럼 주도권을 쥐고 자신에게 절박하게 필요한 친절을 베풀어 달라고 담대하게 요구한다(수 2:12, 13). 아울러 이 여자도 라합처럼 자신이 요청한 자비를 받는다(수 6:22-25). 결국 아주 중요한 사실은 이 여자도 라합처럼 그 믿음으로 말미암아 가나안 사람에게 적용되던 원칙의 첫 번째 예외가 되었다는 것이다. 여호수아서를 살펴보면, 라합은 이스라엘 백성이 가나안 땅에 거주하던 이들을 상대로 펼친 첫 번째 군사 작전에서 자신의 가족을 구해 냈다. 이런 점에서 라합은 이스라엘이 순종해야 했던 명령, 곧 그 땅에 사는 이들을 모조리 죽이고 그들과 언약을 맺지 말라는 명령(신 7:2; 20:15-18)을 적용받지 않은 주목할 만한 예외인 셈이다. 라합은 살아남고 그의 자

---

[70] 참고. Keener, *Matthew*, 415: 마태복음 독자들은 "예수가 결국 그의 계보에 들어 있는 조상 중 두 사람을 부인하지 않는 이상 이 여자의 출신 민족을 문제 삼아 이 여자를 거부하지 못하리라는 것을 알고 있다."

손은 이스라엘에 살게 된다(수 6:25). 이는 이스라엘이 하나님의 명령에 순종하지 않았기 때문이 아니라, 하나님도 분명히 인정하시는 방식으로 이스라엘이 언약을 맺고 자비를 행했기 때문이다. 이스라엘이 가나안 정복을 시작할 때, 라합은 다른 길에 대한 비전을 제시한다. 라합 이후에는 이 비전을 그저 종종 따르게 되지만(참고. 수 9장), 그래도 이 비전은 새 여호수아인 메시아가 따를 선례로 존속하게 된다.[71]

가나안 여자는 예수 자신이 한 말을 지혜롭게 비틀어(마 15:27) 예수가 이스라엘을 향한 자신의 사명에서 벗어나지 않고도 여자 자신에게 긍휼을 베풀 수 있게끔 예수를 설득한다. 이 가나안 여자도 라합처럼 자신의 남다른 믿음으로 장차 선례가 될 수 있는 예외를 인정받았다. 그러나 라합의 경우와 달리, 이 선례는 후대에 따르게 될 선례다. 마태도 다른 복음서 기자들처럼 예수가 부활 뒤에야 비로소 이방인 선교에 깊은 관심을 보였다고 제시한다. 하지만 마태는 가나안 여자 이야기에 뒤이어 묘사한 대중 치유 장면에서(15:29-31) 군중을 이방인으로 묘사한다. 그가 이 이야기를 맺으면서 "그들이 이스라엘의 하나님을 찬미했다"고 말하기 때문이다(15:31). 이어 4천 명을 먹인 기적이 등장하는데(15:32-39), 이에 상응하는 기적이 이방인 5천 명을 먹인 일이다.[72] (예수가 5천 명을 먹인 이야기에서 열둘이라는 수[14:20]를 이스라엘과 연계하듯이, 4천 명을 먹인 이야기에 나오는 일곱이라는 수[15:36, 37]를 가나안에 원래 살던 일곱 족속과 연계할 수 있을까? 아니면 완전수인 일곱을 널리 이방 민족 전체를 상징하는 수로 읽을 수도 있을 것이다.) 마태는 예수

---

[71] 라합 이야기를 통찰 있게 다룬 글을 보려면, R. Polzin, *Moses and the Deuteronomist: A Literary Study of the Deuteronomic History, Part 1: Deuteronomy, Joshua, Judges* (New York: Seabury, 1980), 85-91, 113-114을 보라. 아울러 T. Frymer-Kensky, "Reading Rahab," in M. Cogan, B. L. Eichler, and J. H. Tigay, eds., *Tehillah le-Moshe* (M. Greenberg FS; Winona Lake, Ind.: Eisenbrauns, 1997), 57-67을 보라.

[72] 이 견해를 취하는 학자들을 보려면, Davies and Allison, *Matthew*, 2:563 주5를 보라. 앨리슨과 데이비스 자신은 이 견해를 거부한다.

를 잠시 많은 이방인의 구원자라는 위치에 놓음으로, 가나안 여자의 선례가 유일무이한 예외가 아니라 메시아가 온 세상 민족에게 베풀어 줄 복의 시작임을 암시하는 것 같다.

예수가 믿음을 칭찬한 이방인과 치유를 행한 이방인을 다룬 두 이야기를 살펴보면, 마태는 마치 이 두 이야기가 유대인-이방인 관계에서 가장 어려운 두 경우를 대변한다고 보는 것 같다. 즉 백부장(8:5-13)은 (로마가 세운 분봉왕 헤롯 안티파스라는 유형에서 볼 수 있듯이) 점령자인 억압 세력을 대변하며, 가나안 여자는 본래부터 팔레스타인에 살던 이교도를 대변한다.[73] 토라 자체에 그럴듯하게 호소하는 유대의 메시아 민족주의에 비춰 보면, 두 사람은 모두 이스라엘 땅에 있어서는 안 되는 이들이다. 새 여호수아가 이들을 몰아내지 않고 도리어 그들에게 설득당해 그들에게도 긍휼을 베푸는 행동을 했다는 것은 성경의 선례에 어긋나는 것처럼 보일지도 모르겠다. 그러나 마태는 그의 계보에서 예수의 그런 행동이 다윗 자손인 메시아의 본질과 일치한다는 것을 보여 준다. 메시아는 세상 모든 민족에게 복이 될 아브라함의 자손이자, 유대인뿐 아니라 이방인을 위한 유대인 메시아이기 때문이다. 마태의 계보에 나오는 여자 가운데에는 이스라엘과 이스라엘의 메시아가 지닌 소명을 이렇게 이해하는 성경의 선례를 종종 제공하는 이들이 있다. 문자에 매인 토라의 규정은 분명 이방인이 하나님의 백성이 되는 것을 금하는 것처럼 보였지만, 마태의 계보에 등장하는 네 이방인 여자는 모두 하나님의 백성인 이스라엘 백성이 되었으며, 메시아의 여자 조상이 되었다. 그러나 이 예외는 토라를 문자 그대로 읽어서는 안 된다는 것을 보여 준다. 특히 라합은 하나님이 자신의 백성을 긍휼히 여기실 때, 이스라엘이 가나안에 살던 주민들을 죽이고 몰아내라는 하나님 명령에 순

---

73 참고. J. LaGrand, *The Earliest Christian Mission to "All Nations" in the Light of Matthew's Gospel* (2nd ed.; Grand Rapids: Eerdmans, 1999), 207-210.

종할 때, 도리어 하나님이 베푸신 긍휼을 입어 구원받은 예외였다. 이렇게 강력한 선례가 메시아 자신의 선례와 결합했으며, 이를 새 라합, 그리고 새 라합에게 반응한 새 여호수아가 강력히 되풀이한다. 메시아 예수가 받아들인 이 선례, 가나안 여자들이 만들어 낸 이 선례는 마침내 온 세계 차원에서 따라야 할 것이 된다(마 28:18-20).

3장
누가복음 1장의 엘리사벳과 마리아
_상호본문성 원리를 따라 여성 중심 본문 읽기

마리아가 그의 가장 가까운 친족 엘리사벳에게 기쁨을 주었듯이,
그들도 서로 기쁨을 주는 것이 마땅하다.[1]

1. 누가복음 1장 5-80절: 여성 중심 본문

종종 이렇게 말하는 사람이 있다. "누가복음의 첫 두 장은 독자를 여자들의 세계로 초대하며, 예수 이야기를 여자들의 시각에서 시작한다."[2] 이 부분이 들려주는 사건들은 여자들의 시각으로 서술되는 특징을 지니고 있다고 주장하는 것은 누가복음 내러티브의 이 부분을 성경에 훨씬 널리 퍼져 있는 남성 중심 내러티브와 구분하는 것이다. 사람들은 종종 누가복음의 예수 유아기 내러티브와 마태복음의 예수 유아기 내러티브가 이런 점에서 대조를 이루는 것에 주목했다. 한 내러티브에서는 마리아가 두드러지

---

[1] Ephrem, "Hymns on the Nativity: Hymn 2," in *Ephrem the Syrian: Hymns* (tr. K. E. McVey; Classics of Western Spirituality; New York: Paulist, 1989), 80.

[2] B. E. Reid, *Choosing the Better Part? Women in the Gospel of Luke* (Collegeville, Minn.: Liturgical, 1996), 55.

고 다른 한 내러티브에서는 요셉이 두드러지는 점만 보아도 두 내러티브의 차이가 나타난다. 마태복음 내러티브를 보면, 마리아는 한 마디도 하지 않으며 그에게 말을 거는 이도 없다. 반면, 누가복음 내러티브에서는 마리아가 다른 어느 인물보다 말을 많이 한다. 그러나 누가가 제시하는 유아기 내러티브의 여성 중심 성격을 증명하고 그것이 지닌 의미를 이해하려면, (마리아뿐 아니라 엘리사벳과 안나와 같이) 여성 등장인물이 내러티브 안에서 두드러진다는 관찰 결과를 포함한 더 많은 관찰 결과가 필요하다. 결국 남성 등장인물도 두드러진다(사가랴, 목자들, 시므온이 그런 인물인데, 이야기는 이들과 비교하여 요셉을 중요하게 다루지 않는다). 더욱이, 내러티브는 독자들이 중요한 여성 등장인물조차 남성의 시각에서 바라보게 유도할 수 있다.

누가복음과 같은 내러티브에는 전체를 아우르는 내러티브 시각 같은 것이 있다. 이 시각은 내레이터의 시각이지만(그것이 꼭 실제 저자의 시각은 아니다), 동시에 그 내러티브에 등장하는 이들의 시각을 (긴 시간이든 짧은 시간이든) 받아들이도록 독자에게 권유하는 시각일 수도 있다.[3] 누가가 제시한 유아기 내러티브에서는 내레이터가 이야기에 등장하는 인물이 아니다. 이처럼 내레이터 자신이 이야기의 등장인물이 아니면, 내레이터의 시각은 이야기 외부의 시각이 되고, 등장인물의 시각이 이야기 내부의 시각이 된다. 어떤 내러티브든 독자를 어느 정도 그 내러티브 속으로 끌어들이며, 이때 내러티브는 그 내러티브에 나오는 이들이 참여하는 사건에 등장하는 한 인물이나 더 많은 인물의 시각과 독자 자신의 시각을 일치시켜 보도록 독자를 독려한다. 본문 내레이터의 시각이 남성의 시각인지 여성의 시각인지 밝혀 냄으로, 또는 내레이터가 이야기 등장인물의 시각을 남성의

---

[3] 여기서 나는 내러티브 이론에서 사용하는 '초점화'(focalization)의 의미로 '시각'(perspective)이라는 말을 사용한다. J. L. Ska, *"Our Fathers Have Told Us": Introduction to the Analysis of Hebrew Narratives* (Subsidia Biblica 13; Rome: Pontifical Biblical Institute Press, 1990), 5장; M. Bal, *Narratology* (2nd ed.; Toronto: University of Toronto Press, 1997), 142-161을 보라.

시각이나 여성의 시각으로 어느 정도나 제시하는지에 따라, 본문에 '젠더의 성격을 부여하여' 그 본문을 남성 중심 본문이나 여성 중심 본문으로 분류할 수도 있다. (이 둘을 깔끔하게 구분할 수는 없으며, 이 둘이 서로 배척하지도 않는다.) 이렇게 본문을 남성 중심이나 여성 중심으로 분류할 때는 그 본문이 묘사하는 사회에서 남자와 여자가 서로 다른 역할과 경험을 갖고 있기 때문에 그들이 살아가는 세상을 바라보는 시각도 다를 수밖에 없다는 인식을 따라 분류해야지, 본질주의자의 이해처럼 남성의 독특함이 무엇이며 여성의 독특함이 무엇이라는 식의 이해를 따라서는 안 된다. 물론 이것이 곧 남성의 시각과 여성의 시각에 공통점이 많지 않다는 의미는 아니다. 아울러 사회 지위와 소유하고 있는 경제 자원의 차이에서도 중요한 시각 차이가 발생한다는 점을 간과해서는 안 된다.[4] 귀족 여자의 시각은 가령 길거리에서 구걸할 수밖에 없는 처지가 되어 버린 눈먼 농사꾼 여자의 시각보다는 자기 남편의 시각과 공통점이 많을지도 모른다. 그럴지라도 어떤 본문이나 어떤 본문의 일부가 같은 사건을 바라보는 남성 중심 시각과 확연히 다르고 그 본문이 묘사하는 시대와 사회 위치에 속하는 여자들이 정말로 가졌을 법한 시각을 전달한다면, 그 본문은 여성 중심 본문이 아닌가라는 질문을 여전히 제기해 볼 수 있다.

나는 이 연구에서 누가가 제시하는 예수 유아기 내러티브의 두 주요 부분 중 첫 번째 부분인 1장 5-80절만 살펴보려 한다. 사람들은 1장 5-80절(1장에서 서문을 제외한 나머지 부분)과 2장 1-52절(2장 전체)을 떼어 나눌 수 있음을 널리 인정한다. 누가는 1장 5-80절의 여는 말과 2장 1-52절의 여는 말을 통해 두 부분을 나누어 볼 수 있음을 암시한다. 바로 "유대 왕 헤롯 때에"

---

[4] R. A. Horsley, *The Liberation of Christmas* (New York: Crossroad, 1989), 85은 드보라의 노래(삿 5장)가 장막에 거하는 야엘과 상류층인 시스라 모친의 계층 차이를 분명히 인식하고 있음을 올바로 간파한다. "드보라의 노래는 외인 왕들(foreign kings)의 지배에 맞서 싸우는 이스라엘 농부들 사이에 널리 퍼져 있던 전승을 표현한다. 이 왕들의 여자들은 화려한 옷을 입고 살았으며, 이 왕들이 무력으로 이스라엘을 정복한 것은 이스라엘 여자들에게는 성적 착취를 의미한다."

(1:5)와 "그때에 카이사르 아우구스투스가 한 정령(政令)을 공포했다"(2:1)이다. 첫 번째 부분은 예수 탄생을 준비하는 내용을, 두 번째 부분은 예수 탄생과 그 뒤에 곧바로 일어난 사건들을 이야기한다. 어떤 이는 첫 번째 부분이 메시아와 관련된 약속으로 가득하다고 주장하며,[5] 두 번째 부분은 그 약속의 성취로 시작한다(이는 누가복음 나머지 부분을 관통하여 계속 이어진다). 우리가 이제 보겠지만, 더욱이 2장이 여성 중심 시각을 전달하는 방식(주로 2장 19절과 2장 51절 하반절이 그런 시각을 전달하는데, 이 본문들은 이 내러티브 나머지 부분을 마리아의 사랑스러운 기억 속으로 모아들인다)은 1장 5-80절에서 전달하는 방식과 사뭇 다르다.

누가복음 1장 5-80절의 시각에 주목하면, 앞서 누가복음 1, 2장의 구조를 밝히려던 시도들이 이루어 낸 것보다 면밀하고 일관된 구조를 인식할 수 있다.[6] 표3은 이 구조를 제시한다. 많은 학자가 요한의 탄생과 예수의 탄생 사이에 존재하는 평행 관계를 누가복음 1, 2장의 구조를 해명해 줄 열쇠로 다루었다. 여기서 제시한 구조는 그러한 평행 관계를 1장에서 볼 수 있는 만큼 통합한 것이다. 즉, 이 부분의 전반부에서는 요한이 태어날 것을 알림(B)과 예수가 태어날 것을 알림(E)이 상응하며, 후반부에서는 예수가 (장차) 태어남을 축하하는 것(E^{1**}, 마그니피카트)과 요한이 태어남을 축하하는 것(B^{1**}, 베네딕투스)이 상응한다. 그러나 이러한 상응 관계는 시각 분석에서 나타나는 상응 관계의 교차 대구 패턴에 종속한다. 앞 본문에는 모두 열한 개 부분이 있는데, 그 가운데 처음 다섯(A, B, C, D, E)은 마지막 다섯에 역순으로 상응하며(E^1, D^1, C^1, B^1, A^1), 중심 부분은 상응하는 것이 없

---

5 M. Coleridge, *The Birth of the Lukan Narrative: Narrative in Christology in Luke 1-2* (JSNTSup 88; Sheffield: JSOT Press, 1993)을 보라.

6 레이먼드 브라운 자신의 제안뿐 아니라 다른 다양한 제안도 살펴보려면, R. E. Brown, *The Birth of the Messiah: A Commentary on the Infancy Narratives in the Gospels of Matthew and Luke* (rev. ed.; New York: Doubleday, 1993), 248-252, 623-625을 보라.

표3. 시각을 따라 구성한 누가복음 1장 5-80절의 구조

본문	단어 수	시각	주제	상응관계	이야기 1 또는 2[†]
1:5-7	62	내레이터	요한의 부모	A	1
1:8-20	232	사가랴	요한의 탄생을 알림	B*	1
1:21-23	52	사람들(과 사가랴)	말 못하는 사가랴	C	1
1:24, 25	30	엘리사벳	잉태한 엘리사벳	D	1
1:26-38	209	마리아	예수의 탄생을 알림(그리고 마리아가 엄마가 됨)	E*	2
1:39-45	112	마리아와 엘리사벳	엘리사벳이 마리아를 복되다고 선언함	F	1+2
1:46-56	119	마리아	마리아가 엄마가 됨(과 예수 탄생)을 축하함	E[1**]	2
1:57-61	78	엘리사벳	엘리사벳이 출산함	D[1]	1
1:62-66	81	사람들(과 사가랴)	말이 트인 사가랴	C[1]	1
1:67-79	148	사가랴	요한의 탄생을 축하함	B[1**]	1
1:80	19	내레이터	어린 요한	A[1]	1

† 이야기 1 = 요한 이야기; 이야기 2 = 예수 이야기

다(F).[7] 이런 상응 관계는 각 부분을 지배하는 시각의 소유자인 등장인물은 물론이고, 각 부분의 주제에서도 볼 수 있다.

구조는 두 이야기(선구자 요한의 이야기와 예수 이야기)를 연결한 방식과 일치한다. 본문은 요한 이야기를 철저히 이 본문 안에서 들려준다. 아울러 요한 이야기는 예수의 탄생에 앞서 등장하면서, 예수 이야기 가운데 일부를 형성한다. (이어 2장에서 예수의 탄생을 들려주며 예수 이야기가 이어진다.) 교차 대구 구조는 (특히 이 경우, 중심에 유일하고 독특한 부분이 있기 때문에) 내러

---

[7] A. Troost, "Elizabeth and Mary — Naomi and Ruth: Gender-Response Criticism in Luke 1-2," in A. Brenner, ed., *A Feminist Companion to the Hebrew Bible in the New Testament* (FCB 1/10; Sheffield: Sheffield Academic Press, 1996), 167은 엘리사벳과 마리아가 "중심 역할을 하며, 이런 역할은 누가복음 1, 2장에서 그들의 만남이 가운데에 위치한다는 사실이 보여 준다"고 말한다. 그러나 그는 둘의 만남이 어떤 점에서 누가복음 1, 2장의 중심인지 설명하지 않으며, 이 만남이 누가복음 1, 2장이 아니라 특히 1장의 중심이라는 것도 간파하지 못한다.

티브 중심에 더 주목하게 하는데, 예수 이야기는 E 부분에서 중심 부분인 F를 거쳐 E¹으로 이어진다. 그러나 F 부분은 예수 이야기의 중심 부분이자 두 이야기가, 그리고 이야기의 등장인물인 엘리사벳과 마리아가 교차하거나 만나는 부분이기도 하다. F 부분에서 암시하는 두 이야기 사이의 관계뿐 아니라 이렇게 두 이야기가 결합해 있다는 점은 F가 중심이라는 것을 설명해 준다. 선구자 요한을 잉태한 엘리사벳은 메시아의 어머니("내 주의 어머니")를 알아차리고 메시아의 어머니에게 복이 있다고 선언한다. 아이가 자신의 배 속에서 뛰노는 것을 느낀 엘리사벳은 이 아이와 마리아가 잉태한 아이의 관계를 내다본다. 요한은 메시아가 등장하기에 앞서 메시아의 길을 준비하고 그를 선포하는 역할을 맡았다. 구조를 보면, 이 본문은 예수 이야기의 틀을 따라 요한 이야기의 틀을 구성하여 예수 이야기가 가장 중요한 이야기임을 인정하고 예수 어머니와 요한 어머니의 만남을 통해 요한 이야기가 예수 이야기와 직접 맞물리게 함으로써 메시아를 준비하는 요한의 역할을 표현하며, B 부분과 B¹ 부분은 요한의 그런 준비 역할을 강조한다. 두 이야기, 두 어머니, 두 아들을 제시하는 내용을 보면, 둘 사이에 대립이나 경쟁이 존재한다는 느낌이 전혀 들지 않는다[8](오로지 메시아의 선구자가 메시아를, 그리고 그 선구자의 어머니가 메시아의 어머니를 알아차리고 기뻐한다는 느낌만 든다).

나는 요한 이야기와 예수 이야기에 관하여 이야기했지만, 교차 대구 구조의 중심 부분들(D-D¹)에서는 두 어머니인 엘리사벳과 마리아 이야기가 더 분명하게 나타난다. 이 두 사람이 누가의 내러티브에서 중심 자리에 등장할 정도로 중요한 이유는 분명 아직 태어나지 않은 아들들의 어머니이

---

8 참고. V. K. Robbins, "Socio-Rhetorical Criticism: Mary, Elizabeth and the Magnificat as a Test Case," in E. Struthers Malbon and E. V. McKnight, eds., *The New Literary Criticism and the New Testament* (JSNTSup 109; Sheffield: Sheffield Academic Press, 1994), 197-198. 그러나 나는 이러한 경쟁 없음이 낳는 수사 효과에 관한 그의 견해에 동조하지 않는다.

기 때문이지만, 어쨌든 우리는 이 내러티브 중심에 자리한 사건들을 바로 그 여성들의 시각에서 본다. 이 내러티브의 구조를 길이 측면에서 다시 분석해 보면, 남성 내레이터의 시각에서 헤아려 볼 경우, 남성 시각에서 말하는 부분(A-C, C¹-A¹)은 594개 단어로 이루어져 있지만, 여성 시각에서 말하는 부분(D-D¹)은 548개 단어로 이루어져 있다. 결국 이 내러티브는 남성의 시각과 여성의 시각에 엇비슷한 범주를 부여하지만, 교차 대구 구조라는 이 내러티브의 구조는 여성의 시각을 내러티브의 중심에 놓아서 여성의 시각에 우위를 부여한다. E-E¹ 부분에 비춰 볼 때, 이 내러티브 전체의 중심 주제는 마리아가 곧 메시아의 어머니라는 것이며, 이 중심 주제는 마리아와 엘리사벳의 시각에서 볼 때 제대로 보인다.

이 내러티브의 여성 중심성을 인식하려면, 내러티브의 중심 장면(F)에서 어떤 남성도 등장하지 않은 채 두 여자가 만나 대화를 나눈다는 점을 간파하는 것이 중요하다(남자라면 아직 태어나지 않은 두 아기가 있을 뿐이다). 남성 중심 내러티브도 종종 남성 중심 시각에서 여자들을 충분히 묘사할 때가 있지만, 남자는 전혀 나오지 않고 여자만 나오는 장면을 포함하는 경우는 거의 없다. 남성 중심성이 지배하는 히브리 성경 혹은 구약 성경의 내러티브에서는 여자들만 등장하는 장면을 거의 찾을 수 없다. 다음 목록은 이런 종류의 내러티브 목록으로, 누군가에게 하는 말을 충분히 아우를 만큼 충실하다. 창세기 19장 32, 34절*, 30장 14, 15절*, 출애굽기 2장 1-10절*, 사사기 5장 28-30절, 룻기 1장 6절-2장 2절*, 2장 17절-3장 5절*, 3장 16-18절*, 4장 14-17절*, 열왕기하 5장 2, 3절, 토비트 3장 7-9절이다. 이 본문 가운데 누가복음 1장 39-45절만큼 긴 본문은 거의 없다. 여기서 별표(*)는 누가복음 1장 39-45절처럼 어머니들과 아이의 출생과 관련된 이야기를 가리킨다. 많은 사례가 이런 주제를 담고 있음은 의미심장하다.[9]

---

9   출생 내러티브들의 여성 중심성에 관하여 알아보려면, Y. Amit, "'Manoah Promptly Followed

제2성전기에 나온 다른 유대 문헌 가운데 여자만이 등장하는 장면으로 추가할 수 있는 예는 단 하나뿐이지만, 이 예는 중요한 의미가 있다. 위 필론의 「성경 고대사」[10]는 그것이 다시 들려주는 성경의 여러 내러티브에 등장하는 몇몇 여성 인물에게 유달리 두드러진 위치를 부여하는 작품이다.[11] 이 몇몇 여성 가운데 한나가 있다. 한나의 이야기는 이미 한나 자신이 사무엘상 1, 2장에서 여성의 시각으로 들려준다.[12] 사무엘상 1장 6, 7절은 엘가나의 모든 자녀를 낳은 브닌나가 아이를 낳지 못하는 엘가나의 또 다른 아내 한나를 조롱했다는 사실을 언급한다. 위 필론(*Bib. Ant.* 50:1, 2)은 사무엘상에서 브닌나가 조롱하는 말을 짧게 보고하는 두 장면을 확장한다.[13] 여기에서도 다시 한 번, 여자들만 등장하는 이 기사는 누가복음 1장 39-45절처럼 어머니들과 아이들의 출생을 다룬다. 하지만 야곱의 두 아내 라헬과 레아의 불행한 경쟁을 보고하는 창세기 30장 14, 15절처럼, 위 필론의 브닌나와 한나 기사도 두 여자가 주고받은 행동이 싸움이며 씁쓸했다고 묘사한다. 이와 달리, 누가복음 1장에 나오는 두 어머니는 분명 경쟁자가 아니다. 이런 관점에서 볼 때, 다정하고 서로 돕는 두 어머니의 관계는 출

His Wife' (Judges 13:11): On the Place of the Woman in Birth Narratives," in A. Brenner, ed., *A Feminist Companion to Judges* (FCB 1/4; Sheffield: Sheffield Academic Press, 1993), 146-156을 보라.

10 이번 장에서 위 필론의 「성경 고대사」를 언급하긴 하지만, 그렇다고 그것이 곧 위 필론과 누가복음 사이에 문학적 의존 관계가 있음을 암시하지는 않으며, 단지 「성경 고대사」가 누가 시대에 유대인이 히브리 성경/구약 성경을 읽은 한 방식을 보여 주는 그 시대(주후 1세기)의 사례임을 암시할 뿐이다. 참고. D. J. Harrington, "Birth Narratives in Pseudo-Philo's Biblical Antiquities and the Gospels," in M. P. Hogan and P. J. Kobelski, eds., *To Touch the Text* (J. A. Fitzmyer FS; New York: Crossroad, 1989), 316-324.

11 가장 근래에 나온 M. T. DesCamp, "Why Are These Women Here? An Examination of the Sociological Setting of Pseudo-Philo Through Comparative Reading," *JSP* 16 (1997), 53-80을 보라.

12 한나 이야기의 여성 중심성을 알아보려면, C. Meyers, "Hannah and Her Sacrifice: Reclaiming Female Agency," in A. Brenner, ed., *A Feminist Companion to Samuel and Kings* (FCB 1/5; Sheffield: Sheffield Academic Press, 1994), 93-104을 보라.

13 주석을 보려면, C. A. Brown, *No Longer Be Silent: First Century Jewish Portraits of Biblical Women* (Louisville: Westminster/John Knox, 1992), 144-151을 보라.

애굽기 2장 1-10절에서 묘사하는 모습에 가까우며, 특히 룻기에서 묘사하는 모습에 더욱 가깝다. 출애굽기 2장 1-10절을 보면 세 여자가 어린 모세를 살리려고 힘을 합치며, 룻기에서는 서로 배려하고 돕는 두 여자의 관계가 결국 누가 봐도 두 여자의 자손인 한 아들이 태어남으로 이어진다.[14] 출애굽기와 룻기의 이 본문들도 히브리 성경에서 여자들만 등장하는 내러티브이며, (누가복음에 나오는 마그니피카트를 제외할 경우) 마리아의 엘리사벳 방문을 다룬 누가복음 기사보다 짧지 않다. 우리가 앞으로 보겠지만, 한나는 누가복음에 나오는 마리아의 중요한 선례. 그러나 늙은 여자와 젊은 여자가 서로 돕는 관계에 해당하는 엘리사벳과 마리아의 관계는 늙은 나오미와 젊은 룻의 관계와 상당히 비슷하다.[15]

누가복음은 본질상 예수에 관한 내러티브이기에 예수 자신이 등장하지 않는 장면이 거의 없다. 그렇기 때문에 누가복음 나머지 부분에서 여자들만 나오는 장면을 예상하기는 어려울 것이다. 사실, 잃어버린 드라크마 비유에는 이런 종류의 장면이 짧게 등장한다(눅 15:9).[16] 더 중요한 의미가 있는 부분은 예수가 무덤에 묻히는 장면을 목격하고 예수가 부활한 날 아침에 무덤에 간 여자들을 묘사한 내러티브다(눅 23:55-24:4). 하지만 이 내러티브는 (마가복음 16장 3절과 달리) 어떤 대화도 담고 있지 않기 때문에, 엄밀

---

14 참고. Horsley, *Liberation of Christmas*, 88: "비록 잠정적이긴 하지만, 사람들은 마리아와 엘리사벳을 함께 묘사한 것이 다른 여자들과 연대하는 여자들을 묘사한 것은 아닌지 궁금해 한다."

15 참고. A. Brenner, *The Israelite Woman: Social Role and Literary Type in Biblical Narrative* (Sheffield: JSOT Press, 1985), 9장. 브레너의 관심사는 여자들만 등장하는 내러티브가 아니라 "위대한 남자들의 어머니들"이라는 문학 유형이다. 그는 이런 관점에서 사라와 하갈, 라헬과 레아, 한나와 브닌나처럼, 서로 다투며 경쟁하는 사이였던 어머니들을 나오미와 룻, 출애굽기 2장 1-10절에 나오는 여자들, 누가복음 1장의 마리아와 엘리사벳처럼 서로 돕는 관계였던 어머니들과 대비한다. 엘리사벳과 마리아를 나오미와 룻과 비교한 것을 보려면, Troost, "Elizabeth and Mary," 특히 191-195을 보라. I. Pardes, *Countertraditions in the Bible: A Feminist Approach* (Cambridge: Harvard University Press, 1992), 6장은 다시 고쳐 쓴 라헬과 레아 이야기로 매우 통찰적인 룻기 읽기(해석)를 제시한다. 이는 두 자매의 경쟁 대신 룻과 나오미라는 두 여성의 결속을 제시한다.

16 비유에서 이런 장면을 또 하나 찾아보려면, 마태복음 25장 7-9절을 보라.

히 따지면 내가 히브리 성경/구약 성경에서 여자들만 등장하는 내러티브를 판별할 때 사용한 기준을 충족하지 못한다. 그럼에도 그곳은 분명 여성 중심 본문이며, 누가복음 끝에 자리한 채 누가복음 시작 부분에 등장하는 여성 중심 본문과 균형을 이룬다.

우리는 여자들만 등장하는 이야기나 사건뿐 아니라 우리가 지금 다루는 본문의 중심 부분을 확연히 여성 중심으로 만들어 주는 다른 두 방식에도 주목해야 한다. 이 방식들은 각각 E 부분과 E^1 부분과 관련이 있는데, 이 부분들에서 독자는 마리아의 시각을 공유한다. 먼저 E 부분을 보면, 천사가 마리아에게 하나님의 메시지를 전하고자 마리아를 방문한다. 히브리 성경/구약 성경에서는 천사가 이렇게 홀로 있는 여자를 찾아오는 경우가 단 두 번 등장한다. 창세기 16장 7-14절(하갈)과 사사기 13장 2-5절(삼손의 어머니; 참고. Bib. Ant. 42:3-7)이다. 누가복음에서도 그렇지만, 이 두 경우에는 천사가 아기가 태어날 것을 그 엄마가 될 여자에게 알려 주는 모습이 더 자세히 등장한다. 정경 밖의 유대교 문헌에서도 두 사례를 찾을 수 있다.[17] 하나는 요셉과 아스낫 14-17장에 나오는 사례로, 미래에 요셉의 아내가 될 아스낫 사례다.[18] 또 다른 경우 역시 중요한 의미가 있는데, 위 필론이 쓴 「성경 고대사」에 나온다. 꿈에서 한 천사가 미리암에게 그의 동생 모세가 태어날 것과 모세가 걸어갈 길을 일러준다(Bib. Ant. 9:10).[19] 미리암은 모세

---

17 물론, 여자들에게 다른 형태로 계시하거나 천사를 언급하지 않는 경우도 있다. 참고. R. D. Chesnutt, "Revelatory Experiences Attributed to Biblical Women in Early Jewish Literature," in A.-J. Levine, ed., *"Women Like This": New Perspectives on Jewish Women in the Greco-Roman World* (SBLEJL 01; Atlanta: Scholars Press, 1991), 107-125, 특히 희년서에 나오는 리브가 사례를 논한 것을 보라.

18 그러나 이제 R. Shepard Kraemer, *When Aseneth Met Joseph* (New York: Oxford University Press, 1998)이 이 작품의 저자 시기를 주후 4세기나 그 뒤로 보는 주장을 제시했음을 보라. 그의 견해에 대한 내 평을 보려면, *JTS* 51 (2000), 226-228을 보라.

19 빈 무덤에서 돌아온 여자들처럼(눅 24:11) 미리암도 그 꿈을 부모에게 이야기했지만 부모는 그의 말을 믿지 않는다는 점이 흥미롭다. 마찬가지로, 위 필론은 천사가 마노아 부부에게 아들이 태어날 것을 계시했다고 마노아의 아내가 말했을 때 마노아가 아내의 말을 믿지 않았다고 묘사한다(Bib. Ant. 42:5). 성경 기사에는 이런 자세한 내용이 없다.

의 어머니가 아니라 누나이지만, 이 이야기도 다른 이야기처럼 주목할 만한 아들의 탄생과 관련이 있다.

E[1]을 보면, 마리아가 마그니피카트(Magnificat, 누가복음 1장 46-55절에 나오는 마리아 송가를 말한다. 불가타에 들어 있는 이 송가의 첫 부분이 *Magnificat anima mea Dominum*[내 영혼이 주를 찬송하며]인데, 그 첫 단어를 따 이 송가를 '마그니피카트'라 부른다_ 옮긴이)를 부르면서, 하나님의 위대한 구원 행위를 송축한다. 하나님은 마리아에게 이 구원 행위의 매개자가 되는 은혜를 베풀어 주셨다. 하나님이 행하신 이런 구원 행위에 대한 찬송과 감사를 담은 노래를 보면, 노래를 부르는 이는 물론이고 하나님 백성 전체도 혜택을 입는다. 히브리 성경은 이런 노래를 부른 이로 세 여자를, 외경은 한 여자를 제시한다. 즉, 미리암(출 15:21), 드보라(삿 5장), 한나(삼상 2:1-10), 유딧(유딧 16:1-17)이다. 넷 가운데 마지막 세 사례는 마리아의 경우처럼 노래하는 여자가 하나님이 구원을 베풀어 주실 때 통로로 사용하는 매개자다. 다시 말하지만, 위 필론은 이런 문학 전통을 계속 이어 간다. 그는 성경에 나오는 드보라와 한나의 노래를 새롭고 더 긴 자신의 작품으로 바꾸어 놓았다(*Bib. Ant.* 32:1-17; 51:3-6).[20] 이런 여성 중심 형태에서는 어머니라는 것과 출생의 연관성이 더 드물게 나타나며, 한나의 경우에서만 발견할 수 있다. 우리가 앞으로 보겠지만, 마리아가 누가복음 1장에서 행하는 역할의 이런 선례 가운데 가장 중요한 인물이 한나다. 그러나 우리는 구원을 노래하는 다른 여자들의 연관성도 무시해서는 안 된다.

이 부분의 결론에서는 구조와 주제가 어떻게 결합하여 누가복음 1장 5-80절을 여성 중심 본문으로 만드는지 간파하는 것이 중요하다. 여성 중심 본문인 이 누가복음 1장 5-80절에서는 엘리사벳과 마리아의 행위가 주

---

20 그가 입다의 딸 세일라가 불렀다고 말하는 애가(*Bib. Ant.* 40:5-7)는, 비록 입다 딸이 스스로 제물로 바침이 이삭의 경우와 유사하긴 하지만, 그래도 사실 이 범주에 넣을 수 없다. 형태는 다르지만 기능이 어느 정도 유사한 경우는 요셉과 아스낫 21장 10-21절에 나오는 아스낫의 시다.

목할 초점이며, 그들의 행위는 독자들에게 이 부분에서 공유하길 권하는 중심 시각을 제공한다. 이 부분은 분명 엘리사벳과 마리아의 이야기가 메시아 앞에 와서 메시아의 길을 준비한 요한과 메시아인 예수의 이야기이기도 하다는 것, 그리고 엘리사벳과 마리아 이야기가 누가복음 안에서 예수 이야기의 시작이라는 위치도 갖고 있다는 것을 잊지 말라고 독자들을 몰아대지는 않는다. 그렇지만 요한의 어머니인 엘리사벳과 예수의 어머니인 마리아는 교차 대구 구조를 이루는 이 본문의 다섯 개 중심 부분에서 서로 관련을 맺고 있는 여러 사건의 책임 있는 주체이자 그 사건들 속에서 적극 행동하는 주체다. 엘리사벳의 경우를 보면, 아이의 아버지로서 사가랴가 맡은 역할을 당연히 전제하면서도 그 역할을 언급하지는 않는다. 요한 잉태와 출생을 다룬 내러티브에서는 (하나님을 제외하면) 엘리사벳만이 유일한 행위자다(1:24, 25, 36, 57-60). 엘리사벳이 그 아들에게 집안의 이름이 아닌 다른 이름을 붙이려 할 때, 특히 사가랴의 속생각을 알지 못한 이웃들은 사람들이 보통 따르는 관습에서 벗어난 이 일을 받아들이지 못한다. 이때 사가랴가 내러티브에 관여하는데, 이것이 그가 이 내러티브에 관여한 유일한 경우다(1:59-63). 마리아의 경우를 보면, 요셉은 누가복음 1장의 내러티브에 전혀 참여하지 않는다. 여기서 이 내러티브가 여성 중심 시각을 채택한 것은 어머니인 두 여자의 역할에 초점을 맞추기 때문이다. 우리는 히브리 성경/구약 성경, 그리고 다른 초기 유대 문헌에서 이런 여성 중심 내러티브를 담고 있는 것으로 발견할 수 있는 몇몇 선례를 살펴보면서, 그런 선례 대부분이 어머니와 아이의 출생과도 관련이 있음을 보았다.

2. 하나님의 이스라엘 구원을 대행하는 마리아

누가복음 1장에서 일어나는 사건들은 두 여자와 그들의 가족에게는 순수한 개인사도, 사사로운 의미만 있는 일도 아니다. 도리어 그 사건들은 하나님 백성 이스라엘의 이야기에서 하나의 전환점을 이루며, 하나님이 이스라엘을 향하여 품으신 목적의 성취이다.[21] 이 이야기들은 과거의 약속과 소망을 담고 있으며, 이 약속과 소망이 마침내 성취될 미래를 잉태하고 있다(특히 16, 17, 32, 33, 54, 55, 68-79절을 보라). 누가복음 1장이 히브리 성경/구약 성경과 특히 촘촘하게 맺고 있는 상호본문적 관계가 바로 이스라엘 역사와 하나님의 목적, 그리고 누가복음 1장의 사건들 사이에 존재하는 이런 관계를 전해 준다. 따라서 여자들이 누가복음 1장에서 행하는 역할을 이해하려면, 여성 중심성이라는 관념을 상호본문성이라는 관념으로 보완해야 한다.

이제는 성서학(성경 연구)에서 널리 사용하는 "상호본문성"(intertextuality)이라는 용어는 모든 본문이 다른 본문과 관계를 맺고 있기 때문에 어떤 본문도 자족성이나 자율성을 갖지 않는다는 것을 강조한다. 하지만 이 말은 아주 다양한 방식으로 사용되고 있다.[22] 어떤 본문이 자신이 암시하거나 언급하는 다른 본문과 자신을 관련지으려는 본문 자체의 의도성을 강조할 수도 있다. 여기서 상호본문성은 그 본문이 본래 갖고 있는 특징에 속하며, 독자는 이 특징을 알아내야 한다. 아울러 본문과 본문의 상호 관계를 만들어 내는 독자들의 활동을 강조할 수도 있다. 독자가 한 본문과 다른 본문을 관련지을 때 의미가 발생한다. 이 두 번째 의미의 상호본문성은 원리상 어떤 본문과 다른 어떤 본문의 관계를 수립할 수 있다. 분명 이런 일은 독자가 본문을 이해하는 방식으로 일어나지만, 어떤 본문이 그 본문 자체의 여러 특징으로 말미암아 다른 특별한 본문들과 어떤 특별한 관계를 가질 수 있다고 할 때 어떤 의미에서 그런 관계를 가질 수 있는지 논하는 데에는 유용하지 않다. 여기서 중요한 것은 본문이 여러 문학 전통 속에서

---

21   두 도입부가 암시하듯이(1:5a; 2:1), 1장의 지평은 이스라엘에 국한되지만, 2장의 지평은 온 세계를 바라본다(2:32).

22   상호본문성에 관한 이론들을 보려면, G. Allen, *Intertextuality* (New Critical Idiom; London/New York: Routledge, 2000)를 보라.

기록되고 읽힌다는 점을 기억하는 것이다.

초기 기독교 본문의 경우, 그 본문들은 주로 유대교 전승에 자리했으며, 이 전승은 이스라엘의 성경과 특별한 관계에 있었다. 이 전승에서는 기자들이 성경 본문과 끊임없이 대화를 나누면서도, 동시에 그 본문들이 서로 맺고 있는 관계를 통해 성경 본문을 이해한다. 다시 말해, 유대교 주해자와 초기 기독교 주해자는 한 성경 본문을 끊임없이 다른 본문과 관련지으면서, 성경 본문을 그저 순서대로 읽는 데 그치지 않고, 나아가 사용하는 말과 주제 면에서 유사성을 갖고 있는 성경의 다른 본문들을 계속 참고하며 읽어 나갔다. 성경 전승과 이어져 있는 이런 관계는 초기 기독교 기록들에 특별한 종류의 상호본문성을 부여하는데, 이 특별한 상호본문성을 특징짓는 것이 바로 관련이 있는 다른 본문을 끊임없이 참고함으로, 그리고 특히 권위 있는 본문들과 끊임없이 주고받는 상호 작용으로 만들어진 아주 강렬한 형태의 본문 관계를 통해, 의미를 확증하고 발전시켜 가야 할 신학적 필요성이다.

각 복음서는 그것과 히브리 성경/구약 성경의 관계를 처음부터 확증해야 한다. 이 때문에 누가복음 1장은 연관이 있는 성경의 다른 본문들과 눈에 띄게 풍성하고 폭넓은 관계를 맺고 있다. 히브리 성경/구약 성경을 암시하거나 언급하는 부분들은 누가복음 본문을 히브리 성경/구약 성경의 특정 본문과 이어 주는 관계를 만들어 낼 뿐 아니라, 그런 많은 본문이 전통적 방식이나 신선한 방식을 통해 서로 관계를 맺게 해준다. 이런 경우에 독자들은 저자가 분명 의도를 갖고 다른 본문을 암시하거나 언급하면서 마치 거미줄처럼 촘촘하게 자기 본문 안에 기록해 둔 것을 되도록 세심하고 예리하게 주목해야 할 뿐 아니라, 본문 자체와 그 본문이 독자에게 활짝 열어 놓은 히브리 성경/구약 성경의 관계 역시 어느 정도 소통의 개방성(communicative openness)을 갖고 있다는 데 주목해야 한다. 다시 말해 유능한 독자, 즉 이스라엘의 성경을 제2성전기 유대교가 사용한 독특한 읽기 방식을 따라 읽어 낼 수 있는 사람은 저자가 일부러 암시하거나 언급하는 것들을 인식하면, 그것과 비교할 수 있고 그것과 이어진 성경 구절들을 폭넓게 떠올린다. 이런 구절들이 본문을 쓰던 저자의 생각 속에 구체적으로 들어 있었는지 판단해야 할 필요는 없지만(그런 판단을 하는 것이 꼭 쓸데없는 일은 아니지만, 결국 저자의 의도라는 관념이 지닌 여러 한계를 금세 드러내는 결과만 가져올 뿐이다), 그것들은 다만 그 본문이 염두에 둔 유능한 독자들에게 제시할 상호본문적 관계일 뿐이다. 나는 이것을 '소통의 개방성'이라 부른다. 해석에 열려 있음을 의미하기 때문이다. 이런 종류의 본문을 쓴 저자라면 당연히 그의 작품이 그런 개방성(열려 있음)을 갖게 하려 할 것이다. 독자가 저자라면 만들지 않았을지도 모르고 저자가 그에 대한 명확한 방향을 제시하지 않았을 수도 있는 연관 관계를 만들어 내는 것이 저자가 만들어 낸 종류의 본문에 부합한다면, 독자가 그런 일이 하는 것이 오히려 저자의 의도에 철저히 부합할지도 모른다. 요컨대, 누가복음 1장 같은 구절에서는 그와 관련된 특정한 본문을 암시하거나 언급하는 것이 그 구절의 문예(글쓰기) 전략에서 대단히 중요하다. 따라서 누가복음 1장 같은 구절을 주해할 때는 그렇게 특정 본문을 암시하거나 언급한 것을 밝혀 내는 훈련이 절대 필요하다. 그렇지만 상호본문성과 관련하여 누가복음 1장 같은 구절이 다른 본문들과 갖고 있는 관계를 그런 암시나 언급에만 국한하는 것은 적절치 않다. 그보다 넓은 상호본문적 연관 관계가 존재할 가능성이, 나아가 그런 연관 관계를 탐구해 보라는 권유가 그 본문 안에 기록되어 있을 수 있기 때문이다. 본문 자체는 독자가 의미를 만들어 낼 때 최소 역할만 한다고 보는 독자 반응 비평의 과도함에 대한 반발 때문에 우리가 모든 본문은 본래 어느 정도는 해석에 열려 있으며, 다른 본문보다 그런 개방성을 많이 갖고 있는 본문이 있음을 무시해서는 안 된다. 누가복음 1장 같은 초기 기독교 본문이 갖고 있는 이런 개방성이 유대인의 성경 읽기 전통 속에서 해석하는 것에 열려 있음을 의미하는 한, 그런 개방성은 순전히 주관적인 개방성이 아니다. 이런 종류의 해석은 그 본문이 자리한 문학 전통에 훈련받은 대로 능숙하게 주목하는 일이다. 이번 장의 나머지 부분에서는 그런 해석이 어떤 것인지 실증해 보겠다.

히브리 성경과 외경을 보면, 일련의 여자들을 하나님이 자신의 백성을 그들의 원수에게서 구하실 때 사용하신 사람들로, 모세, 여호수아, 기드온, 다윗 같은 남성들과 나란한 자리에 있는 이들로 묘사한다. 다음에 소개하는 이들이 그 여자들이다.

- 산파인 십브라와 부아(출 1:15-21)
- 드보라(삿 4-5장; 참고. *Bib. Ant.* 30-33)
- 야엘(삿 4:17-22; 5:24-27; 참고. *Bib. Ant.* 31:3-9; 32:12)
- 한나(삼상 1, 2장; 참고. *Bib. Ant.* 50-51)
- 에스더
- 유딧; 마카비 집안 순교자들의 어머니(마카비2서 7; 마카비4서 14-18).[23]

이 여자들을 언급하는 곳들이 보여 주듯이, 위 필론은 비록 산파들을 무시하긴 하지만 그래도 이 명단에 들어 있으며 그가 다시 들려주는 성경 이야기의 시간 범주 안에 등장하는 다른 세 여자의 역할을 높이 평가하는 독특함을 보여 준다. 희년서(25-27)는 리브가를 가부장 중심의 내러티브 안에서 가모장(家母長, matriarch) 역할을 하는 이로 제시하여 이 명단에 추가했다고 말할 수 있겠다.[24] 이런 여성들을 구원자라고 부르는 것은 적절

---

23 마지막에 관하여 알아보려면, R. D. Young, "The 'Woman with the Soul of Abraham': Traditions about the Mother of the Maccabean Martyrs," in Levine, ed., *Women Like This*, 67-81을 보라.

24 R. D. Chesnutt, "Revelatory Experiences Attributed to Biblical Women in Early Jewish Literature," in Levine, ed., *Women Like This*, 108-111; B. Halpern-Amaru, *The Empowerment of Women in the Book of Jubilees* (JSJSup 60; Leiden: Brill, 1999), 55-64, 80-90을 보라.

치 않다.²⁵ 이스라엘 전승과 유대 전승에서는 언제나 하나님만이 구원자이며, 설령 인간이 하나님의 대리인으로 활동할 때도 그 사실은 변함없기 때문이다. 유딧서에서 말하듯이, "주가 내 손으로 이스라엘을 구원하실 것이다"(유딧 8:33). 그러나 하나님을 대리하는 그런 사람들을 칭송하며 하나님에게 복받은 이들이라 선언하는 것은 타당할 수 있다(삿 5:24; 유딧 13:17-20; 15:9, 10, 12; 마카비2서 7:20; 마카비4서 17:5; *Bib. Ant.* 32:12). 벳시 핼펀 아마루(Betsy Halpern-Amaru)는 하나님의 구원을 대행하는 이 여성들에 관한 위 필론의 묘사를 다루면서 이렇게 평한다. "이 여자들은 확신을 품고 자신이 맡은 역할을 행하며, 자신들이 이스라엘을 향한 하나님의 계획 속에서 갖고 있는 의미를 아주 잘 알고 있다."²⁶ 누가복음 1장의 엘리사벳과 마리아에게도 분명 같은 말을 할 수 있을 것이다. 이들 역시 천사의 계시를 받았고(1:31-37) 영(성령)에 감동하여(1:41-45) 하나님이 그들에게 부여한 역할을 통찰했다.

엘리사벳이 누가복음 1장에서 행하는 역할은 자신의 백성을 향한 하나님의 목적에서 중요한 역할을 담당한 이스라엘 아들들의 어머니들이 담당한 그것과 대비해 보는 것이 가장 좋다. 이런 어머니 가운데에는 하나님의 특별한 은혜로 말미암아 아이를 낳을 수 있었던 여자들도 포함된다.

- 사라(창 17, 18장; 21:1-7; 참고. *Bib. Ant.* 23:5, 7, 8)
- 리브가(창 25:21; 참고. *Bib. Ant.* 32:5)
- 레아와 라헬(창 29:31-30:24; 참고. *Bib. Ant.* 50:2)

---

25 참고. G. Paterson Corrington, *Her Image of Salvation: Female Saviors and Formative Christianity* (Louisville: Westminster, 1992); Kraemer, *When Joseph Met Aseneth*, 209; C. Rakel, "'I Will Sing a New Song to My God': Some Remarks on the Intertextuality of Judith 16:1-17," in A. Brenner, ed., *Judges* (FCB 2/4; Sheffield: Sheffield Academic Press, 1999), 46.

26 B. Halpern-Amaru, "Portraits of Women in Pseudo-Philo's *Biblical Antiquities*," in Levine, ed., *Women Like This*, 103.

- 삼손의 어머니(삿 13장; 참고. *Bib. Ant.* 42:1-43:1)
- 한나(삼상 1:1-2:10; 참고. *Bib. Ant.* 49:8; 50-51).

이곳들이 보여 주듯이, 위 필론은 성경에서 불임이었다가 아이를 잉태할 수 있게 된 여자들의 사례를 꼼꼼하게 모두 언급한다.[27] 더욱이, 그는 하나님이 자기 백성의 역사에서 아주 중요한 여자들을 다루심이 갖고 있는 이런 독특한 특징에 깊은 감명을 받은 나머지 하나님이 아브라함의 희생 제사에 나오는 암염소(창 15:9, 10)로 "내가 그 태(胎)를 열어 아이를 낳게 한 여자들"을 대표한다고 해석하게 한다(*Bib. Ant.* 23:7). 엘리사벳의 불임, 그리고 그가 아들을 잉태한 뒤에 한 말(눅 1:25)을 보면, 분명 엘리사벳도 성경에서 남다른 은혜를 입은 어머니들의 무리에 들어간다(특히 창 21:6, 7; 29:31-33; 30:22-24을 참고하라).

마리아도 그 무리에 속하는데, 그 이유는 마리아가 불임이어서가 아니라, 동정녀였기에 하나님의 개입이라는 기적이 없었다면 아이를 낳을 수 없었을 것이기 때문이다. 따라서 마리아의 잉태는 하나님의 기적 같은 행동으로 말미암아 가능했기에 사라에서 시작하여 엘리사벳에 이르는 여자들의 무리에 속하지만, 동시에 동정녀의 잉태라는 점에서 그들을 능가한다.[28] 엘리사벳과 그의 아들에서 히브리 성경/구약 성경은 정점에 이르지만, 마리아와 그의 아들에서는 새 창조(피조 세계)가 시작된다. 따라서 마리아는 하나님의 능력으로 잉태한 성경 속 어머니들의 대열에 서 있지만, 누가가 마리아를 하나님이 자신의 백성을 그들의 원수에게서 구하실 때 사

---

27 필론이 이 여자 가운데 몇 사람(사라, 레아, 리브가)을 하나님이 기적을 통해 아이를 낳게 해주신 이들로 묶어 놓은 것을 주목하라. *De Cher.* 45-47. 아울러 그는 출애굽기 2장 22절에 근거하여 십보라를 이 명단에 포함시키지만, 출애굽기 2장 22절이 그럴 만한 근거인지는 의심스럽다.

28 Brown, *Birth*, 300-301; J. A. Fitzmyer, *The Gospel According to Luke I-IX* (AB 28; Garden City, N.Y.: Doubleday, 1981), 338을 보라.

용한 여성에 속하는 이로, 방금 언급한 몇몇 어머니뿐 아니라 앞서 열거한 다른 여자들까지 포함하는 대열에 속하는 이로 더 특별하게, 더 힘주어 묘사한 것은 전혀 놀라운 일이 아니다.

이를 특히 잘 전달해 주는 것이 마리아가 복을 받았음을 언급한 말들이다. 엘리사벳은 영(성령)에 감동하여 이렇게 예언하며 외친다. "네가 여자 가운데 복이 있도다(εὐλογημένη)[즉, 하나님에게 복을 받았다]"(1:42). 여기서 우리는 드보라가 "여자 가운데 가장 복되다(70인경 εὐλογηθείη)"고 불렀던 야엘(삿 5:24; 참고. *Bib. Ant.* 32:12), 그리고 웃시야가 "지극히 높으신 분에게 땅에 있는 다른 모든 여자보다 복을 받았다(εὐλογητή)[29]"고 말한 유딧을 떠올린다(유딧 13:18). 마리아는 자신을 두고 "이제부터 온 세대가 나를 복되다(μακαριοῦσιν) 하리라"고 말한다(눅 1:48). 이때 우리는 웃시야가 유딧에게 한 말을 떠올린다. "네 찬미가 하나님의 능력을 기억하는 이들의 마음에서 결코 떠나지 않으리라. 하나님이 이를 네게 영원한 영예로 주실지어다"(유딧 13:19, 20).[30] 유딧이 누릴 이런 영원한 평판은 하나님이 유딧을 통해 이루시는 구원 행위를 사람들이 기억할 수 있으리라는 유딧 자신의 인식과 이어져 있다. "나는 우리 자손에게 대대손손 전해 내려갈 일을 행할 것이다" (유딧 8:32). 마찬가지로, 온 세대가 마리아를 복되다고 일컬을 이유는 그가 어머니(예수의 어머니)라는 사실이 지닌 의미가 영원히 이어질 것이어서다. 마리아의 아이는 "이스라엘 집을 영원히 다스릴 것이요, 그의 나라는 끝이 없을 것이다"(눅 1:33). 다윗 혈통에서 난 메시아의 나라가 이런 영원성을 가지리라고 말하는 히브리 성경/구약 성경 본문들은 '온 세대'를 이야기한다(시 72:5; 89:4[마소라 본문은 5절]).

야엘과 유딧(유딧이 이스라엘의 주적을 성공리에 공격한 것은 야엘의 공격을

---

29 "복을 받았다"(εὐλογητός)라는 단어가 유딧서에서 일곱 차례 등장하는 것은 의미심장하다.
30 아울러 창세기 29장 32절에 있는 레아의 말을 보라. 이 말은 웃시야의 말보다 누가복음 1장 48절에 가깝지만, 영원성이라는 특징은 갖고 있지 않다.

꼼꼼히 본뜬 것이다)은 무시무시한 폭력 행동으로 자신의 백성을 구원하려는 하나님의 목적에 이바지했다. 마리아는 메시아의 어머니 역할을 기꺼이 받아들여서 하나님의 그런 목적에 이바지했다. 이런 차이가 있긴 하지만, 이 두 본문이 서로 공명하여 들려주는 메아리는 마리아의 어머니 역할이 순전히 한 가정과 집안 문제가 아니라 하나님이 자신의 백성을 구원하고자 행하신 위대한 행동에 적극 참여한 역할로 칭송받는다는 것을 강조하는 데 기여한다. 마리아가 메시아의 어머니라는 것은 이스라엘 민족은 물론이고 심지어 온 세상을 바꿔 놓는 중요한 의미를 갖고 있다. 따라서 그것은 남자가 형식상 모든 일을 주관하는 권위를 갖고 있음에도 사실은 여자들이 힘을 갖고 있는 가정의 영역과, 대체로 남자들의 영역으로 남아 있던 공공 영역과 정치 영역의 구분을 초월한다. 하나님이 자신의 백성에게 베풀어 주신 구원의 대행자였던 여성을 열거한 앞 명단에서 드보라와 유딧만이 사회에서 보통 남성의 역할로 여기던 것을 감당했고, 심지어 유딧은 자신의 여성성을 활용하여 그런 역할을 감당할 때 상당한 효과를 거두었다. (야엘의 살인 행위는 예외이지만, 그는 그런 일을 행할 때 오직 여자로서 행했다.) 드보라와 유딧이 공공 정치 영역에서 권위를 행사한 것은 성경 내러티브에서 주목할 만하고 아주 특이한 일이다. 앞서 열거한 또 다른 여자들은 형식상 그 사회에서 보통 여자들이 행하던 역할 밖으로 나가지 않았지만, 그래도 그런 역할을 행하여 결국 공적 생활 과정에 철저하고도 대단히 중대한 영향을 끼쳤다. 우리가 이런 경우들에서 얼핏 목격하는 것은 그런 사회에서 실제로 여자들이 가진 힘과 잠재력을 여성 중심 시각에서 본다는 점이다. 히브리 성경/구약 성경의 많은 내러티브에서 채택하는 남성 중심 시각에서 보면, 여자들이 힘과 권위를 갖고 있는 가정 영역은 그리 눈에 들어오지 않는다. 그런 가정 영역은 남자들이 주연 배우로 등장하는 정치와 전쟁 내러티브의 배경 정도로 여길 뿐이다. 이런 남성 중심 시각에서 보면, 여자들이 집안일과 경제 문제에서 사회가 그들에게 인정한 역할을 넘어서지 않으면서도 집안 밖의 사건들에 얼마만큼 영향을 끼쳤는지는 보통 눈에 띄지 않는다. 그러나 몇몇 여성 중심 내러티브는 대표 사례라 할 만한 것들을 통해 여자들이 집안 밖의 사건들에 끼친 영향을 드러낸다. 그리고 그런 사례들은 하나님이 이스라엘 역사에서 이루려던 구원 목적을 이야기한 내러티브에서 특히 중요한 것들이기도 하다.

이런 관점에서 볼 때, 마리아의 선구자 중 가장 두드러진 이는 한나다.[31] 이야기에 나오는 말을 놓고 볼 때, 누가복음의 마리아 이야기와 사무엘상의 한나 이야기 사이에 존재하는 가장 긴밀한 접점은 아이를 바라는 한나의 기도(삼상 1:11: "만일 당신이 당신 종의 비천함[낮음]을 살펴보신다면" [70인경 ἐπιβλέψῃς ἐπὶ τὴν ταπείνωσιν τῆς δούλης σου])와 마리아가 마그니피카트에서 하는 말(눅 1:48: "그가 그 종의 비천함을 살펴보셨다"[ἐπέβλεψεν ἐπὶ τὴν ταπείνωσιν τῆς δούλης αὐτοῦ])에 있다. 그러나 한나의 노래와 마리아의 노래는 이런 차원을 넘어 형태와 기능도 놀라울 만큼 유사하며, 거의 대부분은 사람들이 보통 알아차린 것보다 유사할 수도 있다. 마그니피카트는 히브리 성경/구약 성경의 많은 부분에서 많든 적든 문자 그대로 가져온 문구들을 조합하여 만든 일종의 콜라주다.[32] 그 문구들이 본래 자리한 맥락이 늘 중요한 것은 아니다. 두 노래가 사용하는 말이 정확히 평행을 이루느냐를 떠나, 한나의 노래와 마리아의 노래는 그 주제와 기능면에서 대체로 평행

---

31 사무엘상 1장 24절-2장 11절의 세 버전(70인경, 4QSam[a], 마소라 본문)에 관하여 알아보려면, E. Tov, "Different Editions of the Song of Hannah and of Its Narrative Framework," in M. Cogan, B. L. Eichler and J. H. Tigay, eds., *Tehillah le-Moshe* (M. Greenberg FS; Winona Lake, Ind.: Eisenbrauns, 1997), 149-170을 보라. 사람들은 보통 누가가 성경의 다른 곳을 암시하거나 언급할 때 히브리어 본문을 참고하지 않고 70인경만 참고했다고 추정하는 실수를 저지른다. 그러나 누가가 알던(또는 누가가 아니라면 마그니피카트의 저자가 알던) 사무엘상 1, 2장 버전이 어떤 것인지는 우리 목적에 아무런 영향을 끼치지 않는다.

32 M. P. Hogan and P. J. Kobelski, "The Hodayot (1QH) and New Testament Poetry," in Hogan and Kobelski, eds., *To Touch*, 188-190은 이 특징을 쿰란의 호다욧(*Hodayot*, 감사의 시)과 대비하며 이렇게 말한다. "이처럼 전통 대대로 내려온 언어를 새로운 맥락에서 사용한 것은 독창성(시원성)이 없음을 보여 주는 표지가 아니라, 이미 그리스어 구약 성경(70인경) 전통에 익숙한 사람들이 생각하는 의미를 담고 있는 언어를 가져다가 새로운 상황을 묘사하는 데 사용할 수 있는 시인의 기술을 일러 주는 증언이다"(190).

을 이루며, 이 주제와 기능의 평행 관계가 훨씬 중요하다. 그런 점에서 둘의 관계는 차라리 유딧의 노래(유딧 16장)와 드보라의 노래(삿 5장)의 관계와 비슷하다. 서로 비슷한 말은 거의 없지만, 두 노래가 각각의 내러티브 맥락에서 행하는 기능은 분명 서로 비슷하다.[33]

둘 다 하나님이 노래하는 이를 위해 행하신 일 때문에 하나님을 찬미하고 하나님에게 감사하는 개인의 선언으로 시작한다. 둘 다 하나님이 널리 비천한 처지에 있는 이들(두 경우 모두 억압받는 이들과 굶주리는 이들을 포함한다)을 돌보시고, 널리 힘 있는 자들(두 경우 모두 자만하는 자들과 통치자, 부자를 포함한다)에게 맞서서서 결국 지위를 역전하시는 일을 행하셨음을 계속하여 송축한다. 두 노래는 그 끝부분에서 하나님이 자신의 백성 이스라엘에게 베풀어 주실 구원 행위를 내다본다. 여기서 중요한 점은 학자들이 이 두 경우에 각 노래가 성경 내러티브에 나오는 당시 정황에는 그리 딱 들어맞지 않고, 오히려 한나[34]와 마리아[35]의 특수한 상황과 무관하게 하나님이

---

[33] S. Weitzman, *Song and Story in Biblical Narrative* (Bloomington/Indianapolis: Indiana University Press, 1997), 66.

[34] F. van Dijk-Hemmes, "Traces of Women's Texts in the Hebrew Bible," in A. Brenner and F. van Dijk-Hemmes, *On Gendering Texts: Female and Male Voices in the Hebrew Bible* (BibIntSer 1; Leiden: Brill, 1993), 93-97은 한나의 노래를 또 다른 출생 노래의 맥락에서 논하면서, 그 노래를 본래 여성이 출산 뒤에 부른 감사의 노래로 보는 흥미로운 주장을 제시한다. 그는 "여자들이 종종" 출산을 "죽음에 맞서 살아남기 위한 투쟁으로 경험했다"는 것을 우리에게 올바로 일깨워 준다(94). 이 때문에 기쁨을 개가(凱歌) 형태로 표현한 것은 "전형적 '남성성'과 아무 상관이 없으며"(95) 순산이라는 "승리"를 거둔 뒤에 얼마든지 부를 수 있는 노래로 예상할 수 있다. 이와 같은 주장을 펴는 이들이 J. Bekkenkamp and F. van Dijk, "The Canon of the Old Testament and Women's Cultural Traditions," in A. Brenner, ed., *A Feminist Companion to the Song of Songs* (FCB 1/1; Sheffield: Sheffield Academic Press, 1993), 85이다. 여기서 두 사람은 (H. Granquist의 글에서) 한나의 노래(참고. 삼상 2:6)와 현저히 유사한 사례를 현대 중동의 한 어머니가 즉석에서 지은 산가(産歌)에서 인용한다. "그가 생명을 불어넣으시고 그가 죽음을 저주하시도다/ 그가 부자를 만드시고 그가 빈자를 만드시도다/ 그가 주시고 그가 주시지 않는도다/ 모든 것이 하나님에게서 오나니, 하나님께 찬미와 감사를 돌릴지어다." 이런 주장은 한나의 노래가 그 문학적 맥락에 잘 들어맞음을 확인해 주지만, 이 주장을 마리아의 노래에는 직접 적용하지 못한다. 마리아의 노래는 출산 뒤에 부른 감사 노래가 아니기 때문이다. 본문과 관련된 여러 근거를 내세워서 한나의 노래를 앞서 존재한 사무엘상 본문에 끼워 넣은 것이라고 주장할 수도 있지만(Weitzman, *Song*, 113-114), 이 노래는 나중에 본문에 추가한 것일 수도 있고 **동시에** 새로운 정황에 아주 잘 들어맞는 것일 수도 있다.

널리 이스라엘에 베푸신 구원을 송축하는 찬미에서 유래한 게 틀림없다는 데 공감대를 형성하고 있다는 점이다. 그러나 이런 판단은 두 노래의 핵심을 놓치고 있다. 두 노래의 핵심은 하나님이 이 두 노래를 부르는 이에게 행하신 은혜로운 행위를 송축할 뿐 아니라 그 행위가 온갖 비천한 처지에 있는 **모든 사람에게 중요한 의미가 있으며,** 따라서 널리 하나님의 신실한 백성에게 중요한 의미가 있음을 송축함에 있다.[36] 한나가 어머니가 되고 그가 자기 아들을 거룩히 구별하여 하나님을 섬기는 데 바치는 것은 이스라엘이 사무엘의 지도 아래 그들의 원수에게서 구원받는 결과로 이어지며, 나아가 (사무엘의 기름 부음 행위를 통해) 다윗을 국가 지도자로 세워 하나님을 대신해 억압받고 낮은 이들에게 이롭게 통치하게 하는 결과로 이어지게 된다.[37] (위 필론이 한나의 노래를 고쳐 쓰면서 이런 식으로 해석한다는 점에

---

35 가령 Fitzmyer, *Luke I-IX*, 359 (마그니피카트는 "현재 맥락에 아주 느슨하게 들어맞는다"); S. Farris, *The Hymns of Luke's Infancy Narrative* (JSNTSup 9; Sheffield: JSOT Press, 1985), 20-21; Brown, *Birth*, 346-349, 645을 보라. 히브리 성경/구약 성경 학자들은 종종 성경 내러티브(출 15장; 삿 5장; 삼상 2장; 사 38장; 욘 2장)에 등장하는 인물들이 지었다는 몇몇 노래가 그 내러티브에 끼워 넣어지기 전에 그런 내러티브와 상관없이 이미 따로 존재했었다고 추정했다. 누가복음 1, 2장에 나오는 노래들도 그와 비슷하게 누가가 그의 내러티브에 그 노래들을 포함시키기 전에 이미 존재했었다는 견해를 널리 퍼뜨리는 데 이런 선례들이 한몫 거들었을지도 모르겠다. 그러나 두 경우를 같게 여기는 것은 타당하지 않다. 누가가 그의 복음서를 기록할 때는 하나님의 구원 행위를 설명한 뒤 하나님을 찬미하는 노래를 기록하는 것이 성경을 기록하는 전통 관례였다. 누가는 그의 복음서 첫 두 장에서 그런 성경 기록 방식을 꼼꼼히 모방했는데, 이런 모방 대상에는 그의 내러티브 속에 포함시키고자 누가 자신이 히브리 성경/구약 성경에서 알고 있는 내러티브들에 들어 있는 노래들을 본떠 지은 노래들도 충분히 포함되었을 수 있다. 따라서 누가의 저작 행태는 유딧과 토비트 저자의 그것과 비슷하다 할 것이다. 유딧과 토비트 저자들도 히브리 성경/구약 성경에 있는 내러티브들에 나오는 노래들을 모방하여 그들의 저작에 등장하는 인물들이 부르는 노래를 지었다.

36 L. Legrand, "The 'Visitation' in Context," in T. Fornberg and D. Hellholm, eds., *Texts and Contexts* (L. Hartman FS; Oslo: Scandinavian University Press, 1995), 135은 마그니피카트에서 마리아 자신의 이야기는 하나님의 계획이 (1) 시간에서(영원히: 48, 55절), (2) 공간에서("그를 두려워하는 모든 사람에게" 이름: 55절), (3) 사회에서(낮고 절박한 처지에 있는 이들에게 이름: 48, 52, 53절) 갖고 있는 더 큰 차원을 담고 있다고 말한다.

37 참고. W. Brueggemann *First and Second Samuel* (Interpretation; Louisville: Westminster/John Knox, 1990), 15-21; P. E. Satterthwaite, "David in the Books of Samuel: A Messianic Expectation?" in P. E. Satterthwaite, R. S. Hess, and G. J. Wenham, eds., *The Lord's Anointed: Interpretation of Old Testament Messianic Texts* (Grand Rapids: Baker; Carlisle: Paternoster, 1995), 43-47.

주목하는 것이 적절하다[Bib. Ant. 51:3-6]. 이 위 필론 버전은 한나가 사무엘의 어머니가 되었다는 것이 이스라엘 민족과 국제 관계에 끼치는 결과를 훨씬 분명하게 드러내고 강조한다.[38] 조앤 쿡[Joan Cook]도 이렇게 말한다. 한나는 "새 지도자의 시대로 옮겨 감을 상징하며 자신이 그렇게 옮겨 가는 과정에서 중요한 역할을 맡았음을 주장한다."[39] 전기 선지서에 대한 타르굼 요나단은 한나의 노래를 역사 사건에 관한 예언으로 바꿔 놓았다. 이 예언은 하나님이 이스라엘과 이스라엘을 억압하는 자들의 운명을 뒤집어엎으실 것이며, 이런 일이 하나님의 심판과 메시아 나라의 도래로 끝을 맺을 것이라고 말한다.[40] 이 타르굼 본문의 저작 시기가 누가복음만큼 이른지는 확실히 알 수 없다. 그러나 한나의 노래, 그리고 지위 역전이라는 그 노래의 주제를 메시아와 관련지어 해석한 것은 마그니피카트와 흥미로운 평행 관계를 이루며, 적어도 두 경우 모두 비슷한 유대교 주해 접근법을 사용하고 있다고 말할 수 있다.)

한나의 경우처럼, 마리아의 경우에도 마리아가 어머니가 됨이 그의 아들을 통한 이스라엘 구원으로 이어지며, 이 구원은 독특하게도 낮은 자와 높은 자리에 있는 자의 지위를 뒤바꿔 놓는다. 아이를 낳지 못하는 아내로서 모욕을 당한 한나는 억압받는 이스라엘을 상징하며, 그가 낳은 아들이 그를 해방시키게 된다. 따라서 아이를 낳지 못하는 여자와 많은 자녀를 가진 여자의 지위가 뒤집어지는 것이 그의 노래에서 묘사하는 지위 역전 사

---

38 이런 점을 잘 설명한 글이 J. E. Cook, "Pseudo-Philo's Song of Hannah: Testament of a Mother in Israel," *JSP* 9 (1991), 103-114이다. 한나는 "새 지도자의 시대로 옮겨 감을 상징한다"(113).

39 Cook, "Pseudo-Philo's Song," 113.

40 D. J. Harrington and A. J. Saldarini, *Targum Jonathan of the Former Prophets* (Aramaic Bible 10; Wilmington, Del.: Glazier; Edinburgh: T. & T. Clark, 1987), 105-106에 있는 번역; D. J. Harrington, "The Apocalypse of Hannah: Targum Jonathan of 1 Samuel 2:1-10," in D. M. Golomb and S. T. Hollis, eds., *"Working with No Data": Semitic and Egyptian Studies Presented to Thomas O. Lambdin* (Winona Lake, Ind.: Eisenbrauns, 1987), 147-152; J. E. Cook, "Hannah's Later Songs: A Study in Comparative Methods of Interpretation," in C. A. Evans and J. A. Sanders, eds., *The Function of Scripture in Early Jewish and Christian Tradition* (JSNTSup 154; Sheffield: Sheffield Academic Press, 1998), 244-249의 논의. 더 자세한 논의를 보려면, R. Bauckham, "The Restoration of Israel in Luke-Acts," in J. M. Scott, ed., *Restoration: Old Testament, Jewish, and Christian Perspectives* (JSJSup 72; Leiden: Brill, 2001), 459-462을 보라.

례 가운데 적절한 본보기로 포함되어 있다(삼상 2:5b; 참고. 시편 113편 7-9절에 있는 평행 본문). (엘리사벳의 경우에는 적절할지 몰라도) 마리아의 경우에는 이런 예가 적절치 않기 때문에 그의 노래에서는 이런 예가 등장하지 않는다. 그러나 마리아 자신도, 본문에서 특히 자세하게 설명하지는 않았지만(이 점은 뒤에서 더 자세히 논하겠다), 굴욕당한 이 가운데 한 사람으로서, 높은 자리에 있는 이들이 낮아지고 마리아 자신이 높아지는 일이 그가 메시아의 어머니가 됨으로 말미암아 일어남을 본다. 따라서 한나의 경우와 마리아의 경우를 보면, 노래하는 이 자신이 하나님의 각별한 은혜를 체험한 것은 결국 그에 따른 결과로 다른 이들에게 뒤따라 일어날 일을 상징한다. 두 경우에 여자의 가정과 가족 영역 안에서 일어난 일이 그 영역을 넘어 하나님의 목적 안에서 이스라엘 민족 전체와 심지어 온 세상을 아우르는 의미와 효과를 획득한다. 두 노래는 각각 그 맥락에서 개인과 다른 사람 전체, 사사로운 영역과 정치 영역, 가정사와 공적 문제를 결합한다. 이런 결합이 바로 그 노래의 핵심이다. 그러나 자료 이론들(자료 비평을 통해 이 노래들이 여러 자료를 조합하여 만든 것이라고 주장하는 이론들_ 옮긴이)은 그런 핵심을 불분명하게 만들었으며, 그런 결합을 부차적이고 인위적이라 말한다. 한나의 노래에서 이런 결합을 상징하는 것이 **인클루지오**(*inclusio*, 수미쌍관 구조 또는 봉투 구조)인데, 한나가 노래 첫머리에서 "내 뿔"을 언급한 것(1절)과 노래 끝에서 "하나님에게 기름 부음받은 이의 뿔", 곧 왕의 뿔을 언급한 것(10절)이 **인클루지오**를 형성한다. 우리가 앞으로 보겠지만, 마리아의 노래에도 일부러 사사로운 영역과 공적 영역을 결합했음을 보여 주는 문학적 연결 고리들이 있다.[41]

---

[41] 앤서니 티슬턴(A. C. Thiselton, 1937-2023. 영국의 신약 학자이며 해석학자다. 해석학의 여러 통찰을 신학과 접목하여 신학의 지평을 넓히는 데 공헌했다_ 옮긴이)이 한 미출간 논문에서 이렇게 말한다. "누가가 부자와 정치, 역사, 여자에 보이는 관심을 이어 주는 것은 그가 신앙 고백의 영역인 상호 주관적 공적 세계(inter-subjective public world)에 보이는 관심이다." 여자를 사사로운 영역과 동일시해 온 전통을 생각하면 티슬턴의 이런 견해는 놀라우며, 겉보기에는 사사로운 활동인 여성의 활동이 지닌

한나의 이야기와 노래, 그리고 마리아의 이야기와 노래 사이에 존재하는 기능상의 평행 관계는 이것들이 각각 시작 부분을 이루고 있는 더 커다란 내러티브에서 수행하는 기능으로 확장될 수 있다. 한나가 사무엘의 어머니가 됨을 들려주는 이야기는 사무엘상 1, 2장에 등장하는 내러티브 나머지 부분의 원천이다. 한나의 노래는 자신의 백성을 향한 하나님의 목적이 이루어짐을 밝힌 이 내러티브의 신학적 의미를 앞서 내다보고 묘사한다.[42] 억압받는 이스라엘이 팔레스타인 사람들에게서 해방됨을 내다볼 뿐 아니라, 본래 한 농사꾼의 막내아들로 사회에서 하찮은 이였던 다윗이 권좌에 오를 것도 내다본다(다윗이 본래 사회에서 하찮은 존재였음을 살펴보려면, 사무엘상 18장 23절을 보고, 사무엘하 22장 28절을 참고하라). 아울러 다윗에게 힘을 주어 그로 하여금 모욕당하고 가난한 이들을 위한, 다시 말해 다윗 자신도 본래 그 출신이었던 계층 사람들을 위한 하나님의 통치를 대신 행하게 하려는 하나님의 목적도 암시한다(그러나 하나님의 이런 목적은 실제 다윗의 통치 역사 속에서 불완전하게 실현되었다). 한나의 노래는 하나님이 기름 부은 왕을 언급하며 끝난다(삼상 2:10b; 참고. 삼하 23:1). 한나가 살던 시대는 왕정이 들어서기 전 시대였는데 이렇게 끝을 맺는 이유는 편집자가 실수로 이런 사실을 못 보고 지나쳐서가 아니라, 한나의 노래가 다윗의 통치에 이르기까지 하나님의 구원 행위 역사 전체를 아우르는 계획 같은 것이어서다. 다윗의 통치도 사실은 하나님이 한나에게 한 아이를 주시고 한나가 이 아이를 거룩히 구별하여 하나님에게 바침에서 유래했다. 하지만 얼핏 보면 한나에게 일어난 이런 사건도 이스라엘 민족과 세계 역사에서 일어난 큰 사

공적 의미를 인정하는 여성 중심 시각에 대한 누가의 공감에 의존하고 있다. 히브리 성경/구약 성경에서 어머니임(모성, motherhood)을 다루는 내러티브들은 이런 여성 중심 시각을 취한다. 그런 점에서 누가는 누가복음 1, 2장에서 제시한 내러티브의 문학 모델로 기꺼이 그런 시각을 활용할 수 있었다.

[42] 참고. B. S. Childs, *Introduction to the Old Testament as Scripture* (Philadelphia: Fortress; London: SCM, 1979), 272-273.

건들과 대비할 때 하찮은 일처럼 보일지 모른다.

마리아의 노래도 마찬가지로 누가복음 나머지 부분(은 물론이고 심지어 사도행전)에서 전하는 그 아들의 이야기에 비춰 볼 때 어떤 계획을 제시한다. 마그니피카트가 묘사하는 하나님의 구원을 특징짓는 '지위 역전'이라는 주제는 시므온이 마리아에게 한 말에서 다시 울려 퍼질 뿐 아니라(눅 2:34: "이 아이는 이스라엘에서 많은 사람을 망하거나 흥하게 하리라") 누가복음 전체의 특징이기도 하다.[43]

이 시대 페미니스트의 시각에서 보면, 여기서 '하나님의 구원을 대행하는 이'라는 마리아의 역할을 아주 광범위한 효과와 중요성을 가진 것으로 드높이면서도 그 역할의 범위를 사회가 여자에게 기대하는 어머니 역할에 한정한 것은 분명 실망스럽다[44](이런 점에서 마리아의 경우는 전통이 남성의 역할이자 책임이라 여기는 것을 담당한 드보라와 유딧의 경우와 다르다). 그러나 이런 점 때문에 이 내러티브가 어머니의 역할을 바라보는 진정한 여성의 시각을 제공한다는 점을, 다시 말해 예수의 출생을 남성 중심 시각에서 이야기한 마태의 기록에서는 볼 수 없는 시각을 제공한다는 점을 간과해서는 안 된다. 일부 페미니스트 비평가는 성경에서 제시하는 어머니임(모성)을 오로지 가부장제 관점에서만 보는 경향이 있다. 말하자면, 여자들의 역할은 으레 한정되어 있으며, 여자를 부계 혈통과 관련하여 남편과 아버지가 갖고 있는 관심사에 이바지하는 존재로만 보는 것이다. 따라서 이들은 성경에서 여자를 어머니로 묘사하는 모든 내용이 여자를 사회의 가부장제

---

43 J. O. York, *The Last Shall be First: The Rhetoric of Reversal in Luke* (JSNTSup 46; Sheffield: Sheffield Academic Press, 1991); J. M. Arlandson, *Women, Class, and Society in Early Christianity: Models from Luke-Acts* (Peabody, Mass: Hendrickson, 1997), 5장. 구약과 신약에 등장하는 이 주제를 간략히 살펴본 글을 보려면, E. Hamel, "Le Magnificat et le Renversement des Situations: Réflexion théologico-biblique," *Greg* 60 (1979), 60-70을 보라.

44 참고. J. Capel Anderson, "Mary's Difference: Gender and Patriarchy in the Birth Narratives," *JR* 67 (1987), 190-191, 200-201.

권력 구조에 이바지하는 이로 정의하는 가부장제의 구성물이라고 이해한다. 이런 이해가 스스로 뭔가를 더 발견하게 만드는 의심으로 유효하긴 하지만, 이런 이해를 하나의 교조처럼 경직되게 강요하는 것은 여자들 자신이 어머니임(모성)의 중요성에 관하여 갖고 있는 독립적 인식을 반영한 본문이 존재할 가능성을 처음부터 미리 배제하는 것이다.

우리가 이미 종종 발견했듯이, 위 필론도 누가의 내러티브가 갖고 있는 상호본문성에 다가갈 수 있는 유익한 접근 각도를 제공한다.[45] 위 필론이 묘사하는 한나는 자신이 이스라엘과 온 세상을 향한 하나님의 목적에서 결정적 역할을 수행하는 어머니이자 사실상 이스라엘을 기르는 어머니가 되었음을 축하할 뿐 아니라(Bib. Ant. 51:2-6),[46] 위 필론이 묘사하는 드보라는 실상 어머니가 아님에도 그 백성의 어머니로 그려진다. 성경은 드보라를 "이스라엘의 어머니"로 묘사하면서(삿 5:7; 참고. Bib. Ant. 33:6), 이를 드보라가 가진 정치적 권위를 표상하는 이미지로 펼쳐 보인다. 드보라는 자신의 백성을 가르치고, "하나님이 보내신 여자로서" 그들에게 "경고하며", "한 여성으로서" 그들을 "깨우쳐 주고", "너희 어머니인 내게 순종할 것"을 그들에게 요구한다(33:1; 참고. 33:4). 한나의 경우를 보면, 그가 문자 그대로 어머니임은 하나님이 자신의 백성을 구원하실 때 그 구원의 대행자로 결정적인 역할을 수행하는 것으로 드높여진다. 그러나 여기서 어머니라는 관념을 드높일 때, 가부장의 권력에 복종하는 역할을 행하는 이로 드높여지는 것이 아니다. 오직 하나님 한 분에게 남달리 순종하는 역할을 행한 이로 드높여진다. 따라서 드보라의 경우에는 어머니라는 것이 드보라가 사회에서 보통 여자에게 기대하는 것을 넘어 남달리 수행한 역할을 상징하는 은유라고도 할 수 있다. 이런 해석은 어머니임(모성)이라는 것을 여자

---

[45] 위 필론이 어머니임(모성)을 현저히 강조한 것을 살펴보려면, 특히 DesCamp, "Why Are These Women Here?," 76-78을 보라.

[46] 참고. Cook, "Pseudo-Philo's Song," 103-114.

들의 남편이 지닌 시각이 아니라 여자들 자신이 소유한 여성 중심 시각에서 보기 때문에 비로소 가능하다. 하와는 첫 아이에게 이름을 붙일 때, 하나님에게 부여받아 새로운 생명을 낳을 수 있게 된 자신의 능력에 경탄하여 "내가 야훼를 통해 한 사람(남자)을 낳았다"(창 4:1)[47]라고 선언했는데, 이것이 바로 성경이 여성 중심 시각으로 어머니의 역할을 묘사한 첫 사례를 담은 전승에서 제시하는 어머니 모습이다.

마찬가지로, 엘리사벳이나 마리아가 어머니라는 것을 가부장제와 부계 혈통 중심주의 속에서 그들의 남편이 갖고 있는 이익에 봉사하는 것으로, 남성 중심 시각에서 기대하는 어머니 역할로 본다면, 역시 심각한 오해를 낳을 것이다. 엘리사벳은 사회에서 아이를 낳지 못하는 여자라는 낙인이 찍혀 고통을 겪다가(고대 문화에서는 자주 그랬지만, 이 부부에게 자식이 없는 것에 따른 비난은 남편보다 아내가 뒤집어쓴 것 같다)[48] 이 치욕에서 구원을 받는다(눅 1:25). 그렇지만 엘리사벳이 낳은 아들의 중요성은 그 아버지의 혈통을 잇게 된 것과 아무 관련이 없다. 아버지 쪽 친척들이 이런저런 이름을 제안하지만(1:59-63), 그 어떤 이름도 아들에게 붙이길 거부했다는 사실이 그것을 상징한다.[49] 한나의 아들처럼, 요한도 태어나기 전에 그 부모가 거룩히 구별하여 하나님에게 바친다(삼상 1:11; 눅 1:15). 더 놀라운 것은 마리

---

47 70인경 Ἐκτησάμην ἄνθρωπον διὰ τοῦ θεοῦ. 히브리어 구문 את־יהוה는 종종 "야훼의 도움으로"(with the help of YHWH)라 번역하지만, 이는 가능한 번역 같지 않다(이러한 את 사용과 진정 병행을 이루는 것이 존재하지 않는다). 70인경(διὰ)과 불가타(per)에서 히브리어 구문을 이해한 방식대로 번역하면, "야훼를 통해"(by means of YHWH)가 된다.

48 *Bib. Ant.* 42는 이것을 꼭 당연하게 받아들일 수는 없음을 보여 준다. *Bib. Ant.* 42를 보면, 삼손의 부모가 둘 가운데 누구 때문에 자식이 없는지 논쟁을 벌인다. 그러나 결국 여자 때문에 아이가 없다는 것으로 귀결된다.

49 비록 천사가 사가랴에게 준 지시를 따른 것이지만(1:13), 엘리사벳이 아들에게 이름을 지어 주었다는 것은(눅 1:59, 60) 성경 전승에서 특이한 일이 아니다. 히브리 성경/구약 성경을 보면, 어머니가 자식에게 이름을 지어 준 예가 스물일곱 번 있으며, 아버지가 지어 준 경우는 열일곱 번 있다. I. Pardes, "Beyond Genesis 3: The Politics of Maternal Naming," in A. Brenner, ed., *A Feminist Companion to Genesis* (FCB 1/2; Sheffield: Sheffield Academic Press, 1993), 175 주1.

아가 어머니가 됨을 들려주는 누가복음 1장의 이야기에 요셉이 전혀 나오지 않는다는 것이다. 물론 누가복음 2장에 가면 요셉은 사람들이 공공연히 예수의 아버지라 추정하는 이가 되지만, 마리아가 낳은 아기는 요셉으로 말미암아 낳은 아기가 아니다. 혹 어떤 페미니스트는 이 모든 일에서 엘리사벳과 마리아는 그저 이 땅의 남편 대신 하나님이라는 가부장(the divine Patriarch)의 욕구와 설계에 복종하는 도구가 되었을 뿐이라고 비판할 것이다.[50] 그러나 이런 비판은 다른 인간에게 복종함을 하나님에게 순종함과 동일시하는 우둔한 문자주의일 뿐이며, 성경 영성의 중심 통찰 가운데 하나인 하나님을 섬김이 자아의 진정한 해방이자 성취라는 통찰을 무시하는 것이다. 마리아는 주의 종으로 행동하며(눅 1:38, 48) 하나님 말씀대로 하나님을 받아들이고 그 말씀을 신뢰하는 가운데 행동할 책임을 감당한다(1:38, 45). 그때에 마리아는 가장 충실한 의미에서 그의 자아를 이루며, 그 자신의 이야기에서 적극 책임을 감당하는 주체가 된다.

하나님의 "종"이라는 칭호는 분명 비하하는 말이 아니다. 마리아가 이 말을 쓴 것을 보면, 이 말은 분명 마리아 자신이 하나님을 섬길 준비가 되었음을 일러 주지만(사무엘상 1장 11절에 있는 하나의 용례를 참고하라), 그 맥락에서는 마리아를 아브라함(시 105:42), 모세(느 9:14; 말 4:4[마소라 본문 3:22]), 여호수아(수 24:29; 삿 2:8), 다윗(시 89:3[마소라 본문 4절]), 다니엘(단 6:20[마소라 본문 21절])과 같은 하나님의 특별한 '종', 하나님 백성의 위대한 지도자, 하나님의 구원 행위를 적극 대행하는 이의 대열에 포함시킬 뿐 아니라 심지어 다윗 혈통에서 난 메시아(겔 34:23; 37:24)와 같은 대열에 포함시키는 명예로운 칭호이기도 하다. 이는 누가복음의 마리아 이야기에서 상호본문

---

50 Capel Anderson, "Mary's Difference," 195은 이것을 가능한 읽기(해석)라고 제시하면서도 이를 채택하지 않는다. 앤더슨은 이 내러티브가 "하나님을 남성이라는 성을 상징하는 존재로 묘사하지 않는다"는 것을 올바로 지적한다. Robbins, "Socio-Rhetorical Criticism," 196, 198은 하나님이 분명 마리아에게 부계 혈통 중심의 위계 이데올로기를 영원히 잇게 할 의무를 주었다고 생각한다.

성과 관련하여 암시하거나 언급하는 것들이 마리아를 그저 하나님이 성
경 역사 속에서 행한 구원을 대행하던 여성들과 대비시키는 기능을 하는
가, 아니면 그와 같은 일을 한 남성들과도 대비시키는 기능을 하는가라는
의문을 불러일으킨다. 이런 관점에서 볼 때, 성경 이야기에서 병행 사례를
즐겨 찾고 특히 남성 등장인물과 여성 등장인물을 나란히 비교하길 즐겨
한 위 필론이 드보라와 바락이 시스라에게 거둔 큰 승리를 출애굽 때 이집
트 사람들에게 거둔 승리로 묘사하여(Bib. Ant. 32:16-17) 은연중에 드보라를
모세와 대비한 점은 시사하는 바가 크다.[51] 위 필론이 제시하는 드보라와
바락의 노래 도입부(Bib. Ant. 32:1)는 바닷가에서 울려 퍼진 모세의 노래 도
입부(출 15:1)를 되울려 주는 것 같다.[52] 더욱이 유딧의 노래(유딧 16장)는 내
러티브 기능 면에서 드보라의 노래(삿 5장)와 유사한 모습을 매우 분명하게
보여 주며, 그 노랫말이 암시하는 것들은 모세의 노래(출 15장)에 가깝다는
인상을 더 풍긴다.[53] 이런 점은 일부 학자들에게 유딧을 새 드보라이자 새
야엘로 묘사할 뿐 아니라[54] 새 모세로도 묘사하고 있다는 인상을 주었다.[55]
클라우디어 레이클(Claudia Rakel)은 유딧 16장과 출애굽기 15장의 상호본
문 관계를 연구한 결과를 기초로 삼아, 유딧서가 유딧에게 모세가 부른 출

---

51 Brown, *No Longer Be Silent*, 41-71을 보라.

52 Bauckham, "The *Liber Antiquitatum Biblicarum* of Pseudo-Philo and the Gospels as 'Midrash,'" in R. T. France and D. Wenham, eds., *Gospel Perspectives III: Studies in Midrash and Historiography* (Sheffield: JSOT Press, 1983), 47; Brown, *No Longer Be Silent*, 56-57; Weitzman, *Song*, 71.

53 Weitzman, *Song*, 66; 아울러 C. A. Moore, *Judith* (AB 40; Garden City, N.Y.: Doubleday, 1985), 256-257을 참고하라(또한 유딧 9장 11절에 나오는 모세의 노래에서 울려 퍼지는 메아리들을 다룬 193을 참고하라).

54 S. A. White, "In the Steps of Jael and Deborah: Judith as Heroine," in J. C. VanderKam, ed., *"No One Spoke Ill of Her": Essays on Judith* (SBLEJL 2; Atlanta: Scholars Press, 1992), 5-16.

55 J. W. van Henten, "Judith as a Female Moses," in F. van Dijk-Hemmes and E. Brenner, eds., *Reflections on Theology and Gender* (Kampen: Pharos, 1994), 33-48; idem, "Judith as Alternative Leader: A Rereading of Judith 7-13," in A. Brenner, ed., *A Feminist Companion to Esther, Judith and Susanna* (FCB 1/7; Sheffield: Sheffield Academic Press, 1995), 232-245.

애굽 노래와 같은 새 출애굽 노래를 부여하여 유딧을 새 출애굽을 이끈 지도자로 만듦으로 출애굽의 신학 구조를 재생하고 있다고 결론지었다.[56]

마리아의 노래를 시작하는 말은 노래하는 이가 하나님을 찬미한 것을 일인칭을 사용하여 언급한 것으로 유명하다. 이런 점에서 마그니피카트는 시편과 유딧의 찬송 시 모델과 일치하지 않는다. 시편에 있는 많은 시와 유딧에 있는 승리의 찬송(유딧 16:1)은 다른 이들에게 노래하는 이와 함께 하나님을 찬미하자는 권유로 시작하기 때문이다. 이런 점을 보면, 마리아의 노래는 다시 한 번 한나의 노래(삼상 2:1)와 비슷하지만, 동시에 모세가 바닷가에서 부른 노래(출 15:1, 2; 미리암의 노래가 모세의 노래 도입부와 평행을 이루는 부분[15:21]은 일인칭으로 하는 말을 담고 있지 않고 대신 다른 이들에게 찬미하라고 요구하는 말을 담고 있다), 그리고 미래에 있을 새 출애굽 때 이스라엘이 부르도록 주어질 노래와 닮았다(사 12:1).[57] 마그니피카트의 언어에 들어 있는 다른 요소들은 히브리 성경/구약 성경에서 출애굽을 언급하는 말을 되울려 준다. 이를테면, 하나님이 "나를 위해 큰일을 행하셨다"(눅 1:49; 참고. 신 10:21), "그의 팔로 힘을"(눅 1:51; 출 15:16)이라는 표현들이다. 이것들은 마그니피카트를 새 출애굽 때 새 모세가 부를 노래로 이해해야 한다는 것을 설득력 있게 보여 주는 증거가 아니다.[58] 히브리 성경/구약 성경의 다른 평행문들도 아주 비슷한 말을 사용하기 때문이다(예를 들면, 시 71:19;

---

56   Rakel, "I Will Sing," 43-44, 46-47. 아울러 그는 유딧의 노래를, 말하자면 출애굽기 15장 편집으로 말미암아 모세에게 주된 노래가 주어지고 미리암은 그저 이 노래에 답하는 역할만 부여받은 것을 되돌려서 미리암에게 승리의 노래를 부르는 이라는 역할을 되찾아 준 노래로 본다(출 15:20, 21). "유딧이라는 한 여자가 이제 새 출애굽을 찬미하는 노래를 부른다는 사실은 미리암이 출애굽기에서 잃어버린 목소리를 미리암 자신에게 되찾아 준다"(45).

57   이사야 12장에 있는 두 노래는 출애굽기 15장을 되울려 준다. 첫 노래에 나오는 일인칭 찬송(1, 2절)과 두 번째 노래에 나오는 찬송 권유(4-6절)는 형태가 다르지만, 이런 형태 차이는 이 노래들이 각각 모세의 노래와 미리암의 노래와 일치함을 보여 준다.

58   참고. K. E. Bailey, "The Song of Mary: A Vision of a New Exodus (Luke 1:46-55)," *Near East School of Theology Theological Review* 2/1 (1979), 29-35 (보이지 않음).

89:10[마소라 본문은 11절]을 보라).

하지만 또 하나 고려해야 할 고찰 결과가 있다. 히브리 성경/구약 성경과 외경을 보면, 하나님이 자신의 백성을 구원하는 큰 행동을 하신 뒤에 하나님에게 올린 찬송이 잇달아 등장한다.

- 출애굽기 15장 1-18절 (모세), 15장 21절 (미리암)
- 사사기 5장 (드보라와 바락)
- 사무엘상 2장 (한나)
- 사무엘하 22장 (다윗)
- 이사야 38장 9-20절 (히스기야)
- 유딧 16장 (유딧)
- 다니엘 3장에 덧붙인 부분 (사드락, 메삭, 아벳느고)
- 토빗 13장 (토빗)[59]
- 이사야 12장 (새 출애굽 때 이스라엘)

초기 유대교의 성경 독자들이 볼 때, 모세가 바닷가에서 부른 노래는 "이스라엘이 그 역사 내내 일관되게 되풀이하던 찬송과 감사 전통의 시초로" 보였을 것이다.[60] 이런 배경에 비춰 볼 때, 마그니피카트가 앞서 나열한 찬송들에 속하는 노래로 인정받고자 모세의 노래에 나오는 말을 구체적으로 언급하거나 암시했다고 볼 필요는 없다. 마리아의 노래를 상호본문성 차원에서 읽어 보면 모세의 노래가 시작한 위대한 전통 속에 자리해

---

59 토빗 13장의 찬송은 지위 역전이라는 주제는 물론이고(13:2) 하나님이 토빗과 그 가족에게 행하신 일뿐 아니라 그저 개인사처럼 보이는 이런 일들을 통해 미래에 있을 민족 구원이라는 큰 사건을 미리 일러 준다는 점에서 한나의 노래와 닮았다. 토빗의 찬송에 관하여 알아보려면, S. Weitzman, "Allusion, Artifice, and Exile in the Hymn of Tobit," *JBL* 115 (1996), 49-61을 보라.

60 Weitzman, *Song*, 123.

있으며(사가랴의 노래와 시므온의 노래도 마찬가지다), 마리아의 노래가 송축하는 구원은 그 궁극의 선례를 출애굽에서 찾을 수 있다. 마리아는 하나님이 베풀어 주시는 구원을 대행하는 사람으로서 그런 노래를 부른 다른 이들, 곧 모세와 미리암, 드보라와 바락, 한나와 다윗과 같은 대열에 들어 있다. 그렇지만 출애굽기 15장이 제시하는 문학 모델에서 시작된 이런 노래들의 내러티브 기능은 노래하는 이를 축하하는 것이 아니라, 그 백성의 전능한 구원자이신 하나님에게 모든 영광을 돌리는 것임을 유념해야 한다.[61]

3. 마리아의 낮은 지위

마그니피카트를 읽는 이라면 누구나 하나님이 그를 위해 "큰일을 행하신"(눅 1:49) 하나님의 "종"(48절)인 마리아의 "낮은 지위"와 하나님이 "높이 들어 올리신" "낮은 이들"(52절)뿐 아니라 하나님이 도와주신 "그의 종 이스라엘" 사이에 평행 관계가 있음을 관찰할 수 있다. 그러나 마리아의 노래가 가진 구조를 밝혀내는 것은 이런 연관 관계가 이 노래의 주된 주제임을 인식하는 데 도움을 준다. 나는 표4(137쪽)에서 마리아의 노래가 같은 길이를 가진 두 연(절)으로 나뉘며, 두 연의 가운데에 1연에서 2연으로 넘어가는 절 또는 핵심 절(51절)이 자리해 있음을 제시했다.[62] 나는 각 연에서 다른

---

[61] 출애굽기 15장을 다룬 Weitzman, *Song*, 2장. 이 점은 유딧의 노래도 마찬가지다. 이스라엘 여자들은 유딧이 구원에서 행한 역할 때문에 유딧을 드높이지만(15:12), 유딧은 사람들이 그 노래를 부르자 모든 영광을 하나님에게 돌리라고 권면한다. 이는 유딧이 그런 사건들에서 대행자 역할을 했음을 부인하는 것이 아니다. 그러나 "한 여자의 손"을 언급한 말(16:6)을 다음과 같은 레이클의 내용처럼 해석하는 것은 적절치 않다. "따라서 그(유딧)는 하나님의 현현이다. 유딧은 새 출애굽에서 하나님의 화신이다"(Rakel, "I Will Sing," 43). 이렇게 대행에서 아예 화신으로 옮겨 간 것은 제2성전기 유대교의 독특한 특징이 아니며, 유딧서가 유딧을 이야기하는 방식과도 일치하지 않는다.

[62] 이 구조 분석은 S. Terrien, *The Magnificat: Musicians as Biblical Interpreters* (New York: Paulist, 1995), 6-9에서 제시하는 구조 분석을 단순하게 만든 것이다. 특히 51절이 1연에서 2연으로 넘어가는 절 또는 (테리언의 말을 빌리자면) "핵심 절"이라는 생각은 그의 구조 분석에서 도움을 받았다. 그러나 그와 달리, 내가 제시한 구조는 마그니피카트가 본래 히브리어 버전이 있었다는 견해에 의존하지 않는다.

표4. 마그니피카트의 구조(눅 1:46-55)

1연

46 내 영혼이 주를 찬미하며,

47 내 영이 내 구원자 하나님을 기뻐하니,

48 이는 그가 그 종의 낮음을 은혜로이 돌아보셨기 때문이다.
　　틀림없이 이제부터 온 *세대가* 나를 복되다 하리니,

49 이는 *전능하신* 이가 나를 위해 큰일을 행하셨기 때문이며,
　　그의 이름이 거룩하도다.

50 *그의 자비가* 그를 두려워하는 이들에게
　　대대손손 있도다.

1연에서 2연으로 넘어가는 절

51 그가 그의 팔로 강함을 보이셨으며,
　　그 마음의 생각이 교만한 자들을 흩으셨도다.

2연

52 그가 힘 있는 자를 그들의 권좌에서 끌어내리셨고,
　　낮은 자를 들어 올리셨다.

53 그가 굶주린 자를 좋은 것으로 채우셨으며,
　　부유한 자를 빈손으로 보내셨다.

54 그가 그의 종 이스라엘을 도우셨으되,
　　그의 *자비를* 기억하사,

55 그기 우리 조상들에게,
　　곧 아브라함과 그 자손들에게 영원히 하신 약속을 따라 그리하셨도다.

연에 있는 말을 되울려 주는 말을 이탤릭체로 표시했다. 이런 상응 관계는 하나님이 마리아 자신을 위해 하신 일(1연)과 하나님이 자신의 낮은(비천한) 백성을 위해 하신 일(2연) 사이에 평행 관계가 있음을 확인해 준다. 1연은 결국(50절) 하나님이 마리아에게만 베풀어 주신 은혜를 그를 두려워하는 모든 이에게까지 넓혀 베풀어 주심을 말하지만, 그래도 이에 상응하는 반대 부분(높은 자리에 있는 이들에 대한 하나님의 심판)을 소개하지는 않는다. 2연은 교차 대구 방식을 사용하여(A 힘 있는 자, B 낮은 자, A¹ 굶주린 자, B¹ 부유한 자) 하나님의 구원 행위가 가져올 지위 역전을 묘사하는 네 행으로 시작한다. 1연에서 2연으로 넘어가는 절은 하나님이 1연에서 마리아에게 베푸셨던 은혜로운 행위를 되짚어 언급하고("그가 그의 팔로 강함을 보이셨으며") 2연에서 이야기할 높은 자에게 내려질 심판을 미리 귀띔한다("그 마음의 생각이 교만한 이들을 흩으셨도다"). 그러나 이는 1연의 마리아를 2연에 나오는, 더 일반성을 띤 진술과 연계하여서 지위 역전이라는 주제를 은연중에 선언한다. 즉 하나님이 그 팔의 강함으로 자신의 낮은 종 마리아를 높이 들어 올리시고 교만한 이들을 낮추신 것이다.

한나의 노래처럼, 마리아의 노래에서도 지위 역전이라는 주제는 한편에 있는 낮은 자와 다른 한편에 있는 이스라엘 내부의 높은 자에게 적용되지만, 그와 동시에 굴욕을 당한 하나님의 종인 이스라엘과 이스라엘을 억압하는 강한 이교도들에게도 적용된다. 1세기에 유대인이 살아가던 정황을 보면, 2연 전체는 분명 후자의 사실을 일깨워 주었을 수 있지만, (나중에 2장 34절에 나오는 시므온의 말이 확인해 주듯이) 이스라엘 안에도 진정 하나님의 낮은 종인 이들과, 하나님의 원수인 이방인과 더불어 그들의 동포 유대인을 억압하거나 착취하던 이들이 나뉘어 있다는 생각이 틀림없이 있었을 것이다. ('낮음'[ταπείνωσις]은 분명 억압받고 굴욕당한 이스라엘을 묘사하거나 [예를 들면 신 26:7; 삼상 9:16; 마카비1서 3:51; 마카비3서 2:12] 이스라엘 안에서 가난한 이들의 굴욕스러운 지위[삼상 18:23; 사 11:4; 14:32]를 묘사하는 말일 수 있으며,[63] 동시에 한나와 엘리사벳 같은 여자들의 불임을 묘사하는 말일 수 있다[창 16:11; 삼상 1:11].) 어쨌든 '낮은 지위'에 있는 마리아(48절)는 분명 하나님이 높이 들어 올리는 이들의 패러다임이다. 그러나 그런 마리아가 그런 이들을 대표하지는 않는다. 마리아는 하나님이 높이 올려 주심으로 낮은 지위에서 메시아의 어머니가 되었다. 이로써 마리아는 메시아의 오심을 통해 널리 낮은 이들이 높임을 받게 해주는 통로가 되었다. 이것이 바로 이 노래가 묘사하는 것일 수 있는데, 이 노래는 시종일관 부정과거 동사를 사용하여[64] 하나님이 자신의 백성에게 베풀어 주신 구원 행위를 단일 행위로 묘사한다. 그가 마리아를 메시아의 어머니로 만드심으로 낮은 자가 높아지고 이스라엘의 높은 자가 부끄러움을 당하는 결과가 동시에 일어나기 때문이다. 이런 결과를 마리아의 아들이 이룰 것이다.

그렇다면 마리아가 '낮은 지위'(ταπείνωσις)에 있다는 것은 무슨 의미인가? 유대 전통은 '가난한 자'와 '낮은 자'를 사회적, 경제적 지위뿐 아니라 종교적 태도와도 강하게 연계하여 인식했다. 그럴지라도 이 말이 어떤 지위를 암시하지 않고 단지 하나님 앞에서 겸비한 태도를 가지며 하나님을 신뢰함을 가리킬 수 있다고 생각하면 잘못이다. 오히려 세상이 보통 돌아가는 모습을 보면, 부유하고 힘이 있는 이는 교만을 부리며 자신을 신뢰하고 하나님을 무시하는 경향이 있는 반면, 세상에서 딱히 믿고 의지할 구석이 없는 이들은 자신들에게 하나님이 필요함을 인정하고 하나님을 겸손히

---

[63] 참고. K. Wengst, *Humility: Solidarity of the Humiliated* (tr. J. Bowden; Philadelphia: Fortress; London: SCM, 1988), 16-30.

[64] 이 부정과거에 관한 여러 견해를 살펴보려면, Farris, *Hymns*, 114-116; Brown, *Birth*, 362-363, 648-649; York, *Last*, 52-53; M. Coleridge, *The Birth of the Lukan Narrative* (JSNTSup 88; Sheffield: Sheffield Academic Press, 1993), 93-94 주2를 보라. 이런 논의는 마리아가 메시아의 어머니가 됨이 바로 마리아의 높아짐이라는 사실을 적절히 설명하지 못한다. 따라서 마리아의 높아짐은 하나님이 널리 낮은 자를 높이심과 **비교할 수 있을** 뿐 아니라, 하나님이 그의 메시아 예수를 통해 낮은 자를 높이시는 **도구**이기도 하다.

신뢰하며 하나님에게 다가간다고 가정하는 생각이 있다. 지위 역전이라는 주제는 보통 태도와 신앙의 측면, 그리고 사회 경제 측면을 결합한다.[65]

따라서 마리아 자신이 아론에게서 이어지는 제사장 혈통(참고. 1:36)이거나 그의 남편이 속한 다윗의 혈통(1:27), 또는 그 두 혈통 모두에 주어진 영예를 갖기 때문에 누가복음의 마리아가 낮은 사회 지위 출신이 **아니라고** 주장하는 이들의 견해는 마그니피카트(1:48, 52)와 부합하지 않는다.[66] 어쨌든 첫 번째 점은 의문이 든다. 제사장 지위는 오로지 아론의 후예인 남자에게만 속했기 때문에, 마리아와 아론 혈통 제사장의 딸인 엘리사벳(1:5)의 관계(그러나 정확히 어떤 관계인지는 성경이 일러 주지 않는다)가 마리아 자신도 제사장 혈통에 속한 사람임을 암시한다고 말하기는 어렵다. 아울러 많은 학자가 제사장은 당연히 사회에서 높은 지위에 있었다고 추정하는 것 같지만, 우리는 그렇게 확신해서는 안 된다. 사가랴와 같은 평범한 제사장은 팔레스타인 시골에서 농부처럼 살았으며, 한 해에 한 주만 성전에서 제사장 일을 행했다. 따라서 이런 제사장은 분명 성전을 운영하고 성전과 자신의 관계를 통해 부와 권력을 챙기는 제사장 귀족의 지위에 있던 이들이 아니었다. 혈통과 결합된 영예는 지위를 결정하는 한 요인일 뿐, 경제 자원과 권력, 사회 내 영향력을 동반하지 않으면 큰 의미가 없었다. 조엘 그린(Joel Green)˙은 누가가 일부러 사가랴와 엘리사벳을 당시 사

---

[65] Brown, *Birth*, 350-355에서 생각하듯이, "가난한 이들"(אנוים)이라는 말을 이런 식으로 사용할 경우, 그 말은 쿰란 공동체나 초기 예루살렘 교회처럼 특별한 종교 그룹을 가리킬 것이라는 생각(그 결과, 마그니피카트도 그런 '아나윔'[*Anawim*] 무리에게서 나왔을 것이라는 생각)은 분명 잘못일 것이다. 그런 그룹이 때로 이와 비슷한 말을 사용하여 그들 자신을 묘사했다 할지라도, 그것 때문에 이 말이 그런 특수한 공동체를 가리키는 전문 용어가 되지는 않는다.

[66] I. J. Mosala, *Biblical Hermeneutics and Black Theology in South Africa* (Grand Rapids: Eerdmans, 1989), 166-171; B. J. Malina and J. H. Neyrey, "Honor and Shame in Luke-Acts: Pivotal Values of the Mediterranean World," in Neyrey, ed., *The Social World of Luke-Acts* (Peabody, Mass.: Hendrickson, 1991), 47-48; J. H. Neyrey, "The Symbolic Universe of Luke-Acts: 'They Turn the World Upside Down,'" in Neyrey, ed., *Social World*, 289.

• 조엘 그린(Joel B. Green, 1956-). 미국의 신약 학자다. 성경에 대해 웨슬리주의-아르미니우스주의를 따른다.

회의 가치 구조를 따라 높은 사회 지위에 있는 이로 묘사하고, 하나님이 사회에서 하찮은 위치에 있는 마리아를 택하여 이루어 내시는 지위 역전과 이 부부의 높은 사회 지위를 대비하려 한다고 주장하지만, 그의 주장은 설득력이 없다. 엘리사벳도 하나님이 이루어 내시는 지위 역전에서 은덕을 입기 때문이다.[67] 엘리사벳과 관련된 사회적 사실은 그가 아이를 낳지 못하기 때문에 사회에서 수치를 당했다는 점이다(1:25). 한나의 경우처럼, 하나님은 엘리사벳이 하나님을 섬길 높은 소명을 받은 아들을 잉태하게 하셔서 엘리사벳의 그런 처지를 뒤집으신다. 이것 역시 엘리사벳과 마리아의 만남에 관한 조엘 그린의 읽기(해석)에 의문이 들게 한다. 그의 읽기에 따르면, 지위 역전이 엘리사벳과 마리아 사이에서 일어나기 때문이다. 말하자면 하나님이 마리아를 엘리사벳의 주를 낳은 어머니가 되게 해주셔서 (1:43) 아론 혈통에서 난 늙은 여자 엘리사벳을 사회에서 보잘것없는 젊은 여자 마리아에게 복종시키신다는 것이 조엘 그린의 해석이다.[68] 이런 읽기는 엘리사벳과 마리아 둘 다 한나와 대비하여 다른 방식으로 낮은 자에게 베풀어 주시는 하나님의 은혜를 함께 받은 자로서 분명한 평행 관계에 있다는 사실과 모순된다.

성경이 혈통을 언급하는 것은 오로지 그것이 암시하는 영에 때문이라고만 생각한다면 잘못이다. 요셉이 다윗의 자손임(1:27)을 언급해야 하는 것은 그것을 통해 마리아의 아들이 다윗의 자손으로 인정받을 수 있기 때문이고(1:32), 그럼으로써 메시아가 다윗의 자손에서 나오리라는 예언이 이루어질 수 있기 때문이다. 반면, 요셉이 다윗의 자손이라는 것은 곧 그에게 돌아갈 영예를 암시하며, 요셉과 정혼한 여자일 뿐이자 그 부모와 조상에 관하여 어떤 언급도 없는(1:27) 마리아는 이 영예를 공유하지 않는다

---

67 J. B. Green, "The Social Status of Mary in Luke 1,5-2,52: A Plea for Methodological Integration," *Bib* 73 (1992), 457-472.

68 Green, "Social Status," 469-470.

는 그린의 주장은 타당하지 않은 것 같다. 1장 32절에 나오는 천사의 말이 요셉이 다윗의 자손이기에 마리아가 낳을 아들도 다윗의 자손으로 여겨지리라는 것을 이미 암시하고 있다면, 마리아 자신은 그와 정혼한 사람이 그 혈통으로 말미암아 부여받은 영예에 어쨌든 동참하지 못한다는 말은 믿을 수 없다. 어쨌든 1세기 유대 사회에 정혼이 지닌 본질을 생각해 볼 때, 법이 그의 남편이 될 사람으로 인정한 사람의 사회 지위를 정혼한 여자가 이미 공유하지 않았을 가능성은 거의 없다.

요셉이 가졌던 낮은 사회 지위를 따로 암시하지 않고도 마리아의 '낮은 지위'가 지닌 본질을 설명해 줄 제안이 하나 있다. 마리아가 아직 요셉과 함께 살고 있지 않은데도 잉태했다는 사실이 마리아에게 수치라는 것이 바로 그것이다.[69] 마리아가 처한 상황에서는 마리아의 잉태가 누가 봐도 수치였을 수 있기에 1세기 독자에게는 이런 일을 따로 설명할 필요가 없었을 것이다. 그러나 이 제안에는 심각한 난점이 하나 있다. 설령 그런 사회적 수치라는 것이 존재한다 해도, 마리아의 경우에는 사실 그 수치가 하나님이 마리아를 동정녀로서 메시아의 어머니가 되도록 선택하심에서 비롯되었다. 따라서 하나님이 마리아를 메시아의 어머니로 선택하셔서 마리아를 높이셨다는 사실이 마리아가 가진 낮은 지위의 원인일 수는 없다. 아리 트로스트(Arie Troost)˙는 마리아가 1장 34절에서 가브리엘에게 던진 질문으로 보아 마리아는 "자신의 지위가 그 사회에서 갖고 있는 어색함을 마주해야 한다는 것, 그리고 태어날 아기를 염려했다"고 주장하면서, 마리아가 요청한 것은 "마리아 자신을 지켜 달라는 것과 잉태가 알려졌을 때 닥칠 결과를 받아들일 수 있게 도와달라는 것"이었다고 주장하지만, 그의 주

---

69 예를 들면 Robbins, "Socio-Rhetorical Criticism," 182-184. J. Schaberg를 따른다.

• 아리 트로스트(Arie Cornelis Troost, 1959-). 네덜란드의 신약 학자다.

장은 딱히 근거를 찾을 수 없다.[70] 마리아는 자신이 어떻게 잉태하게 될지를 묻고 있지, 자신이 그 잉태로 말미암아 사회에서 당할 수치를 어떻게 마주해야 할지 묻지 않았다.

사실 마태, 마가와 달리 누가는 요셉이 수공업자였음을 언급하지 않는다(누가복음 4장 22절과 마태복음 13장 55절, 마가복음 6장 3절을 참고하라).[71] 후대에 나온 야고보원복음(*Protevangelium of James*)은 분명 예수를 복음서에서 암시하는 사회 지위보다 높은 사회 지위를 가진 이로 제시하는 데 관심을 가지는데, 이는 아마도 틀림없이 예수가 곧 메시아라는 그리스도인들의 설명에 그리스도인이 아닌 유대인들이 제시한 비판에 대응하여 나온 반응이었을 것이다. 그러나 누가는 야고보원복음에서 택한 이런 전술과 비슷한 것을 전혀 사용하지 않는다. 야고보원복음에서 마리아의 아버지 요아킴은 예루살렘의 부유한 귀족으로 나오며(1:1), 그가 베푼 잔치에는 이스라엘의 모든 엘리트가 초대받는다(5:2). 요셉은 비록 도끼로 일하지만(9:1), 분명 평범한 수공업자가 아니라 장인인 건축자다(9:2; 13:1).

그와 달리, 누가가 마리아와 요셉이 드린 제사를 설명한 내용(2:24)은 이들에게 경제 자원이 없었음을 암시한다(참고. 레 12:6-8). 목자들 이야기(2:8-20)도 마리아와 요셉이 사회적, 경제적 지위 면에서 낮은 위치에 있었음을 꼭 암시하는 것은 아니지만, 그래도 분명 예수가 가난한 이들 가운데 비천한 환경에서 태어났음을 밝히려는 누가의 의도를 드러낸다. 이런 맥락에서 볼 때, 예수가 '다윗의 도시'인 베들레헴에서 태어나고(2:11) 목자들이 그를 메시아로 인정했다는 것은 예수가 유다 왕통을 이어받은 존귀한 지위를 갖고 태어난 것이 아니라, 왕위에 오르기 전에는 베들레헴의 한 목동에 지나지 않았으며 사회에서도 하잘것없는 존재였던 다윗 같은 이로

---

70 Troost, "Elizabeth and Mary," 174.
71 참고. Arlandson, *Women, Class*, 141-142.

태어났음을 시사한다. 이상적인 다윗 같은 이가 될 메시아, 의로운 통치를 펼쳐 가난한 이들에게 유익을 줄 메시아(사 11:4)가 다윗 자신처럼 가난한 이들 속에서 태어난 것은 그 자신이 가난한 이들과 연대하여 통치하려 함이다. 예수는 엘리트들의 기대를 채워 주는 왕이 아니라, 낮은 자를 높이고 굶주린 자를 먹여 줄 통치자를 바라던 가난한 이들의 소망을 채워 주는 왕이다.[72]

누가는 다윗의 혈통이라는 것이 왕의 자손이라는 높은 지위에 있는 사람임을 일깨워 주기보다 본래 비천한 출신인 다윗의 낮은 지위를 되새겨 주길 바라는 것 같다. 이를 확인해 주는 것이 누가가 제시하는 예수의 계보다. 이 계보는 요셉을 거쳐 다윗에서 아담으로 이어지는 것으로 예수의 혈통을 제시한다(눅 3:23-38). 내가 다른 곳에서 자세히 증명했듯이,[73] 누가의 계보는 정교한 신학 텍스트로, 성경의 어느 계보들이 그리하듯이 인물의 생애와 관련된 정보를 넘어 훨씬 많은 것을 담아낼 수 있다. 이 계보에 따르면, 예수는 마태의 계보가 제시하듯이 솔로몬과 유다 왕들을 통해 다윗으로 이어지지 않고(마 1:6-11), 그리 알려져 있지 않은 다윗의 아홉째 아들 나단(참고. 대상 3:5)을 통해 다윗으로 이어진다. 이 계보는 스룹바벨과 그 아버지 스알디엘에서 다윗 왕좌의 공식 상속인들과 만나지만(눅 3:27; 참고. 마 1:12, 13), 나단과 요셉 사이에는 전혀 알려져 있지 않은 이름들로 구성되어 있기도 하다. 이 계보는 다윗 혈통에서 메시아가 나오리라는 예언의 해석이기도 하다. 이 예언에 따르면, 메시아는 다윗의 왕위를 승계하는

---

72 R. A. Horsley and J. S. Hanson, *Bandits, Prophets, and Messiahs: Popular Movements at the Time of Jesus* (San Francisco: Harper & Row, 1985), 3장은 (메시아는 반드시 엘리트거나 서기관 출신이어야 한다는) 다윗 메시아주의(Davidic Messianism)를 오해하고 있다. 이는 호슬리와 핸슨이 "민중의 왕"(popular kingship)이라 부르는 왕이 가난한 이들의 소망을 구현하는 왕일 수 있다는 의미에서 다윗 메시아주의를 간파하지 못한 까닭이다.

73 R. Bauckham, *Jude and the Relatives of Jesus in the Early Church* (Edinburgh: T. & T. Clark, 1990), 7장.

이들이 아니라 본래 다윗이 태어난 집안이 있던 베들레헴에서 나오게 된다. 이것이 다윗 혈통에서 메시아가 나올 것을 일러 준 중요한 본문인 이사야 11장 1절의 의미다. "이새의 줄기에서 한 싹이 나오며 그의 뿌리에서 한 가지가 나오리라." 나무라는 이미지가 잘려 줄기로 줄어들었다. 새싹이 뿌리에서 자라난다. 이 말의 자연스러운 의미는 다윗 왕가라는 나무가 심판 때 잘려나갈 것이며(참고. 10:33, 34), 미래에 나타날 이상적인 왕은 유다 왕통이 아니라 그 왕가의 뿌리에서 나오리라는 것이다. 다윗의 아버지 이새를 언급한 것은 이런 의미를 암시한다. 메시아가 베들레헴에서 태어나리라는 미가 5장 2절(마소라 본문은 1절)의 예언도 비슷한 취지를 암시한다. 새 왕은 예루살렘 왕궁에서 태어나지 않고 다윗의 계보가 시작된 하찮은 동네 베들레헴에서 태어날 것이다.[74] 베들레헴은 다윗이 왕이 되고 난 뒤 이스라엘 역사에서 아무런 역할을 하지 않았다. 솔로몬과 그 뒤를 이은 모든 왕은 베들레헴이 아닌 예루살렘에서 태어났다. 따라서 마태복음과 누가복음이 모두 일러 주고 누가복음은 마태복음보다 분명하게 일러 주지만, 예수가 베들레헴에서 태어난 것은 평범한 사람 가운데서 나온 다윗의 진정한 뿌리로 되돌아가는 것이다. 베들레헴은 다윗의 도시지만(눅 2:11), 솔로몬을 통해 이어지는 다윗의 자손 누구도 그곳에서 나지 않았다.

이어 우리는 마그니피카트에 표현된 마리아 자신의 낮은 사회적 지위가 바로 마리아가 낳을 메시아와 일치함을 본다. 그가 낳을 메시아는 낮은 처지에서 태어나 낮은 자를 높이시고 높은 자를 낮추실 분이다. 그러나 마지막으로 우리는 마리아의 낮은 지위라는 이 중요한 모티프와 마리아가 여자라는 사실 사이에 처음부터 어떤 연관 관계가 있지 않을까 하는 질문을 던져 볼 수 있다. 메시아의 어머니가 분명 여자라는 명백한 사실에는 그저 우연한 연관 관계만이 있을까, 아니면 마리아가 여성이라는 점은 마

---

[74] 메시아 예언이 담고 있는 이 주제를 살펴보려면, Bauckham, *Jude*, 334-339을 더 자세히 살펴보라.

리아의 낮은 지위를 부각하는 어떤 의미를 담고 있을까?

이 쟁점에 다가가는 한 방법은 우리가 앞서 보았듯이 마그니피카트를 지배하는 지위 역전이라는 주제가 성경의 전통 속에서 마그니피카트 전에 하나님의 구원을 대행하는 사람들이 부른 노래들에서 어떻게 등장하는지 살펴보는 것이다. 그 주제는 바로 다윗의 노래에서 적절히 등장하지만(사무엘하 22장 28절과 평행 본문인 시편 18편 27절[마소라 본문은 28절]), 그 주제를 더 강조하는 노래는 바로 한나의 노래다(삼상 2:4-8). 한나의 노래는 마그니피카트가 전개하는 이 주제에 가장 좋은 문학적 선례를 제공한다. 마리아처럼 한나도 낮은 자를 높여 주시는 하나님의 독특한 행위로 은덕을 입은 주목할 만한 사례로 자신을 제시한다. 하지만 한나와 마리아라는 두 여자 사이에 이토록 놀라온 평행 관계가 존재한다 할지라도, 한나가 약한 자, 굶주리는 자, 가난한 자라는 말을 듣는 것은 여자이기 때문이 아니라, **아이를 낳지 못하는** 여자이기 때문임을 말해 두지 않을 수 없다. 한나의 그런 상태를 뒤집은 것이 바로 아이라는 선물이었다.

유딧의 노래도 지위 역전이라는 주제를 언급한다. 유딧 자신이 바로 교만한 앗수르 장군이 거느리는 엄청난 군대에게 무력하게 억압받는 자신의 백성을 하나님이 구해 내어 높이실 때 사용하신 구원의 대행자다. 홀로페르네스는 유딧에게 죽고 그의 군대는 멸절당한다(유딧 16:5-12). 여기서 하나님은 유딧이 앞서 유딧서에서 일컬은 말대로, "낮은 자의 하나님이요, 억압받는 이를 도우시는 분이며, 약한 자를 옹호하시고, 버림받은 자를 보호하시며, 소망이 없는 이들을 구원하시는 분"이다(9:11). 그러나 여기서 특히 주목할 만한 점은 이 경우에 유딧이 지위 역전이라는 주제를 하나님의 구원을 대행하는 이가 여자라는 사실과 연계한다는 점이다. 홀로페르네스가 젊은 전사나 강한 거인에게 패배한 것이 아니라 "한 여자의 손에" 패배했다는 것을 많이 강조하며(16:5, 6), 이 문구를 여러 차례에 걸쳐 되풀이한다(9:10; 13:15; 16:5).[75] 이 문구는 사사기 4장 9절에서 빌려 온 것인데, 사사기 4장 9절은 시스라가 야엘이라는 여자의 손에 죽임당했음을 언급한다. 야엘은 유딧이라는 인물의 모델이 된 성경 속 원형 가운데 하나다. 위 필론이 다시 들려주는 야엘 이야기도 이 문구를 음미한다(*Bib. Ant.* 31:1, 7, 9). 시스라가 어떤 남성 전사와 대등한 싸움을 벌이다가 죽은 것이 아니라 '약한 여자의 팔에' 죽었다는 것은 두고두고 기억될 수치이자 불명예다(*Bib. Ant.* 31:1; 여자에게 죽임당한 것이 수치임을 살펴보려면, 사사기 9장 54절도 함께 보라). 유딧서는 이처럼 교만한 자를 부끄럽게 함도 암시하지만(9:10), 분명 더 중요한 것은 유딧이 여자로서 힘이 없다는 점을 아무 도움도 받지 못하고 무력하기만 한 그의 동포들의 상태와 연계한다는 점일 것이다(참고. 9:9-11). 이것은 여자가 모든 면에서 '약하다'는 견해를 반영한 것이라기보다, 남성이 좌지우지하는 정치와 전쟁 세계에서는 여자에게 힘이 없다는 것이 일반의 인식임을 드러낸 것일 뿐이다.[76] 유딧서는 유딧이 연약한 존재라는 인상을 깊이 심어 주고자 그가 과부임을 분명하게 언급한다. 비록 그가 부유했고 그러기에 이스라엘의 여느 과부들과 그 처지가 달랐지만, 그럼에도 남편이 없는 이 과부에게는 자식도 없었다.[77] 유딧은 오직 그의 여종만을 데리고 홀로페르네스의 장막에 들어간다. 여기서 유딧은 엄청난 남성의 힘을 마주한 힘없는 여자의 원형일 뿐이다. 그런 그가 홀로페르네스를 격퇴한 것은 하나님이 강하고 교만한 자를 파멸시키시고, 그런 자가 억압하고 무시하는 이들에게 승리를 가져다주신다는 것을 장엄한 드라마처럼 보여 준다.[78]

---

75 P. W. Skehan, "The Hand of Judith," *CBQ* 25 (1963), 94-109을 보라.

76 이와 비슷하게 클레멘스1서 6장 2절도 그 '몸이 약한데도' 끝까지 믿음의 지조를 지킨 여자 순교자들을 칭송한다.

77 참고. A. LaCocque, *The Feminine Unconventional* (OBT; Minneapolis: Fortress, 1990), 35-37.

78 참고. P. F. Esler, "'By the Hand of a Woman': Culture, Story and Theology in the Book of

누가복음 1장의 맥락을 살펴보면 마리아 역시 외로운 여자다. 그에게 도움을 줄 이는 여자 친척인 엘리사벳뿐이다. 유딧의 사례를 통해 마리아의 처지를 모든 면에서 추론해 낼 수는 없다. 그래도 마리아가 하나님의 낮은 종으로서 하나님의 종 이스라엘을 대표한다는 것은, 아니 정확히 말해 한 여자로서 이스라엘을 대표한다는 것은 낮은 자를 억압하는 교만한 자의 힘 앞에서 낮은 자의 약함을 생생히 보여 주는 예라는 점에서 의미가 있을지도 모른다. 유딧처럼 마리아도 낮은 자와 이어져 있을 뿐 아니라, 하나님의 능력을 힘입어 낮은 자를 높이 들어 올리시는 하나님의 대행자로 행동한다.

Judith," in J. J. Pilch, ed., *Social Scientific Models for Interpreting the Bible* (B. J. Malina FS; BibIntSer 53; Leiden: Brill, 2001), 64-101. 에슬러는 유딧을 골리앗에게 승리한 다윗과 견주면서, 두 사람 모두 사회에서 하찮은 존재였다는 것(유딧의 경우에는 여자라는 점)과 혼자 힘으로 그렇게 엄청난 전승을 거두기가 거의 불가능했다는 것을 강조한다.

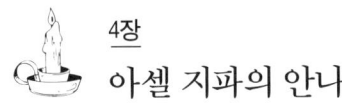

4장
아셀 지파의 안나

그 집을 미워하고 그 주의 성전을 사랑한 안나,

그가 그리한 것 역시 복되도다.

그는 80년 동안 감춰진 아름다움을

열심히 응시했지만 만족하지 않았다.[1]

1. 들어가는 글

누가복음 2장 36절에 따르면, 선지자 안나는 아셀 지파 사람이었다. 따라서 안나는 신약 성경에서 유다 지파나 베냐민 지파나 레위 지파에 속하지 않고 이스라엘 북쪽 지파에 속하는 이라고 말하는 유일한 유대 인물이다.[2]

---

1 Ephrem, "Hymns on Virginity: Hymn 24," in *Ephrem the Syrian: Hymns* (tr. K. E. McVey; Classics of Western Spirituality; New York: Paulist, 1989), 367.

2 이스라엘 북쪽 지파 사람에게 "유대"(Jewish)라는 말을 쓰는 것이 이상해 보이지만, 정당할 수 있다. 제2성전기 때, 사마리아인이 아닌 이런 이스라엘 사람들은 남쪽 지파의 자손들과 같은 민족에 속했다. 따라서 이방인은 물론이고 이방인이라는 용어를 택했던 유대인(특히 디아스포라 유대인)도 그들을 "유대인"이라 불렀을 것이다. (팔레스타인 유대인은 이 말을 보통 [유대 지역 사람들이라는] 지리적 의미로 사용했으며 그들 민족을 "이스라엘"이라 불렀다.) 에스더서에 나오는 "유대인"은 북쪽 지파에서 끌려간 포로들을 포함한다. 토비트 11장 17절에서 니네베(니느웨)에 있던 북쪽 지파 출신 포로들을 "유대인"이

누가복음 주석자 대부분은 안나가 어느 지파 사람인지를 문제 삼지 않고 조용히 넘어가는 반면,[3] 이에 관하여 설명하는 일부 주석자는 이것이 놀랍다고 본다. 조지프 피츠마이어(Joseph Fitzmyer)*는 이렇게 말한다. "아셀 같은 지파에서 나온 여자 선지자가 예루살렘 성전에서 활동하기도 했다는 것은 좀 당혹스럽다. 안나를 다음과 같은 말로 묘사하려는 것이 시사하듯이, 누가는 아셀이 어디에 위치하는지에 거의 관심이 없었다."[4] 레이먼드 브라운도 "당혹스럽다"는 말을 쓴다. "이 계보가 일러 주는 것은 수수께끼 같다. 예루살렘에 있던 이스라엘 사람들은 주로 유다 지파('유대인')거나 베냐민 지파거나 레위 지파였기 때문이다. 계보와 관련된 기억들은 보통 이 지파들과 관련이 있다."[5] 이 문장은 누가복음 2장 36절에 관한 주(註)에 나오는데, 이 점에 관한 논의가 좀 더 추가되어 있다. 브라운은 여기서 안나가 어느 지파 사람인가는 실상 전혀 중요하지 않다는 피츠마이어의 견해에 동조한다. 그가 안나에 관하여 길게 제시한 주해 자체가 그것을 무시하기 때문이다.[6] 나는 이 4장에서 식견이 있던 1세기 누가복음 독자에게는 안

라 부른 것은 그리스어 번역자 때문일 수 있지만(쿰란에서 나온 토비트 아람어 단편과 히브리어 단편에는 이 구절이 없다), 그리스어 번역자가 이런 용법이 적절하다고 생각했음을 보여 준다.

3 B. Witherington III, *Women in the Earliest Churches* (SNTSMS 59; Cambridge: Cambridge University Press, 1988), 140; M. Coleridge, *The Birth of the Lukan Narrative: Narrative as Christology in Luke 1-2* (JSNTSup 88; Sheffield: JSOT Press, 1993), 178-183도 안나를 이렇게 논한다.

• 조지프 피츠마이어(Joseph Augustine Fitzmyer, 1920-2016). 미국의 예수회 수사이자 신약 학자였다. 사해 사본과 초기 유대교 문헌을 깊이 연구했다.

4 J. Fitzmyer, *The Gospel According to Luke I-IX* (AB 28; Garden City, N.Y.: Doubleday, 1981), 431.

5 R. E. Brown, *The Birth of the Messiah* (rev. ed.; New York: Doubleday, 1993), 441.

6 Brown, *Birth*, 466-468. 브라운은 1993년에 제시한 보충 설명에서 "안나의 비중이 작은데도 2장 36, 37절이 이 인물에 관하여 후히 제공하는 전기 정보가 과연 특별한 중요성이 있는가라는 의심이 이어져 왔음"을 언급한다. 그러면서도 그는 아셀의 딸 세라(창 46:17; 민 26:46)에 관한 랍비들의 이해와 안나 사이에 M. Wilcox, "of uncertain value"가 주장한 평행 관계가 있음을 발견한다. 이런 평행 관계가 있다고 보는 이유는 윌콕스가 의존하는 *Pirqe de-Rabbi Eliezer*와 타르굼 위 요나단의 늦은 저작 연대 때문이다(Brown, *Birth*, 688). 여기서 참고한 자료는 M. Wilcox, "Luke 2,36-38: 'Anna but Phanuel, of the tribe of Asher, a prophetess ...': A Study in Midrash in Material Special to Luke," in F. Van

나가 아셀 지파 사람이라는 것이 당혹스럽지 않았으리라는 것을 논증하겠다. 오히려 그 반대로, 그것은 얼마든지 이해할 수 있는 일일 뿐 아니라, 안나에 관한 누가의 전체 묘사에서 중요하고 일관된 부분을 형성했을 것이다.

나는 다음 첫 두 섹션에서 안나가 예루살렘에 살던 아셀 지파 사람으로서 역사상 신뢰할 수 있는 인물이라는 것을 논증하겠다. 주후 70년 이전의 예루살렘을 알거나 들어 아는 누가복음의 유대인 독자라면 안나가 아셀 지파 사람인 것을 당혹스러워하지 않고 누가의 내러티브에 얼마든지 참여할 수 있는 미더운 사람으로 여겼을 것이다. 따라서 안나가 허구의 인물이라 할지라도, 이 내러티브는 적어도 그가 아셀 지파 사람이라는 점만큼은 믿을 수 있다고 묘사한다. 아울러 나는 세 번째 섹션과 네 번째 섹션에서 안나가 역사 속에 정말로 존재한 인물이라고 추정할 이유가 있다는 것, 그리고 안나의 혈통과 소속 지파에 관한 세부 내용이 믿을 만한 역사 기억이라는 것을 제시해 보겠다.

2. 아셀 지파는 어디 있었는가

이번 섹션에서 내가 던지는 질문은 이것이다. "제2성전기 말에는 아셀 지파 사람들을 어디서 찾을 수 있었을까?" 먼저 우리는 열 지파를 '잃었다'는 대중의 관념을 털어 내야 한다. 당시에는 북쪽 지파(이 시대 유대인 저술가들은 북쪽 지파를 열 지파[7] 혹은 아홉과 반(半) 지파[8]로 헤아렸다)를 '잃어버린' 지파로 생각하지 않았다.[9] 그렇다면 이 시대 유대인은 아셀 같은 지파에서 자신의

Segbroeck, et al., eds., *The Four Gospels 1992*, vol. 2 (F. Neirynck FS; BETL 100; Leuven: Leuven University Press and Peeters, 1992), 1571-1579나.

7 예를 들면 Josephus, *Ant.* 11.133; TMos 3:4, 6; 4:9; SibOr 2:171; *m. Sanh.* 10:3.

8 예를 들면 바룩2서 62:5; 77:17; 78:1; 에스라4서 13:40(일부 중언); 이사야 승천기 3:2.

9 에스라4서 13장에서 처음 중언한 것처럼, 포로로 끌려간 북쪽 지파 사람들이 아주 멀고 접근할 수

뿌리를 찾던 사람들을 어디서 발견하리라고 예상했을까?

a. 갈릴리

본래 아셀 지파의 영역은 갈릴리 서쪽 구릉 지대였으며, (그저 이름만 아셀 지파 땅이던) 페니키아 해안과 잇닿아 있었다. 이 영역의 동쪽은 납달리 지파 땅이었고, 동남쪽은 스불론 지파 땅이었다(수 19:24-31; 삿 1:31, 32; 왕상 4:16; 참고. 삿 5:17; 왕상 9:13). 아마도 주전 733년에 아시리아(앗수르)의 티글라트 필레세르(Tiglath-Pileser, 디글랏 빌레셀) 3세가 갈릴리를 정복한 것으로 보인다. 이때 많은 거주민이 강제로 끌려갔다(왕하 15:29; *ANET*, 283-284에 있는 아시리아 명문[銘文, 새김글]을 보라). 이 군사 작전과 관련하여 언급한 갈릴리 고을들은 모두 단 지파(아울러 사사기 18장 30절을 참고하라), 그리고 납달리 지파와 스불론 지파(아울러 이사야 9장 1절[마소라 본문은 8장 23절]을 참고하라)의 영역 안에 있었던 것 같다. 그러나 우리는 아셀 지파 사람들도 끌려갔으리라고 추측할 수 있다. 이 일이 있은 뒤, 우리는 갈릴리에 아셀 지파 사람들이 있다는 말을 역대하 30장 11절에서만 보게 된다. 이 구절은 히스기야가 북쪽 지파들도 예루살렘 성전에 충성하게 만들려 한 일을 이야기하면서, 그와 연계하여 아셀 지파 사람을 언급한다. 히스기야가 예루살렘

없는 곳으로 옮겨 갔다는 전설 같은 관념에 관하여 알아보려면, 이 논문 끝에 붙인 추가 주 A를 보라. 랍비 아키바와 엘리에제르 벤 히르카누스가 장차 열 지파가 그 땅으로 돌아올지를 놓고 벌였다는 토론(*m. Sanh*. 10:3; *b. Sanh*. 110b)은 신명기 29장 28절의 의미를 어떻게 주해할 것인가를 놓고 벌인 토론의 전형이다(사람들은 분명 이를 포로로 잡혀간 북쪽 지파 사람들을 언급하는 말로 받아들였다. 에스라4서 13장 45절도 엘리에제르 벤 히르카누스의 견해를 채택하여 이를 언급하기 때문이다). 이 구절에 관한 다른 해석의 근거와 관련하여, 아키바는 열 지파가 돌아오지 않으리라 주장하는 반면, 엘리에제르는 돌아오리라고 주장한다. 그러나 이것은 포로인 열 지파가 여전히 존재하느냐에 관한 토론이 아니기 때문에, (정말 이 랍비들이 그런 토론을 했다는 것을 믿을 수 있다고 가정할 때) J. Mann, "Anna, 'a prophetess of the tribe of Asher' (Luke ⅱ.30)," *ExpT* 28 (1916-17), 332처럼, 이 랍비들이 열 지파를 '잃었다'고 생각했음을 보여 주는 증거로 다룰 수 없다. *Sifra* 269:1에 따르면, 아키바도 레위기 26장 38절("너희가 여러 민족 가운데서 멸망하리라")을 '메디아에 포로로 잡혀간 열 지파'에 적용한 반면, 다른 이들은 "멸망하다"를 단지 포로로 잡혀감으로 해석했다. 이는 아키바의 견해를 더 분명하게 만들어 주지만, 그렇다고 이런 견해가 나왔을 때 열 지파가 이미 망했다는 의미로 받아들일 필요는 없다.

의 영향력을 북쪽까지 넓히려 했다는 기사는 분명 역사에 근거하는 것 같지만,[10] 아셀 지파를 특별히 언급한 것은 그저 저 멀리 북쪽 스불론 지파까지 북쪽을 대표하는 지파들을 열거하고 싶었던 기자의 바람 때문일 수도 있다(참고. 18절. 18절에서는 아셀이 나오지 않고 잇사갈이 나오지만, 11절에서는 잇사갈이 나오지 않고 아셀이 나온다).[11] 하지만 우리는 많은 이스라엘 주민이 아시리아 지역으로 끌려간 뒤에도 여전히 아셀 지파를 비롯하여 갈릴리 지역의 여러 지파 사람들을 갈릴리에서 발견할 수 있음을 역대기 기자가 당연시한다는 점에 주목해야 한다(아울러 34장 6절을 참고하라). 추측컨대, 그는 그 자신의 시대에는 여전히 그것이 사실이라고 알았던 것 같다.[12] 아울러 우리는 성경이 사마리아와 달리(왕상 17:24) 갈릴리를 아시리아인이 다른 곳에서 온 식민지 이주자와 더불어 다시 정착한 지역이라 말하지 않는다는 점에 주목해야 한다.

하지만 누가 보아도 이스라엘 사람임을 알 수 있는 사람들이 갈릴리에 얼마나 남아 있었는지는 밝혀내기가 어렵다.[13] 마카비1서 5장 21-23절은 마카비 봉기 때에 이방인이 대부분인 지역에서 소수자로 살아가던 이스라엘 사람들을 가리키는 것으로 보인다. 지금 고고학 증거는 적어도 상 갈릴리(Upper Galilee)에서는 주전 2세기 말에 하스몬 왕조가 갈릴리를 정복할 때까지 이방인이 대부분이었다는 생각을 증명해 주고 있다. 주전 2세기 말에 이르러 새로운 유대인 정착지가 갈릴리 전역에서 이교도 정착지를 대

---

10   H. G. M. Williamson, *1 and 2 Chronicles* (NCB; Grand Rapids: Eerdmans; London: Marshall, Morgan & Scott, 1982), 361.

11   갈릴리 지역 지파 가운데 가장 두드러진 지파인 납달리 지파가 30장 10, 11절과 18절에서 상당히 이채롭다 할 정도로 나타나지 않음은 으레 쓰던 문구인 "브엘세바에서 단까지"(30:5)와 대비되며, 역대기 기자가 히스기야의 영향력이 멀리 북쪽 납달리까지 이르지 못했다는 역사 정보에 의존했음을 시사한다. 요시야의 활동이 "멀리 납달리까지" 이르렀다고 말하는 기사와 대비해 보라(34:6).

12   그는 요단강 건너편 지파들을 달리 생각하는 것 같다. 대상 5:26.

13   R. Frankel, "Galilee (Prehellenistic)," *ABD* 2:893-894.

신했다.[14] 정착민은 대부분 유대 땅에서 새로 이주해 온 사람들이었다. 따라서 주전 1세기와 주후 1세기의 갈릴리 유대인 인구에는 제1성전기의 옛 이스라엘 사람 가운데 남은 자들, 하스몬 왕조의 정착 프로그램을 따라 유대 땅에서 이주해 온 수많은 유대인 가족이 포함되었을 것이며, 어쩌면 유대교로 개종한 이교도도 포함되었을 것이다. 증거는 없지만, 명망 있는 집안들은 자신들이 갈릴리 지역에 살았던 옛 이스라엘 지파들의 자손이라는 전승을 그대로 보존하고 있었을 가능성도 있다. 아셀 지파에 속하는 그런 집안이 옛 아셀 지파의 영역에 여전히 살고 있었다면, 그들은 하스몬 시대부터 유대인과 이방인이 지역 주도권을 잡으려고 갈등하며 경쟁하던 때까지 유대 갈릴리와 페니키아 접경 지역에 있었을 것이며, 그 지역 주민이었을 것이다.[15] 누가가 안나와 연계한 유대인의 종말론적 민족주의(눅 2:38)는 분명 그들에게 호소력이 있었을 것이다. 더욱이, 헤롯 시대 갈릴리는 분명 예루살렘과 성전에 굳건히 충성했다.[16] 이스라엘이 이교도의 통치에서 구속받을 것을 기대하는 갈릴리 선지자라면 이스라엘 민족의 종교 중심지이자 하나님이 종말에 이스라엘 민족을 회복시키시리라 기대하던 중심지로 옮겨 가 성전에서 시간을 보내는 것이 당연했을 것이며, 이런 일은 결코 '당혹스러운' 일이 아니었을 것이다.

---

14 나는 특히 1994년 11월 시카고에서 열린 SBL 연차 총회에서 모르데하이 아비암(Mordechai Aviam)이 발표한 논문에 의지했다.

15 A. Kasher, *Jews and Hellenistic Cities in Eretz-Israel* (TSAJ 21; Tübingen: Mohr [Siebeck], 1990), 3-5장; G. Theissen, *The Gospels in Context* (tr. L. M. Maloney; Minneapolis: Fortress, 1991), 65-78.

16 S. Freyne, *Galilee from Alexander the Great to Hadrian 323 B.C.E. to 135 C.E.* (Wilmington, Del.; Glazier; Notre Dame, Ind.: University of Notre Dame Press, 1980), 259-304; idem, *Galilee, Jesus, and the Gospels* (Philadelphia: Fortress; Dublin: Gill & Macmillan, 1988), 178-190. 이런 점에서 여러 세기 동안 이어져 온 사마리아와 갈릴리를 구분해야 한다는 주장이 충분히 가능할 수 있다. 아시리아 정복 이후 시대에는 예루살렘과 갈릴리가 긴밀하게 연관되어 있음을 볼 수 있기 때문이다(대하 30:10, 11; 왕하 21:19; 23:36); 참고. Frankel, *ABD* 2:894.

b. 유대 북부

이 문제를 빈틈없이 다루려면, 성경 시대에는 아셀 지파의 족속들이 서북쪽의 지파 영역뿐 아니라, 남쪽으로 베냐민 지파와 접하고 있던 에브라임 지파의 땅 남쪽 구릉 지역에도 소수 주민으로 살고 있었다는 사실을 고려해야 한다. 역대상 7장 30-40절에서 제시하는 아셀의 계보는 31절부터 계속하여 오로지 남쪽에서 소수 주민으로 살아간 이 아셀 지파 집안만을 언급한다.[17] 이 소수 주민인 아셀 지파의 거주지는 필시 왕정 시대가 끝날 무렵에는 유다 왕국의 일부였을 것이며, 아마도 포로기 뒤에는 예후드(Yehud) 속주에 포함되었을 것이다.[18] 따라서 제2성전기에는 아셀 지파 집안들이 줄곧 유대의 유대인 공동체에 속해 있었을 가능성이 있으며, 안나도 그런 집안 중 하나에 속했을 가능성이 있다. 하지만 이 아셀 지파에 속한 지류의 조상인 브리아라는 이름(대상 7:30)과 헤벨이라는 이름(7:31, 32)은 에브라임 계보(대상 7:23)와 베냐민 계보(대상 8:13, 16, 17)에서도 나타난다. 이는 남쪽에 살던 아셀 지파 집안들이 결국 아셀 지파 사람이라는 정체성을 잃어버리고 에브라임 지파나 베냐민 지파 사람으로 여겨지게 되었음을 시사한다.[19] 따라서 누가복음 2장 36절에 관하여 풍부한 정보를 갖고 있던 그 시대 독자라도 안나가 포로기 이후 시대부터 유대 북부에 살던 아셀 지파의 한 집안 사람이었을 가능성이 있다고 생각하기는 불가능할 것 같다.

---

[17] D. Edelman, "The Asherite Genealogy in 1 Chronicles 7:30-40," *BR* 23 (1988), 13-23; S. Japhet, *I & II Chronicles* (OTL; Louisville: Westminster/John Knox; London: SCM, 1993), 185-187.

[18] 이 속주의 북쪽 경계와 서북쪽 경계를 확실하게 판단하기는 불가능하다. Y. Aharoni, *The Land of the Bible* (tr. and ed. A. F. Rainey; 2nd ed.; Philadelphia: Westminster; Burns & Oates, 1979), 417에서 제시하는 재구성은 아셀 지파 사람들이 소수 주민으로 사는 지역을 포함하지만, C. E. Carter, "The Province of Yehud in the Post-Biblical Period: Soundings in Site Distribution and Demography," in T. C. Eskenazi and K. H. Richards, eds., *Second Temple Studies*, vol. 2, *Temple Community in the Persian Period* (JSOTSup 175; Sheffield: JSOT Press, 1994), 106-145에서 주장하는 더 제한된 영역에는 아셀 지파 사람들이 소수 주민으로 거주하는 지역이 거의 포함되지 않을 것이다.

[19] Japhet, *Chronicles*, 185.

c. 아디아베네와 메디아

열왕기하는 나중에 사마리아에서 포로로 끌려간 이들이 정착한 곳을 제법 정확하게 특정하여 제시하지만(17:6; 18:11), 갈릴리 지역의 지파들에서 포로로 끌려간 이들을 말할 때는 그저 아시리아로 끌려갔다고만 말한다(15:29). 역대상 5장 26절은 티글라트 필레세르가 펼친 동일한 침공 작전 때 강제로 이주당한 요단강 건너편 지파 사람들이 열왕기하가 사마리아에서 포로로 끌려간 이들이 정착했다고 제시한 곳과 같은 곳으로 끌려갔다고 말하지만,[20] 역대기 기자가 제시하는 정보는 열왕기하 17장 6절과 18장 11절에서 가져왔을 개연성이 있으며,[21] 티글라트 필레세르가 이주시킨 사람들의 정착지를 특정할 만한 독립 증거가 되지 못한다. 이스라엘 사람들이 불과 12년 사이에 두 단계에 걸쳐 포로로 끌려가긴 했지만, 그래도 이 이스라엘 포로들의 정착지로 동일한 곳이 사용되었을 개연성은 거의 없다. 우리가 앞으로 보겠지만, 이것은 북쪽에서 포로로 끌려간 이스라엘 사람들의 행방을 일러 주는 후대의 증거와 일치할 것이다. 열왕기하 17장 6절과 18장 11절은 세 지역을 언급한다.[22] (1) 할라(아울러 NRSV에서 바로잡은 오바댜 20절 본문을 참고하라). 할라는 아시리아의 할라후(Halahhu)이며, 니네베(니느웨) 동북쪽에 있던 지역이자 성읍이었다. (2) 하볼강. 이는 메소포타미아 북부에서 유프라테스강으로 흘러드는 강이며, 고산이라는 도시가 그 강가에 있다.[23] (3) 메디아(메대)의 도시들. 버스티네이 오데드(Bustenay

---

20 역대상 5장 26절의 목록을 열왕기하 17장 6절과 18장 11절에서 제시하는 목록과 비교해 보면, 역대상 5장 26절의 목록은 메디아의 도시들을 언급하지 않고 달리 알려진 것이 없는 하라(Hara)를 추가해 놓았다. "하라"(הרא)라는 말은 메디아에 있는 도시들(ערי)을 언급한 말을 잘못 고친 말일 가능성이 아주 높다.

21 Williamson, *Chronicles*, 67; Japhet, *Chronicles*, 141도 마찬가지다.

22 이에 관하여 알아보려면, B. Oded, "The Settlements of the Israelite and the Judean Exiles in Mesopotamia in the 8th-6th Centuries BCE," in G. Galil and M. Weinfeld, eds., *Studies in Historical Geography and Biblical Historiography* (Z. Kallai FS; VTSup 81; Leiden: Brill, 2000), 94-99를 보라. 그는 첫 두 지역에 있던 이스라엘 사람들에 관한 비문 증거도 언급한다.

23 고산과 아시리아 다른 지역에 있던 이스라엘 사람들을 일러 주는 비문 증거를 살펴보려면, R.

Oded)*는 메디아의 도시들에 관하여 이렇게 말한다. "포로들을 서쪽에서 마다이(Madai)로 이주시킨 목적은 그 지역에서 주로 엘람 족속에 맞서 아시리아의 지배권을 공고히 다지고, 그들이 사마리아 땅과 다른 많은 정복 지역에서 한 것처럼, 이미 살고 있던 주민을 몰아낸 땅에 새 주민을 정착시키려는 것이었다."[24]

아마도 이 세 정착 지역 중 첫 번째 지역과 두 번째 지역에 있던 포로들의 자손이 나중에 니시비스(Nisibis, 오늘날 튀르키예의 누사이빈_옮긴이)와 아디아베네(Adiabene[Hadyav])에 자리 잡은 유대인 공동체의 핵심을 형성한 것 같다.[25] 니시비스와 아디아베네는 헬레니즘 시대와 로마 시대에 티그리스강의 서부와 동부를 아우르는 메소포타미아 북부 지역을 부르는 말이 되었다.[26] 니시비스와 아디아베네가 유대인에게 특히 중요해진 이유는 아디아베네의 이방인 왕가가 주후 1세기 30년대 초에 유대교로 개종했기 때문이지만, 아시리아 시대가 끝난 뒤에는 이곳들이 으레 이스라엘 북쪽에

Zadok, *The Jews in Babylonia during the Chaldean and Achaemenian Periods according to the Babylonian Sources* (Haifa: University of Haifa Press, 1979), 35-37을 보라.

* 버스티네이 오데드(Bustenay Oded, 1933-). 이스라엘의 구약 학자이자 유대교 학자이며 고고학자다.

24 Oded, "Settlements," 97.

25 Mann, "Anna"는 이 지역과 메디아에 디아스포라가 존재했음을 일러 주는 증거를 상당히 많이 인용하지만, 그것을 시종일관 북쪽 지파에서 끌려간 포로가 아니라 남쪽 지파에서 끌려간 포로를 일러 주는 증거로 다룬다. 이후 몇 세기 동안 이 지역에 거주하던 유대인들은 북쪽 지파에서 끌려간 포로들의 자손이었다고 추정하는 것이 훨씬 자연스럽다.

26 아디아베네는 본래 티그리스강의 동부 지역, 대(大) 자브강(Greater Zav)과 소(小) 자브강(Lesser Zav) 사이의 지역이었으며, 아르벨라(Arbela)가 이곳의 주요 도시였다. 그러나 아디아베네에는 니네베가 자리하고 있던 대 자브강과 티그리스강 사이의 지역도 포함되었을 수 있다. 훗날 아디아베네는 티그리스강 서부 지역까지 확장했으며, 니시비스의 도시는 주후 36년에 아디아베네 사람들의 통치 아래 들어갔다(Josephus, *Ant.* 20.68). 니시비스는 하볼강의 지류인 미그도니우스강(Mygdonius River)가에 있었다. 아디아베네와 니시비스에 살던 유대인에 관하여 알아보려면, A. Oppenheimer, *Babylonia Judaica in the Talmudic Period* (Beihefte zur Tübinger Atlas des vorderen Orients B47; Wiesbaden: Reichert, 1983), 21-24, 319-334; J. Neusner, *A History of the Jews in Babylonia*, vol. 1, *The Parthian Period* (SPB 9; rev. ed.; Leiden: Brill, 1969), 13-14을 보라.

서 끌려온 이들의 세 번째 정착지인 메디아와 결합된 것 같다.[27] 토비트서는 토비트와 그의 친척들을 갈릴리에서 온 납달리 지파 사람들로서 니네베로 잡혀 온 이들로 묘사하면서(1:10), 그가 이야기 내내 다른 이스라엘 사람들과 마찬가지로 니네베에 살고 있다고 말한다(11:17).[28] 그러나 그의 친척들은 메디아, 엑바타나(Ecbatana), 라가에(Rhagae, 지금의 이란 레이_ 옮긴이)에 살며(1:14; 3:7; 4:1; 5:6), 그가 죽은 뒤에는 그의 아들 토비아가 가족을 데리고 나중에 아시리아와 바벨론보다 안전한 곳임이 증명되는 메디아로 간다(14:4, 12-15). 이 책은 니네베가 함락된 뒤, 메디아가 이스라엘 북쪽 지파에서 포로로 끌려간 이들의 자손들이 산 곳이라는 인상을 준다. 아울러 이 책은 열왕기하 17장 6절과 18장 11절에서 포로로 끌려간 유대인의 정착지로 언급한 다른 두 곳을 일체 언급하지 않는다.

요세푸스는 사마리아 함락에 관하여 쓰면서, 그곳 주민들이 "메디아와 페르시아(바사)"로 잡혀갔다고 말한다(*Ant.* 9.279).[29] 요세푸스가 묘사하는 동쪽 지역 지리는 훌륭하지 않다. 그는 분명 열왕기하 17장 6절에서 언급하는 다른 지역의 실제 정체를 몰랐다(바벨론에 살던 후대 랍비들도 마찬가지였다. *b. Qid.* 72a; *b. Yeb.* 16b-17a). 그러나 그의 어림짐작이 메디아보다 동쪽으로 훨씬 멀리 떨어져 있는 지역을 만들어 낸 점은 주목할 만하다.[30] 요세푸스는 한 본문에서(우리는 나중에 이 본문에서 그가 말하려는 의미를 더 자세히 살펴볼 것이다) 에스라 때 이루어진 포로 귀환 이야기에 흥미로운 내용을 덧

---

27 열왕기하 17장 6절과 18장 11절에 의존하는 이사야 승천기 3장 2절은 "고산강"을 언급하지만, 메디아에 우선권을 부여하고 할라와 하볼을 무시한다.

28 니네베에 살았던 이스라엘 사람들을 일러 주는 비문 증거를 보려면, Oded, "Settlements," 93-94을 보라.

29 아울러 (레위기 26장 38절을 다루는) *Sifra* 269:1을 참고하라. "메디아에 포로로 잡혀간 열 지파."

30 어쩌면 요세푸스가 설명하는 동쪽 지리는 그가 메디아 동북쪽 히르카니아에 유명한 유대인 공동체가 있다고 생각할 정도로 모호했는지도 모르겠다. 사도행전 2장 9절에서 파르티아(바대)를 언급한 것을 참고하라. 바로 이 시대에 페르시아에 유대인 공동체가 있었다는 증거는 없는 것 같다.

붙인다. 에스라는 유대인들이 에스라와 함께 예루살렘으로 돌아가도 좋다고 허용하는 크세르크세스(아하수에로) 왕의 서신을 받고, 이 서신을 바벨론의 유대인에게 읽어 줄 뿐만 아니라, '메디아에 있던 그의 동포들에게도 (ὁμοεθνεῖς)' 이 서신의 사본을 보냈다. 그의 동포들은 이 소식을 듣고 기뻐했으며, 많은 사람이 예루살렘으로 돌아가는 대열에 합류하고자 바벨론으로 갔다. 요세푸스는 여기서 이렇게 말한다. "그러나 이스라엘 민족 전체는 그 나라에 머물렀다. 이렇게 하여 아시아와 유럽에는 로마에 복종하는 두 지파가 있게 되었고, 열 지파는 지금까지 유프라테스강 건너편에 있게 되었으며, 그 수가 헤아릴 수 없이 많아 정확히 얼마인지 확인할 수가 없다"(*Ant.* 11.131-133). 요세푸스가 여기서 바벨론에 포로로 끌려간 남쪽 지파 사람들은 모두 돌아가고 북쪽의 열 지파 사람들만 남았으며, 이 열 지파에서는 소수만이 돌아가고 나머지는 동쪽에서 디아스포라를 형성했다는 인상을 준다는 점이 흥미롭다. 그는 분명 유다에서 끌려간 포로의 자손들도 여전히 바벨론에 있음을 알았다. 이로 보아, 그는 지금 단지 동쪽 디아스포라에 있는 이스라엘 사람 중 대부분은 열 지파의 자손이며 서쪽 디아스포라 유대인 대부분은 두 지파에 속한다는 것을 말하려는 것이 틀림없다. 어쨌든 여기서 요세푸스가 북쪽에서 끌려간 포로들의 거주지로 메디아만 언급하는 점을 주목할 만하다. 요세푸스가 그들의 숫자를 부풀려 생각한 것은 옛 족장들이 받은 약속, 곧 그 자손이 셀 수 없이 많으리라는 약속이 이루어졌음을 그들 속에서 찾으려 했기 때문이다(창 13:16; 15:5; 32:12[마소라 본문은 13절]; 호 1:10).[31] 메디아는 요세푸스가 「유대 고대사」를 쓴 로마에서 아주 멀어서, 그가 이런 생각을 피력했어도 아무런 반발이 없었다. 그러나 요세푸스는 열 지파의 자손을 메디아에서 발견할 수 있다는 것을 성경에

---

31 이 약속과 관련된 해석들을 살펴보려면, R. Bauckham, *The Climax of Prophecy* (Edinburgh: T. & T. Clark, 1993), 223-224을 보라.

서도 알았지만, 70년 이전 시대에 이루어진 예루살렘과 동쪽 디아스포라의 긴밀한 접촉을 통해서도 알았다(다음 §3을 보라). 요세푸스는 살면서 그 전에 이미 그런 사실을 직접 경험했을 것이다. 마지막으로, 북쪽 지파에서 끌려간 포로들의 거주지가 메디아였음을 분명히 언급한 곳 가운데 하나로는 「선지자들의 생애」(Lives of the Prophets) 3장 17절이 있다. 여기서는 에스겔이 이렇게 예언했다고 말한다. "백성이 그 땅으로 돌아가지 아니하고 그들의 잘못이 다 찰 때까지 메디아에 있으리라." 이 본문도 같은 전승을 반영하지만,[32] 이것이 제2성전기에 나온 것인지는 확신할 수 없다.[33] 바룩2서 77장 22절은 "유프라테스의 많고 넓은 물 너머에" 아홉 지파와 반 지파가 있다고 말하는데(참고. 78:1), 이는 메디아뿐 아니라 아디아베네도 가리키는 말일 수 있다.

메디아의 디아스포라를 더 자세히 일러 주는 증거는 다음 §3에서 다루겠다. 이를 다룸과 동시에, 이 디아스포라가 본래 북쪽 왕국 출신임에도 제2성전기에 북쪽 지파 출신 포로 가운데 (전부는 아니어도) 많은 이가 그들의 동포로서 바벨론에 살고 있던 남쪽 지파 출신 포로들과 같은 유대교를 받아들였다는 것을, 즉 북쪽 지파 출신 포로들도 예루살렘 성전, 그리고 남쪽 지파 사람들이 인정하는 것과 같은 형태의 토라를 인정했다는 것을 일러 주는 증거가 있음을 언급하겠다. 우선 당장은 어느 지파 사람이라는 인식이 갈릴리보다는 동쪽 디아스포라에서 오래 존속했을 가능성이 크다는 점을 언급하지 않을 수 없다. 메디아에서 북쪽 출신 포로들은 이방인이 에

---

[32] 「선지자들의 생애」 3장 16절이 특히 단 지파와 갓 지파를 언급한 것을 볼 때, 아셀의 유언 7장 6절과 어떤 관련이 있을지도 모르겠다.

[33] D. Satran, *Biblical Prophets in Byzantine Palestine: Reassessing the Lives of the Prophets* (SVTP 11; Leiden: Brill, 1995)는 앞서 학계가 「선지자들의 생애」에 관하여 제시한 연구 결과를 비판하면서, 「선지자들의 생애」를 비잔티움 초기의 기독교 작품으로 다룬다. 그는 이 작품이 분명 그전의 전승들을 담고 있긴 하지만, 복잡한 전승사 때문에 그 전승들을 그전 형태로 복원하기는 사실상 불가능하다고 본다.

위싼 정황에서 자신들의 정체성을 보존하고자 독특한 공동체를 형성했다. 토비트서는 이 포로들이 자신들이 속한 지파뿐 아니라 가족도 크게 의식하는 모습을 묘사한다. 이 책의 주요 관심사 가운데 하나가 가족 안에서 혼인해야 할 의무다(1:9; 3:15; 4:12, 13). 이 책이 비록 허구이긴 하지만, 그래도 동쪽 디아스포라의 삶을 반영하고 있을 가능성이 높다.[34] 따라서 식견 있는 누가복음 독자라면 안나를 디아스포라에서 돌아와 예루살렘에 살고 있는 아셀 지파 가족 가운데 한 사람으로 쉽게 생각했을 수도 있다.

d. 예루살렘

제2성전기에 예루살렘에 북쪽 지파 사람들이 살았음을 일러 주는 구체적 증거는 드물지만, 아예 없지는 않다. 역대상 9장 2-34절은 예루살렘 거민에 관한 기사의 한 버전이며, 이와 다른 형태의 기사가 느헤미야 11장에서 나타난다. 그러나 느헤미야 11장 4절은 "그리고 예루살렘에는 유다 자손 몇 사람과 베냐민 자손 몇 사람이 살았다"라고 말하는 반면, 이에 상응하는 역대상 9장 3절의 도입부는 북쪽 지파 사람들을 더해 놓았다. "그리고 유다와 베냐민과 에브라임과 므낫세 지파 사람 가운데 몇몇이 예루살렘에 살았다." 추측컨대 '에브라임과 므낫세'는 북쪽 왕국 전체를 대표하는 것 같다. 이렇게 기록한 목적은 남북을 아울러 이스라엘 온 공동체 사람들을 그 중심인 예루살렘에서 발견할 수 있었음을 일러 주는 데 있다. 에브라임과 므낫세를 언급한 것은 분명 편집자가 추가한 것이며, 오직 유다 지파, 베냐민 지파, 레위 지파 사람만이 등장하는 이 기사의 나머지 세부 내용에

---

[34] G. W. E. Nickelsburg, "Stories of Biblical and Early Post-Biblical Times," in M. E. Stone, ed., *Jewish Writings of the Second Temple Period* (CRINT 2/2; Assen: Van Gorcum; Philadelphia: Fortress, 1984), 45. 토비트서에서 제시하는 지파와 가족 구조에 관하여 알아보려면, P. Deselaers, *Das Buch Tobit: Studien zur seiner Entstehung, Komposition und Theologie* (OBO 43; Freiburg: Universitätsverlag; Göttingen: Vandenhoeck & Ruprecht, 1982), 309-320을 보라. 그러나 그는 토비트서를 이집트에 살던 유대인이 썼다고 본다.

는 이런 추가 내용을 지지하는 것이 없다. 이런 추가 내용에 관한 더 자세한 평가는, 많은 주석가가 짐작하듯이 이 역대상 9장이 역대기 기자가 바벨론에 포로로 잡혀갔던 이들이 돌아온 뒤 포로기 뒤의 공동체를 묘사하려고 쓴 것인지(이것이 분명 주된 자료 문서의 원래 의도일 것이다; 참고. 느 11장), 아니면 새러 재핏(Sarah Japhet)˙이 주장하듯이 역대기 기자가 이 기사를 통해 다윗 시대의 예루살렘을 묘사하려 한 것인지에[35] 달려 있다. 후자의 경우에는 9장 2절을 이렇게 번역할 수 있다. "옛적에 그들의 고을에 있는 그들의 소유지에서 살았던 이들은……." 전자의 경우에는 이 구절("이제 그들의 소유지에 처음 거주하게 된 자들은……")을 1절 하반절이 유다에서 잡혀간 포로들을 언급한 말에 비추어 이해할 수 있으며, 이 거주자들은 포로로 잡혀갔다가 돌아온 뒤 유다에 처음 살았던 이들을 가리킨다. 만일 이 기사가 다윗 시대 예루살렘을 묘사한다면, 예루살렘이 언제나 온 이스라엘의 중심이었다는 역대기 기자의 견해를 반영한 에브라임과 므낫세 언급은 우리 탐구와 아무 관련이 없다. 만일 이 기사가 포로기 뒤의 예루살렘을 묘사한다면, 에브라임과 므낫세를 추가한 것은 예루살렘이 기자 자신의 시대에 이르기까지 이스라엘 백성을 통일시키는 중심지 역할을 계속하고 있다는 역대기 기자의 확신을 반영한다. "역대기 기자는 히스기야 때에 이스라엘이 다시 통일되었음을 묘사한 뒤(대하 30장), 후대의 공동체가 전에 있던 남쪽 왕국만이 아니라 온 이스라엘을 대표한다는 것을 힘써 강조하여, 그곳이 정당한 참여권을 주장할 수 있던 귀환자 누구에게나 핵심 역할을 하리라는 것을 강조하려 한다."[36]

• 새러 재핏(Sara Japhet, 1934-). 이스라엘의 성경 학자다. 역대기 연구의 권위자로 알려져 있다.

35　Japhet, *Chronicles*, 207-208.

36　Williamson, *Chronicles*, 88-89; 참고. idem, *Israel in the Books of Chronicles* (Cambridge: Cambridge University Press, 1977), 140; T. Willi, "Late Persian Judaism and Its Conception of an Integral Israel according to Chronicles," in Eskenazi and Richards, eds., *Second Temple Studies*, 2:146-162.

후자의 경우, 우리가 역대기 기자의 텍스트를 보고 포로기 이후 예루살렘에 거주하던 북쪽 지파 사람들을 언급한 것이 철저히 상상의 산물인지, 아니면 어느 정도 역사 사실에 부합하는지 여부를 판단할 수는 없다. 그러나 후대의 두 기자가 동일한 개념을 공유하고 있다. 70인경의 기원을 허구를 가미하여 설명하는 아리스테아스의 서신(Letter of Aristeas)은 예루살렘의 대제사장 엘르아자르(엘르아살)가 열두 지파에서 여섯 사람씩 뽑아 이집트로 보내 토라를 그리스어로 번역하게 해달라는 프톨레마이오스 왕의 요청을 어떻게 이행할 수 있었는지 자세하게 설명한다(32, 39, 46-50). 이것이 제2성전기 말에 활동한 이집트의 한 유대인 저술가가 이스라엘의 모든 열두 지파 사람들이 예루살렘에 살았다고 추측할 수 있게 해준 흥미로운 증거이긴 하지만, 이 기자가 실제로 예루살렘에서 벌어지고 있던 상황에 관한 지식을 갖고 있었는지는 확신할 수 없다.[37] 그러나 예루살렘을 잘 알고 있었던 요세푸스의 경우는 사정이 다르다.

우리는 요세푸스가 에스라의 지휘 아래 이루어진 포로 귀환을 설명하면서 성경의 기사(에스드라1서 8장)[38]에 에스라가 메디아에 있던 북쪽 지파 출신 포로들에게 함께 돌아가자고 권유했다는 것과 "그 포로 가운데 많은 이"가 실제로 그렇게 했다는 정보를 덧붙인 것(Ant. 11.131-132)을 이미 보았다. 요세푸스는 왜 성경 기사를 이런 식으로 확장해야 했을까? 그가 주해를 통해 추론했을 수도 있다. 그는 역대상 9장 3절을 포로 귀환 뒤 예루살렘에 살았던 이들을 언급하는 말로 읽었을 가능성이 있다. 따라서 그는 그들 가운데 북쪽 지파 출신 귀환자가 포함된 연유를 설명하고 싶었을 것이

---

37 N. G. Cohen, "The Names of the Translators in the Letter of Aristeas: A Study in the Dynamics of Cultural Translation," *JJS* 15 (1984), 62은 70인경 번역자 명단을 열두 지파로 나눈 것이 실제 역사일 수 있음을 변호하면서, 그렇게 나눈 것이 순전히 형식적일 수 있고 그리스에도 유사한 사례들이 있음을 그 근거로 든다. 아울러 코헨은 이 지파들의 이름이 나와 있지 않음을 적절히 지적한다. 그러나 코헨은 "이스라엘 열두 지파가 오래전에 사라졌다"는 잘못된 추측을 받아들이는 것 같다.

38 요세푸스는 에스라서보다 에스드라1서에 의존한다.

다. 그러나 이 구절은 그런 그의 바람을 이루어 주기에는 매우 모호하다. 오히려 요세푸스는 에스라와 함께 돌아온 사람들의 명단이 아론 자손인 두 지도자와 다윗 자손인 한 지도자를 언급한 뒤(에스드라1서 8:29 = 에스라 8:2, 3a), 열두 집안 하나하나에 속한 귀환자 수를 기록한 내용으로 구성되어 있다는 것(에스드라1서 8:30-40 = 에스라 8:3b-14)에 주목했을 가능성이 있다고 보는 것이 더 그럴듯하다. 그는 이 열두 집안이 틀림없이 이스라엘 열두 지파에 상응한다고, 다시 말해 지파마다 한 집안씩이라고 추측했을 수 있다.[39] 하지만 이 설명에는 문제가 하나 있다. 이 열두 집안 가운데 몇몇(바로스, 바핫모압, 삿두, 아딘)은 미쉬나의 한 본문에서 등장하는데(*m. Ta'an.* 4:5, 이곳에서는 모든 집안이 유다 지파 소속이라 말한다), 이 미쉬나 본문은 성전에 바칠 나무를 공급할 자격을 가진 집안을 열거한다. 목록에 나오는 이 집안들과 다른 집안들은 에스라서와 느헤미야서의 다른 목록에도 등장하지만, 이 미쉬나 본문이 그런 성경 자료에 직접 의존한 것 같지는 않다. 이것은 어쩌면 이 집안들이 제2성전기 말에도 계속하여 예루살렘에서 두드러진 집안이었다는 증거일지도 모른다. 그럴 경우, 그 자신도 예루살렘 귀족 집안의 한 사람이던 요세푸스는 이 집안들을 알았을 것이며, 에스라와 함께 돌아온 이 열두 집안 가운데 몇몇은 유다 지파와 베냐민 지파 집안이라는 것을 알았을 것이다. 따라서 요세푸스가 에스라의 인도 아래 귀환한 포로들에 북쪽 지파 사람들을 추가한 것은 주해에 따른 추론에 근거한 것이 아니라, 요세푸스 자신의 시대 예루살렘에 메디아 디아스포라에서 돌아온 이스라엘의 후예임을 주장하는 집안들이 있음을 그 자신이 알았기 때문일 수 있다. 요세푸스가 에스라의 인도 아래 돌아온 조상 가운데 그들

---

[39] 열두 집안은 이스라엘 지파 수에 상응하는 상징으로 제시하려 한 것이 분명하지만, 아마도 "이것은 에스라가 전에 이스라엘에 남아 있던 모든 자를 다시 통일시키는 것을 목표로 삼았음을 일러 준다기보다 …… 그가 그 자신의 더 한정된 공동체를 이스라엘의 유일하고 정당한 대표자이자 상속자로 여겼음을 일러 주는 것 같다"(H. G. M. Williamson, *Ezra, Nehemiah* [WBC 16; Waco: Word, 1985], 111).

을 포함시킨 것은 그 때문이었다.

이를 북쪽 지파 자손의 집안들이 제2성전기 예루살렘에 거주했음을 일러 주는 강력한 증거라 말할 수는 없지만, 우리는 역사에서 이 범주에 속하는 한 사람을 알고 있다. 랍비 전승은 메대 사람 랍비 나훔(Nahum the Mede)이 제2성전기 말에 예루살렘에서 활동했음을 기억한다(*m. Naz.* 5:4; *b.Ket.* 105a; 그를 언급하는 다른 자료로 *m. Shab.* 2:1; *m. B. Bat.* 5:2; *b.'Abod. Zar.* 7b 가 있다). 역사에 비춰 볼 때 이 전승들의 내용을 신뢰할 수 있는지 여부를 떠나, 이 전승들이 그가 예루살렘에 거주했다고 말한 것은 정확하다고 추측하는 것이 합리적이다.[40] 그가 '메대 사람'(the Mede)으로 알려져 있었다는 것을 보면, 그나 그의 부모는 아마도 메디아에서 예루살렘으로 이주한 것 같다. 나도 동의하지만, 만일 안나와 그 아버지 바누엘이 이 범주에 속하는 역사 속 인물이 아니라면, 메대 사람 랍비 나훔은 제2성전기에 활동한 메디아 출신 디아스포라로 그 이름이 보존된 특별한 인물인 셈이다.[41]

3. 예루살렘과 메디아 디아스포라

지금까지 나는 그 시대에 누가복음 2장 36절을 읽은 훌륭한 독자라면 안나가 갈릴리의 어느 집안에 속한 사람이며 예루살렘으로 이주해 온 사람이라 추측할 수도 있었겠지만, 어쩌면 안나나 그 집안이 분명 동쪽에 살다가

---

[40] J. Neusner, *The Rabbinic Traditions about the Pharisees before 70*, vol. 1 (Leiden: Brill, 1971), 413-414은 그가 주후 70년 전의 예루살렘에서 활동했음을 인정한다.

[41] 후대 자료를 보면, 메디아 도시 가자카나 간자카를 가리키는 긴자크의 베냐민(*t. Ber.* 2:5b)이 있다 (Oppenheimer, *Babylonia*, 120-126). 아울러 우리는 제2성전기 말에 팔레스타인 유대인들이 히르카누스라는 이름을 사용한 것이(마카비2서 3:11; 하스몬 왕조 통치자는 히르카누스 1세와 2세였으며, 랍비 중에도 엘리에제르 벤 히르카누스가 있다) 아마도 히르카니아에서 포로 생활을 하다 팔레스타인으로 돌아온 집안들에서 비롯되었으리라는 점에 주목해야 한다. 그러나 히르카니아에 있었던 포로 대부분은 필시 주전 4세기에 아르타크세르크세스(아닥사스다) 3세 오쿠스가 이주시킨 남쪽 지파 사람들이었을 것이다(E. Schürer, *The History of the Jewish People in the Age of Jesus Christ (175 B.C.-A.D. 135)*, rev. by G. Vermes, F. Millar, and M. Goodman, vol. 3/1 [Edinburgh: T. & T. Clark, 1986], 6).

예루살렘으로 이주한 북쪽 지파 출신 디아스포라일 것이라 생각했을 가능성이 더 클 수도 있음을 논증했다. 우리가 후자의 가능성을 뒷받침하려면 이제 제2성전기에 예루살렘과 메디아 디아스포라 사이에 접촉이 있었음을 증명할 증거를 더 폭넓게 제시해야 한다.

메디아 건너에 있던 히르카니아(Hyrcania)라는 예외가 있긴 하지만, 메디아는 주요 디아스포라 공동체 가운데 하나이자 예루살렘에서 다가가기 가장 힘든 곳이었다. 예루살렘에서 메디아에 이르는 거리는 서쪽 디아스포라의 많은 지역까지 가는 거리보다 멀지는 않았으나, 예루살렘에서 메디아로 가려면 오롯이 육로로만 여행해야 했다. 이 때문에 사람들은 메디아가 멀리 떨어져 있다고 느꼈는데, 이런 느낌이 팔레스타인에 살던 어느 랍비[42] 이야기를 들려주는 한 랍비 전승에 나타나 있다. 이 랍비의 아버지가 긴자크(Ginzaq, 메디아의 가장 서쪽에 있던 메디아 아트로파테네[Media Atropatene]에 있던 가자카[Gazaca, 현재 이란 서북부의 간자크_ 옮긴이][43]의 마을)에서 죽었다. 아버지가 세상을 떠났다는 소식이 그에게 닿기까지 3년이 걸렸다. 이 때문에 그가 어떻게 애도하는 행동을 해야 하느냐와 관련된 할라카(할라카는 사람이 어떻게 살아야 하고 행동해야 하는지 규율하는 유대교 율법 전체를 가리킨다_ 옮긴이) 문제(halakic question)가 발생했다(*b. Mo'ed Q.* 20a; *b. Naz.* 44a; *b. Şem.* 12:2).[44] 그럼에도 메디아가 멀리 있다는 이유로 예루살렘과 접촉할 수 없는 것은 아니었다. 사도행전 2장 9절에서 주장하듯이, 메디아에서 온 몇몇 순례자는 예루살렘 성전에서 열린 절기 행사에 참석하려고 분명 예루살렘까지 여행했다. 그보다 많은 사람이 성전세를 보냈을 것이며(참고. *m. Sheq.* 3:4; Philo, *Leg. ad Gai.* 216), 이렇게 그들이 보낸 성전

---

42 그의 이름은 사독과 이삭처럼 다양하게 나타난다.
43 이곳이 어디인지 자신 있게 특정하기는 불가능하다. Oppenheimer, *Babylonia*, 123-124을 보라.
44 메디아가 멀리 떨어져 있었음을 알아보려면, *m. B. Qam.* 9:5; *m. B. Meş.* 4:7을 참고하라.

세는 성전에서 날마다 번제를 올리는 데 필요한 재정에 보태져서 그들이 몸으로는 성전에서 멀리 떨어져 있어도 성전 제의에 참여하고 있음을 확실히 증명해 주었다. 요세푸스는 네하르데아(Nehardea)라는 도시와 니시비스라는 도시가 동쪽 디아스포라 사람들이 낸 성전세를 모으는 곳 역할을 했음을 자세히 이야기한다(Ant. 18.311-313; 참고. 379). 이 두 도시는 사람들에게 거둔 막대한 성전세를 순례자들을 통해 예루살렘에 전달할 때까지 보관했는데, 요세푸스는 이때 예루살렘으로 간 순례자가 수만에 이른다고 말한다. 네하르데아는 바벨론에 살던 유대인 포로에게 가장 중요한 중심지였으며, 셀레우키아(셀레우케이아, Seleucia)와 크테시폰(Ctesiphon) 서쪽 유프라테스 강가에 자리하고 있었다. 요세푸스는 니시비스가 유프라테스 강가 네하르데아 근처에 있었다고 보는 것 같다(Ant. 18.311). 이 때문에 많은 학자는 이 니시비스가 메소포타미아 북부에 있던 유명한 니시비스가 아니라 달리 알려진 것이 없는 네하르데아 근처의 또 다른 니시비스라 추측함으로써 요세푸스가 그 시대 지리를 정확하게 알고 있었다고 여겼다.[45] 하지만 요세푸스가 지리와 관련하여 실수했을 가능성이 더 높다. 성전세를 모은 두 곳이 가까이 있었다기보다, 동쪽 디아스포라 전체가 낸 성전세를 모은 곳은 메소포타미아 남부에 하나가 있었고(네하르데아) 메소포타미아 북부에도 하나가 있었다고(니시비스) 보는 것이 타당할 것이다.[46] 메소포타미아 북부의 니시비스는 아디아베네와 메소포타미아 북부에 살던 포로들이 성전세를 보낸 곳이자 예루살렘으로 순례 여행을 떠날 이들이 모인 곳으로 자연스럽게 그들에게 중심지가 되었지만, 메디아에서 예루살렘까지 가는 주요 행로에 자리하고 있던 메디아 디아스포라에게도 도움을 주었을 것이다.

---

[45] 예를 들면 Schürer, *History*, 3/1:8; Oppenheimer, *Babylonia*, 333-334.

[46] Neusner, *History*, 13-14, 47 주2.

예루살렘의 유대 지도자들은 회람 서신이라는 방법을 사용하여 디아스포라와 늘 접촉을 유지했다.[47] 랍비 자료가 보존하고 있는 그런 서신 가운데 하나는 1세기 초에 활동한 대 가말리엘(Gamaliel the Elder, 또는 가말리엘 1세)이 썼다고 하며, 그해의 한 달이 윤달임을 선언한다. 이는 가말리엘의 다른 서신과 함께 보존되어 있는데,[48] 이 서신들은 서로 다르지만 비슷한 주제를 다루며, 이스라엘 땅의 여러 지역에 보낸 것이다(t. Sanh. 2:6; y. Sanh. 1:2 [18d]; y. Ma'as. Sh. 5:4 [56c]; b. Sanh. 11a-b).[49] 이처럼 역법(曆法)과 관련된 사안은 성전 당국의 책임이었을 것이다. 따라서 서신은 어느 정도 문제가 있었지만, 이런 서신을 지어낼 이유가 없어 보이며[50] 이 서신이 속한 서신들이 진짜임을 인정하는 것이 여러 가지로 타당해 보인다. 어쩌면 바리새인으로서 대제사장으로 구성된 공회 회원이던 가말리엘(참고. 행 5:34)이 디아스포라에서 바리새인의 가르침에 충실한 유대인에게 서신을 써 보냈는지도 모른다.[51] 지금 존재하는 이 서신이 진짜인지 여부를 떠나, 우리

---

47 R. Bauckham, "James and the Jerusalem Church," in R. Bauckham, ed., *The Book of Acts in Its Palestinian Setting* (Grand Rapids: Eerdmans; Carlisle: Paternsoter, 1995), 423-425; I. Taatz, *Frühjüdische Briefe: Die paulinischen Briefe im Rahman der offiziellen religiösen Briefe des Frühjudentums* (NTAC 16; Freiburg: Universitätsverlag; Göttingen: Vandenhoeck & Ruprecht, 1991)를 보라.

48 여기서 의도한 이는 분명 대 가말리엘이지, (*b. Sanh.* 11a에서 추측하는) 그의 손자 야브네의 가말리엘 2세가 아니다. S. D. Sperling, "Fragments of Tannaitic Letters Preserved in Rabbinic Literature," in D. Pardee, *Handbook of Ancient Hebrew Letters* (SBLSBS 15; Chico, Calif.: Scholars Press, 1982), 195-196을 보라.

49 Neusner, *Rabbinic Traditions*, 356-358, 360, 361, 368, 372-373에 있는 번역과 논의; Sperling, "Fragments," 191-196. 이와 같은 유형의 서신을 가말리엘의 아들 시므온, 그리고 요하난 벤 자카이가 썼다고 한다("우리는 그대들에게 서신 쓰기를 시작하지 않았으나, 우리 조상은 그대 조상에게 서신을 쓰기도 했습니다" 같은 말이 들어 있다). 그러나 이 경우에는 디아스포라에게 보낸 서신이 아니다. Neusner, *Rabbinic Traditions*, 1:378-379; Sperling, "Fragments," 187-191을 보라.

50 이 서신은 희생 제사에 사용할 동물을 언급한다. 아울러 이 서신의 목적은 디아스포라 유대인에게 한 달이나 먼저 예루살렘 순례 여행에 나서지 말라고 경고하는 데 있다. 따라서 이 서신의 주제는 나중에 랍비 당국자가 디아스포라에게 보낸 서신들의 주제와 달랐을 것이다.

51 Neusner, *Rabbinic Traditions*, 1:358-359은 이를 시사하면서도, 바벨론과 메디아(t. Sanh. 2:6에 이름이 나와 있는 목적지)에 바리새인이 있는지 의심한다. 아울러 그는 이 서신이 틀림없이 진짜라고 결

는 이런 서신이 꾸준히 보내졌음을 확신할 수 있다.[52] 성전 당국이 역법 및 다른 문제와 관련하여 디아스포라에 보낸 소식들을 더 널리 언급하는 말이 그 점을 뒷받침한다(*m. Rosh. HaSh.* 1:3-4; *m. Ohol.* 17:5; 행 28:21). 가말리엘의 서신은 "바벨론 포로에 속하고 메디아 포로에 속하는 우리 형제들과 다른 모든 이스라엘 포로"에게 보내졌는데(*t. Sanh.* 2:6; *y. Sanh.* 1:2 [18d]에 있는 버전은 "그리스 포로에 속하는"이라는 말을 덧붙여 놓았다), 이는 메디아 디아스포라의 독특한 정체와 중요성을 인정한 형식으로 유명하다. 성전이 파괴된 뒤에는 발전하고 있던 랍비 운동이 디아스포라와의 연락 관계를 보존하고 다지는 데 관심을 기울였으며, 이를 위해 팔레스타인의 랍비 지도자들이 디아스포라의 주요 지역으로 여행하는 방법도 사용했다. 랍비 아키바의 여행지에는 메디아의 긴자크도 포함되어 있었다고 한다(*b. 'Abod. Zar.* 34a, 39a; *b. Ta'an.* 11b; *b. Ber.* 8b; Gen. Rab. 33:5).[53]

(앞 §2에서 논한) 요세푸스의 「유대 고대사」 11.131-133에서 그런 것처럼, 메디아 디아스포라를 언급하는 이 모든 말은 디아스포라도 당연히 예루살렘 성전과 예루살렘 버전의 토라에 충성해야 한다고 말한다. 우리는 이 북쪽 지파 자손들이 언제 어떻게 예루살렘에 중심을 둔 이런 종교를 받아들여서 바벨론에 있던 남쪽 유다 출신 포로들과 자신들을 일치시켰는지 모르지만, 아마도 페르시아 시대에 그리했을 것이다. 메디아 디아스포라가

론지으면서도, "나는 이 서신을 받은 이가 누구인지 모른다"고 말한다. 그는 이 시기에 동쪽 디아스포라에 바리새인이 있었음을 지나치게 의심하는 것 같다. 참고. Josephus, *Ant.* 20.43.

52   참고. P. S. Alexander, "Epistolary Literature," in Stone, ed., *Jewish Writings*, 581 주14. "누구의 서신이라는 주장이 정확하든 정확하지 않든, 이와 같은 서신들은 분명 예루살렘의 종교 당국자가 보냈을 것이며, 우리 앞에 있는 서신이 그런 서신의 전반적 형식과 문체를 반영했을 개연성이 아주 높다."

53   P. Schäfer, "Rabbi Aqiva and Bar Kokhba," in W. S. Green, ed., *Approaches to Ancient Judaism*, vol. 2 (BJS 9; Chico, Calif.: Scholars Press, 1980), 114-117이 아키바가 했다는 디아스포라 여행에 표방한 회의론은 주로 그런 여행이 바르 코크바 봉기 준비와 관련이 있다는 이론에 의문을 제기하는 것에 초점을 맞춘다. 다른 세 랍비 전승만이 긴자크를 언급한다(Oppenheimer, *Babylonia*, 121). 따라서 아키바의 디아스포라 방문은 역사 사실일 가능성이 높아 보인다.

예루살렘으로 돌아선 것을 들여다볼 수 있는 통찰을 어느 정도 제공하는 책이 토비트서일 것이다. 실제로 그들이 예루살렘으로 돌아서게 하는 데 토비트서가 일부 기여했을지도 모른다. 이 책은 메디아에 있는 북이스라엘 출신 포로들의 상황을 염두에 두고 있지만,[54] 동시에 예루살렘이 제의의 중심이라는 것도 강하게 옹호한다. 토비트서는 신명기[55]와 선지서에서 영감을 받아, 북쪽 지파 사람들이 포로로 잡혀간 것은 그들이 다윗의 집과 예루살렘 성전을 배반하고 단과 다른 곳에서 우상에게 예배했기 때문이라 말하며(1:4, 5), 그들의 고난을 북이스라엘이 그들의 죄로 말미암아 심판을 받으리라는 예언이 이루어진 것으로 본다(2:6; 3:4; 14:4). 아울러 토비트서는 예루살렘을 중심으로 삼은 토비트 자신의 경건한 신앙을 하나의 본보기로 제시한다(1:6-8). 토비트서는 이스라엘 포로들의 회개가 결국 그들이 그 땅으로 돌아가는 결과로 이어지길 기대하면서, 그때가 되면 제2이사야서와 제3이사야서에서 예언한 대로, 예루살렘이 회복되며 영광을 받으리라고 말한다(13:3-17; 14:5-7). 토비트서는 아시리아와 니네베가 멸망하리라는 나훔의 예언이 이루어지는 것을 "하나님이 보내신 이스라엘 선지자들이 말한 모든 일이 일어날 것"을 보여 주는 증거로 받아들인다(14:4; 참고. 14:15).[56] 북이스라엘 출신 포로들이 그들 자신이 벌을 받고 그들의 대적인 아시리아가 벌을 받음에서 모세와 선지자들의 예언이 이루어짐을 보았

---

[54] 토비트서가 동쪽 디아스포라 지역에서 기록되었다는 견해가 지닌 난점이라 하는 것들을 살펴보려면, 이 장 끝에 있는 추가 주 B를 보라.

[55] 신명기가 토비트의 신학에 끼친 결정적 영향을 살펴보려면, A. A. di Lella, "The Deuteronomic Background of the Farewell Discourse in Tob 14:3-11," *CBQ* 41 (1979), 380-389을 보라. 아울러 토비트 12-13장과 신명기 31-32장의 일치점을 살펴보려면, S. Weitzman, "Allusion, Artifice, and Exile in the Hymn of Tobit," *JBL* 115 (1996), 49-61을 참고하라.

[56] 이 논문은 토비트서 본문을 보통 NRSV에서 인용했다. NRSV의 토비트서는 시나이(시내) 코덱스에 들어 있는 그리스어 본문을 번역한 것이다. 나는 많은 현대 학자를 따라 시나이 코덱스와 옛 라틴어 본문이 대표하는 교정판 토비트서가 우월함을 인정한다. 쿰란에서는 토비트서 조각 사본이 다섯 나왔는데, 그중 넷은 아람어로 기록되어 있으며(4Q196-199) 하나는 히브리어로 기록되어 있다(4Q200). 이 다섯 조각 사본도 그런 판단을 강하게 뒷받침한다.

듯이, 결국 토비트서는 그들이 참회한다면, 바로 그 선지자들이 예언한 그대로 모든 지파 사람이 그 땅으로 돌아가 회복될 것을 기대할 수 있으리라는 것을 논증한다. 그러나 신명기와 선지서가 제시하듯이, 과거와 미래에 관한 이런 해석은 예루살렘이 중심이라는 점과 결합해 있다. 우리는 메디아의 이스라엘 사람들이 토비트서를 보면서, 그리고 율법과 선지서(구약 성경)를 읽으면서 영감과 소망을 발견하는 모습을 상상할 수 있다. 아울러 그들이 예루살렘에서 디아스포라의 민족적, 종교적 정체성과 더 나은 미래를 향한 소망의 반가운 상징이자 초점을 발견했으리라는 것도 상상해 볼 수 있다. 이렇게 예루살렘과 그들을 이어 준 연결 고리가 잘 확립된 뒤에 발생한 사마리아 분열(Samaritan schism)은 그들에게 영향을 끼쳤겠지만, 그 영향의 크기는 갈릴리와 예루살렘의 결속에 끼친 영향보다 크지 않았을 것이다.

우리가 앞서 살펴본 메디아 디아스포라와 예루살렘의 긴밀한 접촉에 비춰 볼 때, 아울러 메디아의 포로들도 다른 나머지 디아스포라와 마찬가지로 그들의 종교 제의와 종말론에서 예루살렘을 중심으로 삼았음을 고려할 때, 제2성전기 말에는 메디아에서 예루살렘으로 이주해 와 이곳에 영구 정착한 집안과 개인이 있었으며, 이들처럼 서쪽 디아스포라와 동쪽 디아스포라의 다른 나머지 모든 지역에서 예루살렘으로 이주한 이도 많이 있었다고 쉽게 짐작해 볼 수 있다.[57] 다시 말하지만, 식견이 있는 당대 독자라

---

[57] 서쪽 디아스포라 출신으로 예루살렘에 거주한 유대인에 관하여 알아보려면, 사도행전 5장 36, 37절, 6장 1, 5, 9절, 21장 16절, 마가복음 15장 21절과 테오도투스 명문(Theodotus inscription)(이에 관하여 알아보려면, 이제 R. Riesner, "Synagogues in Jerusalem," in Bauckham, ed., *Book of Acts*, 192-200을 보라); J. P. Kane, "The Ossuary Inscriptions of Jerusalem," *JSS* 23 (1978), 276-282; E. Bammel, "Nicanor and his Gate," in E. Bammel, *Judaica* (WUNT 37; Tübingen: Mohr [Siebeck], 1986), 39-41을 보라. 바벨론에서 이주해 온 사람들에 관하여 알아보려면, J. Jeremias, *Jerusalem in the Time of Jesus*, tr. F. H. and C. H. Cave (Philadelphia: Fortress; London: SCM, 1969), 66-67과 Giv'at ha-Mivtar inscription (M. Sokoloff, "The Giv'at ha-Mivtar Aramaic Tomb Inscription in Paleo-Hebrew Script and its Historical Implications," *Imm* 10 [1980], 38-46)을 보라. 유대교로 개종한 뒤 예루살렘에 살았던 아디아베네 왕가 사람들에 관하여 알아보려면, Josephus, *Ant.* 20.49-51, 71, 94-95; *BJ*

면 안나가 예루살렘에 있다는 것을 분명 전혀 '당혹스러워' 하지 않았을 것이다.

4. 안나와 바누엘, 그리고 토비트서

안나의 이름(한나, 곧 히브리어 이름 חנה에 해당하는 그리스어 이름 "Αννα)은 안나가 예루살렘에 정착한 갈릴리 사람이기보다 메디아 디아스포라에서 돌아온 사람일 가능성이 더 높음을 일러 주는 또 다른 단서다. 히브리 성경/구약 성경에서는 오직 한 여자만이 이 이름을 갖고 있는 반면(사무엘의 어머니, 삼상 1, 2장), 금석학 증거는 포로기 전 이스라엘에서 이 이름을 가진 또 다른 사람을 제시한다(주전 8세기 말이나 7세기 초 라기스에서 만들어진 것으로 보이는 한 인장).[58] 그 뒤 팔레스타인에서는 이 이름이 나타나지 않다가 주후 3세기와 4세기에 가서야 벧 셰아림(Beth She'arim, *CIJ* 1013, 1014, 1088)과 욥바(Joppa, *CIJ* 907)에서 만들어진 그리스어 명문(새김글)에서 네 사례가 나타난다.[59] 주전 330년부터 주후 200년까지 팔레스타인에 살았던 여자 가운데 그 이름이 알려져 있는 247명을 살펴보면, 우리가 살펴보는 안나가 이 이름을 가진 유일한 여자다.[60] 디아스포라에서 나온 증거는 주후 3-4세기 로마에서 이 이름을 가졌던 사람을 한두 사람 제시하며(*CIJ* 411=*JIWE*[61] 2:10;

4.567; 5.252-253; 6.355; *m. Naz.* 3:6을 보라.

58 J. R. Bartlett, "The Seal of Ḥnh from the Neighbourhood of Tell ed-Duweir," *PEQ* 108 (1976), 59-61.

59 4세기 말 무렵에 살았던 랍비 마니 벤 요나의 아내도 한나라는 이름을 갖고 있는데(*b. Ta'an.* 24a), 그 이름이 역사에 실존했다면, 한나라는 이름이 나타나는 또 하나의 사례일 것이다. G. Mayer, *Die jüdische Frau in der hellenistisch-römischen Antike* (Stuttgart: Kohlhammer, 1987), 103은 이 한나의 거주지를 바벨론으로 잘못 적어 놓았다. 마니는 세포리스에 살았던 팔레스타인의 랍비였다.

60 T. Ilan, "Notes on the Distribution of Jewish Women's Names in Palestine in the Second Temple and Mishnaic Periods," *JJS* 40 (1989), 186, 193.

61 이 약어는 두 권으로 된 D. Noy, *Jewish Inscriptions of Western Europe*, vol. 1, *Italy (excluding*

어쩌면 *CIJ* 211=*JIWE* 2:245도 그런 사례일지 모른다),[62] 후대 이탈리아에 있었던 사례를 두셋 더 제시한다(*CIJ* 614=*JIWE* 1:90: 6세기; *CIJ* 634=*JIWE* 1:195: 8세기; 어쩌면 *CIJ* 575=*JIWE* 1:72:[63] 5세기도 그런 사례일지 모른다).

안나(한나)라는 이름이 주전 330년에서 주후 200년에 이르는 시대의 팔레스타인에서 나타나지 않음은 놀라운 일이 아니다. 팔레스타인 유대인은 보통 성경에 나온 이름을 사용하지 않았는데, 그건 단지 그런 이름이 성경에서 유명한 인물의 이름이기 때문이었다. 예를 들면, 팔레스타인의 많은 유대인 여자가 미리암(마리암메, 마리아)이라는 이름을 갖고 있었지만, 이 이름은 모세의 누이 이름을 따른 게 아니라, 하스몬 왕가 왕녀인 마리암네 이름을 따른 것이었다. 마찬가지로, 팔레스타인 여자는 (디아스포라에서는 사용하지 않은) 살로메/살로메지온이라는 이름을 널리 사용했지만, 이 이름을 팔레스타인에서 널리 쓰게 된 것은 이 이름을 가진 하스몬 왕조의 여왕(재위 주전 76-67년_ 옮긴이) 때문이었다.[64] 히브리 성경/구약 성경에서 그 이름을 사용하기 때문에 사용했던 여자 이름은 사라(여섯 사례), 레아(두 사례)뿐이며, 엘리사벳도 그런 사례인 것 같다(누가복음 1장 5절을 포함하여 두 사례).[65] 이런 사례들을 보면 안나도 이 시대에 팔레스타인 여자가 쓴 이름이었을 수 있지만, 그래도 디아스포라 여자의 이름일 가능성이 더 높다. 팔

---

the City of Rome), Spain and Gaul (Cambridge: Cambridge University Press, 1993); vol. 2, *The City of Rome* (Cambridge: Cambridge University Press, 1995)을 가리킨다.

62　이 라틴어 명문에서 "Ann[...]"이라는 이름은 안나(Anna)나 (*CIJ* 300=*JIWE* 2:15에 나오는 한 유대인 여자의 이름인) 라틴어식 이름 아니아(Annia)로 복원할 수 있을 것이다.

63　"Aνα라는 이름은 "Aννα의 철자일 수도 있고, 아니면 남자 이름인 אנה일 수도 있다. *CIJ* 598=*JIWE* 1:65(5-6세기의)를 보면 'Aναϛ는 "Aνα의 소유격이거나 'Aναστασίου의 시작 부분일 수 있다.

64　Ilan, "Notes," 192. 팔레스타인 유대인이 가장 널리 사용한 남성 이름은 대부분 하스몬 왕가 사람들이 가진 이름이었다. T. Ilan, "The Name of the Hasmoneans in the Second Temple Period," *ErIsr* 19 (1987), 238-241 (히브리어).

65　Ilan, "Notes," 197은 미갈과 라헬이라는 이름을 사용한 사례를 각각 하나씩 제시하지만, 이 사례들은 그 역사성이 의심스러운 후대 랍비 자료에 나온다.

레스타인의 유대인과 디아스포라 유대인이 사용한 이름은 확연히 달랐으며,[66] 디아스포라에서는 그들과 성경 역사에 등장하는 주요 인물의 연관성 때문에 성경 속 인물의 이름을 사용하는 경향이 훨씬 강했다.[67] 디아스포라에서는 부모가 딸 이름을 한나라 지을 때 사무엘의 어머니 한나의 이름을 따라 지었다고 생각했을 가능성이 더 높다(어쩌면 동쪽 디아스포라에서는 토비트의 아내 한나의 이름을 따라 지었다고 생각했을지도 모른다).

이뿐 아니라, 안나라는 이름과 안나의 아버지 바누엘의 이름에서 알게 된 것이 더 있다. 그러나 그전에 먼저 제2성전기에 북이스라엘 출신 디아스포라인 사람이 사용하던 또 다른 유일한 이름으로 우리가 알고 있는 이름을 살펴봐야 한다(토비트서에 나오는 허구 인물들의 이름과 구별되는 이름이다). 메대 사람 나훔이 그것이다. 그의 이름이 그 시대 정황에 잘 어울리다 보니, 만일 그가 (예를 들어 누가가 제시한 유아기 내러티브에서 발견할 수 있는) 역사 속 실존 인물이 아니라면, 우리는 그를 저자가 그 이름의 중요성 때문에 그런 이름을 붙여 제시한 허구의 인물로 여길 수밖에 없을 정도다. 이 이름은 포로기 전의 인(印)에서 흔하게 나타나지만,[68] 히브리 성경/구약 성경에서는 선지자 나훔의 이름으로만 등장한다. 나훔은 니네베가 하나님에게 심판받을 것을 예언했으며, 이 때문에 토비트서에서는 그의 예언이 중요하게 등장한다(14:4, 15). 니네베는 메대 사람 나훔이 그곳에 살기 여섯 세기 전에 이미 멸망하였다. 그러나 메디아에 있던 이스라엘 포로들에게는 나훔의 예언이 여전히 유달리 중요한 의미가 있었을 것이며, 특히 그 포로들이 그 예언을 토비트서에 비춰 읽었다면 더더욱 그렇게 여길 수밖에

---

66   M. H. Williams, "Palestinian Jewish Personal Names in Acts," in Bauckham, ed., *Book of Acts*, 79-113을 보라.

67   여자들의 이름을 보려면, Mayer, *Jüdische Frau*, 39-40을 보라.

68   L. Y. Rahmani, *A Catalogue of Jewish Ossuaries in the Collections of the State of Israel* (Jerusalem: Israel Antiquities Authority, and Israel Academy of Sciences and Humanities, 1994), 200-201. 이 이름은 스코푸스산에서 발굴된 납골함에서도 등장한다. Rahmani no. 571 (p. 200).

없었을 것이다. 그들에게는 니네베가 무너지리라는 나훔의 예언이 이루어진 것이야말로 아직 이루어지지 않은 예언들이 이루어지리라는 보장이었을 것이며, 특히 아시리아가 이스라엘 땅에서 끌어간 이스라엘 사람들이 그 땅으로 돌아가리라는 예언이 이루어질 것이라는 보장이었을 것이다(토비트 14:4-7). 더욱이, 나훔이라는 이름은 지파들을 다시 모으리라는 소망을 가리킨다. 그 이름이 '위안, 위로'(נחם)라는 의미를 갖고 있기 때문이다. 이 말은 본래 동사 נחם에서 유래했는데, 이사야 40-66장은 하나님이 포로들을 이스라엘 땅으로 돌아오게 하시고 예루살렘의 영광을 회복시키시는 구원 행위를 펼치심을 언급할 때 이 동사(피엘 형태[강조 능동형]일 때 '위로하다'라는 의미를 가진다)를 거듭 사용한다(사 40:1; 49:13; 51:3, 12; 52:9; 61:2; 66:13; 참고. 렘 31:13; 슥 1:17; 바룩2서 44:7). 이사야서가 40장 서두에서 반복하는 말(사 40:1)은 사실상 이스라엘이 포로 생활을 겪은 뒤에 회복되리라는 제2이사야서와 제3이사야서 전체의 제목을 형성한다. 결국 후대 랍비의 용법에서는 '위안, 위로'(נחמה)가 메시아가 가져올 구원을 망라하여 가리키는 용어가 되었으며,[69] 이런 용법은 이미 누가복음 2장 25절에서 볼 수 있다(시므온이 "이스라엘의 위로를[παράκλησιν] 기다린다").[70] 메디아에 있던 포로들의 소망을 집약한 이름으로 나훔보다 적절한 이름을 생각하기는 어려울 것이다. 어쩌면 바로 이런 이유에서 그들이 이 이름을 널리 쓰게 되었는지도 모른다. 아니면 메대 사람 나훔의 부모가 그들과 같은 포로였던 모든 동포의 선구자로서 예루살렘으로 돌아간 경건한 이스라엘 사람들이었기에, 그 아들이 언젠가는 이스라엘 포로들이 위로를 받을 것을 보리라는 소망을 담아 아

---

69 Str-B 2:124-126; 아울러 바룩2서 44:7, 에스라4서 10.20, 49을 참고하라.

70 누가복음 2장 25절과 38절은 아마도 이사야 52장 9절을 반영한 구절일 것이다. "주(야훼)가 그의 백성을 위로하셨고(נחם) 예루살렘을 구속하셨다(גאל)." 누가(나 그가 사용한 자료)는 이스라엘의 소망에 관한 이 두 기사를 시므온과 안나에게 각각 적용했다. 하지만 누가복음의 이 구절들은 70인경의 이사야 52장 9절을 반영하지 않음을 주목하라.

들에게 이런 이름을 지어 주었을 수도 있다.

바누엘(Φανουηλ)과 그의 딸 안나(눅 2:36)의 이름도 같은 관점에서 볼 수 있다. 히브리식 이름인 브누엘이나 브니엘은 '하나님의 얼굴'을 뜻하며,[71] 히브리 성경/구약 성경에서는 오직 역대상 4장 4절(פנואל, 70인경 Φανουηλ)과 8장 25절(פנואל 또는 פניאל,[72] 70인경은 Φελιηλ 또는 Φανουηλ)의 계보에서만 나타난다. 성경 시대에 이 이름이 등장하는 또 다른 사례는 주전 8세기가 끝날 즈음 브엘세바에서 나온 도기 조각(ostracon)에 있는 이름뿐이다(פנואל).[73] 나는 누가복음 2장 36절보다 후대에 이 이름이 등장하는 경우를 발견하지 못했다. 그러나 하나님의 '얼굴'은 히브리 성경/구약 성경에서 하나님의 은총을 은유하는 말로 자주 사용하며, 많은 본문에서 포로와 귀환이라는 주제와 관련지어 등장한다. 신명기 31장 17, 18절과 32장 20절을 보면, 이스라엘 백성이 다른 신들을 섬기면 그들을 심판하겠다는 하나님의 위협을 이렇게 표현한다. "내가 그들에게 내 얼굴을 숨기리라"(아울러 미가 3장 4절과 이사야 54장 8절을 참고하라). 이와 반대로, 시편 80편을 보면, 북쪽 지파들을 그 땅으로 회복시켜 달라고 쉽게 이해할 시가 등장하는데(참고. 2절[마소라 본문은 3절]), 이 후렴은 세 번에 걸쳐 등장한다(3, 7, 19절[마소라 본문은 4, 8, 20절]). "오 [만군의] [주/야훼] 하나님, 우리를 회복시키소서. 당신의 얼굴이 빛나게 하여 우리를 구원해 주소서." 포로를 향해 빛나는 하나님의 얼굴은 포로를 이스라엘 땅으로 귀환시키는 하나님의 은총이다. 마찬가지로, 아시리아가 북이스라엘을 점령한 뒤 히스기야가 그 땅에 아직 남아 있는 거민들에게 보낸 서신(대하 30:6-9)은 그들에게 그 땅으로 돌아오라고 재촉한

---

71 이 이름은 분명 제2성전기에 이러한 의미를 가졌을 것이다. 다른 가능성들을 살펴보려면, R. Zadok, *The Pre-Hellenistic Israelite Anthroponymy and Prosopography* (Orientalia Lovanensia Analecta 28; Leuven: Peeters, 1988), 46을 참고하라.

72 창세기 32장 30, 31절(마소라 본문은 31, 32절)에서 일어난 같은 변이를 참고하라. 이 변이는 장소 이름에서 나타난다.

73 Zadok, *Pre-Hellenistic Israelite Anthroponymy*, 282.

다. 하나님이 그들에게 돌아오시고, 포로로 잡혀간 그들의 동포가 그 땅으로 돌아올 수 있도록 말이다. 이 본문은 이렇게 맺는다. "이는 야훼 너희 하나님이 은혜롭고 자비로우시기 때문이니, 너희가 그에게 돌아오면 그는 그 얼굴을 너희에게서 돌이키시지 않으리라." 마지막으로, 예루살렘을 회복시켜 달라는 다니엘의 기도는 이렇게 간구한다. "당신의 얼굴이 황폐한 당신의 성소에 밝게 비추게 하소서"(단 9:17).

하나님의 은총이라는 이미지를 하나님의 빛나는 얼굴로 밝게 사용한 것(시 80:3, 7, 19[마소라 사본은 4, 8, 20절]; 단 9:17)은 제사장의 축복을 떠올려 준다. "야훼께서 그 얼굴을 네게 밝게 비추사 네게 은혜를 베푸실지어다 (ויחנך)"(민 6:25; 참고. 시 67:1[마소라 사본은 2절], 제2성전기 후대에 가서는 이 축도를 종말에 구원을 베풀어 주시길 간구하는 기도로 읽었을 것이다). 여기에서는 동사 חנן('호의를 보여 주다, 은혜를 베풀다')을 하나님의 빛나는 얼굴이라는 이미지와 평행을 이루는 말로 사용한다. 따라서 브누엘이라는 이름은 하나님의 얼굴을 포로들에게 밝게 비추사 그들을 그들의 고향 땅으로 돌려보내 주시는 이미지를 떠올려 줄 목적으로 사용한 것이며, '하나님의 은혜'를 뜻하는 한나(חנה)라는 이름과 쉽게 연계할 수 있다. 나훔이라는 이름처럼, 이 두 이름도 메디아 디아스포라에서 널리 사용되었을 수 있다. 이 이름들이 회복의 소망을 표현하기 때문이다. 아니면 이 이름들은 특히 포로 생활에서 돌아온 이들의 집안에서 일부러 골라 쓴 것일 수도 있다.

우리는 메대 사람 나훔이 갖고 있던 나훔이라는 이름의 의미를 토비트서가 나훔의 예언에 부여한 중요성과 일부 연계했다. 마찬가지로, 바누엘과 안나라는 이름 역시 이 이름들이 토비트와 연관이 있을 가능성을 지적하여 그 이름들이 지닌 중요성을 좀 더 강조하고 넘어가야 할 것 같다. 안나는 토비트서의 주요 인물인 토비트의 아내 이름인데, 이런 사실은 다만 그런 연관성을 관찰하는 출발점일 뿐이다. 우리는 이와 관련된 이 책의 세 특징을 주목해야 한다.

첫째, 토비트와 그의 조카 사라라는 두 개인의 이야기는 서로 평행을 이루며 토비트서의 줄거리를 형성하면서, 포로로 끌려간 북쪽 지파의 민족 이야기를 상징하는 비유로 기능한다.[74] 토비트와 사라가 모두 고초를 겪은 뒤 하나님의 자비로 말미암아 구원을 받지만, 이 패턴이 비유로서 가지는 의미는 특히 토비트의 사례에서 분명하게 드러난다. 토비트가 고난을 겪은 것은 그 자신의 죄 때문이 아니라 북이스라엘에서 그 조상과 동포가 저지른 죄 때문이었다(3:3-5). 토비트서는 2장 6절에서 아모스가 "벧엘을 상대로" 한 예언(암 8:10)을 인용하는데, 이는 단순히 장식용이 아니다. 아모스는 북이스라엘 지파들이 예루살렘을 버리고 벧엘에서 예배하다가 결국 심판을 받으리라 예언했는데, 토비트서의 인용문은 토비트가 포로로 끌려간 동포들과 함께 아모스의 그 예언을 슬퍼했음을 일러 준다. 토비트는 눈이 멀었다가 고침을 받는다. 이를 계기로 토비트는 포로들과 예루살렘의 회복을 예언하는 시를 들려주는데(13장), 그가 이런 예언을 한 것은 그의 고초와 그가 받은 구원이 하나님이 자신의 백성을 다루시는 패러다임이라 보기 때문이다.[75] 이를 이해하는 열쇠는 "하나님이 고초를 안겨 주시고 또 자비를 보여 주신다"(13:2)는 말에 있는데, 토비트서의 신학 가운데 많은 부분이 그렇듯이, 이 말은 신명기의 뒷장(32:39)과 제2이사야서(사 54:7, 8)를 모델로 삼았다. 토비트서는 하나님의 행동 패턴을 천명하는 이런 일반 명제를 토비트 자신에게(11:15: "그가 내게 고초를 안겨 주셨지만, 그가 내게 자비를 베푸셨다"), 그리고 포로 귀환과 관련하여(13:5b) '이스라엘 자손'에게

---

74 Nickelsburg, "Stories," 42이 이런 평행 사례를 제시한다.

75 13장과 14장은 주후 70년이 지나 추가된 것이라는 F. Zimmermann, *The Book of Tobit* (Jewish Apocryphal Literature; New York: Harper, 1958)의 이론은 쿰란에서 13장과 14장 단편이 포함된 토비트서의 아람어 단편과 히브리어 단편이 발견되면서(4Q196-200) 틀렸다는 것이 증명되었다. 그러나 어쨌든 이런 그릇된 이론이 나온 것은 토비트 개인의 이야기와 이스라엘 민족의 운명 사이에 존재하는 평행 관계가 토비트서 전체의 설계와 메시지에 필수불가결한 것임을 알지 못했기 때문이다. 같은 이유로, Deselaers, *Tobit*가 제시하는 복잡한 편집 이론도 군더더기이며 증거로 확증할 수 없는 추측일 뿐이다.

(13:5a: "그가 너희의 사악한 행위 때문에 너희에게 고초를 주셨으나, 다시 너희 모든 이에게 자비를 베풀어 주실 것이다"; 참고. 14:5), 또한 예루살렘에(13:9: "그가 너희 손의 행위로 말미암아 너희에게 고초를 주셨으나, 의인의 자손에게 다시 자비를 베풀어 주실 것이다") 적용한다.[76] 따라서 이 패턴은 토비트 이야기를 북이스라엘 지파 출신 포로들이 회복되고 그 뒤에는 예루살렘도 회복되리라는 약속과 이어 준다.

둘째, 토비트 개인의 이야기가 이스라엘 포로들에게 민족 차원의 의미를 갖고 있다는 것은, 사람들이 종종 관찰하며 발견한 것처럼 토비트서에 나오는 이름들이 그 의미 때문에 고른 것이며, 개인의 이야기뿐 아니라 토비트서 전체가 관심을 두고 있는 포로들의 종말론적 소망에도 중요한 의미가 있음을 의미한다. 토비트서에 나오는 많은 이름이 하나님의 은총과 구원이라는 개념을 떠올리게 해준다. 토비아(Tobias, טוביה)[77]와 토비트(טובי)[78]는 같은 이름을 축약한 형태이며,[79] '야훼는 선하다/좋다'라는 의미일 뿐 아니라, 나훔 1장 7절을 암시한다("야훼는 선하시니[טוב יהוה][80] 환난 날에 산성이시라. 그가 그에게 피한 이들을 보호하신다"). 나훔 1장 7절은 니네베에 심판이 임할 것을 선포한 나훔의 메시지가 하나님의 백성과 관련하여 갖고 있는 좋은 측면을 표현한 구절이다. 천사 라파엘의 이름은 '하나님이 치유하셨다'라는 뜻인 반면, 그가 정체를 숨기고 이야기에 참여할 때 취하는 이름인 아자리아는 '야훼가 도우셨다'라는 뜻이다. 몇몇 이름은 '호의를 보이다,

---

76 토비트의 체험은 하나님이 포로들에게 안겨 준 고초와 자비를 가리키는 비유로 봐야 하는 반면, 사라의 체험은 하나님이 예루살렘에 안겨 준 고초와 자비를 가리키는 비유로 봐야 할지 모르겠다. 그러나 13장 9-17절은 예루살렘에 사용할 수도 있었을 여성과 혼인 관련 이미지를 펼쳐 보이지 않는다.

77 물론 이 이름 자체는 널리 쓴 이름이다. 바벨론 디아스포라 가운데 이 이름을 갖고 있던 유명한 사람을 보려면, Zadok, *Jews*, 54-55, 62-64을 보라.

78 쿰란에서 나온 토비트서 단편은 이제 그리스어 Τωβίτ가 טובי를 나타낸다는 것을 확실하게 보여 준다.

79 토비엘('하나님은 선하시다')(토비트 1:1)도 주목하라. 이 집안의 세 세대가 같은 이름의 변형을 갖고 있다.

80 70인경이 이렇게 번역해 놓았음을 주목하라. "주는 고초를 겪는 날에 그를 기다리는 이들에게 선하시다."

4장. 아셀 지파의 안나

은혜를 베풀다'를 뜻하는 동사 어근 חנן을 담고 있다. 하나니엘('하나님은 은혜로우시다', 1:1), 아나니아('야훼가 호의를 보이셨다', 5:13, 14), 아나엘('하나님의 은혜', 1:21), 그리고 가장 주목할 이름이 한나/안나('[하나님의] 은혜', 1:20; 2:1 등)다. 이처럼 토비트서는 하나님이 참회하는 포로들에게 회복의 은혜를 베풀어 주실 것이며, 더불어 그가 예루살렘을 회복시켜 거기로 그 포로들을 모이게 하시리라는 소망을 표현한 이름들의 맥락에서 이 안나라는 이름을 사용한다.

셋째, 토비트서에서는 하나님의 얼굴이라는 이미지가 의미심장한 역할을 하지만, 토비트서를 수박 겉핥듯이 부리나케 읽으면 이런 이미지가 분명하게 나타나지 않을 것이다. 13장 6절을 보면("너희가 그에게 돌아오면 …… 그가 너희에게 돌아와 더 이상 너희에게서 얼굴을 돌리시지 않을 것이다"), 그러한 이미지가 심판과 포로로 잡혀감, 그리고 귀환과 연계하는 본문으로 앞서 인용한 히브리 성경/구약 성경 본문들(신 31:17, 18; 32:20; 사 54:8; 대하 30:9; 시 80:3, 7, 19[마소라 본문은 4, 8, 20절])과 긴밀하게 이어져 있다. 3장 6절에 있는 토비트의 기도를 보면("오 주여, 내게서 당신 얼굴을 돌리지 마소서"), 이런 이미지를 통해서 토비트 개인의 고초를 이스라엘 백성이 겪는 고초와 그 백성에게 찾아올 구원과 나란히 놓아둔다. 마지막으로, 지혜를 권면하는 4장도 이 이미지를 사용한다. "가난한 사람 누구에게서나 네 얼굴을 돌리지 말라, 그러면 하나님의 얼굴도 네게서 돌아서지 않으리라"(4:7b).[81] 이는 이 이미지를 이 책의 또 다른 중심 주제, 곧 구제가 갖고 있는 구속 능력과 연계한다(4:6-11, 16; 12:8-10; 14:8-11). 이 이미지는 이 책 전체를 아우르는 주제인 민족 구속과 결코 분리되어 있지 않다. 토비트는 특히 구제를 행함으로 포로로 잡혀간 이스라엘 백성이 하나님에게 돌아와 순종하고, 그 결

---

[81] 참고. 잠 21:13. 이 구절은 같은 상황에 탈리오법(同害報復法, lex talionis)과 비교할 만한 형태로 적용한다. 토비트 4장 7절 하반절이 잠언 21장 13절을 다시 들려주는 구절이라면, 이 구절이 얼굴을 돌림(외면)이라는 이미지와 관련지어 잠언 구절을 다시 들려준다는 것은 특히 중요한 의미가 있다.

과 하나님도 그들에게 돌아와 그들을 회복시키시길 소망했다. 이스라엘 백성이 가난한 이들에게서 얼굴을 돌리지 않으면, 하나님도 더 이상 그들을 외면하시지 않을 것이다.

따라서 안나와 바누엘도 토비트서에서 표명하는 종말론적 경건에 깊은 감화를 받은 한 포로 집안에 속한 이름이었을 가능성이 있는 것 같다. 이런 견해는 누가복음 나머지 부분이 안나에 관하여 서술하는 특징과 잘 들어맞는다. 사실, 안나가 북이스라엘 지파 사람이라는 것, 성전을 중심으로 한 그의 경건한 신앙생활(눅 2:37), 그리고 그와 예루살렘의 구속을 바라는 이들의 유대(2:38) 사이에 아주 긴밀한 연관 관계를 만들어 내는 것이 바로 토비트서의 신학과 메시지다. 예루살렘의 구속을 바라던 무리 가운데에는 분명 디아스포라에서 돌아와 예루살렘에서 메시아가 가져다줄 구속과 더불어 남은 포로들마저 다 함께 모일 것을 기다리던 이들이 있었을 것이다.

5. 복음서와 역사 속의 안나

누가복음의 안나 기사가 그것이 등장하는 더 커다란 내러티브의 의미에 기여한 것을 고려할 때, 안나가 아셀 지파 사람인 것은 주석가들이 보통 생각하는 것처럼 결코 사소한 의미가 아니다. 누가복음 첫 두 장의 주된 목적은 하나님 백성이자 그 자신의 이야기가 족장들로 거슬러 올라가는 이스라엘 공동체 안에 예수 이야기의 시작을 깊이 터 박는 것이며, 특히 메시아가 안겨 줄 구속을 향한 이스라엘 공동체의 소망이라는 맥락에 그 이야기의 시작을 자리잡게 하는 것이다. 안나는 아셀 지파 출신 포로의 자손으로, 이 내러티브에서 표현하는 공동체가 이스라엘 전체, 곧 남쪽 지파와 북쪽 지파 출신 포로는 물론이고 포로로 끌려가지 않고 이스라엘 땅에 남아서 거한 사람을 모두 아우른다는 것을 확실하게 일러 준다. 안나는 이 내러티브가 표현하는 메시아를 향한 소망이 북쪽 지파 사람들과 포로들이 갖고 있던 소망까지 아우른다는 것을 확실히 보여 준다.

사람들이 종종 관찰하며 파악한 것처럼, 시므온과 안나는 누가가 좋아하는 여러 쌍의 남녀 가운데 한 쌍이다.[82] 그러나 안나의 역할은 이보다 많은 면에서 시므온의 역할을 보완한다. 아마도 예루살렘 토박이가 아니었나 싶은 시므온은 이스라엘의 위로를 기다리며(2:25), 메시아 예수를 세상 모든 민족의 빛이 될 이스라엘의 운명을 이룰 이로 높이 찬미한다(2:31, 32). 메시아 예수는 원심성을 띠고 예루살렘에서 이방인에게 뻗어 나간 구원 운동이 가졌던 소망을 대표한다. 안나는 북쪽 지파 출신 디아스포라에서 돌아온 사람으로 예루살렘의 구속을 기다리면서(2:38),[83] 메시아 예수를 이스라엘 모든 지파가 다시 모여드는 중심이 될 예루살렘의 운명을 이루어 줄 이로 인정한다. 안나는 디아스포라가 시온으로 돌아올, 구심성을 띤 구원 운동의 소망을 대변한다.[84] 따라서 시므온과 안나는 모두 이사야 40-66장이 예언하는 종말론적 구원의 이 두 핵심 측면을 대표한다.

그 시대에 많은 식견을 갖고 있고 안나가 북이스라엘 지파 출신 디아스포라에서 돌아온 사람임을 인식한 누가복음 독자라면 방금 말한 내용을 이해했을 것이다. 그러나 안나와 바누엘이라는 이름, 그리고 우리가 §4

---

[82] 이 현상을 철저히 논한 글을 보려면, T. K. Seim, *The Double Message: Patterns of Gender in Luke-Acts* (Nashville: Abingdon; Edinburgh: T. & T. Clark, 1994), 11-24을 보라.

[83] "이스라엘의 위로"와 "예루살렘 구속"이라는 두 문구가 아마도 이사야 52장 9절에서 나왔을 개연성에 관하여 알아보려면, 앞의 주70을 보라. "예루살렘 구속(λύτρωσις=גאלה)"이라는 문구와 함께, 바르 코크바 봉기를 다룬 문서들이 사용하는 문구인 "이스라엘 구속(גאלה)", 그리고 두 봉기 때 발행한 주화에 사용한 "시온 구속(גאלה)"과 "이스라엘 구속(גאלה)"이라는 문구를 참고하라. Fitzmyer, *Luke I-IX*, 432; D. Flusser, "Jerusalem in the Literature of the Second Temple Period," *Imm* 6 (1976), 44; Schürer, *History*, 1:605-606; Wilcox, "Luke 2,36-38," 1575을 보라.

[84] 누가는 시므온이 하나님을 찬미한 내용은 표현하면서(2:28-32) 안나가 하나님을 찬미한 내용은 표현하지 않는다(2:38). 이런 사실은 어쩌면 누가복음이 뒷부분에서 이스라엘 모든 지파가 다시 모이리라는 소망을 언급하며 암시하고(눅 22:30; 행 26:7) 북이스라엘 지파 출신의 순례자가 오순절에 예루살렘에 있긴 했지만(행 2:9), 이 주제가 누가의 작품 나머지 부분에서는 시므온의 노래가 표현한 주제만큼 두드러지게 나타나지 않는다는 사실과 관련이 있을지도 모른다.

에서 탐구한 토비트서의 종말론적 영성과 그 이름들의 관계가 이렇게 문자 차원에서 기능했는지, 아니면 본문 뒤에 자리한 역사 사실에 속하는지는 여전히 규명해야 할 물음으로 남아 있다. 그것들을 누가의 어떤 문학적 인물 묘사에 문학적 깊이를 제공하는 일종의 상호본문성으로 이해해야 하는가, 아니면 누가가 보고하는 전승의 깊은 역사성을 밝히 보여 주는 역사 배경으로 이해하는 것이 더 나은가? 메대 사람 나훔의 경우와 유사하다는 점은 후자가 타당하다는 것을 시사한다. 안나는 과부로 살아간 긴 세월을 신앙에 헌신하여 늘 성전 뜰에서 볼 수 있던 선지자였다. 그렇기에 안나는 예루살렘에서 유명한 인물이었을 것이며, 수십 년이 지나 예루살렘 교회 시기에도 사람들이 충분히 기억할 수 있던 인물이었을 것이다. 예루살렘 교회에 합류한 사람 가운데에는 젊은 날 안나의 예언에 깊은 인상을 받고 예루살렘 구속을 바라는 열렬한 소망을 안나와 공유한 이들도 있었을지 모른다. 따라서 직간접 경로를 통해 예루살렘 교회에서 누가에게 다다른 전승에 안나가 등장했다는 생각도 이상할 것이 전혀 없다.

안나가 역사 속 실존 인물이며 중요한 영향을 끼친 사람이었을 수 있다는 이런 견해를 고려할 때, 성경이 제시하는 그의 나이를 고찰해 봐야 한다. 누가복음 2장 37절은 분명 안나의 나이가 84세였다는 뜻이 아니라 그가 혼인하여 7년 동안 남편과 함께 살다가 과부가 된 지 84년이 되었다는 의미인 것 같다.[85] 그렇게 볼 경우, 누가가 따르는 전승은 안나의 생애를 7년 주기로 도식화했을 가능성이 있다. 혼인 전에 산 햇수를 두 주로, 혼인하고 남편과 함께 산 햇수를 한 주로, 과부로 산 햇수를 열두 주로 하는 도식으로 짰을 가능성이 있다. 이렇게 보면, 안나는 누가복음 2장에서 말하는 사건이 일어날 당시 105세였을 것이다. 이는 유딧이 과부가 되

---

85 I. H. Marshall, *The Gospel of Luke* (NIGTC; Grand Rapids: Eerdmans; Exeter: Paternoster, 1978)(『누가복음』, 총2권, 알맹e 역간), 123; J. K. Elliott, "Anna's Age (Luke 2:36-37)," *NovT* 30 (1988), 100-102.

고 나서 일부러 재혼하지 않고 그대로 산(유딧 16:22) 뒤 세상을 떠난 나이다(유딧 16:23). 유딧은 분명 허구 인물이기 때문에, I. 하워드 마샬(Howard Marshall)이 추론하듯이, 이런 유사성이 곧 "안나가 아주 나이가 많았을 가능성도 없지 않다"[86]는 것을 의미하지는 않는다. 마샬의 말 자체는 옳다. 적어도 이집트(애굽)에서 나온 한 유대인의 비문은 그 무덤의 주인이 102세까지 살았다고 주장한다.[87] 그런가 하면, 로마에서 나온 또 다른 비문은 무덤의 주인이 110세까지 살았다고 기록해 놓았다(*JIWE* 2:576). 그러나 15주라는 틀은 안나의 생애를 일정한 틀에 따라 억지로 지어낸 것이며, 그 생애의 길이도 일부러 유딧의 그것에 맞추었다는 것을 시사한다. 실제로 안나와 유딧의 평행 관계는 누가복음 본문에서는 분명하게 드러나지 않고, 누가가 사용한 전승에서 드러날 뿐이다. 그러나 이런 인위성이 안나 자신의 역사성을 의심하게 하지는 않는다. 여기서 다만 우리가 예상할 수 있는 것은 전승이 존경받던 인물, 아주 오래 살았기에 사람들이 기억하던 한 인물에게 무언가를 상징하는 데 적절한 나이를 부여했으리라는 것뿐이다. 이와 비교해 볼 수 있는 좋은 사례가 글로바의 아들이자 예루살렘 교회의 두 번째 지도자인 시므온이다. 헤게시푸스(Hegesippus)는 2세기 팔레스타인 유대 기독교 전승을 보고하면서, 시므온이 트라야누스 황제 때 120세의 나이로 순교했다고 말한다(*apud* Eusebius, *Hist. Eccl.* 3.32.3, 6). 시므온의 역사성은 의심할 여지가 없지만, 전승이 120세라는 나이를 그에게 부여한 것은 그를 모세와 나란히 두고 싶었기 때문이다. 이는 마치 랍비 전승이 힐렐, 요하난 벤 자카이, 아키바에게 모세와 같은 나이를 부여한 것과 마찬가지다(Sifre Deut. 357).[88]

---

[86] Marshall, *Luke*(「누가복음」), 124.

[87] W. Horbury and D. Noy, *Jewish Inscriptions of Graeco-Roman Egypt* (Cambridge: Cambridge University Press, 1992), 114 (주47).

[88] R. Bauckham, *Jude and the Relatives of Jesus in the Early Church* (Edinburgh: T. & T. Clark,

마지막으로, 유딧은 역사 속 실존 인물이 아닌데도 유딧서에서 분명하게 유딧이 재혼을 거부한 것을 칭찬할 만한 일이자 그의 큰 경건과 관련된 것으로 여긴다는 것(8:8; 16:22)은 존경의 증거다. 과부로 살면서 신앙에 헌신한 점에서 존경받았을 수 있으며, 이 점은 안나의 경우도 밝히 설명해 준다. 그러나 동시에 우리는 안나가 과부로 지낸 경우에는 유딧의 경우에 포함되지 않은 요인이 하나 있음을 주목해야 한다. 성관계를 갖고 자녀를 낳는 일은 부정(不淨)의 원인이었다. 따라서 안나는 과부로 지낸 덕분에 성전에 자주 갈 수 있었을 것이다. 더욱이, 폐경을 맞은 뒤에는 언제나 정결한 상태를 유지할 수 있었기에, 누가가 묘사한 대로 언제나 성전에 나갈 수 있었을 것이다. 누가는 안나를 "독신 여성이 다른 의무에 방해받지 않고 오로지 한마음으로 하나님을 위해 살아갈 가능성"을 구현한 본보기로 일반화하여 제시한 것이 아니다.[89] 누가의 내러티브에서 제시하는 유대와 성전이라는 배경에 비춰 볼 때, 안나는 그 정도를 넘어 역사 면에서 훨씬 특별한 유대인이다. 그가 독신으로 산 것은 성전 출석 가능 여부를 좌우한 정결법과 관련되어 있다. 안나는 "내 평생 동안 날마다 야훼의 집에서 살기"를 원한 시편 시인의 바람(시 27:4)을 들어주었으며, 그 덕에 주가 그의 성전에 오시길 기다릴 수 있었다(말 3:1).

추가 주 A. 에스라4서 13장에서 포로로 잡혀갔다고 일러 주는 북쪽 지파들

나는 제2성전기 때 포로로 잡혀갔던 북쪽 지파 사람들을 '잃어버린 이들'로 생각하지 않았음을 강조했다. 북쪽 지파 사람들을 언급하는 그 시대 저술

1990), 91-92.

89 Seim, *Double Message*, 244.

가들은 그들이 사람들이 식별할 수 있는 구체적 장소에 산다고, 특히 메디아에 산다고 말한다. 메디아는 그 시대에 현존하던 문헌 저자 대부분이 사는 곳에서 멀리 떨어져 있었지만, 그렇다고 그곳과 관련하여 신화 같은 이야기는 전혀 없었다. 북쪽 열 지파를 다룬 요세푸스의 글에만 전설 같은 요소가 영향을 끼치고 있다. 그 기사에서 그는 그들이 헤아릴 수 없을 정도로 아주 많아졌다고 말한다(*Ant.* 11.133). 내가 앞서 언급했듯이, 이는 분명 하나님이 족장들에게 그 자손의 수가 헤아릴 수 없이 많아지게 해주겠다고 약속한 것에 영향을 받았을 것이다(창 13:16; 15:5; 32:12[마소라 본문은 13절]; 호 1:10).[90] 그러나 요세푸스는 여전히 이 지파들이 메디아에 있다고 말한다. 당시 팔레스타인에서 나온 묵시록으로 주후 1세기 끝 무렵에 기록된 바룩 2서는 그냥 그들이 유프라테스강 건너에 산다고 말하지만(77:22; 78:1), 같은 시대에 나온 또 다른 묵시록으로 바룩2서와 많은 전승을 공유하는 에스라 4서는 바룩2서와 달리 완전히 전설 같은 관념을 들려주며, 이 관념은 나중에 '잃어버린' 열 지파에 관한 유대교와 기독교의 전설로 피어나게 된다.[91]

에스라4서 13장 1-13절 상반절에서 제시하고 13장 21-55절이 에스라에게 해석해 주는 에스라의 환상을 보면, 메시아가 자신을 공격하려고 시온산으로 모여든 허다한 이방 민족을 격파한다. 이 환상은 분명 이스라엘이 메시아의 지도 아래 자신을 압제하는 이방인 억압자들과 전쟁을 벌여 그들을 격파하길 기대하는 일종의 묵시주의식 무력주의(武力主義)(apocalyptic militarism)에 맞서는 것을 목표로 한다. 에스라의 메시아는 한 손으로 행동하며, 그를 공격하는 자들을 어떤 무기도 쓰지 않고 능력 있는 심판의 말로

---

[90] 포로로 잡혀간 북쪽 지파 사람들의 수가 엄청나게 늘었다는 것은 모세의 유언 4장 9절에서도 말하려는 의미일 수 있으나, 현존하는 라틴어 본문은 절망스러울 정도로 본문이 훼손되어 이 구절의 본래 의미를 확실히 알 수가 없다.

[91] 중세 유대교 전설에 관하여 알아보려면, A. Neubauer, "Where Are the Ten Tribes?" *JQR* 1 (1889), 14-28, 95-114, 185-201, 408-423을 보라.

격파한다(9-11, 37, 38절). 메시아는 그를 대적하는 이방인을 격파한 뒤, "평화를 사랑하는 또 다른 많은 이"를 불러 모은다(12, 39절). 이들은 포로 생활에서 돌아온 아홉 지파와 반(半) 지파였다.[92] 그들이 이방인이 격파당한 뒤에 비로소 시온으로 다시 모인다는 것, 그리고 그들이 평화를 사랑한다는 점을 숱한 이방인이 전쟁을 좋아하는 점과 대비하여 강조한다는 것은 (13:12, 39, 47) 아마도 묵시주의식 무력주의를 논박하는 또 다른 요소일 것이다. 이는 북쪽 지파 사람들이 돌아와 메시아의 전쟁에 참여하리라는 기대와 다른 말이다.

쿰란에서 나온 전쟁 규칙은 이런 기대를 전제한다. 이 전쟁 규칙에서는 메시아의 군대가 열두 지파 전체로 구성되어 있다(1QM 2:2, 3, 7; 3:13, 14; 4:16; 5:1, 2; 6:10).[93] 시빌의 신탁(Sibylline Oracles) 2장 170-176절도 분명히 그것을 암시하는 것 같다. 이를 보면, 열 지파가 돌아와 이방인의 이스라엘 지배를 뒤집어엎는 것 같다. 그러나 더 이상 현존하지 않지만 라틴어로 작품을 썼던 그리스도인 시인 코모디아누스(Commodian, 250년경에 왕성히 활동_ 옮긴이)가 사용한 유대교 자료는 그것을 틀림없이 길게 설명했을 것이다(*Instr.* 1.42; *Carmen apol.* 941-986).[94] 코모디아누스의 설명은 에스라4

---

[92] 13장 40절에 등장하는 지파 수는 텍스트에 따라 달라서, 열 지파 혹은 아홉 지파와 반 지파 혹은 아홉 지파로 나뉜다. M. E. Stone, *Fourth Ezra* (Hermeneia; Minneapolis: Fortress, 1990), 404은 (바룩2서 77장 17절, 78장 1절에서와 마찬가지로) 더 드문 '아홉 지파와 반 지파'가 분명 원문일 것이라고 바르게 주장한다.

[93] 1QM 1:2, 3은 그 전쟁의 (이스라엘 땅이 해방된) 첫 여섯 해에는 세 지파, 곧 레위 지파, 유다 지파, 베냐민 지파가 싸울 것이며, 그 뒤에는 나머지 지파도 합세하여 40년 동안 이어질 전쟁의 나머지 기간에 싸우게 되리라고 일러 주는 것 같다.

[94] M. R. James, *Apocrypha Anecdota* (TextsS 2/3; Cambridge: Cambridge University Press, 1893), 90-94; idem, *The Lost Apocrypha of the Old Testament* (London: SPCK, 1920), 103-106; F. Schmidt, "Une source esséniene chez Commodian," in M. Philonenko, et al., *Pseudépigraphes de l'Ancien Testament et Manuscrits de la Mer Morte 1* (CahRHPR 41; Paris: Presses Universitaires de France, 1967), 11-26; J. Daniélou, *A History of Early Christian Doctrine before the Council of Nicaea*, vol. 3, *The Origins of Latin Christianity*, tr. D. Smith and J. A. Baker (Philadelphia: Westminster; London: Darton, Longman & Todd, 1977), 116-119 (그는 이상하게도 코모디아누스가 바벨론에 있던 두 지파와 반 지파를 언급하고 있는 것으로 오해한다); J. H. Charlesworth, *The*

서와 충분한 연결 고리를 갖고 있어서, 에스라4서도 코모디아누스가 기록하고 반박하는 것과 같은 전승을 알았을 가능성이 높다.[95] 코모디아누스의 글을 보면, 포로로 끌려갔던 북쪽 지파들이 하나님의 인도를 받아 팔레스타인으로 돌아와 모든 것을 정복하고 누구도 저항할 수 없는 군대를 이룬다. 하나님이 그들과 함께 계셔서 예루살렘에 오사 적그리스도에게서 예루살렘을 구해 내시기 때문이다.

코모디아누스는 그 지파들이 종말에 귀환할 때까지 포로 시절을 보낸 장소를 언급하면서, 그곳이 "페르시아의 강 너머에 있으며 닫혀 있다"("trans Persida flumine clausi," *Carmen apol.* 943)고 말한다. 그가 말하는 페르시아의 강은 포로들이 그들을 기다리는 곳으로 갈 수 있게 하나님이 말려 건너가게 해주신 강이자, 그들이 돌아올 때는 다시 그들이 건널 수 있게 말려 주시는 강이다. 이는 분명 역사 속에 존재한 북이스라엘 출신 디아스포라가 실제로 살았던 곳의 실제 지리가 아니라, 알려진 세계 너머에 있는 신화 같은 장소다. 에스라4서는 같은 전승을 단지 조금 다른 형태로 이야기한다. 에스라4서는 아시리아왕 살만에셀이 이스라엘 지파 사람들을 "다른 땅"으로 이주시켰지만, 그들이 뒤이어 "그 많은 민족을 떠나 더 먼 지역으로 가기로" 결정했으며, "그곳은 사람들이 한 번도 산 적이 없는 곳"이었다고 말한다(13:42). 여기서 하나님이 그들이 건너갈 수 있게 말리신 강은 유프라테스(또는 어쩌면 그 북쪽에 있는 지류들)이지만(13:41, 42), 그러나 그뒤 그들은 한 해 반 동안 아자렛(Arzareth)이라 불리는 땅을 지나간다(13:45). 사람들은 종종 이 땅 이름이 *m. Sanh.* 10:3이 열 지파에게 적용하는 본문인 신

Pseudepigrapha and Modern Research with a Supplement (SBLSCS 7S; Chico, Calif.: Scholars Press, 1981), 147-149, 295을 보라. 에티오피아판 마태행전(*Acts of Matthew*)도 같은 자료를 사용한 것으로 보인다. E. A. W. Budge, *The Contendings of the Apostles* (London: Oxford University Press, 1935), 94-95을 보라.

95 에스라4서 13장 43-47절과 Commodian, *Instr.* 1.42-43; *Carmen apol.* 940-944, 959-960을 참고하라.

명기 29장 28절의 אחרת ארץ("또 다른 땅")에서 나왔다고 설명한다.

이처럼 북쪽 지파 출신 포로들이 아주 멀고 사람이 다가갈 수도 없으며 알려져 있지도 않은 곳으로 이주했다는 전설이, 다른 유대인 저술가들은 북쪽 지파 출신 포로들의 자손이 메디아에 살았음을 아주 잘 알던 때와 같은 때에 발전했다는 것이 놀랍다. 두 요인이 이를 설명하는 데 도움을 줄 것 같다. 첫째, 이미 언급했듯이 디아스포라 공동체 가운데 메디아는 팔레스타인에서 특히 멀리 떨어져 있었고 서쪽 디아스포라 대부분에서는 훨씬 멀리 떨어져 있었다. 주후 70년에 예루살렘 성전이 파괴된 뒤에는 메디아에서 예루살렘으로 순례 여행을 온 순례자들을 통해 일어났을 법한 사람과 사람의 직접 접촉이 분명 훨씬 줄었을 것이다. 메디아 디아스포라를 잊지는 않았지만, 이제 그 디아스포라가 북쪽 지파 출신 포로들의 자손들로 구성되었다는 점을 망각하기는 더 쉬워졌을 수 있다. (하지만 우리는 에스라4서에 있는 전승이 분명 에스라4서보다 앞선 시대 것이며, 따라서 그 전승이 주후 70년이 지나서야 발전했다는 것을 확실히 알 수 없다는 점을 유념해야 한다.) 둘째, 요세푸스가 증언하는 믿음, 곧 족장들이 받은 약속, 다시 말해 그 자손들이 헤아릴 수 없이 많으리라는 약속은 특히 포로로 끌려간 북쪽 지파들에게 적용된다는 믿음이(그 포로들은 자신들이 고향으로 돌아가 무적의 군대를 이루어 이방인 압제자들을 격파하리라는 소망과 이런 믿음을 당연히 연계했을지도 모른다) 이처럼 엄청나게 많은 이스라엘 백성이라면 메디아 디아스포라에서도 결코 작은 공동체일 수가 없을 것이라는 또 다른 결론으로 이어졌을 수도 있다. 실제와 전설의 충돌이 또 다른 전설로 이어진 셈이다.[96]

---

96 열 지파와 그들의 귀환이 에스라4서에서 행하는 중요한 신학적 기능에 관하여 알아보려면, R. Bauckham, "Apocalypses," in D. A. Carson, ed., *Justification and Variegated Nomism: A Fresh Appraisal of Paul and Second Temple Judaism*, vol. 1 (Tübingen: Mohr [Siebeck], 2001), 161-169을 보라. 에스라4서에서 귀환하는 이 열 지파는 하나님이 아브라함에게 언약으로 주신 약속, 곧 아브라함이 많은 이의 조상이 되리라는 약속(창 17:4)과 (에스라가 보기에) 의로운 남은 자가 소수일 뿐이라는 점 사이에 존재하는 모순을 해결하는 역할을 한다.

추가 주 B. 토비트서가 기록된 곳

많은 학자가 동의하는 것처럼 나는 토비트서가 디아스포라의 상황을 반영할 뿐 아니라, 더 특정하여 말하면 몇몇 학자가 동의하는 것처럼[97] 동쪽 디아스포라의 정황을 반영하지만, 정확히 말하면 북쪽 지파 출신 포로들의 상황을 이야기한다고 주장했다. 이 견해에 비춰 볼 때, 토비트서는 메디아 디아스포라를 염두에 두고 메디아 자체에서 기록되었거나 동쪽 디아스포라의 다른 곳에서 기록되었을 것이며, 다른 곳에서 기록되었다면 바벨론이 기록 장소일 가능성이 가장 높다. 그러나 다른 곳에서 기록되었다 해도 토비트서가 염두에 둔 청중은 메디아 디아스포라였을 것이다.

이와 관련하여 사람들은 토비트 1장에서 잘못 제시한 역사 관련 내용들을 종종 인용하는데, 이런 오류들은 토비트서가 시간상 아시리아 제국이 끝날 무렵에 기록되었다는 견해를 배제할 뿐이다. 고대 세계에서는 심지어 사건이 일어난 지 한 세기 밖에 지나지 않았고 사건 발생지와 가까운 지역에서도 그런 오류들이 얼마든지 일어날 수 있었다. 토비트 1장에 존재하는 그런 역사 관련 오류들은 토비트서가 페르시아 시대에 메디아나 바벨론에서 저작되었음을 반박할 논거가 될 수 없다. 그보다 진지하게 고려할 것은 통설이 주장하는 토비트서의 지리 관련 오류이며, 그 오류에는 두 가지가 있다.[98]

---

[97] C. A. Moore, *Tobit* (AB 40A; New York: Doubleday, 1996), 42-43에 열거되어 있다. Deselaers, *Tobit*, 322은 동쪽 디아스포라가 토비트서의 저작 장소라는 주장들을 집약하여 제시하고(그러나 그는 이런 주장들을 받아들이지 않는다), 주24에서는 이런 견해를 받아들인 이들을 열거한다. 그가 열거하는 이들에 추가할 이가 Nickelsburg, "Stories," 45 주62다. Deselaers, *Tobit*, 323은 동쪽 디아스포라가 토비트서 저작지라는 가설에 맞서, 이 토비트서가 동쪽 디아스포라의 특징으로 포로가 된 처지에서 돌아갈 소망이 없음을 든다는 주목할 만한 주장을 제시한다. 이런 주장은 토비트서가 몇 단계에 걸쳐 확장되었다는 그의 이론이 '기본 서사'(*Grunderzählung*)에서 그런 소망을 제거하기 때문에 비로소 가능하다.

[98] C. C. Torrey, *The Apocryphal Literature* (1945; repr. Hamden, Conn.: Archon, 1963), 86; D. C. Simpson, "The Book of Tobit," in R. H. Charles, ed., *The Apocrypha and Pseudepigrapha of the Old Testament* (2 vols.; Oxford: Clarendon, 1913), 1:185; Zimmermann, *Tobit*, 16; C. A. Moore,

첫 번째 오류는 니네베의 위치와 관련이 있다. 6장 2절을 보면, 토비아와 라파엘이 니네베에 있는 토빗의 집을 출발하여 엑바타나로 가는데, 첫날 밤을 티그리스 강가에서 천막을 치고 묵는다. 티그리스강 동쪽에 있던 니네베에서 엑바타나로 가는 길은 동쪽으로 이어졌다. 따라서 이 길은 티그리스강을 만나거나 건너지 않았을 것이다. 그러나 저자가 티그리스강 서쪽에 니네베가 있다고 생각했는지는 분명치 않음을 주의해야 한다. 저자가 토비아와 라파엘이 그 강을 건너야 했다고 말하지는 않기 때문이다.[99] 그는 다만 그들의 여로가 티그리스강 옆으로 조금 멀리 돌아간다고 생각했을지도 모른다.[100] 그러나 그가 니네베와 티그리스강의 관계가 모호하다고 생각했다는 점은 주전 612년에 니네베가 멸망한 뒤 3세기가 지나 그가 메디아나 바벨론에 살았다는 점과 모순되지는 않는다.[101] 그의 시대에는 니네베가 존재하지 않았다. 크세노폰(Xenophon)은 주전 401년에 이 지역을 지나갔다. 이때 그는 황폐하고 사람이 살지 않는 도시를 보았으며, 이곳이 메디아의 한 도시 메스필라(Mespila)였다는 말을 들었다(*Anabasis* 3.4.10-12).[102] 그가 본 것은 분명 니네베의 폐허였지만, 그를 안내한 이들은 그곳이 아시리아 제국의 유명한 수도였음을 몰랐을 수도 있다(크세노폰은 이에 관하여 분명 들었을 것이다). 고대 니네베의 남쪽 부분(네비 유니스[Nebi Yunis])은 나중에 사람들이 다시 정착하고 헬레니즘 스타일의 도시로 재건

"Tobit, Book of," *ABD* 6:587-588.

99 아울러 Torrey, *Apocryphal Literature*, 86이 주장하듯이, 11장 1절이 그들이 돌아오는 길에 티그리스강을 건너야 했음을 암시하는지도 분명치 않다.

100 그럴 가능성은 거의 없지만, 그가 니네베 교외가 티그리스강 건너 서쪽까지 뻗어 있다고 생각했을 수도 있으며, 실제로 십중팔구는 그렇게 생각했을 것이다 (참고. D. Oates, *Studies in the Ancient History of Northern Iraq* [London: British Academy, 1968], 77). 그리고 그는 요나 3장 3절의 영향을 받아 이 서쪽 교외에 있는 토빗의 집에서 티그리스강까지 하룻길이라고 추정했다.

101 Moore, *Tobit*, 40-42: 토빗서 저작 시기로 가장 이르게 잡을 수 있는 때가 주전 300년경이다.

102 Oates, *Studies*, 60은 크세노폰이 메디아의 한 도시(니네베)의 폐허와 그 근처 고을인 메스필라를 함께 보았으리라고 추정하지만, 이런 추정은 이 본문을 분명 오해한 것이다.

되지만, 주전 2세기가 되기 전에는 분명 그러지 않았을 것이다.[103]

두 번째 오류이자 더 심각한 오류는 메디아의 가장 중요한 두 도시의 위치와 관련이 있다. 엑바타나와 라가에(Rhagae, 라게스[Rages] 또는 라가[Raghal])가 그곳이다.[104] 토비트 5장 6절 하반절에 따르면, "엑바타나에서 라가에까지는 이틀을 꼬박 가야 하는 거리이니, 이는 라가에는 산속에 (ἐν τῷ ὄρει) 있는 반면, 엑바타나는 평야 한가운데 있기 때문이다."[105] 라가에(오늘날의 라이[Rai]로, 테헤란에서 동남쪽으로 8킬로미터쯤 떨어져 있다)는 평야에 있지만, 조그만 산맥이 에워싸고 있으며, 큰 산맥인 엘부르즈가 가까이 있다. 엑바타나는 이 평야에서 멀리 떨어진 자그로스 산맥에 있다. 더욱이, 이들은 가장 빠른 길로 직행한다 해도 약 300킬로미터나 떨어져 있다. 따라서 모든 말이 오류투성이다. 메디아에 살았던 사람이라면 이런 실수를 할 리가 없다. 하지만 이 부분이 본래 토비트서 본문에 들어 있던 부분인지는 물어볼 수 있다.[106] 이 부분은 아주 다행히도 글의 문맥과 들어맞지 않는다. 라파엘은 엑바타나에서 라가에까지 얼마나 먼지 설명하지만, 니네베에서 엑바타나까지 얼마나 먼지는 설명하지 않았다. 그러나 토비아는 라파엘에게 그가 메디아로 가는 길이나 그곳에 가는 방법을 모른다고 말했다(5:2). 두 도시 사이의 거리가 이 대화와 어느 정도 관련이 있다 할지

---

103   Oppenheimer, *Babylonia*, 312-313.

104   고대 자료에 나와 있는 라가에 관련 정보를 알아보려면, A. V. W. Jackson, "A Historical Sketch of Ragha, the Supposed Home of Zoroaster's Mother," in J. J. Modi, ed., *Spiegel Memorial Volume: Papers on Iranian Subjects* (F. Spiegel FS; Bombay: British India Press, 1908), 237-245을 보라.

105   R. Hanhart, *Tobit* (Göttingen Septuagint 8/5; Göttingen: Vandenhoeck & Ruprecht, 1983), 99-100에 있는 교정판(Recension) II의 그리스어 본문을 내가 번역한 것이다(이 교정판은 시나이 사본과 옛 라틴어 사본이 제시한 것이다). 옛 라틴어 사본은 이 본문에서 소소한 변이를 많이 보여 준다. 그러나 내가 번역한 본문은 근거가 탄탄하다.

106   Zimmermann, *Tobit*, 73은 이것이 일관성이 없는 건 아닌지 의심하면서도(그러나 옛 라틴어 사본 본문에는 이것이 없다는 그의 말은 틀렸다), 16쪽에서는 이를 토비트서 저자가 메디아의 지리를 몰랐음을 보여 주는 증거로 다룬다.

라도, 이 두 도시가 각각 산맥과 평야에 자리하고 있다는 말을 왜 덧붙여야 하는지는 분명하지 않다. 여기 있는 말은 모두 후대에 덜 알려진 도시 라가에와 더 알려진 도시 엑바타나의 관계를 설명해야 한다고 생각한 필사자든 그리스어 번역자든 다른 누군가가 덧붙여 놓은 설명일 수 있다.[107]

토비트서 저자가 메디아 지리를 알았는지 검증해 볼 수 있는 더 좋은 기준은 8장 20절-10장 8절에서 들려주는 것처럼 이 이야기가 라파엘이 엑바타나에서 라가에까지 갔다가 되돌아오는 데 충분한 시간을 제시하는가이다. 이 내러티브는 혼인 잔치가 열린 기간인 14일 안에(8:20; 10:7) 라파엘이 엑바타나에 있는 라구엘의 집에서 라가에 있는 가바엘의 집으로 간 뒤, 라파엘과 가바엘이 혼인 잔치가 끝나기 전에 엑바타나로 돌아왔다고(9:6) 추측한다. 라파엘은 하인 네 사람과 낙타 두 마리와 함께 여행했는데, 낙타는 돌아올 때 돈 가방을 싣고 오려는 목적 때문에 데려갔다. 이는 비록 라파엘이 사람으로 변장한 천사이고 이곳에서 저곳으로 아주 빨리 옮겨 갈 수 있음에도(8:3), 여기에서는 그가 여느 사람보다 빨리 길을 갔으리라고 생각해서는 안 된다는 것을 의미한다. 그래도 우리는 가는 여행과 돌아오는 여행이 가능한 한 아주 빨리 이루어졌으리라고 짐작할 수 있다. 이는 토비아가 라파엘에게 바로 이런 사명을 지워 보냈기 때문에 라파엘은 엑바타나에 꼭 필요한 기간보다 길게 머무를 필요가 없었던 반면(9:4), 가바엘은 적어도 혼인 잔치가 끝날 무렵에라도 도착하여 혼인 잔치에 참석하기를 간절히 바랐을 것이기 때문이다. 그들이 안식일에는 여행할 수 없었음을 고려할 때, 가는 길이나 돌아오는 길에 각각 쓸 수 있는 날은 아무리 길어도 엿새다.

프랭크 짐머만(Frank Zimmermann)은 알렉산드로스 대왕이 다리우스를

---

107 이 말이 축약본 그리스어 교정판(I) 사본에는 등장하지 않음은 별 의미가 없다. 안타깝게도 쿰란에서 나온 토비트서 단편들은 이 구절은 물론 이 구절의 문맥도 제시하지 않는다.

추격한 것을 다룬 아리아노스(Arrian)의 기사(3.20)를 인용한다. 이 기사를 보면, 알렉산드로스와 그의 군대가 엑바타나에서 라가에까지 행진하는 데 열흘(이나 열하루)이 걸렸다.[108] 그러나 이 지역에서 알렉산드로스가 거쳐 간 원정로에 관한 여러 논의가 분명하게 일러 주듯이, 이것은 분명 이 거리를 최대한 빨리 갈 수 있는 시간이었다는 점에서 좋은 증거는 아니다. A. B. 보스워스(Bosworth)*는 알렉산드로스가 엑바타나를 거쳐 라가에까지 갔다는 아리아노스의 말은 틀렸다고 주장하면서, 다리우스가 엑바타나를 떠났다는 말을 들은 알렉산드로스가 메디아로 입성하려다 행진을 계속하여 다리우스를 추격했다는 쿠르티우스(Curtius)의 보고를 선호한다.[109] 그러나 아리아노스의 설명을 받아들이는 이들은 알렉산드로스의 군대가 엑바타나에서 라가에로 곧장 갔는데 이처럼 오랜 시간이 걸렸을 리가 없음을 오랫동안 지적해 왔다. J. 마르크반트(Marquant)는 1907년에 아랍 여행기들에서 제시한 거리가 고작해야 9일에 지나지 않음을 지적하면서, 알렉산드로스는 틀림없이 우회하여 갔을 것이라고 결론지었다.[110] A. F. 폰 쉬탈(von Stahl)은 우회하지 않고 곧장 가면 8일이 걸린다고 계산하면서, 알렉산드로스가 남쪽으로 우회했다고 주장했다.[111] 반면, G. 라데(Radet)는 북쪽으로 우회했다고 주장했으며,[112] J. 자이베르트(Seibert)는 알렉산드로

---

108 Zimmermann, *Tobit*, 16.

• 알버트 보스워스(Albert Brian Bosworth, 1942-2014). 영국에서 태어나 호주에서 활동했던 역사학자다. 고전 시대 역사를 깊이 연구했다.

109 A. B. Bosworth, "Errors in Arrian," *CQ* 26 (1976), 132-136. 이 쟁점에 관한 최신 논의를 담고 있는 J. Seibert, *Die Eroberung des Perserreiches durch Alexander d. Gr. auf kartographischer Grundlage* (Beihefte zur Tübinger Atlas des vorderen Orients B68; Wiesbaden: Reichert, 1985), 111-112 주46은 보스워스의 견해에 주목하면서도, 이 견해에 여러 난점이 있음을 발견했다.

110 J. Marquant, "Alexanders Marsch von Persepolis nach Herāt," *Philologus: Supplementband* 10 (1907), 21.

111 A. F. von Stahl, "Notes on the March of Alexander the Great from Ecbatana to Hyrcania," *Geographical Journal* 64 (1924), 317-318.

112 G. Radet, "La dernière campagne d'Alexandre contre Darius (juin-juillet 330 avant J.-C.)," in

스가 전투를 치르느라 늦었을 수도 있다고 주장했다.[113]

분명 알렉산드로스의 행군은 라파엘과 가바엘이 같은 길을 가는 데 걸렸을 시간을 계산할 수 있는 확고한 근거를 제공하지 않는다. 오히려 360마일(180×2, 약 580킬로미터)이라는 거리를 오고가려면 하루 평균 30마일(약 48킬로미터)로 잡을 때 12일(이 내러티브에서 알아낼 수 있는 가장 긴 시간)이 걸렸으리라는 사실에서 출발하는 것이 더 낫다. 고대 세계에서 도보 여행자가 하루에 갈 수 있는 거리를 신뢰할 수 있을 만큼 어림해 내기는 어렵다. 윌리엄 램지(William Ramsey)는 로마 세계를 논할 때 당시 여행자가 하루에 26-27로마 마일[114]을 갔다는 프리트랜더(Friedländer)의 추산을 인용하면서도, 현대인이 가능하다고 여기는 여러 실제적 근거에 비추어 볼 때, 그리고 당시 많은 사람이 여행을 한 지중해의 여름에는 분명 정오가 되기 전인 아침나절 다섯 시간 정도만 길을 가고, 서두르며 길을 재촉하지는 않았으리라는 사실을 고려할 때, 이 추산치가 지나치게 높다고 생각한다. 그러나 그는 갈 길이 바빠 서두르는 사람이라면 저녁에도 그 시간 정도 길을 갔으리라는 데 동의한다.[115] 이런 계산에 따르면 하루에 30마일(약 48킬로미터)을 가는 것은 아주 힘겨워 보이지만, 라파엘과 가바엘처럼 갈 길이 바빠 서두르던 이들에게는 불가능한 속도도 아닌 것 같다. 돌아올 때는 그러지 않았을지라도 밖으로 나가는 여행에는 낙타가 도움을 주었을 수도 있다.

토비트서 저자가 엑바타나에서 라가에로 가는 길을 정확히 알았다 해도, 그는 그 여정에 충분한 시간을 부여하지 않았다. 어쩌면 그가 바로 이런 여행을 했을 수도 있으며, 그럴 경우에는 그가 메디아에서 살았을 수도

Mélanges Gustave Glotz, vol. 2 (Paris: Presses Universitaires de France, 1932), 767-771.

113   Seibert, *Eroberung*, 112.

114   1로마 마일은 1,618야드(약 1,479미터)에 해당한다.

115   W. M. Ramsey, "Roads and Travel (in NT)," in J. Hastings, ed., *A Dictionary of the Bible: Extra Volume* (New York: Scribner's; Edinburgh: T. & T. Clark, 1904), 388.

있다. 그러나 만일 그가 엑바타나에서 라가에 이르는 거리를 실제보다 조금 짧다고 생각한 것이 틀림없다고 추정하는 것이 바람직해 보인다면, 그의 실수는 큰 실수가 아니다. 그럴 경우, 그는 메디아에 살지 않고 바벨론에 살았을 수도 있다.

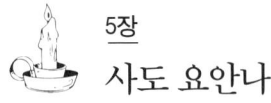
5장
사도 요안나

나는 어떤 남자가 동전 한 닢만 한 것이라도
그리스도에게 드렸다는 글을 읽지 못했지만,
이 여자들은 그분을 따르면서
그들이 가진 것으로 그분을 섬겼습니다.¹

엘리자베트 몰트만-벤델(Elisabeth Moltmann-Wendel)* 은 이렇게 써 놓았다.

어느 누구도 요안나를 잘 알지 못한다. 신학자들은 그들의 서재에서 결코 요안나를 만나지 않으며, 성경 본문 속의 그를 무시했다. 어떤 저널리스트는 현대에 나온 한 예수 평전을 논하면서, 요안나라는 여자 제자를 가짜로 만들어 낸 것을 비웃었다. 요안나는 성경의 여자들을 다룬 책에 전혀 등장

---

1 John Bunyan, *The Pilgrim's Progress* (ed. R. Sharrock; Harmondsworth: Penguin, 1965)(『천로역정』), 316.

• 엘리자베트 몰트만-벤델(Elisabeth Moltmann-Wendel, 1926-2016). 독일의 페미니즘 신학자다. 유럽에서 여성 신학의 토대를 다지는 데 기여했다. 위르겐 몰트만과 부부다.

하지 않을 때가 잦으며, 등장한다 해도 순식간에 넘어가 버린다.²

그러나 우리는 이번만큼은 요안나를 휙 지나가지 않고, 시간을 할애하여 요안나에 관하여 알 수 있는 역사를 되도록 많이 밝혀 보고 요안나가 누가복음에서 행하는 역할을 충실히 알아보겠다. 우리는 이제까지 사람들이 인식한 것보다 알 수 있는 것이 많음을 알게 될 것이다. 아울러 누가복음이 요안나를 두 번만 언급하기 때문에 얼핏 보면 그가 그리 중요해 보이지 않을지도 모르나 그가 누가복음에서 차지하는 중요성이 보기보다 크다는 것도 알게 될 것이다. 물론 우리가 발견하게 될 것 가운데 가장 놀라운 점은 바울이 요안나를 알고 그를 탁월한 사도로 여겼다는 점일 것이다(§6을 보라). 확실하지는 않지만, 이는 성경 연구에서 고전의 위치를 차지하고 있는 많은 사실만큼이나 개연성이 높은 역사 추측이다. 그러나 이것은 이번 장의 두 섹션(§6과 §8)에 국한된 추측이기 때문에 다른 섹션에서 제시하는 논증의 전제로 삼을 수는 없다.

1. 예수와 그 제자들과 동행하다

요안나라는 이름은 신약 성경에서 단 두 본문, 곧 누가복음 8장 3절과 24장 10절에서만 등장하지만, 이 둘은 모두 중요한 본문이다. 첫 번째 본문(8:1-3)은 앞서 말한 내용을 요약하고 '앞으로 나올 내용을 해석해 주는 제목'(interpretive heading)을 제공하는 징검다리 역할을 하기 때문에 사람들은 이 본문을 보통 '요약'으로 다룬다.³ 이 본문은 어떤 특정 사건을 이야기하기보다 앞으로 이어질 내러티브를 앞두고 이 지점에서 볼 때 진실이던

---

2 E. Moltmann-Wendel, *The Women Around Jesus* (tr. J. Bowden; New York: Crossroad; London: SCM, 1982), 133.

3 J. B. Green, *The Gospel of Luke* (NICNT; Grand Rapids: Eerdmans, 1997), 317.

내용을 묘사한다는 점에서 누가복음의 갈릴리 사역 내러티브 안에 들어 있는 다른 종류의 페리코프(pericopae, 나름대로 일관성을 갖춘 어떤 단위 본문에 속한 구절들을 한데 묶어 일컫는 말인데, 여기에서는 따로 번역하지 않고 '페리코프'로 적는다_ 옮긴이)와 다르다. 그러나 우리는 '요약'(summary)이라는 말 때문에 이 본문의 중요성을 깎아내려서는 안 된다. 이 본문은 누가복음이 다른 곳에서 제공하지 않는 정보를 제공하는데, 특히 예수의 여자 제자들에 관한 정보를 제공한다. 마리아 아니카 코(Maria Anica Co)는 사도행전에 있는 요약 본문들을 언급하며 요약이란 것을 정의하는데, 그의 정의가 누가복음의 이 본문에도 어울리며 도움을 준다. "요약은 꽤 독립되어 있고 간결한 내러티브 진술로서 길게 이어지는 어떤 상황을 서술하거나 불특정한 시간 동안에 반복하여 일어나는 어떤 사건을 묘사하는 것이라 정의할 수 있다."[4] 따라서 누가가 여기서 소개하는 여자 제자들과 예수의 관계는 예수의 설교 사역을 다룬 누가의 내러티브 나머지 부분에서 내내 이어진 것으로 이해해야 한다. 수난 내러티브 전에는 여자들을 특별히 언급하지 않는데, 이는 누가가 그런 여자 제자들을 중요하지 않게 여겼음을 보여 주는 증거가 아니라, 그가 예수의 갈릴리 사역을 통틀어 묘사하면서 그 여자 제자들의 중요성을 부각시켰다는 사실을 일러 주는 증거이기에 당연한 것으로 받아들일 수 있다.

누가복음 8장 1-3절(NRSV)은 이렇게 말한다.

얼마 뒤에 그가 도시들과 마을들을 두루 다니며 하나님 나라의 좋은 소식을 선포하고 전했다. 열두 제자가 그와 함께했고, 악한 영들과 병에서 고침을 받은 몇몇 여자도 함께했으니, 일곱 귀신이 쫓겨나간 이로서 막달라

---

[4] M. A. Co, "The Major Summaries in Acts: Acts 2,42-47; 4,32-35; 5,12-16: Linguistic and Literary Relationship," *ETL* 68 (1992), 56-57; R. J. Karris, "Women and Discipleship in Luke," *CBQ* 56 (1994), 10에서 인용.

사람이라 하는 마리아, 헤롯의 청지기 구사의 아내 요안나, 수산나, 그리고 다른 많은 이가 그들이었으며, 이들은 자신들이 가진 소유(자원)로 그들에게 필요한 것을 제공했다.

이 번역도 나름 정확하긴 하지만, 그래도 이는 상당히 느슨한 그리스어 본문의 구문을 모호하게 만든다. 그리스어 본문을 문자 그대로 옮겨 보면 이렇다. "그는 도시들과 마을들을 두루 다니며 하나님 나라의 좋은 소식을 선포하고 전했고, 열두 제자가 그와 함께 있었으며, …… 어떤 여자들이"(αὐτὸς διώδευεν κατὰ πόλιν καὶ κώμην κηρύσσων καὶ εὐαγγελιζόμενος τὴν βασιλείαν τοῦ θεοῦ καὶ οἱ δώδεκα σὺν αὐτῷ, καὶ γυναῖκές τινες αἳ…). 이 본문을 읽는 자연스러운 방법은 "있었다"(to be)라는 동사에 '열두 제자'와 '어떤 여자들'이라는 주어를 제공하는 것이다. '열두 제자'와 '어떤 여자들'을 예수와 더불어 διώδευεν(가장 가까이 있는 주어와 일치하는 단수형)이라는 주동사의 주어로 받아들이면 문장이 더 어색해질 것이다(διώδευεν은 "두루 여행하다/다니다"를 뜻하는 동사 διοδεύω의 3인칭 단수 제2부정과거형이다_ 옮긴이).[5] 더욱이, 누가는 어떤 제자도 예수의 설교 사역에 동참했다고 묘사하지 않았으며, 예수가 열두 제자를 보냄(9:1-6)과 일흔두 사람을 보냄(10:1-20)을 분명하고 자세하게 이야기하는 대목에 가서야 비로소 제자들의 설교 사역을 묘사한다. 그러나 이 문장을 열두 제자도 예수가 행한 활동에 참여한 주체로 추가하는 식으로 읽게 되면, 여자들도 그런 주체로 추가해야 한다는 점을 유념해야 한다. 문법을 살펴보면, 설교한 이들에 여자들을 넣지 않으면서 열두 제자만을 예수와 함께 설교한 이들에 포함시킬 길이 없다. 아마도 열두 제자와 여자들 모두 예수와 함께 설교한 이들은 아니었을 것이

---

5 Q. Quesnell, "The Women at Luke's Supper," in R. J. Cassidy and P. Scharper, eds., *Political Issues in Luke-Acts* (Maryknoll, N.Y.: Orbis, 1983), 68.

다. 본문은 열두 제자와 여자들이 '그와 함께' 있었다고 말한다. 병렬 구조(paratactic structure)는 열두 제자와 여자들을 예수와 같은 관계로 나란히 놓아두었다. NRSV는 먼저 열두 제자를 이야기하고 나니 나중에 여자들이 기억나서 이들을 열두 제자에 관한 주요 진술에 덧붙인 것 같은 인상을 줄지도 모르겠는데, 이런 인상은 오해를 낳을 수 있다. 따라서 우리는 이렇게 번역할 수 있을 것 같다. "열두 제자와 …… 몇몇 여자가 그와 함께 있었다."[6]

그렇다면 여기서 말하는 여자들과 열두 제자, 그리고 나머지 제자들은 무슨 관계인가? 누가의 내러티브는 열두 제자를 이미 소개했으며, 열두 제자의 이름도 모두 밝혔지만(6:13-16), 그 뒤에는 8장 1절에 가서야 처음으로 그들을 언급한다. 여자들은 여기서 처음 소개하는데, 세 여자의 이름을 밝히고 '다른 많은 이'를 언급한다. 그러나 이 두 그룹만이 예수를 따르는 이들은 아니다. 누가는 아주 많은 제자가 언제나 예수를 에워싸고 있었음을 분명히 밝힌다(6:17; 19:37). 예수가 열두 제자뿐 아니라 적어도 일흔두 사람이나 되는 이들에게 사명을 주어 파송할 수 있었던 것도 그 때문이다(9:1; 10:1). 누가는 8장 1-3절에서 더 큰 제자 무리 안에 있는 두 그룹을 특별히 집어내 언급한다. 열두 제자와 여자들이 그 두 그룹이다. 두 그룹은 누가가 앞서 4장 44절에서 예수의 사역을 요약 진술한 뒤에 형성되었다. 여기서 이 두 그룹의 등장 순서는 특별히 중요한 의미는 없다. 누가는 분명 다

---

[6] J. Nolland, *Luke 1-9:20* (WBC 35A; Dallas: Word, 1989), 364은 이 구문에서 모호한 점을 둘 더 지적한다. "마지막 관계절(3절 하반절)이 모든 여자를 가리키는지(2-3절 상반절), 아니면 2절 상반절의 관계절과 구문상 평행을 이루면서 오직 '다른 많은 이'만을 가리키는지 분명하지 않다. 3절의 '다른 많은 이'를 2절의 '어떤 여자들' 속에 포함시킨 다음 2절 상반절의 관계절에 포함시켜야 할 수도 있으나, 그것은 불가능할 것 같다." 첫 번째 점을 살펴보면, 이름을 제시한 세 여자를 "자신들이 가진 소유(자원)로 그들에게 필요한 것을 공급하지" 않은 이들로 제시했을 가능성은 거의 없다. 두 번째 점을 살펴보면, '다른 많은 이'(ἕτεραι πολλαί)를 '어떤 여자들'(γυναῖκές τινες)에 포함되는 이들로 이해하지 않는다면, 그들은 구문상 이 문장의 나머지 부분과 아무 연관이 없을 것이다. τινες가 꼭 몇 사람을 가리킬 필요는 없다(사도행전 17장 5절이 그런 예다).

른 모든 제자보다 열두 제자에게 어떤 우선순위 같은 것을 부여한다. 그렇지만 이 본문은 그런 것을 표현하려는 것이 아니다. 다만 열두 제자는 이미 소개한 이들이고, 예수가 특히 골라 뽑은 이들이라는 의미에서 이런 순서로 제시한 것일지도 모른다. 그러나 어쨌든 여자들을 열두 제자 뒤에 언급해야 했던 것은 누가가 그들에 관하여 상세히 제시할 것을 많이 갖고 있었기 때문이며, 여자들이 "그들(곧 예수와 열두 제자)에게 필요한 것을 제공했다"는 것을 말해야 했기 때문이다. 사실, 이 본문은 여자들에게 매우 초점을 맞추고 있으며, 이를 통해 이미 6장 13-16절에서 상세히 제시한 내용과 보조를 맞춘다.

마지막 글("이들은 자신들이 가진 소유[자원]로 그들에게 필요한 것을 제공했다")이 여자들에 관하여 말하는 주된 내용이 아님을 알아차리는 것이 중요하다. 가장 중요한 점은 열두 제자와 여자들을 평등하게 말하는 것이다. 즉 예수가 두루 다니며 하나님 나라의 좋은 소식을 선포할 때 열두 제자와 여자들이 예수와 '함께' 있었다는 점이다. 누가가 제시하는 내러티브의 이 단계에서는 이것, 곧 예수와 함께 다니며 그가 행하는 사역의 증인이 되는 것이 제자도의 요체다(참고. 6:17; 7:11; 참고. 막 3:14). 제자들은 나중에 가서야 예수가 자신의 사역 가운데 한 형태를 그들에게 맡길 때 이를 감당하게 되지만, 그것도 제한된 기간의 선교에 그치게 된다. 예수는 열두 제자를 보낼 뿐 아니라(9:1-6) 일흔두 사람도 보내는데(10:1-20), 이 가운데에는 여자들도 포함되었다고 추측하는 것이 독자 입장에서는 분명 자연스럽다.[7] 이처럼 실제로 여기에서 제자라는 것이 열두 제자(남자들)와 여자들에게 의미하는 바에는 아무런 구별이 없다. 열두 제자든 여자들이든, 이들은 모두

---

7 이것은 E. Schüssler Fiorenza, *In Memory of Her: A Feminist Theological Reconstruction of Christian Origins* (New York: Crossroad; London: SCM, 1983)(『그*를 기억하며』, 감은사 역간) 45이 제안한 원칙에서 비롯된다. "어떤 해석이나 번역이든 그 자료의 언어 특성에 역사상 부합한다고 주장하는 해석이나 번역은 달리 증명된 것이 없는 이상 신약 언어 전체를 여자를 포용하는 언어로 이해하고 번역해야 한다."

실제로 아직 예수의 사역에 참여하고 있지 않으며, 다만 참여할 준비가 되었을 뿐이다.[8] 누가가 그의 내러티브에서 중요한 의미를 지닌 이 요약 본문에서 일러 주는 것은 예수의 갈릴리 사역 초기부터 예수와 함께한 제자에 특히 두 그룹, 곧 열두 제자와 여자들이 포함되어 있었다는 것이다. 마태복음과 마가복음을 읽는 이들은 수난 내러티브에 가서야 많은 여자가 갈릴리에서부터 예수와 함께했고 '그에게 필요한 것을 제공했다'는 것을 알고 놀라게 된다(마 27:55, 56; 막 15:40, 41).[9] 마태복음이나 마가복음과 달리, 누가복음은 이 여자 제자들이 예수의 갈릴리 사역 초기부터 늘 예수와 함께했음을 분명히 밝힌다. 누가는 8장 1-3절에서 그의 복음서 내러티브 나머지 부분에서 중요한 역할을 하게 될 두 제자 그룹의 정체를 밝힌다. 물론 여자들은 끝 무렵의 이야기에서 독특하고 두드러진 인물들로 등장한다(23:49; 23:55-24:11). 24장 10절은 8장 2, 3절에 있는 명단에서 처음에 등장하는 두 이름을 다시 언급함으로써 일종의 인클루지오(inclusio)를 형성하며, 이를 통해 여자들이 8장에서 24장까지 이어지는 내러티브 전체에서 제자로 존재했음을 독자에게 되새겨 준다. 24장 6절 역시 여자들이 갈릴리 사역 내내 제자 가운데 있었음을 다시 일깨워 주는데, 이 본문을 보면 빈 무덤에 있던 두 천사가 여자들에게 "그가 아직 갈릴리에 있을 때 너희에게 일러 주신 것을 기억할지니, 곧 인자가 죄인들에게 넘겨져 십자가에 못 박혔다가 사흘째 되는 날에 부활하리라고 하신 것을 기억하라"고 이른다. 두 천사가 이르는 말은 누가복음에 있는 세 수난 예언 중 세 번째 예언에 가장 가깝지만(18:32, 33), 그 예언은 예수가 갈릴리에서 한 말이 아니라 분명히 열두 제자에게만 한 말이었다. 앞서 말한 수난 예언은 9장 22절과 44절을 참조한 것으로 보이며, 이 예언은 분명 "제자들에게만"(9:18), 그리고 "그의

---

8   특히 Green, *Luke*, 317을 보라.
9   마태는 그러지 않지만 마가는 여기서 여자들이 예수를 따르는 이였으며, 갈릴리에서 예루살렘으로 가는 여행뿐 아니라 여기에서도 예수에게 필요한 것을 제공했음을 분명히 밝힌다.

제자들"에게 한 것이다(9:43). 이는 분명 누가가 여자들을 제자로 여기지 않는다는 어떤 의심도 제거하는 증거임이 틀림없다.

8장 1-3절이 여자들에 관하여 들려주는 주된 말이 이 여자들도 열두 제자처럼 예수와 함께했으며 이는 곧 열두 제자와 여자들이 모두 제자였다는 의미임을 인식하는 것은 그 의미를 두고 상당한 논쟁이 벌어진 이 본문의 마지막 구절을 바르게 이해하는 데 긴요하다. 이것은 여자들에 관한 추가 사실이다. 여자들이 예수의 제자일 수 있는 것은 열두 제자가 해야 할 다른 어떤 일(설교?)과 대조되는 어떤 활동이 아니다. 열두 제자가 예수를 돕는 데는 위계 구조 같은 것이 없는 반면, 여자들은 예수와 그 제자들을 섬긴다. 아니, 여자들은 예수와 함께한다는 제자의 본질적 역할뿐 아니라, 예수를 포함한 무리 전체에 필요한 재정을 제공하는 역할도 한다. 그들은 "자신이 가진 소유(자원)로 그들에게 필요한[10] 것을 제공했다"(διηκόνουν αὐτοῖς ἐκ τῶν ὑπαρχόντων αὐταῖς). 이것이 분명 그 단어들이 의미하는 것이다. τὰ ὑπαρχοντά τινι/τινος는 누가가 다른 곳에서 제시하는 글뿐 아니라(11:21; 12:15, 33, 44; 14:33; 16:1; 19:8; 행 4:32), 신약 성경 전체와 신약 성경 밖에서도 빈번하게 '소유한 물질'이나 '경제 자산'을 가리킨다. 여기서 τὰ ὑπαρχοντά τινι/τινος라는 문구와 결합한 διακονέω라는 동사는 분명 여자들이 예수와 열두 제자에게 필요한 경제 자산을 제공했다는 의미임이 틀림없다.[11] 이것이 로마서 15장 25절이 사용하는 동사의 의미이며, 사

---

10 "그에게 필요한"(그를 위해[αὐτῳ])의 독법은 다양하지만, 여기에서는 마태복음 27장 55절(평행 본문은 마가복음 15장 41절)에 동화된 것으로 설명하는 것이 가장 좋다. 학자들이 공감하는 이런 견해를 반대하는 견해를 보려면, C. Ricci, *Mary Magdalene and Many Others* (tr. P. Burns; Minneapolis: Fortress, 1994), 156-158과 이를 따르는 Karris, "Women," 6-7을 보라.

11 L. Schottroff, *Lydia's Impatient Sisters: A Feminist Social History of Early Christianity* (tr. B. and M. Rumscheidt; Louisville: Westminster John Knox; London: SCM, 1995), 210은 이렇게 번역한다. "그들의 형편에서 그들이 할 수 있는 대로 그들에게 필요한 것을 제공했다." 사실 ἐκ τῶν ὑπαρχόντων은 "그 형편에서"를 의미할 수 있다(LSJ s.v.). 그러나 διακονέω와 αὐταῖς을 함께 썼을 경우에는 재정 자원(자산)을 언급하는 말로 보아야 할 것 같다.

도행전 6장 1절, 11장 29절, 12장 25절과 다른 곳에서 사용하는 동족 명사 διακονία의 의미다.

따라서 여기 나온 여자들이 보통 가정이라는 상황에서 여자들이 행하는 여성 특유의 역할 같은 것을 예수의 제자 공동체 안에서 행했다고 추정하는 것은 매우 잘못이다.[12] 누가는 지금 자신의 독자들에게 이 여자들이 요리하고 설거지했으며 해진 옷을 기웠다고 말하지 않는다. 어쩌면 그들은 그런 일을 했을지도 모른다(그러나 누가복음 9장 13절, 22장 8절, 요한복음 4장 8절을 참고하라). 그렇지만 누가는 그렇게 말하지 않는다. 여기서 그리는 상황은 그런 보통 상황이 아니라, 예수와 그를 따르는 이들이 처한 특별한 상황이다. 이들은 사람들이 보통 살아가는 데 필요한 경제 자산도 없이 살아가고 있었다. 남녀를 불문하고 예수 주변 사람들 가운데 어느 누구도 경제적 생산 활동에 종사하고 있지 않았다. 때로 그들은 호의에서 우러나온 환대를 받긴 했지만, 분명 늘 그렇지는 않았다(참고. 눅 10:5-8). 누가가 묘사하는 이런 큰 무리 전체가 늘 환대를 받았을 가능성은 거의 없다. 누가복음 8장 3절은 그들에게 필요한 재정을 그들 가운데 있던 여자들이 제공했음을 일러 준다. 물론, 이는 일반적인 이야기이기 때문에, 이것을 꼭 남성 제자 가운데 어느 누구도 공동으로 필요한 재정에 전혀 기여하지 않았다거나 모든 여자가 그런 재정 후원을 했다는 말로 받아늘일 필요는 없다. 그러나 누가는 그가 이해한 것이 대체로 그러했다고 암시한다. 이런 상황이 아주 놀랍게 다가오는 것은 사람들이 보통 여자들에게는 그들 뜻대로 처분할 수 있는 경제 자원(자산)이 없었다고 추정하기 때문일 것이다. 그러나 남자 제자들이 그들의 집과 가정을 떠난 것도 특이한 상황이었다. 남

---

[12] T. K. Seim, *The Double Message: Patterns of Gender in Luke-Acts* (Nashville: Abingdon; Edinburgh: T. & T. Clark, 1994), 71-74은 이런 흐름을 따르는 해석을 요약한다. 아울러 S. Heine, *Women and Early Christianity* (tr. J. Bowden; Minneapolis: Augsburg; London: SCM, 1987), 60-61을 보라.

자들이 가정을 버리고 떠나 자신들 없이 살림을 꾸려 가게 한다면 그 가정은 틀림없이 큰 어려움에 빠졌을 것이다.¹³ 사정이 이렇다 보니, 남자들은 가정을 떠날 때 큰돈을 갖고 나오지 못했을 것이다. 반면, 여자들은 남편이나 부양할 친족이 없는 홀가분한 사람들이었거나, 그들이 가정을 떠난다 해도 대체로 그 가정의 남자 식구들이 가족을 능히 부양할 수 있었을 것이다. 이 여자들의 경제 자원은 예수와 그 제자들을 후원하는 데 기여하긴 했지만, 그들이 떠나온 가정에서는 주된 경제 자원이 아니었을 것이다.

따라서 누가복음 8장 3절에서 묘사하는 여자들의 '섬김'에 진실로 상응하는 남성들의 섬김은 설교나 지도자 역할이 아니라 열두 제자가 집과 가정을 포기한 것이다(눅 5:11; 18:28, 29). 18장 28, 29절을 보면, 늘 그렇듯이 베드로가 열두 제자를 대변하며 이렇게 말한다. "우리가 우리 집을 버리고 당신을 따랐습니다." 이에 예수는 구체적 언어를 사용하여 이런 반응을 보인다. "집이나 아내나 형제나 부모나 자녀를 버린 자는 …… [하지] 못할 자가 없다"(누가는 '아내'를 특정하여 지목하나, 마태복음과 마가복음의 평행 본문은 '아내'를 지목하지 않는다). 모든 것을 버린 열두 제자와 자신들이 가진 물질 자원을 제자 공동체를 골고루 돕는 일에 내놓은 여자들은 서로 그 방식은 다르지만 누가복음의 예수가 소유에 관하여 제시한 가르침을 따른 본보기를 보여 준다. 이런 차이는 우연히도 성(gender)과 일치하지만, 이런 차이가 생긴 이유는 여자 제자들이 사람들이 보통 여자에게 기대하는 것과 같은 역할을 계속 수행해 와서가 결코 아니다. 예수의 남자 제자와 여자 제자는 물질 자원과 관련하여 그 시대 문화에 의미심장한 반기를 드는 방식으로 행동했다. 그러나 남자와 여자는 그들이 속한 사회에서 갖고 있던 자리가 달랐다. 이런 다름은 이와 같이 떠돌아다니는 무리의 경제적 필요를

---

13 이에 관하여 알아보려면, D. Sim, "What about the Wives and Children of the Disciples? The Cost of Discipleship from Another Perspective," *HeyJ* 35 (1994), 373-390을 보라.

뒷받침할 재정 자원을 갖고 있는 이들이 남자가 아니라 여자라는 것이 상당히 놀라운 일이지만 다른 한편으로는 얼마든지 이해할 수 있는 일이라는 것을 의미한다. (남자와 여자의 이런 다름은 누가가 알고 이야기하는 교회들의 상황이 아니라 예수의 사역 상황과 일치한다는 점에 주목해야 하며, 그렇기 때문에 이 본문은 이런 모습을 누가의 독자들이 문자 그대로 본받아야 할 제자도의 모델로 제시하지 않는다는 점에도 주목해야 한다.)

하지만 여자들이 과연 이런 일을 할 만한 재정 자원을 갖고 있었을지 의문을 제기하는 이도 있을 것 같다. 벤 위더링턴(Ben Witherington)*은 이렇게 말한다. "이 여자 가운데 일부는 아마 음식을 만들거나 옷을 만드는 데 그들의 시간과 달란트를 제공하는 일만 할 수 있었을 것이다."[14] 그러나 데이비드 심(David Sim)**이 올바로 반론을 제시한 것처럼, 이것이 διηκόνουν αὐτοῖς ἐκ τῶν ὑπαρχόντων αὐταῖς의 **의미**일 리가 없다. 이는 분명 경제 자원의 사용을 가리키는 말이기 때문이다.[15] 누가가 하는 말은 일반화(널리 두루뭉술하게 하는 말)다. 재정으로 기여할 수 없었던 여자들도 틀림없이 있었을 것이며, 마찬가지로 제자 그룹 안에는 예수가 병을 고쳐 주거나 귀신을 몰아내지 않은 여자들도 분명 있었을 것이다. 그것도 틀림없이 일반화일 뿐이다. 그러나 누가가 제시하는 일반화가 재정으로 기여할 수 없던 여자들을 이야기하지 않고 그냥 넘어가는 것은 그의 일반화

• 벤 위더링턴 3세(Ben Witherington III, 1951-). 미국의 신약 학자다. 아르미니우스주의를 따르는 감리교 신학자이며 많은 책을 저술했다.

14 Ben Witherington III, *Women in the Ministry of Jesus* (SNTSMS 51; Cambridge: Cambridge University Press, 1984), 195-196 (주238); 참조. idem, "On the Road with Mary Magdalene, Joanna, Susanna, and Other Disciples-Luke 8:1-3," *ZNW* 70 (1979), 246 주18.

•• 데이비드 심(David Campbell Sim, 1957-2023). 호주의 신약 학자다. 마태복음을 깊이 연구했다.

15 D. C. Sim, "The Women Followers of Jesus: The Implications of Luke 8:1-3," *HeyJ* 30 (1989), 57: "누가복음 8장 3절은 예수를 따른 여자들이 예수와 열두 제자를 자신들이 가진 자원으로 섬길 때 재정으로 섬겼는지 아니면 몸으로 하는 일을 통해 섬겼는지 자세히 밝히지 **않는다**. 그리스어 본문이 제시하는 것은 이 여자들이 그저 경제적 의미에서 예수와 다른 이들에게 필요한 것을 제공했다는 것뿐이다."

가 단지 물질 자원만을 염두에 두었기 때문이다. 재정으로 기여하지 못한 여자들은 또 다른 종류의 기여를 할 수 있었겠지만, 누가는 그런 종류의 기여는 일체 언급하지 않는다. 누가가 어떤 여자인지를 특정하지 않고 모든 여자를 그의 일반화에 포함시킨다는 점을 볼 때, 그가 이런 일반화와 관련하여 언급하는 것은 여자들이 그 소유를 함께 나누었다는 점이다. 그렇다면 그 종류를 막론하고 처분할 수 있는 재산을 소유하고 있던 여자들은 어떤 부류(들)였을까? 사람들은 종종 이 본문이 틀림없이 예수와 그 제자들에게 경제적 후원을 제공할 자원(자산)을 갖고 있던 몇몇 부유한 여자를 언급하는 것이며, 여기서 이름을 제시한 세 여자도 아마 그 부유한 여자들에 포함된다고 추정했다. 심은 두 근거를 들어 그런 추정에 반대하는 주장을 제시한다. 첫째 근거는 부에 관한 예수의 급진적 가르침이 부유함을 그대로 유지하면서 예수의 제자가 될 수는 없다는 것을 암시한다는 것이고, 둘째 근거는 예수가 대체로 엘리트가 아닌 사람들과 함께했기 때문에 그의 여자 제자 가운데 부를 소유한 이가 많았을 가능성은 거의 없다는 것이다. 이 때문에 그는 "널리 자원을 함께 쓰는 일이 일어났으며, 각 여자는 자신이 공동 기금에 내놓을 수 있는 것을 내놓았다"고 주장한다.[16]

아마 마지막에 제시한 주장이 옳을 것이다. 심은 이 주장을 뒷받침하고자 요한복음 12장 6절의 증거를 원용하는데, 이 본문은 유다를 예수와 제자로 이루어진 그룹의 공동 기금을 관리하는 이로 묘사한다(아울러 요한복음 13장 29절을 참고하라). 아울러 그는 초기 예루살렘 교회의 재산 공유 관습(행 2:44, 45; 4:32-5:11)을 예수가 사역하는 동안에 그 제자들이 행한 관행의 연속으로 제시한다. 그러나 우리는 모든 제자가 그들이 가졌을 재산을 흔쾌히 포기했다는 데 쉽게 동의해서는 안 된다. 예수와 함께 여기저기 다니지 않았던 이들, 예를 들면 삭개오(눅 19:8)나 베다니의 마르다와 마리아

---

16 Sim, "Women," 53.

자매 같은 이들은 분명 그러지 않았다. 사도행전에 따르면, 이런 일은 예루살렘 교회에서도 일어나지 않았다. 예루살렘 교회를 살펴보면, 예를 들어 마가의 어머니인 마리아는 제법 큰 집을 그대로 소유했는데, 다만 그 집을 그리스도인 공동체가 뜻대로 사용할 수 있게 내놓았다(행 12:12, 13; 참고. 2:46). 바바라 리드(Barbara Reid)*가 말하듯이, "소유한 물질을 제자도와 관련지어 사용하는 것은 누가 끊임없이 다루는 주제이긴 하지만, 이와 관련하여 누가복음과 사도행전은 제자들에게 어떤 모델도 제시하지 않는다."[17] 예를 들면, 재산을 소유한 채 여기저기 두루 다니던 예수의 제자 무리에 합류한 몇몇 여자는 소유한 재산에서 얻은 수입을 공동 기금에 내놓았을 수도 있다.

분명 예수를 따른 여자 가운데 많은 이가 가난했으며,[18] 그들이 공동 기금에 내놓을 수 있는 것도 극히 적었다. 그러나 우리가 오로지 이런 측면만 밀어붙이면, 대체로 재정에 기여한 것이 없었던 남자 제자들과 재정에 기여한 여자들의 차이를 이해하기가 더 어려워진다. 더욱이, 예수는 분명으레 보통 사람들과 어울리며 절박한 처지에 있고 소외당한 이들을 도왔지만, 동시에 복음서는 그가 때로 유족한 사람들을 만나 그들을 치유하거나 회개시켰다고 묘사한다(마가복음 5장 22-24, 35-43절, 요한복음 4장 46-54절, 누가복음 19장 2-10절이 그런 예다). (이런 사람 가운데 삭개오 같은 일부 사람은 유족하면서도 공동체에서 소외당한 자였다.) 예수를 따른 여자 가운데에는 부유한 여자도 몇 사람 있었으며, 이들이 예수와 제자 무리에게 필요한 경제 자원 가운데 큰 부분을 제공했다고 추정하기는 어렵지 않다. 우리는 성전에

• 바바라 리드(Barbara E. Reid, 1953). 미국의 신약 학자이자 도미니코수도회 수녀다.

17 B. E. Reid, *Women in the Gospel of Luke* (Collegeville, Minn.: Liturgical, 1996), 130.
18 예수 운동이 가난한 갈릴리 여자들에게 발휘했을 흡인력에 관하여 알아보려면, S. Freyne, "Jesus the Wine-Drinker: A Friend of Women," in I. R. Kitzberger, ed., *Transformative Encounters: Jesus and Women Re-viewed* (BibIntSer 43; Leiden: Brill, 2000), 177-179을 보라.

연보를 드린 과부 이야기(막 12:41-44)에서 이런 부유한 여자들의 기여가 가난한 여자들의 미미한 기여보다 훨씬 높이 평가를 받지는 않았으리라고 추론해 볼 수 있다. 그러나 그것이 곧 몇몇 부유한 여자가 아주 큰 기여를 하는 경우는 있을 수 없었다는 뜻은 아니다.

사람들은 보통 예수와 제자 무리에게 재정 면에서 크게 기여한 부유한 여자가 이 여자들 가운데 적어도 한 사람은 있었음을 이 본문이 일러 준다고 생각해 왔다. "헤롯의 청지기 구사의 아내의 요안나"(눅 8:3).[19] 나는 나중에 요안나가 엘리트 지위에 있었다는 것과 그가 거의 확실하게 부유했으리라는 것을 확증해 보겠다. 그러나 싶은 사람들이 보통 이 본문에서 끌어내는 결론을 뒤집어, 요안나는 분명 기여할 것을 많이 갖고 있던 여자들 가운데 가진 것이 적은 사람 중 하나였으리라고 주장한다. "혼인한 여자는 그 재산을 처분할 권리가 여자 자신에게 있지 않고 그 남편에게 있었기" 때문이다.[20] 나는 앞으로 이 말에 의문을 제기하겠지만, 일단 여기에서는 싶이 요안나가 남편을 여의었을 가능성을 고려하지 않는다는 것이 놀랍다는 점만 이야기하고 넘어가겠다.[21] 구사를 언급했다 하여 구사가 여전

---

19 J. M. Arlandson, *Women, Class, and Society in Early Christianity* (Peabody, Mass.: Hendrickson, 1997), 130은 이렇게 주장한다. "수산나는 아마도 사회 경제 수준이 요안나와 동등했을 것이다. 하인(retainer)이 그보다 높은 위치에 있는 사람과 사람들 앞에서 가까이 어울리는 경우는 거의 없기 때문이다. 마찬가지로, 하인이 종종 노예 출신인 경우도 있었지만, 만일 그가 노예 출신이 아니라면 사람들 앞에서 자기보다 지위나 계층이 아래인 사람(underlings)과 공공연하게 어울리는 일도 없었을 것이다." 그러나 그는 이어 이렇게 주장을 이어 간다. "막달라 마리아의 존재와 섬겼던 이가 '많았다'는 것은 계급을 갈라놓은 위계가 무너졌음을 의미한다"(132). 이는 그가 앞서 수산나에 관하여 말한 점과 모순된다. 누가복음 8장 2, 3절은 요안나가 수산나와 어울렸음을 암시할 뿐 아니라 요안나가 그보다 지위가 낮았다고 추정되는 막달라 마리아와도 어울렸음을 암시하기 때문이다. 우리는 막달라 마리아나 수산나의 사회 경제 지위를 알 수 없다. 그러나 누가가 여기서 막달라 마리아의 이름을 말할 수밖에 없는 것은 막달라 마리아가 재정으로 기여한 사람 가운데에서는 유명하지 않았을지 몰라도 예수의 여자 제자 가운데서 가장 유명한 사람이었기 때문인 반면, 요안나와 수산나는 예수와 제자들의 경제적 필요에 넉넉히 기여할 수 있었던 여자들로서 유명했기에 그 이름을 제시한 것이라는 주장이 어느 정도 설득력이 있을지도 모르겠다.

20 Sim, "Women," 52.

21 Ricci, *Mary Magdalene*, 154은 이런 가능성을 인정한다.

히 살아 있었다고 볼 필요는 없을 것 같다. 특히 누가가 구사를 언급하는 목적이 요안나가 헤롯 궁정과 연줄이 있는 사회 지위에 있었으며 재산에도 접근할 권리를 가졌음을 일러 주는 데 있었다면, 구사가 꼭 살아 있어야 한다고 볼 필요는 없을 것이다.[22]

대체로 심은 예수를 따른 여자 가운데 대부분이 틀림없이 혼자였을 것(미혼이거나, 과부거나, 이혼했거나, 어쩌면 전에 창녀였을 것)이라고 주장하면서, "이는 독신인 지위에 있는 여자만이 개인으로서 독립성을 누리고 경제생활에서도 독립성을 누렸기 때문"이라고 주장했다. 혼인한 여자들이(요안나가 유일하게 이 경우에 해당한다) "남편을 버리고 예수를 따르려면 사람들의 저주를 감내할 용기를 가져야 했다."[23] 이렇게 혼자 사는 여자들은 자유로이 집을 떠나 예수와 함께 두루 다닐 수 있었겠지만(물론 여전히 아버지의 권위에 복종하며 집에서 살아가고 있던 젊은 여자들은 예외였다), 기혼 여자는 대부분 분명 그렇지 않았다. 아내와 함께 예수를 향한 열심을 공유하던 남편도 아내가 집을 떠나 예수의 제자 무리와 더불어 이리저리 두루 다니는 것을 흔쾌히 허락했으리라고 상상하기는 어렵다. 예수의 남자 제자들의 어머니나 아내는 예외였을 것이다. 복음서에 따르면, 예수와 함께 예루살렘으로 간 여자들에는 이런 사람들이 있었다. 글로바의 아내 마리아(요 19:25),[24] 야고보와 요세의 어머니 마리아(막 15:40, 47; 16:1 등), 세베대 아들들의 어머니(마 20:20; 27:56)이다. 요안나의 아들도 예수의 제자였을 가능성을 배제할 수는 없지만, 그 아들이 예수의 제자였다고 추측할 이유도 없다. 그러나 지체 높은 집안의 성인 여자라면, 특히 우리가 앞으로 보겠지만 요안나가 속한 집안처럼 로마의 영향을 받은 궁정 사람들 무리에 속한 성인 여자

---

22 예를 들어 Seim, *Double Message*, 36-37은 이것이 구사를 언급한 목적이라고 주장한다.
23 Sim, "Women," 55. Green, *Luke*, 318-319도 이를 따른다.
24 뒤에 나오는 6장을 보라.

라면, 같은 시공간에서 살아가던 대부분의 유대인 여자보다는 독립성을 많이 누렸을지도 모른다.[25] 그런 배경에 비춰 볼 때, 요안나 같은 여자가 예수, 그리고 대부분 엘리트가 아닌 예수의 남자 제자와 여자 제자 같은 무리와 어울린 것은 요안나와 같은 부류 사람들 눈에는 큰 수치이자 반감을 불러일으키는 일이었으리라고 볼 수밖에 없다.[26]

예수와 함께 여행한 여자 가운데 많은 이가 남편이 없었을 가능성이 높다. 하지만 사람들이 때로 주장하듯이, 우리는 누가가 요안나의 남편을 언급하듯이 막달라 마리아와 수산나의 남편을 언급하지 않는다는 사실을 들어 이 두 사람에겐 남편이 없었다고 결론지을 수 없다.[27] 복음서 다른 곳에서는 예수의 제자 가운데 있는 여자들을 그들의 남자 친족을 언급하여 식별한다(작은 야고보와 요세의 어머니 마리아, 글로바의 마리아, 세베대 아들들의 어머니, 예수의 어머니). 이때 언급한 남자 친척들은 그 자신이 제자였으며, 아마도 초기 공동체 안에서 그리스도인으로 알려져 있었을 것이다. 아울러 이 네 경우 가운데 세 사람은 그 이름이 아주 흔한 이름인 '마리아'였기 때문에 예수의 제자와 친족 가운데 있는 다른 마리아와 어떤 식으로든 구분해야 했다. 수산나는 살로메처럼(막 15:40; 16:1) 달리 식별할 표지가 필요 없었다. 누가가 생각하기에 사람들이 이 수산나와 혼동할 만한 다른 수산나가 없었기 때문이다. (수산나라는 이름은 흔하지 않았다.)[28] 막달라 마리아는

---

25 로마 여자들이 사회에서 상당히 자유를 누렸음을 알아보려면, W. Cotter, "Women's Authoritative Roles in Paul's Churches: Countercultural or Conventional?" *NovT* 36 (1994), 362-366을 보라.

26 콥트어로 기록된 「사도 바돌로매로 말미암은 부활에 관한 책」(*Book of the Resurrection by the Apostle Bartholomew*, 5-6세기)은 요안나가 구사와 부부 관계를 거부했다고 말하는데(J.-D. Kaestli and P. Cherix, *L'évangile de Barthélemy d'après écrits apocryphes* [Turnhout: Brepols, 1993], 195과 주 77). 이것은 외경에 들어 있는 사도들의 행전에서 공통으로 나타나는 주제를 요안나에게 적용한 것이다. 외경에 속한 사도들의 행전을 보면, 기독교를 믿게 된 상류층 여자들은 남편과 성관계를 포기했다.

27 Green, *Luke*, 318은 반대 의견이다.

28 제2성전기 팔레스타인에서는 이 이름을 가진 또 다른 사람이 단 한 번 등장한다. T. Ilan, "Notes on the Distribution of Jewish Women's Names in Palestine in the Second Temple and Mishnaic Periods," *JJS* 40 (1989), 199.

다른 마리아와 구별할 필요가 없었지만, 만일 그가 예수의 제자가 아닌 남편을 떠나왔다면, 예수의 제자 가운데에서는 막달라 마리아와 그 남편의 관계를 정의할 가치가 더 이상 없었을 것이므로 그 남편을 언급하지 않았을 것이다(참고. 막 3:31-35; 눅 9:59, 60; 11:27, 28; 12:53; 14:26; 18:28-30).[29] 막달라 마리아가 태어난 동네 이름을 딴 이름을 가졌다는 것 자체가 그에게 남편이 없었다고 일러 줄 수는 없다. 차라리 그가 일곱 귀신에게 사로잡혔었다는 것이 더 많은 것을 암시한다. 이런 여자는 분명 혼인을 하지 않았거나 혼인했더라도 소박을 맞았거나 남편에게 이혼당했을 가능성이 있다.

따라서 누가가 요안나의 남편 이름을 밝히고 그가 누구인지 서술한 것은 복음서가 예수의 여자 제자들을 언급한 모든 사례 가운데 예외인 경우다.[30] 그것은 분명 요안나 한 사람만 남편이 있었다는 뜻은 아니다. 수산나가 누구인지 밝히는 데 수산나라는 이름만으로도 충분했듯이, 어쩌면 요안나도 그냥 요안나라고 부르기만 해도 그가 누구인지 쉽게 식별할 수 있었을지 모른다. 우리는 구사도 예수의 제자가 되었으며 초기 그리스도인 공동체 안에서 알려져 있었을 가능성을 배제하지 못한다. 그러나 우리가 앞으로 보겠지만, 구사라는 이름은 아주 특이하다. 단지 신원을 밝힐 목적이었다면 굳이 그를 헤롯의 청지기라 서술할 필요는 없다. 누가는 분명 요안나가 헤롯의 궁정과 연줄이 있음을 강조하고 싶어 한다. 그가 사도행전 13장 1절에서 마나엔을 헤롯의 젖동생이라 밝힌 것도 마찬가지다. 사람들은 누가가 이렇게 한 이유로 다음 다섯 가지를 제시한다. (1) 그런 언급은 요안나가 부유했기 때문에 제자들에게 필요한 경비를 제공한 주요 기여자였음을 암시한다. (2) 요안나의 높은 사회 지위가 예수 운동 또는 기독

---

[29] 참고. Seim, *Double Message*, 37. "그들이 누구인지는 관계로 판명하는데, 이제는 그런 신원 판명을 예수와 제자들을 언급하여 행한다."

[30] 그런 점에서 "성경 속의 많은 여자처럼 [요안나도] 그와 한 남자의 관계를 통해 그 신원이 규명된다"고 말하는 Reid, *Women*, 126은 정말 흥미로운 점을 완전히 놓치고 있다.

교 운동에 사회적 정당성을 부여한다.³¹ (3) 누가는 통치 엘리트 출신 사람들을 언급하는 데 역점을 둔다. "그의 공동체 안에 사회에서 엇비슷한 지위에, 또는 어쩌면 좀 더 낮은 지위에 있음으로 말미암아 일찍이 믿음의 영웅이 된 이런 사람들과 자신을 동일시할 수 있는 지체들이 있었기" 때문이다.³² (4) 누가는 그가 사용한 복음 전승의 출처 가운데 한 사람을 언급하는데, 이 사람이 특히 누가가 헤롯 안티파스와 관련하여 특별히 제시하는 내용의 출처를 설명해 줄 것이다.³³ (5) 이런 언급은 누가의 더 큰 내러티브 전략의 일부로, 헤롯이 여전히 권력을 쥐고 있음을 독자들에게 일러 주고, 요안나와 헤롯 궁정의 관계를 통해 헤롯이 "예수에 관하여 알고 있거나 곧 알게 되리라는" 것을 시사함으로 말미암아, "헤롯이 예수에게 어떤 반응을 보일지 추측케 하고 긴장감을" 만들어 낸다.³⁴

다섯 번째 제안은 이런 종류의 언급에는 적절하지 않아 보인다. 이 말은 헤롯이 아니라 요안나에 관한 말로 읽는 것이 자연스럽기 때문이다. 이런 언급이 독자에게 그러한 효과를 일으켰을 수도 있지만, 그것이 구사가 헤롯의 청기기임을 언급한 주된 목적인 것 같지는 않다. 두 번째 제안은, 투리드 칼슨 사임(Turid Karlsen Seim)*이 (게르트 타이센을 따라) 지적하듯이 아주 설득력이 없다. 헤롯과 연줄이 있다는 것이 당시 사회에 나쁜 신호를

---

31 예를 들면 Nolland, *Luke 1-9:20*, 366: "누가는 기독교의 영향이 높은 자리에 있는 이들에게까지 침투했다는 사실을 주저 없이 언급한다"; K. E. Corley, *Private Women, Public Meals* (Peabody, Mass.: Hendrickson, 1993), 111: "누가는 대체로 더 높은 지위에 있는 이들의 움직임을 묘사하는 데 관심을 보인다."

32 P. F. Esler, *Community and Gospel in Luke-Acts* (SNTSMS 57; Cambridge: Cambridge University Press, 1987), 185.

33 예를 들면, C. F. Evans, *Saint Luke* (TPI NT Commentaries; Philadelphia: Trinity Press International; London: SCM, 1990), 366.

34 J. A. Darr, *Herod the Fox: Audience Criticism and Lukan Characterization* (JSNTSup 163; Sheffield: Sheffield Academic Press, 1998), 162-163.

• 투리드 칼슨 사임(Turid Karlsen Seim, 1945-2016). 노르웨이의 신약 학자이며 오슬로대학교 교수였다. 교회일치 운동에도 적극 참여했다.

주기보다 좋은 신호를 주었는지가 명확하지 않기 때문이다.

> 당시 유대 정황에서는 자신이 받드는 헤롯 왕의 궁정에서 어떤 지위를 갖고 있다는 것이 그 사람에게 사회 지위를 부여하기보다 도리어 사회에서 의심을 사고 심지어 모멸을 받았다는, 다시 말해 의심스러운 '세리'의 지위와 같은 지위를 갖고 있었다는 주장이 있었다. 이런 식으로 이해하면, 요안나라는 존재는 예수를 중심으로 한 그룹의 사회적 정당성을 증진하는 데 기여하지 못했을 것이다. 오히려 요안나는 예수와 함께하거나 예수를 돕는, 또는 그 둘을 모두 행하는 다른 소외된 사람들과 잘 어울린다.[35]

더욱이, 헤롯을 내내 나쁘게 묘사하는 누가라면 분명 이런 점을 인식했을 것이다. 누가가 볼 때, 예수는 물론이고 그의 제자들도 세례 요한을 죽이고 예수마저 죽이려 하여 결국 예수에게서 '여우'라는 별명을 얻은 인간에게서 정당성을 얻을 필요가 없었을 수 있다(눅 13:31, 32). 이와 같은 반대 의견을 세 번째 제안에도 적용할 필요는 없지만, 요안나를 언급한 것은 누가가 당시 지배 엘리트 출신 신자들을 언급한 경우와는 분명 다르다(눅 7:1-10; 행 8:26-39; 10:1-48; 13:1; 17:12; 19:31). 요안나가 속한 당시의 엘리트 집단은 요안나가 예수와 그 제자들과 함께 어울리는 것을 대체로 사회에서 수치이자 구설수에 오르내릴 일로 이해했을 것이기 때문이다. 부유한 신자들이 복음서보다 사도행전에서 훨씬 두드러지는 점은 누가-행전의 흥미로운 특징이다(어쩌면 이는 복음서와 사도행전이 '부'라는 주제를 다룰 때 보여 주는 양자의 더 폭넓은 차이에 속하는 것일지도 모른다). 복음서는 요안나를 언급하는 말이 속할 법한 주제를 많이 다루는 것 같지 않다. 어쩌면 누가는 그가 알고 있던 교회의 사회적 구성을 복제하기보다 그가 아는 예수 전승에 따라

---

35 Seim, *Double Message*, 36.

예수에게 끌렸던 광범위한 사람들을 되비쳐 주는 데 더 관심이 있었을지도 모르겠다.

그런 맥락에서 보면 첫 번째 제안이 가장 명확한 설명을 제시한다. 나는 이번 장 뒷부분에서 네 번째 제안에도 뭔가 있을 가능성을 이야기해 보겠지만, 곧바로 첫 번째 제안의 타당성을 탐구해 보겠다. 이는 그 제안이 맥락상 적절하긴 하지만, 비록 요안나가 부유했을지라도 혼인한 여자로서 그 재산을 혼자 마음대로 처분하지는 못했을 것이라는 심의 반대 의견과 충돌하기 때문이다. 우리는 유대인 여자들이 자유로이 처분할 수 있는 재산을 소유했을 가능성을 심이 한 것보다 훨씬 꼼꼼하게 살펴보아야 한다.[36]

2. 재산 소유자였던 유대인 여자들

이 시대에 팔레스타인 유대인 여자가 독립하여 처분할 수 있는 재산을 갖고 있었다면, 그 재산의 원천은 다음 일곱 가지였을 가능성이 있다. (1) 아버지가 재산을 물려줄 아들이 없이 죽었을 때 아버지에게서 상속한 재산, (2) 아버지나 어머니, 남편, 또는 다른 사람에게 증여받아 취득한 재산, (3) 혼인 계약(*ketubba*)에 따라 받은 돈, (4) 혼인 때 가져온 지참금, (5) 죽은 남편의 재산에서 얻는 수입, (6) 그와 남편의 혼인과 남편의 전혼(前婚)에서 자식이 없을 경우 남편에게서 물려받은 재산, (7) 일하여 보수로 받은 돈이

---

[36] Sim, "Women," 54은 미쉬나에 있는 법을 간략하게 언급한다. Arlandson, *Women*, 131 주17은 여기서 아주 일반적 근거를 내세워 심의 견해에 반대하지만, 심이 특히 언급한 점, 즉 팔레스타인의 유대인 기혼 여자들은 재산을 처분할 자유를 갖고 있지 않았다는 견해는 다루지 않는다. Reid, *Women*, 128도 마찬가지로 심이 특히 언급한 점을 다루지 않는다. 아울러 리드는 심의 견해를 잘못 해석하여 이렇게 말한다(각주에서 심을 언급한다). "몇몇 학자는 마리아, 요안나, 수산나, 그리고 다른 여자들이 그들 자신의 돈을 사용하지 않고 공동 기금을 관리하며 집행했다고 주장한다"(129). 심은 여자들이 공동 기금을 관리하고 집행한 것에 관하여 아무 말도 하지 않는다. 그가 주장한 것은 여자들이 그들의 경제 자원(자산) 사용권을 갖지 않고, 다만 그 자원을 공동 기금에 넣었다는 것이다.

다. 이런 다양한 가능성 때문에 더 논의가 필요하다. 이 쟁점에 관한 우리의 이해에 상당히 큰 도움을 줄 증거가 있다. 제법 새로운 증거인데, 바바다(Babatha)와 살로메 코마이세(Salome Komaïse)라는 두 여자의 문서고에서 발견된 법률 문서가 그것이며, 이는 나할 헤베르(Naḥal Ḥever, 유대 광야에 있는 한 와디의 이름_ 옮긴이)에서 발견되었다.[37]

(1) 딸이 상속한 경우

토라는 아버지가 세상을 떠날 때 살아 있는 아들이 없다면 딸에게 재산을 상속할 권리가 있음을 확실히 정했다(민 27:1-11; 36장). 제2성전기 유대 법정은 이런 권리를 당연히 인정했을 것이다.[38] (H. M. 코튼[Cotton]* 과 J. C. 그린필드[Greenfield]** 에 따르면, P. Yadin 23과 24는 2세기 초에 아라비아 속주에 살

---

[37] 텍스트들을 간략히 소개한 글을 보려면, R. Katzoff, "Babatha," in L. H. Schiffman and J. C. VanderKam, eds., *Encyclopedia of the Dead Sea Scrolls* (Oxford: Oxford University Press, 2000), 73-75; H. M. Cotton, "Ḥever, Naḥal: Written Material," in Schiffman and VanderKam, eds., *Encyclopedia*, 359-361; T. Ilan, "Women's Archives in the Judaean Desert," in L. H. Schiffman, E. Tov, and J. C. VanderKam, eds., *The Dead Sea Scrolls Fifty Years after Their Discovery* (Jerusalem: Israel Exploration Society, 2000), 755-760을 보라. A. J. Saldarini, "Babatha's Story," *BAR* 24/2 (1998), 28-37, 72-74은 바바다 이야기를 재구성한다.

[38] 초기 유대 문헌에서 딸들이 상속한 사례 가운데 상당히 문제가 있는 경우가 *Bib. Ant.* 29에 나오는 그나스 딸들의 이야기다. 통설의 해석(예를 들면, H. Jacobson, *A Commentary on Pseudo-Philo's Liber Antiquitatem Biblicarum* [AGAJU 31; Leiden: Brill, 1996], 823)은 이 이야기를 슬로브핫 딸들의 이야기(민 27:1-11; 36장)와 유사한 사례로 받아들인다. 그러나 이는 타당하지 않다. 모세가 슬로브핫 딸들 사건에서 내린 결정 덕분에, 그리고 그가 딸들의 상속에 관한 법을 공포한 덕분에, 그나스의 딸들은 그들 아버지의 재산을 상속할 법적 권리를 얻었다. 만일 그것이 쟁점이라면, 그나스가 자신이 살아 있는 동안에 "탐심이 많고 탐욕스럽다는 말을 듣지 않으려고" 자신의 딸들에게 어떤 것을 주는 것을 삼갔다는 것은 말이 되지 않는다(*Bib. Ant.* 29:1). 그가 자신의 재산을 처분했다 하여 탐심이 많고 탐욕스럽다는 말을 들을 리는 없었을 것이다. 오히려 쟁점이 되는 것은 그가 자신의 가산(家産)으로 물려받지 않은 땅을 처분할 능력이 이스라엘 관원인 그에게 있느냐는 문제인 것 같다. 이것이 바로 사람들이 그의 딸들이 "사람 가운데서 **더 큰**(*ampliorem*) 유산을 물려받길" 원한 이유다(*Bib. Ant.* 29:1). 다시 말해, 사람들은 그의 딸들이 아버지에게서 물려받은 가산에 대한 법적 권리보다 큰 유산을 받길 원했다. 그나스가 가졌던 관원의 지위를 물려받은 스불은 그나스의 딸들에게 상당한 재산을, 다시 말해 보통의 상속으로는 얻지 못할 재산을 줄 수 있다.

* 한나 코튼-팔티엘(Hannah M. Cotton-Paltiel, 1946-). 이스라엘의 고전 학자다. 고전 라틴어와 로마사를 깊이 연구했다.

** 조너스 그린필드(Jonas Carl Greenfield, 1926-1995). 미국의 셈어 학자이자 사해 사본 연구자다.

던 유대인이 지킨 법이 어떤 사람의 딸보다 그 사람의 형제나 그 형제의 아들에게 우선권을 부여했다고 일러 주지만,[39] 이를 확실한 것으로 여길 수는 없다.[40] 어떤 이의 딸보다 그 사람의 형제나 그 형제의 아들들에게 우선권을 부여했다면, 이 집안은 틀림없이 유대인의 관습이 아니라 그 지역 나바테아인의 관습을 따르고 있었을 것이다. 민수기 27장 1-11절을 보면, 딸들이 형제들보다 우선순위에 있음이 확실하다.) 후대 랍비의 해석(m. B. Bat. 8:2)은 아들뿐 아니라 죽은 아들의 자식(그 자식이 아들이든 딸이든 상관없다)이 딸보다 우선권을 갖는다는 것이 성경이 제시하는 법의 의미라고 이해했지만, 동시에 랍비들은 딸이 죽은 아들의 자식보다 우선권을 가진다는 사두개인의 상반된 의견을 주장하기도 했다(y. B. Bat. 8:1, 16a; t. Yad. 2:20). 따라서 신약 시대에는 딸이 상속할 만한 상황이 당연히 논쟁거리였을 수 있지만, 법정을 지배한 법 해석이 어떤 것이었는지는 확실히 알 수 없다. 그러나 딸의 아버지가 세상을 떠났을 때 그 아버지에게 아들이나 아들의 자식이 없다면 딸이 아버지 재산을 상속한다는 것만큼은 아무 다툼이 없었다.[41]

(2) 증여 행위

증여 행위를 통해 여자에게 재산을 줄 수 있었다. 증여받은 여자는 심지어 이미 혼인했을 때도 증여받은 재산의 완전한 소유권과 처분권을 얻었다. 증여 행위는 많은 상황에서 딸과 아내가 재산을 물려받지 못하게 막은 상속법을 우회하는 방법으로 사용한 것으로 보인다. 유대 관습은 토라가 정한 상속법을 정면으로 위반하는 유증(遺贈, 유언으로 재산을 증여하는 행위로,

---

[39] H. M. Cotton and J. C. Greenfield, "Babatha's Property and the Law of Succession in the Babatha Archive," ZPE 104 (1994), 219-220.

[40] Cotton, "Greek Documentary Texts," in Cotton and A. Yardeni, *Aramaic, Hebrew and Greek Documentary Texts from Naḥal Ḥever and Other Sites* (DJD 27; Oxford: Clarendon, 1997), 204.

[41] 외동딸의 사례로 알려진 경우들을 보려면, T. Ilan, *Jewish Women in Greco-Roman Palestine* (TSAJ 44; Tübingen: Mohr [Siebeck], 1995), 50-52을 보라.

유언자가 사망함과 동시에 효력이 발생한다_ 옮긴이) 대신,[42] 재산을 상속인이 아닌 사람에게 다양한 조건을 붙여 제공하는 증여 행위를 활용하는 관습을 택했는데, 이집트법과 그리스법도 이런 증여 행위를 증언한다. 이런 증여 행위 가운데 일부는 기능상 유언장을 사용한 유증(bequest in a will)과 같은 기능을 발휘할 수 있었을 것이나, 전문가가 보기에는 분명 그런 유증과 달랐다.

바바다와 살로메 코마이세의 문서고에 있는 몇몇 문서는 이를 보여 주는 예다. 파피루스 야딘(Papyrus Yadin) 7(주후 120년)은 바바다의 아버지가 바바다의 어머니에게 준 증여 증서다. 이 증서에는 증여자인 바바다 아버지가 수증자인 바바다 어머니에게 마호자(Maḥoza)라는 고을에서 자신이 갖고 있는 모든 것을 '영원한 선물'로 증여한다는 내용이 쓰여 있으며, 증여물인 이 모든 것은 대추야자 농장 넷이다. 이것은 죽음을 염두에 둔 증여인데, 증여자가 살아 있는 동안에는 용익권(用益權, usufruct, 증여한 물건을 사용하고 거기서 발생한 이익을 가질 권리를 말한다_ 옮긴이)을 그대로 보유하다가 증여자가 죽으면 비로소 그 증여가 취소할 수 없는 것으로 확정되는 특별한 종류의 증여다.[43] 바바다 문서고에서 나온 또 다른 증여 증서(P. Yadin 19, 주후 128년)는 바바다의 두 번째 남편 유다가 작성한 것인데, 그의 딸인 셀람지온이 혼인한 직후 이 딸에게 증여하는 내용을 담고 있다. 유다는 셀람지온에게 안뜰과 거기에 붙어 있는 여러 방 가운데 절반을 증여하며, 나머지 절반은 그가 죽은 뒤에 그의 딸이 받도록 해놓았다. 바바다 자신은 분명 첫 번째 혼인 때, 즉 그의 아버지가 자신이 가진 모든 것을 그의 아내에게 주기 전에, 아버지에게서 마호자에 있는 대추야자 농장 넷을 증

---

[42] 헤롯은 유언장을 통해 그의 누이 살로메에게 자신의 영토를 유증했다(Josephus, *BJ* 1.646; 2.98; *Ant*. 17.147, 189, 321). 이때 그는 팔레스타인 지역의 관습법을 따르지 않고 로마법을 따랐다.

[43] 특히 R. Yaron, *Gifts in Contemplation of Death in Jewish and Roman Law* (Oxford: Clarendon, 1960)을 보라.

여받았을 것이다(이 농장 넷은 바바다의 아버지가 바바다 어머니에게 준 농장은 분명 아니었다). 이 경우에 증여 증서는 남아 있지 않지만, 바바다와 그 아버지의 재산에 관한 증거에 비춰 볼 때, 증여 행위가 있었으리라고 충분히 추측할 수 있다.[44] 살로메 코마이세 문서고에는 살로메 그롭테(그랍테)(Salome Gropte[Grapte])[45]가 자신의 딸이 처음 혼인할 때 마호자에 있는 대추야자 농장 하나를 그 딸에게 주는 증여 문서가 있다(P. XḤev/Se 64, 주후 129년). 살로메 코마이세는 살로메 그랍테가 첫 혼인에서 낳은 딸이었다. 살로메 그랍테는 이 증여 행위를 할 때 재혼한 상태였다. 살로메 그랍테가 딸에게 증여한 경우와 유다가 그의 딸 셀람지온에게 증여한 경우를 보면, 증여한 어머니나 아버지가 재혼한 처지였다. 따라서 이런 증여에는 설령 재혼으로 말미암아 남자 상속인이 생길지라도, 첫 번째 혼인에서 얻은 딸이 아버지나 어머니의 재산 가운데 얼마를 확실히 얻을 수 있게 해주려는 동기가 있었을 수도 있다.

살로메 그룹테의 경우, 물론 그가 혼인한 여자인데도 자신이 원하는 대로 완전히 자유롭게 처분할 수 있는 재산을 갖고 있었다는 점이 주목할 만하다. 이 증여 증서는 "언제나 정당하고 확실하게 …… 딸이 택한 방식을 따라 마음대로 관리할 수 있는" 선물을 그의 딸에게 부여한다(16-17, 40-41행).[46] 유다가 자신의 딸에게 증여한 것을 기록한 증여 증서인 파피루스 야딘 19(23-25행)에 들어 있는 같은 글의 나머지 부분과 이 증여 증서를 결합해 보면, 이렇게 복원할 수 있다. "언제나 정당하고 확실하게, 정당하고 확실한 모든 것을 딸이 택한 방식을 따라 마음대로 짓고, 세우고, 더 높이

44　Cotton and Greenfield, "Babatha's Property," 211-218.

45　Cotton, "Greek Documentary Texts," DJD 27:163은 그랍테라는 이름이 Josephus, *BJ* 4.567에 나오는 아디아베네 왕가의 한 구성원 이름으로 등장함을 지적하지만, 이 이름이 Hermas, *Vis.* 2.4에서 로마에 있는 기독교회의 한 지체 이름으로도 등장한다는 점은 지적하지 않는다.

46　Cotton, DJD 27:213의 번역.

올리고, 뒤집어 엎고, 깊게 하고, 소유하고, 사용하고, 팔고 관리할 수 있는."⁴⁷ 각 경우를 보면, 딸이 자신의 재산을 관리하고 처분할 수 있는 권리는 분명 그 딸이 혼인해도 아무 영향을 받지 않는다.

살로메 코마이세 문서고에서 나온 또 하나의 관련 문서가 청구권 포기 증서다(XḤev/Se 63, 아마도 주후 127년에 작성한 것 같다). 이는 분명 살로메 코마이세와 그의 어머니 살로메 그랍테 사이에 벌어진 분쟁을 법정에서 해결한 사례다. 이 분쟁은 살로메 그랍테의 남편이자 살로메 코마이세의 아버지인 레위, 그리고 살로메 그랍테의 아들이자 살로메 코마이세와 남매 사이인 레위의 아들이 남긴 재산을 둘러싸고 벌어졌다. 살로메 코마이세는 어머니에 대한 자신의 청구를 포기한다. 이 사건에는 남자 상속인이 전혀 얽혀 있는 것 같지 않다. 이 다툼은 죽음을 염두에 두고 작성한 증여 행위와 관련이 있거나,⁴⁸ 과부가 된 살로메 그랍테가 자신의 혼인 계약(*ketubba*)(다음 §[3]을 보라)을 근거로 죽은 남편의 재산에 청구권을 행사한 것과 관련이 있는 것 같다. 어쩌면 살로메 코마이세는 그의 남자 형제가 죽고 난 뒤에 아버지의 재산을 물려받을 유일한 상속인이었을 수도 있으며, 그 어머니가 증여 행위에 따라 증여받은 자로서, 또는 남편이 남긴 재산에서 나온 이익으로 부양을 받을지 아니면 혼인 계약에 따른 현금을 받을지 택할 수 있는 과부로서 재산에 행사하는 청구권을 다투었을 수도 있다.

이 두 부유한 유대인 집안을 보면, 분명 여자들이 상당한 부동산을 소유했고, 아버지와 어머니와 남편에게서 부동산을 얻었다. 몇몇 경우에는 자신보다 앞서 청구권을 주장할 수 있는 남자 상속인이 없어서 상속인으로 재산을 얻기도 한 것 같으며, 어떤 때는 분명 증여 행위를 통해 재산을 얻기도 했는데, 이런 증여 행위는 아들은 물론 아내와 딸에게 확실히 재

---

47 Cotton, DJD 27:219의 번역.

48 H. M. Cotton, "The Archive of Salome Komaïse Daughter of Levi: Another Archive from the 'Cave of Letters,'" *ZPE* 105 (1995), 177.

산을 물려주는 방법으로 꾸준히 활용한 것 같다. 무라바트(Murabbaʻat, 유대 광야에 있는 와디_ 옮긴이)와 나할 헤베르에서 나온 혼인 계약을 살펴보면, 부동산은 혼인 계약의 대상이나 지참금의 구성 부분이 아니었다(다음을 보라).[49] 여자가 혼인 상태에 있는 동안에는 남편이 혼인 계약이나 지참금을 관리했다. 오히려 이런 여자들은 남편에게 전혀 의존하지 않고 독립하여 부동산을 취득하고 소유하며 처분했다.[50] 따라서 구사의 아내 요안나처럼 지체 높은 여자가 같은 일을 했다 해도 전혀 놀라운 일이 아니었을 것이다.

예수가 사역했던 시간 및 공간과 상당히 가까운 이런 문서들이 제시하는 증거뿐 아니라, 다른 두 증거 목록도 인용해 볼 수 있다. 이 두 증거 목록은 예수 시대 팔레스타인에 살았던 유대인의 관습을 증명하는 직접 증거로 볼 수는 없지만, 그래도 이 두 증거를 서로 관련지어 보고 바바다와 살로메 코마이세 문서고에서 얻은 증거에 비춰 살펴보면, 우리 관심사와 훨씬 많은 관련을 갖게 될 것이다.

첫째, 주전 5세기에 이집트 엘레판티네에 있었던 유대인 공동체에서 나온 증거다. 아자랴의 아들 아나니(Anani)(또는 아나냐[Ananiah])의 문서고에는 증여 증서가 넷 있다. 가장 이른 증여 증서를 보면(Kraeling 4 = B3.5),[51] 아나니가 그의 아내 타무트와 혼인하고 15년이 지난 뒤에 집의 절반을 아내에게 주어 아내와 자녀들이 영원히 소유하게 한다. 다른 세 증여 증서에서는 재산을 아나니의 딸 여호이쉬마(Yehoyishma)에게 증여한다.[52]

---

49 DJD 27:205. 엘레판티네(Elephantine)에서 나온 혼인 계약도 이렇다. R. Yaron, *Introduction to the Law of the Aramaic Papyri* (Oxford: Clarendon, 1961), 50-51을 보라.

50 이런 점에서 이 관습은 미쉬나(*m. Ket.* 8:1)가 규정하는 관습과 달라 보인다. 미쉬나가 규정하는 관습에 따르면, 남편이 아내의 재산을 관리할 권리를 갖지만, 심지어 미쉬나에서도 분명 이 권리를 두고 다툼이 없지는 않았다. Ilan, *Jewish Women*, 168-169을 보라.

51 Papyrus 4 in E. G. Kraeling, *The Brooklyn Museum Aramaic Papyri* (New Haven: Yale University Press, 1953), 167-171; B3.5 in B. Porten and A. Yardeni, *Textbook of Aramaic Documents from Ancient Egypt*, vol. 2, *Contracts* (Jerusalem: Hebrew University Press, 1989), 68-71.

52 그들을 두루 설명한 글을 보려면, B. Porten, *Archives from Elephantine* (Berkeley: University

아나니는 석 달 뒤에 있을 딸의 혼인을 고려하여, 그 집 일부에 국한된 용익권을 딸에게 준다(Kraeling 6 = B3.7).[53] 그러다 나중에 그는 자신의 죽음을 염두에 둔 증여 증서에서 딸에게 완전한 소유권을 주되, 이 증여는 자신이 죽을 때 완전한 효력이 발생하도록 했다(Kraeling 9 = B3.10).[54] 이 경우에 아나니는 증여하는 이유를 이렇게 제시한다. "내가 늙었을 때 딸이 나를 부양했기 때문이다"(17행).[55] 마지막으로, 아나니는 딸에게 혼인 지참금에 더하여 집 하나를 선물로 준다(그러나 이 딸이 본래 받은 지참금은 아버지 아나니가 준 것이 아니라 이 집에 양자로 들어온 아들이 누이인 여호이쉬마에게 준 것이었다)(Kraeling 10 = B3.11).[56] 이 경우에 여호이쉬마는 소유권을 받지만, 혼인 지참금의 경우처럼 그의 남편이 용익권도 공유하게 된다.[57] 우리는 이런 증여 증서에서 바바다와 살로메 코마이세 문서고에서 나온 증여 증서에서 본 것과 같은 관습을 본다. 아나니는 증여 행위를 활용하여 아내와 딸이 자신에게서 재산을 물려받을 수 있게 해주었다. 상속법에 따르면 그의 아내와 딸은 재산을 물려받을 수 없었기 때문이다.[58] 엘레판티네에 살았던 또 다른 유대인 여자로, 부유하고 재산을 소유한 인물이자 자신의 아버지에게서 증여받은 이가 마세야(Maseiah)의 딸인 밉타히야(Mibtahiah)다.[59]

---

of California Press, 1968), 225-230을 보라.

53 Kraeling, *Brooklyn Museum*, 191-193; Porten and Yardeni, *Textbook*, 74-77. 이 해석을 살펴보려면, H. Z. Szubin and B. Porten, "A Life Estate of Usufruct: A New Interpretation of Kraeling 6," *BASOR* 269 (1988), 29-45을 보라.

54 Kraeling, *Brooklyn Museum*, 235-239; Porten and Yardeni, *Textbook*, 86-89.

55 Porten and Yardeni, *Textbook*의 번역.

56 Kraeling, *Brooklyn Museum*, 247-251; Porten and Yardeni, *Textbook*, 90-93.

57 이 해석을 살펴보려면, B. Porten and H. Z. Szubin, "A Dowry Addendum (Kraeling 10)," *JAOS* 107 (1987), 231-238을 보라.

58 참고. Yaron, *Introduction*, 68.

59 Porten, *Archives*, 240-245을 보라.

둘째, 미쉬나에서 시작하는 랍비 문헌은 죽음을 염두에 둔 증여 행위를 포함하여 증여 행위 관습을 인정한다(m. B. Bat. 8:5-7).[60] 당시 사람들은 증여할 때 '물려줌'(inheritance)이라는 용어보다 '선물'(gift)이라는 용어를 사용하여 토라 위반을 피함으로써, 증여를 상속법을 우회하는 수단으로 여겼다. 이런 증여는 증여자의 재산을 다른 방법으로는 물려받을 길이 없는 친척이나 친구에게 혜택을 주고, 아버지가 인정하지 않는 아들이 재산을 물려받는 것을 막고자 할 때 사용한다. 랍비들은 정당한 상속인에게 해를 입히는 이런 재산 분할을 달가워하지 않았지만, 그래도 그들은 이런 증여가 적법하다고 인정했다. 사실 랍비들은 여성이 상속을 통해 재산을 물려받는 것을 훨씬 더 달가워하지 않았으며, 증여 행위를 통해 이익을 받을 이로 아내나 딸이나 다른 여자 친족을 분명하게 언급하지도 않는다. 그러나 바바다와 살로메 코마이세 집안의 사례에서 볼 수 있듯이, 그들이 인정하는 법적 도구는 분명 여자들에게 유리하게 사용될 수 있었다. 사실, 미쉬나가 되비쳐 주는 법적 상황은 그보다 100년 전에 두 집안사람이 활용한 법정의 상황과 아주 비슷한 것 같다. 그 이유는 그 랍비들의 선배들이 그런 법정에서 법을 판단해서가 아니라, 랍비들이 다른 많은 점에서도 그러했듯이 이런 점에서도 다른 민족들의 법에 많은 신세를 진 유대 관습법을 채택해서다. 이 경우, 곧 증여 행위를 사용하여 상속법을 회피한 경우를 보면, 주전 5세기에 이집트에 살던 유대인이 따른 관습에서 시작하여 주후 2세기 초의 나바테아와 유대에 살던 유대인의 관습법을 거쳐 2세기 말에 미쉬나라는 성문법으로 만들어진 랍비 율법에 이르기까지 어떤 연속성이 있는 것 같다(하지만 이것들이 역사 속에서 하나의 계통으로 직접 이어져 있지는 않다). 따라서 예수 시대의 팔레스타인 유대인도 이와 같은 법 절차를 활용할

60　T. Ilan, *Mine and Yours Are Hers: Retrieving Women's History from Rabbinic Literature* (AGAJU 41; Leiden: Brill, 1997), 144-146; Yaron, *Gifts*, 49-129.

수 있었으리라고 추정하는 것이 타당할 것이다.

바바다와 살로메 코마이세 문서고에서 나온 문서들, 특히 증여 증서를 사용한 증거는 사실처럼 보이는 것들을 실제로 증명해 준다. 상세한 증거와 면밀한 검토는 고대 유대 사회(와 다른 사회)가 겉보기와 달리 완전한 가부장 사회는 아니었음을 보여 준다. 가부장 구조를 더 넓게 파고 들어가면 그 안에서 여자들이 상당한 독립권을 행사한 방법과 수단을 발견할 수 있을 것이다. 보통 상황에서는 분명 그런 방법과 수단이 이런 구조에 도전하거나 그 구조를 흔들어 놓을 수는 없었겠지만, 그래도 그 구조는 적어도 일부 여자에게는 현재 사람들이 보통 인식하는 것보다는 넓은 운신의 여지를 제공했을 것이다. 아울러 랍비들이 제시한 법이 가부장주 쪽으로 매우 기울어 있긴 했지만, 주후 1세기는 말할 것도 없고 랍비들이 살았던 시대의 유대인 사회에서조차도 실제 삶은 그런 법을 곧이곧대로 반영하지는 않았음을 인식하는 것이 중요하다(이는 이 주제에 관한 예전의 많은 연구에 의미심장한 제약을 가하는 것이기도 하다).

(3) 혼인 계약, (4) 지참금, 그리고 (5) 과부가 죽은 남편의 재산으로 생활을 유지함

케투바(*ketubba*)라는 말은 유대인의 혼인 계약을 가리키지만, 혼인 계약 때 남편이 장차 이혼하거나 자신이 죽으면 아내의 몫으로 주겠다고 약속한 돈이나 물건을 가리키기도 한다. 이 말은 '신부 값'(מהר)에서 발전한 것으로 보인다. 신부 값은 이스라엘 초기에 신랑이 신부의 노동력을 잃어버린 신부 집안에 보상하고자 장인에게 지불한 것이다. 랍비들에 따르면(*b. Ket.* 10a, 82b), 주전 1세기 초에 시므온 벤 셰타(Simeon ben Shetah)의 입법으로 말미암아 신랑은 아내와 이혼하거나 자신이 죽으면 아내에게 일정한 금액을 지불하겠다고 약속해야 했으며, 이 약정 금액이 확실히 지급될 수 있도록 자신의 모든 재산을 담보로 제공해야 했다. 따라서 이제 이 케투바라 불리게 된 것은 더 이상 신부 집안에 대한 보상이 아니라, 이혼당하거나 남편을 잃고 홀로 된 아내에게 지급하는 것이 되었다. 케투바의 역사에 관한 랍비들의 설명이 실제 역사와 부합하든 부합하지 않든,[61] 이미 신약 시대에도 후대에 랍비들이 알았던 것과 같은 케투바 관습 같은 것이 존재한 것 같다. 엘레판티네에서 나온 혼인 계약은 이미 신부 값을 신부 아버지(또는 신부 집안의 가장 큰 어른)에게 그저 명목상 제공한 것으로 다루었음을 증언하며, 장차 남편이 그 아내와 이혼할 경우 아내가 받을 돈에 지참금도 포함됨을 증언한다.[62]

케투바는 신랑이 아내에게 지급한 돈인 반면, 지참금은 신부의 아버지가 신부의 남편에게 지급했다. 지참금은 구혼자를 끌어당기는 기능과 더불어, 케투바처럼 여자가 이혼을 당하거나 과부가 되었을 때 여자에게 살아갈 거리를 제공하는 기능을 했다. 혼인 기간에는 남편이 지참금을 사용할 권리를 갖지만, 남편이 아내와 이혼하거나 아내보다 먼저 세상을 떠나면 아내는 지참금 전액을 돌려받을 수 있었다.

무라바트와 나할 헤베르에서 나온 유대인의 혼인 계약을 보면, 역시 신약 시대와 가까운 시대를 알게 해줄 가장 좋은 증거를 우리에게 제공하는데, 지참금과 케투바를 식별하고 구별하는 데 어느 정도 어려움이 있으며, 이 쟁점을 두고 논쟁이 있어 왔다.[63] 그리스어로 기록해 놓은 그런 혼인 계약 다섯 건(Mur 115, Mur 116, Yadin 18, XḤev/Se 65 [=Yadin 37], XḤev/Se 69)

---

61 그 역사성에 의문을 표하지 않는 설명을 보려면, L. J. Archer, *Her Price Is Beyond Rubies: The Jewish Woman in Graeco-Roman Palestine* (JSOTSup 66; Sheffield: JSOT Press, 1990), 159-165을 보라. 반면, 그 역사성에 의문을 제기하는 설명을 보려면, M. Satlow, "Reconsidering the Rabbinic *ketubah* Payment," in S. J. D. Cohen, ed., *The Jewish Family in Antiquity* (BJS 289; Atlanta: Scholars Press, 1993), 133-151을 보라.

62 Yaron, *Introduction*, 47-48.

63 R. Katzoff in N. Lewis, R. Katzoff, and J. C. Greenfield, "*Papyrus Yadin* 18," *IEJ* 37 (1987), 240-242; A. Wasserstein, "A Marriage Contract from the Province of Arabia Nova: Notes on Papyrus Yadin 18," *JQR* 80 (1989), 113-115; Y. Yadin, J. C. Greenfield, and A. Yardeni, "Babatha's *Ketubba*," *IEJ* 44 (1994), 87-98; M. A. Friedman, "Babatha's *Ketubba*: Some Preliminary Observations," *IEJ* 46 (1996), 55-76; Cotton, DJD 27:266-268; Satlow, "Reconsidering," 137-141을 보라.

가운데 넷은 틀림없이 지참금을 언급한다. 신부가 해당 총액(은, 금, 옷 등을 합쳐 각 지참금 총액이 96데나리온에서 500데나리온에 이른다)[64]을 가져왔기 때문이다. 반면, 다섯 번째 증거(Mur 116)는 2,000데나리온이나 되는 지참금(φερνή)을 언급하는데, 이것도 분명 같은 식으로 이해해야 할 것 같다. 하지만 한 사례를 보면(바바다의 의붓딸인 셸람지온이 유다 킴베르와 혼인한 경우), "(유다가 셸람지온에게) 셸람지온이 전에 약정한 빙물(聘物, bridal gift, προσφορᾶς) 총액에 더하여 300데나리온을 주기로 약속했으며, 이 모든 것을 셸람지온의 지참금으로(προι[ο]κός) 계산한다"는 언급이 있다(Yadin 18, 46-49행).[65] 유다 자신이 아람어로 쓴 서명은 모두 500데나리온이나 되는 돈을 셸람지온의 지참금(נדן[66]=φερνή)이라고 말한다(200데나리온은 빙물이며, 300데나리온은 유다가 추가한 것이다, 70-71행). 이렇게 남편이 추가한 지참금은 랍비 율법에서 케투바 같은 기능을 하며,[67] 그 때문에, 이 계약이 '그리스 법/관습'을 언급함에도(51행: ἑλληνικῷ νόμῳ) 유대인의 케투바 관습을 증명해 주는 것으로 보인다.[68] 더욱이, 케투바를 지참금에 포함한 것은 분명 그보다 훨씬 전의 혼인 계약으로 엘레판티네에서 나온 것들과 유사하다.[69]

---

64   통화와 관련된 용어를 알아보려면, Yadin, Greenfield, and Yardeni, "Babatha's *Ketubba*," 90-92을 보라.

65   Trans. N. Lewis in Lewis, Katzoff, and Greenfield, "*Papyrus Yadin* 18," 233; 그리고 N. Lewis, *The Documents from the Bar Kochba Period in the Cave of Letters* (Jerusalem: Israel Exploration Society, and Hebrew University, 1989), 80.

66   용어에 관하여 알아보려면, Wasserstein, "Marriage Contract," 106-107, 주44를 보라.

67   내가 보기에 Satlow, "Reconsidering," 139에서 "그것을 케투바로 여기기는 불가능하다"고 주장하는 이유가 분명치 않다. 그는 140-141쪽에서 랍비들이 말하는 케투바와 남편이 지참금에 더한 금액, 곧 "이미 신부에게 전달되어 지참금의 일부로 계산된" 것(140)을 구별하는 것 같다. 그러나 랍비들이 말한 케투바도 개념상으로는 혼인 당시 신부에게 전달된 것이었다. 어떤 경우든 이 총액은 이혼하거나 부인이 과부가 될 때까지 아내의 소유 재산으로 이전되지 않았다

68   Mur 116의 조각 텍스트도 지참금에 추가된 것을 언급하는 것 같다. ― "지참금과 앞서 언급한 것들을"(6행: τὴν φερνὴν καὶ τὰ πρ[ογε]γραμμένα ...) ― 이는 케투바일 수 있다. 따라서 아내에게 지급해야 할 2,000데나리온(11행)은 지참금은 물론이고 케투바도 포함한 것일 수 있다.

69   B3.6 (= Cowley 15)과 B3.8 (= Kraeling 7) in Porten and Yardeni, *Textbook*, 30-33, 78-83.

아울러 아람어로 작성한 혼인 계약서가 셋 있는데(Mur 20, Mur 21, Yadin 10), 그중 둘은 '모세와 유대인의 율법'을 언급한다(Mur 20의 3행; Yadin 10의 5행). 셋 가운데 둘은 케투바라는 말을 사용한다(Mur 21의 10, 13행; Yadin 10의 16행). 그리스어로 작성한 계약서에 들어 있는 지참금과 달리, 이 텍스트에 남아 있는 부분은 이 돈을 신부가 가져왔다고 말하지 않는 반면, 이 계약서 가운데 하나는 케투바에 더하여 신부가 남편 집에 가져온 것을 언급한다. "만일 내가 당신과 이혼하면 나는 당신의 **케투바**[에 해당하는 돈]와 [내가 갖고 있는 당신 소유의] 모든 것을 [당신에게] 돌려주겠습니다. …… 당신이 내게서 얻을 아들들은 당신의 **케투바**에 해당하는 돈과 [내게 있는 당신 소유 그리고 위에 적힌 모든 것을 물려받을 것입니다]" (Mur 21의 10, 13행).[70] "돌려주다"라는 말(10행: חזר)은 신부가 케투바와 나머지를 돌려주었음을 시사하는 말일 수도 있지만, 느슨한 의미로 사용했을 수도 있다. 이 말은 여기서 마치 케투바와 지참금("내가 갖고 있는 당신 소유의 모든 것")을 모두 인정한 것처럼 보인다. 그러나 이 아람어 혼인 계약에서 말하는 '케투바'가 지참금을 가리키는 것일 가능성도 배제할 수는 없다.

적어도 일부 유대인은 유대인의 전통으로 내려온 케투바 관습과 그리스의 지참금 관습을 결합한 것 같으며, 이런 결합은 이미 400년 전의 엘레판티네에서도 이루어진 것으로 보인다.[71] 그리스어로 작성한 혼인 계약서가 지참금을 우선시한 반면, 아람어로 작성한 혼인 계약서는 케투바를 우선시하는데, 이는 우연이 아닐지도 모른다. 텍스트가 온전하지 않고 조각 상태로 남아 있다 보니, 모든 계약이 케투바와 지참금을 언급했는지 여부를 단정지어 말할 수는 없다. 어쩌면 이런 관습은 변했을 수도 있다.

어쨌든 아내는 혼인 상태에 있는 동안 자신의 지참금이나 케투바를 독

---

70 Trans. Archer, *Her Price*, 294.

71 B3.6 (= Cowley 15)과 B3.8 (= Kraeling 7) in Porten and Yardeni, *Textbook*, 30-33, 78-83; 그리고 Yaron, *Introduction*, 47-48.

립하여 사용할 권리를 갖지 않았지만, 이혼하거나[72] 남편이 죽었을 경우에는 자신의 케투바와 지참금 전액에 대하여 완전한 소유권을 행사할 권리를 법으로 인정받은 것만큼은 분명하다. 우리가 살펴본 혼인 계약서를 작성했던 부유한 집안들을 보면, 이 케투바와 지참금을 합한 것은 상당한 금액이었을 수도 있다. 96데나리온(그러나 이는 재혼의 경우다: XḤev/Se 65), 200데나리온(Mur 115), 400데나리온(Yadin 10), 500데나리온(Yadin 18, XḤev/Se 69), 또는 심지어 2,000데나리온(Mur 116)에 이르는 경우도 있다. 과부가 되었을 경우, 과부에게는 남편의 집에 남아 있거나 남편 소유 재산에서 생활을 유지할 도움을 받거나 자신의 케투바나 지참금, 또는 둘 모두를 갖고 떠날 권리가 있었다. 물론, 상속인과 분쟁이 생기면, 예수의 비유에서 발견할 수 있는 과부처럼(눅 18:1-5) 법정에 가서 자신의 권리를 지켜야 했을 수도 있으며, 바바다도 그런 경우였던 것 같다(Yadin 21과 22를 보라).

남편의 모든 재산은 아내에게 갚아야 할 채무를 확보할 수 있도록 담보로 잡혀 있었다(예를 들면 Mur 20의 11, 12행을 보라). 이 때문에, 남편은 자신의 재산 가운데 어느 것도 아내의 동의 없이 팔 수 없었다. 파피루스 무라바트 30(주후 134년)은 집과 땅을 판 증서이며, 매도인의 아내가 남편이 죽은 뒤에도 남편의 집에 그대로 거주하며 남편의 재산에서 해마다 30데나리온을 받는 조건으로 그의 남편이 판 재산에 대한 자신의 청구권을 포기한다는 내용을 담고 있다. 아나니아와 삽비라 이야기에 나오는 삽비라의 경우(행 5:1: 아나니아는 아내의 동의를 받고 재산의 일부를 팔았다)는 아마도 이렇게 설명해야 할 것 같다. 삽비라보다 앞서 아나니아가 죽었을 때 삽비라는 아나니아의 재산에 청구권을 갖고 있기 때문에, 아나니아가 그의 재산

---

[72] 이혼하면 지참금을 돌려준 것을 살펴보려면, Mur 19를 보라. XḤev/Se 13이 아내가 남편에게 보낸 이혼 증서인지, 아니면 이혼한 아내가 이미 자신의 케투바나 지참금, 또는 그 둘 모두를 남편에게서 받았기 때문에 남편의 재산에 대한 어떤 청구권도 포기한다고 밝힌 문서인지를 놓고 다툼이 있다(T. Ilan, "Notes and Observations on a Newly Published Divorce Bill from the Judaean Desert," *HTR* 89 [1996], 195-202; A. Yardeni, "Aramaic and Hebrew Documentary Texts," *DJD* 27:65-70).

을 팔려면 삽비라의 동의를 얻어야 했다. 우리에게는 이와 다른 의미의 부부 재산 공동 소유를 보여 주는 사례가 없다. 따라서 이것이 그 본문을 가장 그럴듯하게 이해하는 길이지만,[73] 정확한 법 논리를 귀찮아하는 주석가들이 매우 성급히 간과하는 것이기도 하다.[74]

(6) 과부가 재산을 물려받음

남편이 세상을 떠났는데 부부에게 자식이 없고 남편의 전혼(前婚)에서도 자식이 없을 경우(혹은 생존한 상속인이 하나도 없을 경우), 상속법은 과부가 그 남편의 재산을 물려받도록 허용했을 가능성이 있지만, 실제로 그랬는지 증명되지는 않았다.[75] 가장 훌륭한 증거는 유딧서다. 유딧의 남편은 "유딧에게 금과 은, 남종과 여종, 가축과 밭을 남겨 주었고, 유딧은 이 재산을 유지했다"(8:7). 우리는 뒷부분에 가서 유딧이 죽기 전에 자신의 재산을 남편의 가장 가까운 친족과 자신의 가장 가까운 친족에게 나눠 주었다는 말을 듣는다(16:24). 독자들은 분명 유딧과 그의 남편에게 자식이 없다고 추측할 것이다. 물론 유딧의 남편은 자신이 죽을 것을 생각하여 유딧에게 증여 행위를 통해 그의 재산을 유증했을 수도 있다(앞 §[2]를 보라). 유딧 자신이 죽을 때 그런 증여 행위를 활용하여 자신의 재산을 나눠 주었다는 것이 분명 16장 24절이 암시하는 의미겠지만, 유딧 자신이 남편의 자식이나 남

---

[73] J. D. M. Derrett, "Ananias, Sapphira, and the Right of Property," *DRev* 89 (1971), 225-232.

[74] 예를 들면 J. A. Fitzmyer, *The Acts of the Apostles* (AB 31; New York: Doubleday, 1998), 322; B. Witherington III, *The Acts of the Apostles: A Socio-Rhetorical Commentary* (Grand Rapids: Eerdmans; Carlisle: Paternoster, 1998), 215이 그런 예다. R. G. Maccini, *Her Testimony Is True: Women as Witnesses according to John* (JSNTSup 125; Sheffield: Sheffield Academic Press, 1996), 79은 삽비라에 관하여 이렇게 잘못 말한다. "만일 삽비라가 [그 재산을] 자기 지참금의 일부로 지목했거나 혼인 뒤에 취득했다면, 그것을 그의 임의대로 팔 수 있었을 것이다."

[75] 참고. F. S. Frick, "Widows in the Hebrew Bible: A Transactional Approach," in A. Brenner, ed., *A Feminist Companion to Exodus to Deuteronomy* (FCB 1/6; Sheffield: Sheffield Academic Press, 1994), 148-151. 논쟁이 있을 수 있는 증거가 엘레판티네의 혼인 계약서에서 나왔는데, 이에 관하여 알아보려면, Yaron, *Introduction*, 71-76; idem. *Gifts*, 14-16을 보라.

편의 형제, 또는 그 형제의 자식처럼 다른 상속인이 없어서 상속법을 통해 재산을 물려받았을 수도 있다.[76]

어쨌든 부유한 과부였던 유딧은 우리 관심사에 비춰 볼 때 중요한 의미가 있다. 물론 유딧은 허구 인물이지만, 유딧을 부유하나 자식이 없는 과부로 묘사한 것은 유딧 같은 여자만이 이 이야기가 그에게 부여한 역할을 해낼 정도로 독립성이 있고 존경을 받는 사람으로 쉽게 묘사할 수 있었기 때문이다. 이런 여자는 아버지와 남편, 그리고 아들에게 전혀 의존하지 않고 완전한 독립성을 구가하면서 자신의 독립성을 행사하여 처분할 재산도 갖고 있는, 상당히 드문 지위에 있었을 것이다. 분명 제2성전기 말에 실존한 역사 속 인물이자 부유한 과부였으며 예수와 같은 시대 사람이나 예수보다 젊었던 이가 보에투스(Boethus)의 딸인 마르다이다.[77] 랍비 문헌에서 이 마르다에 관하여 들려주는 이야기들은 역사상 가치가 별로 없을 수 있지만, 이런 랍비 전승이 기억할 정도로 틀림없이 아주 부유한 여자인 것 같다. (b. Ket. 104a와 Sifre Deut. 281 같은 본문은 이 마르다를 부유한 과부의 두드러진 사례로 다루며, 그 전승이 알고 있던 여자 가운데 가장 부자였던 이로 다룬다.) 마르다는 귀족 제사장 집안이자, 그 시대에 대제사장을 많이 배출한 보에투스 가문 사람이었다. 마르다는 첫 남편이 죽자, 나중에 가믈라의 아들이자 대제사장인 여호수아와 재혼한다. 그러나 마르다가 뇌물을 써서 재혼한 남편이 대제사장직에 오르게 했다는 이야기에서 볼 수 있듯이(b. Yoma 18a), 랍비 전승은 마르다의 재산이 남편 것이 아니라 마르다 자신의 것임

---

76   나중에 미쉬나는 아내가 남편의 재산을 물려받을 수 있음을 인정하지 않지만(m. B. Bat. 8:1), 남편이나 남편의 형제에게 모두 자손이 없으면 누가 남편 재산을 물려받는지 설명하지 않는다. 과부가 남편 재산을 물려받을 수 있다면, 만일 그 과부가 재혼할 경우에는 전 남편의 재산은 분명 그 남편의 집안으로 다시 귀속된다고 추정해야 할 것이다. 그렇지 않으면 그 재산은 영원히 그 남편 집안 것이 되지 못하기 때문이다. 참고. Yaron, *Introduction*, 74.

77   Ilan, *Mine*, 88-97을 보라.

을 당연하게 여겼다.[78]

　이 사례들은 예수의 여자 제자 가운데 독립 재산을 가진 과부들이 포함되었을 가능성을 시사한다. 이런 여자들은 예수와 함께 여행할 독립성은 물론이고 예수를 후원할 재정 자원도 갖고 있었을 것이다.

(7) 일하여 보수로 받은 돈

탈 일란은 초기 랍비 문헌에서 여자들의 일에 관한 정보를 모았다.[79] 이 증거가 다루는 시대는 우리가 다루는 시대보다 뒤이긴 하지만, 그래도 랍비들이 여자를 남편에 종속시키려 하고 가정에 가둬 놓으려는 것으로 보아, 이 증거는 그다지 변화가 없는 사회 상황을 반영하고 있을 가능성이 크다. 따라서 우리는 랍비 문헌이 보통은 그저 우연히 언급하고 넘어갈 뿐이지만, 그래도 만일 여자들이 독립하여 일했다면 그렇게 했을 만한 경우가 랍비들이 인식하는 것보다 훨씬 많았으리라고 추측해 볼 수 있다.

　물론 우리는 여자 노예가 한 일과 여자가 가족 구성원을 위해 한 일은 제쳐 놓아야 한다. 이런 일도 그 일을 하는 여자의 기본 필요를 공급받을 기회를 주긴 했지만, 그래도 이런 일은 일하는 여자가 원하는 대로 자유로이 처분할 수 있는 보수를 제공할 수 없었다. 그러나 여자가 보통 자신의 가족을 위해 행하는 일을 다른 이들을 위해 하면 돈을 벌 수 있었다. 여자는 빵과 옷, 농사 지어 수확한 것을 집이나 시장에서[80] 팔 수 있었다. 이런 일은 많은 경우에 가계 수입을 늘려 주었을 것이며, 특히 더 가난한 가정

78　신약 성경에서 재산을 소유한 과부로 제시하는 사람이 마가 요한의 어머니 마리아다. 이 마리아는 예루살렘에 집을 하나 갖고 있었다(행 12:12). 하지만 아들이 살아 있고 그 아들이 나이가 든 것으로 보이므로, 마리아는 남편에게서 집을 물려받은 것은 아니었을 것이다. 그 집이 남편 소유였다면, 이 집은 마리아가 아니라 마가 요한이 물려받았을 것이기 때문이다. 따라서 마리아가 소유한 집은 친정아버지에게서 물려받은 것이거나 증여 행위를 통해 받았을 것이며, 그것이 아니라면 마리아의 케투바나 지참금일 수도 있다.

79　Ilan, *Jewish Women*, 184-190.

80　시장에서 장사하는 여자들을 알아보려면, Ilan, *Mine*, 171-174을 보라.

에서는 종일 빵을 구워 팔거나 가게에서 물건을 파는 일을 '전업으로 삼은' 이들이 보통 남자였을 것이다.[81] 그러나 스스로 일하여 생계를 꾸려야 했던 여자(미혼이거나 이혼했지만 아버지 집의 구성원이 아닌 여자나 남자 친족이 없는 가난한 과부)는 당연히 이런 일을 하여 생계를 꾸리려 했을지도 모른다. 우리는 '자기 직업이 있고' 분명 대단히 숙련된 기술을 가진 한 무리의 미혼[82] 여자들을 알고 있다. 성전의 휘장을 짜던 이들은 성전에 필요한 진설병(陳設餠, shewbread)을 굽고 향을 만들던 가족들처럼(이 가족에는 여자들도 포함되었을까?) 성전 금고에서 나오는 돈으로 보수를 받는 성전 직원에 속했다.[83] 이처럼 세상의 이목을 끄는 사례는 숙련된 솜씨로 옷감과 옷을 생산하여 가게 수입을 늘리거나 스스로 생계를 꾸려 간 또 다른 여자들이 있었으리라는 것을 암시한다. 당시에는 아마도 팔레스타인보다 소아시아에서 여자들이 활동할 기회가 많았을 것이다. 이런 사회 정황에서 자기 사업을 경영했던 루디아처럼(행 16:14) 여자가 규모 있는 사업을 영위했을 가능성은 그리 높지 않지만, 그래도 우리가 가진 증거는 그런 가능성을 아예 배제할 정도는 아니다.

보통 여자들의 직업이던 다른 직업으로는 여관업, 다시 말해 손님을 집에 숙박하게 하고 요금을 받는 일이 있었다. 이는 여자들이 보통 하는 일을 가족이 아닌 사람들에게 제공하여 돈을 벌어들이는 일로 자연스럽게 넓혀 주었다. (누가복음 2장 7절은 베들레헴의 여관 주인들을 실상 언급하지 않고 암시하기만 한다. 예수 탄생을 다룬 현대의 많은 연극은 이 여관 주인들을 남자로 묘사하지만, 사실은 여자였을 가능성이 아주 높다.) 랍비 문헌이 여성의 직업으로 인식한 또 다른 직업에는 미용사, 산파(조산사), 그리고 초상집에서 전문으

---

81 Ilan, *Mine*, 229-230을 보라.
82 바룩2서 10장 19절로 보아 그들은 분명 혼인하지 않은 여자였다.
83 Ilan, *Mine*, 139-143.

로 곡(哭)하는 사람이 있다. 이 모든 경우에 여자들이 한 이런 일은 가계 수입에 보탬이 되었을 수도 있지만, 오히려 독립한 여자가 스스로 생계를 꾸린 수단이었을 가능성이 더 높다. 성인인 남자 친족과 함께 살지 않는 여자는 틀림없이 상당히 드물었을 것이다. 유대교에서는 과부와 고아(과부가 된 엄마와 같이 사는 아이도 당연히 고아처럼 돌봄받았을 것이다)에게 자비로운 도움을 주는 것을 당연한 의무로 인식하고 있었다. 이런 사실은 건강한 남자 친족 없이 여자가 홀로 생계를 꾸려 가기가 쉽지 않음을 암시한다. 그럼에도 내가 앞서 언급한 대로 일하고 임금을 받을 수 있는 일들이 있었을 수 있다는 것은 자선에 의지하지 않고 그렇게 벌어 생계를 꾸린 이들이 일부 있었을 가능성을 보여 준다. 일부 창녀도 아마 이런 범주에 속할 것이다.[84]

혼인한 여자나 아버지 집에서 사는 여자는 이런 일들로 돈을 벌 수 있었겠지만, 번 돈을 자유로이 처분할 수는 없었다. 그렇게 번 돈은 가계 수입에 귀속되어 여자의 남편이나 아버지가 관리했다. 아버지나 남편의 권위 아래 있지 않은 여자들(혼인하지 않았거나 이혼했거나 과부가 된 여자들)만이 자신을 위해 돈을 벌 수 있었다.

지금까지 우리는 여자들이 재산을 얻고 소유할 수 있던 방식들을 논했다. 이런 논의에 비춰 볼 때, 각기 다른 혼인 상태에 있던 여자들이 활용할 수 있는 방식이 어떤 것이었을지 살펴봐야 한다. 모든 성인 여자는 다음 네 범주 중 하나에 속했다. (a) 혼인하지 않음, (b) 혼인했음, (c) 이혼했으나 재혼하지 않음, (d) 과부가 되었으나 재혼하지 않음. 각 범주에 해당하는 여자가 재산을 소유할 수 있는 길은 다음과 같다.

(a) 혼인하지 않은 여자는 앞에서 살펴본 범주 (1), (2), (7)을 통해 재산

---

84 창녀에 관하여 알아보려면, Ilan, *Jewish Women*, 214-221을 보라.

을 소유했을 수 있다.

(b) 혼인한 여자가 자유로이 처분할 수 있는 재산은 범주 (1)과 (2)였을 것이다. 혼인한 여자가 번 돈(7)은 어떤 돈이든 남편 것이 되었지만, 혼인한 여자의 케투바(3)와 지참금(4)은 이혼하거나 남편이 죽으면 여자가 처분할 수 있었다.

(c) 혼인하지 않은 여자는 범주 (1), (2), (7)을 통해 재산을 소유할 수 있었겠지만, 이혼한 여자는 범주 (1), (2), (7)뿐 아니라 (3)과 (4)를 통해 재산을 소유할 수도 있었다.

(d) 과부는 앞의 일곱 범주 중 어느 범주를 통해서든 재산을 소유할 수 있었다. 그러나 그가 (5)를 포기한다면 (3)과 (4)만을 소유할 수 있었을 것이며, (3), (4), (5) 대신 (6)을 택할 수도 있었다.

따라서 갈릴리에서 예수를 따랐고 자신이 가진 경제 자원(자산)으로 예수의 사역을 도운 여자들은 이 범주 가운데 어느 범주에든 속했을 수 있다. 많은 여자가 혼인 적령기가 지난 뒤에도 미혼으로 남아 있었을 가능성은 거의 없다. 보통은 아버지들이 딸을 되도록 빨리 혼인시키는 데 관심을 기울였기 때문이다(참고. 집회서 42:9, 10).[85] 사춘기가 오기 전에 혼례를 치르게 한 경우도 종종 있었다.[86] 그러나 예수가 병을 고쳐 주거나 귀신에게서 구해 준 일부 여자들은(눅 8:2) 성숙한 여자인데도 그들이 처한 상태 때문에 혼인할 수 없었을지도 모른다. 아울러 귀신에 사로잡힌 여자는 혼인했다가 쓸모없고 누구도 제어할 수 없는 상태가 되자 결국 남편에게 이혼당했을 수도 있다. 한때 귀신에 사로잡혔던 막달라 마리아도 혼인하지 않았거

---

[85] 참고. Archer, *Her Price*, 125-126.

[86] 참고. Archer, *Her Price*, 151-153. 그러나 Ilan, *Jewish Women*, 65-69에서 논하는 내용에 주목하라. 일란은 이런 일반화를 제약하는 조건으로 일부 증거를 인용한다. 여자가 평생 혼인하지 않고 지낸 경우를 일러 주는 증거는 거의 없음을 보려면, Ilan, *Jewish Women*, 62-65을 보라.

나 혼인했다가 이혼당한 여자였을 수 있다.[87] 네 범주 가운데, 혼인한 여자는 자신이 원하는 대로 처분할 수 있는 재정 자원(자산)을 소유했을 가능성이 낮지만, 바바다와 살로메 코마이세 문서고에서 나온 문서들은 적어도 더 부유한 집안에서는 혼인한 여자도 자기 명의의 재산을 갖고 완전한 소유권을 행사한 경우가 드물지 않았음을 보여 준다.

데이비드 심은 랍비들이 아내와 재산에 관하여 남긴 말만을 토대로 삼아 "요안나는 분명 부유한 배경을 갖고 있었지만, 예수의 사역에 재정적으로 기여할 지위에 있지는 않았을 것이다"라고 주장하지만,[88] 우리가 방금 전에 지적한 점은 이런 심의 주장을 제약하는 가장 중요한 내용이다. 심의 논의에서 나타나는 다른 진술처럼 그의 그런 진술은 증여 행위, 그리고 우리가 이제는 알 수 있듯이 대부분의 여자가 재산을 물려받지 못하게 막은 상속법을 우회할 목적으로 사용하던 방법을 전혀 고려하지 않는다. 요안나의 부유한 배경으로 보아 요안나는 받은 재산을 소유했을 가능성이 아주 높다. 그가 받은 재산이 상속을 통해 받은 것이 아니라면, 유대 광야 문서고에서 나온 두루마리에 등장하는 바바다와 다른 이들처럼 증여 행위를 통해 받았을 것이다. 요안나는 심지어 혼인한 상태였을 때도 자신이 소유한 경제 자원(자산)을 예수와 그를 따르는 무리를 후원하는 데 썼을 가능성이 아주 높다. 심은 요안나가 혼인한 여자라고 추측한다. 그러나 그의 남편이 죽었다 해도 그를 "구사의 아내"라 부를 수 없었을지는 분명치 않다. 특히 요안나를 그렇게 부르는 것이 누가가 요안나와 헤롯 궁정의 인연, 그리고 요안나가 엘리트 지위에 있었음을 나타낼 수 있는 가장 쉬운 방법이

---

87   나는 귀신에 사로잡힌 상태 때문에 혼인할 수 없었거나 이혼당하게 되었으리라고 생각하지만, C. B. Unieta, "Mary Magdalene and the Seven Demons in Social-Scientific Perspective," in Kitzberger, ed., *Transformative Encounters*, 221은 막달라 마리아가 과부가 되거나 이혼당하는 바람에 귀신 들렸을 수도 있다고 생각한다. "이런 사회에서 귀신 들림에 따라 나타나는 증상은 적절치 않음 이라는 느낌을 암시하며, 동시에 조용하고 효과 없는 저항을 시사하는 것 같다."

88   Sim, "Women Followers," 52.

었음을 고려하면 더욱 그렇다. 요안나가 부유한 과부였다면, 그가 재정과 다른 면에서 누리는 독립성은 사유 재산을 가진 다른 기혼 여자보다 훨씬 컸을지도 모른다.

3. 헤롯의 '청지기'의 아내

요안나의 남편 구사는 헤롯 안티파스의 ἐπίτροπος였다(눅 8:3). 마태복음 20장 8절에서도 볼 수 있듯이, 이 말은 한 집안이나 재산을 관리하는 사람을 가리킨다. 요세푸스와 필론은 이 말을 라틴어 프로쿠라토르(procurator, 황제나 원로원을 대리하여 특정 지역을 다스리는 정무관_ 옮긴이)의 번역어로 사용하여 로마 총독들, 곧 프로쿠라토레스(procuratores)라 부르는 것이 적절한 이들과 프라이펙티(praefecti, 이 말의 단수형 프라이펙투스[praefectus]는 보통 어떤 지역이나 어떤 군부대를 관장하는 우두머리를 가리킨다_ 옮긴이)라 부르는 것이 더 적절한 이들에게 적용했다.[89] 그러나 구사의 경우와 더 관련된 이는 왕 아그리파(아그립바) 1세의 ἐπίτροπος였던 타우마스투스(Thaumastus), 아그리파 2세의 ἐπίτροπος였던 프톨레마이오스, 그리고 나바테아왕 오보다스(Obodas)의 ἐπίτροπος였던 실라이우스(Syllaeus)다. 요세푸스는 타우마스투스가 가이우스 황제의 노예였다고 우리에게 일러 준다.[90] 그는 아그리파가 로마에 억류되었을 때 아그리파에게 호의를 베풀었다. 이 때문에

---

89 Josephus, *BJ* 2.117, 169, 223, 247, 252, 271, 273; *Ant.* 15.406; 20.2, 14, 97, 99, 107, 132, 142, 162; Philo, *Leg.* 299. 요세푸스는 ἔπαρχος를 이런 의미의 동의어로 사용한다. *BJ* 6.305; *Ant.* 18.33, 237; 19.363; 20.197. Josephus, *BJ* 1.199; *Ant.* 14.143은 헤롯 대왕의 아버지 안티파테르를 유대의 ἐπίτροπος로 제시하는데, 여기서 이 말은 더 엄밀히 말해 재정과 관련된 일들을 가리키는 것 같다. 이런 용법들을 살펴보려면, E. Schürer, *The History of the Jewish People in the Age of Jesus Christ (175 B.C.-A. D. 135)*, ed. G. Vermes and F. Millar, vol. 1 (Edinburgh: T. & T. Clark, 1973), 358-360, E. M. Smallwood, *The Jews under Roman Rule* (Leiden: Brill, 1981), 39, 145; N. Kokkinos, *The Herodian Dynasty* (JSPSup 30; Sheffield: Sheffield Academic Press, 1998), 98 주52를 보라.

90 타우마스투스는 로마에 있는 다른 노예들이 지었다고 알려진 그리스식 이름이다. 타우마스투스가 유대인이었을 가능성은 거의 없다.

아그리파가 왕이 되자, 가이우스는 아그리파에게 타우마스투스를 보냈고, 아그리파는 그를 노예 신분에서 해방시켜 자유인으로 만든 뒤, 그의 재산을 관리할 청지기(τῆς οὐσίας ἐπίτροπον)로 임명했다. 아그리파 1세는 죽을 때 타우마스투스를 그의 아들 아그리파 2세와 그의 딸 베레니케(Berenice)에게 맡겨 "같은 능력으로 그들을 섬기게 했으며," 타우마스투스는 죽을 때까지 그 자리에 있었다(*Ant.* 18.194).[91] 아그리파 2세와 그 누이의 또 다른 ἐπίτροπος는 "프톨레마이오스"라 불렸다(*BJ* 2.595; *Vita* 126-128). 이 이름은 유대인이 종종 사용하던 그리스식 이름이었다. 그는 바벨론 탈무드에서 아그리파 2세의 청지기(ἐπίτροπος는 b. *Shab.* 121a; b. *Suk.* 27a에서 차용어—אפיטרופוס—로 사용되었다)라 일컫는 이와 같은 사람으로 보인다.[92] 왕의 경우, 그 재산을 관리하는 이는 사실상 그 나라의 재무 장관이기도 했다. 그는 국가의 모든 수입뿐 아니라 왕가의 땅과 집안까지 관리했다. 아그리파 1세가 다스리는 땅에서는 아주 큰 책임을 진 이 자리를 왕의 총애를 받는 노예 출신 자유인이 차지했지만, 나바테아 왕국에서는 귀족인 실라이우스가 오보다스 왕의 ἐπίτροπος였다(Josephus, *BJ* 1.487).[93] 실라이우스를 헤롯 대왕의 누이 살로메와 혼인할 자격이 있는 사람으로 여겼다는 사실(*Ant.* 6.224-225), 그리고 그가 밀레투스(밀레도) 근처에 있는 아폴론 신전에 남긴 봉헌판에서 자신을 "왕의 형제 실라이우스"[94]라 불렀다는 사실로 보아 그가 고귀한 출신이었음을 인정할 수밖에 없을 것 같다. 여기서 그가 자신을 왕

---

[91] 요세푸스가 티베리우스(디베료)와 아그리파 1세에 관하여 서술한 내용 중에서 타우마스투스가 많은 자료의 출처였다는 주장을 보려면, D. R. Schwartz, *Agrippa I : The Last King of Judaea* (TSAJ 23; Tübingen: Mohr [Siebeck], 1990), 10 주13을 보라.

[92] 참고. Schwartz, *Agrippa I*, 168-169.

[93] Smallwood, *Jews*, 95은 그를 "나바테아의 전권을 쥔 사람"(a Nabatean plenipotentiary)이라 부른다.

[94] P. Richardson, *Herod: King of the Jews and Friend of the Romans* (Columbia, S.C.: University of South Carolina Press, 1996), 280 주73.

의 형제라 부른 것은 분명 가족 관계를 의미하는 게 아니라 자신이 궁정에서 아주 높은 지위에 있음을 일컫는 것이다. ἐπίτροπος라는 실라이우스의 지위는 아주 강력했다. 이 때문에 그는 늙고 게으른 오보다스 왕의 약점을 이용하여 그 왕국을 훌륭하게 다스릴 수 있었고(*Ant.* 16.220, 280), 심지어 자신이 왕위를 잇게 해달라고 요구하기까지 했다(*Ant.* 16.295-296).

이 세 유사 사례는 헤롯 안티파스의 ἐπίτροπος가 헤롯의 궁정에서 아주 서열이 높은 관리였으리라는 것을 시사한다. 그러나 구사와 관련하여 이런 결론을 내리기 전에, 그가 헤롯의 '**유일한** 청지기'가 아니라 그저 여러 청지기 가운데 '**한** 청지기'였을 가능성, 다시 말해 왕의 재산 가운데 하나를 관리하는 사람이었을 가능성을 고려해 봐야 한다. 누가의 표현은 모호해서 후자의 번역도 가능하다. 그렇다면 얌니아(야브네)에 있던 황제의 재산을 관리한 ἐπίτροπος와 대비해 봐도 될 것 같다. 왕의 재산 가운데 이 부분은 헤롯 대왕이 리비아 왕후에게 유증한 것이지만, 로마 황제 티베리우스와 가이우스에게 넘어간 뒤, C. 헤레니우스 카피토(Herennius Capito)가 관리했는데,[95] 요세푸스는 이 카피토를 "얌니아의 청지기"(ὁ τῆς Ἰαμνείας ἐπίτροπος)라 부른다(*Ant.* 18.158). 필론에 따르면, 그는 본래 가난한 사람이었으나 자신의 지위를 악용하여 상당한 부자가 되었다(*Leg.* 199; 참고. 203). 얌니아에 있던 또 다른 청지기(그는 아마도 리비아가 이 재산을 소유하고 있는 동안에 재산을 관리했을 것이다)는 명문(새김글)을 통해 알려진 인물인데, 그는 아우구스투스 황제의 노예였다가 자유인이 된 사람이었다.[96] 그러나 왕의 재산이 광범위하게 존재했던 것으로 보이는 유대와 사마리아와 달리, 안티파스가 갈릴리에서도 재산을 소유했다는 증거는 존재하지 않는다.[97] 그

---

95 Smallwood, *Jews*, 158, 175, 189; Z. Safrai, *The Economy of Roman Palestine* (London: Routledge, 1994), 323-324.

96 Smallwood, *Jews*, 159 주56.

97 R. A. Horsley, *Galilee: History, Politics, People* (Valley Forge, Pa.: Trinity Press

는 아마도 페레아(Perea)에서 그 일을 했겠지만,[98] 만일 구사가 갈릴리에서 살고 갈릴리에서 일했다면 구사의 아내가 갈릴리에서 예수와 접촉한 것이 더 쉽게 이해된다. 따라서 우리는 구사가 안티파스가 갈릴리나 페레아에 갖고 있던 왕 소유 재산 가운데 하나를 관리하는 사람이었을 가능성을 배제할 수 없지만, 그래도 그는 안티파스의 재산과 수입 전체를 관리하는 사람이었을 가능성이 더 높다. 이는 대단히 중요한 위치였을 것이다. 특히 세 신도시(세포리스, 리비아스, 티베리아스[디베랴])를 건설할 비용을 마련하느라 당연히 세금을 통해 막대한 돈을 마련해야 했던 안티파스 통치 초기에는 더욱 중요했을 것이다.[99] 그러나 구사가 단순히 안티파스의 재산 가운데 하나만을 관리했든, 아니면 안티파스가 다스리는 영역에서 재무 장관이었든, 그가 그 사회에서 본래 어떤 출신이었든 그는 풍족한 보수를 받았을 것이고 재산도 제법 많았을 것이며, 특히 재무 장관이었다면 더욱 그랬을 것이다. 그런 사람이었기 때문에 그가 어떤 방법을 통해 취득했든(상속을 받았든, 왕에게 선물로 받았든,[100] 사들였든, 자신에게 빚이 있는 농부들을 착취했

International, 1995), 210-214; D. A. Fiensy, *The Social History of Palestine in the Herodian Period* (Lewiston, N.Y.: Mellen, 1991), 24-48. 안티파스가 왕 소유 땅에 티베리아스(디베랴)시를 세웠다는 주장이 있지만(Avi-Yonah를 따라 J. Pastor, *Land and Economy in Ancient Palestine* [London: Routledge, 1997], 133-134에서 주장), Horsley, *Galilee*, 212은 이를 거부한다. 그러나 *t. Shab.* 13(14).9가 시킨(Shikhin)에 있는 왕의 재산을 언급한 것을 주목하라. Horsley, *Galilee*, 214도 이를 언급한다. 아울러 우리는 Josephus, *Vita* 119에서 (베레니케 여왕에 속한 시대에) 하 갈릴리(Lower Galilee)의 베사라(Besara, 벧 쉐아림[Beth She'arim]) 근처, 그러니까 안티파스의 영역과 접한 곳에 왕의 재산이 있었음을 안다.

98 Fiensy, *Social History*, 48.

99 참고. R. A. Horsley, *Archaeology, History, and Society in Galilee* (Valley Forge, Pa.: Trinity Press International, 1996), 34.

100 그는 페레아에 있는 왕의 재산에서 땅을 선물로 받았을 수도 있다. Josephus, *Vita* 33은 콤프수스(Compsus)의 아들 크리스푸스(Crispus)를 언급하는데, 그는 아그리파 1세 아래에서 ἔπαρχος(군사령관?)였으며, 티베리아스와 관련이 있었을 뿐 아니라 페레아에도 재산을 소유하고 있었다. 참고. Kokkinos, *Herodian Dynasty*, 293; 그리고 크리스푸스에 관한 이 견해와 다른 견해를 보려면, Schwartz, *Agrippa I*, 114 주27, 136 주124를 참고하라. S. Schwartz, "Josephus in Galilee: Rural Patronage and Social Breakdown," in F. Parente and J. Sievers, eds., *Josephus and the History of the Greco-Roman Period* (SPB 41; Leiden: Brill, 1994), 304은 갈릴리에서 신하들이 땅으로 급료를 받

든),[101] 틀림없이 땅도 소유했을 것이다. 그와 그의 아내 요안나는 헤롯 안티파스가 세운 도시이자(아마도 주후 18년경에 세운 것 같다)[102] 그가 통치한 대부분의 기간에 수도였던 티베리아스의 헤롯 궁정에 속한 사람이었을 것이다.

이것은 일부 학자가 제시한 주장,[103] 곧 구사가 요한복음 4장 46절에서 말하는 "왕의 관리"(βασιλικός)[104]였고 분명 가버나움에 거주했으며 그의 온 집안이 예수를 믿게 된 사람이라는(4:53) 주장을 언급하기에 적절하다. 그렇다면 그의 아들(이 가설에 따르면 이 아들은 곧 요안나의 아들이다)이 고침을 받은 것은 요안나가 예수의 사역에 헌신하게 된 계기를 설명해 주는 셈이다. 요한복음 4장 46절에서 말하는 βασιλικός가 왕의 재산을 관리하는 ἐπίτροπος였을 가능성은 거의 없다. 우리가 알기에 가버나움 근처에 살던 이 가운데에는 그런 이가 없기 때문이다. 구사가 헤롯의 영역에서 ἐπίτροπος였다면, 가버나움에서 재산을 소유했을 수도 있다. 그러나 βασιλικός는 갈릴리의 작은 지역들을 다스리는 우두머리나[105] 더 낮은 관리였을 수도 있다. 우리가 그를 구사와 동일인이라고 여길 수 있는 것은 그저 가능성 정도일 뿐이다. 하지만 그는 구사와 요안나가 속해 있던 헤

았다고 생각하지만, 갈릴리에 왕의 소유지가 있었다는 증거가 없는 점에는 주목하지 않는다.

[101] 왕의 관리들이 땅을 취득했을 수 있는 이런 방법에 관하여 알아보려면, Horsley, *Galilee*, 215-216을 보라. 그리고 티베리우스 시대 귀족들이 농부들을 속여 땅을 얻었음을 일러 줄 수 있는 요세푸스 글 속의 증거(Josephus, *Vita* 177, 392)를 살펴보려면, Schwartz, "Josephus in Galilee," 302을 참고하라.

[102] 이때는 M. Avi-Yonah가 주장했으나, H. W. Hoehner, *Herod Antipas* (SNTSMS 17; Cambridge: Cambridge University Press, 1972), 93-95은 이때로 보는 견해를 받아들이지 않는다. 그러나 S. Freyne, *Galilee: From Alexander the Great to Hadrian 323 BCE to 135 CE* (2nd ed.; Wilmington, Del.: Glazier; Edinburgh: T. & T. Clark, 1998), 149 주65와 Kokkinos, *Herodian Dynasty*, 234-235은 이 해가 맞다고 확인해 주었다.

[103] 예를 들면 V. R. L. Fry, "Chuza," *ABD* 1:1022.

[104] 이 용어에 관하여 알아보려면, Josephus, *Vita* 112, 149을 참고하라.

[105] 이런 지역들을 보려면, Hoehner, *Herod*, 102을 보라. 우리는 가버나움이 작은 통치 지역(toparchy)의 수도였는지 모르지만, 그랬을 가능성이 있다. 그런 수도로 가버나움에서 가장 가까운 곳은 타리카이아이(Tarichaeae)였다. Hoehner, *Herod*, 45-46; Freyne, *Galilee: From Alexander*, 55 주52, 69.

롯 시대 엘리트 사이에서 예수가 치유자라는 평판을 얻었음을 확증해 주는 보강 증거를 제시한다. 나아가 마나엔(Manaen, 므나헴[Menahem]의 그리스식 형태)이라는 인물도 필시 그런 증거를 제공하는 것 같다. 이 인물은 나중에 안디옥 교회에서 두드러진 지도자가 되었는데, 그는 헤롯 안티파스의 σύντροφος이기도 했다(행 13:1). σύντροφος는 "함께 젖을 먹고 자란 형제"라는 의미일 수도 있고 더 넓은 의미로는 "어린 시절의 친구, 함께 공부한 친구"라는 의미일 수도 있지만, 그보다 넓은 "가까운 동료나 벗"이라는 의미를 얻었다.[106] 더 자세히 말하면, "왕의 σύντροφος"라는 용어가 헬레니즘 시대 중동의 여러 왕국에서는 왕과 아주 가까운 벗을 가리키는 신하를 일컫는 말로 궁정에서 사용하는 칭호였으며, 이 경우가 사도행전 본문의 경우와 가장 관련이 있다.[107] 따라서 마나엔이 헤롯 안티파스와 함께 양육되었을 가능성이 있을지라도[108] 마나엔이 정말 그렇게 헤롯 안티파스와 함께 양육되었다고 추측할 수는 없지만, 우리는 마나엔이 왕의 측근 신하 가운데 왕이 신임하던 사람이라는 것은 알 수 있다. 그는 아마도 나중에 파피아스가 마나임(Μαναιμ)이라 일컫는 이와 같은 사람일 것이다. 불행히도 지금은 남아 있지 않지만, 파피아스는 마나임의 어머니가 죽은 자 가운데서 되살아난 이야기를 알았다.[109] 이 기적을 예수가 행했는지 아니면 어떤

---

106 요세푸스는 *BJ* 1.215; *Ant.* 14.183에서 안티파테르가 히르카누스 2세를 왕이자 안티파테르의 아들 헤롯의 σύντροφος라 일컬었다고 말한다. 히르카누스는 헤롯이 자랄 때 헤롯 집안의 막역한 친구였지만, 분명 헤롯보다 적어도 스무 살은 위였을 것이다. 따라서 이 경우에는 σύντροφος가 '함께 교육받은 학우'나 '어린 시절의 벗'을 의미할 수는 없다.

107 마카비2서 9:29; BAGD s.v. (793); 그리고 G. A. Deissmann, *Bible Studies* (tr. A. Grieve; 2nd ed.; Edinburgh: T. & T. Clark, 1903), 310-312을 참고하라.

108 안티파스는 10대 중반을 로마에서 교육받으며 보냈는데, 이때 '어떤 유대인'이 그를 보살폈다 (Josephus, *Ant.* 17.20). 그에겐 분명 그 또래 유대인 친구들이 있었을 것이다.

109 시데의 필리포스가 들려주는 보고: J. B. Lightfoot, *The Apostolic Fathers* (ed. J. R. Harmer; London: Macmillan, 1891), 519. J. 채프먼(Chapman)은 마나엔의 어머니(그의 견해에 따르면 안티파스를 길러 준 어머니이기도 하다)가 요안나라고 주장했다(A. Hastings, *Prophet and Witness in Jerusalem* [London: Longmans Green, 1958], 49이 보고). 이 장 뒤에서 주장된 이 견해에 따르면, 요안나는 마나엔의 어머니일 정도로 나이가 들지는 않았을 것이다.

사도가 행했는지는 명확히 밝히고 있지 않지만, 시대의 필리포스가 파피아스의 말을 보고한 글의 맥락을 보면, 예수가 행한 기적이다. 따라서 요안나와 가버나움의 왕실 관리처럼 마나엔도 갈릴리에서 있었던 예수의 치유 사역을 체험하고 나서 비로소 예수를 믿었을 개연성이 없지 않다. 이런 관련 내용은 헤롯이 예수에게 관심을 보이며 예수가 정말 기적을 행하는지 보고 싶어 했다는 보고와 특히 잘 들어맞는다(눅 9:7-9; 23:8; 참고. 막 6:14-16).[110]

요안나가 속했던, 헤롯의 신하들과 관리들이라는 이 엘리트 집단과 관련하여 안티파스 시대가 우리에게 일러 주는 정보가 좀 더 있다. 마가는 헤롯의 생일잔치를 이야기하면서, "그의 신하들과 관리들과 갈릴리의 지도자들"(τοῖς μεγιστᾶσιν αὐτοῦ καὶ τοῖς χιλιάρχοις καὶ τοῖς πρώτοις τῆς Γαλιλαίας, 막 6:21)을 언급한다.[111] 궁정 신하나 지체 높은 이들(μεγιστᾶνες)[112]과 갈릴리 지도자들(πρῶτοι)의 차이는 분명하지 않지만, 전자는 안티파스의 궁정 구

---

110 이처럼 그리스도인이 헤롯 안티파스의 궁정과 강하게 연결되어 있었음을 고려할 때, 헤로디온(롬 16:11)은 전에 그 분봉왕의 신하였을 수 있다. 다른 이들은 그가 헤롯 집안사람 가운데 하나로 노예 출신 자유인이었다고 주장했는데, 분명 그랬을 가능성도 있지만, 실제로 헤롯 집안사람이 아닌 이로서 헤롯이라 불린 유대인으로 알려져 있는 이들이 있었던 예(*Vita* 33, 96)가 내 견해를 지지한다. 심지어 Kokkinos, *Herodian Dynasty*, 270, 313은 로마서 16장 10절의 아리스토불루스(아리스도불로)가 칼키스의 헤롯 5세 아들인 아리스토불루스 3세일 수 있으며, 로마서 16장 11절에 나오는 헤로디온은 아리스토불로스의 아들 헤롯 7세일 수 있다고 주장한다. 이 헤롯은 필시 Josephus, *Ap.* 1.51에서 언급하는 헤롯일 것이다. 바울이 로마에서 그를 지소사(指小辭, 원래 뜻보다 작은 개념이나 친애의 뜻을 나타내는 접사_편집자)를 사용하여 헤로디온이라 부른 것은 바울이 로마서를 쓰던 때에 그가 소년이었기 때문이다. D. Noy, *Jewish Inscriptions of Western Europe* (2 vols.; Cambridge: Cambridge University Press, 1995), 2:252-254 (no. 292)은 로마의 한 회당 명문에서 헤로디온이라는 이름을 읽어 낼 수 있다고 주장하는데, 이에 관하여 알아보려면, Kokkinos, *Herodian Dynasty*, 313 주169을 보라.

111 이 용어들에 관하여 알아보려면, Hoehner, *Herod*, 102; S. Freyne, "Urban-Rural Relations in First-Century Galilee: Some Suggestions from the Literary Sources," in Freyne, *Galilee and Gospel: Collected Essays* (WUNT 125; Tübingen: Mohr [Siebeck], 2000), 51을 보라. 조금 후대이지만, 아그리파 1세가 통치할 때, 요세푸스는 티베리아스의 '지도자들'(οἱ πρῶτοι)을 언급하고(*Ant.* 18.273), 이보다 뒤인 유대인 봉기 때를 이야기할 때는 갈릴리의 지도자들(οἱ πρῶτοι)을 언급한다 (*Vita* 220, 266, 305). 참고. S. J. D. Cohen, *Josephus in Galilee and Rome* (Columbia Studies in the Classical Tradition 8; Leiden: Brill, 1979), 208과 주52.

112 Josephus, *Vita* 112, 149에서는 이 용어가 지체 높은 이방인들을 가리키는데, 그렇다고 이것이 Freyne, "Urban-Rural"처럼 여기 나온 두 그룹을 이방인과 유대인으로 구분할 만한 좋은 이유는 아니다.

성원과 티베리아스에 살고 있던 그의 조정 고관들 같으며, 후자는 갈릴리에서 전통 대대로 내려온 귀족 같다. 이 귀족들이 실제로 분봉왕 헤롯에게 동조했는지는 모르지만, 어쨌든 이들은 분봉왕의 생일잔치에 참석하여 그의 영예를 높여 주어야 했을 것이다. 구사와 요안나는 전자의 그룹에 속했겠지만, 요안나 자신의 집안이 갈릴리 지역에서 명망이 있던 집안 가운데 하나였을 가능성도 있다.[113] 이 시기에 대한 또 다른 정보는 티베리아스에서 나온 물고기 잡이에 쓴 납추(lead weight)에서 얻을 수 있다. 주후 29/30년경에 만들어진 이 납추에는 그 도시 행정관 가운데 한 사람의 이름이 들어 있다. 그 도시의 두 아고로노모이(*agoronomoi*) 가운데 하나인 이 사람은 별나게도 로마 황제 이름인 가이우스 율리우스라는 이름을 갖고 있었다.[114] 그가 유대인이었다고 가정한다면(물론 반드시 유대인이어야 하는 것은 아니다), 이 이름은 로마가 다스리던 그 도시에 사는 유대인 엘리트의 신원을 일러 주는 놀라운 것이다. 팔레스타인의 유대인 가운데에서는 라틴식 이름이 아주 드물었으며, 그 지역 유대인은 그런 이름을 틀림없이 매국노의 이름으로 여겼을 것이다. 마지막으로 복음서는(막 3:6; 12:13; 마 22:16) 헤롯 안티파스를 추종한 분파를 가리켜 "헤롯당"(Ἡρῳδιανοί)이라는 용어를 사용하는데, 이들은 아마도 구사와 요안나가 속했던 고위 관리와 궁정 신하들로 이루어진 그룹이었을 것이다. 이 그리스어(Ἡρῳδιανοί)가 Καισαριανοί와 Χριστιανοί처럼 라틴어 형태로 만들어졌다는 것(*Herodiani*)은 아주 중요

---

113 갈릴리의 유대인 엘리트, 그리고 그들과 예루살렘의 관계를 알아보려면, Ch. Safrai, "The Role of the Jerusalem Elite in National Leadership in the Late Second Temple Era," in M. Poorhuis and Ch. Safrai, eds., *The Centrality of Jerusalem: Historical Perspectives* (Kampen: Kok Pharos, 1996), 65-72을 보라.

114 A. Stein, "Gaius Julius, an Agoronomos from Tiberias," *ZPE* 93 (1992), 144-148은 여기서 말하는 가이우스 율리우스가 아그리파 1세라고 주장한다. 그러나 Kokkinos, *Herodian Dynasty*, 233 주100, 272 주26, 277은 아그리파 1세가 티베리아스의 아고로노모스(*agoronomos*)였던 해는 34/35년이었으며, 그의 완전한 이름은 틀림없이 그 아들 아그리파 2세의 그것과 같았을 것이라고(곧 마르쿠스 율리우스 아그리파였다고) 주장한다.

한 의미가 있다. 이 말은 틀림없이 로마의 영향을 받고 심지어 일부 사람은 라틴어를 사용한 안티파스의 궁정 자체에서 유래했을 것이다(이와 달리, 요세푸스는 그리스어 고유 형태인 Ἡρῳδεῖοι를 사용한다. *BJ* 1.319를 보라).[115]

다행히도 우리는 유대인 봉기 때(주후 66년) 티베리아스에 살았던 다음 세대 저명인사들에 관하여 요세푸스가 제공하는 정보에서 요안나 시대 티베리아스 귀족에 관하여 무언가를 얻을 수 있다. 그 시대 티베리아스시의 귀족에는 안틸루스의 아들인 율리우스 카펠라(또는 카펠루스)(*Vita* 32, 65, 69, 296), 미아루스의 아들 헤롯, 가말루스의 아들 헤롯, 콤프수스의 두 아들인 콤프수스와 크리스푸스(*Vita* 33),[116] 피스투스의 아들 유스투스,[117] 그리고 사피아스의 아들 예수[118]가 있다. 이 티베리아스 귀족 가운데 라틴식 이름이 차지하는 비율이 높다는 것은(율리우스 카펠라, 크리스푸스, 유스투스)[119] 아주 주목할 만하다. 방금 언급했듯이, 1세기 팔레스타인에 살았던 유대인 가운데에서는 라틴식 이름이 드물었다.[120] 그런 이름은 모르긴 몰라도 자

---

115 J. P. Meier, "The Historical Jesus and the Historical Herodians," *JBL* 119 (2000), 740-746.

116 요세푸스가 이야기하는 사건들이 벌어지는 동안, 전에 아그리파 1세가 임명한 지사(prefect) 크리스푸스는 티베리아스를 떠나 페레아에 있는 그의 땅에 있었다(*Vita* 33). 이 크리스푸스는 분명 아그리파 2세의 침소관(寢所官)이던 인물과 같은 사람이 아니다(*Vita* 382, 388-389, 393) (A. Schalit, *Namenwörterbuch zu Flavius Josephus* [A Complete Concordance to Flavius Josephus, ed. K. H. Rengstorf, Supplement 1; Leiden: Brill, 1968], 76은 견해를 달리한다). 그러나 아그리파 2세의 침소관은 그의 아들이거나 다른 친족이었을 수도 있다. Kokkinos, *Herodian Dynasty*, 293-294은 *Vita* 32에 나오는 크리스푸스가 바바다 문서고를 통해 알려졌고 이집트에 재산을 갖고 있던 부재(不在) 소유주인 부유한 율리아 크리스피나(주후 2세기 초의 인물)의 조상일 수 있다고 주장한다.

117 피스투스 자신은 이때에 여전히 활동하고 있었다. *Vita* 34, 87, 175.

118 예수는 티베리아스 행정관(ἄρχων)이었으며(*Vita* 134) 분명 부유한 사람이었다(*Vita* 246). 따라서 그는 분명 엘리트 계층으로 분류해야 한다. 그러나 그는 이 도시에서 싸우고 있던 그 분파에 속한 가난한 이들의 지도자이기도 했다. 요세푸스가 이 예수를 경멸한 것에 관하여 알아보려면, J. Pastor, "Josephus and Social Strata: An Analysis of Social Attitudes," *Henoch* 19 (1997), 308-309을 보라.

119 유스투스(유스토스, Ἰοῦστος)라는 이름은 디아스포라 유대인이 좋아하던 이름이었다. 그 시대 유대인이 널리 사용하던 히브리식 이름 요셉과 같은 이름으로 여길 수 있는 이름이었기 때문이다. G. Mussies, "Jewish Personal Names in Some Non-Literary Sources," in J. W. van Henten and P. W. van der Horst, eds., *Studies in Early Jewish Epigraphy* (AGAJU 21; Leiden: Brill, 1994), 240.

120 R. Bauckham, "Paul and Other Jews with Latin Names," A. J. M. Wedderburn 기념 논문집

신이 로마를 지지하는 사람임을 알리는 일종의 선언인 경우가 많았을 것이다. 두 개의 라틴식 이름을 갖고 있던, 즉 노멘(*nomen*, 족명[族名])과 코그노멘(*cognomen*, 가명[家名])을 모두 갖고 있던 율리우스 카펠라는 아마도 로마 시민이었을 것이다. 그러나 그의 아버지 안틸루스(그리스식 이름)는 로마 시민이 아니었던 것 같다. 사실, 주목할 만한 것은 이 그룹의 사람들이 가진 로마식 이름이 모두 두 번째 세대에 속한다는 것이다.[121] 우리는 필시 대부분이 그리스식 이름을 가졌을[122] 이 두 번째 세대의 조상을 안티파스가 신도시 티베리아스에 정착시켰던 사람들이자, 자신의 아들들에게 로마식 이름을 붙여서 로마에 있는 자신들의 후원자와 자신들의 인연을 과시하던 이들로 생각해야 할 것 같다. (마찬가지로, 티베리아스의 행정관이자 이 도시에 있던 두 아고로노모이[*agoronomoi*] 가운데 하나로, 분명 97/98년에 만들어진 것으로 보이는 납추에 그 이름이 등장하는 이는 모니무스의 아들 아니무스[Animus]라 불린다.[123] 아들의 이름은 라틴식인데, 그 아버지의 이름은 그리스식[Μόνιμος] 이름이다.)[124] 우리는 66년에 티베리아스에 살았던 귀족 가운데 두 헤롯의 사례에서 이와 비교해 볼 만한 현상을 추측해 봐야 한다. 그들의 가명(家名, patronym)은 그들의 어머니가 헤롯 집안의 사람이 아니었으며 그들도 헤롯

(2002)에 실려 있다.

121 피스투스(Πίστος)는 라틴식 이름이 아니라 그리스식 이름이다. 이와 다른 견해를 표명하는 이가 Horsley, *Galilee*, 78이다. N. G. Cohen, "Jewish Names as Cultural Indicators in Antiquity", *JSJ* 7 (1976), 121은 다른 곳에서는 볼 수 없는 이름인 미아루스(Μιαρός)가 라틴식 이름 마리우스(Marius)를 잘못 쓴 것이라고 주장하지만, 이는 분명 여전히 확실치 않다. Cohen, "Jewish Names," 120과 달리, 비록 그 여성형인 Κόμψη를 라틴식 용례에서 볼 수 있긴 하지만, 콤프수스(Κομψός)는 라틴식 이름이 아니라 그리스식 이름이다. 폼페이와 루카니아의 라틴어 명문에서 나온 사례들을 살펴보려면, P. M. Fraser and E. Matthews, eds., *A Lexicon of Greek Personal Names*, 3 vols. (Oxford: Clarendon, 1987-1997), III.A:254을 보라.

122 미아루스와 가말루스라는 이름은 알려져 있지 않지만, 후자는 필시 유대식 이름인 가믈라나 가말리엘의 그리스식 형태일 것이다(Josephus, *Ant.* 20.213, 222; *m. Yeb.* 6:4 등).

123 Kokkinos, *Herodian Dynasty*, 397-398. 또 다른 *agoronomos*는 유대식 이름과 가명(patronym)을 갖고 있다. 마티아스의 아들 야에사이우스(맛디아의 아들 야에사이우[Ἰαεσαιου Μαθιου]).

124 모니무스의 아들 헤롯이라는 이름을 가진 유대인을 살펴보려면, *CIJ* 983 (Capernaum)을 보라.

집안사람일 수가 없음을 보여 준다. 안티파스의 궁정 신하들과 안티파스의 후원을 받았던 귀족들이 헤롯이라는 이름을 따서 아들들의 이름을 지었을 가능성이 더 높다(참고. 요세푸스가 *Vita* 96에서 언급하는 "티베리아스의 헤롯"은 이 두 헤롯 가운데 하나인 것 같지 않다). 이 아들들은 유대인이 봉기한 66년에도 여전히 친(親)로마이자 헤롯 지지자로 남아 있었다.

티베리아스는 건설된 뒤, 안티파스의 궁정이 자리하고 그의 영역을 다스리는 행정 중심지가 되었다. 그의 최고위 관리들도 거기에 살았을 것이며, 아마 구사도 그 아내 요안나와 함께 그곳에서 살았을 것이다. 요세푸스가 언급하는 티베리아스의 귀족 집안이 모두 유대인이었을 리는 없다. 분명 그 도시의 인구 전체가 유대인은 아니었기 때문이다. 안틸루스와 콤프수스(둘 다 상당히 드문 그리스식 이름이다)가 꼭 유대인이었을 리는 없다. 우리가 이런 이름들에서 많은 결론을 끌어낼 수는 없다. 팔레스타인에서는 극소수 유대인만이 라틴식 이름을 갖고 있었지만, 그들 대부분은 셈식(Semitic) 이름과 라틴식 이름을 모두 갖고 있었을 것이며, 정황에 따라 셈식 이름을 사용하거나 라틴식 이름을 사용했을 것이다. 이는 마치 훨씬 많은 이가 정황에 맞춰 셈식 이름과 그리스식 이름을 사용하던 것과 마찬가지다. 이런 관점에서 볼 때, 적어도 주목할 만한 점은 티베리아스 시에 살았던 친로마, 친헤롯 성향의 엘리트이자 요세푸스가 언급하는 티베리아스 사람들은 비록 셈족일 경우에도 그 도시에서는 유대식 이름이 아닌 이름(즉, 그리스식 이름이나 라틴식 이름)으로 알려져 있었다는 것이다. (그 예외가 사피아스 또는 사파트의 아들 예수다.[125] 그가 티베리아스에서 사람들 사이에 인기 있

---

125 예수의 아버지 이름은 (소유격 형태인) Σαπφια (*Vita* 66; *BJ* 2.599), Σαπιθα (*Vita* 134), Σαφατου (*BJ* 3.450)로 나타난다(그러나 이 가운데 대부분은 독법이 다양하다). 마지막 형태는 이 이름의 히브리식 형태인 샤파트(שפט)를 보여 준다. 이는 πφ를 가진 형태인 그리스식 이름들에 맞춘 것이다. 이 예수는 대제사장 가운데 하나였고 이두메아(이두매)의 여러 장군 가운데 하나였던 사파(Σαπφα와 다른 다양한 표기; *BJ* 2.566)의 아들 예수와 동일인일 리가 없다. 그러나 Schalit, *Namenswörterbuch*, 107은 의견을 달리한다(60과 대비해 보라). 이름이 같고 가명도 거의 같은 이 두 사람에 관한 문제를 논하는(그러나 확실한 해결은 나지 않은) 글이 T. Ilan and J. J. Price, "Seven Onomastic Problems in Josephus' *Bellum*

던 분파의 지도자였다는 사실도 그런 이름과 무관하지 않을 수 있다.) 이 헤롯의 신하들과 관리들은 (안티파스 자신처럼) 유대인의 종교에 틀림없이 조금 유연한 태도를 취했을 것이다. 안티파스가 티베리아스를 묘지가 있는 곳에 지었기 때문이다(*Ant.* 18.38). 토라를 엄격히 지키는 유대인이라면 시신의 부정에 오염될 것이 두려워 그런 곳에 살지 않았을 것이다(이는 가장 심각한 종류의 부정이며, 이 부정을 제거하려면 다른 종류의 부정보다 상당히 힘든 수고가 필요했다). 리처드 호슬리(Ricahrd Horsley)˙는 안티파스가 이런 일을 하여 유대에 살던 유대인의 율법과 전통을 훼손했지만, 그렇다고 그가 꼭 "갈릴리 사람들의 종교 감성(신앙 감정)"을 공격한 것은 아니라고 말하는데,[126] 이는 잘못이다. 갈릴리에서 발견된 많은 미크바옷(*miqva'ot*, 제의에 참가할 때 정결히 하려고 몸을 담그는 못)은[127] 갈릴리 사람들이 부자든 보통 사람이든 비록 바리새파의 토라 정결법 해석을 꼭 그대로 따르지는 않았더라도,[128] 토라의 정결법을 지키는 데 관심이 많았음을 보여 준다. 그럼에도 우리는 티베리아스에 있던 헤롯 궁정의 유명한 유대인들이 "그리스 문화에 깊이 물들었고 헤롯의 후원을 받는 사람들"[129]이었다는 호슬리의 견해에 동의할 수 있다. 그러나 호슬리 자신도 그런 것처럼, 그런 유명인 가운데 일부는 갈

Judaicum," *JQR* 84 (1994), 198-200이다.

• 리처드 호슬리(Richard A. Horsley, 1939-). 미국의 신학자이며 초기 기독교 역사가다.

126 Horsley, *Galilee*, 170.

127 E. P. Sanders, *Judaism: Practice and Belief 63 BCE-66 CE* (Philadelphia: Trinity Press International; London: SCM, 1992), 223; E. Regev, "Pure Individualism: The Idea of Non-Priestly Purity in Ancient Israel," *JSJ* 31 (2000), 181-186.

128 시신의 부정에 오염되지 말아야 한다는 토라(레 21:1-4)에 매인 제사장인 요세푸스 자신이 아주 거리낌 없이 티베리아스에 들어간 것처럼 보이는 것은 이상하다. 그는 전쟁 때문에 (안식일법 같은) 율법이 폐지되었다고 생각한 것이 틀림없다. 시신의 부정에 오염되지 않은 채 전투를 치르기는 불가능했을 수도 있다.

129 참고. Freyne, *Galilee: From Alexander*, 133: 티베리아스는 "애초에 헤롯 안티파스가 옛 유대 도시, 심지어 귀족 냄새가 나는 도시도 불편하게 느껴 지은 것이었다. 따라서 티베리아스에 부여한 성격은 이후에도 계속 유지되었을 가능성이 크며, 이 도시는 옛 제사장 귀족이나 농부들과 다른 유형의 유대인을 만들어 냈을 것이다."

릴리 지역의 명망 있는 집안 출신이었을 가능성을 배제하지는 못한다.[130] 요안나 자신부터(그 이름이 보여 주듯이, 요안나는 분명 유대인이었다. 다음을 보라) 티베리아스의 유력한 집안 출신이었거나 헤롯을 지지하는 갈릴리의 또 다른 힘센 집안 출신이었을 가능성이 아주 높다. 예를 들면, 유대인 봉기 때 이런 집안들을 대표한 이가 얀나이우스(Jannaeus, 또는 안나이우스)인데,[131] 그는 아그리파 2세의 친구이자 타리카이아이(Tarichaeae, 막달라)의 유력 시민이던 레위와 다시온의 아들이었다(Vita 131; BJ 2.597). 유대인 봉기 당시 갈릴리의 유력한 사람 중 도시 밖에 살던 많은 사람이 봉기를 지지했던 것 같다.[132] 그렇지만 우리는 "갈릴리의 명사 가운데 많은 이"가 친 헤롯이자 로마 지지자로서 유대인 봉기에 반대했다는 요세푸스의 말(Vita 386, 물론 이 말 가운데 일부는 수사 전력이며 과장도 섞여 있을 수 있다)을 무시할 수 없다.

그의 가족이 유대인이었다는 것을 제외하면, 요안나의 이름은 우리에게 알려 주는 것이 거의 없다. 그 이름(다음과 같이 다양한 철자를 갖고 있다: יהוחנה, יוחנא, יוחנה, יחנה)은 남성의 이름인 요한(יהוחנן이나 יחנן)의 애칭 형태로 사용하기도 했고, 남성 이름 요한에 상응하는 여성의 이름으로 사용하기도 했다.[133] 우리는 누가가 제시하는 요안나를 비롯하여 이 이름을 가졌던 팔레스타인의 유대인 여자를 예닐곱 사람 알고 있다.[134] (다른 곳으로는 이

---

130 Horsley, *Galilee*, 170.

131 *Vita* 131은 그를 Ἰανναῖος(얀나이오스)라 부르고 *BJ* 2.597은 Ἀνναῖος(안나이오스)라 부른다. 요나단의 단축형인 히브리 이름 얀나이를 가리키는 전자를 분명 선호했을 수 있다.

132 Cohen, *Josephus*, 208-209.

133 G. Mussies, "Jewish Personal Names in Some Non-Literary Sources," in van Henten and van der Horst, eds., *Studies in Early Jewish Epigraphy*, 252(바바다 문서고의 사례들을 담고 있다), 261-268(남자와 여자가 사용한 히브리식 이름을 다룬다).

134 L. Y. Rahmani, *A Catalogue of Jewish Ossuaries in the Collections of the State of Israel* (Jerusalem: Israel Antiquities Authority/Israel Academy of Sciences and Humanities, 1994), nos. 31 (=*CIJ* no. 1281), 202(여기서 IOHANA처럼 라틴 글자로 기록된 이름은 남자 이름일 수도 있고 여자

집트 출신인 두 사례만을 알고 있을 뿐이다.)[135] 이 때문에 이 이름은 팔레스타인 유대인의 여자 이름 가운데 다섯 번째로 인기 있는 이름이 되었다. 이에 상응하는 남자 이름 요한도 우연히 남자 이름 가운데 다섯 번째로 인기 있던 이름이지만, 둘을 비교해도 그리 큰 도움이 되지는 않는다. 여자 이름 가운데에서는 가장 인기가 있었던 두 이름 살로메와 마리아(마리암메)가 지나치게 많았던 반면,[136] 남자 이름 가운데 가장 인기가 있던 이름들은 그래도 여자 이름의 경우보다는 고르게 퍼져 있었기 때문이다.[137] 그럼에도 요안나라는 이름이 여자 이름으로 인기가 있었던 것은 분명 요한이라는 이름이 인기가 있었기 때문으로 보이며, 결국 하스몬 왕가 사람들의 이름이 인기가 있었기 때문인 것으로 보인다. 하스몬 왕가 사람들의 이름이 인기가 있었다는 점은 남자 이름 가운데 가장 인기가 있던 이름 중 적어도 여섯 이름(시므온/시몬, 유다, 엘르아살, 요한, 요나단, 맛다디아)[138]과 여자 이름 가운데 가장 인기가 있던 두 이름(살로메, 마리암메)이 왜 그렇게 인기가 있었는지 대략 설명해 준다. 이 때문에 마리안느 사위키(Marianne

---

이름일 수도 있다), 270, 871; P. Benoit, J. T. Milik, and R. de Vaux, *Les Grottes de Murabba'at* (DJD 2; Oxford: Clarendon, 1961), no. 10; *CPJ* no. 7의 160행과 166행(이 노예 소녀 Ἰωάναι는 아마 팔레스타인에서 왔을 것이다); 누가복음 8장 3절과 24장 10절. Ilan, "Notes on the Distribution," 195; idem, *Jewish Women*, 54은 여덟 경우를 헤아리지만, 일란은 남자 이름임이 거의 확실한 Benoit, Milik, and de Vaux, *Grottes*, no. 18의 11행도 포함한다.

135 W. Horbury and D. Noy, *Jewish Inscriptions of Graeco-Roman Egypt* (Cambridge: Cambridge University Press, 1992), no. 6; *CPJ* no. 133의 35행과 39행.

136 네 복음서가 이름을 제시한 여자 열다섯 사람 가운데, 마리아가 5명, 살로메가 1명이다.

137 여성과 남성 이름 가운데 가장 널리 사용되던 이름 아홉 개를 가진 사람의 수를 살펴보면 다음과 같다. 여성: 살로메 218, 마리아(마리암메) 131, 마르다 15, 삽비라 10, 요안나 7(일란은 8이라 하는데, 바로잡았다), 사라 6, 암마 5, 키프로스 4, 베르니케 4 (Ilan, "Notes on the Distribution"); 남성: 시므온 173, 요셉 150, 유다 128, 엘르아살 124, 요한 90, 여호수아 71, 하나냐 55, 요나단 51, 맛다디아 46 (T. Ilan, "The Names of the Hasmoneans in the Second Temple Period" [Hebrew], *ErIsr* 19 [1987], Hebrew section 238-241). 근래에 나온 증거에 비춰 볼 때 이 수는 분명 업데이트해야 하지만, 여기서 제시한 일반 패턴은 크게 영향을 받지 않을 것이다.

138 Ilan, "Names." 일란은 또한 요셉이라는 이름이 인기 있던 이유를 동일하게 제시하면서도 그 근거를 마카비2서 8장 22절로 보는, 다소 위험한 모험을 한다.

Sawicki*는 누가복음의 요안나와 관련하여 이렇게 쓸 수 있었다.

> 그러나 '요안나'는 민족주의를 추구한 하스몬 집안사람의 이름이다. ……
> 요안나와 구사의 혼약도 어쩌면 한 세대 앞서 이루어진 유대 사람 마리암 메와 이두메아(이두매) 사람 헤롯의 혼약처럼 정치적 의도로 이루어졌을지 모른다. 요안나의 혼인은 유대인 엘리트 집안과 이웃한 이두메아나 페레아에서 제일가는 집안 가운데 하나와 동맹을 맺으려는 의도로 이루어졌을 수도 있다.[139] (사위키는 "유대의"[Judean]라는 말을 "유대인의"[Jewish]라는 뜻으로 사용한다. 따라서 그가 말하는 유대에는 갈릴리 유대인도 포함된다. 헤롯의 아내 마리암메는 하스몬 왕가 출신이었다.)

이 비교가 흥미롭긴 하지만, 불행히도 타당하지는 않다. 사위키는 구사가 이두메아 사람이라고 추측하는데, 이는 분명 잘못이기 때문이다. 우리가 다음 섹션에서 보겠지만, 구사는 나바테아 사람인 것이 거의 분명하다. 그 혼인은 오히려 필시 갈릴리 사람이었을 유대인 엘리트 집안과, 구사가 중요한 관직 가운데 하나를 맡고 있던 헤롯 궁정의 동맹이었다. 요안나라는 이름은 아마도 그의 집안이 로마에 반대하는 (따라서 헤롯도 반대하는) 유대인 민족주의자 집안이 아니었음을 일러 주는 것 같다. 요안나의 집안이 유대인 민족주의자 집안이라면, 요안나와 구사의 혼인을 설명하기가 좀 어려워질 것이다. 남자 이름 요한이 인기가 있었던 이유는 그것이 하스몬 집안사람의 이름이기 때문이었다. 그러나 이 이름이 일단 인기를 얻은 뒤에는 이 이름을 사용하여 자신들이 유대 민족에 충성하는 이들임을 선언하고 싶어 한 집안만이 사용하지는 않았을 것이다. 예를 들면, 로마 총독 비텔리

---

* 마리안느 사위키(Marianne Sawicki, 1950-). 미국의 신약 학자이며 저술가다.

139 M. Sawicki, *Crossing Galilee* (Harrisburg: Trinity Press International, 2000), 147.

우스가 주후 37년에 임명한 대제사장 테오필루스(Theophilus)는 그 아들의 이름을 요한(여호하난)이라 지었는데,[140] 비록 그의 집안이 나중에 유대인 봉기에 관여하긴 했어도, 이때 민족주의에서 비롯된 이유에서 아들 이름을 그렇게 짓지는 않았을 것이다. 아울러 우리는 그 이름의 의미("주[야훼]가 은총을 베풀어 주셨다")가 그 이름이 인기를 얻는 데 한몫했음을 유념해야 한다. 같은 의미를 지닌 다른 이름들도 인기가 있었기 때문이다(하나냐, 하난이 이 름들은 남자 이름 가운데 각각 여섯 번째와 열한 번째로 인기 있는 이름이었다).[141]

요안나라는 이름은 아버지 이름을 따라 지은 것일 수도 있다. 로마와 그리스에서는 딸에게 아버지 이름의 여성형 이름을 붙이는 관습이 있었지만, 팔레스타인 유대인의 엘리트 집안에서, 적어도 가명(家名)의 여성형을 이름으로 가진 여자가 있었음을 일러 주는 증거는 아주 적다(하스몬 왕가의 알렉산드라; 헤롯 집안의 헤로디아가 그런 예다).[142] 아버지 이름을 따서 딸에게 이름을 붙인 경우가 하나 있긴 하다. 방금 전에 언급한 대제사장 테오필루스의 아들 요한(여호하난)은 자신의 딸에게 요안나(여호한나)라는 이름을 붙였는데, 우리는 이를 이 딸의 납골함에서 볼 수 있다.[143] 딸들과 그 아버지들의 이름을 일러 주는 증거는 아주 적다. 이 때문에 이런 관습이 얼마나 널리 퍼져 있었는지 판명하기는 불가능하다. 그러나 요안나라는 이름을 갖게 된 이유는 바로 요한이라는 이름을 요안나의 집안이 사용해서일 가능성이 아주 높아 보인다.

요안나 집안이 어떻게 시작되었든, 요안나는 구사와 결혼하여 티베리

---

140 이 여호하난을 알아보려면, D. Barag and D. Flusser, "The Ossuary of Yehoḥanah Granddaughter of the High Priest Theophilus," *IEJ* 36 (1986), 39-44을 보라.

141 참고. M. H. Williams, "Palestinian Jewish Personal Names in Acts," in R. Bauckham, ed., *The Book of Acts in its Palestinian Setting*, vol. 4 of *The Book of Acts in Its First Century Setting* (Grand Rapids: Eerdmans; Carlisle: Paternoster, 1995), 85.

142 Ilan, *Jewish Women*, 53-54.

143 Barag and Flusser, "Ossuary."

아스의 헤롯 상류층이 되었다. 예수를 따르는 자가 되어 요안나가 뛰어넘은 사회적 격차의 중요성을 파악하려면, 먼저 티베리아스와 갈릴리 지방의 관계를, 그리고 둘째로 티베리아스에 대한 예수의 태도에 관한 것을 이해해야 한다.

먼저 몇 가지 요인이 결합하여, 갈릴리의 보통 사람들이 티베리아스 시에 느낀 분노와 적의(敵意), 그리고 안티파스가 다시 세웠고 그가 티베리아스를 건설할 때까지 행정 수도 역할을 한 세포리스 시에 느낀 분노와 적의라는 감정을 지속시켰다. 이것들은 사실상 갈릴리에 건설된 첫 도시였다. 티베리아스는 예수가 사역할 당시 지어진 지 채 10년도 되지 않은 도시였다. 호슬리는 스키토폴리스와 해안 도시 카이사리아 마리티마(가이사랴)처럼 팔레스타인의 다른 지역에 있었던 헬레니즘-로마 스타일의 도시들과 비교할 때, 1세기 세포리스와 티베리아스에는 "로마식 도시화와 범세계 문화(cosmopolitan culture)가 제한된 정도만" 존재했다고 강조하지만,[144] 이 두 도시는 틀림없이 갈릴리에 침입한 외인의 문명처럼 보였을 것이며,[145] 션 프레인(Sean Freyne)•이 말하듯이, "로마처럼 만들려는 안티파스의 공격적 행동"(aggressive acts of Romanization by Antipas)[146]으로 보였을 것이다. 티베리아스가 유대인의 종교적 우려를 존중하지 않고 묘지에 자리를 잡았다는 것은, 비록 그 수는 적었어도 로마 도시에서나 볼 법한 노시 선물들과

---

144 Horsley, *Archaeology*, 59. 호슬리는 "로마 문화가 세포리스와 티베리아스에 덮여 있었다"는 J. F. 스트레인지(Strange)의 논지를 평가하면서, 이와 같은 강한 조건을 달아 그 논지를 받아들인다. 그는 특히 하 갈릴리 지방의 모습을 대체로 도시화되어 있고 문화도 범세계성을 띤 지역으로 묘사하는 것을 반박하는 데 집중한다. 아울러 스트레인지의 논지를 역시 강한 조건(경제적 연관성과 건축 스타일이 반드시 문화의 연속성을 증명해 주는 증거는 아니라는 것)을 단 형태로 받아들이는 이가 S. Freyne, "Town and Country Once More: The Case of Roman Galilee," in Freyne, *Galilee and Gospel*, 59-72이다.

145 참고. S. Freyne, *Galilee, Jesus, and the Gospels* (Philadelphia: Fortress; Dublin: Gill and Macmillan, 1988), 147.

• 션 프레인(Sean Freyne, 1935-2013). 아일랜드의 신학자다. 헬레니즘 시대와 로마 시대 갈릴리의 사회와 경제를 깊이 연구했다.

146 Freyne, "Town." 69.

부유하기 이를 데 없는 그 도시 주민들의 사치스러운 생활 방식이 야기했을 적대감을 키울 뿐이었다. 게르트 타이센은 이 도시가 묘지에 자리잡은 것은 유대인의 신앙 정서를 배려하지 않고 무시한 처사였을 뿐 아니라, 안티파스가 그 주위에서 유대 전통에 충성하기 전에 자신에게 충성을 바치는 사람들을 모아들이려고 일부러 저지른 일이었다고 주장한다.[147] 그러나 그는 티베리아스에 정착하려는 뜻을 가진 갈릴리 사람들로 티베리아스를 채우는 데 어려움을 겪었으며, 그가 다스리는 다른 영역에서 이방인을 비롯한 사람들을 데려다가 티베리아스에 거주하게 해야 했다. 경제를 살펴보면, 이 도시들도 분명 고대 도시들은 주위 촌락에 상품을 팔 기회는 적은 반면 경제적 부담만 많이 지우며 세금과 임대료라는 방법을 통해 주위 지역에 얹혀산다는 일반 규칙에서 예외가 아니었다.[148] 티베리아스를 건설할 돈을 마련하느라 무거운 세금을 물릴 수밖에 없었을 것이다. 농부들에게 지운 이런 부담은 두고두고 잊히지 않았을 것이며, 왕궁과 그 도시의 생활에 필요한 돈을 마련하느라 또다시 세금을 물릴 때에야 전에 졌던 무거운 세금에 대한 기억이 겨우 물러갔다.[149] 호슬리는 이를 이렇게 말한다.

> 티베리아스의 헤롯 왕궁에 있는 장식(이 장식에는 토라가 금지하는 동물 묘사도 들어 있었다. *Vita* 65)은 왕궁 근처에서 호사스럽게 살던 관리들이 갈릴리 여러 동네의 타작마당과 올리브 틀에서 으레 거둬 들인 수입으로 아주 번쩍거리게 지은 '노골적' 도시와 더불어 갑자기 갈릴리 풍경 속에 침입한 외인의 문화를 상징했다.[150]

---

147 G. Theissen, "Jésus et la crise social de son temps: Aspects socio-historiques de la recherche du Jésus historique," in D. Marguerat, E. Norelli, and J.-M. Poffet, eds., *Jésus de Nazareth: Nouvelles approches d'une énigme* (Le Monde de la Bible 38; Geneva: Labor et Fides, 1998), 139.

148 Horsley, *Archaeology*, 76-85.

149 안티파스 때 과세(課稅)에 관하여 알아보려면, Hoehner, *Herod*, 73-79을 보라.

150 Horsley, *Archaeology*, 57.

물론, 티베리아스는 경제 착취를 상징하기도 했지만, 그런 경제 착취의 기초인 정치적 지배를 상징하기도 했다. 이 때문에 티베리아스의 여러 특징은 사람들의 마음을 얻지 못했다. 사실, 티베리아스는 유대인이 증오하는 이교도 제국 로마가 로마의 분봉왕이자 친구이며 거의 로마인이라 할 헤롯 안티파스를 통해 통치함을 상징했다. 티베리아스라는 이 도시의 이름 자체부터 로마와 얽혀 있음을 확실하게 상징했으며, 자신의 영역을 로마 제국의 통치 범위에 편입시키려는 안티파스의 정책을 보여 주었다. 안티파스의 통치에 대한 문화적, 경제적, 종교적 반감, 그리고 그런 안티파스의 통치를 상징하고 실행하는 도시에 대한 반감은 도저히 분리될 수 없었다. 헤롯과 그 뒤에 있는 로마의 통치, 그리고 헤롯과 그 뒤에 있는 로마의 과세는 갈릴리에 새로울 것이 없었다. 그러나 세포리스, 그리고 뒤이어 티베리아스는 헤롯과 그 뒤에 자리한 로마의 힘이 위협이자 공격적이라는 것을 분명하게 일깨워 주었다.

주후 66년에 유대인의 큰 봉기가 터졌을 때 티베리아스에서 일어난 일을 다시 살펴보면, 이미 예수가 사역할 때도 틀림없이 존재했을 어떤 긴장과 역동성 같은 것을 볼 수 있다. 몇 가지 것은 한쪽으로 강하게 치우치고 늘 일관되지는 않은 요세푸스의 설명을 통해 분명히 밝혀졌다.[151] 요세푸스가 티베리아스에 도착했을 때, 그 도시는 크게 두 분파[152]로 나뉘어 있었다.[153] 율리우스 카펠라가 두 헤롯과 콤프수스와 함께 이끄는 귀족 그룹이 있었는데, 이들은 모두 그 도시의 주요 인사 10인으로 구성된 조직체의 회원이었던 것 같다(Vita 32-34, 66; 참고. BJ 2.639). 이 그룹은 로마를 지지했

---

151 유대인 봉기가 일어났을 때 티베리아스의 역사 속에 존재하는 여러 모호한 측면을 알아보려면, Horsley, *Galilee*, 271-275를 보라.

152 유스투스가 이끈 세 번째 분파에 관한 요세푸스의 설명은 문제가 있지만, 우리 목적에 비춰 보면 그런 문제는 중요하지 않다.

153 참고. Horsley, *Galilee*, 78-79.

고 헤롯(곧, 아그리파 2세)을 지지했다. 사피아스의 아들 예수가 이끄는 분파는 로마에 맞서는 전쟁을 지지했으며, 아주 가난한 민중으로 구성되어 있었다(Vita 35, 66). 이 예수는 시 행정관(ἄρχων)이었기 때문에 그 자신이 그런 가난한 이 가운데 하나였을 리는 없다.[154] 그는 나중에 타리카이아이에서 요세푸스를 만났을 때 토라 두루마리를 휘두르며 군중에게 토라를 따라 행동하라고 권했다(Vita 134-135). 그는 로마와 헤롯에 반대하는 이데올로기를 대표한 것 같은데, 이런 이데올로기에 종교적 원동력을 제공한 것은 티베리아스의 지극히 가난한 민중과 그 도시 밖에 살던 갈릴리 보통 사람들의 경제적, 정치적 관심사였으며, 그 이데올로기가 호소한 대상도 바로 이런 경제적, 정치적 관심사였다. 티베리아스 밖에 살았던 갈릴리의 보통 사람 중 일부는 티베리아스의 예수 및 그가 이끄는 분파와 힘을 합쳐 헤롯 왕궁을 파괴하고 약탈함과 동시에 티베리아스의 '그리스' 시민을 학살했다(Vita 66-67). 호슬리는 이 왕궁 공격에 관하여 이렇게 말한다. "우리는 그 동기가 정치적-경제적이었는지, 문화적 적대감이었는지, 아니면 둘 다였는지 추측해 볼 수 있다."[155] 물론 헤롯 왕궁을 정치적, 경제적 지배의 상징으로 만든 것은 왕궁의 화려한 부, 그리고 토라가 금지한 형상들이었지만, 사람들은 특히 그런 형상들을 착취와 불신앙과 연계했다.

나사렛 예수와 그를 따르던 많은 사람도 보통 사람들에 속했는데, 그들 역시 다른 보통 사람들이 공통으로 갖고 있던 견해처럼 티베리아스와 그곳에 사는 헤롯파 엘리트를 적대시했을까? 복음 전승에 티베리아스가 눈에 띄게 존재하지 않는 점은 예수가 그런 견해를 갖고 있었음을 시사한다. 사실, 갈릴리의 두 도시 세포리스와 티베리아스 가운데 어느 곳도 복음 전승에 등장하지 않는다(요한복음 6장 23절에 티베리아스[디베랴]가 등장하는 예외

---

154 Freyne, *Galilee: From Alexander*, 234은 "그는 극빈층에 속한 사람이었다"고 생각한다.

155 Horsley, *Archaeology*, 59.

가 있긴 하다). 갈릴리 주위의 몇몇 도시(가다라[또는 거라사], 빌립보 가이사랴, 두로, 시돈)를 언급하지만, 예수는 오로지 그 근처만 갈 뿐, 도시 안으로 들어가지는 않는다. 이 도시들은 이방인 도시였으며, 예수가 자신의 사역 범위를 이스라엘로 한정하는 바람에 그 도시들은 그의 활동 궤도 밖에 있었다. 이것이 예수가 티베리아스와 세포리스를 명백히 피한 이유를 설명해 주지는 못한다.

사람들은 적합하지 않은 이유를 몇 가지 제시했다. (a) 전승이 이 도시들을 언급하지 않고 넘어가는 것은 예수가 이 도시들에서 펼친 사역이 실패했기 때문이라는 것이다.[156] 그러나 나사렛, 고라신, 벳새다가 복음 전승에 등장하는 것은 바로 이 도시들이 예수의 메시지를 거부했기 때문이다(마 11:21; 막 6:1-6). (b) 예수는 시신의 부정에 오염될까 봐 티베리아스를 피했다는 것이다. 티베리아스는 묘지 위에 세워진 도시였기 때문이다.[157] 그러나 예수가 일부러 정결법을 깨뜨리려고 애쓴 것은 아니지만, 그래도 그는 정결법을 모세 율법의 더 중요한 관심사보다 아래에 두었으며,[158] 예수 자신이 이해하기에 하나님이 자신에게 가라고 요구하신 곳을 정결법 때문에 피하지는 않았다. 예루살렘의 제사장 요세푸스도 부정에 오염될 위험을 감내하면서 티베리아스에 들어갔다. 아마도 그의 정치적, 군사적 임무 때문이었던 것 같다.[159] 요세푸스조차 그리했다면, 예수가 부정에 오염될까 두려워 자신의 사명을 회피했으리라고 추측할 수는 없다. 그러나 어쨌든 이 이유는 예수가 세포리스를 피한 것이 아니라 티베리아스를 피한

---

156   W. Bösen, G. Theissen and A. Merz, *The Historical Jesus* (tr. J. Bowden; Minneapolis: Fortress; London; SCM, 1998), 182-183에서 인용.

157   J. J. Rousseau and R. Arav, *Jesus and His World* (Minneapolis: Fortress, 1995), 318.

158   R. Bauckham, "The Scrupulous Priest and the Good Samaritan: Jesus' Parabolic Interpretation of the Law of Moses," *NTS* 44 (1998), 475-489을 보라.

159   Freyne, *Galilee, Jesus*, 138이 제시하는 더 일반적 이야기를 참고하라.

것만 설명할 수 있을 뿐이다. (c) 예수는 세례 요한이 맞이한 운명이 마음에 걸려 갈릴리의 정치 당국자들과 대면하려 하지 않았다는 것이다.[160] 이것도 진실의 일부일지 모른다. 예수는 비록 자신의 사명 때문에 결국 예루살렘 당국자들과 대면해야 했으며 분명 이 대면을 회피하지 않았지만, 그럼에도 자신의 사명이 때 이른 파국을 맞이하는 일은 피하려 한 것으로 보이기 때문이다.[161] (안티파스를 "그 여우"[눅 13:32]라 일컫는 말이 정말 예수에게서 나왔다면, 이는 예수가 세례 요한을 죽인 안티파스를 사악한 짐승 같은 포식자로 보았음을 일러 주는 증거일 것이다.)[162] 하지만 게르트 타이센과 아네테 메르츠(Annette Merz)˙는 이렇게 지적한다. "안티파스는 세례 요한을 페레아 남부에서 체포했다. 그랬으니, 예수도 붙잡으려면 어디에서나 붙잡을 수 있었다."[163] 티베리아스가 예수에게 특히 위험했을 수 있다는 것은 예수가 세례 요한처럼 체제를 비판하는 태도를 취하는 이로 알려져 있었음을 전제한다.

예수는 분명 부자들을 비판했다(눅 6:24, 25). 비유에서 비판받은 부자(눅 16:19)는 예를 들어, 가바라에 있는 성에서 살았다고 상상해 볼 수 있지만(*Vita* 246), 그가 입은 자색 세마포 옷과 그가 날마다 연 잔치는 세 살짜리 아이도 그를 세포리스와 티베리아스에 있는 헤롯파 엘리트와 한 통속으로 여기게 만든다. 이런 모습은 예수가 티베리아스 방향을 가리키며 대놓고 한 또 다른 말을 떠올리게 한다. 예수는 세례 요한과 관련하여 군중에게 이렇게 말한다.

---

160 Freyne, *Galilee: From Alexander*, 139-140.
161 Richardson, *Herod*, 308-310.
162 J. A. Darr, *On Character Building: The Reader and the Rhetoric of Characterization in Luke-Acts* (Louisville: Westminster/John Knox, 1992), 5장.
•   아네테 메르츠(Annette Brigitte Merz, 1965-). 독일의 신약 학자다. 역사 속 예수를 깊이 연구했다.
163 Theissen and Merz, *Historical Jesus*, 587.

너희가 무엇을 보려고 광야에 나갔느냐?
바람에 흔들리는 갈대냐?

그러면 너희가 무엇을 보려고 나갔느냐?
부드러운 옷을 입은 사람이냐?
보라, 좋은 옷을 입고 흥청망청 사는 자는 왕궁에(ἐν τοῖς βασιλείοις) 있다.[164]

그러면 너희가 무엇을 보려고 나갔느냐?
선지자냐?
그렇다, 내가 너희에게 말하노니, 선지자보다 훌륭한 자다(눅 7:24-26, 평행 본문은 마 11:7-9).

타이센은 헤롯 안티파스가 티베리아스를 세우려고 찍어 낸 주화에 갈대가 등장하기 때문에 예수의 이 말에서 첫 연은 헤롯 자신을 가리킨다고 주장했다. 갈대라는 상징은 보통 유대의 주화가 아닌 주화에서 통치자의 머리가 등장할 때 나타나며, 예수의 말 속에 있는 주화라는 이미지는 바람에 흔들리는 갈대처럼 요동하는 상황에 따라 이랬다저랬다 하는 헤롯의 정책을 가리키는 말일 수도 있다.[165] 이것이 옳은지 그른지 여부를 떠나, 두 번째 연이 헤롯의 궁정을 암시하는 것만큼은 확실하다. 예수의 말을 듣고 있던 갈릴리 사람들이 왕궁이라 부를 만한 곳은 그곳뿐이고, 세례 요한을 옥에 가둔 이가 바로 헤롯이기 때문이다. 이것은 세례 요한의 금욕적 옷차림과 생활 방식을 그가 비판한 통치자의 사치와 은근히 대비한다. 예수 자신은 세례 요한과 달리 금욕주의를 추구하지 않는 생활 방식을 갖고

---

164 βασιλείοις는 복수형이지만 '왕궁들'이 아니라 '왕궁'을 의미한다. 사실 '왕궁'이라는 의미로 쓸 때는 단수형보다 복수형을 널리 사용했다(BAGD s.v. [136]).

165 G. Theissen, *The Gospels in Context* (tr. L. M. Maloney; Minneapolis: Fortress, 1991), 26-42.

있었지만(눅 7:33, 34), 그렇다 해도 그가 티베리아스 통치 엘리트의 사치를 언급한 것은 결코 중립적이지 않다. 더욱이 그것은 그의 말을 경청하는 갈릴리 사람들이 다른 곳에서 발견할 수 있었던 사치를 이야기하는 것이 아니었다. 갈릴리의 보통 사람들은 정치와 경제는 말할 것도 없고 문화면에서도 안티파스와 그의 궁정 신하들과 관리들을 자신들과 완전히 다른 세상을 사는 사람으로 보았으며, 그들의 사치도 갈릴리 보통 사람들에게는 역시 다른 세상의 일로 보였다.[166] 프레인이 말하듯이, 예수는 "어떤 곳 자체를 반대한 것이 아니라 어떤 가치들, 곧 그 도시에 사는 이들과 얽혀 있는 가치들, 특히 그 도시 거주자들의 기풍을 형성하고 지배하는 엘리트 가운데 자리한 가치들을 반대했으며, 특히 농부들도 이런 도시 거주자들의 기풍에 거리감을 느끼기는 마찬가지였다."[167]

누가복음 7장 24, 25절에 있는 예수의 말은 누가의 내러티브 안에서 뒤이어 누가가 헤롯의 ἐπίτροπος로 일하는 이의 아내를 예수의 여자 제자 가운데 한 사람이라 언급한 말(눅 8:3)의 배경을 제공한다. 요안나는 단순히 예수가 보통 사람과 가난한 이뿐 아니라 사회 엘리트도 제자로 끌어들이는 매력을 갖고 있었다는 사실을 잘 보여 주는 예에 그치지 않는다. 요안나는 그저 예수를 돕는 데 그치지 않고 예수, 그리고 그와 함께 다니는 제자들과 여행하는 것으로 예수의 사역에 참여하기로 결정했다. 요안나가 이런 결정을 하게 만든 계기는 무엇보다 그가 체험한 치유였을지도 모른다. 그러나 요안나가 그리한 것은 그 자신이 속했던 헤롯 중심의 기득권 체제를 완전히 벗어나 갈릴리 보통 사람들, 예수가 자주 끌어들이고 찾았

---

166 이를 더 상세히 주장하는 글이 S. Freyne, "Jesus and the Urban Culture of Galilee," in T. Fornberg and D. Hellholm, eds., *Texts and Contexts* (L. Hartman FS; Oslo: Scandinavian University Press, 1995), 597-622다.

167 Freyne, "Town and Country Once More: The Case of Roman Galilee," in *Galilee and Gospel: Collected Essays* (Tübingen: Mohr [Siebeck], 2000), 71.

던 이들로 사회에서 소외당하고 배척당한 이들의 삶 속으로 들어가는 급진적인 일이었다. 이제 요안나가 알게 된 부류의 사람들은(아마 그전에는 전혀 모르던 사람들일 것이다) 그가 전에 누리던 사치스러운 생활 방식, 그런 사치스러운 생활에 필요한 재정의 원천이 된 무거운 세금, 그리고 요안나가 속했던 헤롯 궁정이 대변인 노릇을 하고 있던, 그들의 땅을 지배하는 이교도들에게 끊임없이 분개하던 이들이었다. 어떤 의미에서 보면, 예수를 따르는 것은 가난한 이에게 돌아가는 것이기도 했다. 요안나는 자신이 예수의 사역에 재정으로 기여하는 것이 그 자신도 구사의 아내로서 얽혀 있던 경제적 불의를 어느 정도 바로잡는 것이라고 보았을지도 모른다.

제사장 귀족이던 요세푸스는 티베리아스의 하층 민중(하층 민중이 주축이 된 폭도)이 사피아스의 아들 예수를 그들의 대변인이자 지도자로 삼은 일에 관하여 쓸 때, 그들을 향한 자신의 경멸을 숨기지 않고 그대로 드러낸다(*Vita* 35, 134). 사피아스의 아들 예수 자신은 아마도 귀족 집안에 속했으며, 그의 대의를 따라 모여든 많은 사람보다 분명 사회 지위가 높았다. 그가 이끈 운동의 관심사는 그 자신이 속한 사회 계층의 관심사가 아니었다. 마찬가지로, 요안나는 가난한 이에게 좋은 소식을 전하고 억눌린 이에게 해방을 가져다준 운동에 참여할 때 자신이 속한 사회 집단의 관심사를 제쳐 두었다(눅 4:18). 그런 점에서 요안나의 방식은 60년대 말에 갈릴리 민중이 로마에 맞서 일으킨 봉기의 방식과 달랐지만, 두 경우 모두 사회의 엘리트가 그 운동에 참가하려면 자신이 속한 계층에서 가난한 이에게 완전히 다가가야 했다.

4. 나바테아 사람 구사의 아내

주목할 것은 사람들이 여전히 누가복음 8장 3절 외에는 구사라는 이름을 우리에게 알려 주는 곳이 없다고 말한다는 점이다.[168] 사실, 누가복음 주석가를 비롯한 학자들은 이 이름이 등장하는 다른 경우에 관하여 오래전부터 알았지만, 그 가운데 주목한 사례는 보통 두셋뿐이었다.[169] 여기서 (내가 알기에) 처음으로 구사라는 이름[170]이 등장하는 대여섯 사례(대여섯 사례라 말한 것은 그 가운데 하나는 그저 추측을 통해 복원한 것이기 때문이다)를 모아 보았다.[171]

(1) 마다인 살레(Mada'in Salih, 고대의 헤그라[Hegra])에서 나온 나바테아 명문(새김글)은 영국 탐험가 찰스 도티(Charles Doughty)•가 1876-1877년에 아라비아를 여행할 때 처음 기록으로 남겼다. 이는 몇 차례에 걸쳐 출판되었다가 1889년에 이르러 「고대 셈어 명문(銘文)집」(*Corpus Inscriptionum Semiticarum*. 주전 2천 년경부터 이슬람교가 등장할 때까지 셈족이 비문 등에 남긴 글을 모아 놓은 자료집으로 파리에서 출간되었다_ 옮긴이)에 모두 수록되었다.[172]

---

168 Sawicki, *Crossing Galilee*, 146.

169 H. J. Cadbury, "Some Semitic Personal Names in Luke-Acts," in H. G. Wood, ed., *Amicitiae Corolla* (J. R. Harris FS; London: University of London Press, 1933), 53-54은 그가 글로 쓰기 전에 이미 출간된, 명문에 들어 있는 세 사례를 모아 놓았지만(즉 다음의 nos. 1, 3과 4), 괴이한 결론에 이르렀다. "그러나 나는 [이 이름을 가진] 사람이 나바테아인이라고 추측할 만한 이유를 전혀 모른다." 그러나 누가복음 주석가들은 캐드베리의 논문을 모르는 것 같다. 주석가들이 이 주제에 관하여 뭔가를 말할 때는 BAGD를 근거로 삼는데, BAGD는 다음에서 제시하는 1번과 4번 명문만 언급한다. 따라서 예를 들어 J. A. Fitzmyer, *The Gospel according to Luke I-IX* (AB 28; Garden City, N.Y.: Doubleday, 1981), 698은 BAGD에서 언급한 두 경우만을 빌려 오며, 리트만(Littmann)이 1912년에 발표한 논문을 1913년에 발표했다고 잘못 적어 놓은 실수도 그대로 되풀이한다. Fry, "Chuza," ABD 1:1022은 그 이름에 관한 증거로 오직 피츠마이어의 주석만 언급한다! 여섯 권으로 출간된 최신 성경 사전이 없다면, 성경에 나오는 한 이름에 관하여 활용할 수 있는 역사 증거를 어디서 찾을 수 있겠는가? 이런 증거를 모으는 일이야말로 참고서가 주석가의 일을 고려하는 것이며 주석가가 참고서의 역할을 고려하는 것이다.

170 M. Maraqten, *Die semitischen Personennamen in der alt- und reichsaramäischen Inschriften aus Vorderasien* (Texte und Studien zur Orientalistik 5; Hildersheim: Olms, 1988)은 이 이름을 열거하지 않는다. 이 자료는 주전 10세기부터 3세기까지 아람어 명문을 다룬다. J. K. Stark, *Personal Names in Palmyrene Inscriptions* (Oxford: Clarendon, 1971)도 이 이름을 열거하지 않는다.

171 이어지는 내용에 관하여 조언해 준 필립 알렉산더(Philip Alexander)와 존 힐리에게 감사한다.

• 찰스 도티(Charles Montagu Doughty, 1843-1926). 영국의 시인이자 작가이며 탐험가다.

172 *CIS*, 2/1:266 (no. 227).

F. C. 버키트(Burkitt)*는 1899년에 쓴 글에서 처음으로 이 명문집에 요안나의 남편과 같은 이름이 들어 있음을 알아냈다.[173] 존 힐리(John Healey)**가 만든 이 텍스트의 최신판이 1993년에 나왔다.[174]

아라비아 서북쪽에 있는 헤그라는 나바테아 왕국의 주요 정착지 중 최남단이었으며, 주전 1세기 말부터 "인도-아라비아 무역에서 나바테아의 가장 중요한 상업 중심지"였다.[175] 그곳의 대규모 공동묘지(necropolis)에는 바위를 깎아 만든 기념 묘가 80기 정도 있었는데, 이 무덤들은 페트라에 있는 것과 비슷했다. 36기에 명문(새김글)이 들어 있는데, 무덤 소유주의 이름을 밝혀 놓았을 뿐 아니라, 누구든지 무덤을 악용할 만한 이에게 저주와 벌금을 지우는 내용을 담고 있다. 이 무덤들은 분명 부유한 집안 소유였으며, 많은 명문이 그 소유주가 고위 장교나 정부 고관임을 밝혀 준다. 많은 명문에 만든 연도가 명시되어 있는데, 가장 이른 명문은 주전 1년/주후 1년 것이며, 가장 늦은 것은 주후 74/75년 것이다.[176] 아울러 채 마무리되지

---

* 프랜시스 버키트(Francis Crawford Burkitt, 1864-1935). 영국의 신약 학자이며, 고대 사본 사이의 관계를 깊이 연구했다.

[173] F. C. Burkitt, "Chuza," *Expositor* 9 (1899), 118-122. 버키트는 이 아람 이름을 S. A. Cook, *A Glossary of Aramaic Inscriptions* (Cambridge: Cambridge University Press, 1898), 63에서 처음으로 우연히 만났다. 그러나 쿡은 CIS 227에 이 이름이 등장하는 것을 색인에서만 밝히고 이를 누가복음 8장 3절과 연계하지 않았다.

** 존 힐리(John F. Healey, 1948-). 영국의 중동 학자다. 고대 중동 지역의 명문을 깊이 연구했다.

[174] J. F. Healey, *The Nabatean Tomb Inscriptions of Mada'in Salih* (JSS Sup 1; Oxford: Oxford University Press, 1993), 174-175 (no. H21). 책 끝부분에 탁본과 플레이트가 있다.

[175] A. Negev, "The Nabatean Necropolis at Egra," *RB* 83 (1976), 203-236, 인용문은 205쪽에 있다. 헤그라에 관하여 알아보려면, A. Negev, *Nabatean Archaeology Today* (New York: New York University Press, 1986), 25-27, 73-75; D. F. Graf, "Hegra," *ABD* 3:113-114; Healey, *Nabatean Tomb Inscriptions* 1-48도 함께 보라. 유대인은 헤그라를 하갈과 연계했던 것 같다. 어쩌면 바울이 하갈을 아라비아의 시나이산과 동일시한 것(갈 4:25)도 그 때문인지 모른다. M. Hengel and A. M. Schwemer, *Paul Between Damascus and Antioch* (tr. J. Bowden; Louisville: Westminster John Knox; London: SCM, 1997), 113-114.

[176] Healey, *Nabatean Tomb Inscriptions*, 288-289; Negev, "Nabatean Necropolis," 207-208. 명문 H18은 75/76년을 기록 연도로 제시하는 것 같다. Healey, *Nabatean Tomb Inscriptions*, 165을 보라.

않은 무덤이 존재한다는 것은, 부유한 나바테아인 집안들이 더 이상 그곳에 거주하지 않게 된 것처럼 그 무렵에 상당히 급격한 상황 변화가 있었음을 암시한다.[177]

명문 H21은 채 마무리되지 않은 무덤 외부에 새겨져 있는데, 만일 이 무덤이 마무리되었다면 가장 훌륭한 무덤 가운데 하나가 되었을 것이다. 이 명문은 만든 연도가 들어 있지 않으며, 다른 무덤에서 볼 수 있는 명문의 스타일, 즉 카르투쉬(cartouche, 고대 이집트 명문은 파라오의 이름을 표시할 때 이름을 타원으로 싸 놓았는데, 이를 카르투쉬라 한다_ 옮긴이)를 디자인해 놓은 다른 무덤 명문의 스타일로 보아 분명 형식을 갖춘 긴 명문은 아니다. 이 명문은 글자를 써 넣도록 마련된 공간 중 4분의 1만을 차지하고 있으며, 글자 크기는 보통보다 크다. 이는 분명 어떤 의미에서는 명문을 써 넣을 당시 남아 있던 무덤에 임시변통으로 써 넣은 것이며, 적어도 얼마 동안은 마무리되지 못한 채 그대로 남아 있었다. 이 명문은 다음 둘 중 이렇게도 읽을 수 있고 저렇게도 읽을 수 있다. 즉 לחין בר כוזא אחדה로도 읽을 수 있지만, 이와 다르게 לחין בר כוזא אחדה로도 읽을 수 있다. 이 때문에 다음과 같이 두 가지로 번역할 수 있다. 즉 (a) "쿠자(구사)(Kuza)의 아들 하얀[과] 그의 자손을 위해"[178]로 번역하거나, (b) "쿠자의 아들 리얀이 그것을 소유했다"[179]로 번역하는 것인데, 후자가 더 타당해 보인다. 여러 이유가 있으나, 그 가운데 하나는 이와 같은 종류의 문언이 무덤 앞면이 아니라 바위 표면에 있는 다른 명문에서도 나타나기 때문이다. 예를 들면, 한 명문은 이렇게 기록되어 있다. "총독(지사)인 라비벨이 이곳을 소유했다." 이곳보다 높

---

177 참고. Healey, *Nabatean Tomb Inscriptions*, 27-28, 175.

178 Burkitt, "Chuza," 122은 율리우스 오이팅(J. Euting, 1839-1913. 독일의 중동 학자다. 특히 서북 셈 지역 명문을 깊이 연구했으며, 페니키아 지방의 비문 등을 깊이 연구하여 이 지역 고대사 연구에 크게 기여했다_ 옮긴이)을 따라 이렇게 해석하길 선호했다. "쿠자의 아들 하얀을 위해 그의 후손이 [이 무덤을 세웠다]."

179 Healey, *Nabatean Tomb Inscriptions*, 174-175의 논의를 보라.

은 곳에 새로 한 무덤이 지어지기 시작했지만, 이 무덤은 마무리되지 못했다.[180] 이 명문은 라비벨이 자신의 무덤을 세우려 한 곳에 있는 바위 부분의 법적 소유권을 주장하는 내용을 담고 있다. 주후 75/76년 무렵, 나바테아의 통치 엘리트 가운데 많은 이가 알려지지 않은 여러 이유로 헤그라를 떠나야 했던 것 같다. 쿠자의 아들 리얀의 무덤은 마무리되지 않았지만, 그는 헤그라를 떠나기 전에 자신이 그 무덤의 소유권을 갖고 있음을 분명히 밝힌 명문을 카르투쉬에 새겨 넣었다. 이로 볼 때, 그의 아버지 쿠자는 요안나의 남편과 같은 사람일 가능성은 낮지만, 어쨌든 요안나의 남편과 같은 시대 사람이었다.

헤그라는 주요 무역로에 자리한 상업 중심지였다. 이 때문에 거기 묻힌 사람 중 일부는 다른 곳에서 온 이들이었으며, 거기 묻힌 모든 이가 나바테아 사람은 아니었다. 주후 42년에 만들어진 한 무덤(H4)은 알리우의 아들 슈바이투라는 유대인이 소유했는데, 그는 자신을 무덤 명문에서 "유대인"이라 부른다.[181] 그러나 리얀은 유대인의 이름이 아니라고 보는 것이 타당하며,[182] 쿠자의 아들 리얀은 명문이 들어 있는 거의 모든 무덤의 소유주처럼 아마도 나바테아 사람이었을 것이다.

(2) 두 번째 명문은 1953년에 출간되었는데, 이는 이집트 동부 사막의 바위에 나바테아 아람어로 새겨 놓은 간략한 명문 가운데 들어 있다. 시나이의 비슷한 명문처럼, 이 명문도 그곳에 온 나바테아 무역상이 남긴 게 틀림없다. 이 명문은 (א) בוז מחיל ד(ל)מ라 기록되어 있다.[183] (마지막 말은 בוזא

---

[180] Healey, *Nabatean Tomb Inscriptions*, 7.

[181] Healey, *Nabatean Tomb Inscriptions*, 95; 헤그라에 있던 유대인을 일러 주는 다른 증거를 보려면, Healey, *Nabatean Tomb Inscriptions*, 97을 참고하라.

[182] 이 이름은 근처에서 있는 리얀 사람의 왕간(드단에 있었다) 이름으로 알려져 있을 뿐이다. Healey, *Nabatean Tomb Inscriptions*, 175을 보라.

[183] E. Littmann and D. Meredith, "Nabataean Inscriptions from Egypt," *BSOAS* 15 (1953), 15 (no. 44).

나 מנכה일 것이다.) 편집자들은 이런 번역을 제시한다. "무하얄이 한[또는 그의] 물병을 소유했다" 또는 "무하얄이 쿠자를 압도했다."[184] 두 번역 모두 만족스럽지 않다. 그러나 이것은 물병(이는 이 이름의 의미다)을 얻음을 가리킨다기보다 어떤 사람을 가리킨다고 추측하는 것이 (덜 진부하고) 이 명문의 취지에도 맞는 것 같다. 무하얄은 싸움에서 결국 그의 숙적 쿠자를 이겼으며, 이 사건을 바위에 자랑스럽게 기록해 두었다고 추측할 수 있다.

1,500개가 넘는 나바테아 명문에서 발견할 수 있는 이름들 가운데 대부분은 이 명문들에만 등장한다.[185] 따라서 우리는 이런 명문에서 쿠자라는 이름이 이렇게 단 두 번 등장한다는 점에 놀라서는 안 된다. 사실, 정말 놀라운 점은 서로 아주 멀리 떨어져 있는 나바테아인 세계의 이 부분과 저 부분에서 쿠자라는 이름이 두 번 나타남을 발견할 수 있다는 것이다. 아브라함 네게브(Avraham Negev)*는 아라비아 북부에서 발견된 나바테아인의 명문에 들어 있는 545개 이름과, 이집트와 시나이, 네게브(이들을 아울러 한 지역으로 다룬다)에서 발견된 명문에 들어 있는 468개 이름 가운데 34개 이름만이 두 지역에서 공통으로 나타난다고 계산한다.[186] 쿠자라는 이름이 각 지역에서 단 한 번씩만 등장한다는 것은 이들이 같은 집안사람임을 일러 주는 것일지도 모른다. 이 집안에서는 상당히 어울리지 않는 이 이름(아람어로 "물병")[187]이 거듭 등장하는 가명(家名)이었다.

(3) 구스타프 달만(Gustaf Dalman)**이 페트라에서 나온 많은 나바테아

---

184   Littmann and Meredith, "Nabataean Inscriptions," 16.

185   A. Negev, *Personal Names in the Nabatean Realm* (Qedem 32; Jerusalem: Institute of Archaeology of the Hebrew University, 1991), 179-180.

•   아브라함 네게브(Avraham Negev, 1923-2004). 이스라엘의 고고학자다. 나바테아 유적을 발굴하고 나바테아 문화를 깊이 연구했다.

186   Negev, *Personal Names*, 78-79.

187   E. Littmann, "Eine altsyrische Inschrift," *ZA* 27 (1912), 381은 독일 이름 Krug와 대비한다.

••   구스타프 달만(Gustaf Hermann Dalman, 1855-1941). 독일의 신학자이자 중동 학자다. 1차 대전이 일어나기 전에 팔레스타인에서 많은 명문과 시와 잠언을 수집했으며, 이를 깊이 연구했다.

명문 가운데 처음으로 1912년에 출간한 것이 두 줄로 된 명문이었다(no. 84). 달만은 이 명문 첫 줄에서 여섯 글자만 읽을 수 있었다.[188] 두 해 뒤, 엔노 리트만(Enno Littmann)*은 그 명문을 다시 읽으면서, 더 많은 글자를 읽어 내고 복원을 시도했다. 그가 복원한 결과에 따르면, 명문의 두 번째 줄은 이렇다. שלם (בוא)בני ("쿠자의 아들들, 편히 쉬기를"). 그러나 리트만은 자신이 복원한 쿠자라는 이름이 심히 의심스럽다고 고백했다.[189] 따라서 이것도 쿠자라는 이름이 등장한 경우일 수 있지만, 여기에는 어떤 무게도 부여할 수 없다.

(4) 이 이름이 나타나는 네 번째 경우와 다섯 번째 경우는 시리아 동부의 우르파(고대의 에데사) 지역에서 나온 옛 시리아어 명문에서 볼 수 있다. 둘 가운데 하나는 지롱(Giron)**이 1911년에 처음으로 출간했으며,[190] 근래에는 한 드레이버스(Han J. W. Drijvers)⁂와 존 힐리가 편찬했다.[191] 그것은 분명 동굴 무덤의 바위에 있는 부조(릴리프)이지만, 처음 기록되었을 때 이미 바위에서 잘려 나갔다. 두 흉상이 있는데, 하나는 남자의 흉상이며 다

---

188 G. Dalman, *Neue Petra-Forschungen und der heilige Felsen von Jerusalem* (Palästinische Forschungen zur Archäologie und Topographie 2; Leipzig: Hinrichs, 1912), 96 (no. 84). 달만이 읽어 낸 결과는 CIS 1430의 일부로 재출간되었다.

• 루트비히 리하르트 엔노 리트만(Ludwig Richard Enno Littmann, 1875-1958). 독일의 중동 학자다. 고대 시리아와 나바테아 명문을 깊이 연구했으며, 「천일야화」를 아라비아어에서 독일어로 번역했다.

189 E. Littmann, "Zu den nabatäischen Inschriften von Petra," *ZA* 28 (1914), 275. 리트만이 다른 글자들을 읽어 낸 결과를 바로잡으면, 여기서 복원할 수 있는 또 다른 나바테아인의 이름이 נגבו다(Negev, *Personal Names*, 35).

•• 노엘 에메 지롱(Noël Aimé-Giron, 1884-1941). 프랑스의 중동 학자다. 고대 시리아 지역의 문화를 깊이 연구했다.

190 N. Giron, "Notes épigraphiques," *Mélanges de l'Université St. Joseph* 5 (1911), 77-78; 아울러 Littmann, "Elne altsyrische Inschrift," 379-383을 보라.

⁂ 헨드릭 드레이버스(Hendrik [Han] Jan Willem Drijvers, 1934-2002). 네덜란드의 중동 학자이자 고대 중동 언어 학자다. 흐로닝언대학교 교수였다.

191 H. J. W. Drijvers and J. F. Healey, *The Old Syriac Inscriptions of Edessa and Osrhoene* (Leiden: Brill, 1999), 57-58 (no. As6), plate 4와 함께 보라.

른 하나는 여자의 흉상이다. 그리고 여성인 인물 옆에는 일부 손상된 명문이 있는데, 이 명문은 이 여자를 언급한다. 추측컨대 처음에는 남성인 인물을 언급하는 명문도 있었을 것이다. 지롱은 글자꼴과 옷 스타일을 토대로 이 명문이 주후 150년에서 250년 사이에 새겨졌다고 보았지만,[192] 리트만은 글자꼴을 토대로 주후 1세기 명문으로 보는 견해를 선호했다.[193]

드레이버스와 힐리는 이 명문을 이렇게 번역한다. "이것은 아르쿠[또는 아드쿠]의 딸 카이미의 형상, 이는 우리의 …… 쿠자의 아들 압달라트가 만들었다. 아, 슬프도다!" 압달라트('Abdallat)라는 이름은 아랍의 여신 알라트('Allat)를 가리키는데, 이는 주후 1세기에 아랍의 여러 부족뿐 아니라 나바테아 사람들도 예배하던 여신이었다.[194] 드레이버스와 힐리는 "이 명문에 있는 이름들에는 나바테아만이 갖고 있는 독특한 풍취가 있다"는 지롱의 관찰 의견에 동의한다.[195]

(5) 이 명문은 J. B. 시걸(Segal)•이 1954년에 처음 출간했으며,[196] 최근에는 드레이버스와 힐리가 편찬했다.[197] 이는 우르파에서 동남쪽으로 60킬로미터 떨어진 수마타르 하라베시(Sumatar Harabesi)의 한 언덕에 있는 바위 표면에 새겨진 열세 명문 가운데 하나다. 이 명문 가운데 셋은 주후 164년에 새겨졌다.[198] 따라서 다른 명문들도 주후 2세기 중엽에 새겨졌다고

---

192 Giron, "Notes," 78.

193 Littmann, "Eine altsyrische Inschrift," 381-382.

194 Healey, *Nabatean Tomb Inscriptions*, 33.

195 Drijvers and Healey, *Old Syriac Inscriptions*, 58; 참고. Giron, "Notes," 78. 카이미(Qaymi)에 관하여 알아보려면, Stark, *Personal Names*, 110; Negev, *Pesonal Names*, 58을 보라. 압달라트에 관하여 알아보려면, Stark, *Personal Names*, 102을 보라.

• 주다 시걸(Judah Benzion "Ben" Segal, 1912-2003). 영국의 셈어 학자이며, 영국, 이집트, 이스라엘에서 활발한 연구 활동을 펼쳤다.

196 J. B. Segal, "Some Syriac Inscriptions of the 2nd-3rd Centuries A. D.," *BASOR* 16 (1954), 16-17.

197 Drijvers and Healey, *Old Syriac Inscriptions*, 87-88 (no. As26).

198 Segal, "Some Syriac Inscriptions," 14.

확신해도 될 것 같다. 우리가 살펴보는 명문은 한 부조 흉상 옆에 있다. 드레이버스와 힐리는 "자바이"(Zabbai)라고 읽는 시걸의 독법보다 "자카이"(Zakkai)라 읽는 드레이버스의 독법을 선호하여 이렇게 번역한다. "쿠자의 아들 자카이와 그의 자녀들이 신(god) 앞에서 기억되기를."[199] 수마타르 하라베시에서 행한 제의의 정황을 살펴보면, 숭배한 신은 분명 달의 신인 마랄라헤/신(Maralahe/Sin)이며,[200] 자카이는 틀림없이 이 지역을 다스리는 관리 가운데 하나였고 신(Sin)을 섬기는 제의와 밀접한 관련을 맺고 있었던 것 같다. 자카이라는 이름은 히브리어, 팔미라어(Palmyrene),[201] 나바테아어[202]로 등장한다.

이 두 시리아 명문에서 쿠자라 일컫는 사람들이 실제로 오스로에네(Osrhoene)에 정착한 나바테아인인지와 상관없이(적어도 첫 번째 경우는 그런 나바테아인인 것 같다), 이런 이름을 사용한 것은 나바테아의 영향이라고 보는 것이 타당하다.

(6) 우리가 구사(Chuza)라는 이름을 발견하는 마지막 자료는 비문이라기보다 글이다. 두 에스더 타르굼은 에스더서에서 악당으로 등장하는 하만의 계보를 광범위하게 제시한다(Tg I to Est 5:1; Tg II to Est 3:1). 아울러 이 계보는 소책자인 *Soferim* 13:6과 *Aggadat Esther* 3:1 (13b/14a)에서도 발견할 수 있다. 테오도르 찬(Theodor Zahn)*은 1913년에 자신의 누가복음 주석에서 이 계보가 구사(쿠사[כוזא])라는 이름을 하만의 증조부 이름으로 담

---

199 Drijvers and Healey, *Old Syriac Inscriptions*, 87.

200 수마타르 하라베시의 신(Sin) 숭배 제의에 관하여 알아보려면, H. J. W. Drijvers, *Cults and Beliefs at Edesa* (Études Préliminaires aux Religions Orientales dans l'Empire Romain 92; Leiden: Brill, 1980) chap. 5.

201 Negev, *Pesonal Names*, 26.

202 Stark, *Personal Names*, 19.

• 테오도르 찬(Theodor Zahn, 1838-1933). 독일의 성경 학자다. 구원사의 시각으로 성경을 연구했으며, 노벨문학상 후보로 세 번이나 추천되기도 했다.

고 있다고 언급했지만,[203] 그 뒤에는 어떤 신약 학자도 이런 점에 주목한 것 같지 않다. 이 계보는 '아각 사람'(Agagite)이라는 말이 하만과 아말렉 족속(참고. 삼상 15:8)을 이어 준다는 가정에 의존하고 있다. 이 때문에 이 계보는 그를 에서의 손자 아말렉의 후손으로 본다(참고. 창 36:15, 16). 아말렉과 하만의 아버지인 함므다다(에 3:1) 사이에는 대체로 성경에 나오지 않는 이름[204]이 대략 열넷에서 열여섯이 있다(이 명단에는 다양한 버전이 있으며, 버전에 따라 이름 수도 다르다). 구사 또는 그에 상응하는 인물은 거의 모든 버전의 명단에서 하만의 증조부 이름으로 등장하지만, 두 타르굼 필사본에서는 그 이름이 상당히 다르다.[205] 두 필사본에서는 כוזא, כוזה, כייא, כוזנאי, כיינאי, 뿐만 아니라 ב를 첫 글자로 가진 비슷한 형태들도 등장한다. 적어도 타르굼 II의 필사 전통에서는 כוזא가 이 이름의 원형일 개연성이 있지만, 이것도 과연 그런지 여전히 좀 의심을 가질 수밖에 없다.

이 명단에 있는 많은 이름은 유사한 경우가 없으며, 아마도 원형이 훼손된 경우가 많을 것이다. 이 때문에 해석하기가 힘들다. 그러나 구사의 아버지 이름 아폴리투스(אפוליטוס와 변형들)는 분명 본디오 빌라도(Pontius Pilate)를 언급하는 것 같다. 이 때문에 사람들은 다른 이름들도 안티파테르와 헤롯이라는 이름뿐 아니라 유대를 다스린 다른 로마 총독들의 이름

---

203 T. Zahn, *Das Evangelium des Lukas* (Kommentar zum Neuen Testament 3; Leipzig: Deichert, 1913), 339-340 주8. 그는 H. L. Strack, *Jesus die Häretiker und die Christen nach den älteren jüdischen Angaben* (Schriften des Institutum Judaicum in Berlin 37; Leipzig: Hinrichs, 1910), 45*-47*에 의존했다.

204 파르마쉬타(바마스다, Parmashta)와 바예자타(왜사다, Vayezata)라는 이름은 에스더 9장 9절에 있는 하만의 아들들 이름에서 가져왔다. 타르굼 I에 있는 계보 버전에는 아각라는 이름이 들어 있지만, 놀랍게도 다른 이름들은 들어 있지 않다.

205 타르굼 I의 여섯 개 필사본을 (소책자 *Soferim*과 *Aggadat Esther*와 함께) 살펴보려면, B. Grossfeld, *The First Targum to Esther: According to the MS Paris Hebrew 110 of the Bibliothèque Nationale* (New York: Seprer-Hermon, 1983), 144의 표를 보라. 타르굼 II의 열다섯 개 필사본을 보려면, B. Grossfeld, *The Two Targums of Esther* (Aramaic Bible 18; Collegeville, Minn.: Liturgical; Edinburgh: T. & T. Clark, 1991), 211에 있는 표를 보라.

(펠릭스, 파두스, 플로루스, 플라쿠스, 비텔리우스, 루푸스)도 담고 있다고 추측했다.[206] 확실히 이 이름 가운데 많은 이름이 라틴식 이름을 염두에 두고 있다(이름 끝이 '우스'[어]로 끝난다). 이 명단에 들어 있는 이름 가운데 많은 수는 주후 70년 이전 시대에 유대인의 원수였던 로마인들, 특히 (팔레스타인에는 황제가 없었기 때문에) 로마가 팔레스타인 지역에 세운 통치자들(이 가운데에는 로마의 후원을 받은 헤롯 집안도 포함된다)일 가능성이 있을 정도로 사람들이 제시한 몇몇 구체적 제안은 충분히 그럴 듯하다. 비록 시대가 일치하지는 않지만, 그래도 로마가 다스리는 시대에 살았던 유대인이라면, 틀림없이 히브리 성경이 유대인의 원수의 전형으로 제시하는 하만을 로마와 연계하고 싶었을 것이다. 주후 66년에 일어난 유대인 봉기 당시부터 식별할 수 있는 이름들이 존재하지 않는다는 것은, 우리가 발견한 계보에 들어 있는 자료들이 훨씬 후대 것일지라도 계보 자체만큼은 1세기 팔레스타인에서 유래했음을 일러 주는 것 같다.[207]

우리 목적에 비춰 볼 때 구사라는 이름이(만일 그것이 정말 구사라는 이름이라면) 이 연대에 등장한 것은 흥미로울 수 있다. 이 이름[208]은 물론이고 하만의 할아버지 이름(버전마다 상당히 다르다: 아나['Ana'], 아다['Ada'], 세라[Serah], 시라[Sira'], 키도[Kido] 등)도 여태까지 만족스럽게 설명한 이가 없었지만, H. L. 쉬트락(Strack)*과 S. 크라우스(Krauss)**는 구사가 유대인 봉기

---

206   여러 제안을 모아 놓은 곳이 B. Ego, *Targum Scheni zu Ester* (Tübingen: Mohr [Siebeck], 1996), 234 주411이다. Strack, *Jesus*, 46*-47*을 참고하라.

207   두 에스더 타르굼에 들어 있는 하가다 전승은 더 이상 존재하지 않지만 더 크고 더 오래된 작품인 Targum Rabbati에서 유래했다고 생각된다. Grossfeld, *Two Targums*, 14-16, 23-24을 보라.

208   Zahn, *Lukas*, 339-340 주8은 누가복음 독자가 구사(눅 8:3)를 본디오 빌라도의 아들로 생각했을 법한 경위를 설명하려 했다. 그러나 그 계보가 구사라는 이름을 누가복음에서 끌어냈을 가능성은 아주 희박해 보인다. 잔은 그 이름을 일러 주는 미문 증거를 꼽았다.

•   헤르만 쉬트락(Hermann Leberecht Strack, 1848-1922). 독일의 구약 학자이자 셈어 학자다. 탈무드와 랍비 자료 연구의 권위자였다.

••   자무엘 크라우스(Samuel Krauss, 1866-1948). 유대교 학자다. 고대 유대교 연구의 권위자였다. 부다페스트와 빈의 유대교 신학교에서 가르치다 나치의 유대인 핍박을 피해 영국으로 망명했다.

당시 로마 총독이었고 명단에서 마지막으로 그 이름이 밝혀지게 될 게시우스 플로루스(재임 64-66년)라고 주장했다. 하지만 구사(또는 어떤 것이든 이 이름의 모든 변형)는 그 이름 끝에, 비록 훼손되었을지라도 로마 총독들의 이름임을 충분히 식별할 수 있는 다른 이름들의 특징인 라틴식 어미인 '우스'(σι)를 갖고 있지 않다. 이 이름들이 들어 있는 명단을 보면, 그 이름이 명단에 들어 있는 나머지 이름과 일관성을 갖고 있다는 점을 제외하고는 딱히 어떤 라틴식 이름이 훼손된 것이라고 생각할 만한 명백한 근거가 전혀 존재하지 않는다. 명단 끝에 있는 이름들처럼(파르마쉬타[개역개정판은 '바마스다'], 바예자타[개역개정판은 '왜사다'][에 9:9], 아각[삼상 15:8], ……, 아말렉, 엘리바스, 에서[창 36:15, 16]), 명단 첫머리에서 함므다다 뒤에 나오는 두 이름은 1세기 로마인 원수들(유대인의 원수들), 곧 그들의 이름을 따 계보에 들어가게 된 로마인들의 명단과 구별해야 한다. 아나('Anah)와 아다('Adah)라는 이름은 계보에 있는 구사 아들의 이름의 두 버전인데, 이 이름들은 사실 창세기 36장 16절과 18절에서 아말렉, 엘리바스, 에서에 아주 가까이 붙어 등장한다. 두 이름 모두 에돔 족속에 어울리는 이름으로 여겼을 수 있다. 사해 남쪽에 있는 옛 에돔 족속 영역은 주후 1세기에 이르러 나바테아 왕국의 핵심 영토가 되었다. 따라서 하만의 계보가 나바테아인의 이름인 쿠자를 사용한 것을 적절하다고 보았을 수 있다. 하만의 계보에 가장 처음 포함된 사람이 누구든, 그 이름을 나바테아인의 이름으로 알았을 가능성이 있다. 그러나 이런 제안은 그저 그럴 수 있다는 가능성을 이야기하는 것에 지나지 않는다.

따라서 구사라는 이름과 관련하여 누가복음 외에 우리가 신뢰할 수 있는 증거는 네 경우로 줄어들 수밖에 없다. 앞서 말한 1, 2, 4, 5번이 그것이다. 이 증거만으로도 요안나의 남편 구사가 날 때부터 나바테아인이었을 개연성이 높음을 충분히 증명할 수 있다. 그렇다면 헤롯 안티파스가 과연 나바테아인을 그의 ἐπίτροπος로 임명했을까? 나바테아 왕국은 헤롯 왕가에게 로마 다음으로 중요한 외세였다. 지리상 가깝기도 하고, 여러 경제 관계 때문이기도 했으며,[209] 나바테아인들이 때로 헤롯의 영역으로 팽창 정책을 추구했기 때문이기도 하다. 그러나 집안끼리 인연도 있었다. 헤롯 대왕의 어머니, 곧 안티파스의 할머니는 나바테아 사람이었다. 이 사람은 분명 나바테아 왕가와 친척이었을 것이며, 결국 이 때문에 안티파스 자신도 나바테아 왕들과 먼 친척뻘이 되었다. 헤롯 대왕 초기에는 나바테아와 좋은 관계를 유지했으나, 그의 치세 후기에는 서로 갈등을 빚는 관계로 바뀌었다.[210] 그러나 헤롯 대왕의 아들 헤롯 안티파스는 초기에 갈릴리와 페레아를 다스릴 때(나중에 나바테아 왕국과 경계를 공유하게 된다) 나바테아와 관계를 복원하는 것이 중요함을 간파한 것 같다. 그리하여 그는 나바테아 왕 아레타스 4세의 딸과 혼인하여 정치적 평화를 다지려 했다.[211] 이 혼인은 오랜 기간 이어졌지만, 헤롯은 이복형의 아내이자 조카딸이던 헤로디아(헤로디아스)와 혼인하고 아레타스의 딸과 이혼하기로 결정한다. 이는 분명 헤롯 측과 나바테아의 관계를 악화시킨 원인 가운데 하나였으며, 결국 주후 36년에는 전쟁으로 번지고 말았다.[212] 그렇지만 이 재혼과 이혼은 예수가 사역을 시작하기 직전이나 그의 사역 초기에 일어났다. 안티파스는

---

209 I. Shatzman, *The Armies of the Hasmonaeans and Herod* (TSAJ 25; Tübingen: Mohr [Siebeck], 1991), 305-307.

210 헤롯 대왕과 나바테아인의 관계에 관하여 알아보려면, A. Kasher, *Jews, Idumaeans, and Ancient Arabs* (TSAJ 18; Tübingen: Mohr [Siebeck], 1988), 126-174; Shatzman, *Armies*, 7장; Richardson, *Herod*, 62-67, 101-103, 166-169, 238-239, 279-281을 보라.

211 Kokkinos, *Herodian Dynasty*, 229-232(그리고 376-377을 참고하라)은 그 시대 주화와 명문으로 보아 이 딸이 아레타스의 장녀 파사엘리스(Phasaelis)였다고 주장하면서, 이 혼인이 주전 7/6년에 있었다고 주장한다.

212 요세푸스와 복음서의 기사는 상당히 어려운 문제들, 특히 연대와 관련된 난제들을 불러일으킨다(요세푸스의 기사와 복음서의 기사 모두 여러 사건 속의 세례 요한과 관련이 있다). 그러나 여기서 우리가 그런 난제에 꼭 관심을 가질 필요는 없다. Hoehner, *Herod*, 7장; Kasher, *Jews*, 177-181; Kokkinos, *Herodian Dynasty*, 265-269를 보라. 호너는 안티파스가 헤로디아와 혼인한 해를 주후 27/28년이나 29/30년으로 본다. 카셰르는 아무리 늦어도 28년에 혼인했다고 보며, 코키노스는 34/35년으로 본다(그가 개정한 연대는 예수가 십자가에 못 박힌 해를 36년으로 본다).

나바테아와 오랜 기간 평화로운 관계를 이어 가던 때에 아레타스의 딸과 혼인했는데, 구사는 틀림없이 이런 안티파스가 다스리던 때에 ἐπίτροπος로 임명되었을 것이다. 구사는 나바테아 궁정의 신하였다가 헤롯 안티파스와 혼인하는 젊은 공주의 수행원으로 헤롯 궁정에 왔을지도 모른다.

요세푸스와 관련된 사건, 곧 헤롯 대왕 치세기가 끝날 무렵에 일어난 사건은 헤롯 궁정에 나바테아인이 있었음과 관련하여 흥미로운 사실을 일러 주는 증거다. 헤롯의 경호원 가운데 코린투스(Corinthus)라 불리는 사람이 있었다. 그는 "[헤롯의] 지배 영역 안에서 자랐으나, 아랍인[곧 나바테아인]으로 태어났다"(BJ 1.576). 이 사람이 (우리가 앞서 만난) 나바테아인 ἐπίτροπος인 실라이우스에게 뇌물을 받고 헤롯을 암살하려다 발각되었다. 코린투스를 방문하고 있던 나바테아의 두 고위 인사(한 사람은 실라이우스의 친구였고, 다른 한 사람은 부족장이었다)가 이 음모에 연루되었다는 것이 밝혀졌다(BJ 1.577; Ant. 17.56-57).[213] 이 사건은 궁정에 있는 나바테아인이 초래할 수 있는 위험을 잘 보여 준다. 그러나 동시에 이 사건은 이런 음모가 들통나기까지 나바테아인으로 태어난 사람도 왕의 경호원으로 충분히 들어갈 수 있었으며 나바테아 귀족도 헤롯의 궁정을 방문할 수 있었음을 보여 준다. 헤롯 안티파스가 나바테아 왕의 딸과 부부로 살아가던 동안에는 그의 궁정에서 그런 관계를 훨씬 많이 볼 수 있었을 것이다.

만일 구사가 헤롯 안티파스를 섬기는 나바테아인이었다면, 그는 유대교로 개종했을까? 만일 구사가 개종자가 아니었다면, 요안나 집안이 요안나를 구사와 혼인시킬 생각을 했을까? 이방인과 혼인하는 것은 분명 유대인의 강한 금기였다. 이런 금기는 바벨론에 잡혀간 포로들이 돌아온 뒤인 에스라와 느헤미야 시대의 개혁 때부터 존재했다. 주후 1세기 팔레스타인

---

[213] 요세푸스가 제시하는 두 기사는 이 셋이 줄거리 안에서 어떻게 얽혀 있는가를 설명할 때 각기 다른 세부 사실을 제시한다.

유대교 문헌을 살펴보면, 위 필론의 「성경 고대사」가 그것을 잘 보여 준다. 이 문헌은 이방인과 혼인하는 것을 비판하면서, 그런 행위를 우상 숭배 및 우상 숭배가 하나님 백성에게 초래한 심각한 결과와 연계한다.[214] 이방인과 혼인하는 것에 반대함은 팔레스타인 유대교가 이스라엘 땅에 존재하는 이교의 우상 숭배에 보인 반감의 일부였다. 이교의 우상 숭배는 이스라엘 땅을 더럽히고 이스라엘의 하나님이 행하시던 역할을 빼앗아갔다.

하지만 어쩌면 헤롯 궁정을 빈번하게 드나들던 티베리아스의 귀족들은 이런 것에 전혀 개의치 않았을지도 모른다. 이와 관련하여 유익한 도움을 줄 만한 유사 사례가 하나 있는데, 이것 역시 실라이우스와 관련이 있다. 나바테아의 왕좌 자체에 눈독을 들였던 이 야심찬 정치인은 과부가 된 헤롯 대왕의 누이 살로메와 혼인하여 더 큰 야망을 이루려 했다. 살로메 자신도 이런 혼인 제의에 강하게 끌렸고 어쩌면 불법 혼인 계약에 서명까지 했을지도 모른다. 그러나 실라이우스는 헤롯이 강하게 요구한 혼인 조건, 곧 유대교로 개종해야 한다는 조건에 동의할 수 없었다.[215] 그 조건에 동의하는 것은 자신의 백성 가운데서 인심을 완전히 잃어버리게 만들 일이었다(Josephus, *Ant.* 16.220-225; 참고. *BJ* 1.487). 니코스 코키노스(Nikos Kokkinos)*는 이 조건이 그렇지 않아도 여러 이유에서 이 혼인을 불만족스

---

[214] 이 주제는 M. T. DesCamp, "Why Are These Women Here? An Examination of the Sociological Setting of Pseudo-Philo Through Comparative Reading," *JSP* 16 (1997), 53-80에 실린 연구에서 분명히 나타난다. 그가 이 점에 관하여 요약한 것을 참고하라. "이교도와 통혼은 우상 숭배와 연결될 수밖에 없었으며, 그런 통혼과 우상 숭배는 자녀와 공동체를 파괴함으로 이어졌다. 아므람, 그나스, 미가의 이야기는 모두 우상 숭배를 자녀의 파멸과 연계한다. 유명한 인물들(아브라함, 모세, 요셉, 삼손)의 통혼을 언급한 말은 지워지고, 외인 여자의 나쁜 성품은 부각되었다." 희년서가 이교도와 통혼함을 논박한 것을 보려면, B. Halpern-Amaru, *The Empowerment of Women in the Book of Jubilees* (SJSJ 60; Leiden: Brill, 1999)를, 특히 이 책의 147-159을 보라. 그는 희년서가 우상 숭배보다 그에 따른 오염에 관심을 갖고 있다고 주장한다.

[215] 나바테아인이던 실라이우스는 이미 할례를 받았을 것이다.

* 니코스 코키노스(Nikos Kokkinos, 1955-). 이집트계 영국인 역사가이자 고고학자다. 헬레니즘 시대 유대와 중동 역사를 깊이 연구했다.

럽게 여긴 헤롯이 누이의 혼인을 막으려고 내건 핑계일 뿐이라고 판단한다.[216] 그러나 적어도 이것만큼은 틀림없이 믿을 만한 핑계였으며, 사람들도 이를 당연하게 여겼을 것이다.

나중에 헤롯 집안에 비슷한 사례가 있었다. 아그리파 2세의 누이 드루실라의 경우가 그것이다. 드루실라는 콤마게네(Commagene) 왕의 아들과 약혼했지만, 이 약혼자가 유대교로 개종하길 거부하면서 약혼도 깨지고 말았다. 대신 드루실라는 할례를 받는 데 동의한 에메사 왕과 혼인했다(Josephus, *Ant.* 20.139). 마찬가지로, 길리기아 왕도 아그리파 2세의 누이인 베레니케의 두 번째 남편이 되려고 할례를 받았다(*Ant.* 20.145).[217] 헤롯 집안에서는 이방인과 혼인하는 일이 드물지 않았다. 이런 혼인은 주로 정치적 이유에서 이루어졌다. 물론 혼인 상대인 이방인이 개종하지 않았을 가능성이 있는 경우도 있다. 그러나 코키노스가 인용한 사례들은 분명 예외에 해당하는데, 이런 예외에는 헤롯 집안사람 자신이 유대교를 포기한 경우와 자신의 첫 번째 남편과 아직 부부로 사는 동안에 장차 두 번째 남편이 될 사내의 유혹에 넘어간 이(드루실라)의 경우가 속한다.[218] 그래도 헤롯 집안은 보통 이방인 배우자에게 유대교로 개종할 것을 강력히 요구하는 관습을 갖고 있음을 일러 주는 분명한 사례들이 있다.[219] (우리가 아는 사례들이 이방인 남자 및 그가 받은 할례와 관련이 있음은 당연히 중요한 의미일 수 있다. 이방

---

[216] Kokkinos, *Herodian Dynasty*, 183.

[217] 이런 사례들은 헤롯 왕가와 혼인할 경우에 따르던 특권을 인상 깊게 증언한다. 헤롯 집안은 그들 집안의 자매나 딸과 혼인하는 이교도 남자에게 할례를 강력히 요구했을 것이다(유대인이 아닌 이들은 대체로 할례를 받지 않았으며, 이를 심지어 혐오스러운 관습으로 여겼다). 할례를 받는 것이 무엇보다 그 남편 될 이들에게 정치적 이점을 안겨 주었기 때문이다. 참고. Kokkinos, *Herodian Dynasty*, 356. 이 때문에 우리는 개종의 명백한 증거가 없는 다른 사례에서도 이런 결론을 내리는 것이 타당하다.

[218] Kokkinos, *Herodian Dynasty*, 355.

[219] Smallwood, *Jews*, 96 주128은 이에 의문을 표하지만, 모든 증거를 고려하지는 않는다. Kokkinos, *Herodian Dynasty*, 355은 다른 사례(알렉사스)를 하나 추가한다. 요세푸스는 개종을 분명히 언급하지 않지만, 이 경우에도 개종이 있었다.

인 여자의 경우에는 유대인 남자와 혼인하면 당연히 유대교로 개종하는 것으로 생각했을 수 있다. 셰이 코헨[Shaye Cohen]•은 이때 여자의 경우에는 개종 의식 같은 것이 없었으며 "유대인 남편과 혼인하는 행위 자체가 사실상 개종 행위였다"고 주장한다.)[220]

유대인이 아닌 배우자에게 유대교로 개종할 것을 요구하는 헤롯 집안의 이런 관습은 그가 다스리는 유대 백성을 괜히 자극하지 않으려는 헤롯의 정책 전반 가운데 한 부분이었다. 우리는 이를 헤롯 안티파스가 티베리아스에 있던 자신의 왕궁 벽을 동물 그림으로 장식하면서도 자신이 발행하는 주화에 자신의 머리를 새겨 넣는 비(非)유대인 세계의 일반 관습을 피하여 오로지 식물 모양만을 자신의 주화에 넣은 것과 대비해 볼 수 있겠다.[221] 분명 그 자신은 토라의 명령에 복종할 의무가 있다고 느끼지 않았지만, 자신의 왕궁 밖에서는 자신을 토라에 복종하는 유대인으로서 백성에게 내보이는 정책을 폈다. 안티파스의 경우에는 이런 정책이 더 현명했을 것이다(아울러 실제로도 효용이 있었을 것이다). 헤롯 집안 출신 통치자 가운데에는 유대인이 많지 않았지만, 그의 백성 대부분은 유대인이었기 때문이다. 사실 안티파스는 이복형의 아내와 혼인하여(그것도 그 이복형이 여전히 살아 있는 동안에) 율법을 대놓고 무시했지만,[222] 그렇게 한 것으로 세례 요한에게 비판을 받았으며, 위험을 감수하면서까지 자신의 백성을 강력한 적으로 만들고 말았다. 이 경우에 그는 자신의 욕망을 쫓고, 헤롯 집안의

• 셰이 코헨(Shaye J. D. Cohen, 1948-). 미국의 역사가이자 랍비다. 제2성전기 유대교와 유대 역사를 깊이 연구했다.

220 S. J. D. Cohen, "Crossing the Boundary and Becoming a Jew," *HTR* 82 (1989), 25.

221 Theissen, *Gospels*, 29.

222 Kokkinos, *Herodian Dynasty*, 268 주13은 안티파스가 헤로디아의 전 남편 필리포스(빌립)가 죽은 뒤에 헤로디아와 혼인했다고 생각한다. 그러나 필리포스가 자식 없이 죽었기 때문에, 유대교에서 이 혼인은 금기가 아니었다. 코키노스의 견해는 세례 요한이 안티파스를 비판한 것에 충분한 근거를 제시하지 못한다.

많은 혼사를 지배해 온 정치 정책을 따르지 않았다. 혼인도 주화처럼 공적 성격이 아주 강한 선언이었다.

만일 이것이 헤롯 집안 자체의 관습이었다면, 헤롯을 지지한 유대인 귀족도 이런 관습을 따랐을 가능성이 있다. 그러나 그들은 대체로 그리스와 로마의 영향을 받은 생활 방식의 특징들을 채택했다. 유대 팔레스타인에서는 유대인과 유대인이 아닌 이의 혼인을 거부하는 금기가 무시할 수 없을 정도로 아주 강했다.[223] 우리는 구사도 완전히 유대인이 되었을 개연성이 아주 높다고 결론지을 수밖에 없다. 그는 나바테아인이었기에 이미 할례를 받았을 것이다.[224] 이 때문에 그에게는 유대교로 개종하는 것이 다른 많은 이방인 남자의 경우보다 상당히 쉽고 거부감이 덜 드는 일이었을 것이다.

요안나의 남편을 이처럼 상당히 폭넓게 다루다 보니, 오히려 요안나 자신은 우리 시야에서 벗어난 것처럼 보일지도 모르겠다. 그러나 "[구사는] 한 재산의 청지기나 관리인으로 여전히 노예였거나 노예 출신 자유인이었을 것이다. …… 이런 사람은 여전히 실제 지위다운 지위가 없는 사람이었을 것이다"[225]라는 주장을 반박하려면, 요안나의 사회 지위와 여러 관계를 확증하고 확인하는 일이 중요했다. 그와 반대로, 구사와 요안나는 티베리아스에 살던 헤롯 측근 귀족에 속한 이들이었다. 구사라는 이름이 희귀하

---

[223] 디아스포라를 보면, 유대인이던 디모데의 어머니도 이방인 남편과 혼인했지만(행 16:1), 이런 일이 늘 있는 경우는 아니었을 것이다. 디아스포라에서도 유대인과 유대인이 아닌 이의 혼인 사례는 분명 찾기가 쉽지 않다. 참고. M. H. Williams, *The Jews among the Greeks and Romans* (Baltimore: Johns Hopkins University Press, 1998), 131. 디아스포라에서도 유대인과 유대인이 아닌 이의 혼인에 대한 반대가 강했음을 보려면, J. Barclay, *Jews in the Mediterranean Diaspora from Alexander to Trajan (323 BCE-117 CE)* (Edinburgh: T. & T. Clark, 1996), 410-412을 보라.

[224] Josephus, *Ant.* 1.124에 따르면, 아랍 소년들은 열세 살에 할례를 받았다. 나바테아가 주후 106년에 로마의 아라비아 속주가 된 뒤에야 할례가 폐지되었다. F. Millar, *The Roman Near East 31 BC-AD 337* (Cambridge: Harvard University Press, 1993), 11-12을 보라.

[225] Corley, *Private Women*, 111 주13.

다는 점, 그리고 그 이름을 가진 나바테아 사람이 헤롯 궁정에 있었을 개연성이 있다는 점은 누가가 요안나에 관하여 제시하는 정보가 신뢰할 수 있는 역사 사실임을 우리에게 확실히 새겨 준다.

5. 후원자인가, 종인가

우리는 앞서 본 두 섹션 덕분에 요안나를 로마풍에 물든 티베리아스의 헤롯 궁정 사람으로 볼 수 있게 되었으며, 요안나가 한 무리의 사람들, 곧 예수의 제자들과 아주 긴밀한 유대를 맺으면서 취한 조치의 주목할 만한 본질을 짐작해 볼 수 있게 되었다. 요안나가 속한 사회 집단이 볼 때, 예수의 제자들 같은 사람들은 거의 무시할 수 있을 정도로 비천한 이들이었지만, 동시에 요안나도 그런 사람들이 보기에는 사회에서 탁월한 이들이 받는 그런 존경을 받을 만한 사람이 아니라 갈릴리의 보통 사람들이 당시의 이 특별한 통치 엘리트에게 보이던 경멸을 받아야 할 사람이었다. 우리는 이제 이런 배경을 알고 누가복음 8장 2, 3절이 요안나에게 부여한 역할, 곧 예수의 사역에 필요한 재정을 돕는 역할을 다시 살펴볼 수 있다. 이 역할은 아마도 예수와 이리저리 다니며 활동하던 그의 제자들에게 제공한 경세 후원 가운데 아주 중요하고 큰 몫을 감당했을 것이다. 우리는 귀속 계급 여자들이 유대인의 종교 운동에, 특히 바리새파 운동에 합류한 사례로 알려져 있는 또 다른 경우들이 있을 뿐 아니라, 이런 여자들이 그 운동의 지도자와 교사에게 재정을 지원한 사례들이 있음을 언급할 수 있다.[226]

하스몬 왕조의 여왕 살로메 알렉산드라(재위 주전 76-67년_ 옮긴이)가 바리새인을 총애한 것이 역사에서 가장 중요한 사례이긴 하지만, 요안나와

---

226 T. Ilan, "The Attraction of Aristocratic Women to Pharisaism During the Second Temple Period," *HTR* 88 (1995), 1-33.

더 적절히 비교해 볼 만한 사람은 헤롯 대왕의 남동생 페로라스(Pheroras)의 아내다. 요세푸스는 헤롯 궁정에서 바리새인의 가르침을 따르던 한 무리 여자 가운데 한 사람으로 페로라스의 아내를 묘사한다. 6천 명이 넘는 바리새인이 로마 황제와 왕에게 충성을 맹세하길 거부하여 결국 벌금형을 받았다. 이때, 페로라스의 아내가 그 벌금을 대납했다(*Ant.* 17.41-42). 탈 일란이 언급하듯이, 살로메 알렉산드라 여왕의 경우처럼 이 "이야기는 한 여자가 자신이 속한 집안이 표명한 정치 성향에 맞서 바리새인을 지지한 경우를 분명하게 보여 주는 또 다른 사례다. 따라서 페로라스의 아내는 바리새주의를 받아들임으로써 독립된 종교적-정치적 견해를 취한 또 다른 여자다."[227] 헤롯 안티파스의 궁정은 헤롯 대왕 시대의 바리새인처럼 예수 운동도 체제를 뒤엎으려는 정치 운동으로 여겼을지 모른다. 특히 예수가 세례 요한과 접점을 갖고 있다는 점에서 더욱 그렇게 여겼을 수 있다. 요안나가 용기 있게 독립하여 예수 운동을 후원한 것은 분명 누구에게도 매이지 않고 독립하여 특정 종교 운동에 충성하고 그런 운동에 재정을 지원하던 헤롯 시대 귀족 여자들의 전통에 서 있는 것이다. 하지만 요안나의 경우에는 선례가 없는 점이 있다. 바로 요안나가 예수의 선교에 재정을 댔을 뿐 아니라, 요안나 자신이 직접 이리저리 떠돌아다니던 제자들에 합류하여서 당대 문화에 맞선 그들 삶의 방식을 따라갔다는 점이다. 바리새인을 지원한 페로라스의 아내와 헤롯 시대의 다른 여자들은 요안나가 행한 것처럼 사회 계층과 계층 사이에 자리한 차이를 넘어가지 않았다.

요안나가 예수와 그 제자들에게 경제 지원을 한 것에 관하여 학자들이 제시한 평을 살펴보면, 분명 상반된 방향을 취하고 있음을 발견한다. 한 방향은 요안나가 사회에서 후원자 역할을 했다고 보는 반면,[228] 다른 한 방

---

[227] Ilan, "Attraction," 14.

[228] Reid, *Women*, 129; H. Moxnes, *The Economy of the Kingdom: Social Conflict and Economic Relations in Luke's Gospel* (OBT; Philadelphia: Fortress, 1988), 161; idem, "Patron-Client Relations

향은 διακονέω라는 단어에 초점을 맞춘다. 이 단어는 사회에서 낮은 위치에 있는 이가 높은 위치에 있는 이를 섬긴다는 의미를 담고 있다. 1세기 팔레스타인의 평범한 유대인 사회가 후원자-피후원자(또는 후견인-피후견인) 모델을 널리 인정했음을 보여 주는 증거는 거의 없지만,[229] 로마풍에 물든 헤롯 왕가와 이를 지지하는 무리들에게는 분명 이런 모델이 알려져 있었을 것이다. 요안나의 경우와 분명 관련이 있는 후원 유형은 후원자/기부자 유형이다. 이런 후원자는 부유한 사람으로서 어떤 공동체에 돈을 내고 그 대가로 지위와 영예를 얻었다.[230]

누가-행전(누가복음-사도행전)을 다룬 책을 저술한 이들은 요안나를 여자 후원자 범주에 포함시킨다. 이 범주에는 바울을 환대했던 루디아(행 16:14, 15)도 들어가며,[231] "**후원자로서** 그 공동체에 필요한 (숙박 시설 같은) 시설을 제공하거나 그 공동체를 지탱한, 또는 그 둘을 모두 감당한 상당히 부유한 또 다른 독립 여성들"도 들어간다. 누가복음 10장 38절에 나오는 마르다, 사도행전 9장 36절과 39절에 나오는 다비다, 사도행전 12장 12절에 나오는 마가의 어머니 마리아, 사도행전 18장 2절에 나오는 브리스길라가 그런 예다.[232] 하지만 여기에서도 요안나는 이 모든 여자의 경우와 다르다는 것을 다시 한 번 말해 두어야겠다. 요안나는 실제로 이리저리 떠돌던 제자 무리

---

and the New Community in Luke-Acts," in J. H. Neyrey, ed., *The Social World of Luke-Acts* (Peabody, Mass.: Hendrickson, 1991), 263; Seim, *Double Message*, 64-66; Corley, *Private Women*, 111, 118-119.

229 예를 들면 K. C. Hanson and D. E. Oakman, *Palestine in the Time of Jesus* (Minneapolis: Fortress, 1998), 70-80이 제시하는 증거는 오로지 팔레스타인을 통치하던 로마와 헤롯 왕가 엘리트 집단과 관련 있을 뿐이다. 누가복음 7장 1-10절은 이 범주에 속하지만, 어쨌든 팔레스타인에 적용할 수 있는 신뢰할 만한 증거는 아닌 것 같다. 여기서 다루는 후원(후견)이라는 주제는 특히 누가에게 국한되며, 마태복음 8장 5-13절의 평행 본문에는 이 주제가 나타나지 않기 때문이다.

230 Moxnes, "Patron-Client Relations," 249-250; 이런 역할을 한 여자들을 살펴보려면, Seim, *Double Message*, 65을 참고하라.

231 Moxnes, "Patron-Client Relations," 262-263.

232 Seim, *Double Message*, 64.

에 합류하여 그런 제자 가운데 한 사람으로 활동했기 때문이다. (이것 하나 만으로도 누가복음의 요안나 기사가 그의 시대에 알려진 교회의 여성 후원자들에 기초한 기록이 아니라 실제 역사 사실에 근거한 것임을 충분히 보여 줄 수 있다.) 더욱이, 예수의 제자 무리도 요안나를 당시에 보통 사용하던 의미의 후견인이나 후원자로 여겼을 리 없다. 우리는 이미 예수의 여러 제자와 같은 갈릴리의 보통 사람들이 헤롯을 중심으로 한 티베리아스의 귀족을 존경하기는커녕 도리어 자신들을 착취하고 우상을 숭배하는 외세에 부역하는 자들로 여겼으리라는 것을 살펴보았다. 그러나 그보다 훨씬 중요한 점은 예수가 가르치고 자신의 제자 공동체에서 이루어진 철저한 지위 역전과, 요안나에게 후원받은 이들이 이 부유한 후원자에게 돌린 영예와 지위는 양립할 수 없다는 점이다. 예수가 이런 지위 역전에 관하여 한 가장 독특한 말 가운데 하나가 누가복음에 기록된 것을 보면, 이 점을 특히 분명하게 일깨워 준다.

> 이방인의 왕들은 그들을 주관하며, 그들에게 권위를 부리는 자들은 은인(후원자)이라 불린다. 그러나 너희는 그렇지 않으니, 오히려 너희 가운데 가장 큰 자는 가장 어린 자와 같이 되어야 하며, 지도자는 섬기는 자와 같이 되어야 한다. 식탁에 앉아 먹는 자와 섬기는 자 가운데 누가 더 크냐? 식탁에 앉아 먹는 자가 아니냐? 그러나 나는 너희 가운데 섬기는 자로서 있다(눅 22:25-27).

우리는 이 본문을 보면서 "그들이 가진 자원에서 그들에게 제공했다"(διηκόνουν αὐτοῖς ἐκ τῶν ὑπαρχόντων αὐταῖς)는 구문에 διακονέω라는 동사가 사용된 것에 주목한다. 이 단어는 보통 식사할 때 식사 시중을 드는 것을 가리키며(예를 들면, 눅 4:39; 10:40; 12:37; 17:8; 22:27; 막 1:31; 요 12:2), 집안의 다른 일에도 확장하여 사용한다(요 2:5, 9; 마 22:13). 루이제 쇼트로프(Luise

Schottroff)*가 올바로 강조하듯이, 이 말은 사회에서 누군가에게 복종한다는 의미와 쉽게 분리되는 단어가 아니다. 이 말은 "거의 오로지 여자와 노예가 그들이 경제상 의존하고 있는, 더 높은 지위에 있는 사람들을 위해 행하는 비천한 노동을 가리킨다."[233] 방금 전에 인용한 복음서 본문은 모두 여자나 노예의 활동을 가리킨다.

사람들은 특히 누가복음의 두 본문을 누가복음 8장 3절의 평행 본문으로 인용했다. 첫째, 베드로의 장모에 관하여 이야기하는 4장 39절이다. 예수가 베드로 장모의 열병을 고쳤을 때, "그 여자가 곧장 일어나 그들을 섬기기(διηκόνει) 시작했다." 이는 베드로 장모가 예수와 그 제자들을 위해 식사를 준비하고 그들이 식사할 때 섬겼음을 의미한다. 치유와 섬김의 관계는 8장 2, 3절과 비슷하다. 둘째, διακονία와 διακονεῖν이 가사(家事), 그중에서도 식사 준비를 가리키는 10장 40절이다. 마르다는 식사를 준비하느라 바빴는데, 예수를 집에 손님으로 모셨기 때문이다. 하지만 누가복음의 이 두 본문에서 이런 말들이 (12:37; 17:8; 22:27에서와 마찬가지로) 식사와 관련된 섬김을 가리킨다는 사실이 우리가 8장 3절에서도 그런 의미를 발견해야 함을, 다시 말해 요안나가 돈을 제공했을 뿐 아니라 실제로 그 돈으로 음식 재료를 사서 식사를 준비했음을 의미하지는 않는다.[234] 8장 3절의 맥락에서 이 동사가 갖는 특별한 뉘앙스를 결정해야 한다. 8장 3절의 의미에 더 가까운 또 다른 평행 본문은 사도행전 6장 1, 2절이다. 여기에서 날마다 행하는 διακονία(1절)는 실제로 음식을 요리하고 음식으로 섬김을 뜻하는 게 아니라, 식사에 필요한 것을 공급하고 "식탁에서 섬김"(διακονεῖν τραπέζαις[2절])을 뜻한다. 이 일을 행할 이로 임명된 일곱 사람은 문자 그대

• 루이제 쇼트로프(Luise Schottroff, 1934-2015). 독일의 신약 학자이며 페미니즘 신학자다.

[233] Schottroff, *Lydia's Impatient Sisters*, 205.

[234] E. J. Via, "Women, the Discipleship of Service, and the Early Christian Ritual Meal in the Gospel of Luke," *SLJT* 29 (1985), 38.

로 이해할 수 없고, 도리어 과부와 곤고한 처지에 있는 다른 이들에게 음식을 제공하는 데 필요한 공동 기금을 관리하고 집행하는 사람을 가리킨다. 이렇게 διακονία를 사용한 것은 안디옥 교회가 예루살렘 교회에 제공한 기근 구제 연보를 언급한 말에서도 나타난다(행 11:29; 12:25). 쇼트로프는 학문 전통이 가부장제 쪽으로 치우쳐 있음을 폭로한다. 즉 학문 전통이 여자들을 다룬 본문과 남자들을 다룬 본문에 나오는 διακονία와 διακονεῖν에 각기 다른 의미를 부여한다는 것이다. 남자가 문제될 경우에는 이런 말들이 리더십을 가리킨다고 해석하고, 여자(와 노예)와 관련이 있을 때는 요리하고 시중드는 것을 의미한다고 해석한다.[235] 우리는 여자의 경우나 남자의 경우나 이런 말들이 언제나 식사 시중을 드는 것과 같은 하찮은 일을 가리키는 것은 아니지만, 그렇다고 이런 말들이 여자와 노예가 행한 것과 같은 섬김의 의미를 잃어버리는 것도 아님을 인식해야 한다.

신약 성경에서 이런 말들을 빈번히 사용한다는 것은 예수의 제자 무리와 초기 교회 안에서 지위에 관한 생각에 변화가 있었음을 반영한다. 예수는 우리가 앞서 인용한 누가복음 22장 25-27절 같은 자신의 말에서, 그리고 제자들의 발을 씻어 주는 행동으로 보여 준 비유에서(요 13:1-20),[236] 여자와 노예가 자신을 낮추며 그들보다 사회에서 우월한 자에게 행하던 섬김을 그가 자신의 제자들 가운데서 만들어 내고 있던 새로운 종류의 사회 그룹 지도자들이 갖춰야 할 독특한 특징이자 상징으로 만들었다. 결국 특히 지도자의 특징이어야 하는 것이 모든 이의 특징일 수밖에 없다. 지위 역전은 노예와 여자, 그리고 자유인의 지위 구분을 사실상 없애며, 결국

---

[235] Schottroff, *Lydia's Impatient Sisters*, 218-220. 흥미롭게도, 이렇게 가부장제 중심으로 치우친 모습은 Corley, *Private Women*, 113, 116-117, 140-143에서 나타난다. 콜리는 여자가 행하는 섬김을 의미하는 διακονέω와 남자가 지도자로서 행하는 섬김을 의미하는 διακονία를 구분하는데, 이런 구분은 사도행전 6장 1, 2절이 분명하게 보여 주듯이, 타당하지 않다.

[236] R. Bauckham, "Did Jesus Wash His Disciples' Feet?" in B. D. Chilton and C. A. Evans, eds., *Authenticating the Activities of Jesus* (NTTS 28/2; Leiden: Brill, 1999), 411-429을 보라.

διακονία는 어떤 이가 공동체의 다른 어떤 이들을 위해 행하는 섬김이 된다(요 13:14).[237]

할보르 목스네스(Halvor Moxnes)•는 διακονέω라는 동사와 누가복음 8장 3절에서 요안나와 다른 여자들에게 부여한 후원자 같은 역할을 결합한 것은 역설임을 인정하면서 이 역설을 풀 실마리를 22장 27절에서 찾는데, 이는 옳은 판단이다. 그는 이 여자들, 그리고 누가-행전에 나오는 루디아와 다른 몇몇 사람을 거론하면서 이렇게 말한다. "(그들은) '섬기는 후원자'인 예수의 모델을 그들의 삶에서 본으로 보여 준다(22:27). …… 대체로 후원 패턴을 보면 후원자와 피후원자가 불평등한 관계에 있는데, 이제는 이런 패턴이 새로운 공동체 구조 안에서 변화를 맞는다."[238] 그러나 8장 3절에 비춰 볼 때, 어쩌면 이런 말도 충분히 멀리 나아간 말 같지 않다. 오히려 보통 존재하던 사회 지위와 영예의 형태가 완전히 뒤집힌 공동체 안에서 후원자나 기부자의 역할도 뒤집혔다고 말하는 게 더 좋을 것 같다. 요안나는 자신의 부를 예수를 중심으로 한 그룹에 기부하여, 귀부인과 섬기는 여자의 사회 지위 사이에 존재하는 아주 크고 깊은 틈새를 뛰어넘는다. 연대감을 보여 주는 요안나의 그런 의식과 활동을 인정하고 요안나를 그들 가운데 기꺼이 받아들인 다른 이들도 마찬가지였다.

우리가 누가복음 8장 2, 3절을 읽을 때는 버림받은 후원(후견) 모델의 또 다른 측면도 제거해야 한다. 여자들의 후한 인심은 예수가 그들을 치유하여 그들에게 베푼 은총에 보답한 것이라는 주장이 바로 그것이다. 사회에서 사람들끼리 주고받음을 전제하는 이런 종류의 상호 관계는 예수가 제시한 비전, 곧 하나님은 값없이 후한 은혜를 베풀어 주시고 하나님의 백

---

237 Schottroff, *Lydia's Impatient Sisters*, 209-211.

• 할보르 목스네스(Halvor Moxnes, 1944-). 노르웨이의 신약 학자다. 바울 신학과 서신을 깊이 연구했다.

238 Moxnes, "Patron-Client Relations," 263.

성도 그것을 본받아 행함을 그 내용으로 한 비전(6:30-36)과 모순된다. 조엘 그린은 이렇게 이야기한다. "예수의 사역을 보면, 빚이 면제된다. 그의 사명은 사람들을 온갖 모양을 띤 악에서 해방하는 것인데, 그 악에는 끝없이 이어지는 선물이 마침내 의무(빚)로 이어지는 악도 포함된다. 그가 이 여자들에게 베푼 은혜는 그들의 후원으로 변제받지 않는다. 도리어 예수의 그런 은혜가 그들의 그런 후원에서 그대로 되비쳐 나타난다."[239]

6. 유니아로도 알려져 있는 요안나

이 섹션의 목표는 누가복음에서 제시하는 요안나가 바울이 로마서 16장 7절에서 언급하는 사도 유니아와 동일인일 개연성을 제시하는 것이다. "내 친척이요 나와 함께 옥고를 치른 안드로니고와 유니아에게 문안하라. 그들은 사도 가운데서 두드러진 이들이요 나보다 앞서 그리스도 안에 있었던 이들이다." 유니아와 요안나가 동일인일 가능성을 살펴보기 전에 바울이 안드로니고와 유니아에 관하여 말하는 것 가운데 주목해 보아야 할 측면이 몇 가지 있다.

a. 유니아라는 이름

1970년대부터 학계에서는 로마서 16장 7절에 나오는 이름을 남성 이름 유니아스(Junias)보다 여성 이름 유니아(Junia)로 읽어야 한다는 주장이 적절하게 제기되었으며, 이런 주장이 널리 받아들여졌다. 나는 REB와 NRSV가 '유니아'를 본문에 집어넣고 '유니아스'를 각주로 밀어 낸 첫 영역 성경이라고 믿는다.[240] 이 문제의 역사는 나쁜 번역을 만들어 낸 편견으로 뒤

---

239 Green, *Luke*, 319.

240 B. J. Brooten, "Junia ... Outstanding among the Apostles (Romans 16:7)," in L. and A. Swidler, eds., *Women Priests* (New York: Paulist, 1977), 141-144; P. Lampe, "Iunia/Iunias:

덮인 슬픈 이야기다. 주석가 대부분은 교부 시대부터 계속하여 바울이 말한 "사도 가운데 두드러진"(ἐπίσημοι ἐν τοῖς ἀποστόλοις)이 안드로니고와 유니아(스)를 사도 범주에 포함시키는 의미로 받아들여 왔다. (이 해석이 옳은가는 다음 §d에서 논하겠다.) 이 견해에 따르면, 이 이름을 여성 이름 '유니아'로 읽는 것은 곧 바울이 여자를 (어떤 의미에서는) 사도로 인정한다고 보는 결론을 낳는다. 그러나 이 문제를 설명한 교부 가운데 대부분은 이 구절에 들어 있는 두 이름이 사도들의 이름이라고 이해했는데, 이들은 교회에서 남성이 권위를 행사한다는 견해를 피력하면서도, 둘 가운데 한 사도의 이름은 여성 이름인 유니아임을 하나같이 당연하게 받아들였던 것 같다. 조지프 피츠마이어는 이런 견해를 취하는 이들로 오리게네스, 암브로시아스터(Ambrosiaster, 또는 위 암브로시우스[Pseudo-Ambrosius]), 히에로니무스, 요한 크리소스토무스, 테오도레토스, 위 프리마시우스(Pseudo-Primasius), 다마스쿠스의 요한, 그리고 좀 더 뒤인 12세기에 등장한 몇몇 주석가를 열거한다.[241] (근래에 나온 이런 취지의 주장이 타당하다면, 살라미스의 에피파니우스는 교부 가운데 중대한 예외겠지만, 이 주장은 십중팔구 착오일 것이다.)[242] 사본 필사

Sklavenherkunft im Kreise der vorpaulinischen Apostel (Röm 16,7)," *ZNW* 76 (1985), 132-134; idem, *Die Städrömischen Christen in den ersten beiden Jahrhundert* (WUNT 2/18; Tübingen: Mohr [Siebeck], 1987), 137 주40, 139-140; R. S. Cervin, "A Note Regarding the Name 'Junia(s)' in Romans 16,7," *NTS* 40 (1994), 464-470; J. Thorley, "Junia, a Woman Apostle," *NovT* 38 (1996), 18-29.

241　J. A. Fitzmyer, *Romans* (AB 33; New York: Doubleday, 1993), 737-738.

242　M. H. Burer and D. B. Wallace, "Was Junia Really an Apostle? A Re-examination of Rom 16,7," *NTS* 47 (2001), 77은 J. Piper와 W. Grudem을 따라 Epiphanius, *Index discipulorum*을 언급한다: "바울도 언급하는 유니아스는 시리아 아파메아 주교가 되었다"(여기에서는 남성대명사 οὗ 때문에 여기 나오는 유니아스를 남자로 이해해야 한다는 것을 다툴 수가 없다). 같은 본문은 브리스가(롬 16:3)를 나중에 콜로포스(Colophos) 주교가 된 남자 브리스가스(Priscas)라 여긴다. 문제가 된 작품은 분명 9세기 수사인 에피파니우스가 에피파니우스의 작품이라 말한 것이며, 이 작품을 담고 있는 아홉 개 필사본 가운데 하나인 13세기의 한 필사본도 이를 에피파니우스가 쓴 것이라 말한다. 반면, 다른 이들은 이를 에피파니우스의 작품이라 말하지 않으며, 이것이 정말로 4세기에 살라미스 주교였던 이가 쓴 작품일 가능성은 거의 없다. 그 경우에 저작 연대는 알려져 있지 않으며, 저작 연대의 최대 하한선은 9세기다. 이런 점을 고려할 때, "이상하게도 교부인 한 저술가를 간과했다는 말은 사실이 아니다"(Burer and Wallace, "Was Junia," 77). T. Schermann, *Prophetarum Vitae Fabulosae Indices Apostolorum Discipulorumque Domini Dorotheo, Epiphanio, Hippolyto Aliisque Vindicata* (Leipzig: Teubner,

자들은 중세까지도 남자만이 사도일 수 있다고 추측하여 유니아스라는 형태로 사본에서 소개했다. 그러다가 로마의 아이기디우스(Giles/Aegidius of Rome, 1243-1316)가 처음으로 안드로니고와 율리안(율리아노스, Julian [sic]- 그는 로마서 16장 7절에서 다른 독법인 'Ιουλιᾶν을 따랐다])이 남자라고 주석한 것 같다. 남자만이 사도일 수 있기 때문에 이 이름은 틀림없이 남성의 이름일 것이라는 가설은 그 뒤 1970년대까지도 통설로 군림했다. 예를 들면, A. C. 헤들럼(Headlam)*은 1899년에 쓴 글에서 그 이름이 유니아나 유니아스일 수 있다고 주장하면서도 이 이름을 가진 이가 사도라는 사실이 결정적 관건이라고 주장했다. "그럴 경우에는 그 이름이 여성의 이름일 가능성은 거의 없다."²⁴³ 하지만 현대에 들어와 적어도 그에 반대하는 의견이 제시되었으며, 때로는 그런 반대 의견을 옹호하는 이도 등장했다. C. H. 도드(Dodd)는 1932년에 내놓은 책에서 이렇게 주석했다. "크리소스토무스는 이 본문을 설교하면서 이 이름의 주인을 여자 사도로 봐도 어려운 점이 전혀 없다고 봤는데, 우리 역시 그렇다." 하지만 그런 그도 이 이름이 유니아스일 가능성과 유니아일 가능성은 "동일하다"고 생각했다.²⁴⁴ 그러나 이와 관련하여 큰 기여를 했다고 인정해야 할 이가 A. 라그랑쥐(Lagrange)** 신부다. 그는 1914년에 쓴 책에서 이 이름의 용법에 근거한 논증에 설득력이

1907), XXXV(논의), 125(텍스트)을 보라.

- 아서 헤들럼(Arthur Cayley Headlam, 1862-1947). 영국의 신학자이자 잉글랜드 성공회 주교였다.

243 A. C. Headlam, "Junias (or Junia)," in J. Hastings, ed., *A Dictionary of the Bible*, vol. 2 (New York: Charles Scribner's Sons; Edinburgh: T. & T. Clark, 1899), 825. 헤들럼의 논문과 W. Sanday and A. C. Headlam, *A Critical and Exegetical Commentary on the Epistle to the Romans* (5th ed.; ICC; Edinburgh: T. & T. Clark, 1902), 422-423을 대비해 보면, 헤들럼이 1판(1895)에서 이 견해를 조금 덜 강조한 게 드러난다. "이 이름은 남성 이름일 개연성이 더 높다"(423).

244 C. H. Dodd, *The Epistle of Paul to the Romans* (MNTC; New York: Harper & Row; London: Collins, 1959), 241 (1판, 1932). 영역 성경, 주석, 그리스어 신약 참고서(reference works)에서 취하는 견해들을 개관한 글을 보려면, Cervin, "Note," 464-466을 보라.

** 알베르 라그랑쥐(Albert Lagrange [père Marie-Joseph Lagrange], 1855-1938). 프랑스의 성경 학자이자 도미니코수도회 수사였다. 예루살렘에 성경 학교(École Biblique)를 세웠다.

있다고 보았다. 즉 유니아는 증언 사례가 많은 이름이지만, 유니아스는 증언 사례가 전혀 없는 이름이다. 따라서 신중한 주해가라면 유니아라 불리는 여성 사도가 실제로 있었다는 것을 받아들일 수밖에 없다.[245] 제법 근래에 와서야 이 주장이 그에 합당한 대우를 받고 대체로 인정받게 되었다.

로마서 16장 7절에서는 이 이름이 목적격('Ιουνιαν)으로 등장한다. 오직 악센트만이 남성 이름('Ιουνιᾶν)과 여성 이름('Ιουνίαν)을 구별해 줄 수 있다(물론, 고대 필사본 대부분에는 악센트 표시가 없다). 여성 이름은 남성 이름인 유니우스(Junius)에 상응하는 여성 이름 유니아(Junia)였을 것이며, 이는 라틴 세계에서 널리 사용하던 이름(*nomen gentilicum*, 족명[族名])이었을 것이다. 페터 람페(Peter Lampe)는 유니아라는 이름이 기록된 사례가 로마에서만 250개가 넘는다고 말한다.[246] 물론 라틴 이름을 그리스어로 표기하는 표준 방식에 따르면, 남성 이름 유니우스는 그리스어로 'Ιούνιος라 적을 것이며, 실제로 알려진 예들을 보면 그렇게 나타난다.[247] 그러나 로마서 16장 7절에 있는 남성 이름 같은 경우는 단순히 이런 관찰 결과만으로 반박할 수가 없다.[248] 여기에서 등장하는 'Ιουνιαν은 'Ιουνιᾶς의 목적격이며, 이는 라틴 이름 유니아누스(Junianus)의 그리스식 애칭 형태일 것이라는 주장 때문이다. 이 이름은 '—*anus*'로 끝나는 많은 가명(家名, *cognomina*) 가운데 하

---

245   M.-J. Lagrange, *Saint Paul: Épitre aux Romains* (Ebib; Paris: Gabalda, 1931), 366 (1판, 1915).

•   페터 람페(Peter Lampe, 1954-). 독일의 신약 학자이며 초기 기독교 역사가다. 특히 초기 기독교 역사를 사회사 관점에서 깊이 연구했다.

246   Lampe, *Städrömischen,* 139. Cervin, "Note," 468은 문헌과 비문에 있는 몇몇 예를 제시한다.

247   Fraser and Matthews, eds., *Lexicon,* vols. 1-3에는 아홉 사례가 들어 있다. 유대인이 이 이름을 가졌던 한 사례를 살펴보려면, Noy, *Jewish Inscriptions,* vol. 2, no. 71 (from Monteverdi)을 보라: 'Ιούνιος 'Ιουστος.

248   Cervin, "Note"는 거의 이런 인상을 주지만, 그래도 그는 여기서 제시하는 이름이 유니우스가 아니라 남성 이름 유니아누스임을 알고 있다. 이 이름을 유니우스로 보는 견해를 반박할 필요는 없다. 내가 아는 한, 이런 견해가 주장된 적이 없기 때문이다. R. S. 서빈(Cervin)은 "*Iunia*가 라틴 이름임을 인식하는 주석가는 거의 없다"고 말하는데(467), 이는 분명 잘못이다.

나이며 족명(gentilicia)에서 유래한다.²⁴⁹ I. 카얀토(Kajanto)˙는 그런 사례로 기록에 남아 있는 것이 80개가 넘는다고 말한다.²⁵⁰ H. 솔린(Solin)˙˙과 O. 살로미에스(Salomies)˙˙˙는 이 이름을 그리스어로 사용한 사례를 하나 언급한다(분명 하나의 이름[nomen]으로 사용한 사례다).²⁵¹ 그리스 남자 이름은 '—ᾶς'라는 어미를 가진 꼴로 줄일 때가 종종 있었다²⁵²(신약 성경에서 볼 수 있는 사례로 에파프로디토스[Epaphroditos]를 줄인 에파프라스[Epaphras, 에바브라], 안티파트로스[Antipatros]를 줄인 안티파스[Antipas]가 있다). 이런 이름에는 그리스어를 사용하던 사람이 갖고 있던 라틴 이름도 들어 있다(루키우스[Lucius]나 루카누스[Lucanus]를 가리키는 Λουκᾶς가 그런 예다[골 4:14; 몬 24절; 딤후 4:11]). 하지만 고대부터 보존되어 온 수많은 그리스식 이름 가운데 유니아스라는 이름을 증언하는 사례는 없다. 심지어 그리스어를 사용한 사람이 유니우스나 유니아누스라는 이름을 가진 사례도 거의 없다.²⁵³ 이것은 중요한 의미가 있다. 축약형은 비축약형이 사용되었음을 전제하기 때문이다. Λουκᾶς의 경우를 봐도, 이 이름의 라틴어 형태인 루키우스(Lucius)가 그리스어 형태로 널리 사용되었다(Λούκιος나 Λεύκιος).²⁵⁴ 그리스인이 사용한 이름 가운데 유

---

249 I. Kajanto, *The Latin Cognomen* (Societas Scientiarum Fennica: Commentationes Humanarum Litterarum 36/2; Helsinki: Helsingfors, 1965), 32-35을 보라.

• 이로 카얀토(Iiro Ilkka Kajanto, 1925-1997). 핀란드의 고전 학자이자 고전어 학자다.

250 Kajanto, *Latin Cognomen*, 148.

•• 헤이키 솔린(Heikki Solin, 1938-). 핀란드의 고언어 학자이자 금석학자다.

••• 올리 살로미에스(Olli Salomies, 1951-). 핀란드의 고전 학자이자 고대 문화 학자다.

251 H. Solin and O. Salomies, *Repertorium nominum gentilicium et cognominum Latinorum* (2nd ed.; Alpha-Omega A50; Hildersheim: Olms/Weidmann, 1994), 99.

252 BDF §125 (1), (2)를 보라.

253 나는 Ἰουνιανός가 등장한 사례를 딱 하나 발견했다(Solin and Salomies, *Repertorium*, 99). Fraser and Matthews, eds., *Lexicon*, vols. 1-3에는 그런 사례가 없다.

254 Fraser and Matthews, eds., *Lexicon*, vols. 1-3에는 248개 사례가 있다. Λουκιανός는 다섯 사례가 있으며, Λευκῖνος와 Λουκάνιος가 각각 한 사례 있다.

니우스와 유니아누스가 드물다 보니, 그 이름의 그리스어 형태인 유니아스가 등장할 가능성도 더 낮아진다. 그러나 로마에서 주로 그리스어를 사용한 공동체에서는 라틴어를 사용하는 사람들이 유니아누스라는 이름을 사용한다는 것을 익히 알고 있었기에 그리스어 형태인 유니아스를 사용했을 가능성도 있다. 아마도 로마의 초기 그리스도인 공동체에서도 그랬을 것으로 보인다. (로마서 16장 7절에 나오는 유니아/유니아스는 본래 로마에서 태어나 로마에서 살던 사람이 아니라, 지중해 동부 지역에서 온 사람이었다. 따라서 이 사람이 로마에 오기 전에 이미 유니아/유니아스라는 이름을 갖고 있었는지 아니면 로마에 사는 동안 이 이름을 사용하게 되었는지 질문하게 된다.) 더욱이, 그리스어 이름 가운데에는 우리가 단 한 사례만을 알고 있는 경우가 많다. 따라서 로마서 16장 7절에 나오는 사람이 Ἰουνιᾶς라는 이름을 가졌을 가능성을 배제할 수 없다. 그래도 우리가 가진 증거가 이 이름을 증언하지 않지만 유니아라는 이름은 잘 증언한다는 사실만큼은 변함이 없다. 여기서 '유니아'보다 '유니아스'를 선호하려면 그렇게 하고도 남을 만한 압도적 이유가 있어야 할 것이다.

우리는 분명, 바로 그런 압도적 이유에서 여자 사도가 있었을 리 없다거나 바울이 여자 사도를 인정하지 않았을 것이라고 전제할 수 없다. 아무런 증거도 없이 그렇게 주장했다가는 또 다른 질문을 낳을 것이다. 바울이 정말로 여기서 언급하는 두 사람을 사도에 포함시키고 있다면(이는 아직 우리가 해결하지 않은 질문이다. 다음 §d를 보라), 우리가 보는 이 본문이야말로 여자 사도가 있었으며 바울이 여자 사도를 인정했음을 보여 주는 증거가 된다. 그럼에도 우리는 로마서 16장 7절에 나오는 한 쌍의 이름(안드로니고와 유니아)과 16장 3절에 나오는 한 쌍의 이름(브리스가와 아굴라) 사이에 존재하는 유사성에, 곧 이들이 분명 아내와 남편이라는 섬에 정녕 어떤 무게도 부여할 수 없다. 바울이 16장 12절에서는 두 자매나 다른 친족들(드루배나와 드루보사)을 짝지어 언급하기 때문이다.[255] 이름 사용이라는 증거가 유일하고 중요한 논거일 수밖에 없으며, 그 증거는 로마서 16장 7절의 이름이 여자 이름임을 강하게 시사한다.

세 이름을 가졌던 로마의 남자들과 달리, 로마의 여자들은 보통 두 이름, 곧 족명(族名)과 가명(家名)만을 갖고 있었으며, 사람들에게 그 족명으로 알려진 경우가 잦았다. 바울이 로마서에서 인사하는 이 가운데 율리아가 그런 예다(16:15). 반면, 우르바누스(Urbanus, 우르바노[16:9])는 분명 남자의 가명이다. 유니우스/유니아라는 이름은 명망 있는 로마 집안의 이름이었지만(율리우스 카이사르를 죽인 마르쿠스 유니우스 브루투스도 그런 이름을 가진 인물 가운데 하나였다), 바울이 로마서 16장 7절에서 암시하듯이 유니아가 유대인이라는 점과 그의 내력을 고려할 때, 우리가 상대하는 유니아가 로마 유니우스/유니아 집안의 한 사람이었을 가능성은 거의 없다. 노예였다가 자유인이 된 남자와 여자는 종종 그들 후견인의 족명을 이름으로 사용했다. 이 때문에 람페는 유니아가 아마도 본래 노예였을 것이라고(아니면 유니아 자신이 노예였다가 자유인이 된 사람이거나 그런 사람의 자손일 것이라고) 주장한다.[256] 그럴 수도 있지만, 꼭 그렇게 결론지어야 하는 것은 아니다. 유대인, 그리고 로마인이 아닌 다른 민족 사람들이 로마인의 족명을 그들의 유일한 이름이나 그들의 유일한 라틴식 이름으로 사용하는 경우가 드물지 않았다. 우리가 유니아라는 이름을 설명할 때는 이 유니아가 팔레스타인 출신 유대인이며 그리스도인 선교사였다는 사실을 충실히 고려해야 한다. 이 쟁점은 다음에서 더 자세히 다루겠다(§f를 보라).

255　이처럼 비슷한 이름들을 사용했다는 것은 분명 이들이 같은 가족 구성원임을 시사하는 것 같다.

256　Lampe, "Iunia/Iunias," 133-134; Lampe, *Städrömischen*, 147, 152-153.

b. 바울의 친척

유니아와 그의 남편 안드로니고는 바울이 로마서 16장에서 자신의 친척 ("내 친척", συγγενεῖς μου)이라 일컬은 여섯 사람 가운데 두 사람이다. 두 사람을 제외한 다른 친척은 헤로디온(16:11), 누기오(Lucius), 야손(Jason), 소시바더(Sosipater)(16:21)다. 어떤 이들은 이 사람들이 말 그대로 바울의 친척이며 그의 친족(extended family)이라고 주장하는데,[257] 불가능하지 않다. 그러나 바울이 여기서 말하는 친척은 '동포 유대인'이라는 뜻일 가능성이 더 높아 보인다. 이런 용법이 특이하긴 하지만, 바울은 같은 서신에서 자신의 동포 유대인 전체를 "내 형제자매요 육에 따른 내 친척"(τῶν ἀδελφῶν μου τῶν συγγενῶν μου κατὰ σάρκα)이라 말한다. 우리는, 다른 유대인이라면 동포 유대인을 '형제'나 '자매'로 불렀을지 모르나, 바울이 로마서 16장에서 동포 유대인을 가리키는 말로 '형제'나 '자매'를 쓸 수는 없었으리라는 점에 주목해야 한다. 바울에게는 '형제'나 '자매'가 (유대인과 이방인을 불문하고) '그리스도인'을 가리키는 말이기 때문이다. 사실 로마서 16장에는 바울이 친척이라 부르지 않는 다른 유대인들이 있다. 브리스가와 아굴라가 그러하며(16:3), 루포(루푸스[Lufus])와 그의 어머니도 그러하다(16:13. 유대인은 히브리 이름 르우벤과 같은 소리가 나는 라틴식 이름 루포[루푸스]를 종종 사용했다). 어쩌면 마리아(16:6)도 유대인이었을지 모른다(Μαρία는 히브리 이름 미리암일 수도 있지만, 어떤 이방인 그리스도인이 가진 라틴 이름 마리아[Maria]였을 수도 있다). 그러나 바울에게는 그냥 이 다른 유대인들에 관하여 말할 수 있는 또 다른 것들이 있었다고 설명하는 것이 좋을 것 같다.

---

[257] 예를 들어 E. E. Ellis, "Coworkers, Paul and His," in G. F. Hawthorne and R. P. Martin, eds., *Dictionary of Paul and His Letters* (Downers Grove, Ill./Leicester: InterVarsity Press, 1993), 186; 아울러 Lagrange, *Saint Paul*, 366을 참고하라. 그는 수백 명의 사람으로 구성된 일종의 부족을 생각한다.

c. 바울과 같이 옥고를 치른 이들

바울이 안드로니고와 유니아를 "나와 같이 옥고를 치른 이들"(나와 함께 죄수로 갇혔던 이들[συναιχμαλώτους μου])로 언급한 것은 상당히 놀랍다. '죄수'를 가리키는 단어(αἰχμάλωτος)는 전쟁 포로를 가리키기 때문이다(참고. 로마서 7장 23절, 고린도후서 10장 5절, 누가복음 21장 24절에서 사용하는 αἰχμαλωτεύω라는 동사). 이 용어는 서로 밀접한 관련이 있는 두 본문, 곧 바울이 에바브라를 자신과 같이 옥고를 치르는 이라 부르는 빌레몬서 23절[258]과 아리스다고(Aristarchus)를 이렇게 부르는 골로새서 4장 10절에서 다시 등장한다. 얼핏 보면, 빌레몬서 24절이 아리스다고를 언급하면서 함께 옥고를 치른 이라 부르지 않는 것이 이상하며, 골로새서 4장 12절이 에바브라를 그렇게 부르지 않는 것도 이상하다. 이 언어가 순전히 비유로서("그리스도에게 붙잡힌 사람"?), 바울이 에바브로디도(빌 2:25)와 아킵보(Archipus, 몬 2절)에게 모두 적용하는 "함께 군사 된 이(동료 병사)"(συστρατιώτης)라는 용어와 하나로 묶어 볼 수 있는 말이라면,[259] 바울이 이렇게 선별하여 적용하면서 이 네 사람에게만 사용한 것이 이상하다. 어쨌든 골로새서 4장 3, 18절, 빌레몬서 1, 10, 13절을 볼 때, 바울이 실제로 옥고를 치른 것만은 분명하다. 골로새서가 정말로 바울이 쓴 서신이라면, 그는 같은 옥고를 치르는 동안에 이 두 서신을 다 쓴 셈이다. 빌레몬서 23절은 에바브라를 무리에서 따로 떼어 바울과 함께 옥고를 치르는 이라 지칭하고 골로새서 4장 10절은 아리스다고에게 이 영예를 안기는데, 이 두 구절 사이의 차이는 바울의 벗들이 차례로 바울과 함께 옥고를 치렀다는 가설로 가장 잘 설명할 수 있다.[260] 그러나

---

[258] 이는 분명 바울이 로마서 16장 7절에서 말하는 이들이 '바울 자신과 같은 유대인 디아스포라'일 가능성을 배제한다. 당시 유대인은 αἰχμαλωσία를 유대인 디아스포라를 가리키는 말로 사용했지만, 여기에서는 그런 의미가 아니다.

[259] 참고. C. S. Wansink, *Chained in Christ: The Experience and Rhetoric of Paul's Imprisonments* (JSNTSup 130; Sheffield: Sheffield Academic Press, 1996), 4장.

[260] J. D. G. Dunn, *The Epistles to the Colossians and to Philemon* (NIGTC; Grand Rapids:

바울은 말 그대로 옥에 갇힘을 가리키는 말을 사용함과 동시에, 이런 운명을 자신과 자신의 동역자들이 함께 그리스도의 군사로서 싸우는 전투에서 일어나는 사건으로 해석하는 말을 사용한다. 그는 어둠의 세력에 포로로 붙잡혔다. 고대 세계에서는 옥에 갇힘이 수치와 연결되었지만, 여기에서는 그 수치가 제자리를 지키며 후퇴하길 거부하고 싸우다 포로로 잡힌 한 병사의 영예로 바뀌었다.[261]

바울이 이런 말들을 사용하는 것이 일관성이 있다면, 그가 하는 말은 자신이 옥에 갇혀 있는 때에 안드로니고와 유니아가 자신을 격려하고 보살피고자 옥중 생활을 함께했다는 의미일 것이다. 그러나 로마서는 빌레몬서와 골로새서와 같은 때에 기록되지 않았다.[262] 따라서 바울이 "함께 옥고를 치른(치르는) 이들"이라고 한 말을 그가 빌레몬서와 골로새서에서 쓴 의미와 정확히 같은 의미로 사용한다고 강조할 필요가 없다. 그런 점에서 그가 하는 말은 안드로니고와 유니아가 그와 같은 때에 붙잡혔으며, 그가 치른 여러 번의 옥고 중 어느 한 때에 그들도 그와 함께 옥에 있었다는 의미일 수도 있다.[263] 그러나 안드로니고와 유니아도 옥에 있었지만 바울 자

Eerdmans; Carlisle: Paternoster, 1996), 275-276 (Abbott, Dibelius, Scott를 인용), 347-348. 이런 일이 가능했을 법한 상황 전반을 살펴보려면, B. Rapske, *The Book of Acts and Paul in Roman Custody* (Grand Rapids: Eerdmans; Carlisle: Paternoster, 1994) (*The Book of Acts in Its First-Century Setting*의 3권), 14장, 특히 379쪽에서 Lucian, *Peregr.* 12를 인용한 것을 보라(교회 지도자들이 한 그리스도인 죄수와 함께 옥 안에서 잠을 잔다). 랩스크(Rapske)는 그런 생각에 반대하면서, 아리스다고가 사도행전 27장 2절에서 액면 그대로 바울과 함께 옥에 갇힌 죄수라고 주장한다. 내가 지지하는 주장은 에바브라와 아리스다고가 형을 선고받은 죄수가 아니라 자의로 바울과 함께 옥에서 시간을 보낸 이들이라는 것이다.

261 Wansink, *Chained*, 171-173. 바울은 이런 이미지가 안드로니고라는 이름에 어울린다는 것을 간파하지 않았을까?

262 던은 "이 세 서신은 모두 같은 옥고를 치르는 동안에 기록되었다"고 말하는데(Dunn, *Epistles*, 276), 이는 실수다. 로마서는 고린도에서 써 보낸 서신임이 거의 확실하며, Dunn, *Romans 1-8* (WBC 38A; Dallas: Word, 1988), xliv도 같은 의견이다.

263 G. S. Duncan, *St. Paul's Ephesian Ministry* (London: Hodder & Stoughton, 1929), 68과 R. Riesner, *Paul's Early Period* (tr. D. Stott; Grand Rapids: Eerdmans, 1998), 213은 바울이 에베소에서 옥고를 치렀을 것이라고 추정한다. 이들은 로마서 16장 4절 상반절도 이를 언급한다고 생각한다. 그러나 안드로니고와 유니아는 초기 예루살렘 교회 지체였기 때문에, 더 앞선 시기일 가능성이 높다. 어쩌

신과 같은 때에 같은 옥에 있었던 것은 아니라는 의미일 수도 있다.[264] 그들이 바울과 '함께 옥고를 치른 이들'인 것은 그들 역시 복음에 충성함으로 말미암아 옥에 갇혀 고초를 겪었다는 의미다. 이 세 가능성 가운데 첫 번째 가능성이 특히 바울이 그들에게 보이는 따뜻한 관심과 일치한다. 반면, 첫 번째나 두 번째 가능성은 바울이 왜 그들의 옥고 체험만을 콕 집어 특별히 언급하는지 그 이유를 설명해 줄 것이다. 그렇지만 그들의 옥고가 그들과 관련하여 특히 주목하고 언급할 만한 사실이라면, 세 번째 가능성도 설명할 수 있을 것이다. 바울이 로마서를 쓸 때 그들은 정말 로마에 있는 옥에 있었을까? 나는 주석가들이 이런 주장을 제시한 경우를 알지 못하지만, 이런 주장도 얼마든지 가능한 것 같다. 그러나 우리에게는 이 여러 가능성 가운데 어느 것이 옳은지 판단하고도 남을 만한 증거가 없다.

d. "사도 가운데 두드러진"

"사도 가운데 두드러진"(ἐπίσημοι ἐν τοῖς ἀποστόλοις)이라는 말에서 형용사 ἐπίσημος는 "구별된, 저명한, 탁월한, 두드러진"을 의미한다.[265] 사람들은 때로 이 말을 안드로니고와 유니아 자신이 사도는 아니지만 사도들에게 잘 알려졌거나 사도들이 높이 여긴 이들이라는 의미로 해석했지만, 그보다는 이들이 사도 가운데 탁월한 이들이었으며 사도 가운데에서도 사도로

면 초기 안디옥 선교 때이거나(Dodd, *Epistle*, 241), 바울이 아라비아(나바테아)에서 펼친 첫 선교 활동 때였을지도 모른다. 유니아와 안드로니고도 아라비아(나바테아)로 갔을지 모른다. (만일 안드로니고가 구사라면) 이들 모두 나바테아와 인연이 있기 때문이다. (이는 다음에서 마저 탐구할 유니아와 요안나의 정체에 관한 논쟁을 미리 귀띔해 주는 것이기도 하다.) 더욱이, 그들은 초기 기독교 운동에서 분명 중요한 사람이었으며 바울 자신도 이들을 높이 생각했기 때문에, 만일 바울이 에베소에서 사역할 때 이들이 바울과 함께하게 되었다면, 다른 바울 서신이나 사도행전도 틀림없이 이들을 언급했으리라고 예상할 수밖에 없다.

264 Sanday and Headlam, *Romans*, 423; C. E. B. Cranfield, *A Critical and Exegetical Commentary on the Epistle to the Romans*, vol. 2 (ICC; Edinburgh: T. & T. Clark, 1979), 788-789.

265 이 섹션을 읽고 논평해 준 C. F. D. 모울(Moule) 교수와 C. E. B. 크랜필드(Cranfield) 교수에게 감사한다.

서 저명한 이들이었다는 의미로 이해할 때가 훨씬 많았다. 이것이 이 문제에 관하여 견해를 피력한 교부 대부분의 의견이었으며,[266] 현대 주석가 가운데에서도 가장 널리 퍼져 있는 견해였다. 현대의 대부분 성경 역본도 이 견해를 지지한다.[267] 사람들은 종종, 첫 번째 해석도 문법상 가능하긴 하지만, 두 번째 해석이 그리스어 본문을 훨씬 자연스럽게 읽은 것이며 "사실상 확실한" 해석으로 여길 수 있다고 말해 왔다.[268] 그러나 근래에 마이클 버러(Michael Burer)와 대니얼 월러스(Daniel Wallace)가 내놓은 한 논문은 이런 통설에 강력한 이의를 제기하면서, 첫 번째 해석을 지지하는 새 증거를 제시한다. 이들은 근래에 다른 학자들이 내놓은 판단을 뒤집으면서, "사도 가운데 두드러진"이라는 말은 "'사도들**에게** 잘 알려져 있던'이라는 뜻임이 **거의 확실하다**"고 주장한다.[269] 이 논문은 이런 논지를 거의 확실한 결론처럼 제시한다. 이 때문에 그 논지가 결코 확실한 결론이 아님을 보여 주려면 이 논문을 제법 길게 다룰 수밖에 없다.

버러와 월러스는 유니아가 여성 이름이라는 주장을 기꺼이 받아들이려 하면서, 이 구절에 관한 논의가 주로 이 이름의 성별이라는 문제에 초점을 맞춰 온 반면, ἐπίσημοι ἐν τοῖς ἀποστόλοις라는 말의 의미(유니아[스]가 사도에 포함되느냐 여부)는 "내실 있는 논의 대상이 거의 되지 못했다"는 것을 올바로 지적한다.[270] 그들이 다루는 쟁점은 "ἐπίσημος와 부가어(adjuncts)가 결합한 구문,"[271] 곧 ἐπίσημος + ἐν + 여격 명사(로마서 16장 7절에서 사용한 구

---

266 예를 들어 J. B. Lightfoot, *Saint Paul's Epistle to the Galatians* (7th ed.; London: Macmillan, 1881), 96에서 인용한 오리게네스와 크리소스토무스를 보라.
267 Burer and Wallace, "Was Junia," 78-84에서 상세히 개관한 것을 보라.
268 예를 들면 Cranfield, *Romans*, 2:789; 참고. Dunn, *Romans 1-8*, 849 ("거의 확실하다").
269 Burer and Wallace, "Was Junia," 90.
270 Burer and Wallace, "Was Junia," 76.
271 Burer and Wallace, "Was Junia," 82.

조)의 의미가 무엇인가이다. 두 사람은 이 문구에 관해 '포함하는'(inclusive) 해석과 '배제하는'(exclusive) 해석으로 구별하는데, 유익한 구별이다. 포함하는 의미로 보는 해석은 안드로니고와 유니아를 사도의 범주에 속하는 이로 본다("사도 가운데 두드러진"). 반면, 배제하는 의미로 보는 해석은 안드로니고와 유니아를 사도의 범주 밖에 놓는다("사도들에게 잘 알려진"). 첫 번째 경우에는 ἐπίσημος가 "비교를 **암시하는** 의미"(**implied** comparative sense)를 가진다.[272] 안드로니고와 유니아는 덜 두드러진 다른 사도들에 비하면 두드러진 이들이다(물론 다른 모든 사도보다 두드러진 사도였다고 볼 필요는 없다). 두 번째 경우에는 ἐπίσημος라는 단어가 절대 최상급의(elative) 의미를 가진다. 즉, 안드로니고와 유니아는 유명하지만, 그렇다고 이 말이 사도들과 비교하는 의미를 암시하지는 않는다. 분명 ἐπίσημος라는 단어를 비교를 암시하는 의미로 쓸 수도 있고 그런 의미를 전혀 암시하지 않는 말로도 쓸 수 있다. 문제는 ἐν + 여격 명사를 지닌 구조가 어떤 의미를 전달하는가이다. 여격은 중개/대리(agency) 개념일 수 없다. 따라서 많은 주석자는 이 문구를 포함의 의미로 읽는 것이 더 자연스럽다고 느꼈다. 버러와 월리스는 이 의미가 비교를 암시한다는 관찰 의견을 토대로, 그리고 비교급 형용사 뒤에는 소유격이 온다는 사실에 비춰, 이 쟁점에 접근한다.

> 우리는 다음과 같은 것을 하나의 작업가설(working hypothesis, 어떤 문제에 대한 임시 대답으로 제시하는 가설_ 옮긴이)로서 제시하겠다. 즉, 명사 소유격은 비교급 형용사와 함께 사용하는 것이 보통이다. 이 때문에 우리는 이런 경우에도 비교를 암시하는 의미가 들어 있다고 예상할 수 있을 것 같다. 만일 바울이 로마서 16장 7절에서 말하려는 것이 안드로니고와 유니아가 사도 **가운데** 탁월한 이였다는 뜻이라면, 우리는 그가 소유격인 (τῶν)

---

272 Burer and Wallace, "Was Junia," 84.

ἀποστόλων을 사용했을 것으로 예상할 수 있다. 반면, 그가 말하려는 것이 절대 최상급의 의미라면(즉 어떤 비교도 암시하지 않는 경우라면) ἐν + 여격을 예상해도 될 것이다.[273]

이것은 그저 하나의 작업가설이다. 그들은 계속하여 *Thesaurus Linguae Graecae*(정식 이름은 *Thesaurus Linguae Graecae: A Digital Library of Greek Literature*)에서 ἐπίσημος를 비롯하여 비교해 볼 수 있는 본문을 찾아낸 결과를 제시하고 이어 이런 결론에 이른다. "성경 그리스어, 교부 그리스어, 파피루스, 여러 명문(새김글), 고전 텍스트와 헬레니즘 시대 텍스트들은 우리 작업가설을 거듭 지지했다. 누군가를 포함하는 의미를 나타낼 경우, 소유격 인칭 수식어를 일관되게 사용했지만 사람을 나타내는 여격 부가어가 (ἐν에) 붙어 있는 경우는 거의 사용하지 않았다."[274] 그러나 우리가 앞으로 보겠지만, 불행히도 그들이 제시하는 증거는 사실 이런 결론을 지지하지 않는다.

버러와 월러스의 작업은 우리가 다루는 문구와 유사한 사례들을 모으고 평가하려 한 첫 시도이기에 분명 중요한 의미가 있다. 그러나 그들의 작업은 이와 관련된 논의의 출발점으로 여겨야지, 종착점으로 여겨서는 안 된다. 그들의 작업에는 심각한 결함이 있기 때문이다. 그들의 증거 제시는 몇 가지 점에서 만족스럽지 않다. (1) 버러와 월러스는 지금까지 발견된 모든 증거를 제시하지 않는다. 그들이 제시한 각주(주63과 주65)는 분명 대단히 관련성이 높은 텍스트를 언급하는데, 정작 그들은 이 텍스트를 논하지 않는다. 그들은 전혀 언급되지 않은 관련 텍스트가 더 있는지 여부를 우리에게 일러 주지 않는다. 그러나 그런 텍스트가 더 있는 것으로 보

273　Burer and Wallace, "Was Junia," 84.
274　Burer and Wallace, "Was Junia," 90.

이는데, 이 저자들이 자신들의 연구 결과가 (분명 무관한 텍스트를 제거한 뒤에도) "이 문제를 잘 설명해 주는 정보와 명확한 패턴을 담고 있는 본문 수십 개"를 알아냈다고 말하기 때문이다.[275] 내가 세어 본 결과, 버러와 월러스의 논문이 논한 본문은 22개이며, 각주에서 더 언급한 본문은 7개다. "수십 개"라는 말이 모호하긴 하지만, 그래도 29개는 "수십 개"라고 말하기에는 상당히 부족하다. (2) 그 결과, 통계 정보가 전혀 존재하지 않는다. 따라서 그들이 쓴 논문에서 통계를 모아 보려는 어떤 시도도 좌절하고 만다. 그들의 논문이 그런 증거를 서술하거나 제시하는 것이 불충분하기 때문이다. 이것은 그들이 제시하는 논지의 심각한 약점이다. 우리가 다루는 로마서 16장 7절의 문구에 관한 두 해석을 지지하는 증거가 분명 일부 존재하기 때문이다. 그런 점에서 그들의 논지는 한 종류의 증거는 희소한 반면 다른 종류의 증거는 그것보다 빈번히 등장한다는 주장을 근거로 삼고 있는 셈이다. 그들의 이런 논지가 확신을 심어 주려면, 반드시 모든 가용 증거를 제시하여 논하고 그 증거를 분명하게 헤아릴 수 있어야 한다. (3) 증거의 양 자체가 모호하다 보니, 그 증거에서 끌어낸 결론도 한쪽에 매우 치우쳐 있고, 심지어 잘못된 판단을 불러일으킨다. 가장 중요한 두 사례가 이것이다. 첫째, 버러와 월러스는 성경과 교부들이 제시하는 증거를 이렇게 요약한다.

> 성경과 교부들이 제시하는 그리스어에 관한 증거를 요약하면 이렇다. 즉 ἐν과 여격을 가진 **몇몇 비인칭** 구조는 '포함하는' 견해(안드로니고와 유니아를 사도로 보는 견해_ 옮긴이)에 도움을 주긴 하지만, **사람**을 어떤 범주에 포함시키는 뜻을 제시하는 경우는 모두 ἐν보다 소유격을 사용했다. 반면, ἐν + **인칭** 명사가 등장하는 경우는 모두 '배제하는' 견해(안드로니고와

---

275 Burer and Wallace, "Was Junia," 86.

유니아를 사도에 포함시키지 않는 견해_옮긴이)를 지지했다.[276]

"몇몇 **비인칭** 구조"라는 말은 사실상 그들이 논한 본문 가운데 단 한 본문(AddEst 16:22)만을 가리키며, 그들이 반복하여 사용하는 말인 '모든 경우'는 두 경우에 각각 오로지 한 텍스트만을 가리킨다(각각 마카비3서 6장 1절과 솔로몬의 시편 2편 6절을 가리킨다). 그들이 논한 텍스트는 통틀어 겨우 다섯이며, 그들의 결론을 지지하는 텍스트로 그들이 언급하지 않은 것이 더 있음을 전혀 일러 주지 않는다. 이는 이렇게 아주 적은 증거에서 결론을 끌어내는 방법치고는 특이한 경우 같다.

두 번째 사례는 전체 논증의 결론 부분에 있다. "포함 개념(누군가를 포함하는 뜻)을 표현할 때는 소유격 인칭 수식어를 일관되게 사용했지만, (ἐν +) 여격 인칭 부가어는 사용한 적이 거의 없다."[277] 이 문장에서 첫 번째 절(clause)은 방금 논의한 두 사례에 의존하는 반면(또 다른 한 사례는 주63에서 제시한다), 두 번째 절은 (구조는 같지만 배제하는 의미를 담고 있는) 다른 일곱 사례와 대비하여 (ἐν + 여격 인칭 부가어가 '포함하는' 견해를 의미하는) 두 사례를 언급한다.[278] 아홉 사례 가운데 두 사례를 언급하면서 "거의 없다"고 말하는 것은 분명 오해를 낳을 소지가 있다. 아울러 두 사람이 실제로 인용한 증거를 살펴보면, 이 문장은 누군가를 포함하는 개념을 전달할 때 소유격 인칭 수식어만큼이나 ἐν + 여격 인칭 부가어도 자주 사용한다는 사실을 숨기고 있다. 즉 두 경우를 각각 두 번씩 사용한다. 사람을 언급하면서 누군가를 포함하는 의미를 전달할 때는 보통 소유격 수식어를 사용하며, ἐν + 여격 구조가 어떤 사람을 무언가에 포함시키는 의미를 가지는 경우는 드

---

276 Burer and Wallace, "Was Junia," 87.

277 Burer and Wallace, "Was Junia," 90.

278 나는 버러와 월리스가 여태까지 펼친 논증에 비춰, 그들이 인용하는 모든 텍스트에 관한 그들의 이해와 분류를 이 증거 숫자를 토대로 받아들인다.

물기 때문에 우리는 바울이 사용한 ἐν + 여격 구조는 '배제하는' 의미를 담고 있는 것이 "거의 확실하다"고 추론할 수밖에 없다. 그러나 그 증거가 드러내는 것은 이것이 아니다.

버러와 월러스가 제시한 증거 해석에는 또 다른 큰 문제들이 있다. 버러와 월러스는 성경 그리스어와 교부 그리스어라는 범주를 다루면서, 솔로몬의 시편 2편 6절을 중요하게 여긴다. 이 구절은 그들이 다음과 같이 요약 제시한 결론의 유일한 증거이기도 하다. "ἐν + **인칭** 명사가 등장하는 경우는 모두 '배제하는' 견해를 지지했으며, 솔로몬의 시편 2편 6절은 로마서 16장 7절과 아주 유사한 병행 사례를 제공한다."[279] 이 "아주 유사한 병행 사례"를 더 꼼꼼히 뜯어보면, 결코 병행 사례가 아니라는 것이 드러난다. 여기에 그 텍스트 전체를 제시해 본다.

υἱοὶ καὶ θυγατέρες ἐν αἰχμαλωσίᾳ πονηρᾷ
ἐν σφραγῖδι ὁ τράχηλος αὐτῶν, ἐν ἐπισήμῳ ἐν τοῖς ἔθνεσιν.[280]

두 번째 줄은 그 의미를 이해하기가 힘든데, 문자 그대로 번역하면 이런 뜻이다. "한 인(印)이 있는[또는 한 인을 지닌] 그들의 목(neck), 여러 민족 가운데서 한 표지가 된[또는 한 표지를 지닌]." 로버트 라이트(R. B. Wright)는 이 구절을 이렇게 번역한다.

그들의 아들들과 딸들이 엄혹한 포로 생활을 했으니,
그들의 목에는 인(印, 낙인)이 있었고, 이방인 가운데서 구경거리가 되었다.[281]

279　Burer and Wallace, "Was Junia," 87.

280　J. Viteau, *Les Psaumes de Salomon* (Documents pour l'Étude de la Bible; Paris: Letouzey & Ané, 1911), 258.

281　Wright, "Psalms of Solomon," in J. H. Charlesworth, ed., *The Old Testament Pseudepigrapha*

세바스천 브록(Sebastian Brock)*은 아마도 가장 훌륭한 번역이 아닐까 싶은 번역을 제시하는데, 이 번역을 따라 읽으면 현재의 그리스어 본문을 가장 잘 이해할 수 있다.

> 그의(이스라엘의) 아들들과 딸들이 비통한 포로 생활을 했으니,
> 그들의 목에는 모든 민족 가운데서 (그들을 구분해 주는_ 옮긴이 추가) 표 지가 된 인장 반지가 있다.[282]

본문의 그리스어는 아마 훼손되었을 테지만,[283] 의심할 여지 없이 분명한 것은 ἐπισήμῳ가 υἱοὶ καὶ θυγατέρες를 수식하는 형용사가 아니라, 독립된 실사(substantive)라는 것이다. 버러와 월러스는 그 구조가(이들은 ἐν ἐπισήμῳ ἐν τοῖς ἔθνεσιν을 인용하면서 앞에 붙은 ἐν을 떼버리고 ἐπισήμῳ ἐν τοῖς ἔθνεσιν만 인용한다) 로마서 16장 7절과 닮았다고 주장한다. 이들은 그 이유를 이렇게 말한다. "이 유사 사례들이 (a) ἐπίσημος라는 형용사가 사람들을 가리킨다는 점, (b) 그 뒤에 ἐν + 여격 복수형이 나온다는 점 (c) 이 여격 복수형도 역시 사람들을 가리킨다는 점을 유사점으로 갖고 있다. 모든 핵심 요소가 여기 있다."[284] 그러나 사실 여기에는 꼭 있어야 할 요소 (a)가 존재하지 않는다. 이 본문은 증거에서 빼야 한다. 다른 몇몇 본문(마가

(2 vols.; Garden City, N.Y.: Doubleday; London: Darton, Longman & Todd, 1983-1985), 2:652.

• 세바스천 브록(Sebastian Paul Brock, 1938-). 영국의 고전 학자다. 특히 고전 시리아어와 고전 시리아어 문헌 연구의 권위자이며 시리아 기독교 문화사를 깊이 연구했다.

282 H. F. D. Sparks, ed., *The Apocryphal Old Testament* (Oxford: Clarendon, 1984), 655.

283 시리아어 본문은 이렇다. "그의 아들들과 그의 딸들이 혹독한 포로 생활을 겪었다. / 그들의 목에는 이방 민족들의 인(印)이 찍힌 멍에가 씌워져 있었다." 두 번째 줄은 필시 모호하거나 이미 훼손된 그리스어 본문을 말이 되게 만들려는 시도일 것이다. 참고. J. L. Trafton, *The Syriac Version of the Psalms of Solomon* (SBLSCSS 11; Atlanta: Scholars Press, 1985), 29, 35.

284 Burer and Wallace, "Was Junia," 87.

비1서 11:37; 14:48;²⁸⁵ 마카비2서 15:36;²⁸⁶ P. Oxy. 1408과 2108;²⁸⁷ *Mart. Pol.* 14:1;²⁸⁸ *Peloponnesos* 1.G.5.2.8²⁸⁹)도 이 문제와 상관이 없기 때문에 증거에서 빼야 한다.²⁹⁰

버러와 월러스가 인용하거나 언급한 본문 가운데 남은 본문(나는 이 두 사람이 인용하지 않고 언급만 한 본문은 괄호 안에 넣었다)은 이 본문들이 사용한 서로 다른 세 구문 구조를 고려할 때, 그리고 그들이 사람과 동물, 무생물을 가리키는 경우를 구분해야 한다고 강조한 점을 고려할 때, 다음과 같이 구분할 수 있다.

문제는 로마서 16장 7절이 범주 (c) *포함하는 의미*에 들어가느냐 아니면 (c) *배제하는 의미*에 들어가느냐이다. 우리가 설령 사람을 가리키는 경우가 들어 있는 본문이 로마서 16장 7절의 경우와 더 관련이 있으므로 그것에 더 비중을 부여해야 한다는 버러와 월러스의 견해를 받아들인다 할지라도, 그런 사례 자체가 아주 적기 때문에 로마서 16장 7절을 사람인 경우를 담고 있는 범주 (c) *포함하는 의미*에 해당하는 두 텍스트가 아닌 범주 (c) *배제하는 의미*에 해당하는 여섯 텍스트에 일치시켜야 한다고 요구하기는 어렵다. 또한 (a) 범주(사람인 경우)에 들어 있는 단 세 텍스트를 범주 (c) *포함하는 의미*에 해당하는 텍스트에서 가리키는 대상이 사람인 경우인 두

---

285 Burer and Wallace, "Was Junia," 87-88 주52에서 인용하는 이 두 본문 안에 들어 있는 구문은 심히 다르다.

286 Burer and Wallace, "Was Junia," 87 주52가 있지만, 이 구절이 이 문제와 어떻게 연관성을 가질 수 있는지 알 수가 없다.

287 (Burer and Wallace, "Was Junia," 77에서 인용하는) 이 본문들은 최상급인 ἐπισημότατος를 사용한다. 이 최상급 뒤에 소유격이 뒤따라야 한다는 것은 의문의 여지가 없지만, 이것이 ἐπίσημος를 가진 구조 자체의 의미를 지지하는 증거는 아니다.

288 여기서 사용하는 구조는 ἐπίσημος + ἐκ + 소유격이다.

289 여기서 사용하는 구조는 ἐπίσημος + παρά + 여격이다.

290 나도 다음 표에서 Burer and Wallace, "Was Junia," 90 주65에서 언급하는 루키아누스(Lucian), *Peregr.* 22.2를 생략해야 했다. 이 출전(出典) 표시만으로는 이를 어느 범주에 넣어야 할지가 명확하지 않고, 그들의 출전 표시 자체가 오류라서 그들이 말하고자 하는 본문을 추적할 수가 없었기 때문이다.

사람인 경우	사람이 아닌 경우
(a) ἐπίσημος + 소유격 포함하는 의미	
마카비3서 6:1 루키아누스, *Peregr.* 6.1(?)[291] (Herodian 1.7)	솔로몬의 시편 17:30 P. Oxy. 2705
(b) ἐπίσημος + 여격 배제하는 의미	
리쿠르구스(Lycurgus), *Against Leocrates* 129 에우리피데스(Euripides), *Bacch.* 967	
(c) ἐπίσημος + ἐν + 여격 포함하는 의미	
루키아누스, *Merc. Cond.* 28 요세푸스, *BJ* 2.418[292]	AddEst 16:22 루키아누스, *DMeretr.* 1.2 (에베소의 루푸스[Rufus Medicus], *Quaest. Medic.* 20) 필론, *Fug.* 10 갈레누스(Galen), *De Methodo Medendi* 14.10.242
배제하는 의미	
TAM 2.905.1 (TAM 2.1-3.838) (TAM 2.1-3.905) (Fd Xanth 7.76.1.1.1.4)[293] 에우리피데스, *Hipp.* 103. 루키아누스, *Harm.* 1.17	

텍스트와 비교하는 것만으로는, "바울이 안드로니고와 유니아를 사도 가운데 포함시키려 했다면 (c) 구조보다 (a) 구조를 사용했을 가능성이 높다"

---

291 이 출전 표시(Burer and Wallace, "Was Junia," 89 주63)가 부정확해서인지, *Peregrinus*의 어디에서도 인용된 본문이 나타나지 않는 것 같다. 나는 이 본문의 기원을 추적할 수 없었다.

292 Burer and Wallace, "Was Junia," 88-89은 이 본문이 "분명한 유사 사례가 아니라"고 주장하지만, 이들은 분명 Thackeray의 번역 때문에 오해한 것 같다. 이 본문의 의미는 분명 이렇다. "[사절들] 가운데 사울과 안티파스와 코스토바르가 저명했다."

293 Burer and Wallace, "Was Junia," 88은 이 세 명문이 그들이 *TAM* 2.905.1 *west wall coll.* 2.15.18에서 인용한 것과 "비슷한 관용구를 담고 있다"고 말한다.

라는 주장도 정당화할 수 없다. 그러나 동시에 우리는 지칭 대상이 '사람인 경우'인 텍스트에 우선순위를 부여한 것에도 의문을 제기해 보아야 한다. 이런 경우들이 사람이 아닌 것을 지칭하는 경우와 문법상 달라야 하는 이유가 분명하지 않기 때문이다. 우리가 가리키는 대상이 사람이냐 사람이 아니냐를 떠나 앞서 인용한 모든 증거를 포함시킨다면, 이런 용례들이 바울의 용례를 판단하는 데 제공하는 시사점은 훨씬 줄어들고 만다.

증거를 왜 이렇게 분류하는지 물어보는 것이 도움이 될 수도 있겠다. 구조 (a)가 포함하는 의미를 갖고 있고, 구조 (b)가 배제하는 의미를 갖고 있는 것은 예상할 수 있는 일이다. 이 경우들에 사용한 그리스어가 다른 어떤 것을 의미한다면 그것이야말로 특이할 것이다. 구조 (c)는 포함하는 의미와 배제하는 의미로 사용된 것 같다(그러나 대부분 특정 용례가 모호하지는 않다). 버러와 월러스는 구조 (b)와 구조 (c)가 많이 같다고 제시하는 것 같은데,[294] 이는 잘못임을 유념해야 한다. 구조 (b)는 틀림없이 배제하는 의미를 갖고 있지만, 구조 (c)의 특성에는 배제하는 의미로 보아야 할 것이 전혀 들어 있지 않다.

버러와 월러스도 잘 알듯이, 이 증거가 펼쳐 보이는 용법은 ἐπίσημος가 비교급 형용사가 아니라[295] 몇몇 경우에는 "비교를 **암시하는** 의미"[296]를 내포하고 있다는 사실로 설명할 수 있을 것 같다. 만일 그것이 비교급 형용사라면, 구조 (a)는 아마 약간 의무 같은 성격을 갖게 될 것이다. 그러나 그렇지 않기 때문에, ἐπίσημος가 비교의 의미를 갖고 있는 용례는 진정한 비교급 형용사에서 유추한 구조 (a) 형태를 취하거나, '가운데'의 의미를 지닌 전치사 ἐν 뒤에 어떤 개인이 속한 그룹을 언급하는 말이 이어지는 다

---

[294] Burer and Wallace, "Was Junia," 85.
[295] 진정한 비교급을 보여 주는 사례가 루키아누스, *Peregr.* 4에 있다. τὸν τοῦ Ἡλίου ἐπισημότερον.
[296] Burer and Wallace, "Was Junia," 84.

른 많은 사례에서 유추한 구조 (b) 형태를 취한다. 편리하게 살펴볼 수 있는 사례, 곧 비교의 의미와 포함하는 의미를 모두 갖고 있는 사례가 마태복음 2장 6절이다. σὺ Βηθλέεμ, γῆ Ἰούδα, οὐδαμῶς ἐλαχίστη εἶ ἐν τοῖς ἡγεμόσιν Ἰούδα("너, 유대[유다] 땅 베들레헴아, 너는 유대 통치자 가운데 결코 가장 작지 않다"). 구조 (c)도 배제하는 의미로 사용한다는 점이 더 놀랍다. 그러나 에우리피데스의 글에 들어 있는 경우를 제외하면, 그런 경우들이 아주 확실해 보인다는 점을 유념해야 한다. 에우리피데스가 글을 쓰던 때는 ἐπίσημος가 아직 비교의 의미를 얻지 못한 때였을지도 모른다. 이 범주에 속한 다른 텍스트들이 모호하지 않은 주된 이유는 ἐν 뒤에 나오는 명사가 집합 명사이기 때문이다(ἐν τῷ ἔθνει, ἐν πλήθεσι). 이와 달리, '사람인 경우'로서 범주 (c)의 포함하는 *의미*에 속하는 두 사례를 보면, ἐν 뒤에 나오는 명사가 사람들을 가리키는 복수 명사이며, 문제의 개인도 이 사람들 가운데 하나일 수 있다(ἐν τοῖς ἐπαινοῦσι, πρεσβεῖς). 이 관찰이 적절하다면, 이는 로마서 16장 7절의 의미가 포함하는 의미일 가능성이 더 높음을 일러 준다고 할 것이다.

　마지막으로, 덧붙여야 할 말이 있다. 버러와 월러스가 교부들이 로마서 16장 7절에 관하여 제시한 해석에 들어 있는 증거를 빠뜨린 것은 큰 실수라는 것이 그것이다. 이 교부 해석자들은 바울이 안드로니고와 유니아를 사도 가운데 포함시키고 있다고 이해했다. 버러와 월러스는 이 교부들이 "그리스어 본문의 취지를 깊이 곱씹지도 않은 채 특정한 견해를 취하는 것 같다"고 불만을 제기한다.[297] 그러나 오리게네스와 요한 크리소스토무스 같은 교부 저술가들은 식자(識者)였으며 그리스어가 모국어인 이들이었다. 그들은 이것이 바울이 쓴 그리스어의 의미라고 생각하여 안드로니고

---

[297] Burer and Wallace, "Was Junia," 78 주12. 이 때문에 이들은 이 교부들의 해석에 의지하는 라이트푸트와 크랜필드도 비판한다.

와 유니아도 사도 가운데 포함된다고 생각한 것이지, 그 외에 다른 이유는 없었다. 버러와 월러스의 결론이 옳다면, 이 그리스 교부 해석자들이 로마서의 그리스어를 버러와 월러스 자신들이 읽는 식으로 읽었어야 한다는 말인데, 이는 말도 되지 않는 소리다. 적어도 그들은 포함하는 의미가 가능하다는 것을 실증한다. 그러나 포함하는 의미를 더 개연성 있는 의미로 만들어 주는 교부 해석자들의 증거에 훨씬 큰 비중을 부여하는 것이 타당할 것이다. 버러와 월러스가 제시한 비교 증거도 가치 있긴 하지만, 그 증거는 매우 희소하여 통계상 의미 있는 증거라고 할 수 없다. 따라서 교부들의 로마서 읽기(해석)를 훨씬 무게 있는 것으로 진지하게 받아들여야 할 것이다.

우리가 여전히 물어보아야 할 것은 바울이 안드로니고와 유니아를 사도라 여겼으리라고 보는 것이 타당한가이다. 어떤 이들은 "사도"라는 말을 바울 자신을 비롯하여 어떤 폐쇄된 무리에 속하는 사람들만을 언급하는 엄격한 의미로 사용하기보다 넓은 의미로 사용해야 비로소 안드로니고와 유니아도 사도로 볼 수 있을 것이라고 생각한다.[298] 다른 이들은 로마서 16장 7절의 "사도"라는 말을 배제하는 의미로 해석했다. 그들은 여기서 말하는 "사도"가 엄격한 의미가 아닌 다른 의미로 쓰고자 한 말일 수 없다고 생각하면서, 안드로니고와 유니아는 그런 의미에서 사도였을 리가 없다고 생각한다. 찬(Zahn)은 초기 기독교의 다른 문헌이 모두 안드로니고와 유니아를 일체 언급하지 않는데 이들이 유명한 사도였을 수 있다는 것은 믿을 수 없다고 생각했다.[299] 이 쟁점이 이런 혼란에 빠진 것은 바울이 "사도"라는 말을 이른바 엄격한 의미로 사용한 경우에 관하여 정확한 이해가 없기

---

[298] 예를 들어 Ellis, "Coworkers," 186; G. Edmundson, *The Church in Rome in the First Century* (London: Longmans, Green, 1913), 25.

[299] Burer and Wallace, "Was Junia," 81에서 인용.

때문이다.300

"사도"라는 말이 전문적이지 않은 의미일 때가 있다. 바울은 교회의 공식 사자(使者)를 지칭하는 말로 그러한 의미의 "사도"를 두 번 사용한다(고후 8:23; 빌 2:25; 그러나 개역개정판은 두 경우 모두 "사자"라고 번역했다_ 옮긴이). 그러나 이것이 로마서 16장 7절에서 말하려는 의미일 리는 없다. 교회의 공식 사자를 사도라 지칭할 때는 "교회의 사도"라고 분명하게 지칭하고(고후 8:23) "너희[곧 빌립보 그리스도인]의 사도"라 말한다(빌 2:25). 그들이(사도들이) 어떻게 알려진 집단을 형성하고 안드로니고와 유니아를 그 집단 사람들 가운데 탁월한 이라 말할 수 있었는지 알기는 힘들다. 아무 수식어가 붙어 있지 않은 로마서 16장 7절의 "사도들"은 틀림없이 그리스도의 사도를 가리키며, 바울도 보통 이 사도들을 그냥 "사도들"이라 부른다. 그러나 바울이 이 용어를 이런 의미로 사용한 경우는 마태와 마가, 누가의 용례보다 넓다. 마태와 마가, 누가는 열두 제자만을 사도라 부르기 때문이다. 바울은 그리스도의 사도에 열두 제자뿐 아니라, 바나바(고전 9:6), 주의 형제들(갈 1:19; 고전 9:5)을 포함시키고, 대체로 실루아노/실라(살전 2:7)도 포함시키는 것 같으며, 아마 아볼로도 포함시키는 것 같다(고전 4:9). 물론 바울 자신도 사도에 포함시킨다. 바울은 "열두 제자"라는 더 좁은 범주와 더불어 "모든 사도"를 이야기한다(고전 15:5, 7). 이들은 부활한 그리스도가 사람들에게 나타나셨을 때 그에게 직접 사명을 받은 이들이다. 바로 그런 의미에서 바울도 자신을 그렇게 사명을 받은 이 가운데 마지막 사람이자 사도 가운데 지극히 작은 자로 여길 수 있기 때문이다(고전 15:9; 참고. 9:1). 이 범주가 우리가 아는 몇몇 이름보다 상당히 넓었을 수 있다는 점을 인식하는

---

300 그런 점에서 Burer and Wallace, "Was Junia," 90 주68의 주장은 완전히 잘못이다. 이들은 이렇게 주장한다. "이 본문을 '포함하는' 의미로 보는 견해를 지지하는 이들은 ἀπόστολος를 부가어 없이 사용할 때 이 말에 통상 바울 서신이 받아들이는 의미보다 넓은 의미를 부여할 수밖에 없다." 바울이 보통 받아들이는 의미에 따르면 안드로니고와 유니아를 사도로 봐서는 안 되는, 설득력 있는 이유는 전혀 존재하지 않는다.

것이 중요하다. 따라서 안드로니고와 유니아도 그런 범주에 속했으리라고 추측하는 데 아무런 어려움이 없다. 특히 바울이 그들을 가리켜 바울 자신보다 앞서 그리스도인이 된 이들이라고 특별하게 말하는 점을 봐도 그렇다(다음 섹션을 보라).[301] 그들이 바울보다 앞서 그리스도인이 된 이들이 아니라면, 바울이 그들을 사도로 여겼을 리가 없다. 따라서 이미 사도라 불린 뒤에는 그들이 바울보다 먼저 그리스도인이 되었다는 정보가 군더더기처럼 보일 수도 있지만, 그럼에도 바울이 이런 정보를 말하는 것은 이 두 사람의 특별한 지위를 강조하고 싶었기 때문일 것이다. 우리가 앞으로 보겠지만, 초기 기독교 문헌이 다른 곳에서는 이 두 사람에 관하여 아무런 이야기도 하지 않는다는 것은 온전히 맞는 말이 아닐 수도 있다. 그러나 정말 그렇더라도 그것 때문에 꼭 당황할 필요는 없다. 초창기 교회에 관한 우리 지식은 지극히 불완전하다. 우리는 팔레스타인 밖과 바울이 선교 사역을 펼친 한정된 지역 밖에서 기독교 운동이 어떻게 확산되었는지 거의 알지 못한다. 안드로니고와 유니아는 로마와 인접 지역에서 아주 유명한 그리스도인 선교사로 20년이나 30년을 보냈을 수도 있다. 만일 그렇다면, 우리가 그에 관하여 들을 수 있는 초기 기독교 문헌이 로마서뿐임은 당연한 일 아니겠는가?

e. 바울보다 앞서 "그리스도 안에" 있었던

안드로니고와 유니아가 바울보다 앞서 그리스도인이 되었다는 것은 이들이 (예루살렘을 방문하는 동안에 회심한 디아스포라 유대인이 아니라면) 아마도 팔레스타인 출신 유대인이었을 것이며[302] 분명 초기 예루살렘 교회의 지체였으리라는 것을 우리에게 일러 준다. 그럴 경우, 우리는 이 두 사람을 로마

---

301 Maccini, *Her Testimony*, 230은 이렇게 강조한다. "유니아는 부활을 목격한 증인이 아니었다." 그가 이를 어떻게 아는가?

302 Edmundson, *Church*, 26 주1.

교회와 초기 예루살렘 교회가 긴밀히 접촉했음을 알려 주는 다른 증거에 비춰 살펴볼 수 있다. 예루살렘 교회의 지체로서 한때 로마에 머무른 이로 베드로, 실루아노/실라(벧전 5:12), 마가 요한(벧전 5:13)이 있으며, 어쩌면 루포와 그의 어머니도 그런 사람이었을지 모른다(롬 16:13; 참고. 막 15:21). 로마서 16장 6절에 나오는 마리아(Μαρία)는 바로 이 마리아라는 이름을 사용한 덕에 유명해진 사람 같다. 그가 라틴식 이름인 마리아(Maria)를 가진 이방인 그리스도인이 아니라 미리암(Miriam)이라는 히브리 이름을 가진 유대인 그리스도인이라면, 역시 예루살렘 출신이었을 수 있으며, 야고보와 요세의 어머니 마리아와 동일인일 수도 있다. 공관복음 기자들은 분명 그들의 독자들이 마리아라는 이름만 들어도 이 사람이 누구인지 알 것이라고 예상한다(마 27:56, 61; 28:1; 막 15:40, 47; 16:1; 눅 24:10). 우리는 필시 그리스도의 복음이 로마에 있는 유대인 공동체에 먼저 이르렀으리라고 추측해야 할 것 같다.

안드로니고와 유니아는 어쩌면 로마의 그리스도인 공동체 설립에 관여했거나 이 공동체의 초기 성장에 한몫을 담당했을지도 모른다. 그들은 "사도 가운데 두드러진" 이들이었기에 로마의 그리스도인 가운데서 상당히 비중 있는 지도자였던 것이 틀림없다. 바울이 로마서 16장에서 언급하는 다른 어느 누구도 이 두 사람에 비길 만한 위치를 갖고 있지 않다. 바울이 제시하는 긴 명단에서 그가 앞자리에 있는 사람들의 이름을 언급하는 순서를 보고 우리가 거기서 어떤 논리를 하나 찾아낸다면, 바울이 에게해 지역에서 선교할 때 어떤 역할을 한 이들로서 바울 자신에게 특히 중요하고 친밀한 이들의 이름을 가장 먼저 언급하고(브리스가와 아굴라, 에배네도), 뒤이어 로마에서 그리스도를 전하는 선교를 시작하고 그 선교를 이끈 이들을 언급한다는 것을 찾아낼 수 있겠다. 마리아는 "너희 가운데서 아주 힘들게 일했으며(ἐκοπίασεν, 바울은 그가 사도로서 고생한 것을 이야기할 때 이 단어를 종종 사용한다)", 안드로니고와 유니아는 "사도 가운데 두드러진" 이들이었다. 이어 바울은 그가 사사로이 알고 있는 이들을 몇 사람 더 언급한다. 암블리아, 우르바노, 스다구이다. 이 뒤에 등장하는 이름은 그 순서에 특별한 의미가 있는 것 같지 않다.

f. 같은 소리로 들리는 유니아와 요안나라는 이름

팔레스타인 유대인 여자가 왜 라틴식 이름 유니아를 가져야 했을까? 우리는 이미 1세기 팔레스타인 유대인이 라틴식 이름을 가지는 경우가 드물었음을 보았다. 이를 설명하기는 어렵지 않다. 셈식 이름이 아닌 이름을 하나 더 갖거나 아예 그들의 셈식 이름을 대체할 새 이름을 갖고 싶었던 유대인들은 로마가 유대를 점령하기 전부터 그리스식 이름을 채택하는 관습을 갖고 있었으며, 이런 관습이 확립되어 있었다. 더욱이, 라틴식 이름은 그리스식 이름과 달리 로마 문화를 따른다는 뜻을 암시하기보다 로마의 정치적 통치에 순응한다는 뜻을 암시했을 것이다. 자신이 로마에 충성한다는 것을 천명하는 이름을 갖고 싶어 한 팔레스타인 유대인은 거의 없었을 것이다. 따라서 라틴식 이름을 가진 것으로 알려진 사람이 대부분 헤롯 집안과 헤롯당이라는 범주 안에서 발견되는 것은 놀라운 일이 아니다. 헤롯 가족들, 헤롯 집안과 가까운 친구들, 궁정 관리, 군 장교, 그리고 헤롯 집안에 속하는 다른 사람들, 로마풍에 물든 티베리아스와 세포리스의 친헤롯 귀족들이 그런 이들이었다.[303] 유니아도 이런 친헤롯 엘리트에 속했을 수 있다. 그러나 우리는 그런 가능성을 받아들이기 전에 유니아라는 이름이 갖고 있는 또 다른 측면에 주목해야 한다.

유대인은 그리스식 이름이나 라틴식 이름을 채용할 때, 보통[304] 셈식 이

---

[303] 이 증거는 Bauckham, "Paul and Other Jews"가 제시한다.

[304] G. H. R. Horsley, "Names, Double," *ABD* 4:1015는 이 증거를 과소평가한다. 그는 이 관습이 "딱히 널리 퍼져 있지 않았다"고 말한다. 이렇게 말하는 이유는 그가 이를 "대체 이름"(substitute name)이라 부르는 것과 구별하기 때문이다(1016). 그러나 그가 제시하는 대체 이름 사례들은 그렇지 않은 이

름과 발음이 비슷한 이름을 골랐다. (심지어 그렇게 택한 이름의 의미가 본래 자신이 가진 이름의 의미와 완전히 달라도 그렇게 했다.)[305] 어쩌면 일부 디아스포라 유대인은 오로지 그리스식 이름이나 라틴식 이름만 썼을지도 모른다. 그러나 일부 팔레스타인을 비롯하여 많은 유대인은 상황에 따라 이 이름을 쓰거나 저 이름을 쓴 것 같다. 이와 가장 가까우면서 흔히 볼 수 있었던 예가 히브리식 이름 시므온에 상응하는 이름으로 그리스식 이름 시몬을 사용한 경우다.[306] 사실 이 두 이름은 발음도 아주 비슷하게 들렸을 것이다. 유대인들이 발음이 비슷하다는 이유로 사용한 그리스식 이름으로 우리가 알고 있는 이름에는 이런 것들이 있다.

알키모스(Alkimos) – 야김/엘리아김(Jakim/Eliakim)[307]
아스테르(Aster) – 에스더(Esther)[308]

름과 다르지 않다. 시몬(베드로)은 자기 이름의 셈식 형태인 시므온을 계속 사용했으며(행 15:14; 벧후 1:1), 실라도 이 이름을 라틴식 이름인 실루아노(실바누스[Silvanus])로 완전히 바꾸지 않는다. 사도행전에서 분명하게 볼 수 있듯이, 정황이 달라지고 본래 이름 외에 또 다른 이름을 사용하는 것이 적절하면, 또 다른 이름을 하나 더 사용했다. 호슬리가 저지른 실수를 앞서 Deissmann, *Bible Studies*, 315 주2도 저질렀다.

305   유대인이 아닌 이들 사이에도 같은 관습이 있었음을 알려 주는 증거를 보려면, Horsley, "Names, Double," 1015; Deissmann, *Bible Studies*, 315; C. J. Hemer, "The Name of Paul," *TynB* 36 (1985), 179-183을 보라. 이는 루키우스 안토니우스 레오(Lucius Antonius Leo)와 조일루스의 아들 네온(Neon son of Zoilus)이라 불린 한 시칠리아 원주민의 흥미로운 사례를 인용한다(*CIL* 10.3377).

306   N. G. Cohen, "Jewish Names as Cultural Indicators an Antiquity," *JSJ* 7 (1976), 112-117을 보라. 그러나 그는 제2성전기 후기에 시몬/시므온이라는 이름이 대중에게 인기가 있었던 것이 주로 이 이름이 하스몬 왕가의 이름이었다는 사실 때문임을 고려하지 않는다. Ilan, "Names," 238-241은 팔레스타인 유대인 가운데서 가장 인기 있던 남성 이름이 모두 마카비 집안 사람의 이름이었음을 보여 준다. 시므온, 요셉, 유다, 엘르아살, 요한이다. (일란은 요셉이 마카비 형제 가운데 하나였다는 근거로 마카비2서 8장 22절을 원용하는데, 이는 상당히 위험하다.) 시몬과 시므온이 같음을 잘 보여 주는 예가 N. Lewis, Y. Yadin, and J. C. Greenfield, eds., *The Documents from the Bar Kokhba Period in the Cave of Letters* (Jerusalem: Israel Exploration Society, 1989), 주21-22다. 여기서 이 문서의 그리스어 부분은 두 유대인을 Σίμων이라 부르지만, 이 증거의 아람어와 나바테아어 부분은 쉬므온(Shimeon)이라 부른다.

307   Josephus, *Ant.* 12.385.

308   'Αστήρ는 상당히 드문 그리스식 이름이지만, 유대인은 이 이름을 그리스식 이름('Αστήρ나

클레오파스(Cleopas) – 글로바(Clopas)[309]

야손(Jason) – 예수(예슈아)(Jesus[Yeshuʻa])[310]

므나손(나손)/므나세아스(Mnason/Mnaseas) – 므낫세(Manasseh)[311]

무사이오스(Mousaios) – 모세(Moses)[312]

이런 식으로 발음이 비슷하여 사용한 라틴식 이름에는 다음과 같은 것들이 있다.

아니아(Annia) – 한나(Hannah)?[313]

아니아누스(Annianus) – 하니나/하나냐(Hanina/Hananiah)[314]

율리우스/율리아누스(Julius/Julianus) – 유다(Judah)[315]

'Αστήρ)과 라틴식 이름(Aster)으로 널리 사용했다(이 이름의 그리스어 철자를 살펴보려면, Noy, *Jewish Inscriptions*, 1:66-67; M. Schwabe and B. Lifshitz, *Beth She'arim*, vol. 2 [New Brunswick, N.J.: Rutgers University Press, 1974], 64: 'Αστήρ는 그리스식 이름을 히브리식에 동화시킨 형태다). 예를 들면, Williams, ed., *Jews among Greeks and Romans*, 47 (no. II.70) (= *CIL* VIII.8499), 77 (no. III.55) (*CIJ* 874); Noy, *Jewish Inscriptions*, vol. 1, nos. 26, 47, 130, 192; vol. 2, nos. 91, 140, 278, 552, 596; Schwabe and Lifshitz, *Beth She'arim*, nos. 147, 176. 이 시대 유대인은 에스더가 '별'(star)을 가리키는 페르시아어에서 왔을 수 있음을 틀림없이 몰랐을 것이다.

309 눅 24:18; Deissmann, *Bible Studies*, 315 주2; 다음 6장.

310 Josephus, *Ant.* 12.239; 롬 16:21. 아울러 N. G. Cohen, "The Names of the Translators in the Letter of Aristeas: A Study in the Dynamics of Cultural Transition," *JSJ* 15 (1984), 46-48.

311 행 21:16; *CPJ* 28. 1.17; Noy, *Jewish Inscriptions*, vol. 2, no. 544. 아울러 Cadbury, "Some Semitic Personal Names," in Wood, ed., *Amicitiae Corolla*, 51-53을 참고하라.

312 *CPJ* 20; Noy, *Jewish Inscriptions*, vol. 2, no. 74.

313 Noy, *Jewish Inscriptions*, vol. 2, no. 15.

314 Schwabe and Lifshitz, *Beth She'arim* 147-148; nos. 166, 175를 보라; Noy, *Jewish Inscriptions*, vol. 2, nos. 120, 288, 466 (?); Noy, *Jewish Inscriptions*, vol. 1, no. 176.

315 이 명단에 들어 있는 세 남자 이름을 알아보려면, *Lev. Rab.* 32:5를 보라(아울러 아가 4장 12절에 대한 *Cant. Rab.* 56:6의 같은 전승을 보라). "랍비 후나가 바르 카파라의 이름으로 말했다: 이스라엘이 네 가지 일로 말미암아 이집트에서 구속받았으니, 즉, 그들이 그들의 이름을 바꾸지 않았기 때문이요 …… 그들은 이름을 바꾸지 않았으니, 이집트로 내려갈 때도 르우벤과 시므온이었고, 이집트에서 올라올 때도 르우벤과 시므온이었다. 그들은 유다를 '레온'이라 부르지 않았으며, 르우벤을 '루푸스'라 부르지도 않았고, 요셉을 '레스테스'(Lestes)(Justus로 바로잡는다)라 부르지 않았으며, 베냐민을 '알렉산데

유스투스(Justus) — 요셉(Joseph)³¹⁶

유스투스 — 예수(예슈아)³¹⁷

레아(Lea) — 레아(Leah)?³¹⁸

마리아(Maria) — 마리아(미리암)(Mary[Miriam])³¹⁹

파울루스(Paulus, 바울) — 사울(Saul)³²⁰

루푸스(Rufus, 루포) — 르우벤(Reuben)³²¹

실바누스(Silvanus, 실루아노) — 실라(Silas)³²²

이처럼 사람들이 흔히 쓰던 셈식 이름과 발음이 비슷한 그리스식 이름이나 라틴식 이름을 사용하는 관습이 널리 퍼져 있었기 때문에 '유니아'도 그런 경우에 해당할 가능성이 있다. 앞서 발음이 비슷한 사례로 알려진 경우로 열거한 많은 이름처럼, 유니아와 히브리 이름 요안나(여호한나[Yehoḥannah] 또는 요한나[Yoḥannah])는 그 발음이 아주 비슷하다. 이는 로마서 16장 7절에서 말하는 유니아가 누가가 말하는 요안나와 동일인이라는

르'라 부르지 않았다." Cant. Rab. 56:6에 있는 본문 형태는 이렇다. "그들은 르우벤을 '루푸스'라 부르지 않고, 유다를 '율리아누스'라 부르지 않았으며, 요셉을 '유스투스'라 부르지 않고, 베냐민을 '알렉산데르'라 부르지 않았다"(J. Neusner, *Song of Songs Rabbah: An Analytical Translation*, vol. 2 [BJS 196; Atlanta: Scholars Press, 1989], 73을 고쳐 인용했다).

316 행 1:23; Josephus *Vita* 5, 427.

317 골 4:11.

318 Noy, *Jewish Inscriptions*, vol. 2, no. 377.

319 만일 Μαρία(롬 16:6)가 유대인이라면, 그의 히브리식 이름 미리암에 상응하는 라틴식 이름(마리아)은 로마 사람들이 쓰던 남자 이름 마리우스(Marius)의 여성형인 마리아(Maria)와 정확히 발음이 같았을 것이다. 유대인이 이렇게 같은 소리가 나는 특별한 이름을 마구 사용했는지는 확실치 않다.

320 바울의 라틴식 이름이 그의 히브리식 이름과 발음이 같아서 고른 이름인가를 둘러싸고 논쟁이 있다. 이 쟁점에 관하여 알아보려면, Bauckham, "Paul and Other Jews"를 보라.

321 막 15:21; 롬 16:13. 이 같은 경우에 관하여 알아보려면, Cohen, "Jewish Names," 117-128을 보라. 코헨은 아울러 르우벤과 다른 셈식 이름 루벨(Roubel)도 발음이 같은 이름인지 논한다.

322 실바누스(실루아노, 고후 1:19; 살전 1:1; 살후 1:1; 벧전 5:12)는 실라(행 15:22, 27, 32, 34, 40; 16:19, 25, 29; 17:4, 10, 14, 15; 18:5)와 같은 사람이라는 것이 통설이다.

주장이 등장할 길을 열어 준다. 둘 다 예루살렘 교회를 설립한 지체였다는 점은 이런 주장에 상당한 설득력을 실어 준다. 초기 기독교 문헌의 다른 어느 곳에서도 들을 수 없는 두 사도를 바울이 "사도 가운데 두드러진" 이들(롬 16:7)이라 부를 수 있다는 점이 늘 눈에 뜨였던 것 같다. 어쩌면 우리는 실제로 누가복음에 등장하는 이들 가운데 적어도 한 사람을 가리키는 말을 듣고 있는지도 모른다. 누가복음도 이미 요안나를 예수를 따른 여자 가운데 두드러진 이라 이야기했다.

그가 라틴식 이름인 유니아를 가진 것과 관련하여 고찰해 보아야 할 것은 두 가지다. 첫째, 우리는 다른 초기 그리스도인 선교사들에 관하여 들어 알고 있는데, 그 가운데 가장 유명한 이가 바울이다. 이 선교사들은 그들이 본래 갖고 있던 셈식 이름과 비슷하게 발음되는 그리스식 이름이나 라틴식 이름을 갖고 있었고, 디아스포라 지역에서 일할 때는 분명 그리스식 이름이나 라틴식 이름을 더 즐겨 사용했다. 그렇게 하는 것이 현지 문화에 더 부합하고 셈어를 사용하지 않는 이들에게 친근하게 다가갈 수 있었기 때문이다. 이런 사람들 가운데에는 팔레스타인 출신 유대인이 몇 사람 있었다. 이들은 초기 예루살렘 교회 지체들로, 나중에 선교사로서 다른 곳으로 나갔다. 실라/실루아노, 마가 요한, 요셉/유스투스(유스도)라 하는 바사바(Barsabbas)가 그런 이들이다. 실루아노는 바울처럼 로마 시민이었으며(행 16:37), 디아스포라에서 활동할 때는 바울처럼 라틴식 이름만 사용한 것 같다. 그는 아마도 날 때부터 이런 라틴식 이름(로마 시민이 갖고 있던 세 라틴식 이름 가운데 하나)을 가지지 않았나 싶다. 그러나 팔레스타인 유대인 가운데에서는 라틴식 이름이 대체로 드물었음을 고려할 때, 마가 요한과 요셉/유스투스(유스도)가 살면서 일찍부터 라틴식 이름을 가졌을 가능성은 낮아 보인다(후자는 다른 요셉을 구분할 목적으로 바사바라는 다른 이름을 더 갖고 있었다). 오히려 그들은 디아스포라를 여행하며 선교할 때에 그런 이름을 갖게 되었을 가능성이 훨씬 높다. 마가 요한은, 사도행전을 벗어나면, 그리고 팔레스타인 밖에서는 늘 그냥 마가라 불린다(골 4:10; 딤후 4:11; 몬 24절; 벧전 5:13). 디아스포라에서는 요한(여호하난이나 요하난)이라는 이름을 거의 사용하지 않았으며, 마르쿠스(Marcus)가 라틴식 이름의 프라이노미나(*praenomina*, 부모가 자식에게 붙여 준 이름으로 각 사람을 식별하게 해주는 고유한 이름이다_ 옮긴이) 가운데 가장 흔한 이름이었다. 마거릿 윌리엄스(Margaret Williams)•는 이렇게 주장한다. "마가 요한이 회심시키려 한 이방인들은 이국적이고 낯선 여호하난보다 마가라는 이름에 훨씬 쉽게 적응했을 것이다."[323] 다시 말해, 그는 디아스포라에서 선교 여행을 시작할 때는 거의 틀림없이 마르쿠스라는 이름을 택했을 것이다. 누가는 사도행전 12장 12절과 25절에서 과거를 회고하며 그를 그냥 "마가라는 다른 이름을 가진 요한"이라 부르는데, 이는 아마도 그가 사도행전 15장 37-39절에서 그의 라틴식 이름을 채택한 시점을 일러 주려고 쓴 말일 것이다.

누가가 자신의 내러티브 안에서, 마가 요한이 여전히 예루살렘에 있는데도(행 12:12, 25) 과거를 회고하면서 마가 요한을 "마가라는 다른 이름을 가진 요한"이라 부를 수 있다는 것은 "유스투스(유스도)라고도 불렸던, 바사바라 하는 요셉"(행 1:23)의 라틴식 이름이 지닌 의미를 풀 수 있는 귀중한 실마리다. 우리가 앞서 지적했듯이, 유스투스(유스도)는 요셉과 발음이 비슷하다. 요셉이 자신에게 부여된 자리(지위)에 합낭한 자격을 갖추었다면, 아마도 갈릴리 사람이었음이 틀림없다(행 1:21, 22). 윌리엄스는 그가 티베리아스라는 상황에서 유스투스라는 이름을 얻었다고 주장하지만,[324] 그의 경우는 마가의 경우와 유사할 가능성이 더 높다. 그는 나중에 디아스포라에서 활동한 선교사가 되었으며, 선교 목적에 부합하는 라틴식 이름을 택

• 마거릿 윌리엄스(Margaret H. Williams, 1947-). 영국의 역사가다. 특히 그리스-로마 시대 유대 역사와 유대인의 삶을 깊이 연구했다.

323 Williams, "Palestinian," in Bauckham, ed., *Book of Acts*, 105.

324 Williams, "Palestinian," 104.

했다. 누가가 사도행전 1장 23절에서 그를 한 번 언급한 것 외에 그에 관하여 알 수 있는 유일한 정보는 파피아스의 글에 들어 있다. 파피아스는 (파피아스의 고향 히에라폴리스[히에라볼리]에 정착한) 빌립의 딸들에게서 요셉이 한번은 죽을 수 있는 독을 마시고도 아무런 해를 입지 않았다는 말을 전해 들었다(참고. 막 16:18).[325] 파피아스가 이런 이야기를 알았다는 것은 요셉/유스투스(유스도)가 나중에 이곳저곳을 다니며 선교한 이로 알려졌음을 시사한다. 중요한 점은 파피아스가 그를 "바사바라고도 불렸던 유스투스(유스도)"라고 부른다는 것인데, 이로 보아 그는 디아스포라에서 자신의 히브리 이름과 발음이 같은 라틴식 이름을 사용했으며 이 이름으로 알려졌을 것이다.

요안나/유니아 사례는 마가 요한 사례 및 요셉/유스투스(유스도) 바사바 사례와 유사할 수 있다. 그에 상응하는 남성형 이름인 요한처럼, 요안나라는 그의 히브리식 이름도 그리스어나 라틴어를 사용하는 사람들에게 이상하게 들렸을 이름이다. 요안나가 로마에 가기 전에 디아스포라를 여행하기 시작했다면, 그런 여행을 시작했을 때, 아니면 유니아라는 이름이 여성의 이름으로 널리 사용되던 로마에서 그가 그리스도인 선교사가 되었을 때, 그의 히브리식 이름 요안나와 발음이 비슷한 라틴식 이름을 채택했을지도 모른다. 그러나 또 다른 가능성이 있다. 우리가 이미 언급했듯이, 팔레스타인 유대인이 라틴식 이름을 가진 경우를 발견할 수 있는 몇몇 집단 가운데 하나가 티베리아스에 있던 친헤롯 귀족이었음을 두 번째로 고려해야 하기 때문이다. 우리가 알듯이, 요안나는 남편 구사와 더불어 엘리트 집단에 속했다. 그렇다면 요안나는 이미 자신을 유니아라 불렀을 수도 있다. 그런 정황에서는 자신의 히브리식 이름과 발음이 비슷한 이름이자 로마 귀족의 이름으로 두드러진 이름인 유니아를 사용하는 것이 적절했을 것이다.

---

325 *Apud* Eusebius, *Hist. Eccl.* 3.39.9.

나는 이 두 가능성 사이에서 어느 쪽을 택해야 할지 결정하지 못하겠다. 그러나 두 번째 가능성은 헤롯의 청지기의 아내이자 로마풍에 물든 티베리아스의 친헤롯 엘리트 집단에 속한 요안나가 특히 로마에서 그리스도인 선교사가 되는 것이 아주 적절했으리라는 것을 우리에게 일깨워 준다. 요안나는 라틴어도 어느 정도 알았을 것이며, 이는 예루살렘의 첫 유대인 그리스도인 가운데에서는 분명 보기 드문 지식이자 교양이었을 것이다. 요안나는 스스로 생활을 꾸려 갈 수단을 갖고 있었으며 로마 문화에도 어느 정도 적응되어 있었다.

그렇다면 요안나의 남편은 어떤가? 안드로니고라는 그리스식 이름은 요안나가 유니아라는 이름을 택한 것과 같은 이유로 구사가 택한 이름이었을 수 있다.[326] 그러나 앞서 언급했듯이, 요안나는 예수가 사역할 때 이미 남편과 사별했을 수도 있다. 그렇다면 안드로니고는 요안나가 재혼한 남편일 것이다. 이 경우에도 내가 말할 수 있는 것은 어디까지나 이런 가능성뿐이다.

7. 사도 같은 증인 요안나

나는 앞 §1에서 누가가 그의 복음서에서 막달라 마리아와 요안나라는 이름을 두 번째로 언급하는 누가복음 24장 10절이 그가 처음 이들의 이름을 언급한 8장 2, 3절과 함께 **인클루지오**를 형성하며, 이를 통해 이 두 여자와 다른 이들이 제자로 활동한 시기가 예수의 갈릴리 사역 때부터 부활 때에 이르기까지 누가 자신의 내러티브 전체에 걸쳐 있음을 우리에게 되새겨 주고, 예수가 갈릴리에서 이 여자들에게 하신 말씀을 무덤에 있던 천사들

---

[326] 안드로니고라는 이름을 가진 유대인을 살펴보려면, Josephus, *Ant.* 13.75, 78, 79; *CPJ* 18; Horbury and Noy, *Jewish Inscriptions*, 322; Noy, *Jewish Inscriptions*, vol. 1, no. 85를 보라.

이 다시 일깨워 준다는 사실(눅 24:6)이 이러한 인상에 힘을 실어 준다고 제시했다. 사실 여자들은 예수가 십자가에 못 박힌 사건을 다룬 누가의 내러티브에서(23:49), 그리고 예수를 장사 지냄을 묘사하는 내러티브에서(23:55, 56) 이미 다시 나타났다. 누가가 여기서 다른 공관복음과 마찬가지로 이 여자들의 존재를 강조하는 이유는 이들이 예수의 죽음과 장사, 그리고 빈 무덤을 목격한 증인의 역할을 하기 때문이다. 마태와 마가는 이 지점들에서 여자들의 이름을 밝힌다(마 27:56, 61; 막 15:40, 47). 그러나 누가는 이 여자들이 8장 2, 3절에서 이미 소개한 이들임을 자신의 독자가 식별할 수 있으리라고 추정하며, 이 여자들이 남자 제자들에게 무덤이 비었다는 것과 천사가 말한 메시지를 알리는 지점에서만 이 여자들의 이름을 다시 밝힌다(24:9, 10). 누가는 8장 2, 3절에서 한 것처럼, 여기에서도 이 여자들의 이름을 밝히지만 다른 여자들의 이름은 언급하지 않는다. 그러나 막달라 마리아와 요안나에 더하여 또 다른 이름을 밝히는데, 8장 3절에서는 그 또 다른 이름이 수산나였지만, 여기에서는 마리아다. 이 마리아는 (누가가 "야고보의 [어머니] 마리아"라 부르는) 여자로, 마태(마 27:56, 61; 28:1)와 마가(막 15:40, 47; 16:1)가 십자가 옆과 예수 장사 장면, 그리고 빈 무덤 장면에서 모두 여섯 차례 열거하는 여자 명단에 등장하지만, 누가복음에서는 24장 10절에서만 등장한다. 내가 다음 8장에서 상세히 논증하겠지만(§8), 세 공관복음 기자는 모두 이런 본문들에서 여자들의 이름을 밝힐 때 눈에 띄게 조심하는 자세로 오로지 사건들을 목격한 증인으로 알려진 이들의 이름만을 밝힌다. 누가가 수산나를 빼고 대신 야고보의 어머니 마리아라는 이름만 언급한 것도 누가 역시 그런 관심사를 공유하고 있음을 보여 준다. 결국 요안나가 누가복음에서 빈 무덤을 목격한 증인으로 등장하는 것은 다만 요안나가 이미 누가복음 8장 3절에서 제자 무리 가운데 두드러진 사람으로 나타나기 때문이지만, 동시에 누가가 요안나도 막달라 마리아와 야고보의 어머니 마리아의 경우처럼 빈 무덤을 목격한 증인이라고 생각할 만한 이유가 있어서다. 누가는 자신이 갖고 있던 특별한 복음 전승 자료를 통해 요안나가 예수의 제자였을 뿐 아니라 무덤에 있던 여자 가운데 하나였음도 알고 있었다.

누가복음에 있는 두 명단(8:2, 3; 24:10)을 비롯하여 공관복음에서 제시하는 여자 제자 명단을 모두 살펴보면, 베드로가 두드러진 남자 제자 세 사람 (베드로, 야고보, 요한) 가운데 언제나 가장 먼저 등장하듯이, 막달라 마리아가 가장 먼저 등장한다. 막달라 마리아는 틀림없이 초기 그리스도인 공동체에서 특히 중요한 사람이었던 것 같다. 그러나 비록 누가복음 24장 10절이 막달라 마리아에게 으레 그렇듯이 우선순위를 부여하고 있지만, 이 본문은 24장 9절 하반절과 10절의 교차 대구 구조를 통해 누가가 요안나를 특별히 중요하게 여겼다는 점도 일러 준다는 주장이 있었다.

A   ἀπήγγειλαν ταῦτα πάντα τοῖς ἕνδεκα

B   καὶ πᾶσιν τοῖς λοιποῖς.

C   ἦσαν δὲ ἡ Μαγδαληνὴ Μαρία

D   καὶ Ἰωάννα

C'   καὶ Μαρία ἡ Ἰακώβου

B'   καὶ αἱ λοιπαὶ σὺν αὐταῖς.

A' ἔλεγον πρὸς τοὺς ἀποστόλους ταῦτα[327]

요안나가 중심인물로 중요한 의미를 갖고 있음을 제시하고자 누가가 이 구조를 만들어 냈다고 확신할 수는 없으나, 이 구조가 없어도 요안나가 누가에게 특히 중요한 인물이었다는 것만큼은 확신할 수 있다. 나는 이 중요성이 무엇이었을지 곧 탐구해 보겠다.

327　L. Dussaut, "Le triptyche des apparitions en Luc 24 (Analyse structurelle)," *RB* 94 (1987), 168. J. Nolland, *Luke 18:35-24:53* (WBC 35C; Dallas: Word, 1993), 1191도 이 견해를 따른다.

누가복음 24장이 제시하는 부활 내러티브에서 여자들이 하는 역할은 8장(§5)에서 상세히 논하겠다. 거기서 나는 누가가 24장에서 줄곧 남녀 불문하고 열두 제자보다 상당히 큰 예수 제자 무리를 강조한다는 점을 논증하고, 여자 제자들이 "열한 제자 및 그들과 함께한 이들"(24:33)이라는 무리에 포함된다는 것도 논증하겠다. "열한 제자 및 그들과 함께한 이들"은 부활한 그리스도가 나타난 이들이자, 예수가 자신의 부활을 알릴 증인으로 세운 이들이다(24:36-49). 누가복음에 따르면, 이는 곧 요안나, 막달라 마리아, 그리고 다른 여자 제자들이 베드로가 사도행전 1장 21, 22절에서 자세히 밝힌 조건들을 충족한 이들임을 의미한다. 즉 그들은 "주 예수가 요한에게 세례를 받으실 때부터 시작하여 우리에게서 들어 올림을 받으신 날까지 우리 가운데서 들고 나가실 때에 언제나 우리[열한 사람]와 함께" 있었다. 이것은 열두 제자 중 유다의 자리를 대신할 사람이 채워야 했던 조건이지만, 동시에 분명 예수의 증인으로 권위 있는 이가 갖춰야 할 자격을 묘사하려고 쓴 말이기도 하다(참고. 행 13:31). 하지만 베드로의 말은 이런 위치에 오를 후보는 반드시 남성이어야 함을 분명히 밝힌 것이기도 하다(1:21). 추측컨대 열두 제자는 새 이스라엘을 상징하는 머리로, 이스라엘을 세운 시조인 열두 우두머리(phylarchs)(민 1:4-16)에 상응한다. 이 때문에 이들은 남자여야 한다는 것을 당연하게 받아들였다. 그러나 이것 때문에 여자들을 비롯한 다른 증인들의 역할을 배제하지는 않는다. 신생 그리스도인 공동체 안에서는 여자들을 비롯한 다른 증인들도 예수가 사역하던 동안과 마찬가지로(눅 8:1-3) 여전히 열두 제자와 더불어 그들 나름의 자리를 갖고 있었다(참고. 행 1:14). 마태(10:2)와 마가(3:14; 6:30)처럼 누가도 "사도"라는 말을 열두 제자에게만 사용한다(눅 6:13; 9:10; 17:5; 22:14; 24:10; 행 1:2 등).[328] 누가의

---

[328] 사도행전 14장 14절은 바울과 바나바에게 사도라는 용어를 사용하는데, 여기의 사도는 아마도 안디옥 교회에서 보낸 선교사라는 의미로, 엄밀한 의미의 전문 용어가 아닌 것 같다. 누가복음 11장 49절에서도 "사도들"이 열두 제자만을 가리키는 말은 아닌 것 같다. 누가복음 11장 49절은 Q에 있는 본문이

용어를 따르자면, 요안나와 다른 여자들은 사도라 불릴 수 없다. 그러나 누가가 이들에 관하여 서술한 기사를 보면, 바울 자신은 물론이고 바나바와 예수의 형제들까지 사도에 포함시키는 바울의 용법을 따라, 열두 제자를 제외한 다른 이들도 사도라 부른다(누가는 사도행전 1장 14절에서 이 여자들을 열두 제자 및 다른 이들과 나란히 언급한다).

나는 또 8장(§8)에서 복음서가 빈 무덤과 부활한 주를 목격한 이들이라 말하는 이들이 초기 교회에서 틀림없이 했을 역할을 논해 보겠다. 그들의 증언은 독특한 역할을 했다. 그들만이 예수를 장사(葬事)하는 모습뿐 아니라 빈 무덤을 목격했고, 따라서 그들이 발견한 빈 무덤이 바로 예수의 시신이 안치되었던 곳임을 보증할 수 있었기 때문이다. 그러나 마태복음과 누가복음과 요한복음은 부활을 목격한 남성 목격자들처럼 이들에게도 "내가 주를 보았다"(요 20:18)고 증언할 자격을 부여했다. 바울이 생각하는 의미의 "사도"라는 말을 사용한다면(고전 9:1), 이 여자들은 예수에 관한 전승을 보증하는 사도 목격자였다. 아울러 그들이 무덤을 찾았다가 부활하신 예수를 만났음을 다룬 복음서 이야기들은 결국 초기 그리스도인들이 그 삶을 살아가고 선교 활동을 펼친 수십 년 동안 틀림없이 구술을 통해 전달했을 증언이 본문 형태를 갖춘 것이다. 복음서가 아주 정확하게 보존해 놓은 이 이름들은 여자들의 증언이 어떤 익명 그룹의 증인처럼 그저 일반화된 형태로 알려져 있었던 것이 아니며, 예수의 여자 제자 중 가장 두드러진 이인 막달라 마리아만이 한 증언도 아님을 보여 준다. 도리어 복음서가 이름을 밝혀 놓은 이 여자들 한 사람 한 사람은 몇몇 복음서 기자에게만 더 알려진 이도 있고 다른 이들에게만 더 알려진 이도 있었겠지만, 어쨌든 초기 공동체 안에서 두드러진 이들이었고, 목격자로서 권위를 인정받으면서 적극 전승을 전달한 이들이었다. 복음서가 특히 예수의 죽음과 상사, 그리고 빈 무덤에

며, 마태는 이 Q 본문에서 사도라는 말을 사용하지 않는다.

관한 그들의 증언을 원용하는 것은 바로 그런 점에서 이들의 증언이 예수의 역사를 이루는 이런 핵심 사건들에 비길 데 없이 중요하기 때문이다. 그러나 그들이 전해 준 전승이 이런 사건들에 관한 전승에 국한되었을 가능성은 거의 없다. 그들은 틀림없이 예수의 사역에서 나온 여러 전승의(즉 예수의 사역에 관한 이야기와 예수가 한 말씀을 전해 준) 원천이자 보증인이었다.

요안나가 누가에게 이렇게 특별히 중요한 의미가 있었다고 보는 것은 아주 타당하다. 특히 누가가 자신의 역사 서술에 목격자 자료로 활용할 수 있던 사람들의 이름을 언급하는 것으로 보이는 누가복음과 사도행전의 다른 몇 곳을 봐도 그렇게 보는 것이 타당하다(눅 24:18; 행 13:1; 21:8, 9, 16).[329] 앞서 살펴본 학자들의 논의에서는 누가가 요안나에게서 (곧바로 아니면 가장 나중에) 얻었을 법한 전승들과 관련하여 중요한 두 제안이 있었다. 하나는 헤롯 안티파스에 관한 누가의 남다른 지식(9:9b; 23:4-12; 참고. 13:1-3, 31, 32)[330]이 요안나라는 자료에서 나왔다는 것이다. 그러나 학자들은 헤롯 궁정의 한 구성원이던 마나엔(행 13:1)도 이런 역할을 한 사람으로 여긴다.[331] 우리는 요안나가 헤롯 궁정의 신하 가운데서 어떤 위치에 있었는지, 요안나가 예수의 제자가 된 뒤에도 그 궁정 신하들과 어떤 접촉을 유지했는지 모른다. 반면, 그것을 신뢰할 수 있다면, 헤롯 궁정 내부에서 흘러나온 것이 틀림없는 정보(눅 9:9b; 23:4-12)는 분명 예수의 제자 무리에게서 유래한 전승들(13:1-5,[332] 31, 32)과 긴밀하게 연결되어 있다. 이것은 요안나가 이 전

---

[329] 참고. C. J. Hemer, *The Book of Acts in the Setting of Hellenistic History* (ed. C. H. Gempf; WUNT 49; Tübingen: Mohr [Siebeck], 1989), 350-351. 파피아스에게 빌립의 딸들이 차지하는 역할에 주목하라. Eusebius, *Hist. Eccl.* 3.39.9.

[330] 누가가 세례 요한의 죽음을 다룬 마가의 이야기(막 6:17-29)를 빠뜨린 것은 그가 이 이야기의 전설 같은 성격을 알았기 때문일지도 모른다.

[331] B. H. Streeter, "On the Trial of Our Lord before Herod — a Suggestion," in W. Sanday, ed., *Studies in the Synoptic Problem* (Oxford: Clarendon, 1911), 231; A. Hastings, *Prophet*, 42-49. 이 둘 모두 마나엔을 언급한다.

[332] 이 본문은 23장 12절이 언급하는 빌라도와 헤롯의 반목을 설명해 준다. Streeter, "Trial," 229-231

승들의 기원 단계에서도 어떤 역할을 했을 수 있음을 시사한다.

토를라이프 보만(Thorleif Boman)˙은 누가의 특별한 자료(이른바 L)가 모두 요안나를 비롯한 여자 제자 무리에게서 유래했으며, 이 여자 제자들은 복음 전승 전달 과정에서 목격자이자 전승 전달자이며, 전승 보관자 역할을 했다고 주장했다.333 보만은 그보다 앞서 활동한 학자들을 따라 누가복음 1장 5절부터 누가복음 끝까지 이르는 부분의 내용을 구성하는 누가의 특별 자료가 복음 전승들을 일관되게 모아 편집한 것이라고 주장했다. 그는 그 자료를 여자 제자들과 연계한다. 그 안에서 여자들이 두드러지게 나타나기 때문이다. 누가복음에서 여자들이 특히 두드러지는 것은 누가가 이런 특별한 내용을 마가가 여자들에게 관하여 쓴 본문 대부분과 더불어 누가 자신의 복음서에 포함시켰기 때문이며, 이는 분명 사실이다. L(누가의 특별 자료)은 엘리사벳, 마리아, 안나가 두드러진 누가복음의 유아기 내러티브334와 사람들이 종종 누가가 마가복음에 있는 내용을 편집한 것에 지나지 않는다고 여기는 빈 무덤 이야기를 제외하고, 여자들이 등장하는 예수의 네 비유 가운데 둘(눅 15:8-10; 18:1-14)335과 여자들이 중심을 이루는 다른 일곱 본문(눅 7:11-17, 36-50;336 8:1-3; 10:38-42; 11:27, 28;337 13:10-17; 23:27-31;

을 보라. 스트리터는 예수가 헤롯 앞에 출두한 것을 이야기하는 누가의 기사가 역사 사실임을 보여 주는 좋은 증거가 바로 빌라도와 헤롯의 그런 관계라고 주장한다. Hoehner, *Herod*, 236-237.

• 토를라이프 보만(Thorleif Gustav Boman, 1894-1978). 노르웨이의 신학자이자 목회자다. 그리스인의 사유 방식과 히브리인의 사유 방식을 비교 연구한 것으로 유명하다.

333 T. Boman, *Die Jesus-Überlieferung im Lichte der neuen Volkskunde* (Göttingen: Vandenhoeck & Ruprecht, 1967), 123-137. A. Hastings, *Prophet*, 40은 이 여자들을 누가복음 9장 51절-18장 14절의 자료(그 내용의 출처)로 생각한다.

334 누가복음 1, 2장에서는 여성 중심의 본질이 두드러진다는 점을 살펴보려면 이 책 3장을 참고하라.

335 다른 두 곳은: 눅 13:20, 21=마 13:33 (Q); 마 25:1-12 (M)이다.

336 몇몇 학자는 이것이 누가가 마가복음 14장 3-10절을 편집한 것이라 생각하지만, 많은 학자는 설령 이 둘이 모두 결국은 하나의 공통 전승에서 유래했더라도 틀림없이 서로 구별된 자료를 반영한 것이라 생각한다.

337 일부 학자는 이 본문이 Q에서 나왔다고 여기지만, 마태복음에는 이의 평행 본문이 없다.

아울러 4:25, 26을 참고하라)을 설명해 준다. 비록 두드러짐의 정도는 누가복음보다 못하지만, 사도행전에서도 여자들이 두드러진다는 것 역시 사실이다. 따라서 이 기준만으로 판단해 보건대, 누가가 여성 인물들이 등장하는 복음 전승들을 마가복음 외의 몇몇 자료에서도 모은 것은 그가 여자들에게 관심이 있었기 때문일 수도 있다.

누가의 특별 자료에 관한 연구로 최근에 나온 것이 킴 패펀로스(Kim Paffenroth)의 연구인데, 이 연구는 일관성 있는 어떤 단일 자료가 보만이 L에서 비롯되었다고 말한 내용보다 적은 분량의 내용을 구성하고 있다고 주장한다.[338] 그러면서도 그의 연구가 보만의 작품을 전혀 언급하지 않음은 유감이다. 하지만 패펀로스는 L의 저자가 여자라는 레너드 스위들러(Leonard Swidler)의 주장을 언급한다.[339] 아울러 그는 여자들에 관한 이야기가 L을 지배하고 있지 않다는 점을 들어, L이 나온 공동체가 과부들의 공동체였을지도 모른다고 추측하길 거부한다.[340] 그는 누가가 제시하는 예수 유아기 내러티브가 이 L 자료에서 나왔음을 부인하며, 이 자료에 수난 내러티브나 부활 내러티브가 들어 있었다는 것도 부인한다. 이 때문에 보만이 재구성한 가설 속의 L 자료는 패펀로스가 재구성한 L 자료보다 넓고 크며, 분명 여자들도 패펀로스가 재구성한 L보다 보만이 재구성한 L 속에서 두드러지게 나타난다. 패펀로스는 앞서 여자들이 등장하는 본문으로 언급한 아홉 가운데 여섯 본문만을 L에서 유래한 본문으로 본다(눅 7:11-17, 36-50; 10:38-42; 13:10-17; 15:8-10; 18:1-14이 그 여섯 본문이다). 이는 마가복음이 갖고 있는 그런 본문보다도 적다(막 1:29-32; 3:31-35[?]; 5:21-43; 7:24-30; 12:41-

---

[338] K. Paffenroth, *The Story of Jesus according to L* (JSNTSup 147; Sheffield: Sheffield Academic Press, 1997).

[339] Paffenroth, *Story*, 124 주45.

[340] Paffenroth, *Story*, 157 주70. 그는 외경 사도행전의 기원에 관하여 데이비스가 제시한 이론을 참고한다. S. L. Davies, *The Revolt of the Widows: The Social World of the Apocryphal Acts* (Carbondale: Southern Illinois University Press; London: Feffer & Simons, 1980).

44; 14:3-9; 15:40, 41, 47; 16:1-8). 따라서 보만이 여자들의 전승을 뒷받침하고자 제시한 논거도 이 버전의 L 가설을 지지하는 데는 충분치 않다.

아울러 (내가 아는 한) 페미니스트 성경 학자들도 보만의 가설을 논하지 않는다는 것이 상당히 실망스럽다. 페미니스트 학자 가운데 보만의 가설을 언급한 이는 학자들이 누가복음 8장 1-3절을 어떻게 다루었는지 개관한 글에서 그 가설을 언급한 카를라 리치뿐이다.[341] 이는 엘리자베스 쉬슬러 피오렌자가 쓴 「그ᆞ를 기억하며」가 나온 뒤로 많은 페미니스트 학자가 자료 비평이나 역사에 중점을 둔 복음서 연구 방법보다 편집 비평과 문학 비평의 관점에서 복음서에 다가가는 접근법에 훨씬 많은 관심을 보였기 때문이다. 예를 들면, 누가복음과 사도행전에 나오는 여자들을 다룬 책 가운데 가장 훌륭한 자료인 투리드 칼슨 사임의 「이중 메시지」(*The Double Message*)가 그런 책이다. 쉬슬러 피오렌자 자신도 신약 성경의 여러 부분을 여성 저자가 썼다는 주장을 받아들임과 동시에 어떤 여자가 L을 썼다는 스위들러의 주장을 언급하면서, 이런 추측들이 "신약 성경을 쓴 사도들을 오로지 남자로만 보는 남성 중심의 교조주의에 도전을 던지는" 한, 이 추측들이 유익하다고 생각한다.[342] 그러나 쉬슬러 피오렌자는 동시에 이런 점을 올바로 지적한다. "고대에 여자들이 썼다는 기록이나 오늘날 여자들이 쓴 글을 살펴본다는 것은 이 작품들이 싹 다르게(다른 관점에서) 기록되었다거나 언제나 남자들이 쓴 작품과 다른 가치들을 주장하고 지지한다는 말이 아니다. 남자들은 물론 여자들도 사회에서 동일한 남성 중심 사고방식과 문화 속에 편입된다."[343]

---

341 Ricci, *Mary Magdalene*, 44.

342 Schüssler Fiorenza, *In Memory*, 60-61(「그ᆞ를 기억하며」); 아울러 idem, *Jesus and the Politics of Interpretation* (New York/London: Continuum, 2000), 50을 참고하라.

343 Schüssler Fiorenza, *In Memory*, 61(「그ᆞ를 기억하며」). 이 점은 R. S. Kraemer, "Women's Authorship of Jewish and Christian Literature in the Graeco-Roman Period," in A.-J. Levine, ed., *"Women Like This": New Perspectives on Jewish Women in the Greco-Roman World* (SBLEJIL 01;

아울러 (남자들에 관한 이야기가 여자들에게서 나올 수 있듯) 여자들에 관한 이야기가 꼭 여자들에게서 나와야 하는 것도 아니다. 페미니스트 학자로서 일부 복음 전승이 여자 전승 전달자에게서 나왔다고 볼 수 있는가라는 문제를 논한 조애너 듀이(Joanna Dewey)는 주로 양식 비평에 입각한 근거를 내세워, 여자들을 치유한 사건을 일러 주는 다른 복음서 이야기들은 구전에 가까우며 여자들이 구술을 통해 전달해 주었다고 보는 것이 설득력이 있지만, 특히 누가복음에서 제시하는 두 여자 치유 이야기(7:11-17; 13:10-17)는 그 시대 문화를 거스르는 특징들을 갖고 있지 않은 것으로 보아 구술로 이야기를 전하는 이들이 아니라 아마도 남자들이 써 놓은 기록에서 나왔을 것이라고 주장한다(누가 자신은 적어도 후자의 사례에 해당한다).[344] 두 경우를 보면, 여자는 완전히 수동적이며, 이야기는 그 시대 문화가 여자에게 제한된 역할만을 인정했음을 뒷받침한다.[345] 이는 다른 몇몇 페미니스트 학자와 마찬가지로, "누가는 자신의 내러티브에서 대체로 독자가 볼 수 있게 여자를 드러내는 패턴을 취하지만, 동시에 여자들을 제한하여 그들에게 종속된 역할만을 부여한다"[346]고 본 듀이의 견해와 일치한다. 우리는 이러한 누가복음 읽기(해석)가 누가가 여자들을 열두 제자보다 큰 제자 무리에 포함시키며 그의 내러티브가 열두 제자만큼이나 적어도 그 큰 제자 무리에게도 많은 관심을 보인다는 점을 무시할 때에만 가능하다는 것을 이미 보았다. 그런 읽기(해석)는 일례로 여자들을 포함한 일흔두 제자를 선교사로 보낸 이야기(10:1-20)에 관한 읽기(해석)와 들어맞지 않는다. 더욱이,

---

Atlanta: Scholars Press, 1991), 232-233도 강조한다.

[344] J. Dewey, "Jesus' Healings of Women: Conformity and Non-conformity to Dominant Cultural Values as Clues for Historical Reconstruction," *BTB* 24 (1994), 122-131.

[345] Dewey, "Jesus' Healings," 125.

[346] Dewey, "Jesus' Healings," 124. Seim, *Double Message*의 충실한 논의는 더 섬세한 결론에 도달하면서, 여자들이 복음서에서 적극 역할을 수행했지만, 그들이 남자보다 아래에 자리하고 있는 사도행전에서도 적극 역할을 수행했음을 인정한다.

듀이의 주장은 우리가 방금 전에 인용한 쉬슬러 피오렌자의 관찰 결과와 충돌하는 것 같다. 여자들에게 수동적 역할을 부여하고 그 시대 문화에 상응하는 역할만 부여한 이야기들이 여자들을 통해 전달될 수 없었을 이유는 분명하지 않다.

하지만 듀이의 연구는, 일반적 근거에 따르면 여자들이 나중에 복음서 안에 본문 형태로 정착한 복음 전승의 원천이자 전승 전달자 역할을 한 것이 사실상 확실하지만, 그런 전승들을 식별해 내는 것은 대단히 문제가 있음을 보여 준다. 더군다나 여자들의 전승에 관한 물음, 혹은 더 콕 집어 말하자면, 누가복음에서 요안나가 전해 준 전승이 무엇인가라는 물음은 오로지 누가의 특별 자료 전반을 더 폭넓게 논의하는 맥락에서만 적절히 다룰 수 있기 때문에, 이곳에서는 어떤 이론을 향한 몇 가지 제안만 제시하고 넘어가기로 한다.

우선 누가가 제시하는 부활 내러티브에 관한 두 관찰 의견부터 말해 보겠다. 첫째, 근래의 많은 학자가 제시한 의견과 반대로, 요안나를 두 번째로 언급하는 대목인 누가복음 24장 1-11절이 누가가 그저 마가복음 16장 1-8절을 편집해 놓은 것에 지나지 않은 본문이 아님을 확실히 해두는 것이 중요하다.[347] 두 '남자'(24:4; 마가복음의 한 '젊은 남자'와 대비해 보라)라는 세부 사실은 누가복음 24장과 요한복음 20장이 갖고 있는 일련의 여러 유사점 가운데 하나다.[348] 오늘날 많은 학자는 요한이 누가에게 의존하지 않았으며 누가도 요한에게 의존하지 않았다고 말하지 않으며, 반대로 요한은 누가에게 의존했고 누가도 요한에게 의존했다고 말하지도 않지만, 만일 요한이 누가에게 의존하지 않았거나 누가가 요한에게 의존하지 않았다면, 누가와 요한이 각각 제시하는 부활 내러티브 뒤에는 틀림없이 둘이 공통

---

[347] 이 쟁점에 관하여 양쪽 학자들이 제시한 주장을 살펴보려면, Fitzmyer, *Gospel according to Luke X-XXIV* (AB 28A; New York: Doubleday, 1985), 1541을 보라.

[348] 예를 들어 Nolland, *Luke 18:35-24:53*, 1184-1185을 보라.

으로 의지한 전승이 자리하고 있을 것이다. 그럴 경우, 누가복음의 빈 무덤 이야기에 등장하는 두 천사는 마가복음의 빈 무덤 이야기와는 다른 전승 버전에서 유래한 셈이다. 그러나 더 나아가 어쨌든, 누가복음 24장 1-11절과 마가복음 16장 1-8절은 서로 일치하는 말이 아주 적다. 서로 일치하는 말이 얼마나 적은지, 둘 사이의 문학적 연관성을 도저히 증명할 수 없을 정도이며, 누가가 마가복음의 이야기를 편집한 버전에서 보이는 특징보다도 훨씬 적다. 누가가 이 경우에 마가의 내러티브를 보통 때보다 훨씬 자유롭게 다루어야만 했던 특별한 이유, 납득할 만한 이유가 있는 것 같지 않다.[349] 따라서 누가가 자신이 제시하는 여자들과 빈 무덤 이야기의 자료로 마가복음이 아닌 다른 자료를 인용하고 있다면, 그가 분명 이 자료를 마가복음보다 **선호한다**는 점은 주목할 만하다. 공관복음 기자들이 이 전승에 대한 여자 목격자의 증언에 분명히 부여한 중요성을 떠올릴 때(공관복음 기자들이 목격자들의 이름을 꼼꼼히 기록해 놓은 점이 그들이 이 증언에 부여한 중요성을 증명해 준다), 누가가 마가복음이 아닌 다른 자료를 인용했다면, 그가 생각하기에 적어도 이 다른 자료가 마가복음만큼이나 목격자인 여자들의 증언에 바탕을 둔 훌륭한 주장을 담고 있다고 판단하지 않은 이상, 마가복음이 아닌 다른 자료를 딱히 선호했어야 하는 이유를 알기 어렵다. 따라서 마가는 요안나라는 이름을 밝히지 않지만, 누가는 그 이름을 밝힘으로 자신이 복음서 기록에 사용한 빈 무덤 전승의 출처가 누구인지 일러 주고 있다는 것이 분명해진다.

아울러 주목할 만한 것은 예수가 엠마오로 내려가는 여행자들에게 나

---

[349] 사람들은 종종 누가가 24장 6절에서 갈릴리를 언급한 것은 마가가 16장 7절에서 그리하기 때문이지만, 누가는 제자들이 거기서 부활하신 그리스도를 만나는 장면을 갖고 있지 않기에 갈릴리의 의미를 바꿀 수밖에 없었다고 생각한다. 그러나 이것은 아주 이상한 설명이다. 갈릴리는 두 내러티브에서 아주 다른 기능을 한다. 누가가 언급한 갈릴리는 여자들과 독자를 예수 사역의 최초 장면으로 다시 데려가기 때문이다. 누가가 그것을 마가복음의 한 문장에서 가져왔고 그곳이 아닌 다른 곳에서 넘겨받았을 리 없으며 다른 곳에서 가져오지 않았다고 생각할 필요는 전혀 없다.

타난 사건을 다룬 것으로, 누가가 기록해 놓은³⁵⁰ 기사(24:13-32)가 글로바(Cleopas)라는 한 제자의 이름을 담고 있는 점이다(24:18). 이 이름은 공관복음 전승이 달리 알려 주지 않는 이름이다.³⁵¹ 서사학(narratology)의 관점에서 볼 때 누가가 여행자 가운데 어느 한 사람의 이름만 밝힐 이유가 전혀 없기 때문에, 그가 오로지 한 사람의 이름만 언급한 점은 흥미롭다.³⁵² 여기서 누가는 마치 요안나라는 이름을 앞선 전승의 출처로 밝힌 것처럼, 이 전승의 출처로 이 이름을 밝혔을 가능성이 높아 보인다. 그렇다면 이 두 사람이 열두 제자 무리에 속하지 않은 제자라는 점이 눈길을 끈다. 나는 앞서 마가와 마태가 열두 제자를 강조한 것과 달리, 누가는 독특하게도 훨씬 많은 편력 제자 무리를 묘사하면서, 특히 여자는 물론이고 다른 남자 제자들도 그 무리에 포함시킨다는 점을 언급했다(눅 6:17; 8:1-3; 10:1-20; 19:37; 23:49; 24:9, 33; 행 1:15, 21-23). 누가복음이 열두 제자를(또는 이와 같은 말인 "사도들"을) 언급한 경우는 모두 마가복음에서 유래한 내용이며,³⁵³ 8장 1-3절(열두 제자와 여자들), 11장 49절(Q)("선지자들과 사도들", 여기서 "사도"는 더 넓은 의미일 가능성이 높다), 24장 10절, 그리고 부활 뒤에 "열한 제자와 나머지 모든 이"(24:9)와 "열한 제자 및 그들과 함께 있던 이들"(24:33)을 언급한 두 사

---

350   마가복음의 더 긴 끝부분에 들어 있는 이 전승의 간략한 요약(16:12, 13)은 틀림없이 누가복음에 의존했을 것이다.

351   그는 요한복음 19장 25절에 나오는 글로바(Clopas)와 동일인임이 거의 확실하다. 이 책 6장을 보라. 그러나 글로바(Cleopas)는 셈식 이름인 글로바(Clopas)와 발음이 같은 그리스식 이름이다. 그를 언급하는 이 두 본문 가운데 하나가 다른 하나에 의존했을 가능성은 거의 없다. 이 책 6장에서 제시하듯이, 이 둘은 역사를 언급한 부분으로 서로 보완한다.

352   Fitzmyer, *Luke*, 2:1564는 따라서 "가장 좋은 설명은 [글로바라는 이름이] 이미 누가 이전에 존재한 전승의 일부였다"는 것이라고 생각한다. 그러나 이것은 같은 질문을 한 단계 뒤로 물려 제시한 것에 지나지 않는다. "그렇다면 그 이름은 왜 누가 이전에 존재한 전승에 들어 있었을까?"

353   눅 6:13; 9:1, 10, 12; 17:5; 18:31; 22:3, 14, 47. 누가는 9장 12절과 17장 5절에서 마가가 사용한 "제자들"(열두 제자를 의미한다)을 "열두 제자"나 "사도들"로 바꾸어서 자신이 사용한 마가복음 자료의 표현을 분명하게 만든다. 마가가 분명 열두 제자보다 큰 무리를 이야기할 때가 있는데(4:10: "예수와 함께한 사람들이 열두 제자와 더불어"), 여기서 누가는 대신 "그의 제자들"이라고 표현해서(눅 8:9), 그에게 이 말이 열두 제자보다 넓은 범위를 가리킨다는 것을 확인해 준다.

례만이 예외다. 마가가 자주 언급하는 제자들을 마가복음 독자가 열두 제자라고 추정하는 것은 합리적이지만, 누가복음을 읽을 때도 그렇게 추정할 이유는 전혀 없다. 누가가 특별하게 제시하는 전승들은 열두 제자가 아닌 예수의 제자들에게서 유래했다고 보는 것이 타당한 것 같다.[354] 누가가 그런 제자들을 직접 접촉했는지 여부를 고찰하는 일은 누가가 저자인가 하는 문제를 더 고찰해야 하는 것이기에 여기에서는 그 문제까지 들어갈 수 없다. 그러나 선입견을 갖고 누가가 그런 제자들을 직접 접촉했을 가능성을 배제해서는 안 된다. 연대와 관련된 여러 요소를 고려할 때(즉 글로바[Cleopas]라는 제자가 살았을 연대와 누가가 그의 복음서를 기록했을 연대 사이에 존재하는 시간 간극 등을 고려할 때_ 옮긴이), 누가가 요셉과 형제 사이인 글로바를 알았을 가능성은 거의 없지만, 그의 아들, 곧 야고보 뒤를 이어 예루살렘 교회 지도자가 된 이는 얼마든지 알았을 수도 있다.[355] 누가가 요안나를 몰랐을 만한 이유도 딱히 없다. 그러나 누가만이 가졌던 특별한 전승은 어떤 형태로든, 그러니까 구술이나 글로, 직접 혹은 간접으로 그에게 이르렀고, 그 전승 가운데 일부는 요안나와 글로바라는 이름과 결합되어 있었을 가능성이 높아 보이며, 일부 전승은 수산나와 연결되어 있었을지도 모른다. (막달라 마리아와 야고보의 어머니 마리아는 여러 복음서에서 아주 두드러진 인물로 등장하기 때문에, 이들이 누가만이 가진 전승의 출처일 가능성은 더 낮다.)

---

[354] 이는 J. V. Bartlett, "The Sources of St. Luke's Gospel," in Sanday, ed., *Oxford Studies*, 344-345에서 주장했다. 그는 누가가 자신의 특별한 전승을 복음 전도자인 빌립(행 21:8)에게 받았으며, 빌립은 이 전승을 사도 요한과 칠십 제자들(바틀렛은 이 칠십 인에 여자는 포함되지 않는다고 생각하는 것 같다)에게서 모았다고 생각했다.

[355] 이 책 6장을 보라.

8. 역사 속 요안나 — 스케치

역사를 상상해 보지 않으면 역사를 재구성하기는 불가능하다. 이어지는 내용은 그동안 발견된 역사 증거들을 끌어 모아 요안나의 삶을 스케치해 본 것이다. 나는 역사가 일러 주는 정보를 토대로 상상력을 활용하여 증거에서 가능한 결론을 끌어냈지만, 증거를 훨씬 뛰어넘는 억지 추측은 피했다. 분명 내 스케치에도 채워 넣어야 할 틈새가 있으며, 내가 제시한 재구성과 다른 재구성도 가능하다.[356] (이렇게 미리 말해 두는 것은 이 스케치에서 "틀림없이/분명"과 "어쩌면/아마도" 같은 말을 지루하게 되풀이하는 일을 피하려 하기 때문이다. 독자들은 내가 말한 내용이 얼마나 개연성이 있는지 스스로 판단해도 된다.) 그러나 우리는 증거라는 것이 지닌 여러 한계를 잘 안다. 그런 한계를 인식하는 한, 이런 종류의 역사 재구성은 역사를 이해하는 데 귀중한 도움을 준다. 우리는 많든 적든 어느 정도 개연성이 있다고 확증된 사실들과 그런 사실들이 시사하는 여러 가능성을 이해하여서 다른 시공간 안으로 들어간다. 실현되지 않은 가능성도 역사의 일부다. 역사를 현재에도 의미 있는 것으로 만들어 주는 것은, 그것이 실현되었든 실현되지 않았든, 역사 속에 존재했던 여러 가능성이다.

요안나는 명망 있고 부유한 갈릴리의 한 유대인 집안에서 태어나 갈릴리의 여러 언덕에 점점이 자리하고 있던 자그마한 성 가운데 한 곳에서 성장했다. 당시 많은 유대인 소녀가 그랬듯, 요안나의 부모도 요안나가 어릴 때 그 혼처를 정해 두었으며, 요안나는 사춘기에 이르렀을 때 혼인했다. 이

---

[356] 내가 재구성한 결과는 Sawicki, *Crossing Galilee*, 7장에서 요안나와 막달라 마리아에 관하여 전개한 역사 가설과 상당히 다르다. 나는 그의 생각이 지나친 추측이며 요안나에 관한 증거에서 끌어낼 수 있는, 가장 설득력 있는 결론에 충분히 제약받고 있지 않다고 본다. 사위키에 따르면, 막달라 마리아는 사업가로서 막달라에서 생선 염장 사업을 하고 있었고, 요안나는 헤롯의 궁정을 방문하는 관광객이 즐길 오락을 준비했으며, 둘은 동업자였다. 이들이 예수를 처음 알게 되었을 때, 예수는 티베리아스의 관광 리조트에 있던 치료용 온천에 고용되어 믿음으로 병을 고치는 일을 하고 있었다.

혼인은 갈릴리를 통치하던 헤롯 안티파스와 요안나 집안의 유대를 다져 정치적 이익을 얻으려는 것이었다. 요안나의 남편은 나바테아의 귀인이던 구사였다. 구사는 근래에 헤롯의 아내가 된 나바테아의 어린 공주를 수행하여 헤롯 궁정에 온 이였다. 헤롯은 곧 그가 다스리는 영역의 재정을 총괄할 재무 장관으로 구사를 등용했다. 구사는 요안나와 혼인하고자 유대인의 종교를 받아들였지만, 그가 아예 헤롯 정부에서 이력을 쌓으려 했다면, 그렇게 개종하는 것이 어쨌든 그에게는 이익이 되었을 것이다.

요안나는 구사의 아내로서 티베리아스라는 신도시의 멋진 집에서 살았고, 갈릴리의 다른 곳에는 땅이 있었다. 요안나는 로마 문화를 따라가려 하는 티베리아스 귀족 사회와 헤롯 궁정 관리들의 일부가 되었다. 이들은 헤롯이 로마에 있을 때부터 헤롯과 그의 절친한 동료들이 익힌 로마 귀족 사회의 삶과 예절을 흉내 냈다. 부는 넘쳤고, 궁정에서는 온갖 책략과 아첨을 피할 수 없었다. 요안나는 이처럼 귀족 문화와 로마 문화에 물든 환경에서 살아가다 보니, 그 생각과 활동이 많은 유대인 여자보다 매임이 없고 자유로웠을 개연성이 크다. 요안나가 자신의 명의로 재산을 갖고 있었다는 점을 고려하면, 그럴 개연성이 더욱 크다. 그 재산은 요안나가 혼인할 때 그의 아버지가 그에게 증여한 것이었으며, 남편에게 매이지 않고 요안나 자신의 뜻대로 사용할 수 있는 것이었다.

이렇게 유대인과 이방인이 뒤섞여 있고 로마 사람처럼 되고 싶어 하는 열망이 가득한 무리에 속해 있던 이들은 유대인의 종교 관습을 아주 진지하게 받아들이지 않았으며, 정치에 필요할 때만 유대인의 정체성을 가진 것처럼 행세했다. 요안나의 양육 과정은 이와 달랐다. 요안나는 아마도 궁정에서 독실한 유대인 여자들로 이루어진 무리에 속해 있었을 것이다. 이 여자들은 그들의 종교를 더 엄격히 실천했고, 당시 팔레스타인 유대교 안에서 일어나고 있던 종교 갱신 운동에 관심을 갖고 있었으며, 세례 요한의 사례를 통해 이런 운동이 헤롯의 눈에는 위험한 정치 행동으로 보이리라는 것도 예리하게 인식하고 있었다. 아울러 요안나는 갈릴리의 보통 사람들이 티베리아스와 이 티베리아스가 정치와 경제, 종교 면에서 대변하는 (당시 유대인의 삶에서 정치와 경제는 종교와 분리할 수 없었다) 모든 것을 증오와 적개심을 품고 바라본다는 것도 틀림없이 잘 알았을 것이다.

나사렛 예수는 처음에 티베리아스의 궁정 신하들과 관리들 사이에서 치유자이자 축귀자로 알려졌다. 그들은 그가 티베리아스 북쪽 인접 지역에서 펼친 활동을 무시할 수 없었다. 그는 대중에게 돌풍을 일으켰으며, 군중은 그들과 그들의 가족을 고칠 수 있으리라는 기대를 품고 그 지역으로 쏟아져 들어갔다. 경이로운 치유 이야기가 사람들 사이에 떠돌아다녔다. 예수와 그의 제자들은 티베리아스를 멀리하고 헤롯 자신의 호기심과 의심마저 꺾어 버렸지만, 헤롯 궁정 사람들은 예수에게 왔다. 가장 주목할 만한 이야기는 헤롯과 가장 가까운 친구이자 조언자 무리 가운데 하나인 마나엔의 어머니가 죽었을 때 예수가 그를 되살려 준 사건이다. 요안나도 예수에게 나아간 사람 가운데 하나였는데, 호기심 때문이 아니라 병을 절박하게 치유해야 했기 때문이었다. 그 병이 무엇이었든, 요안나는 이 치유를 통해 예수를 만났고, 이 체험은 요안나가 살아가는 삶의 방향 전체를 바꿔 놓았다.

요안나는 예수가 단순히 영의 능력으로 병자를 치유하는 인물이 아니라는 것을 알았으며, 그의 치유가 다가오는 하나님 나라의 비전에 필수불가결하다는 것도 알았다. 요안나도 직접 치유를 받으면서 이런 비전에 점점 깊이 참여하게 되었는데, 이 비전에는 회개하라는 단호한 요구, 그에 상응하여 변화를 가져온 하나님의 용서를 삶에서 행동으로 재연하는 것, 그리고 소외되고 배척당한 온갖 부류 사람들을 예수가 다시 만들어 내기 시작한 유대의 하나님 백성 속에 포함시키는 것이 들어 있었다. 다가오는 나라를 실천으로 보여 준 예수의 행동은 사람들을 모아 제자 공동체를 만들어 냈는데, 이 공동체에서는 사람들이 모든 지위와 부를 포기하는 가운데 하나님 나라의 삶이 그 형태를 갖춰 갔다. 이것은 요안나에게 특별한 도전이었다. 요안나 자신도 다른 사람들처럼 자신의 집과 사회에서 갖고 있는 위치를 떠나지 않고도 예수 운동에 동조하는 사람으로 남아 있을 수 있었기 때문이다. 그러나 요안나는 제자가 되는 단계를 밟았다. 요안나가 이런 단계를 밟는 것은 티베리아스의 엘리트와, 걸인, 창녀, 그리고 예수가 늘 함께한 이들로 그 사회에서 쫓겨난 이들을 비롯한 보통 사람을 갈라놓은 사회 내부의 간극을 뛰어넘는 일이었다. 그러나 요안나 자신도 어떤 의미에서는 그 사회에서 쫓겨난 자였다. 그는 유대 백성을 억압하는 이들 가운데 하나로, 유대 민족과 유대 종교의 대의를 배반하고 로마와 로마에 빌붙은 헤롯 일파와 한 덩어리였기 때문이다. 그런 그가 예수와 함께하기로 한 것은 가난한 이에게 나아가는 철저한 회개였다. 그러나 요안나가 자신과 같은 부류 사람들 가운데서 쌓아 올린 평판을 다 잃어버릴 위험을 감내하고 예전 삶으로 돌아갈 다리를 불살라 버림으로써 예수와 예수가 이끄는 운동에 동참해야겠다고 확신하게 된 것은 분명 예수 공동체의 제자들이 심지어 세리를 비롯하여 그들과 함께한 이들을 전혀 구별하지 않고 모두 받아들였기 때문임이 틀림없다. 이런 사람들(제자들) 속에서 요안나의 지위는 그에게 아무런 영예도 가져다주지 않았다. 심지어 요안나가 공동 기금에 상당한 기부를 했어도 그 때문에 그가 다른 이보다 높은 자리를 얻지도 않았다. 그러나 그 대신 요안나는 예수가 자신의 새 가족이라 부른 이들, 곧 하나님의 뜻을 실천하는 이들, 예수의 자매요 형제이며 어머니이기에 결국 그들끼리도 서로 자매요 형제이며 어머니인 이들 안에서 한 자리를 얻었다.

요안나는 독실한 유대인이기에 가난한 이에게 늘 자선을 베풀었지만, 예수의 제자들에 합류하려면 더 철저한 조치를 취해야 했다. 그는 자신의 재산 중 일부를 팔아 필요한 이들에게 주었다. 그는 나머지 재산의 소유권을 그대로 가지고 있었지만, 그 재산에서 나오는 모든 수입을 예수와 그 제자들이 삶에 필요한 것들을 마련하려고 거둔 공동 기금에 내놓았다. 많은 남자 제자는 자신에게 의존하던 친족들을 가정에 남겨 두고 떠나왔기 때문에 내어 줄 것이 전혀 없었다. 이 때문에 여자들이 제자 무리에 막대한 경제 후원을 제공했다. 가난한 여자들은 아무리 적어도 그들이 할 수 있는 것을 제공했고, 요안나와 다른 부유한 여자들은 훨씬 많은 것을 제공했다.

2년 정도 세월이 흘러갔다. 요안나는 여전히 예수와 그의 많은 제자와 함께했다. 때로는 100명에 이르는 많은 이가 예수와 함께 여행했으며, 때로는 그보다 훨씬 적은 이가 함께할 때도 있었지만, 요안나는 다른 여자들과 열두 제자와 더불어 늘 예수와 함께한, 예수와 아주 가까운 무리에 속해 있었다. 이들은 예수를 따라 유대 팔레스타인 방방곡곡을 거의 다 다녔다. 요안나 같은 제자들에게는 이것이 남다른 배움의 경험이자, 예수가 행하는 기적을 목격하는 기회였다. 예수는 이런 기적을 통해 다가오는 하나님 나라가 절박하고 곤고한 이들에게 베푸시는 하나님의 은혜임을 보여 주었다. 예수를 만나 그의 가르침을 받아들이고 예수가 그의 가르침을 쉬이 기억할 수 있는 형태로 요약하여 제시한 비유와 경구를 진지하게 기억한 이들은 그 삶이 완전히 바뀌었다.

예수는 때로 제자들을 둘씩 짝 지워 나중에 그가 직접 찾아갈 성읍과 동네를 방문하게 했다. 이것은 예수의 선교에 적극 참여하는 활동이었다. 제자들은 예수처럼 하나님 나라를 설교하고, 예수처럼 병자를 고치며 귀신을 몰아냈다. 이들은 여비나 여행에 필요한 것을 갖추지 않고 여행하다 보니, 자신들을 받아 주는 이들에게 철저히 의존해야 했다. 제자들은 자신들이 머무르는 동네에서 지극히 가난한 이들과 함께한다는 것을 분명히 보여 주었다. 요안나는 이를 통해 평범한 사람들의 삶에서 아주 깊은 인상을 받았으며, 그들에게 좋은 소식을 알리고 그들을 질병과 귀신에서 구해 내어 좋은 소식이 현실로 나타났음을 보여 주었다. 요안나와 여자들은 공공장소에서 설교하여 사람들을 당혹스럽게 하지는 않았지만, 우물가나 시장 가게에 모여 있는 여자들에게 말을 건네고 그들의 집으로 찾아가 예수의 비유와 예수가 한 말을 전했다. 요안나는 사람들이 환자를 데려오게 했을 것이며, 마찬가지로 자신을 포함한 다른 제자들 역시 동네 여자들을 찾아가 병을 고치기도 했다. 그러나 예수의 제자들과 얽히고 싶어 하지 않은 동네에서는 문전 박대를 당하는 씁쓸한 경험을 하기도 했다.

예수가 마지막 방문이 될 예루살렘에 도착했을 때, 그리고 그가 갈릴리에서 그를 따르던 이들의 환호를 받으며 나귀를 타고 예루살렘에 들어감으로써 자신이 메시아로 받은 소명을 모든 사람 앞에서 처음으로 행동으로 드러냈을 때, 위험은 누가 봐도 알 수 있을 만큼 눈앞에 와 있었다. 요안나는 유대와 로마의 정치 세계를 잘 알았기에 그런 위험을 다른 많은 사람보다 잘 간파하고 있었다. 며칠 뒤, 요안나는 예수가 십자가형을 선고받았다는 소식을 몇몇 사람과 함께 가장 처음 듣게 되었다. 요안나는 여전히 고위층과 선이 닿아 있었기 때문에, 예수가 체포된 뒤 그에게 장차 일어날 일을 알아낼 수 있었다. 요안나는 다른 몇몇 여자와 함께 십자가형 장소로 가서 예수의 고통스러운 죽음을 보았다. 그 시간에 예수와 함께 있는 데는 상당한 용기가 필요했다. 실제로 많은 남자 제자는 은신처에 숨어 있었다. 그러나 요안나와 다른 몇몇 여자는 예수의 시신이 함부로 다뤄지지 않도록 애썼다. 그들은 안식일이 지나길 기다렸다가, 향료와 연고를 가지고 무덤에 갔다. 뒤이어 일어난 발견과 계시는 요안나가 남은 생애 동안 천 번이라도 들려주었을 이야기가 되었다.

요안나의 남편 구사는 예수에게 호의를 갖고 있었으며 아내가 치유된 것에 깊은 인상을 받을 수밖에 없었지만, 자신의 아내가 치유받은 뒤에 한 행동은 인정하지 않았다. 헤롯 정부에서 고위직에 있던 그가 예수와 함께하는 것은 문제가 있었기 때문이다. 그러나 그가 유월절을 보내려고 예루살렘에 있는 동안, 예수가 십자가에 못 박혔다. 그는 일어난 일을 보며 심히 동요했고, 그를 이끄는 아내를 따라 흔쾌히 제자 무리에 합류했다. 그와 요안나는 모두 부활한 예수가 제자들에게 나타나 그의 증인이 되라는 사명을 수여할 때 그 자리에 모여 있던 많은 제자 가운데 있었다.

이렇게 예수가 수여한 사명이 이후 요안나와 구사의 삶을 결정했다. 예수의 아저씨인 글로바(Clopas/Cleopas)와 그 아내 마리아처럼, 요안나와 구사도 십자가에 못 박혀 죽었다가 부활한 메시아 예수의 복음이 유대 팔레스타인 전역에 퍼져 가던 초기에 여기저기를 다니며 선교한 부부 선교사 가운데 하나가 되었다. 그러나 머지않아 이 부부는 더 먼 곳으로 부름을 받았다. 유대인의 명절을 보내려고 예루살렘을 방문한 순례자들은 예루살렘 교회 지도자들이 성전 앞뜰에서 설교한 기독교의 메시지를 들었다. 이때 그 메시지가 처음으로 로마의 유대인 공동체에도 이르렀다. 그러나 그곳에 필요한 이들은 예루살렘의 사도들이 아니었다. 누가 봐도 요안나와 구사가 그곳에 가야 할 이들이었다. 이 부부는 헤롯 궁정을 통해 로마와 접촉했었고 그곳에 있는 유대인 공동체와도 안면이 있었다. 이 부부는 로마의 풍습에 어느 정도 익숙했으며 라틴어도 조금 구사할 수 있었다. 심지어 요안나는 그의 히브리 이름과 발음이 같은 라틴식 이름도 갖고 있었다. 바로 유니아다. 요안나는 티베리아스에서 이 이름을 택했다. 그곳에서는 로마 귀족의 분위기를 적절히 풍기는 이름을 쓰는 것이 자신과 로마 문화가 하나이며 헤롯에게 충성한다는 것을 보여 주는 상징이었다. 이제 요안나가 로마로 가면서, 유니아라는 그의 이름은 새로운 쓰임새를 얻었다. 구사는 안드로니고라는 그리스식 이름을 택했는데, 당시 유대인에게 인기 있던 이 이름이 로마의 유대인에게는 그의 나바테아식 이름보다 훨씬 친숙했다.

바울이 소아시아와 그리스에서 교회를 세우는 동안, 유니아와 안드로니고도 사도로서 로마에서 10년 넘게 수고했다. 이 때문에, 바울은 50년대 중엽 로마에 있는 그리스도인들에게 서신을 써 보내면서 유니아와 그의 남편을 "사도 가운데 탁월한" 이들이라 부를 수 있었다. 로마에 있는 그리스도인은 정치면에서 반역을 도모하는 이들이 아니냐는 의심을 종종 받았으며, 때로는 그 지도자들이 체포당하기도 했다. 바울이 서신을 쓸 때, 유니아와 안드로니고는 옥에 있었다. 우리는 이 부부에 관하여 더 이상 모른다. 그러나 아마도 몇 년 뒤, 복음서 기자 누가는 유니아와 많은 시간을 보내면서 유니아가 알고 있던 유니아 버전 복음 전승들을, 유니아가 그때까지 오랜 시간 동안 다른 이들에게 들려주었던 그 전승들을 전해 들었을 것이다.

9. 요안나와 동행하는 독자들

우리는 이제 역사를 재구성한 결과에서 누가복음 본문으로 돌아가, 요안나가 처음 등장하는 요약 본문인 8장 1-3절의 문학적 기능을 다루어 본다. 이 본문은 앞을 내다보는 요약으로, 예수의 활동이 대체로 어떤 성격을 띠었는지 제시하는데(1절 상반절), 이 본문 안에는 뒤이어 이어지는 장들에 등장하는 이야기들과 가르침이 놓일 수 있다. 독자들은 이런 일이 많은 도시와 동네에서 이루어진 광범위한 설교 사역이라는 맥락에서 일어났음을 이해해야 한다. 아울러 이 요약은 예수와 더불어 두 무리를 더 큰 제자 집단에 포함한다. 열두 제자와 여자들이 그 두 무리다. 독자들은 예수가 행하고 말하는 모든 것을 목격하고 증언한 이 예수의 측근 무리와 함께 누가가 제시하는 나머지 내러티브를 따라간다. 누가는 8장 2, 3절에서 여자들을 소개하지 않는다. 이 때문에 독자들은 23장 50절에 이르기까지 여자들을 잊어버릴 수도 있지만, 그래도 십자가까지 줄곧 예수와 함께하는 이 여자들과 함께 여행할 수 있다. 독자들이 여자들과 떨어질 수밖에 없는 경우들이 있다. 예수가 열두 제자 중 베드로, 야고보, 요한을 제외한 나머지는 남겨둔 채 이 세 제자만 데리고 산에 올라간 때(9:28), 예수가 열두 제자만 따로 불러내 그들에게만 이야기할 때(18:31)가 그런 때다. 그러나 그런 경우들은 분명하게 나타나며 드물다. 독자들은 대체로 열두 제자와 여자들을 비롯하여 예수와 가까운 이들로 구성된 커다란 제자 무리 가운데서 예수의 활동을 보고 예수의 가르침을 듣는다.

8장 1-3절이 열두 제자와 여자들을 모두 예수와 함께하는 이들로 이야기한다는 것은 독자들이 이어질 내러티브를 바라볼 때 어떤 시각으로 바라봐야 하는지를 일러 준다. 다양한 이야기 자체가 다양한 시각을 제공한다. 때로 이런 이야기들은 독자에게 예수와 만나거나 예수가 치유해 준 사람의 시각을 가지라고 권유한다. 혈루증을 앓던 여자 이야기(8:43-48)가 좋은 사례다. 누가는 사람들이 보지 못한 여자의 행위와 사람들이 듣지 못한 여자의 생각을 이야기한다. 이 때문에 독자들은 그 여자의 처지가 되어 그 여자를 생각해 볼 수 있다. 그러나 독자들이 등장인물 가운데 어느 한 사람이나 어느 그룹의 시각을 따라야 할지 분명치 않은 경우가 많다. 이럴 경우에는 예수와 함께 이 장면에서 저 장면으로 옮겨 다니며 모든 것을 관찰하는 제자들이 독자가 보고 들어야 할 분명한 시각을 제공한다. 따라서 누가가 8장 1-3절에서 제자 가운데에서도 예수와 가장 가까운 제자라 할 이들을 남자들과 여자들이라 정의한 것은 그가 전체 내러티브에서 구사하는 문학적 전략에 상당히 중요하다. 이 구절들은 독자가 여자들의 눈이나 남자들의 눈으로 글을 읽어 가야 함을 일러 준다. 독자는 남자의 시각을 택할 수도 있고 여자의 시각을 택할 수도 있다(다른 문학 작품에서도 그렇겠지만 복음서도 남자 독자는 오로지 남성 등장인물의 시각만 택해야 하고 여자 독자는 여성 등장인물의 시각만 택해야 한다고 기대하지 않는다). 독자라면 때로는 이 시각에서 읽어 보고 때로는 저 시각에서 읽어 봐야 한다. 그래야 더 많은 것을 볼 수 있다. 이것이 바로 누가가 본문에서 구사하는 전략임을 확인해 주는 증거가 23장 49절에서 나타난다. 이곳은 여자 제자들을 재차 분명하게 언급함과 동시에 이 여자 제자들이 8장 2, 3절에서 등장하는 이들과 분명 동일인("갈릴리에서부터 그를 따른 이들")임을 일러 주는 첫 번째 지점이다.

여기서 독자는, 설령 잊어버렸다 할지라도, 십자가에 관한 그들의 견해가 곧 남자 제자들과 여자 제자들의 견해임을 발견한다(그러나 누가는 여기서 열두 제자가 여전히 남자 제자들에 속하는지를 분명하게 밝히지 않는다).

우리가 요안나를 비롯한 다른 여자들과 함께하며 8장 1-3절부터 읽어 간다면, 곧 예수가 일흔두 제자를 보내어 설교와 치유를 통한 자신의 선교에 적극 참여하게 한 일을 이야기한 10장 1-20절을 읽으면서 여자들은 이 제자 가운데 포함되지 않았다고 가정하고 읽기는 불가능할 것이다. 다른 곳에서도 종종 그렇지만 여기에서도 문법에서 나타나는 언어의 남성성은 분명 그리스어의 남성 중심 편향성 때문이지, 내러티브 자체가 그런 것은 아니다. 남성형을 사용했어도 그 안에 여자들을 포함시키는 것이 아주 정상이고 자연스럽다. 그러나 우리는 이런 언어의 남성 중심주의를 넘어, 이 내러티브 안에 어느 정도 남성 중심주의가 담겨 있음을 인식하게 될지도 모르겠다. 누가복음에서는 여자들이 상당히 두드러진 위치를 차지한다. 그럼에도 이야기와 비유에 등장하는 개개 인물 대부분은 남성이다. 조애너 듀이는 공관복음의 치유 이야기와 다른 몇몇 내러티브에서 남성이 보여 주는 '모방의 선명함'(mimetic vividness)과 남성보다 적게 등장하는 여성 인물들(즉 한 본문 단위에서만 등장하는 개개 인물들)을 비교해 보려고 시도했다. 모방의 선명함을 측정하는 기준은 이야기 길이, 엄격히 말해 내러티브에 필요하지 않은 세부 사실, 등장인물의 직접 담화, 등장인물의 생각과 느낌을 전해 주는 내면의 견해 같은 것들이다. 듀이는 이렇게 결론짓는다.

> 치유 내러티브와 다른 이야기들을 함께 고찰해 보면, 남성 인물에 관한 이야기가 여성 인물을 다룬 이야기보다 길다. 남성 인물은 여성 인물보다 많은 말을 하며, 예수는 여자보다 남자에게 말을 많이 한다. 공관복음 기자들은 그들의 청중에게 모방 기교를 다르게 사용하는 방법을 통해 여자보

다 남자를 많이 기억하라고 독려한다.[357]

이런 결론을 평가할 때는 이런 이야기들이 거의 모두 여자에게 대체로 침묵을 지키거나 적어도 낯선 남자에게 먼저 말을 거는 일을 하지 않기를 기대한 공공장소에서 일어난 일을 다루고 있음을 기억해야 한다.[358] 이처럼 이야기의 바탕에 깔린 사회 현실 때문에 이야기들이 여성 등장인물을 남성 등장인물보다 덜 선명하게 드러내는 편향성을 보인다. 혈루증을 앓는 여자 이야기는 여자를 묘사할 때 사용한 묘방의 선명함이라는 측면에서 예외다(심지어 누가 버전은 마가 버전보다도 짧다). 여자의 시각을 채택하고 있기 때문이다. 그러나 이야기 대부분에서 채택한 제자들의 관점에서 보면(그 제자들이 남성이든 여성이든), 사람들이 모인 공적 자리에서 여자들이 침묵을 지키다 보니 여자들을 선명히 묘사하지 못한다. 그러나 늘 이렇지는 않다. 예수에게 향유를 부은 여자 이야기를 보면(눅 7:36-50), 여자는 아무 말도 하지 않지만, 예수와 바리새인 시몬은 이 여자에 관하여 상당히 길게 이야기한다. 그러나 이 여자의 행위가 말보다 많은 것을 이야기한다. 이 때문에 내레이터는 이 여자가 한 행위를 상당히 세세하게 묘사하며, 뒤이어 예수도 여자의 행위를 재차 묘사한다. 우리는 여기서 굳이 어떤 내면의 견해를 통해 여자의 느낌을 듣지 않아도 된다. 성경의 많은 이야기가 그렇듯이, 행위가 독자에게 느낌을 전해 주기 때문이다. 따라서 이 이야기를 단순히 여자의 말이 나오지 않는다는 이유를 내세워 남성 중심 이야기

---

357 J. Dewey, "Women in the Synoptic Gospels: Seen but Not Heard?" *BTB* 27 (1997), 58.

358 Dewey, "Women," 58-59은 이런 고찰 결과를 무시하지만, 그 근거가 적절치 않다. 듀이는 (요한복음에 있는 것들을 포함하여) 그가 주목하는 복음서 속의 예외가 대부분 많은 이야기에 적용되는 요구, 곧 여자라면 공공장소에서 낯선 남자에게 먼저 말을 걸지 말아야 한다는 특별한 요구에 해당되지 않은 경우임을 간과하지 못한다. 남녀가 평등하던 예수 운동에서는 여자도 틀림없이 남자만큼이나 많은 말을 했으리라는 듀이의 가정이 옳든 그르든, 그의 가정은 이 이야기들과 무관하다. 이 이야기들은 (한두 예외가 있긴 하지만) 여자들이 예수의 제자가 아니며 예수를 처음으로 만나고 있기 때문이다.

로 치부해서는 안 된다.[359] 여자가 말을 하지 못하게 제약하는 조건들은 남성 중심이다. 그러나 이 이야기는 실제를 놓고 보면 남성 중심의 사회 관습을 따르면서도, 관습상 여자와 노예가 해야 할 행동을 관습에서 벗어나 행하여 예수를 향한 자신의 사랑을 보여 주는 여자를 훌륭하게 전면에 부각시킨다. 이런 이야기 속의 여자는 남성 중심의 사회 관습이라는 틀을 부수지 않으면서도 그 틀을 선명하게 벗어난다. 그런 점에서 이런 이야기는 여자들이 들려주었을 수도 있다. 아울러 어떤 여자가 구술한 버전이 복음서에 들어 있는 본문 형태 뒤편에 가까이 자리하고 있을 수도 있다.

이런 말이 남성 중심 내레이션에 대한 비판에 어느 정도 답이 되긴 하겠지만, 완전한 대답을 제시하지는 않는다. 전승을 선별하고 내러티브로 들려줄 때 어느 정도는 남성 중심주의가 존재한다. 이는 분명 전승을 전달하고 편집하는 과정에서 남성의 시각이 의식하지 못하는 사이에 작동하기 때문이다.[360] 그러나 누가복음은 그 독자들이 여자 제자들의 눈으로 보고 여자 제자들의 귀로 듣는 것을 인정하며(8:2, 3), 이는 나아가 내러티브의 남성 중심 편향을 바로잡아야 함을 인정하는 것이기도 하다. 이런 식으로 이야기를 읽는 이들은 이 이야기에 없는 것을 공급할 수도 있다. 예를 들어 본문 자체는 여성 인물을 선명하게 묘사하지 않지만 독자 자신은 여성 인

---

359 Dewey, "Women," 57-58.

360 J. Dewey, "From Storytelling to Written Texts: The Loss of Early Christian Women's Voices," *BTB* 26 (1996), 71-78은 유럽 여자들의 민담에서 한 사례를 인용한다. 이는 남자들이 인쇄본으로 만들려고 편집하면서 훨씬 남성 중심 이야기로 바뀌었다. 아울러 듀이는 초기 기독교 시대에 구전에서 필사본이라는 매체로 옮겨 가는 과정에서 여자들의 목소리가 사라졌다고 주장한다. 전에는 더 여성 중심의 글이었는데 편집 과정에서 남성 중심으로 바뀐 흥미로운 사례가 사무엘상 1장 24-28절과 2장 11절의 세 버전이다(70인경, 4QSam^a, 마소라 본문). E. Tov, "Different Editions of the Song of Hannah and of Its Narrative Framework," in M. Cogan, B. L. Eichler, and J. H. Tigay, eds., *Tehillah le-Moshe* (M. Greenberg FS; Winona Lake, Ind.: Eisenbrauns, 1997), 151-157은 (70인경, 4QSam^{a}이 대표하는) 이 본문의 초기 버전이 분명 한나가 한 행위라 말했을 것을 마소라 본문이 엘가나의 행위로 바꿔 놓았음을 보여 준다. "마소라 본문은 한나가 여자라는 이유로, 이런 행위를 한나의 행위로 말하고 싶어 하지 않는다는 인상을 만들어 낸다. 여자가 이야기 안에서 그런 중심 역할을 한다는 것이 마뜩치 않았을 것이다"(156).

물을 선명하게 상상해 본다든지, 혹은 틀림없이 존재했지만 본문은 무시하는 여성 인물을 본문 속에 집어넣어 읽어 보는 것이다.

이런 읽기(해석) 전략을 본문의 취지에 어긋나는 것으로 여겨서는 안 될 이유가 둘 더 있다. 하나는 복음서 내러티브 속의 이야기처럼 말이나 표현을 아끼는 이야기들은 독자와 청중의 상상력에 호소하여 이야기 구실을 한다. 대체로 이런 이야기들은 꼭 있어야 할 내용만 제시하고, 그렇지 않은 것은 독자와 청중이 스스로 이야기 속에 공급할 것으로 남겨 둔다. 고대의 독자와 청중은 이런 일에 능숙했다. 반면 현대 독자들은 현대 소설이나 필름 같은 시각 자료가 훨씬 세세히 제시하는 묘사에 익숙하여 그런 일에 능숙하지 못하다. 우리가 복음서에서 만나는 것과 같은 종류의 내러티브는 독자에게 상상력을 발휘하여 이야기 속으로 들어가 이야기가 제시하는 줄거리를 채워 넣으라고 요구한다. 말하자면, 일부러 해석의 여지를 열어 놓는 셈이다.

두 번째 이유는 복음서가 구전에 본문이라는 형태를 부여하는 것이 사실은 전승을 구술하여 전하는 이가 한 번 실연(實演)한 구전에 영구성을 부여하는 것이기 때문이다. 그러나 복음서가 나온 고대 정황을 살펴보면, 그런 복음서도 구술이 여전히 존재하던 정황에서 계속하여 구술을 통해 전해지고 다시 전해지는 데 사용되었다(그리고 그렇게 사용하게끔 설계되었다). 복음서는 전승에 영구성을 부여하지만, 구술을 통해 이야기를 들려주는 이에게 허용될 법한 어느 정도의 자유를 아예 막지는 않았다. 그런 이야기를 사건을 바라보는 여성의 시각으로 가공하여 다시 들려주는 것은 복음서가 지닌 남성 중심 편향성을 바로잡아 주었는데, 이를 꼭 복음서를 파괴한 것으로 볼 필요는 없다. 도리어 그런 것이 여자 제자들의 시각으로 복음서 이야기를 읽어 보게 인정하는 복음서 자체의 문학적 전략을 충실히 이행하는 것일 수도 있다. 물론, 그런 시각은 틀림없이 본문이 나온 사회 세계를 알고 예수의 가르침과 행동이 형성한 여러 기대를 그 본문에 부여한 1세기 여자들의 시각일 것이며 그렇게 믿을 수 있다. 그러나 쉬슬러 피오렌자가 말하듯이, "성경에 나오는 여자들과 남자들을 어떤 고정된 맥락에서 텍스트 안에 고정된 대상으로 바라보기보다 상상력을 발휘하여 그들의 시각을 채택하는 것은 다른 세계를 만들어 내고 다른 가능성들을 만들어 낸다."[361] 이것은 복음서가 의도할 법한 읽기 전략을 넘어서는 일이지만, 적어도 누가복음이 적극 권장하는 읽기 전략 가운데 하나다(이 점에서 나는 쉬슬러 피오렌자와 의견을 달리한다).

---

361   Schüssler Fiorenza, *Jesus*, 36.

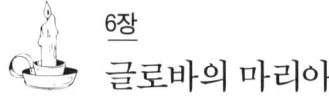

6장
글로바의 마리아

세 마리아가 십자가 아래 있었네. ……
똑같은 베일이 그들을 감싸고,
똑같은 이름을 가졌으며, 똑같이 눈물을 흘렸네.[1]

이번 장의 목표는 말 그대로 역사와 관련이 있다. 즉 예수의 여자 제자 가운데 하나인 글로바의 마리아에 관하여 알 수 있는 것을 밝혀 내는 것이다. 초기 기독교 문헌 가운데 오직 요한복음 19장 25절만이 예수가 십자가형을 당할 때 그 자리에 있었던 여자 가운데 한 사람으로 글로바의 마리아를 언급한다. 이 때문에 독자가 이 마리아에 관하여 알 수 있는 것은 이름과 예수가 십자가형을 당하는 자리에 있었다는 것밖에 없지 않는가라는 질문을 던져도 나무랄 것이 없을 것 같다. 하지만 다른 관련 증거에 비춰 읽어 보면, 요한복음 19장 25절은 이 마리아에 관하여 신뢰할 수 있는 역사 정보를 놀라울 정도로 많이 제시할 수 있음을 증명해 보일 것이다. 기독교가 탄생할 때 어떤 역할을 한 사람들에 관한 이런 역사 정보를 가벼이 여겨

---

[1] L. Santucci, *Wrestling with Christ* (tr. B. Wall; London: Collins, 1972), 200.

서는 안 된다. 하나의 역사 운동인 초기 교회를 정확히 이해하는 일은 바로 이런 정보의 축적과 해석에 의존한다. 글로바의 마리아의 경우, 이 마리아에 관하여 알 수 있는 것은 우리가 예수의 친척이 초기 교회에서 한 역할[2]과 여자들이 한 역할을 이해하는 데 이바지할 것이다.

1. 글로바의 마리아는 누구였는가

요한복음 19장 25절의 그리스어 본문은 이렇게 말한다. εἰστήκεισαν δὲ παρὰ τῷ σταυρῷ τοῦ Ἰησοῦ ἡ μήτηρ αὐτοῦ καὶ ἡ ἀδελφὴ τῆς μητρὸς αὐτοῦ, Μαρία ἡ τοῦ Κλωπᾶ καὶ Μαρία ἡ Μαγδαληνή(이를 문자 그대로 번역하면 이렇다. "예수의 십자가 옆에는 그의 어머니와 그 어머니의 자매[곧 이모], 글로바의 마리아와 막달라 마리아가 서 있었다"). 불행히도 이 말에는 글로바의 마리아의 정체와 관련하여 두 개의 모호한 점이 있다. 첫째, 이 명단에서 열거하고 있는 여자는 몇 명인가? 문법을 고려할 때, 가능한 견해는 셋이다. 하나는 오직 두 여자만 언급한다고 보는 견해인데, 거의 지지받지 못했으며[3] 가장 가능성이 떨어지는 견해다. 이 견해를 따를 경우, 이 명단은 이렇게 읽어야 한다. "그의 어머니와 그의 이모, 곧 글로바의 마리아와 막달라 마리아." 이럴 경우, 예수의 어머니는 글로바의 마리아이며 막달라 마리아는 예수의 이모가 된다. 이 해석에도 어쩌면 이점이 하나 있을 것 같다. 이렇게 해석한다는 것은 곧 요한이 자신의 내러티브에서 계속하여 어떤 역할을 하는 두 여자만 언급할 뿐이고, 다른 한두 여자의 경우에는 서사

---

[2] 이와 관련하여, 이 6장은 내가 쓴 책 *Jude and the Relatives of Jesus in the Early Church* (Edinburgh: T. & T. Clark, 1990)를 보충한 부록이다. 여자 친척들을 살펴보려면, 이 책 15-16, 37-44, 130쪽과 다음 7장을 보라.

[3] J. Blinzler, *Die Brüder und Schwestern Jesu* (2nd ed.; SBS 21; Stuttgart: Katholischer Bibelwerk, 1967), 111을 보라.

학이나 신학의 관점에서 실제로 어떤 의미 있는 점을 찾기가 어렵다는 것을 의미할 것이다. 그러나 이 해석에 찬동할 수 없는 결정적 근거는 예수의 어머니가 "글로바의 마리아"라고 불렸다는 것을 상상할 수 없다는 점이다. 설령 '글로바의 마리아'가 예수의 어머니를 가리키는 적절한 방식이었다 해도, 요한이 예수의 어머니를 처음 소개하는 것도 아니고 이미 그를 그냥 "예수의 어머니"라고 불렀음을 고려할 때(2:1, 3, 12을 보라), 새삼 이 지점에서 "글로바의 마리아"라는 말을 사용한다면 아주 이상한 일이 될 것이다. 더욱이, 요한이 아닌 다른 어떤 이가 예수의 어머니를 글로바의 마리아라 부르더라도 아주 이상할 것이다. 예수 어머니의 남편은 요셉이었고(요 6:42) 글로바라는 예수의 형제는 전혀 알려져 있지 않다(참고. 마 13:55, 막 6:3). 따라서 유일하게 가능한 설명은 글로바가 이 마리아의 아버지라는 것뿐이다. 그러나 여기서 글로바를 언급하는 목적은 이 마리아를 같은 이름을 가진 다른 여자들과 구별하는 데 있다. 그런 점을 고려할 때, 예수의 어머니를 언급하려 했다면 이렇게 동명이인과 구별해 주는 말을 덧붙일 필요는 없었을 것이다. 예수의 어머니를 마리아라 불리는 다른 여자들과 가장 분명하게 구별하는 방법은 언제나 "예수의 어머니"라 부르는 것이었을 것이다. 이런 상황에서 예수의 어머니가 초기 교회 안에서 글로바의 마리아로 알려져 있었을 수 있다고 말하는 것은 이해할 수 없다.

가능한 다른 두 해석을 두고 판단하기는 더 어려운 일이다. 즉, 요한복음 19장 25절은 세 여자를 언급하는가, 네 여자를 언급하는가? ἡ ἀδελφὴ τῆς μητρὸς αὐτοῦ를 Μαρία ἡ τοῦ Κλωπᾶ에 붙여 예수의 이모가 글로바의 마리아로 불렸다는 의미로 보아야 하는지, 아니면 이 본문에는 두 쌍의 여자들이 있다고 보고, 첫 번째 쌍은 본문이 이름을 밝히지 않은 여자들(그의 어머니와 그의 이모), 두 번째 쌍은 본문이 이름을 밝힌 여자들(글로바의 마리아와 막달라 마리아)로 보아야 하는지가 문제다. 이 두 가능성 사이에서 판단할 것을 독려하는 고찰 결과들도 대부분 확실한 결론을 제시하지 못한다. (1) 글로바의 마리아가 예수의 이모라면, 두 자매가 모두 마리아라 불린 셈이다.[4] 아버지도 같고 어머니도 같은 두 자매가 같은 이름을 가졌을 가능성은 분명 거의 없다. 그러나 고대의 증거는 그런 일이 아예 불가능하지는 않음을 보여 준다.[5] 그렇지만 ἀδελφή가 꼭 같은 아버지, 같은 어머니에게서 난 자매를 의미해야 하는 것은 아니다. 두 마리아는 아버지나 어머니만 같았을 수도 있고, 동서 사이나 시누이, 올케 사이일 수도 있으며, 심지어 현대 영어에서는 'sister'라는 말로 표현하지 않는 다른 종류의 가족 관계였을 수도 있다. (2) 이 명단을 두 쌍의 여자로 해석하여 한 쌍은 본문이 이름을 밝히지 않은 여자들로 보고 다른 한 쌍은 본문이 이름을 밝힌 여자들로 보면, 서로 대칭을 이루는 문체가 만들어진다.[6] 그러나 이것도 결정적일 수 없다. 특히 글로바의 마리아가 예수의 이모라면, 그가 예수의 어머니와 함께 등장하는 명단에서는 오히려 그런 사실을 언급하는 것이 자연스러울 것이다. (3) 요한이 사람들을 열거한 다른 명단에서 각 사람 사이에 καί를 놓아두었다는 것은(2:12; 21:2) 여기서 요한이 말하려는 의미를 결정하지 못한다. (4) 본문은 십자가 옆에 있던 여자들과 예수의 옷을 제비뽑아 나눈 병사들을 대비한다(19:24, 25: μέν ... δέ).[7] 네 병사가 있다(19:23). 따라서 여자도 넷이 등장하는 것이 적절할 것이다. 그러나 이것 역시 결정적이지 않다. 더욱이, 세 여자만 있더라도 주가 사랑하시는 제자(19:26)를

---

4   이런 논지를 주장하여 이 쟁점을 종결지으려는 이가 자주 있었다. 예를 들면 Blinzler, *Brüder*, 113; R. Bultmann, *The Gospel of John* (tr. G. R. Beasley-Murray; Philadelphia: Westminster; Oxford: Blackwell, 1971)(「요한복음서 연구」, 성광문화사 역간), 672 주1; R. E. Brown, *The Gospel according to John (xiii-xxi)* (AB 29A; Garden City, N.Y.: Doubleday, 1966; London: Chapman, 1971)(「앵커바이블 요한복음 2」, 기독교문서선교회 역간), 904; G. R. Beasley-Murray, *John* (WBC 36; Waco: Word, 1987), 348; D. A. Carson, *The Gospel according to John* (Leicester: Inter-Varsity Press; Grand Rapids: Eerdmans, 1991)(「PNTC 요한복음」, 솔로몬 역간), 615이 그런 예다.

5   BAGD 437; Blinzler, *Brüder*, 116 주20.

6   Blinzler, *Brüder*, 112-113.

7   C. K. Barrett, *The Gospel according to St John* (2nd ed.; Philadelphia: Westminster; London: SPCK, 1978), 551.

포함하여 예수의 신실한 네 제자와 네 병사가 여전히 대비를 이룰 수 있을 것이다. 이런 논증에 비춰 볼 때, 우리는 본문이 여기서 글로바의 마리아를 예수의 이모라 서술하는가라는 질문을 열어 놓아야 한다. 이 문제는 나중에 다시 다루어 보겠다.

글로바의 마리아와 관련하여 두 번째로 모호한 점은 그와 글로바의 관계다. 어떤 여자를 지칭할 때 단순히 소유격을 사용하여 어떤 남자와 그 여자의 관계를 나타내는 이런 용법을 보여 주는 그 시대의 증거를 모으고 연구한 이가 아무도 없는 것 같다.[8] 남자의 경우에는 보통 아버지와 아들의 관계를 그렇게 서술한다(마 4:21; 10:2, 3; 막 3:17, 18; 눅 6:15, 16; 요 6:71; 13:2, 26; 21:15, 16, 17; 행 1:13; 20:4; 클레멘스1서 12:2; Josephus, *BJ* 5.5, 6, 11, 249, 250, 398). 분명 그런 관계는 형제 관계일 수도 있다.[9] 그러나 아마도 독자들이 그 사람들의 관계를 알고 있는 경우에만 그런 식으로 그 관계를 표현하는 것 같다. 그렇다고 이런 용법을 여자에게 적용하면 그 관계가 꼭 아버지와 딸의 관계일 것이라고 예상할 수 있다는 말은 아니다.[10] 혼인하지 않은 딸

---

8 '관계를 나타내는 소유격'(genitive of relationship)에 관사를 사용한 경우와 사용하지 않은 경우를 알아보려면, BDF §162 (1)-(4); K. Meisterhans, *Grammatik der attischen Inschriften* (3rd ed.; Berlin: Weidmann, 1900), 223-224; F. Eakin, "The Greek Article in First and Second Century Papyri," *AJP* 37 (1916), 337; C. W. E. Miller, "Note on the Use of the Article before the Genitive of the Father's Name in Greek Papyri," *AJP* 37 (1916), 341-342; E. Mayser, *Grammatik der griechischen Papyri aus der Ptolemäerzeit* (Berlin/Leipzig: de Gruyter, 1933), 2/2.7; B. L. Gildersleeve, *Syntax of Classical Greek from Homer to Demosthenes* (repr. Groningen: Bouma, 1980), 226을 보라. 고전 시대 용법은 Μαρία ἡ Κλωπᾶ였을 것이다(이를 보며 θυγάτηρ나 γυνή나 μήτηρ를 틀림없이 이해했을 것이다)(막 15:47; 16:1; 눅 24:10도 마찬가지다). 그러나 공식 문서는 관사를 생략한다(따라서 파피루스와 필사본도 대체로 그렇다). 다만 첫 번째 이름이 소유격일 때는 예외인데, 이는 의미를 분명히 밝히려는 목적 때문이다(눅 6:16; 요 6:71; 행 1:13; 20:4도 마찬가지다). 요한복음 19장 25절은 소유격인 두 번째 이름에 관사를 더하면서(Μαρία ἡ τοῦ Κλωπᾶ), 후대의 글이 널리 사용한 용법을 따른다(예를 들면 Plutarch, *Mor.* 205A: ἡ τοῦ Μετέλλου [scil. μήτηρ]; 마 1:6; 4:21; 10:2, 3; 행 13:22).

9 BDF §162 (4)는 Alciphro 2.2를 인용하지만, 이것은 특정한 예가 결코 아니다. 즉, 필사본이 ὁ 뒤에 빈틈이 있음을 일러 주는 것이다.

10 J. Robert and L. Robert, *Bulletin épigraphique* 4 (1959-1963), 1960: p. 168 (no. 216)에 따르면, 이것이 보통의 사례다. 그러나 R. S. Kraemer, "Hellenistic Jewish Women: The Epigraphical Evidence," *SBLSP* 1986 (Atlanta: Scholars Press), 197 주51과 달리, 로베르는 이 점을 '증명하지' 않는다.

을 지칭할 때 그 아버지와 관련지어 서술할 수 있음은 당연하다. 그러나 여자가 혼인하면 아버지의 권위에 복종하다가 남편의 권위에 복종하는 상태로 옮겨 간다고 여긴 유대의 정황에서는 어쨌든 혼인한 딸을 언급할 때 아버지보다 남편과 관련지어 언급했을 가능성이 더 높지 않을까?[11]

신약 성경의 다른 증거는 확실한 결론을 내지 못한다. 마태복음 1장 6절은 밧세바를 τῆς τοῦ Οὐρίου라 부르는데, 여기서 소유격은 "우리아의 아내"라는 의미를 충분히 나타낸다.[12] 이것은 글로바의 마리아와 정확히 평행을 이루지는 않는다. 마태복음 1장 6절은 밧세바라는 이름을 밝히지 않았지만, 여기서 다루는 본문은 Μαρία ἡ τοῦ Κλωπᾶ가 "글로바의 아내 마리아"일 수 있음을 보여 주기 때문이다. 신약 성경에서는 이런 용법이 '⋯⋯의 어머니'를 의미할 수도 있다.[13] 마가복음 15장 40절이 "작은 야고보와 요세의 어머니 마리아"라고 가장 충실하게 묘사하는 여자(참고. 마 27:56)는 그냥 "요세의 마리아"(Μαρία ἡ Ἰωσῆτος, 막 15:47)와 "야고보의 마리아"(Μαρία ἡ Ἰακώβου, 막 16:1, 눅 24:10)로 불리기도 한다. 이 여자를 이렇게 부르는 것은 그의 남자 친척 가운데 그의 아들들이 초기 그리스도인 공동체에서 가장 잘 알려진 이들이었기 때문이다. 아울러 여자를 그 아들과 관련지어 지칭하던 증거가 유대 팔레스타인의 비문에서 나왔지만,[14] 나는 (μήτηρ 없이 그냥 소유격만 쓴) 이런 관용어를 사용한 비문을 하나도 발견하지 못했다.

우선 유대 팔레스타인에서 나온 비문 증거를 두루 살펴보면 다음과 같

---

11 L. J. Archer, *Her Price Is Beyond Rubies: The Jewish Woman in Graeco-Roman Palestine* (JSOTSup 66; Sheffield: JSOT Press, 1990), 207-208 (*m. Ket.* 4:5를 인용). 하지만 이것이 곧 그가 그 아버지 집과 모든 유대 관계를 잃어버림을 의미하지는 않았다. Archer, *Her Price*, 164과 주1.

12 아울러 Aristophanes, *Eccl.* 727을 참고하라. "[여자] 대장의 남편"을 의미하는 τὸν τῆς στρατηγοῦ (scil. ἄνδρα).

13 아울러 Plutarch, *Mor.* 205A를 참고하라.

14 *CIJ* nos. 948, 1000, 1007, 1061, 1160.

은 정보를 얻을 수 있다.[15] 그리스어 관용어가 나타나는 대부분 경우는 우리에게 Μαρία ἡ τοῦ Κλωπᾶ라는 말만큼이나 모호하다. 나는 그런 사례를 열 개 발견했으며,[16] 분명 혼인한 여자를 그 아버지와 관련지어 언급한 경우도 한 번 있었다.[17] 게다가, 우리는 γυνή(여자, 아내)를 사용하여 관계를 특정한 경우(두 사례),[18] θυγάτηρ(딸, 여자 노예)를 사용하여 관계를 특정한 경우(세 사례,[19] 이 가운데 하나는 분명 혼인한 딸이다),[20] 또는 μήτηρ(어머니)를 사용하여 관계를 특정한 경우(다섯 사례)[21]에 주목해야 한다. 적어도 이 가운데 일부는 셈어가 그리스어의 용법에 끼친 영향을 보여 주는 증거다. 히브리어와 아람어에서는 관계를 특정하여 밝혀야 하기 때문이다. 두루 살펴본 히브리어 명문(새김글)과 아람어 명문은 여자를 그 남편과 관련지어 지칭한 경우를 16개,[22] 여자를 그 아버지와 관련지어 지칭한 경우를 19개[23] 제시하며, 이 가운데 두 경우는 분명 혼인한 여자의 사례다.[24] 이 증거는 혼인한 여자를 그 남편의 아내로도 지칭할 수 있고 그 아버지의 딸로도 지칭

---

15 소아시아에서 나온 유대인의 명문은 분명 이교도의 용법을 따랐을 가능성이 높다.

16 *CIJ* nos. 909, 937, 946, 1107, 1108, 1147, 1169, 1172, 1237, 1387.

17 *CIJ* no. 964.

18 *CIJ* nos. 949, 1284.

19 *CIJ* nos. 888, 1007, 1035.

20 *CIJ* no. 1007.

21 *CIJ* nos. 948, 1000, 1007, 1061, 1160.

22 *CIJ* nos. 1198 (= J. A. Fitzmyer and D. J. Harrington, *A Manual of Palestinian Aramaic Texts (Second Century B.C.-Second Century A.D.)* [BibOr 34; Rome: Biblical Institute Press, 1978] [앞으로 FH로 표기함] no. A2), 1294, 1295, 1313, 1314, 1338 (= FH no. 104), 1341 (= FH no. 103), 1353 (= FH no. 94), 1356 (= FH no. 98), 1362 (= FH no. 97), 1384 (= FH no. 147), FH nos. 84, 122, Masada ostraca nos. 399, 400, 402 (in *Masada I: The Yigael Yadin Excavations 1963-1965: Final Reports:* Y. Yadin and J. Naveh, *The Aramaic and Hebrew Ostraca and Jar Inscriptions* [Jerusalem: Israel Exploration Society/Hebrew University of Jerusalem, 1989]).

23 *CIJ* nos. 1144, 1145, 1199 (= FH no. A3), 1245 (= FH no. 134), 1253, 1265, 1296, 1297 (= FH no. 111), 1311, 1317, 1353, FH nos. 74, 88, 119, A51, A52, Masada ostraca nos. 401, 403, 405.

24 *CIJ* nos. 1144, 1353.

할 수 있었음을 보여 준다.[25] 그러나 이 증거는 전자가 더 흔한 용법임을 일러 주는 것 같다. 누군가의 딸로 지칭한 경우 가운데 일부(어쩌면 대부분)는 틀림없이 혼인하지 않은 경우였을 것이기 때문이다. 따라서 친족 관계를 오직 소유격으로 표현하는 그리스어 관용어법을 사용한 팔레스타인 유대인이라면, 혼인한 여자를 지칭할 때 아마도 거의 그 아버지와 관련지어 지칭하기보다 그 남편과 관련지어 지칭할 때가 많았을 가능성이 높다.

따라서 순전히 언어학적 증거만으로는 글로바의 마리아가 아마도 글로바의 아내이거나 글로바의 결혼하지 않은 딸일 것임을 보여 준다. 글로바의 마리아가 글로바의 결혼한 딸일 가능성은 거의 없지만, 아예 없는 것은 아니다. 마리아와 글로바 모두 초기 기독교 사회에서 잘 알려진 인물이어서 독자들이 그 둘의 관계를 알았다면, 그 마리아는 글로바의 어머니였을 수도 있다. 그러나 유대 관습에 기반한다면, 글로바의 마리아가 글로바의 결혼하지 않은 딸일 가능성은 제외된다. 당시 유대 관습상 결혼하지 않은 젊은 여자는 그런 공공장소에 있는 것이 허용되지 않았을 것이기 때문이다.[26] 게다가 마리아와 글로바의 관계는 글로바가 누구인지를 알아야만 더 구체화될 수 있다.

글로바가 누구인지 밝히는 일은 어렵지 않다. 2세기 저술가로서 2세기 초의 팔레스타인 유대 기독교 전승을 전해 준 헤게시푸스(Hegesippus)는 예루살렘 교회의 머리로서 주의 형제인 야고보 뒤를 이은 이가 글로바의 아들인 시몬(Simon) 혹은 시므온(Symeon)이라고 일러 준다(Hegesippus *apud* Eusebius, *Hist. Eccl.* 3.11; 3.32.6; 4.22.4). 이 글로바는 예수의 아버지로

---

25 이 용법을 살펴보려면, 아울러 FH no. 51의 lines 12, 16; no. 62의 line 1과 Mur 29 verso line 3, Mur 30의 line 25-26, 33을 보라.

26 참고. Archer, *Her Price*, 110-122. 우리가 앞으로 제시하겠지만, 글로바의 마리아가 다른 여자 제자들과 더불어 갈릴리에서 예루살렘까지 여행했을 예수의 갈릴리 제자 가운데 하나였다면, 이 점이 훨씬 힘을 얻게 될 것이다.

알려진 요셉과 형제 사이였다. 그의 아들이 야고보 뒤를 이은 것은 적어도 2세기 초까지 예수의 친척이 팔레스타인 유대 기독교의 지도자를 맡았던 패턴의 일부다.[27] 요셉과 형제 사이인 이 글로바는 요한복음 19장 25절에 나오는 글로바와 같은 사람임이 확실하다고 볼 수 있다. 글로바라는 이름이 아주 드물기 때문이다. 이 이름의 그리스어 형태는 헤게시푸스가 제시한 이 본문과 네 번째 복음서에서만 나타난다. 이 이름의 원형인 셈어는 종종 불확실했는데, 이제는 무라바트(Muraba'at)에서 나온 2세기 초 아람어 문서에서 찾을 수 있다(Mur 33의 5행, קלופי).[28] 이것은 결국 그리스어 형태로 'Αλφαῖος인 이름(חלפי)과 전혀 다르다는 것을 보여 준다. 따라서 이는 요한복음에 등장하는 글로바가 열두 제자 가운데 하나인 야고보의 아버지인 알패오(마 10:3; 막 3:18; 눅 6:15; 행 1:13)와 같은 사람이라는 추측이 옳지 않음을 증명해 준다.[29] 그러나 동시에 이것은 글로바가 드문 이름이었음을 보여 준다(반면 חלפי[알패오]는 상당히 흔한 이름이었다).

마리아의 글로바가 요셉과 형제 사이라면, 마리아가 그의 어머니일 수는 없다. 우리는 이미 이 마리아가 혼인하지 않은 딸일 가능성은 거의 없다고 보았다. 따라서 이 마리아는 글로바의 아내일 가능성이 아주 높다. 그럴 경우, 우리는 요한이 제시한 명단에 여자가 몇 명이나 나오는가라는

---

27 Bauckham, *Jude*, 2장 여러 곳을 보라.

28 J. T. Milik in P. Benoit, Milik, and R. de Vaux, *Les Grottes de Murabba'at* (DJD 2; Oxford: Clarendon, 1961), 151. 이 이름은 분명 팔미라에서 나온 나바테아 명문에도 등장하는 것 같다(J. B. Chabot, "Notes d'épigraphie et d'archéologie orientale," *JA* 10 [1897], 328). 그러나 이를 מלופי가 아닌 קלופי로 읽어야 하는지는 확실치 않다. J. K. Stark, *Personal Names in Palmyrene Inscriptions* (Oxford: Clarendon, 1971)는 이 이름을 열거하지 않는다.

29 J. Wenham, "The Relatives of Jesus," *EvQ* 47 (1975), 13-14는 여전히 이렇게 주장한다. 또 다른 참고 자료를 보려면, Blinzler, *Brüder*, 135-136 주40을 보라. 'Αλφαῖος라는 이름과 Κλωπᾶς라는 이름이 동일하다는 추정은 고언어학에 따른 근거 때문에 늘 의문시되었다. Blinzler, *Brüder*, 120-121; J. J. Gunther, "The Family of Jesus," *EvQ* 46 (1974), 25-26을 보라. H. Wuthnow, *Die semitischen Menschennamen in griechschen Inschriften und Papyri des vorderen Orients* (Studien zur Epigraphik und Papyruskunde 1/4; Leipzig: Dieterich, 1950), 16-18, 61-62, 119, 141이 증언하는 חלפי의 많은 그리스어 형태를 보라. 이 형태는 모두 Κλωπᾶς의 첫 장모음을 갖고 있지 않다.

문제로 다시 돌아갈 수 있다. 글로바의 마리아는 사실 예수 어머니의 남편과 형제 사이인 사람의 아내이기 때문에 예수의 어머니와 자매 사이(sister)로 묘사할 수도 있었을 것이다. 정확한 친족 관계를 말하는 것은 불가능하다 싶을 정도로 까다로운 일이었을 것이다. 그리스어에는 '동서지간'(sister-in-law, 며느리와 며느리 사이)을 나타내는 말이 있다(γάλοως). 그러나 이 말을 널리 사용한 것 같지는 않다. ἀδελφός를 '동서지간'(brother-in-law, 사위와 사위 사이)을 가리키는 말로 사용했다는 증언도 있기 때문에,[30] 여기서 사용한 ἀδελφή가 '동서지간'(sister-in-law, 며느리와 며느리 사이)을 의미한다고 추측하는 데는 아무 어려움이 없다. 이 명단이 예수의 친척 셋(예수의 어머니, 예수 어머니와 자매 사이인 이, 그리고 예수 아버지와 형제 사이인 이의 아내)을 언급하고 있을 가능성은 희박하다. 이 명단이 예수의 친척 세 명을 언급했다면, 예수와 어떤 친족 관계에 있는지는 언급하면서도 그 이름은 밝히지 않은 두 번째 여자와 그 이름은 밝혔으면서 예수와 어떤 친족 관계에 있는지는 말하지 않은 세 번째 여자 사이에 납득하기 힘든 차이가 존재하는 셈이다.

글로바의 마리아에게는 아주 유명한 아들이 하나 있었다.[31] 언제나 아버지의 이름을 붙여 불리는 글로바의 아들 시몬 또는 시므온이다. 그가 유명한 이유는 시몬/시므온이 당시 가장 널리 사용하던 유대인 남자 이름이었기 때문이기도 하지만, 그의 사촌 야고보가 (십중팔구는) 62년에 순교한 뒤, 또는 어쩌면 예루살렘이 로마에 함락된 뒤에 비로소 예루살렘 교회 지도자가 되어 그 자신이 트라야누스 황제 통치 때 순교할 때까지 그 교회 지도자로 남아 있었기 때문이기도 하다. 그는 팔레스타인에서 반세기 동안 가장 중요한 그리스도인 지도자였다. 그뿐 아니라 네 번째 복음서가 기록될 때에도 이미 상당 기간 팔레스타인에서 가장 중요한 그리스도인 지도

---

30 BAGD s.v.
31 이 문단을 살펴보려면, Bauckham, *Jude*, 79-84을 보라.

자였다. 우리는 그에 관하여 아는 것이 거의 없다. 그러나 헤게시푸스가 그의 순교를 서술해 놓은 기사에서 우리는 팔레스타인 유대 기독교 전승이 그를 지극히 존경했음을 추론할 수 있다(*apud* Eusebius, *Hist. Eccl.* 3.32.3, 6). 세상을 떠날 때 그의 나이가 120세였다고 하는데, 이는 창세기 6장 3절에서 제시하는 인간의 한계 수명과 일치하며(참고. Josephus, *Ant.* 1.152; Pseudo-Philo, *Bib. Ant.* 9:8), 가장 의로운 사람이 누릴 수 있다는 수명과 일치한다. 이런 점은 그를 모세와 같은 범주에 속한 인물로 만든다(신 34:7). 1세기 후반에는 예루살렘 교회 지도자들이 팔레스타인 바깥에 끼치는 영향이 틀림없이 줄어들었을 것이며, 팔레스타인 유대 기독교와 다른 지역 교회의 연결고리도 틀림없이 약해졌을 것이다. 그럼에도 글로바의 아들 시므온은 분명 입소문을 타고 온 교회에 그 이름이 알려져 있었을 것이다. 따라서 네 번째 복음서의 첫 독자들은 글로바의 마리아가 그의 어머니임을 아무 어려움 없이 알았을 것이다.

글로바의 마리아가 작은 야고보 및 요세의 어머니 마리아와 같은 사람이라는 주장이 빈번히 제기되었다. 공관복음을 보면, 이 마리아는 십자가 옆에, 예수가 무덤에 묻힐 때, 그리고 빈 무덤을 발견하는 장면에서 등장하는 여자 가운데 하나다(마 27:56, 61; 28:1; 막 15:40, 47; 16:1; 눅 24:10).[32] 이렇게 둘을 동일한 이로 여겼지만, 둘을 동일시한 근거는 늘 아주 빈약했다. 공관복음 기자들이 하나같이 갈릴리부터 예수를 따른 여자들이 십자가 옆에도 있었다고 말할 뿐 아니라(마 27:55, 56; 막 15:40, 41; 눅 23:49), 공관복음 기자마다 각기 한 사람씩 자신만이 기록해 놓은 여자의 이름을 제시하기 때문이다(마태: 세베대의 아들들의 어머니; 마가: 살로메; 누가: 요안나). 마리아는 살로메와 더불어 팔레스타인의 유대인 여자들이 가장 널리 사용한 두 이름

---

32 이렇게 동일시하는 학자들을 언급한 곳을 보려면, Blinzler, *Brüder*, 113 주11; L. Oberlinner, *Historische Überlieferung und christologische Aussage: Zur Frage "Brüder Jesu" in der Synopse* (FB 19; Stuttgart: Katholisches Bibelwerk, 1975), 121-122, 그리고 Beasley-Murray, *John*, 348을 보라.

가운데 하나였다.³³ 따라서 요한 전승이 십자가 옆에 있었다고 일러 주는 여자 가운데 있던 마리아라는 이가 공관복음 전승에서 말하는 마리아라는 이와 꼭 같은 사람이어야 할 이유는 없다.³⁴ 그러나 만일 글로바의 마리아가 글로바의 아들 시므온의 어머니라면, 그가 곧 야고보와 요세의 어머니 마리아라는 주장은 증명되지 않을 뿐더러 그럴 개연성도 아주 희박해진다. 우리는 작은 야고보³⁵가 누구이며 요세가 누구인지 모른다. 이들을 그런 이름을 가진 주의 형제들과 동일인으로 볼 수 없기 때문이다.³⁶ 초기 교회는 이들을 언급하면서 밝힌 이들의 어머니 때문에 이들을 틀림없이 잘 알았을 것이다. 그러나 적어도 마태와 누가가 그들의 복음서를 기록할 때는 작은 야고보와 요세가 글로바의 아들 시므온만큼 잘 알려져 있었을 가능성이 없다. 그들의 어머니가 곧 시므온의 어머니라면, 그 어머니를 밝히면서 시므온을 언급하지 않고 굳이 야고보와 요세를 언급한 것도 이상한 일이 될 것이다.

하지만 이는 요한이 글로바의 마리아가 누구인지 밝히면서 그 아들을 언급하지 않고 굳이 그 남편을 언급한 이유가 무엇인가라는 물음을 낳을 수 있다. 이 마리아가 누구인지 밝히기에는 시몬/시므온이 매우 흔한 이름이었다는 것이 그 대답일 수 있을 것이다. 당장 시몬이나 시므온 자신부터 글로바의 아들 시몬/시므온이라 밝혀야만 하기 때문이다. 그러나 동시에

---

33 T. Ilan, "Notes on the Distribution of Jewish Women's Names in Palestine in the Second Temple and Mishnaic Periods," *JJS* 40 (1989), 186-200; 참고. Bauckham, *Jude*, 43; 그리고 다음 7장 §1을 보라.

34 Bauckham, *Jude*, 12-13.

35 사람을 이렇게 지칭한 경우와 유사한 팔레스타인 유대인의 사례를 살펴보려면, *CIJ* nos. 1038(작은 요셉: Ἰωσήφ [...] μικκός), 1039 (작은 유다: יהודה הקטן)를 보라. 아울러 작은 랍비 사무엘 (שמואל הקטן)을 보라. 이뿐 아니라, 원을 그리는 사람 호니의 손자인 작은 호니를 보라 (חוני הקטן). 아울러 L. Y. Rahmani, *A Catalogue of Jewish Ossuaries in the Collections of the State of Israel* (Jerusalem: Israel Antiquities Authority/Israel Academy of Sciences and Humanities, 1994), 172, no. 421을 참고하라. 이는 예루살렘에서 나온 납골함인데, 여기에는 "작은 가이우스"를 뜻하는 נאנס가 새겨져 있다. 이 납골함 명문의 נאנס는 "난장이"를 뜻하는 그리스어 νᾶνος에서 나온 말이다.

36 Bauckham, *Jude*, 13-15.

글로바의 마리아라는 이름이 오랫동안 그렇게 불려 왔으며, 그의 아들보다 그의 남편이 그리스도인 지도자로 잘 알려져 있을 때부터 늘 그렇게 불려 왔기 때문에 글로바의 마리아라 지칭한 것일 수도 있다. 예수의 친척은 하나의 그룹으로(desposynoi로 알려진 이들로[Julius Africanus, apud Eusebius, Hist. Eccl. 1.7.14]) 팔레스타인의 초기 기독교 운동 지도자 가운데서 두드러진 이들이었다.[37] 따라서 예수의 아버지 요셉과 형제지간인 글로바도 이런 지도자 가운데 하나였을 개연성이 충분히 있다. 더욱이, 글로바가 누가복음 24장 18절의 글로바(Cleopas[Κλεοπᾶς])와 동일인일 개연성은 방금 말한 개연성에 힘을 실어 준다.[38]

Κλεοπᾶς는 그리스식 이름 Κλεόπατρος의 축약형이다. 이는 셈식 이름 글로바(Clopas)와 같은 이름이 아니지만,[39] 글로바와 같은 그리스식 이름으로 쉬이 사용할 수 있었다. 이 시대 유대인은 종종 그들이 가진 셈식 이름과 발음이 비슷한 그리스식 이름을 택하여 사용했다. 시므온과 같은 이름으로 시몬을 택하여 쓴 것과 예수(여호수아)와 같은 이름으로 야손을 택하여 쓴 것이 그런 예다.[40] 그리스식 이름이 아예 셈식 이름을 대체한 것은 아니었다(만일 그랬다면 시몬이라 불리는 유대인을 결코 시므온이라 부르지는 않았을 것이다). 오히려 심지어 그리스에서도 셈식 이름을 음역(音譯)한 형태, 그리고 이 셈식 이름과 같은 것으로 여긴 진정한 그리스식 이름을 같은 사람의

---

37 Bauckham, *Jude*, 61-62와 2장 여러 곳.

38 참고. Gunther, "Family of Jesus," 26-30.

39 Mur 29는 그리스식 이름 Κλεοπος(왼쪽 페이지 첫째 줄)를 히브리어 קלופס(오른쪽 페이지 열째 줄)로 음역해 놓았다. 이 클레오포스가 이 히브리 법률 문서에 그리스어로 서명했다는 것은 분명 그리스어가 그의 모국어임을 일러 주는 증거일 것이다. P. J. Sijpesteijn, "A Note on P. Murabba'at 29," *IEJ* 34 (1984), 49은 그의 이름을 보고 클레오포스가 '본래 그리스인'이었다고 결론짓는다. 그러나 그의 아내(여호수아의 딸 삽비라)는 분명 유대인이었다. 따라서 클레오포스도 본래 디아스포라 유대인일 개연성이 아주 높다.

40 아울러 실라(행 15:22 등) = 실루아노(실바누스, 예를 들면 살전 1:1)를 참고하라. C. J. Hemer, *The Book of Acts in the Setting of Hellenistic History* (WUNT 49; Tübingen: Mohr [Siebeck], 1989), 230을 보라.

이름으로 모두 사용할 수 있었다. 따라서 신약 성경도 시몬 베드로를 보통 시몬이라 부르지만 때로는 시므온이라 부르기도 한다(행 15:14; 벧후 1:1. 이 두 본문은 어쩌면 그의 동포 팔레스타인 유대인은 종종 그를 그렇게 불렀음을 보여주려 했는지도 모른다). 글로바의 아들은 시몬으로도 불렸고 시므온으로도 불렸다. (헤게시푸스는 그리스식 이름을 선호한 것 같다. 따라서 유세비우스가 헤게시푸스를 직접 인용할 때는 보통 그리스식 이름이 나타난다. 그러나 유세비우스 자신은 시므온을 선호했으며, 헤게시푸스의 글을 쉽게 풀어쓰거나 자유롭게 글을 쓸 때는 시므온을 사용한다.[41] 그러나 시므온은 팔레스타인 유대 기독교 자료에서 유래한 예루살렘 주교 명단에서 사용한 형태이기도 하다.)[42]

따라서 글로바도 자신의 아들처럼 자신의 셈식 이름은 물론이고 그에 상응하는 그리스식 이름 글로바(클레오파스)로도 알려져 있었을 가능성이 아주 높다. 아울러 누가복음 24장 18절 전승이 글로바(Cleopas)라는 이름을 보존해 놓고 누가가 굳이 이름을 언급하지 않아도 되는 내러티브 맥락에서 그 이름을 언급할 가치가 있다고 생각한 것을 보면, 누가복음 24장 18절의 글로바는 틀림없이 초기 교회에서 잘 알려진 예수의 제자였을 것이다. 이런 점을 고려하면, 우리가 방금 전에 언급한 글로바와 누가복음 24장 18절의 글로바는 동일인일 개연성이 크다. 복음서가 (빌라도나 가야바 같은 공적 인물이 아닌) 인물의 이름을 제시하는 것은 그들이 초기 교회에서 잘 알려진 이들이며, 문제의 복음서 첫 독자들이 그 사람에 관하여 이미 들어 알고 있기 때문이다. 이것이 타당한 일반 원리이며, 이 원리로 복음서에서 사람 이름이 등장하는 경우를 대부분 설명할 수 있다.[43]

물론 예수가 엠마오로 내려가는 두 제자에게 나타난 일을 전한 누가의

---

41 Bauckham, *Jude*, 83.
42 Bauckham, *Jude*, 70-71.
43 참고. Bauckham, *Jude*, 9 주14; 그리고 다음 7장 주48을 보라.

이야기 가운데 얼마만큼이 전승이고 얼마만큼이 편집인지는 논쟁 중인 문제이지만,[44] 설령 그것이 누가 전의 전승에 상당히 의존하고 있더라도, 이 전승은 역사 사실이라기보다 전설이라고 널리 여겨지고 있다. 여기서 이런 문제들을 논할 필요는 없다. 이 이야기 자체가 누가 전에 존재한 전설이거나 누가가 지어낸 것이라 할지라도, 이 이야기는 아주 이른 시기에 나온 전승, 곧 예수의 부활 뒤 현현(顯現)을 일러 준 이가 글로바(Cleopas)라는 제자임을 (또는 예수의 부활 뒤 현현을 두 제자가 일러 주었으며, 그 가운데 한 사람이 글로바였음을) 밝힌 전승에 기초하여 만들어졌을 개연성이 있다.[45] 이 사례는 히브리(인)복음(*Gospel of the Hebrews*)에서 예수가 부활 뒤에 주의 형제 야고보에게 나타난 일을 서술해 놓은 기사와 비교해 볼 수 있을 것이다. 이 기사 자체도 물론 전설이지만, 그렇다고 이 기사가 무(無)에서 만들어진 것은 아니었다. 이 기사는 주가 야고보에게 나타났음을 일러 주는(고전 15:7) 아주 이른 전승, 틀림없이 역사 사실을 들려주는 전승에 기초하고 있다. 바울은 예루살렘 교회에서 받은 전승을 통해 이 예수의 부활 후 현현에 관하여 알고 있었다. 마찬가지로, 예루살렘 교회도 어떤 전승을, 다시 말해 예수의 또 다른 친척, 곧 예수의 아버지와 형제 사이인 글로바가 부활 후 현현을 겪은 일을 담은 전승을 보존해 주었을지도 모른다. 우리가 예루살렘에서 일어난 부활 후 현현에 관하여 누가와 요한이 공통으로 제시하는 모든 관념을 역사 사실이 아닌 것으로 무시해 버리지 않는다면, 글로바의 마리아가 십자가 옆에 있었던 예수의 여자 제자 가운데 하나라는

---

44 예를 들어 J. E. Alsup, *The Post-Resurrection Appearance Stories of the Gospel Tradition* (CTM 5; Stuttgart: Calwer; London: SPCK, 1975), 190-200; I. H. Marshall, *The Gospel of Luke* (NIGTC; Grand Rapids: Eerdmans; Exeter: Paternoster, 1978), 890-891을 보라.

45 때로는 글로바와 동행한 이가 내가 글로바의 마리아라고 보는 그의 아내였다는 주장이 있었다(참고. Marshall, *Luke*, 894). 누가의 기사에는 이런 주장과 일치하지 않는 것이 전혀 없지만, 만일 다른 제자가 누가가 주의 형제 야고보나 글로바의 아들 시므온과 같은 유명한 초기 그리스도인 지도자로 알고 있던 이라면(이런 주장을 살펴보려면, Bauckham, *Jude*, 17-18을 보라), 그가 그 제자 이름을 밝히지 않은 것은 놀라운 일이다.

요한의 전승과 예수가 십자가형을 당할 때 예루살렘에 있던 예수의 제자 가운데 하나가 글로바(Cleopas)라는 누가의 전승은 흥미롭게도 한 점으로 수렴한다. 이 두 전승은 분명 각각 별개의 독립 전승이다. 우리는 이 두 전승을 보면서, 글로바와 그의 아내 마리아가 갈릴리에서 예수의 마지막 예루살렘 여행까지 예수와 동행한 예수의 제자였으며, 나중에 팔레스타인의 초기 그리스도인 공동체에서 두드러진 이들이 되었다고 결론지을 수 있다.

2. 글로바의 마리아가 팔레스타인에 있는 교회의 선교에서 한 역할

마지막으로, 마리아가 초기 교회 안에서 했을 법한 역할에 관하여 어떤 합리적 추측을 할 수 있을지를 질문해 볼 수 있다. 여태까지 이어 온 논의의 초점이 마리아에서 그의 남편으로 바뀌었다. 이 때문에 일부 독자는 남성 중심으로 빠지는 건 아닌지 의심할지도 모르겠다. 그러나 이런 변화가 필요한 이유는 요한복음 19장 25절이 마리아의 정체를 그의 남편을 언급하여 밝히고 있고, 남아 있는 증거를 살펴볼 때 그의 남편과 아들과 연계해야 비로소 이 마리아의 신원을 알 수 있어서이다. 이 증거를 살펴볼 때에야 비로소 요한복음 19장 25절이 이 마리아를 그의 남편과 아들뿐 아니라 그의 동서인 예수의 어머니와 연계하여 신원을 밝히고 있다고 결론지을 수 있었다. 분명 "글로바의 마리아"는 초기 교회에 대체로 그렇게 알려져 있었다. 그러나 이런 형태로 이 마리아가 누구인지 밝힌다고 해서 그것이 곧 이 마리아 자신이 중요한 인물이 아니었음을 암시하지는 않는다. 그의 이름이 마리아다 보니, 예수의 제자인 다른 마리아들과 초기 예루살렘 교회 지체인 마리아들을 비롯하여 다른 마리아와 구별할 방법이 필요했다. 남편을 언급하여 이 마리아를 다른 마리아와 구별하는 것은 가부장제 사회에서 널리 사용하던 방법이었다. 그러나 이 방법은 첫 그리스도인 공동체가 다른 마리아의 신원을 밝히던 방법과 비교해 볼 가치가 있다. 아들을 언급하여 누구인지 밝힌 마리아가 세 사람 있다. 바로 예수의 어머니 마리아 (물론 이 마리아가 누구인지를 다른 방법으로도 밝힐 수 있었으리라고 생각하기는 불가능하다), 작은 야고보와 요세의 어머니 마리아, 그리고 마가 요한의 어머니 마리아(행 12:12)다. 마지막 두 마리아의 남편은 죽었거나 교회 지체가 아니었거나 아들보다 두드러진 이가 아니었으리라고 추측해 볼 수 있다. 그러나 다른 두 마리아는 그 신원을 밝힐 때, 남자 친척을 언급하는 방법을 쓰지 않는다. 막달라 마리아는 언제나 그냥 그의 고향 동네를 언급하여 누구인지 밝힌다. 마르다와 자매 사이인 베다니의 마리아는 언제나 자매 가운데 한 사람으로 알려져 있던 것 같다. 이 자매는 언니나 동생을 언급하는 것만으로도 그 신원을 충분히 식별할 수 있었다. 누가는 마리아를 마르다와 자매 사이라고 소개한다(눅 10:39).[46] 요한은 먼저 "마리아와 그의 누이 마르다"를 소개할 때는 이 자매가 이미 그의 독자들에게 잘 알려져 있음을 일러 주는 방식으로 소개하는 반면, 이 자매가 누구인지 밝힐 때 이들의 오라비인 나사로라는 이름은 한 번도 사용하지 않는다. 이 때문에 나사로가 이 자매의 오라비임은 설명이 필요했다(요 11:1, 2; 참고. 12:2, 3).

우리가 지금 다루는 마리아를 다른 마리아와 구별하여 그 신원을 밝힐 수 있는 방법들이 분명 더 있었다(그의 아들 시몬을 언급하는 방법, 그와 예수의 관계 또는 그와 예수 어머니의 관계를 언급하는 방법, 그의 고향 동네를 언급하는 방법이 그런 예다). 이런 점을 고려할 때, 그를 글로바의 마리아라 부른 것은 초기 그리스도인들의 생각 속에서는 이 마리아와 그의 남편을 함께 묶어 생각하는 것이 자연스러웠기 때문일 수도 있다. 이는 마치 브리스가 혹은 브리스길라를 늘 그 남편 아굴라와 함께 묶어 언급한 것과 같다. 그 시대의 보통 관습과 반대로 아내인 브리스가 혹은 브리스길라를 남편보다

---

[46] M. R. D'Angelo, "Women Partners in the New Testament," *JFSR* 6 (1990), 79-80은 이것과 선교 동역자를 가리키는 말로 ἀδελφός 및 ἀδελφή를 사용하는 용법을 연계하려 하지만(이에 관한 것은 다음을 보라), 설득력이 없다.

앞에 놓아둔 것은(행 18:26; 롬 16:3; 고전 16:19; 딤후 4:19) 틀림없이 그가 남편보다 그리스도인으로서 더 두드러진 활동을 보여 주었기 때문일 것이다. 비록 아주 적은 정보이긴 하지만, 초기 그리스도인의 팔레스타인 선교에서 여자들이 한 역할을 일러 주는 정보는 브리스가/브리스길라가 남편보다 두드러진 활동을 했을 가능성을 확인해 준다. 고린도전서 9장 5절을 보면, 바울은 자신과 바나바가 그들이 세운 교회에서 물질 후원을 받을 권리를 갖고 있음을 주장하면서, 사도들에게 이런 권리가 있음을 사람들이 널리 받아들이고 있다는 것과 이런 권리에는 사도들이 선교 여행에 동반하는 그들의 아내에게 필요한 것을 받을 권리도 포함된다는 것을 주장한다. 바울은 자신의 주장을 뒷받침하고자 이런 관습에 해당하는 유명한 사례들을 제시하면서, 베드로(게바)와 함께 주의 형제들을 언급한다. 이처럼 주의 형제들이 그들의 선교 여행으로 유명했음을 일러 주는 말은 율리우스 아프리카누스(Julius Africanus)가 팔레스타인 유대 기독교 전승을 인용하면서 제시한 후대의 정보(즉 예수의 형제뿐 아니라 글로바 같은 다른 친척까지 포함하는 범주인 예수의 친척들[desposynoi]이 그들의 고향 마을인 갈릴리 나사렛 동네와 근처 코카바[Kokhaba; *apud* Eusebius, *Hist. Eccl.* 1.7.14]에서 시작하여 팔레스타인 전역을 여행했다는 정보)와 관련이 있다. 예수의 친척들이 팔레스타인 밖에서 펼친 선교 활동을 배제할 필요는 없지만, 그래도 우리는 분명 그들이 주로 유대 팔레스타인에서 그리스도의 복음을 널리 퍼뜨리는 데 힘을 쏟았다고 생각해야 할 것 같다.[47] 우리는 가정의 남자들이 보통 아내를 동반하고 이런 활동을 펼쳤다는 것을 바울에게 들어 알고 있다. 그럼 이때 그 아내들은 무슨 역할을 했을까?

고린도전서 9장 5절을 사람들이 보통 읽는 것처럼 읽으면, 그 아내들은 그저 남편들을 돕는 이들이자, 그 남편들 때문에 교회의 도움을 받는 이들

---

47 Bauckham, *Jude*, 57-68.

이지, 그들 자신이 독립된 그리스도의 일꾼으로 보이지는 않는다. 그러나 엘리자베스 쉬슬러 피오렌자는 사람들이 보통 "아내인 동료 그리스도인"이라는 의미로 이해하는 어려운 이중 목적격 ἀδελφὴν γυναῖκα를 오히려 "아내인 동역자"로 번역해야 한다고 주장했다.[48] 분명 바울은 보통 ἀδελφός를 단순히 같은 그리스도인을 뜻하는 말로 사용하며(복수형일 때에는 언제나 남자와 여자를 모두 포함한다), 고린도전서 7장 12-16절에서는 ἀδελφός와 ἀδελφή를 특히 그리스도인끼리 하는 혼인을 다룬 맥락에서 사용한다. ἀδελφοί(ἀδελφός의 복수형_ 옮긴이)가 분명 바울과 함께 선교하는 이들을 더 특정하여 가리키는 경우가 적어도 두 번 있다(갈 1:2; 빌 4:21). 그러나 이 두 경우, 이 단어에 그러한 의미를 부여하는 것은 다음 단어가 등장하는 문구에서다. οἱ σὺν ἐμοὶ ἀδελφοί(나와 함께한 형제들/형제자매들_ 옮긴이). 바울이 특정한 사람들을 "우리 형제"(예를 들어 고전 1:1; 16:12; 고후 1:1; 8:22; 살전 3:2을 보라), "우리 자매"(롬 16:1; 몬 2절), "우리 형제들"(예를 들어 고후 8:23), 또는 "형제들"(예를 들어 고전 16:11, 12; 고후 9:3)이라 부를 때도 ἀδελφός와 ἀδελφή가 "동역자"라는, 더 특별한 의미를 가지는지는 그리 명확하지 않다. 사실상 이 모든 경우를 보면(빌레몬서 2절만이 모호하다), 문제의 사람들은 분명 바울의 선교 사역에 동참하는 그리스도인 일꾼이지만, 그렇다고 그 용어 자체가 꼭 '같은 그리스도인'(참고. 빌 2:25)을 넘어 더 많은 의미를 지녀야 하는 것은 아니다.[49] 이 용어는 으레 그리스도인의 선교 사업에 참여한 동지들을 가리킬 뿐 엄격히 그 자체를 지칭하지는 않는다. 하지만 복음을 전하고자 함께 여행하는 사람들에 관한 문제를 이야기하는 고린도전

---

48 E. Schüssler Fiorenza, *In Memory of Her: A Feminist Theological Reconstruction of Christian Origins* (New York: Crossroad; London: SCM, 1983)(『그*를 기억하며』, 감은사 역간), 172.

49 바울의 경우에는 ἀδελφοί가 바울의 선교 동지들을 가리킬 때가 빈번하다는 주장을 보려면, E. E. Ellis, "Paul and His Co-Workers," in Ellis, *Prophecy and Hermeneutic in Early Christianity* (WUNT 18; Tübingen: Mohr [Siebeck]; Grand Rapids: Eerdmans, 1978), 13-22을 보라.

서 9장 5절에서는 ἀδελφή라는 말이 사도의 아내도 선교 동역자로 여기고 있음을 일러 준다는 주장이 여전히 타당할 수 있을 것 같다. 이런 점은 분명 ἀδελφὴν γυναῖκα περιάγειν("동역자인 아내를 데리고 다니다"_옮긴이)이라는 표현에 더 많은 타당성을 부여할 것이다. 바울에게는 사도들이 그들의 선교 여행에 함께 데리고 다닐 권리가 있던 아내들이 같은 그리스도인임을 밝혀야 할 필요가 있었을까? 그 아내들이 남편들과 함께 선교 과업을 감당했기에 교회에서 후원을 받아야 함을 일러 주는 것이 더 적절했을 것이다.

바울이 고린도전서 9장 5절에서 사도들과 주의 형제들의 아내들을 언급하는 시각은 분명 남성 중심이다. 설령 그 아내들을 동역자로 보고 있다 해도, 이 동역자인 아내들을 동반할 권리는 남성 사도들에게 있다. 그러나 결국, 바울은 지금 남성 사도로서 자신의 사례와 바나바의 사례를 주장하고 있다. 다른 맥락에서는 바울도 분명 여자들이 그리스도의 일꾼으로 고유한 역할을 하고 있음을 철저히 인정한다. 현재의 논지와 가장 관계가 깊은 사례가 로마서 16장 7절에서 그 남편 안드로니고와 함께 언급하는 유니아의 사례다.[50] 바울은 이 구절에서 남편과 아내인 두 사도를 언급하는 것이 거의 확실하다. 이 부부는 한 팀을 이루어 순회 선교 사업에 함께 헌신했다.[51] 이 부부가 언젠가는 바울과 함께 옥에 있었고 바울이 서신을 쓸 때 로마에 있었다는 것은 이들이 바울처럼 순회 선교사였음을 보여 준다. 바울의 용례를 살펴보면, 이 부부를 '사도'라 부른다는 것은 곧 이 부부가 모두 부활한 그리스도가 나타났을 때 그리스도에게서 사명을 부여받았음을 의미하는 것이 틀림없다.[52] 아울러 바울도 말하듯이, 이 부부는 '사도'로서

---

50 나는 여기서 J. D. G. Dunn, *Romans 9-16* (WBC 38B; Dallas: Word, 1988), 894-895이 근래의 다른 학자들을 따라 설득력 있게 주장한 이 구절 해석을 당연하게 받아들인다. 아울러 앞의 5장 §6을 보라.

51 Schüssler Fiorenza, *In Memory*(「그*를 기억하며」), 172.

52 참고. J. D. G. Dunn, *Jesus and the Spirit* (Philadelphia: Westminster; London: SCM, 1975)(「예수와 영」, 갓은사 역간), 273.

바울보다 먼저 그리스도인이 된 이들이었다. 이들은 분명 예루살렘 교회의 최초 지체들이었을 것이다. 바울은 유니아를 사도라 부름으로써 유니아에게 그의 남편과 바울 자신을 포함한 다른 남성 사도와 같은 권위를 부여하며, 유니아와 그 남편을 "사도 가운데 탁월한(ἐπίσημοι) 이들"이라 말함으로 유니아가 사도로서 가진 권위와 행하는 기능이 교회 안에서 철저히 인정받았음을 분명하게 일러 준다. 안드로니고와 유니아가 특별할 이유는 없다. 오히려 우리는 이 부부를 기독교 선교 사역에 함께 헌신한 다른 부부를 그 시대 사람들이 어떻게 보았을지를 이해하는 하나의 모델로 삼을 수 있을 것 같다.[53] 현재 내 목적을 고려할 때, 이 부부 때문에 남편과 아내가 한 선교 팀이라는 관념이 초창기 팔레스타인 교회에서 유래했다고 볼 수 있다는 점은 중요한 의미가 있다. 우리가 보았던 대로 고린도전서 9장 5절이 시사하듯이, 이는 예수의 형제들과 그들의 아내들도 그런 팀을 형성했을 수 있다는 것을 의미한다. 아울러 그것은 예수의 아버지와 형제지간인 글로바와 그의 아내 마리아도 그런 팀을 형성했을 수 있다는 것을 의미한다. 사실은 이 마리아도 자신의 남편과 예수의 다른 여자 제자들처럼(마 28:9, 10; 요 20:14-17), 부활한 예수가 나타난 여러 현장 중 한 곳에 있었다. 그런 점에서, 그 마리아도 유니아처럼 사도 가운데 하나로 여겨졌을 수 있다. (어쩌면 누가가 전하는 엠마오 이야기가 기초로 삼은 전승에 나오는 두 제자는 글로바와 그의 아내 마리아였을지도 모른다.)[54]

쉬슬러 피오렌자는 초기 교회에 남편과 아내가 짝을 이룬 선교 팀이 존재했다는 것과 예수가 제자들을 둘씩 묶어 파송했다고 일러 주는 복음 전

---

53 참고. Schüssler Fiorenza, *In Memory*(「그*를 기억하며」), 172-173, 178-179. D'Angelo, "Women Partners," 73-74은 빌롤로고와 율리아, 그리고 네레오와 그의 '자매'(=동료 선교사; 롬 16:15)도 부부 선교사로 한 팀이었다고 주장한다. 그의 논문이 주장하려는 요지는 여자 둘이 한 팀을 이루어 선교사로 활동한 경우가 초기 교회 안에 있었다는 것이다. 즉 드루배나와 드루보사(롬 16:12), 그리고 마르다와 마리아의 경우다.

54 앞의 주44를 보라.

승(막 6:7; 눅 10:1)⁵⁵을 연계한다. 마가는 이런 개념을 열두 제자의 선교에 적용하여 분명 남자 두 사람이 한 팀을 이룬 경우를 그려 보이지만, 누가는 이를 70인(또는 72인)의 선교에 적용한다. 주석가들은 한목소리로 그 70인을 당연히 남자 제자로 이해해야 한다고 말하지만, 본문은 꼭 그렇게 봐야 한다고 요구하지 않는다. 실제로, 누가복음 8장 3절을 통해 예수가 많은 여자 제자를 동반했음을 알고 있는 누가복음 독자라면, 70인 가운데 남자뿐 아니라 여자도 들어 있었으리라고 추측하는 것이 더 자연스러울 것이다. 70인의 선교를 분명 누가가 지어낸 이야기로 볼 필요는 없다. 그것은 어쩌면 복음 전승을 토대로 열두 제자뿐 아니라 더 넓은 범위의 사도들이 선교에 참여했음을 일러 주면서, 예수의 가르침을 받은 대상을 열두 제자로 국한한 마가나 마태와 달리, 선교사들까지 예수의 가르침을 받았다고 일러 주는 전승을 70인에게도 적용한 전승의 한 방식을 대변하는 것일 수도 있다. 둘이 한 팀을 이룬 선교 개념을 초기 팔레스타인 교회에도 적용한다면,⁵⁶ 그런 팀 가운데 일부가 안드로니고와 유니아, 글로바와 마리아 같은 부부가 아니어야 할 이유는 전혀 없는 것 같다.

알렉산드리아의 클레멘스는 고린도전서 9장 5절을 주석하면서 금욕주의에서 비롯된 여러 이유에서 사도들이 부부 관계 때문에 아내들을 데리고 다녔다는 생각을 피하고 싶어 한다. 그러면서 그는 사도들의 아내들이 "주부로서 할 일을 처리하는 동역자로(συνδιακόνους)" 사도들과 함께했다고 추측한다. "그들을 통해 주의 가르침이 어떤 소동도 일으키지 않고 여자들의 세계 속으로도 침투했다"(*Strom.* 3.6.53.3).⁵⁷ 물론, 이런 평은 역사 정보에

---

55   Schüssler Fiorenza, *In Memory*(「그*를 기억하며」), 169.

56   이에 관한 증거를 더 살펴보려면, J. Jeremias, "Paarweise Sendung im Neuen Testament," in A. J. B. Higgins, ed., *New Testament Essays: Studies in Memory of Thomas Walter Manson* (Manchester: Manchester University Press, 1959), 136-143을 보라.

57   Schüssler Fiorenza, *In Memory*(「그*를 기억하며」), 201 주43의 번역. 아울러 시리아어로 기록된 *Didascalia* 16과 *Apostolic Constitutions* 3.15를 보라. 여기에서는 믿지 않는 자가 보기에 구설수에 오

근거하고 있지는 않다. 그러나 이는 분명 그 시대의 사회 상황을 반영한다. 그런데도 쉬슬러 피오렌자는 이를 지나치게 성급히 무시해 버린다.[58] 클레멘스는 분명 이방인 사회에 관하여 생각하고 있는 것 같다. 그렇지만 그의 주석은 글로바의 마리아가 선교사로서 활동한 팔레스타인 유대인 사회에 훨씬 들어맞을 수 있다. 삶의 많은 영역에서 남자와 여자를 구별했으며, 적어도 부유한 집안에서는 많은 여자를 여자의 구역에 가두었다.[59] 이는 남자 선교사가 여자들에게 말을 건넬 수 있는 기회를 제한했을 것이며, 회당에서 설교할 때에나 여자들에게 말할 수 있었을 것이다. 마찬가지로 여자가 남자에게 선교 활동을 펼칠 가능성도 심각하게 제약했을 것이다. 이런 사회 제약 속에서 남편과 아내로 구성된 선교 팀은 남자와 여자 모두에게 복음을 들고 다가갈 기회를 더 쉽게 찾을 수 있었을 것으로 보인다.

쉬슬러 피오렌자는 여자들이 초기 그리스도인의 선교에서 한 역할을 탐구하면서, 초기 그리스도인의 선교를 논하는 대부분 학자가 그러하듯이, 오로지 이른바 헬라파와 이방인 선교에만 초점을 맞춘다.[60] 이는 바울이 고린도전서 9장 5절에서 고린도의 그리스도인에게도 잘 알려져 있던 순회 선교사의 대표 사례로 베드로뿐 아니라 예수의 형제들도 들고 있다는 사실을 무시한 것이다. 베드로의 선교 활동은 그때 이미 팔레스타인 밖까지 뻗어 나갔다. 그런 상황에서 바울이 주의 형제들을 언급한 것은 예수의 친척들이 주로 팔레스타인 안에서 그들의 동포 유대인에게 행한 선교가 중요했

를 만한 일이 생길까 두려워 남자 부제(집사)를 보낼 수 없으면 여자 부제(집사)를 집으로 보내라는 가르침을 제시한다.

58 Schüssler Fiorenza, *In Memory*(「그*를 기억하며」), 173.

59 Archer, *Her Price*, 113-120. 아처의 작품은 랍비 사료를 증거로 사용했다는 이유로 비판을 받았다 (랍비 자료는 주후 200년 전 시기에 나온 것이어서 꼭 신뢰할 수 있는 것이 아니며, 늘 실제로 있었던 일이 아니라 오히려 랍비들이 바라던 것을 반영하고 있을 가능성이 있다). 그렇지만 아처는 훌륭한 초기 증거를 제시한다.

60 Schüssler Fiorenza, *In Memory*(「그*를 기억하며」), 5장.

음을 일러 준다. 이렇게 글로바의 마리아를 연구한 덕분에, 우리는 예수의 여자 친척들이 선교에서 행한 역할을 희미하게나마 엿볼 수 있다.

추가 주. 요한복음 19장 25-27절에 나오는 전승

나는 앞의 논의에서 요한복음 19장 25절이 글로바의 마리아를 언급한 말이 공관복음에 의존하지 않은 좋은 전승을 반영하는 것이라고 추측했다. 이 구절이 순전히 공관복음에 의존한 것이라면, 요한이 공관복음의 마리아를 "글로바의 마리아"로 바꿔 놓은 이유를 이해할 수 없을 것이다. 더욱이, 예수의 어머니가 요한복음 19장 25절에서 등장함은 26, 27절의 에피소드를 준비하기 위함이고 막달라 마리아가 등장함은 그가 20장 1-18절에서 수행하는 역할을 준비하기 위함이라고 주장할 수 있지만, 글로바의 마리아는 순전히 지어낸 인물이라고 주장할 만한 내러티브나 신학적 이유는 전혀 없을 것이다.

25-27절에 있는 다른 것은 전승에서 유래했다고 여기지 않으면서도 글로바의 마리아가 막달라 마리아와 함께 십자가 옆에 있었다는 것은 요한이 전승에서 인용한 것이라고 주장할 수 있다. 로버트 포트나(Robert Fortna)˙는 추측을 토대로 요한 전의 내러티브 자료를 재구성하면서, 이 내러티브 자료에 예수의 어머니를 언급하지 않는 요한복음 19장 25절이 들어 있었으며, 요한복음 기자가 자신이 지어낸 26, 27절을 준비하려고 여자들 명단에 예수의 어머니를 추가했다고 주장했다.[61] 이는 꽤 널리 퍼져 있는 견해, 곧 예수의 어머니가 십자가 옆에 있었다는 것은 요한이 지어낸 허구라는 견해와 일치하지만, 예수의 어머니 마리아와 글로바의 마리아가

- 로버트 포트나(Robert Tomson Fortna, 1930-). 미국의 신약 학자이며 복음서를 깊이 연구했다.

61   R. T. Fortna, *The Fourth Gospel and Its Predecessor* (Philadelphia: Fortress; Edinburgh: T. & T. Clark, 1988), 177, 181, 185.

동서 간이라는 자연스러운 둘의 관계를 훼손하고 만다. 또는 25절 전체가 내용상 전승에서 나온 것이며, 복음서 기자가 이미 전승에서 예수의 어머니가 십자가 옆에 있었다고 말함을 이용하여 예수의 어머니, 그리고 주(예수)가 사랑하는 제자에 얽힌 26, 27절의 에피소드를 만들어 냈다고 주장하는 것도 가능할 것이다.[62] 물론, 주가 사랑하는 제자를 순전히 허구의 인물로, 복음서 기자가 지어낸 이라고 여기는 이들에게는 26, 27절의 전승 문제가 발생하지 않는다. 그러나 다른 이들은 주가 사랑하는 제자를 그렇게 허구 인물로 보는 견해가 요한복음 21장 23, 24절이 분명하게 암시하는 내용, 곧 요한복음 편집자와 첫 독자들에게는 주가 사랑하는 제자가 그들도 알던 구체적 인물이라는 것과 양립할 수 없다고 보며, 따라서 주가 사랑하는 제자를 역사 속에 실존한 인물이자 어떤 의미에서는 요한복음 뒤에서 복음 전승을 증언한 이라는 권위를 지닌 이로 본다.[63] 이들의 견해가 옳다. 이렇게 보는 이들은 26, 27절을 요한이 지어낸 허구로, 전승에 기초하지 않은 것이라고 보는 데 더 신중을 기할 수밖에 없다. 만일 복음서 내러티브에서 주가 사랑하는 제자를 언급한 경우를 모두 복음서 기자가 자유로이 지어낸 것으로 본다면, 요한복음이 주가 사랑하는 제자의 증언에 호소한다는(원용한다는) 것이 무슨 의미인지 알기가 어렵다. 또 주가 사랑하는 제자를 언급한 경우가 상당히 희소하기 때문에, 그렇게 언급한 경우 가운데 어느 하나를 이런 관점에서 허구라고 단정하는 것은 심각한 문제다. 만일 주가 사랑하는 제자의 증언을 복음서 안에 결합시켜 놓았다는 요한복음의 주장을 믿어서 근거로 삼을 수 있는 여지가 있다면, 우리는 진지하게 생

---

62 Brown, *John*(『앵커바이블 요한복음 2』), 922. 그러나 그는 요한복음 기자가 주가 사랑하는 제자를 26, 27절에 추가해 놓은 것이 역사 사실에 기초한 것일 수도 있다고 인정한다.

63 주가 사랑하는 제자를 요한복음 저자로 보는 내 견해를 살펴보려면, 내 두 논문 "The Beloved Disciple as Ideal Author," *JSNT* 49 (1993), 21-44과 "Papias and Polycrates on the Origen of the Fourth Gospel," *JTS* 44 (1993), 24-69을 보라. 현재 이 논지는 주가 사랑하는 제자와 요한복음의 관계에 관한 여러 견해를 조화시키려 한다.

각해 보지도 않은 채 그 제자가 십자가 옆에 있었을 가능성을 무턱대고 배제해서는 안 된다. 요한복음 기자가 26, 27절에서 어떤 상징을 담은 신학적 의미를 전달하려 한다는 점은 의심할 수 없다. 우리가 비록 여기서 그 의미가 정확히 무엇인지 토론하며 탐구해 볼 필요는 없다 할지라도 그것까지 의심해서는 안 된다.[64] 그러나 이미 전승에 존재하는 복음서 내러티브에 또 다른 차원의 상징적 의미를 입히는 식으로 그 내러티브를 들려주는 것이 요한복음 기자의 습관이다. 따라서 주가 사랑하는 제자와 예수의 어머니 사이에 성립된 새로운 관계가 의도하는 요한의 상징주의(상징법)는 모순이 아니라, 도리어 그 반대로 주가 사랑하는 제자가 예수의 여자 친척들과 여자 제자들로 구성된 한 무리의 여자들과 함께 십자가 옆에 있었으며 예수가 그 어머니를 돌봐 달라고 그 제자에게 부탁했다고 일러 주는 진정한(사실을 사실대로 전해 준) 전승을 전제한 것일 수 있다.

사람들이 보통 예수의 어머니와 주가 사랑하는 제자가 십자가 옆에 있었다는 것의 역사성을 곧장 무시해 버리는 이유는 그 두 가지(예수의 어머니가 십자가 옆에 있었다는 것과 주가 사랑하는 제자가 십자가 옆에 있었다는 것_옮긴이)가 마가와 마태가 공통으로 갖고 있는 전승들과 모순되기 때문이다.[65] 적어도 겉으로 보면, 이것이 정확하다. 나아가 이 두 가지 점에서는 요한복음이 공관복음과 모순된다는 주장이 때로 제기되는데,[66] 이런 주장은 정확하지 않다. 오히려 그 반대로, 누가복음은 이 두 가지 점에서 요한복음을 뒷받침하는 주장을 제시하는 것 같다. 누가복음과 요한복음의 이런 접

---

64 참고. Brown, John(『앵커바이블 요한복음 2』), 923-927; J. McHugh, The Mother of Jesus in the New Testament (London: Darton, Longman & Todd, 1975), 399-403; R. E. Brown, et al., Mary in the New Testament (Philadelphia: Fortress, 1978), 212-214; Beasley-Murray, John, 349-350; Carson, John(『요한복음』), 617-618.

65 참고. Brown, et al., Mary in the New Testament, 209-210.

66 Bultmann, John(『요한복음서 연구』), 672; Brown, John(『앵커바이블 요한복음 2』), 922 (그러나 더 꼼꼼히 살펴보려면 906쪽을 보라).

점이 특히 흥미로운 것은 두 가지 이유에서다. 첫째, 우리는 누가와 요한의 이런 접점을, 곧 요한이 말하는 글로바(Clopas)와 누가가 말하는 글로바(Cleopas)가 동일인일 개연성을 요한복음의 바로 이 구절들에서 이미 간파했다. 둘째, 특히 예수 수난과 부활 내러티브를 보면, 누가와 요한 사이에 마태와 마가와는 구별되는 크고 작은 유명한 일치점들이 잇달아 존재한다.[67] 누가와 요한의 관계라는 문제를 논할 때면, 보통 요한이 누가에게 의존했는가라는 관점에서 논하거나, 더 빈번하게는 둘의 공통 전승이라는 관점에서 논하기도 한다. 그러나 사실 요한이 글로바의 마리아를 언급한 경우와 누가가 글로바(Cleopas)를 언급한 경우를 이어 주는 연결고리는 공통 전승이 아니다. 이것은 완전히 다르고 서로 무관한(서로 의존하지 않은) 전승들이 우연히 한 지점에서 연관성을 갖게 된 경우다. 이는 두 복음서에서 마르다와 마리아가 모두 등장하지만 두 경우가 완전히 다른 전승에 속해 있음과 비슷하다. 이는 누가와 요한이 받은 전승이 그 자체만 놓고 보면 공통 전승은 아니나 그 전승들의 기원은 공통이었음을 시사하는 것일 수 있다. 이것은 누가와 요한의 관계라는 문제를 아주 좁게 제시해서는 안 된다는 것을 일러 준다. 이 점은 우리가 곧 살펴볼 접점과 관련이 있을 것이다.

요한은 예수의 어머니가 십자가 옆에 있었다고 말하지만, 이는 두 가지 점에서 마가복음과 상충한다고 말할 수 있다. 첫째, 마가는 예수와 그 친척들(그의 어머니와 형제들)의 관계를 철저히 좋지 않은 관계로 묘사한다. 즉 예수의 친척들은 예수의 사명을 오해했고 그의 사명을 제약하려 했으며, 예수는 사실상 그들과 의절했다(막 3:21-35). 마가복음에는 이렇게 단절된 관계가 치유되었음을 암시하는 단서가 전혀 없다. 둘째, 마가는 십자가 옆에 있었던 세 여자의 이름을 제시하지만(15:40), 예수의 어머니는 언급하지

---

[67] 특히 F. L. Cribbs, "St. Luke and the Johannine Tradition," *JBL* 90 (1971), 422-450을 보라.

않는다. 하지만 이렇게 마가와 요한 사이에 존재하는 모순을 역사와 관련된 질문을 매듭짓는 것으로 받아들이는 것은 분명 순진하다. 그런 태도는 모든 복음 전승이 취사선택할 수밖에 없었음을 무시한 것이며, 마가 자신의 편집 의도를 무시한 것이다. 먼저 첫 번째 점을 살펴보자. 예수와 그 친척들의 불화를 일러 주는 내용이 마가가 받은 전승에 들어 있었을 개연성이 있다. 그렇지만 일부 사람들이 주장했듯이, 마가 자신은 예수의 친척들이 지도자로 있었던 예루살렘 교회를 논박하는 방법을 통해, 또는 내가 더 개연성이 높다고 생각하는 방법, 즉 그리스도의 제자가 되려면 가까운 친척과 관계를 끊어야 함을 그리스도인들에게 생생히 보여 준 모델로 예수를 제시하는 방법을 통해(참고. 막 10:28-30) 그 테마를(예수와 그 친척들의 관계가 좋지 않았음을_ 옮긴이) 강조하고 선전했다.[68] 어쨌든, 마가복음 독자들도 예수의 형제들이 결국 예수를 가장 열렬히 따른 이 가운데 일부가 되었음을 아주 잘 알았을 것이다. 그렇다면 그들은 마가복음 3장 21-35절을 끝까지 관계가 단절되었음을 묘사한 본문으로 받아들일 수 없었을 것이다. 두 번째 점을 살펴보자. 마가가 따른 전승을 보면, 여자들의 이름을 확실히 밝힐 때, 주로 예수 장사(葬事)를 목격한 증인이자(막 15:47) 빈 무덤을 목격한 증인(막 16:1)으로 제시한다. 15장 47절(두 여자의 이름을 밝힘)과 16장 1절(세 여자의 이름을 밝힘)의 차이는 전승이 어느 여자를 이 사건들의 증인으로 인용할 수 있느냐에 중요성을 부여하고 있음을 보여 준다. 마가는 15장 40절에서 세 여자의 이름을 밝히는데, 이는 이 여자들이 15장 47절과 16장 1절에서 증인 역할을 할 수 있게 준비하려 함이다. 따라서 이 전승이 예수의 어머니를 예수 장사나 빈 무덤을 목격한 증인으로 알고 있지 않았다면, 설령 예수 어머니가 십자가 옆에 있었더라도, 마가의 전승은 그 이름을 밝히지 않았을 것이다. 마가의 전승은 단순히 십자가 옆에 있었던 여자의 이

---

[68] Bauckham, *Jude*, 46-49.

름을 밝히는 데에는 관심이 없었다.

따라서 예수의 어머니가 십자가 옆에 있었는가라는 문제와 관련하여 마가복음을 요한복음에 맞서 문제를 종결짓는 증거로 인용하기는 불가능하다. 반면, 누가복음을 요한복음을 적극 지지하는 증거로 읽을 수는 있다. 물론, 누가도 마가만큼이나 수난 내러티브에서 예수의 어머니를 자세히 언급하지 않지만, 그 이유는 마가와 같거나 마가보다 훨씬 명백하다. 누가는 십자가 옆에 여자들이 있었음을 언급하면서도 그 여자들의 이름을 전혀 제시하지 않고(23:49), 무덤이 비었음을 발견한 일을 언급할 때만 여자들의 이름을 제시한다(24:10). 하지만 누가-행전을 주의 깊게 읽은 이라면, 예수의 어머니 마리아도 다른 여자들과 함께 십자가 옆에 있었다고 충분히 추론할 수 있을 것이다. 사도행전 1장 14절은 예수가 승천한 뒤 "여자들과 예수의 어머니 마리아와 그의 형제들"이 열한 사도와 함께 예루살렘에 있었다고 말한다. 누가의 내러티브는 모든 제자가 예수와 함께 유월절을 지내러 예루살렘에 도착한 뒤 예루살렘에 머물러 있었다고만 말한다. 따라서 예수의 어머니도 갈릴리에서부터 예수를 따라온 여자들과 함께 줄곧 예루살렘에 있었으리라고 자연스럽게 추론할 수 있다(23:49). 마태나 마가와 달리, 누가복음에는 예수와 그의 가족 관계가 깨졌음을 일러 주는 말이 전혀 들어 있지 않다는 사실은 그런 추측에 힘을 실어 준다.

주목할 만한 것은 요한이 예수와 그 가족의 관계가 대체로 어떠했는지 묻는 질문에 관하여 한편에 있는 마태와 마가와 다른 한편에 있는 누가 사이에 서 있다는 것이다. 마태[69]와 마가는 예수와 그 친척의 관계가 완전히 금이 간 인상을 주는 반면, 누가는 양자가 완전히 화합한 인상을 준다.[70] 요한은 더 복잡한 그림을 갖고 있다. 즉 처음에는 예수의 어머니와 형제들이

---

69 마태가 이를 가벼이 여겼다는 견해에 반대하는 견해를 보려면, Bauckham, *Jude*, 49-50을 보라.
70 Bauckham, *Jude*, 50-52.

제자로서 예수와 함께한다(요 2:1, 2, 12). 그러다 나중에는 예수의 형제들이 예수를 믿지 않는다(7:5). 그렇지만 결국 예수의 어머니와 예수의 이모(숙모)는 예수가 십자가에 달렸을 때 십자가 옆에 있었던 극소수 가운데 있다 (19:25). 이로 보아, 처음에는 예수와 친척들의 관계가 금이 갔을 개연성이 있으며, 이 점에서는 마가와 요한이 같은 모습을 보여 준다. 그러다가 예수의 사역이 끝날 무렵에 이르러 예수의 친척들(예수의 어머니와 형제들, 글로바와 글로바의 마리아)이 예수의 제자 무리에 합류했을 개연성이 있다. 이는 누가와 요한이 한목소리로 시사하는 점이며, 예수가 부활 뒤 야고보에게 나타났다는 전승(고전 15:7)도 시사하는 것이다. 특히 이 전승은 야고보가 이미 예수의 제자였음을 전제하고 있을 개연성이 아주 높다.[71]

마가는 주가 사랑하는 제자가 십자가 옆에 있었음과 관련하여 마가복음의 관련 본문에서 예수가 예언한 그대로(막 14:27) 모든 제자가 겟세마네에서 예수를 버렸음을 강조하고(14:50), 오직 여자 제자들만 십자가 옆에 있었다고 언급한다(15:40, 41). 그러나 다시 하는 말이지만, 마가가 편집할 때 가졌던 관심사뿐 아니라, 그가 받은 전승의 취사선택에 관하여 묻는 것이 적절하다. 이런 내용은 분명 마가가 묘사하는 제자들의 실패(나 적어도 남자 제자들의 실패)에 속하며, 마가에게는 그런 실패의 예외를 언급하여 그의 글이 남긴 영향을 망칠 이유가 없었다. 더욱이, 마가가 제자들과 관련하여 제시한 전승은 주로 열두 제자에 관한 것이다. 마가는 열두 제자에 속하지는 않았지만 예루살렘에 거주하는 예수의 제자에게는 그저 지나가는 김에 우연히 관심을 보일 뿐이다(막 14:14, 15). 우리는 주가 사랑하는 제자도 그런 제자였으리라고 추측해야 한다. 그의 전승은 열두 제자 가운데 누구도 십자가 옆에 없었음을 일러 준다는 점에서 신뢰할 수 있을 것 같다. 실제로 마가가 제자들이 흩어지리라는 예수의 예언을 기록해 놓은 본

---

71 Bauckham, *Jude*, 56.

문(막 14:27)과 평행을 이루는 요한복음 본문(요 16:32)도 그것을 확인해 준다. 그렇다고 마가의 전승이 관심을 보이지 않는 열두 제자 이외의 다른 남자 제자도 십자가 옆에 없었다고 결론지을 수 있는 것은 아니다.

누가가 이 문제에 관하여 취하는 견해는 흥미롭게도 그가 예수의 어머니에 관하여 취하는 견해와 비슷하다. 그는 베드로 외에 다른 어떤 제자가 예수를 버렸음을 전혀 암시하지 않는다. 예수의 "벗들"(γνωστοί, 눅 23:49)이 십자가 옆에서 여자들과 함께 있다. 이 구절은 분명 시편 38편 11절(70인경 37:11; 아울러 시편 88편 8절[70인경 87:8]도 참고하라)의 영향을 반영하는데, 어쩌면 이 점이 μαθηταί(제자들)보다 γνωστοί를 사용한 연유를 설명해 줄지도 모르겠다. 그러나 오로지 여자들만 언급하는 마가복음 15장 40절도 이 본문을 반영한다. 따라서 우리는 그 예언이 그냥 이 내러티브를 결정했다고 추측하지 않도록 조심해야 한다.

또다시 주목할 점은 요한이 예수와 그 친척들의 관계라는 문제를 다룰 때처럼 십자가 옆에 있던 제자들이라는 문제를 다룰 때도 마가와 누가 사이에 서 있다는 것이다.[72] 누가와 달리, 요한은 제자들이 자신을 버릴 것이라는 예수의 예언을 들려주는 마가의 전승과 평행을 이루는 본문을 갖고 있지만, 동시에 그는 남자 제자 가운데 적어도 한 사람이 십자가 옆에 있었음을 알고 있다.

물론, 모든 제자가 십자가 옆에 있었다는 누가의 언급과 단 한 제자, 곧 주가 사랑하는 제자만이 십자가 옆에 있었다는 요한복음 19장 26, 27절의 언급 사이에는 상당한 차이가 있다. 그러나 역시 주가 사랑하는 제자와 관련된 흥미로운 유사 사례가 있다. 분명 그럴 개연성이 높지만,[73] 만일 누가

---

[72] 수난 내러티브와 부활 내러티브에서 나타나는 이 현상에 관한 또 다른 주장에도 주목해야 한다. 요한은 예수가 부활 뒤 남자 제자들에게 나타난 장소는 문제와 관련하여 한편으로는 마태와 마가와 같은 말을 하면서도(갈릴리), 다른 한편으로는 누가와 같은 말을 한다(예루살렘).

[73] 이 구절의 진실성에 관하여 알아보려면, Marshall, *Luke*, 888 (다른 문헌을 언급함); R. J. Dillon,

복음 24장 12절(베드로의 빈 무덤 방문)이 누가가 본래 쓴 본문에 속한다면, 이는 누가와 요한이 공통으로 갖고 있는 가장 놀라운 전승 사례 가운데 하나인 셈이다. 누가복음 24장 12절은 베드로만이 빈 무덤에 갔다고 말하는데, 사람들은 이를 종종 요한이 주가 사랑하는 제자를 덧붙여 놓은 것(요 20:3-10)이 전승에 아무 근거가 없는 것으로, 순전히 요한이 지어낸 허구임을 증명해 주는 증거로 받아들인다. 이 주장은 누가가 제자 몇몇이(τινες) 무덤을 찾아갔다는 글로바(Cleopas)의 보고를 담은 누가복음 24장 24절에서 그의 전승이 베드로뿐 아니라 더 많은 제자에 관하여 이야기했음을 암시한다는 것을 간과한 것이다.[74] 마찬가지로 요한복음 20장 2절에서는 막달라 마리아의 "우리"가 이 요한복음 20장 뒤의 전승에서 막달라 마리아뿐 아니라 한 무리 여자들이 무덤을 찾아갔음을 보여 준다. 두 경우에 복음서 기자는 한 무리 제자에 관한 내러티브를 단 한 제자와 관련지어 다시 이야기했는데, 두 경우 모두 이렇게 이야기한 것은 분명 문학적 효과와 관련된 이유에서다. 결국 누가의 전승은 베드로와 다른 제자들이 무덤에 간 것을 알았다. 요한은 무덤에 간 사람으로 베드로와 주가 사랑하는 제자를 지목한다. 십자가 옆에 있던 제자들의 경우처럼, 오직 요한의 전승만이 여러 사람을 익명으로 제시한 누가의 전승과 달리 이 특별한 제자를 표시하는 데 관심을 갖고 있었다.

From Eye-Witnesses to Ministers of the Word: Tradition and Composition in Luke 24 (AnBib 82; Rome: Biblical Institute Press, 1978), 59-62; F. Neirynck, "Lc xxiv.12: Les témoins du texte occidental," in idem, *Evangelica* (BETL 60; Leuven: Peeters/Leuven University Press, 1982), 313-328을 보라.

74   Dillon, *From Eye-Witnesses*, 63-65도 마찬가지다. 그러나 J. Muddiman, "A Note on Reading Luke xxiv,12," *ETL* 48 (1972), 547은 두루뭉술한 말인 τινες를 무덤 방문의 중요성을 떨어뜨리고자 일부러 쓴 모호한 말로 받아들인다.

7장
두 살로메와 마가비밀복음

살로메는 진리와 자비라는 바위 위에 탑을 세웠다.
그 탑을 세운 이들은 의인이요,
그 탑에 쓸 돌을 깎은 석공은 천사들이다. ······
그 집으로 들어가는 이들은 기뻐하고,
거기서 나오는 이들은 ─ 그들의 마음은 즐거움을 구한다.
살로메는 그것을 세우고 거기에 지붕을 얹었으며, 그 탑에 난간을 달았다.[1]

살로메라는 이름은 신약 성경의 단 두 곳, 마가복음 15장 40절과 16장 1절에서만 나타난다. 이곳에서는 이 이름이 예수의 세 여자 제자 중 세 번째 제자를 가리킨다. 예수의 이 제자가 거의 주목받지 못했고 심지어 근래에 이루어진 예수의 여자 제자 연구에서도 주목받지 못한 것은 어쩌면 놀라운 일이 아닐지도 모른다.[2] 그러나 정경 밖의 복음 전승과 다른 초

---

[1] *Psalms of Thomas* 16, translated in C. R. C. Allberry, ed., *A Manichaean Psalm-Book Part II* (Stuttgart: Kohlhammer, 1938), 222. 이 시 전문을 보려면, 이번 장 부록을 보라.

[2] E. Schüssler Fiorenza, *In Memory of Her: A Feminist Theological Reconstruction of Christian Origins* (New York: Crossroad; London: SCM, 1983)(「그*를 기억하며」, 감은사 역간), 320; B.

기 기독교 문헌에서는 이 살로메라는 이름이 심심치 않게 등장한다. 알렉산드리아의 클레멘스는 그의 작품 「테오도루스에게 보낸 서신」(*Letter to Theodorus*)에서 마가비밀복음(*Secret Gospel of Mark*)을 두 번 인용하는데, 그중 한 곳에서 살로메가 등장한다.[3] 이 때문에 이전까지만 해도 초기 기독교 문헌에 등장하는 살로메라는 인물을 가장 충실히 연구한 결과물은 모튼 스미스(Morton Smith)•가 클레멘스의 「테오도루스에게 보낸 서신」과 마가비밀복음을 철저히 다룬 연구에서 살로메에 할애한 두 페이지가 전부였다.[4] 스미스는 비록 전부는 아니어도 살로메를 언급하는 중요한 부분을 대부분 모아 결합했지만, 이곳들을 꼼꼼히 연구해 보면 그의 증거 해석에 심각한 흠결이 있음이 드러난다. 특히 (1) 그는 예수의 제자 살로메와, 초기 기독교 전승이 알려 준 덕에 그 이름이 알려진 예수의 누이 살로메를 구별하지 않는다. (2) 이런 이유이기도 하겠지만, 아울러 그는 정통 진영의 저술가들이 살로메를 언급한 곳에서 살로메의 지위를 논박한 증거를 정통이 아닌 그룹이나 영지주의 그룹에게도 권위를 가진 것으로 보는 잘못을

Witherington III, *Women in the Ministry of Jesus* (SNTSMS 51; Cambridge: Cambridge University Press, 1984), 120; J. A. Grassi, *The Hidden Heroes of the Gospels: Female Counterparts of Jesus* (Collegeville, Minn.: Liturgical, 1989), 40-44; C. Ricci, *Mary Magdalene and Many Others* (tr. P. Burns; Minneapolis: Fortress, 1994), 174-177을 보라.

3 「테오도루스에게 보낸 서신」이 진짜라는 모튼 스미스의 논증은 널리 받아들여졌으며, 이 7장에서도 일단 받아들일 것이다. 그러나 A. H. Criddle, "On the Mar Saba Letter Attributed to Clement of Alexandria," *Journal of Early Christian Studies* 3 (1995), 216-220은 이 서신에서 클레멘스의 자취가 들어 있지 않은 부분에 비해 클레멘스의 자취가 들어 있는 부분의 비율이 매우 높아 이 서신을 진정한 서신으로 볼 수 없다고 주장하면서, 이는 클레멘스의 문체를 꼼꼼하게 모방한 서신으로 봐야 한다고 주장했다. 더욱이, 이 서신 원문을 본 이가 스미스 외에 아무도 없기 때문에 의심이 이어질 수밖에 없다는 주장도 여전히 존재한다. 이 문제에 관한 논의 상황을 살펴보려면, M. Smith, "Clement of Alexandria and Secret Mark: The Score at the End of the First Decade," *HTR* 75 (1982), 449-461; S. Levin, "The Early History of Christianity, in Light of the 'Secret Gospel' of Mark," *ANRW* 25/26 (Berlin/New York: de Gruyter, 1988), 4272-4275을 보라.

• 모튼 스미스(Morton Smith, 1915-1991). 미국의 고대 사학자다. 1958년에 마르 사바 수도원에서 마가비밀복음을 발췌한 글이 들어 있는 알렉산드리아의 클레멘스의 서신을 발견한 이로 유명하다.

4 M. Smith, *Clement of Alexandria and a Secret Gospel of Mark* (Cambridge: Harvard University Press, 1973), 189-192.

저지르고 있다.

이 7장의 목표는 예수의 누이 살로메에 관한 전승을 회복하고 그 전승을 동명이인인 예수의 제자에 관한 전승에서 떼어 내며, 초기 기독교 전통 안에서 예수의 제자 살로메가 행한 역할을 상세히 연구하는 것이다. 아울러 후자에 비춰, 예수의 제자 살로메가 등장하는 마가비밀복음 본문에 관한 스미스의 해석을 비판하고 더 개연성 있는 해석을 제시하는 것도 이번 장의 목표다. 분명 이 7장이 마가비밀복음의 수수께끼를 다 풀지는 못하겠지만, 그래도 마가비밀복음에서 가장 수수께끼인 부분 가운데 하나를 설명하는 데 도움을 줄 수도 있다.

1. 예수의 누이 살로메

정경이 나온 뒤의 기독교 전승 가운데 예수의 누이 이름을 가장 훌륭하게 증언하는 것은 예수의 누이 이름이 마리아와 살로메라 밝힌다.[5] 에피파니우스(*Pan.* 78.8.1; 78.9.6; 참고. *Ancoratus* 60.1)[6]는 이 이름들을 요셉이 첫 아내에게서 얻은 두 딸의 이름으로 제시한다.[7] 휴 롤러(Hugh Lawlor)[•]는 에피파

---

5 *Pan.* 78.8.1은 예수의 누이를 마리아, 살로메라는 순서로 제시하며, *Pan.* 78.9.6은 살로메, 마리아라는 순서로 제시한다. 다른 이름들을 보려면, J. Blinzler, *Die Brüder und Schwestern Jesu* (2nd ed.; SBS 21; Stuttgart: Katholisches Bibelwerk, 1967), 36-38을 보라.

6 *Ancoratus* 60.1 본문은 그 이름을 안나와 살로메라 제시한다("Ανναν καὶ Σαλώμην). "Ανναν은 본문이 Μαρίαν을 잘못 적은 것일 수 있다(K. Holl, *Epiphanius: 1: Ancoratus und Panarion Haer. 1-33* [GCS 25; Leipzig: Hinrichs, 1915], 70 주). 그러나 만일 그렇다면, 그런 잘못은 요셉의 세 딸(마리아, 안나, 살로메 [Blinzler, *Brüder*, 36-37])에 관하여 알고 있던 예루살렘의 소프로니우스(Sophronius)에게도 일찍 알려졌을 것이다.

7 현존하는 에피파니우스의 텍스트는 요셉의 첫 아내 이름을 제시하지 않지만, Anastasius of Sinai, *Quaest.* 153 (*PG* 89:812)는 에피파니우스를 인용했다고 주장하면서(*Pan.* 78.8.6), 그 이름이 살로메라고 말한다. 후대의 다른 저술가들은 야고보와 요세의 어머니 마리아가 요셉의 첫 아내라 말한다(막 15:40).

• 휴 롤러(Hugh Jackson Lawlor, 1860-1938). 아일랜드의 교회사가이며 성공회 사제였다.

니우스가 *Panarion* 78.8.1에서 헤게시푸스에게 의존했다고 주장했지만,[8] 그는 이 이름들을 요셉의 첫 번째 혼인에 관한 다른 정보와 더불어 지금은 더 이상 존재하지 않는 어떤 외경 자료에서 인용했을 가능성이 더 커 보인다. 분명 이 외경 자료는 에피파니우스도 이 문맥에서 (직간접으로) 의존하고 있는 것으로 보이는 야고보원복음(*Protevangelium of James*)과 어떤 관계가 있었을 것이다.[9] 이 예수의 누이 이름들은 초기 기독교 문헌에서 자주 발견할 수 없다. 후대 교부와 초기 비잔티움 저술가들(예루살렘의 소프로니우스[Sophronius of Jerusalem], 시나이의 아나스타시우스[Anastasius of Sinai], 테오필락토스[Theophylact], 유티미우스 지가베누스[Euthymius Zigabenus], 니케포루스 칼리스투스[Nicephorus Callistus])이 언급한 내용은 아마도 에피파니우스에게 의존했을 것이다.[10] 그러나 이 이름들은 분명 에피파니우스보다 앞서 기록된 두 기록물까지 거슬러 올라갈 수 있을 것 같다. 바로 빌립복음과 야고보원복음이다.

빌립복음(*Gospel of Philip*)은 분명 3세기에 발렌티누스주의자(영지주의자)가 쓴 작품이다. 여기에는 다음과 같은 말이 들어 있다. "늘 주와 동행한 세 사람이 있었다. 바로 그의 어머니 마리아,[11] 그의 누이(her sister), 그리고 그의 동반자라 불렸던 막달라 사람[12]이 그 셋이다. 그의 누이(his sister)와 그의 어머니, 그리고 그의 동반자는 모두 이름이 마리아였다"(59:6-11).[13]

---

[8] H. J. Lawlor, *Eusebiana: Essays on the Ecclesiastical History of Eusebius Pamphili* (1912; reprinted Amsterdam: Philo Press, 1973), 11-12.

[9] *Pan.* 78.7.2; *Protevangelium of James* 9. *Pan.* 78.8.1-2는 요셉의 나이를 언급하는데, 이는 야고보원복음에서 유래한 것이 아니며, *History of Joseph* 14와 정확하게는 아니어도 대략 일치한다.

[10] 참고 문헌을 보려면, Blinzler, *Brüder*, 36-37을 보라.

[11] 예수의 어머니 마리아를 늘 함께한 동지로 묘사한 글을 보려면, Epiphanius, *Pan.* 78.13.1을 보라. 달리 묘사한 것을 보려면, Tertullian, *Carn.* 7.9를 보라.

[12] 막달라 마리아를 예수의 배우자로 묘사한 글을 보려면, *Gos. Phil.* 63:32-36을 함께 보라.

[13] W. W. Isenberg in J. M. Robinson, ed., *The Nag Hammadi Library in English* (New York: Harper & Row; Leiden: Brill, 1977), 135-136의 번역.

세 여자가 들어 있는 이 두 명단을 일관성 있게 만들려면,[14] 첫 번째 명단의 "그의(그 여자의) 누이"(her sister)를 두 번째 명단처럼 "그의(그 남자의) 누이"(his sister)로 바꿔야 한다. 필사 과정에서 발생한 오류는 요한복음 19장 25절이 예수의 어머니의 자매를 언급한다는 사실 때문인 것으로 보이며, 이 구절의 가장 그럴듯한 독법에 따르면, 이 사람은 마리아라는 이름으로 불렸다고 생각할 수 있을 것이다.[15] 이 사실도 현대 학자들로 하여금 빌립복음 원문이 예수 어머니의 자매를 언급한다고 잘못 추측하게 만들었지만,[16] 이는 불가능하다. 두 번째 명단의 "그(남자)의 누이"를 "그(여자)의 누이"로 바로잡는다면, 그것은 예수 어머니의 자매가 아니라 막달라 마리아의 자매를 가리키는 말이 될 것이기 때문이다. 이 말은 본래 예수의 누이 마리아를 가리키는 말이었던 것이 틀림없다.[17] 이 여자가 예수와 계속하여 함께 다닌 동반자였다는 관념은 이 여자를 (막달라 마리아가 아닌 다른) 마리

---

14   H. J. Klauck, "Die dreifache Maria: Zur Reception von Joh 19,25 in EvPhil 32," in F. Van Segbroeck, et al., eds., *The Four Gospels 1992*, vol. 3 (F. Neirynck FS; Leuven: Leuven University Press/Peeters, 1992), 2352-2358은 이 두 명단이 일부러 일관성 없게 만들어졌다고 주장한다. 그는 첫 번째 명단을 요한복음 19장 25절에서 가져온 것이라 이해하며, 두 번째 명단에 들어 있는 변화는 알레고리 해석을 시사한다고 이해한다. 저자가 요한복음 19장 25-27절을 자유롭게 해석한 것을 보면 막달라 마리아가 수가 사랑하는 제자의 자리를 차지한나(참고. *Gos. Phil.* 63:34-35). 따라서 예수의 어머니를 자신의 어머니로 맞아들인 사람은 막달라 마리아이며, 그러기에 그는 예수의 누이라 불릴 만하다. 이 때문에 막달라 마리아는 두 번째 명단에서 예수에게 가장 큰 사랑을 받은 제자로 "그의 누이"라는 말을 들을 뿐 아니라 가장 두드러진 첫 번째 자리를 차지한다. 하지만 그 의도에서 보이듯이 이런 설명은 요한복음 본문의 문자적 의미를 그 본문에 대한 알레고리 해석과 구별하여 결국 두 명단 사이의 간극을 설명해 주지 못한다. 문자의 차원에서는 그 간극이 그대로 남아 있다.

15   앞의 6장을 보라. 고대 버전들은 이 점에 관하여 저마다 다른 모습을 보여 준다. T. Zahn, *Forschungen zur Geschichte des neutestamentliche Kanons und der altkirchen Literatur* 6 (Leipzig: Deichert, 1900), 338 주1; Blinzler, *Brüder*, 112을 보라. L. Oberlinner, *Historische Überlieferung und christologische Aussage: Zur Frage der "Brüder Jesu" in der Synopse* (FzB 19; Stuttgart; Katholisches Bibelwerk, 1975), 124 주391에 따르면, 대부분 주해가는 예수의 어머니의 자매와 글로바의 마리아를 서로 다른 사람이라고 생각한다.

16   참고. J. J. Buckley, *Female Fault and Fulfilment in Gnosticism* (Chapel Hill/London: University of North Carolina Press, 1986), 108.

17   참고. R. M. Wilson, *The Gospel of Philip* (London: Mowbray, 1962), 97-98.

아들 가운데 하나,[18] 곧 복음서에서 예수의 제자들로 제시하는 여러 마리아(마 27:56, 61; 28:1; 막 15:40, 47; 16:1; 눅 24:10; 요 19:25)[19] 가운데 하나와 동일시한 결과가 아닐까 싶다. 그러나 분명 이렇게 동일인으로 여기지 않는 사도 헌장(Apostolic Constitutions)(3:6)이 예수의 여러 누이가 예수의 여자 제자 가운데 있었다고 여기는 점은 주목할 만한 가치가 있다.

여기서 하는 말의 의미는 십중팔구 알레고리이며, 복음서 내러티브를 알레고리로 해석하기도 하는 발렌티누스주의자의 공통된 해석 방식과 일치한다.[20] 이 해석은 세 마리아를 분명 여성의 (성령과 지혜 같은) 영적 능력을 상징하는 이들이자, 각각 예수의 어머니, 예수의 누이, 그리고 예수의 배우자로 예수와 이어져 있는 이들로 본다.[21] 아니, 어쩌면 세 마리아를 성령의 세 표현 양태로 이해하고 있는지도 모르겠다. (본문 마지막 문장은 세 마리아를 한 마리아로 축소하는 말로, 즉 동일한 인격체가 서로 다른 세 방식으로 예수와 관련을 맺고 있는 것으로 번역하는 것이 나을지도 모르겠다. "이는 마리아가 그의 누이요, 그의 어머니요, 그의 배우자이기 때문이다.")[22] 이 세 관계가 지닌 알레고리적 의미(어머니, 누이, 배우자)는 세 마리아를 특별히 언급하면서도, 복음

---

18 (막달라 마리아를 비롯한) '다른 마리아들'이 계속하여 예수를 따르며 보살폈음을 보려면, Tertullian, *Carn.* 7.9를 보라.

19 예수의 누이 마리아를 야고보와 요세의 어머니 마리아(막 15:40)와 동일인으로 본 후대의 몇몇 저자를 살펴보려면, Blinzler, *Brüder*, 36을 보라. Anastasius of Sinai, *Quaest.* 153 (PG 89:812)에 따르면, 예수의 누이이자 요셉의 딸인 마리아는 그의 숙부이자 요셉의 아우인 글로바와 혼인했다. 이 때문에 그는 예수의 어머니인 마리아의 동서로 알려졌다(요 19:25)(Hippolytus of Thebes도 같은 말을 한다, Blinzler, *Brüder*, 36에서 인용). 이 정보는 Epiphanius, *Panarion*에서 나왔다고 주장하지만, 현존하는 *Pan.* 78.7-8 본문에는 그런 내용이 없다. 이는 아마도 후대에 에피파니우스가 만들어 낸 상세한 설명일 것이며, 이 설명은 아마도 마가복음과 요한복음이 요셉에게 여섯 아들과 두 딸이 있었음을 일러 주는 증거라는 에피파니우스 자신의 주장을 근거로 한 것이 아닌가 싶다(*Pan.* 78.7.6). 그렇게 본다면, 현존하는 빌립복음 59장 6-11절 본문을 설명할 수 있을 것이다. 즉 이 견해에 따르면, 예수의 누이 마리아는 예수의 어머니와 동서 사이이기도 했다! 그러나 빌립복음이 이 견해를 전제하고 있을 가능성은 거의 없다.

20 B. Layton, *The Gnostic Scriptures* (Garden City, N.Y.: Doubleday; London: SCM, 1987), 272-274; 그리고 Irenaeus, *Adv. Haer.* 1.2.3-4; 1.8.1에 있는 예들을 참고하라.

21 Buckley, *Female Fault*, 105-125가 빌립복음의 여성 상징주의를 논한 것을 참고하라.

22 Klauck, "Dreifache Maria," 2356-2358.

서 내러티브에서 예수의 제자로 등장하는 다른 마리아들은 언급하지 않는 이유를 설명해 줄 수 있다. 그러나 예수의 누이를 알레고리 때문에 지어낸 것 같지는 않다. 오히려 알레고리가 가능한 것은 예수의 어머니와 누이, 그리고 예수와 가장 가까웠던 여자 제자가 모두 마리아라는 같은 이름을 가진 이로 알려져 있었기 때문이다. 따라서 빌립복음은 우리가 나중에 에피파니우스에서 발견하는 전승과 같은 전승을 담고 있는 증거다. 물론 우리는 이 빌립복음 뒤에 자리한 전승도 살로메라는 예수의 누이를 알았는지 말할 수 없다. 이 특별한 본문은 살로메라는 이름을 언급한 경우를 전혀 제시하지 않기 때문이다. 에피파니우스가 알았던 전승처럼, 빌립복음이 예수의 친척에 관한 어떤 외경 전승에 의존했다는 견해를 뒷받침해 주는 것은 바로 이 복음서가 다른 곳에서도 예수의 가족과 어린 시절에 관한 외경 전승들을 사용한다는 사실이다(63:25-30; 73:9-15).[23]

예수의 누이 마리아가 빌립복음에 등장한다면, 또 다른 누이 살로메가 야고보원복음에 등장한다는 주장이 있을 수 있다. 2세기 말에 기록된 작품으로, 아마도 예수의 가족 배경과 출생을 시리아어로 기록해 놓은 이 작품은 예수의 형들을 요셉이 첫 번째 혼인에서 얻은 아들들로 다룬다(9:2; 17:1, 2; 18:1; 25:1).[24] 이 내러티브는 요셉이 동굴에서 곧 아기를 낳으려 하는 마리

---

[23] 73:9-15에 있는 전승은 이 경로로만 알려져 있다. 63:25-30의 전승은 몇몇 유아 복음서에서 발견할 수 있는 어린이 예수에 관한 이야기의 변형이다. M. R. James, *The Apocryphal New Testament* (Oxford: Clarendon, 1924), 66-67; O. Cullmann, "Infancy Gospels," in W. Schneemelcher, ed., *New Testament Apocrypha*, vol. 1 (tr. and ed. R. M. Wilson; rev. ed.; Cambridge: James Clarke; Louisville: Westminster/John Knox, 1991), 453을 보라.

[24] 저작 연대를 알아보려면, E. De Stryker, *La Forme la plus ancienne du Protévangile de Jacques* (Subsidia Hagiographica 33; Brussels: Société des Bollandistes, 1961), 412-418; H. R. Smid, *Protevangelium Jacobi: A Commentary* (Assen: Van Gorcum, 1965), 22-24; Cullmann, "Infancy Gospels," in Schneemelcher, ed., *New Testament Apocrypha*, 1:423-424를 보라. De Stryker, *La Forme*와 이를 따른 Smith, *Clement*, 191은 야고보원복음이 이집트에서 기록되었다고 주장한다. 그러나 드 스트리커가 자신의 견해를 뒷받침한다며 제시한 증거에 반대하는 견해를 보려면, Smid, *Protevangelium*, 20-22을 보라. 야고보원복음과 2세기에 시리아에서 나온 다른 그리스도인의 작품이 여러 가지로 유사한 것을 볼 때, 시리아에서 기록되었을 개연성이 높다. Bauckham, *Jude*, 26-28을 보라.

아를 그 아들들에게 보살펴 달라 맡기고 산파를 찾으러 나간 이야기를 들려준다(18:1). 요셉이 산파와 함께 돌아왔을 때, 그들은 예수의 출생이라는 기적을 증언한다.[25] 산파는 동굴을 떠나다 살로메를 만나는데(19:3), 살로메는 내러티브의 이 지점에서 누구라는 설명도 없이 등장한다. 살로메는 자신의 손가락으로 마리아의 상태를 검증해 보고 마리아가 여전히 동정녀임을 확인하지 않는 이상 동정녀가 아기를 낳았음을 믿지 않겠다고 말한다. 살로메가 가서 그리하려 할 때, 그의 손이 불타 버린다(20:1). 살로메는 기도한다. 그러자, 한 천사가 나타나 태어난 아기를 만지면 손이 나을 것이라고 일러 준다. 살로메는 그리했고, 낫는다. 이때 살로메는 자신이 본 기적을 누구에게도 말하지 말라는 말을 듣는다(20:4). 이 이야기는 분명 도마의 이야기를 모델로 삼은 것이다. 도마는 자신의 손가락을 부활한 그리스도의 상처에 집어넣을 수 있을 때까지 부활을 믿으려 하지 않았다(요 20:24-29). 살로메의 역할은 예수가 동정녀에게서 태어난 기적을 증언하는 것이다.[26]

이것이 어쩌면 살로메의 증언이 그리 극적이지 않은데도 산파의 이름을 밝히지 않으면서 살로메의 이름은 밝힌 사실을 설명해 줄지도 모르겠다. 그러나 19장 3절에서 심지어 "살로메라 불리는 여자"라고 소개하지도 않고 그냥 불쑥 "살로메"를 언급하며 이 여자를 소개한 것을 보면, 저자는 독자들이 이 여자가 누구인지 이미 알고 있으리라 예상했다고 생각할 수밖에 없다. 가장 좋은 설명은 이 여자가 요셉의 딸 살로메이며, 베들레헴으로 가는 그의 아버지와 남자 형제들과 자연스럽게 동행했으리라는 것이

---

[25] 살로메가 등장하는 19, 20장을 보면, 가장 일찍 나온 사본(P. Bodmer V)의 본문이 다른 사본들의 본문보다 상당히 짧다. De Stryker, *La Forme*, 377-389와 Smid, *Protevangelium*, 7, 131은 P. Bodmer V 본문이 여기에서는 원문에 더 가까운 형태가 아니라 더 긴 본문의 축약이라는 데 의견을 같이 한다. 이 쟁점이 내 논지에 결정적 변화를 만들어 내지는 않는다.

[26] Smid, *Protevangelium*, 139은 산파와 살로메가 함께 신명기에서 요구하는 두 증인을 충족한다고 지적한다(신 19:15; 참고. 마 18:17).

다. 이것이 살로메가 틀림없이 예수의 제자였다(막 15:40; 16:1)[27]는 모든 스미스의 추정보다 훨씬 설득력이 있다. 야고보원복음 독자들은 예수가 태어날 때 예루살렘에서 베들레헴으로 가던 길에 한 동굴 밖에서 살로메라는 예수의 여자 제자가 어슬렁거리며 돌아다니는 모습을 전혀 상상하지 않았을 것이다. 살로메라는 사람이 누구인지 밝히지 않고 그냥 소개한 것은 야고보가 요셉의 아들이라는 설명도 없이 이 원복음의 저자라며 25장 1절에서 느닷없이 등장한 것과 비슷하다 할 것이다. 이 두 경우를 보면, 그리고 사무엘이라는 이름이 시므온이라는 이름을 잘못 적은 것일 가능성이 아주 높은 17장 2절의 경우에도, 저자는 독자들이 요셉의 자녀 이름을 당연히 알고 있으리라고 생각한다.

야고보원복음이 나온 무리 안에 예수의 누이 살로메의 이름이 잘 알려져 있었다 해도, 분명 초기 교회 전체에 잘 알려져 있지는 않았을 것이다. 이 때문에 살로메라는 이름이 아무 설명도 없이 등장한 것은 나중에 이 작품을 읽은 이들을 어렵게 만들었다. 야고보원복음의 그리스어 본문 전승은 이미 이 살로메를 요셉이 데려온 산파나 다른 산파와 동일시하려는 시도를 보여 준다.[28] 나중에 야고보원복음에 의존한 예수 출생 내러티브들은 방금 전에 제시한 견해 가운데 이런저런 견해를 택하여 이 문제를 해결한다. 라틴어로 기록된 위(僞) 마태유아복음(*Infancy Gospel of Pseudo-Matthew*)은 살로메에 관하여 대체로 같은 이야기를 들려주는데(13), 이 복음서에서는 살로메가 두 번째 산파로 등장하며, 첫 번째 산파는 젤로미

---

27 Smith, *Clement*, 190-191.

28 P. Bodmer V에 들어 있는 20장의 축약판은 이 여자를 20장 2절에서 "산파"(ἡ μαῖα)라 부른다. 더 긴 본문을 가진 대부분 사본은 20장 2절에서 살로메의 기도를 끝맺으면서 살로메가 산파로서 해야 할 임무를(τὰς θεραπείας) 행했다고 언급하지만, C에는 이런 내용이 없다. 이것들은 분명 살로메가 산파임을 밝혀서 살로메가 이 내러티브에 등장한 연유를 설명하려는 필사자의 또 다른 시도다. 스미스는 P. Bodmer V가 20장 2절에서 보여 주는 독법이 더 오래된 형태의 본문에서는 살로메가 (유일한) 산파였음을 보여 준다는 견해를 밝히는데(Smith, *Clement*, 191), 이는 전혀 타당하지 않다.

(Zelomi, 살로메라는 이름의 변형)라 불린다. 서로 밀접하게 연결된 두 콥트어 내러티브(예수의 출생을 기록해 놓은 사히드 콥트어 단편과 「우리 주의 출생에 관한 안디옥 데메트리우스의 담화」[Discourse by Demetrius of Antioch on the Birth of Our Lord][29])에는 살로메라는 산파 한 사람만이 등장한다. 이 내러티브들은 살로메가 믿지 않고 시험했다가 치유받은 이야기는 생략했다. 살로메는 요셉과 함께 도착하여 어머니와 아기 예수를 보자마자, 예수가 동정녀에게서 태어난 기적을 믿는다. 이 두 기사는 살로메가 그 순간부터 예수 부활 뒤까지도 마리아와 예수를 따르는 이가 되었다고 말한다. 「우리 주의 출생에 관한 안디옥 데메트리우스의 담화」는 이렇게 말한다.

> 이 여자 살로메는 그리스도를 처음으로 알아본 사람이었고, 그리스도를 가장 처음 예배한 사람이었으며, 그리스도가 이 땅에 왔을 때 가장 처음으로 그를 믿은 사람이었다. 살로메는 죽는 날까지 자신의 집으로 돌아가지 않았다. 그리스도가 그 어머니인 동정녀와 함께 설교하러 가는 곳마다 그의 제자들과 함께 그를 따라갔으며, 그들이 그를 십자가에 못 박고 그가 거룩히 부활한 (날)까지 그리했다. 살로메는 그리스도의 어머니 동정녀와 함께 그 모든 것을 보았다.[30]

「콥트어로 기록된 요셉의 역사」(Coptic History of Joseph)는 요셉의 두 딸 이름이 루시아(리시아, Lysia)와 루디아(리디아, Lydia)라 밝히면서(2:3), 살로메와 관련하여 마리아와 요셉과 예수가 이집트로 피신할 때 살로메도 이

---

[29] F. Robinson, *Coptic Apocryphal Gospels* (TextsS 4/2; Cambridge: Cambridge University Press, 1896), 196-197이 번역해 놓은 사히드 콥트어 단편; E. A. W. Budge, *Miscellaneous Coptic Texts in the Dialect of Upper Egypt* (London: Trustees of the British Museum, 1915), 652-698이 번역해 놓은 *Discourse by Demetrius*.

[30] Budge, *Miscellaneous Coptic Texts*, 674.

들을 따라갔다고 일러 주는 콥트어 전승을 암시한다(8:3).[31]

이 콥트어 전승은 산파 살로메를 분명 복음 전승이 알려 주는 예수의 제자 살로메(막 15:40; 16:1)와 동일한 이로 보았다. 이렇게 두 살로메를 동일하게 본 또 다른 자취를 뒤늦게 나온 또 다른 콥트어 작품「바돌로매가 예수 부활에 관하여 쓴 책」(Book of the Resurrection by Bartholomew)에서 찾아볼 수 있는데, 이 책은 예수가 부활한 날 아침에 무덤에 간 여자 명단에 "그[예수]를 시험했던 살로메"를 포함시켜 놓았다.[32] 같은 명단에는 "그[예수]가 사탄의 손에서 구해 준 야고보의 마리아"도 들어 있다(이는 분명 야고보의 어머니 마리아[마 27:56; 막 15:40; 눅 24:10]를 누가복음 13장 16절의 여자와 동일시한 것이다). 그러나 정경 복음서에는 예수를 시험했다는 여자가 전혀 등장하지 않는다. 이는 틀림없이 야고보원복음 20장 1절에서 살로메가 한 고백을 참조했을 것이다. "내가 살아 계신 하나님을 시험했다."[33] 따라서「바돌로매가 예수 부활에 관하여 쓴 책」은 살로메가 믿지 않았다가 치유받았다는 야고보원복음의 이야기가 이 살로메를 예수의 제자 살로메와 같은 이로 여겼을 때는 늘 억압받지 않았다는 것을 보여 주는 증거다. 앞서 언급한 텍스트들이 이 이야기를 억압한 이유는 그런 이야기가 예수의 제자 살로메의 명예를 훼손한다고 여겨서가 아니다. 그 이야기를 억누른 이유는

---

31   분명 이 콥트어 전승 때문에, 예수 유아기를 다루는 아랍어 문헌과 에티오피아어 문헌에서는 살로메가 나중에 예수 가족과 늘 함께한 동반자로서 이런 역할을 한 이로 등장한다. James, *Apocryphal New Testament*, 88 주1은 살로메의 생애 전체를 들려주나 "아직 전부 인쇄되지 않은 콥트어 텍스트"를 언급하는데, 나는 이런 텍스트를 추적할 수 없었다.

32   James, *Apocryphal New Testament*, 183; J.-D. Kaestli and P. Cherix, *L'évangile de Barthélemy d'après deux écrits apocryphes* (Turnhout: Brepols, 1993), 195. James, *Apocryphal New Testament*, 186은 5-7세기를 저작 시기로 제시하는 반면, Kaestli and Cherix, *L'évangile*은 5-6세기를 저작 시기로 제시한다. 마찬가지로, W. Schneemelcher in Scneemelcher, ed. *New Testament Apocrypha*, 1.557을 참고하라.

33   참고. C. Trautmann, "Salomé l'incrédule, récits d'une conversion," in J.-E. Ménard, ed., *Écritures et Traditions dans la Littérature Copte: Journée d'Études Coptes Strasbourg 28 Mai 1982* (Cahiers de la Bibliothèque Copte 1; Louvain: Peeters, 1983), 67-68.

그것이 가현설(Docetism)과 아주 가깝다고 여길 수 있던 야고보원복음의 예수 출생 기사와 연결되어 있어서일 가능성이 아주 높다. 사히드 콥트어 단편과「우리 주의 출생에 관한 안디옥 데메트리우스의 담화」[34]는 모두 누가복음 2장 7절의 말로 예수의 출생을 묘사하면서, 아기가 기적을 통해 등장했다고 말하는 야고보원복음 19장 2절의 기사를 피한다.

산파 살로메를 예수의 제자 살로메와 동일시함은 콥트어 전승에서만 발견할 수 있고,[35] 빨라야 4세기에 나온 작품에서만 발견할 수 있는 것 같다. 살로메가 동정녀에게서 예수가 났음을 믿길 거부했다는 이야기는 영지주의 전통에서 예수의 제자 살로메의 역할에 대한 반박으로 등장한 것이라는 스미스의 주장은 전혀 근거가 없어 보인다.[36] 오히려 전승은 이런 단계를 거친 것 같다. (1) 야고보원복음은 살로메가 믿지 않았다가 치유받았다는 이야기를 들려주는데, 아마도 이것은 본래 예수의 누이 살로메에 관하여 말하려 한 이야기일 것이다. (2) "살로메"는 예수의 누이 이름으로 널리 알려져 있지 않다. 야고보원복음에 나오는 살로메를 산파와 동일시하거나 두 번째 산파와 동일한 이로 여긴 것은 그 때문이다. (3) 콥트어 전승은 산파 살로메를 예수의 제자 살로메와 동일인으로 보았다. (4) 콥트어 전승의 몇몇 버전은 살로메가 믿지 않았다가 치유받은 이야기를 빼 버렸다. 스미스가 생각하는 것처럼,[37] 이 버전들이 산파이자 예수의 제자인 살로메 이

---

34   Robinson, *Coptic Apocryphal Gospels*, 196; Budge, *Miscellaneous Coptic Texts*, 673.

35   아울러 E. Revillout, "Le Livre de Jacques: La sage-femme Salome et la princesse Salome," *JA* 5 (1905), 409-461이 출간하고 Trautmann, "Salomé," 61-72이 논한 콥트어 단편들을 주목하라. 이 단편들은 야고보원복음에 의존했으나 살로메를 예수의 누이로 인정하지 않으며, 예수가 태어날 때 살로메가 요셉을 만나기 전에 보낸 삶을 이야기하는 것 같다. 살로메는 제사장인 시므온(눅 2:25)의 딸이자 창녀였다. 그런 그가 회심하고 광야에 여행자 숙소를 지었다. 요셉은 바로 여기에서 살로메를 만난다. 이 이야기는 아무 설명도 없이 야고보원복음 본문에서 등장하는 살로메가 누구인지 설명하려는 또 다른 시도 같다. 아울러 이 단편들은 어떤 면에서는, Trautmann, "Salomé," 70-72이 보여 주듯이,「우리 주의 출생에 관한 안디옥 데메트리우스의 담화」와 관련이 있다.

36   Smith, *Clement*, 190-191.

37   Smith, *Clement*, 190-191.

야기의 원형이자 아무 논란이 없는 이야기를 보존하고 있으며 현존하는 야고보원복음 본문보다 시대가 앞선다는 것은 거의 불가능한 일이다.

콥트어 전승이 산파 살로메를 예수의 제자 살로메와 동일시한 것은 다음 섹션에서 확증할 사실, 곧 예수의 제자 살로메가 대부분 초기 기독교 전승보다 초기 이집트 기독교에서 더 잘 알려진 인물이었다는 사실과 관련이 있을지도 모른다. 그러나 이렇게 동일시함 자체는 동명이인을 식별하는 주해 관습을 보여 주는 한 사례이며, 이런 주해 관습은 유대교와 기독교에 공통으로 퍼져 있었다. 에피파니우스를 통해 예수의 누이 살로메를 알았던 후대의 저술가들(테오필락토스, 유티미우스 지가베누스, 니케포루스 칼리스투스)은 바로 그런 주해 관습 때문에 예수의 누이 살로메를 마가복음 15장 40절의 살로메와 동일인으로 여기게 되며, 동시에 이 살로메를 세베대의 아들들의 어머니(마 27:56)와도 동일인이라고 여기게 된다.[38] 때로 이런 후대의 저술가들은 살로메와 함께 십자가 옆에 있었던 야고보와 요세의 어머니 마리아(마 27:56; 막 15:40)를 요셉의 다른 딸 마리아와 동일인으로 여긴다.[39] 그러나 H. B. 스웨트(Swete)˙와 J. 블린츨러(Blinzler)˙˙가 추측하듯이,[40] 예수의 누이들을 가리키는 이 이름들에 관한 전승이 마가복음 15장 40절 해석에서 **비롯되었을** 가능성은 거의 없다. 예수의 누이들이 마리아와 살로메로 이미 알려져 있지 않았다면, 마가복음 15장 40절에서 언급하는 여자들이 예수의 누이라고 추정할 이유가 전혀 없을 것이다. 예수의 누이들 이름에 관한 전승은 그들을 마가복음 15장 40절의 여자들과 동일시

---

38 참고 문헌을 보려면, Blinzler, *Brüder*, 36을 보라.

39 Blinzler, *Brüder*, 36.

• 헨리 스웨트(Henry Barclay Swete, 1835-1917). 영국의 성경 학자이며 케임브리지대학교 교수였다. 저작으로 요한계시록 주석이 유명하며, 여러 주해서를 남겼다.

•• 요제프 블린츨러(Josef Blinzler, 1910-1970). 독일의 가톨릭 사제이자 신약 학자다.

40 H. B. Swete, *The Gospel according to Mark* (3rd ed.; London: Macmillan, 1909), 113; Blinzler, *Brüder*, 36.

한 것보다 틀림없이 앞서 나왔을 것이다.

야고보원복음, 빌립복음, 그리고 에피파니우스가 사용한 자료들이 알았던 전승이 예수의 두 오누이의 진짜 이름을 올바로 보존했을 개연성은 어느 정도일까? 주전 330년부터 주후 200년까지 팔레스타인에 살았던 유대인 여자들의 이름으로 기록에 남아 있는 것들을 조사한 탈 일란의 연구는 이름이 알려진 247명의 여자가 모두 68개의 다른 이름을 갖고 있었지만, 이 247명의 여자 가운데 61명은 살로메로 불렸으며(이 61명에는 살로메의 긴 형태인 살로메지온[Salomezion]으로 불린 여자도 들어 있다) 58명은 마리아(Mary)로 불렸음을(이 가운데에는 마리암메[Mariamme]나 마리아[Maria]로 불린 여자도 있다) 발견했다.[41] 다시 말해, 이 두 이름이 247명의 여자 중 47.7퍼센트를 차지한다. 팔레스타인 유대인 여자 중 두 사람 가운데 하나는 틀림없이 살로메나 마리아라는 이름을 갖고 있었을 것이다. 이 이름들을 담고 있는 개별 자료들도 이 두 이름이 높은 비율을 차지하고 있음을 보여 준다. 이런 점으로 보아, 탈 일란이 사용한 샘플은 대표성이 있을 가능성이 높다. 이 이름들이 인기가 있었던 것은 그 시대에 가장 인기 있던 몇몇 남자 이름처럼, 하스몬 가문 사람들이 이 이름들을 갖고 있었다는 사실 때문일지도 모른다.[42]

이런 통계에 비춰 볼 때, 예수의 누이들에게 마리아와 살로메라는 이름을 부여한 전승은 설령 그것이 역사에 관한 기억에 기초하고 있지 않더라도, 50퍼센트는 옳을 가능성이 있는 셈이다. 그러나 이 통계의 완전한 의미는 팔레스타인 **밖에 살던** 유대인의 이름 빈도(頻度)도 고찰해 봐야 드러난다. 이런 목적을 고려할 때, 현존하는 증거를 망라한 이름 모음을 활용

---

41 T. Ilan, "Notes on the Distribution of Women's Names in Palestine in the Second Temple and Mishnaic Periods," *JJS* 40 (1989), 186-200. 마지막 인물을 추가하면 59명이 될 수 있을 것이다. Ilan, 195은 글로바의 마리아(요 19:25)를 명단에 포함시키지 않기 때문이다. 아마도 이 마리아를 야고보와 요셉의 어머니 마리아와 동일인으로 여긴 것 같다(그러나 그렇게 여겼다면 틀림없이 잘못일 것이다).

42 Ilan, "Notes," 191-192.

할 수 없는 것은 불행한 일이다. 하지만 귄터 마이어(Günter Mayer)에게 팔레스타인과 디아스포라에 살았던 유대인 여자로 이름이 알려진 769명을 모아 놓은 명단이 있는데, 이 명단에는 디아스포라에 살았던 여자 중 마리아라는 이름을 가진 이가 적어도 21명 들어 있다.[43] 그러나 디아스포라에 살았던 여자 중 살로메라는 이름을 가진 이는 둘뿐이다(로마와 베이루트에 살던 여자다).[44] 살로메는 특히 팔레스타인에서 쓰던 이름으로 보인다.[45] 따라서 2세기에 팔레스타인 밖에 살던 이방인 그리스도인이 예수의 누이 이름을 지어내고 싶었을 때 팔레스타인 유대인 여자들이 가장 널리 사용하던 두 이름을 떠올렸을 가능성은 거의 없다. 한 누이에게는 마리아라는 이름을 붙여 주었을 수도 있지만, 다른 한 누이에게 살로메라는 이름을 붙였을 가능성은 거의 없다. 따라서 이 전승이 팔레스타인의 유대인 그리스도인 무리로 거슬러 올라간다면, 그 전승이 정확한 역사 전승일 가능성은 상당히 높아지는 셈이다.

2. 예수의 제자 살로메

a. 정경 복음서에 등장하는 살로메

정경 복음서에서 예수의 제자 살로메라는 이름은 마가복음 15장 40절과 16장 1절에서만 등장한다. 갈릴리에서 예수의 제자였고 예루살렘까지 예수를 따라갔으며 예수가 십자가형을 당할 때 멀리서 지켜보았다고 말한 여자들로 마가가 이름을 밝힌 세 여자 중 마지막에 이 살로메가 자리하고 있다(15:40, 41). 예수 장사(葬事)를 목격한 다른 두 여자와 함께 살로메의 이

---

[43] G. Mayer, *Die Jüdische Frau in der hellenistisch-römischen Antike* (Stuttgart: Kohlhammer, 1987), 104-106. 이집트에서 사용한 마리온(Marion)(과 그 변형들)을 포함시키면, 그 수가 늘어날 것이다.

[44] Mayer, *Jüdische Frau*, 106-107; 참고. 109-110.

[45] 참고. Mayer, *Jüdische Frau*, 42.

름이 나오지는 않지만(15:47), 마가는 예수가 부활한 아침에 무덤을 찾아간 세 여자 이름을 밝힐 때는 살로메라는 이름을 세 여자 중 세 번째로 제시한다(16:1). 그러나 마태와 누가는 살로메를 언급하지 않는다. 세 공관복음서가 제시하는 이름은 다음과 같다.

마가복음 15장 40절(십자가): 막달라 마리아
        작은 야고보와 요세의 어머니 마리아
        살로메
마가복음 15장 47절(장사): 막달라 마리아
        요세의 마리아
마가복음 16장 1절(빈 무덤): 막달라 마리아
        야고보의 마리아
        살로메
마태복음 27장 56절(십자가): 막달라 마리아
        야고보와 요세의 어머니 마리아
        세베대의 아들들의 어머니
마태복음 27장 61절(장사): 막달라 마리아
        다른 마리아
마태복음 28장 1절(빈 무덤): 막달라 마리아
        다른 마리아
누가복음 24장 10절(빈 무덤): 막달라 마리아
        요안나
        야고보의 마리아

마태복음 27장 56절은 "세베대의 아들들의 어머니"를 언급하는데, 마가복음 15장 40절은 거기서 "살로메"를 언급한다. 이 때문에 사람들은 종종 이

두 여자가 같은 사람이라고 생각했다.⁴⁶ 그러나 마태가 마가복음에 의존했고⁴⁷ 살로메를 세베대 아들들의 어머니라고 생각했다면, 28장 1절에서도 틀림없이 언급했을 것이다. 그러나 마태는 마가가 무덤에 간 여자들의 이름을 제시한 명단에서 살로메를 그냥 빼 버리고, 그 이름 대신 세베대의 아들들의 어머니라는 말도 집어넣지 않았다. 마가복음 독자는 살로메라는 이름을 알았지만 마태의 교회는 그 이름을 몰랐다고 보는 것이 더 나은 설명일 것이다. 마태는 마가가 언급한 구레네 사람 시몬의 아들인 알렉산더와 루포도 언급하지 않는다(마태복음 27장 32절과 평행 본문인 마가복음 15장 21절을 보라). 이는 아마도 이들이 마가복음 독자에게는 잘 알려져 있었지만, 마태에게는 아무 의미가 없었기 때문일지 모른다. 마찬가지로, 마태가 살로메라는 이름을 빼 버린 것은 그의 독자들이 이 이름을 들어보지 않았으리라고 판단했기 때문일 것이다. 그는 대신 27장 56절에서 세베대의 아들들의 어머니를 포함시키는데, 이 사람은 마태복음 20장 20절에서 이미 등장했던 인물이며(그러나 이 인물은 복음 전승의 다른 어느 곳에서도 등장하지 않는다), 마태는 아마도 자신이 속한 교회의 전승들을 통해 알았을 것이다. 세베대의 아들들의 어머니는 예수와 함께 예루살렘까지 간 여자 가운데 하나다(20:20). 따라서 마태는 이 여자를 십자가 옆에 있었던 여자들에 포함시키는 데 문제가 없다고 느꼈지만, 어떤 전승이 권위 있게 뒷받침해 주지도 않는데 이 여자를 빈 무덤을 목격한 증인으로 덧붙이기에는 문제가 있다고 느꼈다.

이 세 공관복음 기자는 이구동성으로 갈릴리부터 예수를 따랐던 많은 여자가 십자가 옆에 있었다고 분명하게 말한다(마 27:55, 56; 막 15:40, 41; 눅

---

46 가장 처음 그렇게 생각한 이는 Origen, *In Matthaeum: Commentariorum Series* 141이다. 여전히 그렇게 주장하는 이는 Grassi, *Hidden Heroes*, 41이며, Witherington, *Women in the Ministry*, 120은 그럴 가능성을 열어 놓는다.

47 이 섹션의 논증은 마가복음이 가장 먼저 기록되었다고 전제하지만, 공관복음의 관계에 관한 다른 견해들에도 들어맞을 수 있을 것이다.

23:49). 마태가 이름을 언급할 대상으로 고른 세 사람이 마가가 고른 세 사람과 같은 사람이어야 할 이유는 없다. 두 마리아는 분명 장사(葬事)와 빈 무덤을 목격한 증인으로 잘 알려져 있었기 때문에, 마태와 누가는 마가복음에서 가져온 두 사람 이름을 그대로 유지한다. 그러나 마태와 누가는 두 사람보다 덜 알려진 살로메를 빼고, 대신 그들 자신이 받은 전승에 있던 여자들을 기록했다. 누가가 기록해 놓은 여자들은 십자가 옆에(23:49), 예수 장사 때(23:55), 그리고 빈 무덤에 있었던(23:56-24:9) 익명의 여자들이다. 여기서 누가는 과거를 회고하며 여자들을 대표하는 세 여자의 이름만 밝혀 놓았다(24:10). 이렇게 한 이유는 23장 55절을 읽는 이가 곧바로 이 여자들을 이미 등장한, 특히 누가만이 독특하게 8장 2, 3절에서 제시한 이들과 동일인으로 여길 것이기 때문이다. 누가는 24장 10절에서 8장 2, 3절이 언급하는 세 여자 중 처음 두 여자(막달라 마리아와 요안나)를 고른 뒤, 마가복음 16장 1절에 등장하는 야고보의 마리아를 추가했다. 누가는 마가가 기록해 놓은 살로메를 빼 버리고 자신의 전승에서 가져온 요안나를 대신 기록해 넣기가 더 쉬웠을 수 있다. 마태 그리고 마가와 달리, 누가는 자신이 이름을 밝힌 여자보다 많은 여자가 예수가 부활한 날 아침에 무덤에 갔다고 분명히 말하기 때문이다(24:10). 누가는 그의 독자들이 알았을 이들의 이름을 자유롭게 밝힌다(그 여자들의 이름을 구전에서 가져왔든 아니면 그 자신이 앞서 8장 2, 3절에서 언급했든 상관하지 않는다). 우리는 이를 누가가 자신이 활용한 전승에서 인용한 열두 제자 명단(6:14-16)을 마가가 제시하는 명단(막 3:16-19)보다 선호한다는 점, 그리고 누가가 바디매오라는 이름을 빼 버린 점(막 10:46; 참고. 눅 18:35)과 대비해 볼 수 있겠다. 누가가 바디매오라는 이름을 뺀 것은 아마도 그의 독자들이 이 이름을 모르리라 예상했기 때문일 것이다.[48]

---

[48] 복음 전승에 사람 이름이 있고 없음이라는 현상은 여기서 할 수 있는 것보다 훨씬 많은 논의가 필요하다. E. P. Sanders, *The Tendencies of the Synoptic Tradition* (SNTSMS 9; Cambridge: Cambridge University Press, 1969), 128-135, 145, 168-173, 184-186, 275은 유용하게도 몇몇 증거를 모

살로메가 요한복음 19장 25절에 없음은 놀랍지 않다. 네 번째 복음서 기자가 마가복음을 알았든 몰랐든, 이 지점에서 마가복음을 따르고 있다고 생각할 이유가 없기 때문이다. 그는 독특한 전승을 따르고 있는데, 이 전승은 공관복음 전승에서 이름을 언급한 여자 가운데 막달라 마리아의 이름만 언급하고 다른 이는 전혀 언급하지 않는다. 공관복음은 큰 무리의 여자들이 십자가에서 멀리 떨어져 지켜보는 모습을 묘사하지만, 요한은 예수와 아주 가까웠던 이들로 구성된 작은 무리가 십자가 가까이에 있었다고 말한다.[49] 이 무리 가운데에는 예수의 두 친척이 들어 있었다. 바로 예수의 어머니와 예수의 이모(숙모)다.[50] 요한복음 20장 1절에서 반드시 등장할 것을 미리 귀띔하듯 여기서 그 무리 사람 가운데 마지막으로 이름을 언급한 막달라 마리아는 초기 교회에 널리 알려져 있었고 여러 전승이 빈 무덤을 목격한 증인으로 가장 줄기차게 기억한 예수의 여자 제자였다.[51]

따라서 정경 복음서는 살로메가 한 복음서에서는 그 이름을 제시할 정도로 충분히 유명한 예수의 제자였지만, 그래도 막달라 마리아나 야고보와 요세의 어머니 마리아만큼 널리 알려져 있지는 않았다고 일러 주는 것 같다. 이는 마태와 누가가 살로메라는 이름을 생략한 이유를 충분히 설명해 준다. 하지만 스미스는 이렇게 추측한다. "살로메라는 이름을 없앤 것은 정경 복음서 기자들이 인정하지 않는 사람들이 살로메를 하나의 권위

아 놓았지만, 그의 논의와 결론은 만족스럽지 않다. 예를 들어 지명과 인명을 구별해야 할 때나, 어떤 사람이 어떤 본문에는 이름이 나와 있지 않은데 다른 본문에서는 나온 경우와 어떤 식으로든 문맥을 통해 확인하여 제시할 수 있는 이름이 본문의 어느 특정 지점에 있는 경우와 없는 경우를 구별해야 할 때처럼, 구별이 필요한 경우를 그가 무시하기 때문이다.

49　참고. J. McHugh, *The Mother of Jesus in the New Testament* (London: Darton, Longman & Todd, 1975), 243-244.

50　앞 6장을 참고하라.

51　*Gos. Pet.* 12:50도 요한복음 20장 1절처럼 빈 무덤에 있던 이 가운데 막달라 마리아라는 이름만 제시한다.

로 원용하고 있었기 때문이다."⁵² 이런 추측이 타당한지는 오직 정경 밖의 자료에 비춰서만 판단할 수 있을 것이다.

b. 네 여자 제자 가운데 하나인 살로메

영지주의 계열의 두 작품은 예수에게 여자 제자가 일곱 있었다고 말하지만 (*Soph. Jes. Chr.* 90:17-18; *1 Apoc. Jas.* 38:16-17),⁵³ 사실 영지주의 문헌 전체를 통틀어 볼 때, 이름이 나와 있는 예수의 여자 제자는 많아야 여섯이고([막달라] 마리아, 마르다, 살로메, 아르시노에[Arsinoe], 예수의 어머니 마리아, 예수의 누이 마리아),⁵⁴ 어느 한 작품이 제시하는 여자 제자는 많아야 넷이다. 하지만 「첫 번째 야고보 묵시록」(*First Apocalypse of James*)은 한 그룹을 형성한 네 여자 제자 이름을 제시하며(40:25, 26: 살로메, 마리아, 마르다, 아르시노에),⁵⁵ 네 이름이 들어 있는 이 독특한 그룹은 마니교 문헌인 「헤라클레이데스의 시편」 (*Psalms of Heracleides*)에서 두 번 거듭 등장한다.⁵⁶ 각 경우를 보면, 여자 제자 명단인 마리아,⁵⁷ 마리아와 자매 사이인 마르다, 살로메, 아르시노에가

---

52 Smith, *Clement*, 190.

53 *1 Apoc. Jas.* 38:15-39.8은 일곱 여자 제자를 알레고리로 해석하여 "일곱 영"으로 표현해 놓은 것 같다.

54 막달라 마리아: Hippolytus, *Ref.* 5.7.1; 10.9.3; Origen, *C. Cels.* 5.62; Epiphanius, *Pan.* 26.8.1-3; *Gos. Phil.* 59:6-11; 63:33; *Soph. Jes. Chr.* 98:9; 114:8; *Gos. Thom.* 21, 114; *1 Apoc. Jas.* 40:25; *Dial. Sav.* 126:17; 131:19; 134:25; 137:3; 139:8; 140:14, 19, 23; 141:12; 142:20; 143:6; 144:5, 22; *Gos. Mary*, passim; *Pistis Sophia*, passim.
   마르다: *1 Apoc. Jas.* 40:26; *Pistis Sophia*, 38, 39, 57, 73, 80; Origen, *C. Cels.* 5.62.
   아르시노에: *1 Apoc. Jas.* 40:26.
   예수의 어머니 마리아: *Gos. Phil.* 59:6-11; *Pistis Sophia*, 59, 61, 62.
   예수의 누이 마리아: *Gos. Phil.* 59:6-11.

55 이 텍스트는 조각 텍스트다. 따라서 본래 네 이름뿐 아니라 더 많은 이름이 들어 있었을 가능성을 배제할 수 없다. 텍스트와 설명을 보려면, W. R. Schoedel in D. M. Parrott, ed., *Nag Hammadi Codices V.2-5 and VI with Papyrus Berolinensis 8502,1 and 4* (Coptic Gnostic Library; NHS 11; Leiden: Brill, 1979), 98-99을 보라.

56 Allberry, *Manichaean Psalm-Book*, 192의 21-24행, 194의 19-22행.

57 마르다와 자매 사이인 마리아와 막달라 마리아를 동일인으로 여긴다: 189의 13-23행과 192의 20-21행을 보라.

각 사도의 특징을 간략히 서술해 놓은 열두 사도 명단과 비슷한 모습으로 사도 명단 뒤에 등장한다. 더욱이, 투르판(Turfan)에서 나온 한 마니교 조각 사본(M-18)은 마리아, 살로메, 아르시노에를 언급한다.[58] 이 조각 사본은 「디아테사론」(Diatessaron)에 의존한 것처럼 보이지만,[59] 빈 무덤에 있었던 여자들을 처음에는 마리아, 살로메, 마리아라 언급했다가(참고. 막 16:1), 뒤이어 마리아, 살로메, 아르시노에라 언급한다. 예수의 여자 제자 이름을 담은 이 네 명단은 아르시노에라는 이름을 가진 제자를 유일하게 언급하는 명단으로 알려져 있으며,[60] 투르판 조각 사본이 마르다를 생략한 것을 제외하면 네 명단 모두 같은 네 여자의 이름을 열거한다. 이런 점을 볼 때, 이 명단들은 분명 독특한 동일 복음 전승에서 유래한 것 같다. 「첫 번째 야고보 묵시록」은 에데사(Edessa)의 사도 아다이(Addai)를 언급한다(36:20-22). 이로 보아, 이 전승은 본래 시리아 동부의 유대 기독교에 속했을 수 있다. 그렇게 본다면, 마니교도가 그 전승을 입수하여 활용할 수 있었다는 점도 설명될 것이다. 아르시노에라는 이름을 다른 전승에는 그 이름이 남아 있지 않은 예수의 제자에 관한 역사 기억으로 여기지 말아야 할 이유는 없는 것 같다(요안나와 수산나라는 이름도 오로지 누가만이 알려 준다). 아르시노에라는 이름을 팔레스타인에 살던 유대인 여자의 이름으로 증언하는 사례가 다른 곳에는 없지만,[61]

---

58 Schneemelcher, "Gospel of Mani," in Schneemelcher, ed., *New Testament Apocrypha*, 1:402의 번역.

59 W. L. Petersen, "An Important Unnoticed Diatessaronic Reading in Turfan Fragment M-18," in *Text and Testimony: Essays on New Testament and Apocryphal Literature in Honour of A. F. J. Klijn* (ed. T. Baarda, et al.; Kampen: Kok, 1988), 187-192을 보라.

60 이 아르시노에는 더 짧은 도마행전(*Acts of Thomas*) 20-42(텍스트를 보려면, M. R. James, *Apocrypha Anecdota II* [TextsS 5/1; Cambridge: Cambridge University Press, 1897], 32-37)과 에티오피아어판 「도마가 인도에서 한 설교」(*Preaching of St. Thomas in India*) (E. A. W. Budge, *The Contending of the Apostles* [Oxford: Oxford University Press, 1935], 269-274)에 나오는 아르시노에와 아무 상관이 없다.

61 아르시노에라 불리는 이집트의 유대인에 관하여 알아보려면, W. Horbury and D. Noy, *Jewish Inscriptions of Graeco-Roman Egypt* (Cambridge: Cambridge University Press, 1992), 주 33과 38을 보라.

그런 이름이 아예 없었다는 것은 믿기 어렵다.[62] 그 이름이 프톨레마이오스왕조의 왕족이 쓰던 이름인 데다, 그 왕조의 여자 왕족이 쓰던 다른 이름인 클레오파트라도 팔레스타인 유대인이 사용했기 때문이다.[63]

따라서 적어도 한 복음 전승 지류는 마가복음에 의존하지 않고(마가복음과 무관하게) 예수의 제자 살로메를 기억했던 것 같다.[64] 마가복음보다 이 특별한 시리아 전승이 우리가 다음 섹션에서 살펴볼 도마복음 61에 살로메가 등장하는 이유를 설명해 줄지 모른다. 그러나 이 지점에서는 마니교도가 쓴 「도마 시편」(*Psalms of Thomas*)이라는 증거가 시리아 동부 전승과의 관계를 뒷받침해 줄 수 있다. 「도마 시편」 16편(psalm 16)은 살로메에게 바친 시이며(시 번역문을 보려면, 이번 장 부록을 보라)[65] 「헤라클레이데스의 시편」과 투르판에서 나온 조각 사본들이 언급한 증거에 추가된 증거로, 예수의 제자 살로메가 마니교 전승 안에서 두드러진 위치에 있었음을 일러 준다. 「도마 시편」 16편은 살로메가 한 탑을 세웠다고 묘사하는데, 이 탑은 아마도 교회의 형체를 가리키는 알레고리인 것 같다.[66] 살로메는 예수에게 올리는 기도에서 이렇게 주장한다. "이는 내가 두 생각을 하지 않기 때문이오니, 내 마음도 하나이며 내 의도도 하나입니다. 내 마음에는 나뉘거나 분열된 생각이 전혀 없기 때문이나이다." 이 기도는 예수가 도마복음 61에

---

62 시리아에서 나온 두 유대인의 호부(amulet, 액막이 부적)에 나온다. R. Kotansky, "Two Inscribed Jewish Aramaic Amulets from Syria," *IEJ* 41 (1991), 267-281.

63 Ilan, "Notes," 194.

64 C. M. Tuckett, *Nag Hammadi and the Gospel Tradition* (ed. J. Riches; Edinburgh: T. & T. Clark, 1986), 97-100은 「첫 번째 야고보 묵시록」이 마가복음에 의존했다는 증거를 전혀 발견하지 못한다.

65 Allberry, *Manichaean Psalm-Book*, 222-223.

66 Trautmann, "Salomé," 69은 이 건축이라는 테마를 르빌루(Eugène Revillout, 1843-1913. 프랑스의 이집트 학자다. 고대 이집트 민중 문자와 콥트어를 깊이 연구했고, 고대 이집트 법률사를 처음으로 깊이 연구했다_ 옮긴이)가 출간한 콥트어 조각 사본 가운데 하나에서 발견된 내용, 곧 살로메가 사막에 여관을 세웠으며, 예수가 태어났을 때 요셉이 이 여관으로 피신했다는 내용과 연계한다. 그러나 둘 사이의 연관성은 아주 불확실해 보인다.

서 살로메에게 한 말을 반영한 것일 수 있다. "나는 나뉘어 있지 않은 분에게서 나온 이다. …… 어떤 이든 나뉘지 않을 때마다 그는 빛으로 가득하겠으나, 나뉘면 어둠으로 가득하리라."

c. 예수의 대화 상대인 살로메

이름을 제시한 특정 제자들을 예수의 대화 상대로 소개하는 것은 예수의 말을 담은 전승의 문체가 으레 따르는 관습이다(예를 들면 마 18:21; 막 13:3, 4; 눅 12:41; 요 13:36, 37; 14:5, 8, 22; 클레멘스2서 5:3). 특정 제자를 예수의 대화 상대로 소개하는 모습은 특히 영적 지식을 계시하는 대화에서 볼 수 있는데, 이런 대화에서는 부활한 그리스도에게 하나 혹은 더 많은 제자가 질문을 제시한다. 그러나 그런 모습이 나오는 곳은 비단 그런 장르에만 국한되지 않는다. 여자 제자들은 오직 정경 밖 문헌에서만 예수의 대화 상대로 등장한다. 이런 역할을 가장 빈번히 행하는 이가 막달라 마리아인데,[67] 막달라 마리아는 예수의 여자 제자 가운데 가장 유명할 뿐 아니라 영지주의자들이 특히 좋아하는 인물이기도 하다(예를 들면 *Gos. Phil.* 63:33-64:5; *Gos. Mary* 18:10-15; *Pistis Sophia* 19, 97을 참고하라). 예수의 대화 상대 역할을 행하는 이로 가끔씩 등장하는 다른 여자 제자로 예수의 어머니 마리아와 마르다, 살로메가 있다.

살로메는 다음 네 작품에서 예수와 대화하는 이로 등장한다. 바로 이집트(인)복음(*Gospel of the Egyptians*), 도마복음, 「피스티스 소피아」(*Pistis Sophia*), 그리고 시리아어로 기록된 「우리 주의 유언」(*Testament of Our Lord*)이다. (이 가운데 마지막 작품은 다음 §e에서 논하겠다.) 본래 이집트에 살던 이

---

67 *Gos. Thom.* 21; *Soph. Jes. Chr.* 98:9; 114:8; *Dial. Sav* 126:17; 131:19; 134:25; 137:3; 139:8; 140:14, 19, 23; 141:12; 142:20; 144:5, 22; *Gos. Mary* 10:10-17:7; Epiphanius, *Pan.* 26.8.2-3; *Pistis Sophia*, passim.

방인 그리스도인의 **유일한**(*the*) 복음서였을 수 있는 이집트(인)복음[68]의 내용 가운데 우리가 아는 것은 알렉산드리아의 클레멘스가 몇 차례 인용하고 언급하는 예수와 살로메의 대화뿐이다(*Strom.* 3.6.45; 3.9.63, 64, 66; 3.13.92; *Exc. Ex. Theod.* 67; 이 본문들의 번역문을 보려면 이번 장 부록을 보라). 이 대화는 구원을 성별 구분이 없는 인간의 원래 상태 회복으로 보았던 엔크라테이아파(Encratites)의 견해를 반영하는데, 영지주의 문헌은 이런 견해를 빈번히 받아들였다. 그러나 우리에게는 이집트(인)복음이 엔크라테이아파의 문헌에 지나지 않은 것인지 아니면 더 정확하게 영지주의 문헌에 속하는 것인지를 가려낼 만한 정보가 충분치 않다. 이집트(인)복음이 본래 이집트인의 **유일한** 복음서라는 지위를 갖고 있었지만 정통이 정경 복음서를 사용하면서 비로소 정경 복음서가 그 지위를 점차 대신하게 되었다는 점은 이집트(인)복음이 상당히 널리 사용되었음을 설명해 준다. 엔크라테이아파이자 가현설 주장자였던 율리우스 카시아누스(Julius Cassianus), 발렌티누스주의자였던 테오도투스, 알렉산드리아의 클레멘스, 사벨리우스주의자들(사벨리우스주의는 한 하나님이 삼위로 계신다는 삼위일체를 부인하고 하나님은 한 인격만을 가진다고 주장했다_ 옮긴이)(Hippolytus, *Ref.* 5.7.9)이 이집트(인)복음을 사용했다.[69] 하지만 스미스가 주장하듯이 나하쉬파(Naasenes, 나하쉬는 히브리어로 "뱀"을 뜻하며, 나하쉬파는 영지주의 계열의 한 분파였다_ 옮긴이)가 사용한 이집트(인)복음은 이 복음서가 아니라 나그함마디에서 나온 이집트(인)복음이었다(CG 3,2; 4,2).[70]

---

68 참고. W. Schneemelcher, "Gospel of the Egyptians," in Schneemelcher, ed., *New Testament Apocrypha*, 1:215.

69 오리게네스가 쓴 *First Homily on Luke 1:1*이 나왔을 무렵에는 분명 정통이 이를 이단으로 여겼다.

70 Smith, *Clement*, 190. 아울러 Schneemelcher, "Gospel of the Egyptians," in Schneemelcher, ed., *New Testament Apocrypha*, 1:211-212을 보라. 나하쉬파가 사용한 작품이 나그함마디에서 나온 이집트(인)복음이었다는 것은 후자는 물론이고, Hippolytus, *Ref.* 5.7.1-9가 제시한 나하쉬파의 가르침에서 아다마스(Adamas)라는 인물이 두드러진다는 점이 보여 준다.

예수가 살로메와 나눈 이 대화에서 등장하는 예수의 말 셋은 다른 곳에서는 살로메를 언급하지 않고 등장한다. 「구원자의 대화」(Dialogue of the Savior) 144:16-145:5는 "나는 여성의 일을 파괴하려고 왔다"라는 말을 되울려 주는데, 이 대화에서는 (막달라) 마리아가 예수에게 묻는 이로 등장한다. "너희가 부끄러움의 옷을 밟을 때"라는 말은 도마복음 37에 나오는데, 여기에서는 제자들 전체가 예수에게 묻는 이로 나온다(참고. 21에서는 마리아가 묻는 이로 나온다). 도마복음 22에서는 "둘이 하나가 되면 …… 너희가 천국에 들어가리라"라는 말을 발견할 수 있는데, 여기에서도 제자들 전체가 예수의 대화 상대로 나온다. 클레멘스2서 12장 2절에서는 대화 상대가 익명이다.[71] 이 마지막 두 말[72]은 질문에 대한 대답이라는 형태를 띠고 있어서 대화 상대가 있어야 하는 말이지만, 분명 대화 상대의 정체가 이 말들을 담은 전승의 견고한 특징은 아니다. 이집트(인)복음에 등장하는 예수와 살로메의 대화 내용이 이집트(인)복음이 아닌 다른 곳에 등장하는 살로메와 연결되어 있다고 추정할 이유는 없다.

대화 주제는 여성 대화 상대에 어울리며, 도마복음 61의 경우도 필시 마찬가지일 것이다(도마복음 61 번역문은 이번 장 부록을 보라). 도마복음 61은 도마복음에서 살로메가 유일하게 등장하는 곳이다. 대화는 모호하다.[73] 그러나 이 대화도 이집트(인)복음에 있는 대화처럼 분명 남녀 구별이 없던 원래 상태로 되돌아감으로써 그런 구별을 초월해야 한다는 사상을 사용하는 것 같다. 영지주의 문헌은 예수의 여자 제자들을 소개할 때 예수를 성

---

71 아울러 *Gos. Phil.* 70:9-17을 참고하라.

72 이 말들(이나 두 부분으로 구성된 한 말)의 전승사에 관하여 알아보려면, 충실한 연구를 담고 있는 D. R. MacDonald, *There Is No Male and Female: The Fate of a Dominical Saying in Paul and Gnosticism* (HDR 20; Philadelphia: Fortress, 1987)을 보라.

73 이 말에 관한 해석을 보려면, J. Ménard, *L'Évangile selon Thomas* (NHS 5; Leiden: Brill, 1975), 161-162; M. Lelyveld, *Les Logias de la Vie dans L'Évangile selon Thomas* (NHS 34; Leiden: Brill, 1987), 55-68; Buckley, *Female Fault*, 100-102을 보라.

별 구별을 초월한 이미지를 채용한 이로 제시하는데, 영지주의 문헌의 이런 점은 상당히 독특하다(참고. Gos. Thom. 114; Dial. Sav. 144:16-145:5; 1 Apoc. Jas. 40:25-41:18).

살로메는「피스티스 소피아」로 널리 알려진 4세기 이집트 영지주의 작품에서 좀 더 두드러지게 등장한다.[74] 이 작품은 살로메를 막달라 마리아, 예수의 어머니 마리아, 마르다와 더불어 예수의 여자 제자 네 사람 가운데 하나로 다룬다. 이는 분명 살로메가 이집트(인)복음에, 그리고「피스티스 소피아」(참고. 42-43) 저자가 확실히 알고 있었을 도마복음에 등장하기 때문일 것이다.「피스티스 소피아」를 보면, 예수가 부활 뒤에 제자들과 나눈 긴 대화가 나오는데, 남자 제자들이 이 대화에 끼어들며, 그들이 끼어드는 횟수는 다음과 같다. 요한 9회, 베드로 6회, 안드레 5회, 빌립 4회, 도마 4회, 야고보 3회, 마태 2회, 바돌로매 1회다. 이 비율은 여러 제자가 영지주의 복음 전승과 정통 복음 전승에서 두드러지게 등장하는 비율을 얼추 반영한다(요한이 특히 두드러짐을 보려면,「피스티스 소피아」 97을 보라). 여자 제자들이 끼어든 횟수는 이렇다. 막달라 마리아 72회, 살로메 4회(54, 58, 132, 145), 마르다 4회, 예수의 어머니 마리아 3회다. 막달라 마리아가 이 작품에서 엄청나게 두드러진다는 점은(아울러 막달라 마리아에 관한 말을 담고 있는 19와 97을 참고하라) (비록 모든 작품은 아니지만 그래도) 다른 몇몇 영지주의 작품에서 막달라 마리아가 갖고 있는 지위를 반영한다. 이런 작품들을 보면, 막달라 마리아는 예수가 다른 여자 제자보다 사랑한 여자 제자이자(Gos. Mary 10:2-3), 예수가 모든 남자 제자보다 사랑한 제자다(Gos. Mary 18:14-15; Gos. Phil. 63:33-64:5).「피스티스 소피아」 132에는 막달라 마리아와 살로메가 모두 등장하는 본문이 있는데, 이 본문을 보면 막달라 마리아는 살로메

---

74 저작 시기와 저작 장소를 살펴보려면, M. Tardieu and J.-D. Dubois, *Introduction à la Littérature Gnostique* (Paris: Cerf, 1986), 1:80을 보라.

가 예수에게 제시한 질문에 대답할 수 있는 이로 등장한다. 이런 사실은 마리아가 살로메보다 제자로서 앞선 지위에 있었음을 분명하게 일러 준다(아울러 19와 54에서 각각 막달라 마리아와 살로메를 칭찬한 것을 참고하라).

정경 복음서만을 기초로 삼을 경우에는 살로메가 후대 기독교 전승에서 아주 두드러진 인물이었다고 생각하지 못한다. 살로메는 오로지 마가복음에만 등장하며, 마가복음에서도 세 명단 중 한 명단에서 마지막 이름으로 등장할 뿐이다. 이런 점을 볼 때, 살로메가 요안나보다 두드러진 인물이었다고 생각하기는 어렵다. 요안나 역시 누가복음 24장 10절에서 빈 무덤을 목격한 증인 역할을 하지만, 4세기 이전 기독교 문헌은 그 이름을 전혀 언급하지 않는 것 같으며,[75] 마르다보다 두드러지지도 않는다. 마르다는 복음서 이야기에서(눅 10:38-42; 요 11:1-22; 12:2) 행하는 역할 때문에 그리스도인의 기억과 상상에 인상을 남겼으며, 이는 여러 문헌에서 예수의 여러 여자 제자 가운데 마르다를 아주 빈번히 언급하는 이유를 설명해 준다(*1 Apoc. Jas.* 40:26; *Pistis Sophia* 38, 39, 57, 73, 80; Origen, *C. Cels.* 5.62; *Ep. Apos.* 9, 10; Hippolytus, *On the Song of Songs* frg. 15; *Apostolic Church Order* 26; *Testament of Our Lord* 1:16; *Ethiopic Didascalia* 3:6). 아울러 우리는 공관복음 가운데 마태복음이 정통 그리스도인뿐 아니라 영지주의 그리스도인에게도 가장 인기가 있었으며, 누가복음이 그 다음으로 인기가 있었고, 유일하게 살로메를 언급하는 마가복음은 마태복음과 누가복음에 보태 준 것이 아주 적다는 이유로 가장 적게 사용되었다는 점을 기억해야 한다.[76] 그런 점에서 복음 전승은 물론이고, 특히 영지주의 전승에서 살로메가 막달

---

75   Tertullian, *Adv. Marc.* 4.19.1(누가복음 8장 2, 3절을 암시한다)만이 요안나를 언급하지만, 그 이름은 언급하지 않는다.

76   É. Massaux, *Influence de l'Évangile de saint Matthieu sur la littérature chrétienne avant saint Irénée* (Louvain: Publications Universitaires de Louvain; Gembloux: Duculot, 1950), 651-655; Tuckett, *Nag Hammadi*, 149-152. 영지주의가 마가복음을 사용한 예를 보려면, 아울러 Irenaeus, *Adv. Haer.* 3.11.7을 보라.

라 마리아보다 부각되지 않음은 놀라운 일이 아니다. 오히려 더 놀라운 점은 살로메가 예수의 대화 상대로서 막달라 마리아 다음으로, 그러니까 두 번째로 두드러진 여자 제자로 등장한다는 것이다.

이것은 분명 정경 밖의 전승에서 비롯되었을 것이다. 내가 앞서 제시했듯이, 살로메가 도마복음에서 차지하는 위치는 이름을 밝힌 예수의 여자 제자 네 사람 가운데 하나로 살로메를 든 독립된 시리아 동부 전승에서 유래했을지도 모른다(*1 Apoc. Jas.* 40:25, 26은 네 여자 제자 가운데 살로메 이름을 가장 먼저 제시한다). 이집트(인)복음이 마가복음에 의존했는지 여부는 알아낼 길이 없다. 마찬가지로 또 다른 어떤 제자가 이집트(인)복음에서 예수의 대화 상대로 등장했는지 알지 못하지만, 이 경우에도 살로메라는 이름은 마가복음에 의존하지 않은 독립 전승에서 가져왔을 가능성이 있다. 동시에 우리는 마가복음이 일찍부터 다른 곳보다 이집트에서 인기를 얻었을 개연성이 있음을 기억해야 한다.[77] 그것은 마가복음의 확장판 두 가지(정통이 사용한 비밀복음[*Secret Gospel*]과 카르포크라테스파[Carpocratians, 카르포크라테스가 플라톤주의를 토대로 만든 영지주의의 한 분파로, 주후 2세기부터 6세기까지 존속했다_옮긴이]가 사용한 비밀복음)가 알려진 곳이 바로 이집트였기 때문이다. 정경의 마가복음이 살로메를 두 차례 언급했지만, 그에 더하여 이 두 마가복음 확장판도 살로메를 적어도 한 번 더 언급한다(다음 §3을 보라). 아울러 이집트에서는 도마복음이 2세기 후반부터 알려져 있었음을 기억함이 중요하다.[78] 따라서 살로메가 이집트에서 나온 또 다른 작품「피스티스 소피아」에서 예수의 가장 두드러진 대화 상대로 등장한다는 점은 놀랍지 않다.

살로메가 영지주의 복음 전승에서 두드러짐을 과장해서는 안 된다. 살

---

[77] 마가 자신이 그의 복음서를 이집트에 가져갔다는 전승을 참고하라: Eusebius, *Hist. Eccl.* 2.16.1; Clement of Alexandria, *Letter to Theodorus* 1.19-20.

[78] P. Oxy. 654는 2세기 말이나 3세기 초에 만들어졌다.

로메는 시리아 동부 전승(살로메에 관한 마니교 전승도 아마 이 전승에서 나왔을 것이다)과 이집트 전승(우리는 살로메가 좀 더 늦은 시기에 나온 정통 기독교 문헌에도 등장함을 이미 보았는데, 이 문헌은 이 살로메를 산파 살로메로 본다)에서만 등장한다. 대부분 영지주의 문헌은 살로메를 언급하지 않는다. 반면, 영지주의 전승 전체는 물론이고 살로메가 등장하는 두 전승에서도 살로메보다 막달라 마리아가 중요한 인물로 등장한다.

d. 비밀 전승의 원천인 살로메

오리게네스는 켈수스가 한 영지주의 분파 목록에서 "헬레나에게서 나온 시몬파(Simonians, 사도행전에 나오는 마술사 시몬[Simon Magus]을 시조로 여기며 그 가르침을 따른 영지주의 분파이며, 헬레나는 시몬과 함께한 이라 한다_ 옮긴이), 마르켈리나에게서 나온 마르켈리나파(Marcellians), 살로메에게서 나온 하르포크라테스파(Harpocratians, 하르포크라테스[Harpocrates]는 헬레니즘 시대 그리스인이 섬긴 침묵과 비밀의 신이다_ 옮긴이), 마리아[마리암메]에게서 나온 다른 분파들, 마르다에게서 나온 다른 분파들"을 언급한다고 보고한다(C. Cels. 5.62). 여기서 하르포크라테스파는 카르포크라테스파와 자신 있게 동일시할 수 있다.[79] 이 목록은 다양한 그룹이 여자들에게서 유래했음을 강조하려고 만든 것 같다. 그러나 목록에서 마지막으로 등장하는 세 경우는 이름이 나와 있는 예수의 제자들을 통해 예수의 가르침이 비밀 전승으로 예수에게서 전해졌다는 영지주의의 공통된 주장을 보여 주는 사례들이다. 마리아를 언급한 경우는 나하쉬파일 가능성이 있다. 나하쉬파는 야고보가 예수의 가르침을 막달라 마리아에게 전해 주었다고 주장했지만(Hippolytus, Ref. 5.71; 10.9.3), 예수가 직접 막달라 마리아에게 전한 비밀스

---

[79] Smith, Clement, 89-90; 반대 의견은 Levin, "Early History of Christianity," 4287.

러운 가르침을 담고 있다고 주장하는 영지주의 문헌들이 또 있기 때문에[80] (Epiphanius, *Pan.* 26.8.1-3에 따르면, 마리아복음[*Gospel of Mary*], 그리고 「마리아에 관한 큰 질문」과 「마리아에 관한 작은 질문」[*Great and Little Questions of Mary*]이 그런 문헌이다) 여기서 언급하는 것은 이런 기록들을 사용한 그룹들일 개연성이 더 높은 것 같다. 하지만 현존하는 영지주의 문헌은 여기서 언급한 것과 같은 계시, 곧 살로메와 마르다가 받은 계시를 담고 있지 않다. 이 제자들은 이집트(인)복음(살로메), 도마복음(살로메), 그리고 「피스티스 소피아」(살로메와 마르다, 그러나 어쨌든 이 작품은 켈수스보다 후대에 나왔다)에서 예수의 대화 상대라는 역할을 하지만, 그렇다 해도 그것이 곧 그들이 예수에게 계시를 받은 이들임을 의미하지는 않는다. 이집트(인)복음과 도마복음 61의 현존 부분에서 예수가 살로메에게 말하는 것이 카르포크라테스파가 내건 독특한 신학의 기초를 형성할 수는 없었을 것이다. 마리아복음(특히 10:1-17:20을 보라)과 「마리아에 관한 큰 질문」(Epiphanius, *Pan.* 26.8.2-3)이라는 모델을 볼 때, 우리는 오히려 살로메에게만 은밀히 주어진 비밀 계시를 생각할 수밖에 없다. 켈수스가 살로메를 언급한 이 경우가 유일하게 현존하는 살로메 언급 사례다. 이로 보아, 지금은 사라졌지만 살로메에 관하여 틀림없이 상당히 많은 자료가 (살로메에게 주어진 가르침이라는 형태로) 있었으리라고 추정할 수밖에 없다. 그러나 이 사라진 자료는 분명 카르포크라테스파 자신이 만든 것이었으며 그들만이 가진 것이었다. 내가 이미 확증했듯이, 이집트(인)복음 전승에서는 살로메가 특히 두드러지는데, 이런 두드러짐은 카르포크라테스파가 그들 자신이 예수에게서 어떤 전승을 받았다고 주장할 때 이를 뒷받침할 권위로 살로메를 고른 이유를 설명해 줄 것이다.

---

80 참고. P. Perkins, *The Gnostic Dialogue: The Early Church and the Crisis of Gnosticism* (New York: Paulist, 1980), 136.

e. 정통 저술가들이 서술한 살로메

영지주의 작품이 아닌 4세기 시리아어 문헌 「우리 주의 유언」을 보면, 살로메는 예수가 부활 뒤에 나눈 한 계시 담화에서 마르다와 마리아와 함께 예수의 대화 상대라는 역할을 맡은 이로 등장한다. 1장 16절을 보면, "마르다와 마리아, 그리고 살로메"로 구성된 한 무리 여자 제자들이 남자 제자들에게서 부활한 그리스도에게 교회 질서에 관한 가르침을 받아달라는 요청을 받고(1:15), 예수에게 여자 제자로서 그들이 해야 할 역할이 무엇인지 가르쳐 달라고 요청한다. 예수는 아주 간략하지만 여자들이 교회 사역에서 담당할 역할이 있음을 인정하는 가르침을 제시하는데, 이는 이 작품의 독특한 특징이다. 그러나 여자 제자들의 질문은 과부와 여자 장로와 여자 집사(부제), 그리고 처녀들이 후대에 존재할 교회에서 할 역할에 관한 가르침을 준비하는 것으로 여겨야 할 것이다(1:19, 23, 35, 40-43, 46; 2:4, 19). 그런 의미에서 예수의 여자 제자들은 이 작품에서 상당히 두드러진 위치를 갖고 있다. 이 작품은 영지주의 작품이 아니라는 점에서도 특이하지만, 교회에서 여자들이 행할 사역을 강조한다는 점에서도 특이하다. 아마도 이 저자는 베드로, 요한, 도마, 마태, 안드레, 맛디아를 열두 제자 가운데 가장 두드러진 제자로 여기듯이, 마르다와 마리아, 살로메를 예수의 여자 제자 중 가장 두드러진 이로 여기지 않았나 싶다(1: intro. 2, 15).

이 여자 명단은 분명 교회 질서에 관한 작품 전승의 일부다. 시리아어로 기록된 「디다스칼리아」(Didascalia)는 여자들의 사역에 관하여 좀 더 신중하게 제한한 가르침을 제시하면서 예수의 여자 제자들을 언급한다(그러나 이 여자 제자들을 예수의 대화 상대로 언급하지는 않는다)(14-16=3:1-13). 이 작품에 있는 두 명단은 "막달라 마리아와 야고보의 딸 마리아,[81] 그리고 다른 마리아"(15=3:6)와 "막달라 마리아와 야고보의 딸이자 요세의 어머니 마리아, 그리

---

81   복음서의 옛 시리아어 버전은 Μαρία ἡ τοῦ Ἰακώβου를 이렇게 번역한다.

고 세베대의 아들들의 어머니"(16=3:12)이지만, 첫 번째 명단의 경우, 그리스어 조각 사본은 "다른 마리아" 대신 살로메를 갖고 있는 반면,[82] 에티오피아어판 「디다스칼리아」의 해당 본문은 "막달라 마리아, 나사로의 누이인 마리아와 마르다, 그리고 살로메"를 갖고 있다. 「사도 헌장」은 같은 지점에서 (3:6) 가장 긴 여자 명단을 제시한다. "우리 주의 어머니와 그의 누이들, 막달라 마리아, 야고보의 어머니 마리아, 나사로의 누이 마르다와 마리아, 그리고 살로메." 이런 명단은 전승의 성격을 가지고 있을 수 있으며 정경 복음서와는 어느 정도 독립된 성격을 갖지만, 그래도 정경 복음서에 관한 저자의 지식이 분명 이런 명단에 영향을 끼쳤다. 누가만이 독특하게 소개하는 여자 제자 수산나[83]와 요안나는 놀랍게도 이런 명단에 전혀 나오지 않는다. 특히 요안나는 누가가 소개하는 부활 내러티브에서 일정한 역할을 하는데도 이런 명단에 나오지 않는다. 심지어 누가복음에 직간접으로 신세를 진 것으로 보이는 여자들의 빈 무덤 방문 기사에도 요안나는 나오지 않는다(*Ep. Apos.* 9-11: 마르다, 마르다의 아우 마리아, 막달라 마리아; Hippolytus, *On the Song of Songs*, frg. 15: 마르다와 마리아; Turfan M-18: 마리아, 살로메, 마리아; 마리아, 살로메, 아르시노에).[84] 아울러 에피파니우스가 제시하는 십자가 옆 여자들의 명단과 대비해 볼 수도 있겠다. 즉 글로바의 마리아, 루포의 어머니 마리아,[85]

---

82 R. H. Connolly, *Didascalia Apostolorum* (Oxford: Clarendon, 1929), 133 주; 참고. p. xxi.

83 Origen, *C. Cels.* 1.65는 수산나를 언급한다.

84 아울러 W. Bauer, *Das Leben Jesu im Zeitalter der neutestamentlichen Apokryphen* (Tübingen: Mohr [Siebeck], 1904), 450 주3이 가발라의 세베리아누스(Severianus of Gabala, 주후 4-5세기에 활동한 시리아 주교_ 옮긴이)의 글에서 인용한 것을 보라.

85 내가 '루포의 어머니 마리아'를 가장 잘 설명할 수 있는 것으로 제시할 수 있는 것은 이렇다. 즉 이 마리아가 등장한 것은 (1) 네 복음서가 모두 십자가 옆에 있었다고 말하는 막달라 마리아를 베다니의 마리아와 동일시하고(요 12:3), (2) 베다니의 마리아가 나병 환자 시몬(막 14:3)의 집에서 예수에게 기름을 부었는데, 이 시몬이 마리아의 남편이었다고 추정하며, (3) 나병 환자 시몬을 알렉산더와 루포의 아버지인 구레네 사람 시몬과 동일시한(막 15:21; 참고. 롬 16:13) 결과다. 교부들의 주해에서는 복음서의 인물들을 이런 식으로 잇달아 동일시하여 그 신원을 밝힌 예가 심심치 않게 나타난다.

다른 마리아, 살로메(*Pan.* 78.13.2)다.[86] 오직 후대의 몇몇 콥트어 기사에서만 요안나가 예수의 어머니 마리아, 살로메, 그리고 다른 여자들과 함께 등장한다.[87]

요안나의 사례는 영지주의 문헌이 살로메를 상당히 적게 언급한 것을 영지주의가 살로메의 역할을 좋지 않게 보고 반박한 것으로 해석할 수 없음을 보여 준다. 정통 진영의 문헌뿐 아니라 영지주의 문헌도 요안나를 무시한다. 더욱이, 정통 진영의 저술가들이 영지주의가 예수의 여자 제자들의 권위에 호소했다는 이유로 이런 여자 제자들을 억압했다면, 영지주의가 살로메보다 훨씬 중요하게 여긴 막달라 마리아는 정통 진영의 전승에서 완전히 사라진 제자가 되었어야 했을 것이다. 정통 진영의 저술가들이 예수의 여자 제자들을 언급한 것은 단순히 반(反)영지주의 관심사에 따른 요구 때문만은 아니다. 사실, 예수의 여자 제자들이 몇몇 영지주의 문헌에서 두드러짐은 몇몇 영지주의 그룹에서 여자 지도자들이 두드러진 위치에 있었음을 반영하는 반면, 비(非)영지주의 문헌이 예수의 여자 제자들을 상당히 적게 언급함은 교회 안에서 여자가 지도자 역할을 하는 것에 반대하는 목소리가 커지고 있었음을 반영한 것일 수도 있다.[88] 그렇다고 이 말이 곧 비영지주의 문헌이 여자 제자들을 대하는 모습은 영지주의 전승이 여자 제자들을 대함에 대한 진지한 반박이라는 말은 아니다. 이런 종류의 신지한 반박이 있었다는 증거는 전혀 없는 것 같다. 따라서 마가는 살로메를 언급하는데 마태와 누가는 살로메를 언급하지 않는 것을 마태와 누가가 인정하지 않았던 사람들이 살로메의 권위에 호소한 것과 관련이 있다고

---

86 아울러 *Pan.* 79.7.3-4를 참고하라. 살로메, 다른 마리아, 루포의 어머니, 마르다.

87 *Book of the Resurrection by Bartholomew* 8·1, In James, *Apocryphal New Testament*, 183; Kaestli and Cherix, *L'évangile*, 195; 콥트어판 *Dormition of the Virgin*, in Robinson, *Coptic Apocryphal Gospels*, 51, 59.

88 참고. E. Pagels, *The Gnostic Gospels* (New York: Random House, 1979; London: Weidenfeld & Nicolson, 1980), 59-69.

추정할 이유는 더더욱 존재하지 않는다.

모튼 스미스는 영지주의가 살로메를 권위 있는 인물로 내세운 것을 정통 진영 저술가들이 진지하게 반박했음을 일러 주는 큰 증거를 둘 제시한다.[89] 하나는 살로메가 동정녀 출산을 믿지 않았다는 이야기인데, 우리가 §1에서 본 이 이야기는 본래 예수의 제자 살로메에 관한 이야기로 나온 것이 아니다. 또 다른 증거는 오리게네스가 십자가 옆과 예수 장사 때 있었던 여자들을 이야기한 마태의 기사(마 27:55, 56, 61)에 붙인 주석이다. 오리게네스는 마태복음에 나오는 세베대의 아들들의 어머니를 마가복음에 나오는 살로메와 동일인으로 본다. 예수가 십자가형을 당하는 장면을 지켜본 여자 가운데 유력한 세 여자의 이름이 나오는데, 오리게네스는 "마치 이 여자들이 더 골똘히 지켜보고, 더 충실히 섬기며, 더 잘 따른 것처럼" 이들의 이름을 제시해 놓았다고 말한다(In Matthaeum: Commentariorum Series 141). 그의 관심사는 그 여자들을 제자도의 본보기로 사용하는 것이다. 십자가형이 있은 뒤, "두 마리아의 사랑(charitas)은 …… 그들을 새 무덤에 붙박아 놓았다. 예수의 시신이 거기 있었기 때문이다." 그러나 그는 마태도 이 지점에서(마 27:61) (마가처럼) 세베대의 아들들의 어머니는 언급하지 않고 두 마리아만 언급함에 주목하면서, 이는 아마도 두 마리아의 "사랑이 더 컸기" 때문이 아닌가 싶다고 말한다(In Matthaeum 144). 스미스가 주장하듯이,[90] 오리게네스가 살로메를 빈 무덤을 목격한 증인에서 제외하고 있는지는 분명치 않다. 오리게네스의 마태복음 주석 중 현존하는 뒷부분의 라틴어 요약본은 마태복음 28장 1절 앞에서 중단된다. 이 때문에 우리는 마태복음 28장 1절과 마가복음 16장 1절이 이 점에 관하여 드러내는 상이점(相異點)을 오리게네스가 어떻게 해결했는지 모른다. 우리가 갖고 있는 오리

89　Smith, *Clement*, 190-192.
90　Smith, *Clement*, 191.

게네스의 주석은 오로지 마태와 마가가 십자가 옆에 있었던 여자 가운데 이름을 제시한 두 여자만을 예수 장사 때 무덤 옆에 있었던 여자로 제시하는 이유를 설명하는 데에만 관심을 기울인다. 분명 그의 주석은 본문 설명을 목표로 삼고 있으며, 영지주의를 반박하려는 이유에서 살로메를 깎아내리려는 의도는 갖고 있지 않다. 결국 문제는 이것이다. 오리게네스가 영지주의에 반대하려는 목적을 갖고 있었다면, 그는 왜 살로메를 희생시키고 막달라 마리아를 높여야 했을까? 그도 영지주의자들이 막달라 마리아의 권위에 호소하며(참고. *C. Cels.* 5.62) 막달라 마리아가 살로메보다 영지주의 문헌에서 대체로 더 두드러진다는 것을 틀림없이 알았을 것이며, 카르포크라테스파는 특히 살로메에게 호소한다는 것도 틀림없이 알았을 것이다.

마지막으로, 알렉산드리아의 클레멘스가 이집트(인)복음에 나오는 살로메와 예수의 대화를 다루면서 이 대화의 권위를 인정하고, 이를 엔크라테이아파와는 다른 의미로 해석한다는 것을 언급해 두지 않을 수 없다. 그는 이집트(인)복음을 거부하지 않으며 살로메를 중상비방하지도 않는다. 이처럼 클레멘스가 살로메를 반박하지 않음은 흥미롭다. 클레멘스는 자신이 쓴 「테오도루스에게 보낸 서신」에서 카르포크라테스파가 살로메와 관련이 있을 수 있는 내용을 마가비밀복음에 집어넣었다고 여겨 그런 내용을 거부하기 때문이다.

3. 마가비밀복음

나는 스미스의 견해에 반대하면서, 예수의 제자 살로메가 "논란이 있는 인물"이었다거나, 정통 저술가들이 영지주의에서 살로메가 한 역할을 진지하게 반박하면서 그를 폄훼하거나 그 중요성을 깎아내렸다거나, "[지금은 사라졌지만] 후대의 발전을 설명해 줄 살로메 관련 초기 전승들이 틀림없이 있었으리라는 것"[91]을 일러 주는 증거가 전혀 없음을 보여 주었다. 살로메를 기억하는 전승은 마가복음에 의존하지 않은 정경 밖 복음 전승인 것 같다. 그러나 증거에 비춰 볼 때, 살로메에게서 나온, 예수의 가르침에 관한 전승으로 지금은 사라져 버렸다고 추정해야 할 전승은 특히 카르포크라테스파 전승뿐이다. 이제는 이런 결론들을 갖고 살로메를 언급한 말 가운데 가장 수수께끼 같은 것에 접근해 보아도 될 것 같다. 알렉산드리아의 클레멘스(*Letter to Theodorus* 3.14-16)가 알렉산드리아의 교회가 사용했다는 마가비밀복음이 마가복음 10장 46절에 덧붙여 놓았다고 일러 주는 다음 문장이 바로 그것이다. "예수가 사랑하신 청년의 누이와 그의 어머니와 살로메가 거기 있었으나, 예수는 그들을 받아들이지 않았다." 이것은 클레멘스가 마가비밀복음에서 인용하는 두 본문 가운데 두 번째 본문이다. 이것이 훨씬 긴 인용문인 첫 번째 본문보다 훨씬 덜 주목받은[92] 것은 자연스러운 일이었다. 그러나 그것이 지닌 중요한 의미는 식별하기가 훨씬 어렵다. 따라서 이는 마가비밀복음에 관한 여러 이론의 적절성에 더 큰 도전을 안겨 준다.

「테오도루스에게 보낸 서신」은 클레멘스가 세 버전의 마가복음을 알고 있었음을 우리에게 일러 준다. (1) 우리가 정경에서 보는 마가복음, (2) 알렉산드리아의 정통 교회가 사용한 마가비밀복음(이것은 우리가 아는 정경의 마가복음에 적어도 두 본문이 추가된 것으로, 클레멘스는 그 두 본문을 모두 인용한다), (3) 카르포크라테스파가 사용한 마가비밀복음(이 버전은 정통 진영에서

---

[91] Smith, *Clement*, 191, 192.

[92] 스미스 외에, R. E. Brown, "The Relation of 'The Secret Gospel of Mark' to the Fourth Gospel," *CBQ* 36 (1974), 480; J. D. Crossan, *Four Other Gospels: Shadows on the Contours of the Canon* (Minneapolis: Winston, 1985), 109; Levin, "Early History of Christianity," 4286-4387; W. Munro, "Women Disciples: Light from Secret Mark," *JFSR* 8 (1992), 46-64을 보라. M. W. Meyer, "The Youth in Secret Mark and the Beloved Disciple in John," in J. E. Goehring, et al., eds., *Gospel Origins and Christian Beginnings* (J. M. Robinson FS; Sonoma, Calif.: Polebridge, 1990), 94-105은 두 번째 인용문의 "예수가 사랑한 청년"이라는 말에 초점을 맞추면서 본문의 나머지 부분은 논하지 않는다.

사용한 마가비밀복음에 있는 본문에 더 추가된 본문을 담고 있는데, 클레멘스는 그 가운데 둘만 인용한다)이다. 정통에서 사용한 마가비밀복음이 클레멘스가 인용한 두 본문보다 많은 것을 정경 마가복음에 추가한 것인지는 확실히 알 수 없다. 클레멘스가 이 본문들을 인용한 목적은 그의 서신 수신자인 테오도루스에게 테오도루스가 카르포크라테스파의 마가비밀복음에서 인용한 비(非)정통 내용이 정통 버전에서는 나타나지 않음을 확실하게 일러 주려 함이었다. 이 때문에 클레멘스는 카르포크라테스파가 사용한 마가비밀복음이 같은 문맥에서 더 많은 내용을 담고 있는 곳 가운데 정통 진영의 마가비밀복음에 들어 있는 본문만을 인용했을 수 있다. 클레멘스가 말하는 것을 보면(3:11-13), 분명 카르포크라테스파의 마가비밀복음은 클레멘스가 정통 진영의 마가비밀복음에서 인용한 곳 가운데 첫 번째 부분, 곧 예수가 죽은 자 가운데서 부활시켜 하나님 나라의 신비로 인도한 청년 이야기를 확장해 놓았다. 클레멘스가 정통 진영이 사용한 마가비밀복음에서 두 번째 본문을 인용한 뒤에 아주 두루뭉술한 말로 이야기하는("당신이 써 놓은 다른 많은 것은 위조처럼 보일 뿐 아니라 위조다") 카르포크라테스파의 추가 부분이 정통 진영의 마가비밀복음에서 인용한 두 번째 부분에 연계하여 나타난 것인지, 아니면 카르포크라테스파가 사용한 마가비밀복음의 다른 지점에서 나타난 것인지는 그리 분명치 않다. 하지만 전자일 가능성이 더 높아 보인다. 그 경우, 카르포크라테스파 버전은 아마도 이 두 번째 인용문의 마지막 말("예수는 그들을 받아들이지 않았다")을 세 여자가 여리고에서 예수를 만났을 때 일어난 일을 다룬 훨씬 긴 기사로 바꿔 놓은 것 같다.

정통 진영에서 사용한 마가비밀복음에 들어 있는 두 번째 인용문은 그 간략함 때문에 수수께끼다. 그 의미에 관하여 세 가지 설명이 가능할 것 같다. 처음 두 설명은 정경에 있는 마가복음과 정통 진영이 사용한 마가비밀복음의 문학적 관계에 관하여 제시할 수 있는 두 견해(정통 진영의 마가비밀복음은 정경 마가복음을 후대에 확장한 것이라고 설명하는 견해,[93] 또는 정경 마가복음은 정통 진영의 마가비밀복음을 축약한 것이라고 설명하는 견해)[94] 중 어느 견해와도 양립할 수 있다는 점을 유념해야 한다. 반면 세 번째 설명은 정통 진영의 마가비밀복음이 후대 편집자가 정경 마가복음을 편집한 산물이라고 가정할 때에만 존속할 수 있다. 여기서 정경 마가복음과 마가비밀복음의 관계를 완전히 논하기는 불가능하다. 그러나 마가비밀복음의 이 본문에 관한 세 번째 설명이 다른 두 설명보다 선호할 만하다는 내 설명은 결국 정경 마가복음의 우선성을 확증하는 데 기여할 것이다.

(1) 이 본문이 흥미로울 정도로 짧은 것에 대하여 제시할 수 있는 한 가지 설명은 본래 여리고에서 일어난 사건을 더 길게 서술해 놓은 것을 어떤 편향된 목적으로 줄여 놓았다는 것이다. 즉 "원래 본문은 틀림없이 예수가 한 어떤 행위나 말을 계속하여 보고했을 것이다." 스미스에 따르면, 이 생략된 부분은 아마도 살로메와 나눈 대화일 것이며, 정통이 받아들일 수 없는 내용이었을 것이다.[95] 이 경우, "예수는 그들을 받아들이지 않았다"가 생략된 부분을 대신했을 것이다.

---

[93] F. Neirynck, "The Apocryphal Gospels and the Gospel of Mark," in J.-M. Sevrin, ed., *The New Testament in Early Christianity* (BETL 86; Leuven: Leuven University Press/Peeters, 1989), 168-170; J. P. Meier, *A Marginal Jew: Rethinking the Historical Jesus*, vol. 1: *The Root of the Problem and the Person* (New York: Doubleday, 1991), 120-122; J.-D. Kaestli, "L'*Evangile secret de Marc:* Une version longue de l'Evangile de Marc réservée aux chrétiens avancés dans l'Eglise d'Alexandrie?" in J.-D. Kaestli and D. Marguerat, eds., *Le Mystère Apocryphe: Introduction à une littérature méconnue* (Essais bibliques 26; Geneva: Labor et Fides, 1995), 85-106.

[94] 후자의 견해는 H. Koester, "History and Development of Mark's Gospel (From Mark to *Secret Mark* and 'Canonical' Mark)," in B. Corley, ed., *Colloquy on New Testament Studies: A Time for Reapparaisal and Fresh Approaches* (Macon, Ga.: Merder University Press, 1983), 35-57; Crossan, *Four Other Gospels*, 91-121; H.-M. Schenke, "The Mystery of the Gospel of Mark," *SecCent* 4 (1984), 65-82; Munro, "Women Disciples"가 받아들인다. 모든 스미스의 견해는 대체로 정경 마가복음과 마가비밀복음의 추가 부분이 같은 자료에서 나왔다는 것이다. 참고. Smith, *Clement*, 192-194; idem, "Clement," 452-453. 이 견해는 세 번째 설명과 양립할 수 있을 것이다. 다만 정경 마가복음 10장 46절이 축약된 것이라는 스미스의 확신은 예외다. 참고. Smith, *Clement*, 188-189, 194.

[95] Smith, *Clement*, 122.

이 견해를 따를 경우, 우리는 먼저 생략된 부분이 딱히 카르포크라테스 파에게서 나왔다고 할 수 없음을 일러두지 않을 수 없다. 카르포크라테스 파가 만든 마가복음의 한 버전을 정통이, 그것도 심지어 편집된 형태로 받아들였을 가능성은 거의 없다. 따라서 카르포크라테스파의 마가비밀복음이 분명 이 지점에서 갖고 있었던 추가 본문과 생략된 부분이 동일하다면, 카르포크라테스파는 그들 자신이 사용한 버전에 그들에게서 유래한 내용이 아니라 정통이 그들의 버전에서 편집해야 한다고 여긴 내용을 보존해 놓은 셈이다. 물론, 이것은 가능하다. 그러나 이럴 경우, 생략된 부분이 살로메 앞에 이름이 나온 두 여자보다 살로메에게 초점을 맞췄을 가능성은 거의 없다. 카르포크라테스파가 살로메에게 특별한 관심이 있었기 때문에 카르포크라테스파가 이 지점에서 특별히 추가해 놓은 내용이 살로메라는 인물을 골라냈을 수도 있다. 그러나 세 여자를 언급하며 기록해 놓은 것이 본래 지금 있는 본문보다 긴 본문을 소개하려는 목적 때문이라면, 살로메가 이 본문에서 다른 두 여자보다 큰 역할을 했다고 추정할 이유가 전혀 없다. 나아가, 클레멘스 자신이 이집트(인)복음에 있는 예수와 살로메의 대화를 진짜 나눈 대화로 받아들이고 정통의 방식으로 해석했음을 기억한다면, 정통 진영의 마가비밀복음에서 생략되었다고 하는 부분이 그저 다소 정통에서 벗어났다 싶은 정도가 아니라 도저히 정통의 글로 읽을 수 없을 정도였다고 추측할 수밖에 없다.

이 축약 이론의 문제는 이 축약이 왜 더 과감하지 않았는지 설명하기가 어렵다는 것이다. 다시 말해, 왜 본문을 정경 마가복음의 본문으로 줄이지 않았을까?[96] 클레멘스가 정통 진영의 마가비밀복음에서 두 번째로 인용

---

96 여기서 정경에 들어 있는 마가복음 10장 46절의 형태가 틀림없이 본래 더 길었던 본문의 축약형을 보여 준다는 견해를 논할 필요는 없다. Smith, *Clement*, 122-123; Koester, "History," 43; Crossan, *Four Other Gospels*, 109-110; H. Koester, *Ancient Christian Gospels: Their History and Development* (London: SCM; Philadelphia: Trinity Press International, 1990), 301을 보라. 정경 마가복음 10장 46절은 이 학자들의 주장만큼 오래되지 않았다. 마가가 바라는 것이 예수가 여리고를 떠날 때

한 글로 제시한 말을 편집자가 그대로 유지하면서 염두에 둔 목표가 무엇인지 설명하는 일이 필요해진다. 정통 진영의 마가비밀복음을 편집한 이는 지금 존재하는 이 인용문도 틀림없이 나름대로 중요한 의미를 갖고 있다고 보았다. 그것은 단순히 축약의 잔재일 수 없다. 이 때문에 스미스는 우리가 제시한 세 설명 가운데 두 번째 설명을 이 첫 번째 설명과 조합하여 제시한다.[97] 첫 번째 설명 하나만으로는 충분치 않음을 인정한 것이다. 그러나 그렇다면 첫 번째 설명의 타당성은 그 설명과 결합해야 하는 추가 설명의 타당성과 밀접하게 연결되어 있는 셈이다. 우리가 제시한 세 설명 가운데 두 번째 설명이 그 자체만으로도 충분한 설명임이 증명된다면, 첫 번째 설명은 군더더기가 된다. 두 번째 설명이 타당하지 않다는 것이 증명된다면, 첫 번째 설명도 함께 무너지고 만다. 두 번째 설명이 타당하면서도 그 자체만으로는 충분치 않다는 것이 증명되어야 비로소 첫 번째 설명을 진지하게 검토할 필요가 있을 것이다.

(2) 또 다른 가능성은 클레멘스가 마가비밀복음에서 두 번째로 인용한 글이 반박 의도를 담고 있을 가능성이다. 스미스에 따르면, "지금 있는 이 야기는 오로지 이 여자들이나 그들을 따르는 이들이나 (카르포크라테스파가 살로메의 권위에 호소한 것처럼) 그들의 권위에 호소한 사람들을 반박할 목적으로 지어내 보존했을 수 있다."[98] 이 견해가 타당하려면, 세 여자 전부를 일부러 반박의 표적으로 골랐다고 추측해야 한다. 청년의 누이가 (이 청년의 부활 이야기를 다룬 마가비밀복음 이야기와 평행을 이루는 요한복음 본문을 통해) 베다니의 마리아(영지주의 문헌에서는 베다니의 마리아와 막달라 마리아를 구별할 수 없다)였다고 한다면, 세 여자를 제시한 명단에 가장 처음 등장하는 여

바디매오를 만났다고 말하는 것이라면, 그는 우선 예수가 여리고에 도착한 것부터 기록했어야 했다.

[97] Smith, *Clement*, 121-122.
[98] Smith, *Clement*, 121.

자는 영지주의자에게 권위를 가진 이로 가장 널리 알려진 예수의 여자 제자였다고 보는 것이 적절할 것이다. 그러나 우리는 이 경우에 왜 그 여자 이름을 밝히지 않아서 그런 반박을 희석시키는지 의문을 품어 볼 수 있다 (이런 의문을 갖는 것은 특히 마가복음이 15장 40, 47절, 16장 1절에서 막달라 마리아라는 이름을 밝히기 때문이다). 두 번째 여자는 문법상 예수가 사랑한 청년의 어머니이거나 예수 자신의 어머니일 수 있는데, 이 두 번째 여자는 더 문제가 있다. 이곳을 제외하면, 청년의 어머니는 전혀 알려져 있지 않기 때문에 반박의 대상일 리가 없을 것이다. 현존하는 영지주의 문헌을 보면, 예수의 어머니는 오로지「피스티스 소피아」에 있는 세 본문(59, 61, 62)에서 예수가 뭔가를 계시하는 대화에 참여하는데,「피스티스 소피아」는 클레멘스의 글보다 한 세기 뒤에 나왔다. 영지주의자들이 예수의 어머니를 권위자로 여기고 그의 권위에 호소했다는 증거가 달리 없지만, 물론 그 권위에 호소했을 가능성은 존재한다.

우리가 이와 같이 영지주의를 반박하려는 이유에서 예수의 여자 제자들을 깎아내린 사례가 다른 곳에는 전혀 존재하지 않음을 깨달으면, 방금 제시한 설명은 그 타당성을 많이 잃어버린다. 나는 스미스가 정통 진영이 살로메를 반박했다며 제시한 증거가 전혀 적절치 않음을 발견했다. 어쩌면 그것은 이 두 번째 설명의 변형으로, 곧 그 반박이 특별히 영지주의 안에서 예수의 여자 제자들이 한 역할을 겨냥한 것이 아니라, 더 널리 교회에서 여자들이 행하는 사역을 겨냥한 것이라는 설명으로 제시할 수 있을지도 모르겠다.[99] 그러나 그런 경우라 할 만한 유사 사례도 전혀 존재하지 않는다. 교회 질서를 다루면서 특별히 여자가 교회에서 가르침을 (또는 세례를 행함을) 금지하는 맥락에서 예수의 여자 제자들을 언급하는 작품들도 여자 제자들이 예수와 남자 제자들과 동행했음을 부인하지 않는다. 그

---

99 참고. Levin, "Early History of Christianity," 4287.

런 작품들은 다만, 복음서에 따를 때 이 여자들이 행한 기능에 가르침(이나 세례)이 포함되지 않았음을 지적할 뿐이다(시리아어판 *Didascalia* 3:6, 9, 12; *Apostolic Church Order* 26-28;[100] *Apost. Const.* 3:6, 9).

유사 사례가 없다는 것이 이런 설명을 완전히 배제하지는 않지만, 그래도 우리는 더 설득력 있는 설명이 가능할 수도 있지 않을까 묻게 된다.

(3) 클레멘스가 인용한 두 번째 본문의 의미에 관한 설명으로 여태까지 제시된 것들은 그 본문을 클레멘스가 마가비밀복음에서 인용한 다른 본문과 분리하여 다루었다. 바로 마가비밀복음이 마가복음 10장 34절과 35절 사이에 집어넣은 청년 이야기다. 그러나 두 번째 인용문의 시작 부분("예수가 사랑하신 청년의 누이")은 첫 번째 인용문과 밀접하게 연결되어 있는 반면, 마가비밀복음의 두 본문 사이에는 마가복음의 한 본문 단위(막 10:35-45)만이 끼어 있다. 두 번째 본문의 기능은 그 자체에서 찾을 것이 아니라 첫 번째 본문과 관련지어 찾아야 할 것 같다. 특히 마가비밀복음이 정경 마가복음의 확장이라면 더욱 그럴 것이다. 정경 마가복음에 (적어도 마가복음의 이 부분에서) 바로 이 두 본문을 추가해 놓은 편집자는 두 번째 본문이 첫 번째 본문을 마가복음에 통합시키는 수단으로 기능하게 하려 했을 수도 있다. 두 번째 본문이 주로 첫 번째 본문과 관련하여 어떤 문학적 기능을 행한다는 이런 주장은 스미스가 제기한 문제, 곧 두 번째 본문이 원형이라 하기에는 너무 짧다는 문제를 해결해 준다. "클레멘스가 인용하는 이야기는 신약성경의 다른 어떤 이야기와도 다르다. 분명 중요한 내용을 전혀 갖고 있지 않기 때문이다. 기적도 없고, 예수의 말도 없으며, 아무것도 없고, 다만 예수가 때로 세 여자를 받아들이지 않았다는 것만 있다."[101] 이 본문에 관하여 가능한 세 설명 중 이 세 번째 설명에 따르면, 편집자는 복음서에서 으

---

100   J. P. Ardenzen, "An Entire Syriac Text of the 'Apostolic Church Order,'" *JTS* 3 (1901), 72-73.
101   Smith, *Clement*, 121.

레 볼 수 있는 어떤 본문, 곧 그 나름의 주제(강조점)를 가진 본문을 쓰려 한 게 아니라, 그가 마가복음 10장 34절에서 끼워 넣었던 내용을 마가복음에 통합시키려 했을 뿐이다. 후자가 그의 진짜 관심사였다. 즉 그가 마가복음 10장 46절(정경 마가복음 본문이 끼워 넣을 좋은 기회를 제공했다)에 집어넣은 짧은 글은 그 앞에 끼워 넣은 글과 관련지어 볼 때만 의미를 가진다.

초기 교회의 많은 복음서 독자와 주해가는 복음서에 나오는 인물들의 정체를 밝히는 데 관심이 있었다. 다시 말해 그들은 이 이야기의 이 인물과 저 이야기의 저 인물을 동일시하길 좋아했고, 같은 이름을 가진 두 사람을 동일시하길 좋아했으며, 이름이 나와 있는 사람과 이름이 나와 있지 않은 사람을 동일시하길 좋아했다. 편집자는 마가비밀복음이 정경 마가복음의 확장이라 가정하고, 그가 마가복음 10장 35절에 끼워 넣은 이야기에 나오는, 예수가 죽은 자 가운데서 부활시킨 청년을 분명 마가복음 14장 51, 52절의 청년과 같은 사람으로 보려 했다. 둘 다 정확히 같은 말인 "그의 벌거벗은 몸 위에 베옷을 걸친"(περιβεβλημένος σινδόνα ἐπὶ γυμνοῦ)을 사용하고 있다. 저자는 그 청년이 누구인지 설명하여 마가복음 14장 51, 52절의 수수께끼를 풀며,[102] (우리가 아는 한) 마가복음 14장 51, 52절 본문을 이리저리 만지고 고쳐서 풀지 않고 요한복음 11장과 유사한 이야기 속에서 그것을 암시하여 푼다. 요한복음 독자는 예수가 죽은 자 가운데서 되살린 그 청년(따라서 겟세마네에서 도망친 그 청년)이 나사로였음을 알았을 것이다. 우리는 여기서 요한복음 11장이 실제로 마가의 언어로 다시 기록한 마가비밀복음 이야기의 자료였는지,[103] 아니면 마가비밀복음 편집자가 그 이야기를 이리저리 떠돌던 마가 전승에서 인용했고 그 이야기가 요한복음 11

---

102 참고. W. L. Lane in Corley, ed., *Colloquy*, 84.

103 Brown, "Relation"도 요한복음 11장과 마가비밀복음이 공통 자료를 갖고 있다는 스미스의 견해에 조심스럽게 반대한다. 스미스의 반응을 보려면, "Clement," 454 주13을 보라. Crossan, *Four Other Gospels*, 104-106, 110은 요한이 마가비밀복음에 의존했다고 생각하는 것 같다.

장에 의존함이 없이 그 전승 속에 존재하고 있었는지를 판단할 필요가 없다. 어느 경우가 되었든, 요한복음은 이집트에서도 일찍부터 알려져 있었기 때문에,[104] 마가비밀복음 편집자도 요한복음을 알았으며 그의 독자들도 요한복음을 알 것이라고 예상했을 수 있음을 어렵지 않게 추측할 수 있다. 그러나 마가비밀복음 편집자는 그 청년에게 나사로라는 이름을 부여하지 않는다. 그 청년에게 이름을 부여했다가는, 마가비밀복음이 앞서 그 이름을 밝힌 인물이 마가복음 14장 51, 52절에서 익명으로 등장한 것과 일치하지 않을 것이기 때문이다.

편집자가 마가복음에 두 번째로 끼워 넣은 부분은 인물들 사이의 동일성을 더 시사하여서 처음에 끼워 넣은 부분을 복음서 내러티브 속에 더 충실히 결합시킨다. 세 여자 중 유일하게 이름이 나온 살로메는 편집자의 의도를 엿볼 수 있는 열쇠다. 마가복음을 익히 아는 독자라면 살로메가 여기 외에 15장 40절과 16장 1절에서만 등장함을 알 것이며, 두 경우에 세 여자 중 세 번째로 등장한다는 것도 알 것이다. 마가비밀복음 편집자는 세 여자로 이루어진 같은 그룹으로 마가복음 15장 40절과 16장 1절에서 등장하는 그룹을 언급하려 한 것 같다. 그럴 경우, "예수가 사랑한 청년의 누이"는 막달라 마리아이며, "그의 어머니"는 "작은 야고보와 요세의 어머니 마리아"다. 이렇게 신원을 확인해 보려는 것은 아주 그럴듯하다.

그 청년의 누이는 마리아였을 수도 있고 마르다였을 수도 있다. 그러나 그 여자가 청년이 부활한 마가비밀복음 이야기에서 하는 역할은 마르다가 요한복음 11장에서 하는 역할보다 마리아가 하는 역할에 가깝다.[105] 초기 교회는 베다니의 마리아를 막달라 마리아와 자주 동일시했다. 그 여자가 마가비밀복음 본문에 익명으로 남아 있는 이유는 문제의 청년에게 나

104　P52가 보여 준다.

105　Brown, "Relation," 471에 있는 유사한 경우를 보라.

사로라는 이름을 부여하지 않은 이유와 비슷할 것이다. 이 여자는 정경 마가복음이 15장 40절에서 막달라 마리아라고 그 이름을 밝힐 때까지 정경 마가복음 본문에 여전히 익명으로 등장해야만 했다(마가복음에서 그 이름이 처음 등장하는 곳이 15장 40절이다). 요한복음 독자는 마가복음 14장 3-9절에서 이름을 밝히지 않은 여자가 베다니의 마리아임을 알 것이다(요 12:1-8).

마가복음 6장 3절에 기초할 경우에는 야고보와 요세의 어머니 마리아(막 15:40)를 예수의 어머니와 동일시함이 그럴듯해 보였을 것이며, 교부 시대에는 다른 이들도 그렇게 동일시했다.[106] 마가비밀복음이 이 여자의 이름을 밝히지 않은 이유는 편집자가 마가복음 3장 31-35절을 염두에 두었기 때문일 것이다. 마가복음 3장 31-35절을 보면, (이름이 나오지 않은) 예수의 어머니와 예수의 형제들이 예수를 보러 왔으나, 예수는 (은연중에) 그들을 받아들이길 거부한다. 편집자의 눈에는 이 사건을 반복하는 것이 분명 다른 두 여자와 동행한 예수의 어머니에 관한 언급을 마가복음 내러티브 속에 끌어들이는 가장 간단한 방법으로 보였을 것이다. 그는 예수가 여자들을 받아들이길 거부함이 지닌 의미를 곱씹을 필요가 없었다. 그 사건은 단지 예수가 죽은 자 가운데서 부활시킨 청년의 누이가 곧 막달라 마리아임을 밝히고 그 여자를 마가복음의 다른 곳에서 등장하는 다른 두 여자와 함께 묶어서 청년 부활 이야기를 마가복음 내러티브 속에 통합시키려는 문학 도구일 뿐이다.

이렇게 보면, 클레멘스가 마가비밀복음에서 두 번째로 인용한 글은 나중에 정경 마가복음에 추가한 것임이 드러난다. 마가 자신은 그가 갈릴리 출신이라 알고 있는(15:41) 막달라 마리아를 베다니의 한 여인과 동일시할

---

[106] Blinzler, *Brüder*, 73-74 주2. 이렇게 동일시하는 견해를 현대에 옹호하는 이는 S. W. Trompf, "The First Resurrection Appearance and the Ending of Mark's Gospel," *NTS* 18 (1971-1972), 308-330과 J. J. Gunther, "The Family of Jesus," *EvQ* 46 (1974), 30-35이다. 그러나 이들에 반대하는 견해를 보려면, Oberlinner, *Historische Überlieferung*, 117-120; Bauckham, *Jude*, 13-15을 보라.

수 없었다. 아울러 그가 예수가 육신의 친척들을 거부하고 하나님의 뜻을 행하는 여자들과 남자들을 받아들인 마가복음 3장 31-35절의 사건에 이어서 예수가 두 여자 제자(자칭 제자?)와 어머니를 거부한 사건을 이야기했을 가능성도 없다. 그러나 2세기의 마가복음 편집자가 이런 난제들에 구애받을 필요는 없었다.

부록. 예수의 제자 살로메를 언급하는 정경 밖의 몇몇 텍스트

이집트(인)복음

알렉산드리아의 클레멘스가 쓴 글에서 가져온 다음 본문들은 이집트(인)복음에 들어 있는 예수와 살로메의 대화에서 인용한 글을 담고 있다. 여기에서는 예수와 살로메의 말을 클레멘스 자신의 주석과 구별하여 굵게 표시했다.

> 살로메가 여쭈었다. **죽음이 얼마나 오랫동안 힘을 갖겠습니까?** 주가 대답하셨다. **너희 여자들이 아기를 낳는 한 그럴 것이다.** 이는 마치 생명은 나쁘고 피조 세계는 악하다는 말이 아니라 자연의 순서를 가르친 말이었다. 태어남 뒤에는 늘 죽음이 따르기 때문이다(*Strom* 3.6.45).

> 자제라는 호소력 있는 명칭을 수단으로 하나님의 창조에 반대하는 이들은 우리가 앞서 언급한, 살로메가 들은 말을 아울러 인용한다. 나는 그 말이 이집트인에 따른 복음에 들어 있다고 생각한다. 이는 그 말이 이렇게 말하기 때문이다. 구주가 몸소 이렇게 말씀하셨다. **나는 여성의 일을 파괴하려고 왔다.** 여기서 "여성"은 욕망을 의미하며, "일"은 출산과 썩음을 의미한다(*Strom* 3.9.63).

살로메가 말했다. **사람의 죽음이 언제까지 있겠습니까?** 이렇게 물음은 필시 말씀(the Word)이 완성에 관하여 말씀하셨기 때문일 것이다. 성경은 인간에 관하여 두 갈래로 이야기한다. 눈으로 볼 수 있는 겉모습과 영혼, 그리고 구원을 받고 있는 사람과 그렇지 않은 사람이다. 아울러 죄를 영혼의 죽음이라 말한다. 그러므로 주는 아주 조심스레 대답하셨다. 여자들이 아이를 낳는 한, 곧 욕망이 활동하는 한이라고(*Strom* 3.9.64).

이는 그[살로메]가 마치 출산에 몰두함이 적절하지 않기라도 한 것처럼 이렇게 말했기 때문이다. **그렇다면 저는 아이를 낳지 않았으니 잘했군요.** 그러자 주가 이렇게 대답하셨다. **모든 식물을 먹되 쓴 것이 들어 있는 식물은 먹지 말라**(*Strom* 3.9.66).

그러므로 카시아누스가 이렇게 말한다. 살로메가 자신이 탐구하던 일들이 언제 알려지겠는지 여쭈었을 때, 주가 이렇게 말씀하셨다. **너희가 부끄러움의 옷을 밟을 때 그리고 둘이 하나가 되고 남자와 여자가 남자도 아니요 여자도 아니게 될 때다**(*Strom* 3.13.92).

그리고 구주가 살로메에게 이렇게 말씀하셨다. **여자들이 아이를 낳는 한 죽음이 있을 것이다.** 이는 출산을 나무라는 말씀이 아니다. 신자 구원에는 출산이 필요하기 때문이다(*Exc. ex Theod.* 67).[107]

도마복음 61

예수가 말씀하셨다: 둘이 한 침상에 눕되, 하나는 죽고 하나를 살리라. 살

---

[107] 이 본문 번역은 W. D. Stroker, *Extracanonical Sayings of Jesus* (SBLRBS 18; Atlanta: Scholars Press, 1989), 10-12, 157(여기에서는 그리스어 본문도 볼 수 있다)에서 인용하였다. 나는 세 번째 인용문에 변화를 주어 성차별 언어를 없앴다.

로메가 말했다: 보시오, 그대는 누구입니까, 어떤 분의 아들입니까? 당신은 내 의자에 앉았고 내 식탁에서 먹었습니다. 예수가 살로메에게 대답하셨다: 나는 나뉘어 있지 않은 분에게서 나온 이다. 내 아버지 것 가운데 얼마가 내게 주어졌다. [살로메가 말했다:] 나는 당신 제자입니다. [예수가 살로메에게 말했다:] 그러므로 내가 말하노니, 어떤 이든 나뉘지 않을 때마다 그는 빛으로 가득하겠으나, 나뉘면 어둠으로 가득하리라.[108]

도마 시편 16

살로메는 진리와 자비라는 바위 위에 탑을 세웠다. 그 탑을 세운 이들은 의인이요, 그 탑에 쓸 돌을 깎은 석공은 천사들이다. 그 집의 마루(?)는 진리요, 지붕의 들보는 구제이며, 믿음은 ……이다. 마음의 생각은 그 집 문의 ……이다. 그 집으로 들어가는 이들은 기뻐하고, 거기서 나오는 이들은 — 그들의 마음은 즐거움을 구한다. 살로메는 그것을 세우고 거기에 지붕을 얹었으며, 그 탑에 난간을 달고, 소합향(storax) 아네쉬(anēsh)를 가져다(?) 그것을 정결케(?) 했으며, 향료의 ……을 그 손바닥에 담아 …… 가져가, 그녀의 머리에 놓고, 그곳으로 들어가, 내 주 예수를 부르며 말하길 …… 예수여, 내게 대답해 주시고, 내 말을 들어 주소서, 이는 내가 두 생각을 하지 않기 때문이오니, 내 마음도 하나이며 내 의도도 하나이나이다. 내 마음에는 나뉘거나 분열된 생각이 전혀 없기 때문이나이다. 내게 밝음으로 화관을 씌우시고(?) 나를 위에 있는 평화의 집[으로] 데려가소서. 지사들(총독들)과 통치자들이 — 그들의 눈이 나를 내려다보며, 의가 한 주께 속해 있음에 의아해하고 놀라나이다.[109]

---

108 Stroker, *Extracanonical Sayings*, 105, 35의 번역.
109 Allbery, *Manichean Psalm-Book*, 222-223의 번역.

마가비밀복음

[마가복음 10장 34절 뒤에 덧붙여진 것:] 그리고 그들은 베다니로 들어갔다. 거기에 오라비가 죽은 어떤 여자가 있었다. 그 여자가 와서 예수 앞에 엎드려 이렇게 말했다. "다윗의 자손이여, 내게 자비를 베풀어 주소서." 그러나 그의 제자들이 그 여자를 나무랐다. 그러자 예수가 화가 나서 그 여자와 함께 거기를 떠나 무덤이 있는 동산으로 가셨다. 그리고 곧장 무덤에서 큰 울음소리가 들렸다. 무덤에 가까이 다가가신 예수는 무덤 입구에서 돌을 굴려 내셨다. 그리고 곧장 그 청년이 있는 안으로 들어가 손을 뻗어 그를 일으키고 그의 손을 붙잡았다. 그러나 그 청년은 그를 바라보더니, 그를 사랑하여 그와 함께 있길 간청했다. 그들은 무덤에서 나와 그 청년의 집으로 들어갔으니, 이는 그 청년이 부유했기 때문이다. 그리고 엿새 뒤, 예수는 그 청년에게 해야 할 일을 일러 주었으며, 그 밤에 그 청년은 벌거 벗은 몸 위에 베옷을 걸치고 그에게 왔다. 그는 그 밤에 그와 함께 머물렀으니, 이는 예수가 그에게 하나님 나라의 신비를 가르쳐 주셨기 때문이다. 그리고 그 뒤, 그 청년은 일어나 요단강 건너편으로 돌아갔다.

[마가복음 10장 46절에서 "그리고 그들이 여리고에 갔다" 뒤에 덧붙여진 것:] 그리고 예수가 사랑하신 그 청년의 누이와 그의 어머니와 살로메가 거기 있었으나, 예수는 그들을 받아들이지 않았다.[110]

110　이 본문 번역은 Smith, *Clement*, 447에서 가져왔다.

8장
여자들과 부활
_그들이 들려준 이야기의 신빙성

그들은 그가 십자가로 다가갈 때 울던 여자들이고, 십자가에서부터 그를 따른 여자들이며, 그가 무덤에 묻힐 때 그의 무덤 옆에 앉아 있던 여자들이었다. 그들은 그가 부활한 아침에 가장 먼저 그와 함께 있던 여자들이며, 그가 죽은 자 가운데서 부활하셨다는 소식을 그의 제자들에게 가장 먼저 전한 여자들이었다.[1]

1. 들어가는 글

복음서 내러티브를 보면, 빈 무덤을 처음으로 발견한 사람들은 예수의 여자 제자들이다. 더욱이 그들은 예수가 묻힌 무덤이 비었음을 목격한 유일한 증인이기에, 빈 무덤이 실제로 예수의 시신이 이틀 동안 안치된 무덤이라는 사실을 보증할 수 있는 이들이었다. 두 복음서에 따르면, 이 여자들은 부활한 주를 처음으로 만난 이들이기도 했다. 특히 유대 팔레스타인

---

1 John Bunyan, *The Pilgrim's Progress* (ed. R. Sharrock; Harmondsworth: Penguin, 1965)(「천로역정」), 316.

을 비롯한 고대 세계에서는 여자들의 증언을 신뢰할 수 없다고 여기는 분위기가 널리 퍼져 있었기 때문에, 이처럼 여자들을 앞에 내세운 복음서의 부활 내러티브들이 부활 사건에서 여자들이 한 역할을 지어냈을 가능성은 거의 없다고 주장하는 이가 많았다.[2] 따라서 여자들이 등장하는 이야기

---

[2] 가령 E. L. Bode, *The First Easter Morning: The Gospel Accounts of the Women's Visit to the Tomb of Jesus* (AnBib 45; Rome: Biblical Institute Press, 1970), 157-158(앞서 활동한 학자들을 인용), 160-161, 173; G. O'Collins, *The Resurrection of Jesus Christ* (Valley Forge, Pa.: Judson, 1973) = *The Easter Jesus* (London: Darton, Longman & Todd, 1973), 42-43; P. Perkins, *Resurrection: New Testament Witness and Contemporary Reflection* (Garden City, N.Y.: Doubleday; London: Chapman, 1984), 94; W. J. Lunny, *The Sociology of the Resurrection* (London: SCM, 1989), 112; B. Gerhardsson, "Mark and the Female Witnesses," in H. Behrens, D. Loding, and M. T. Roth, eds., *Dumu-E2-Dub-Ba-A* (A. W. Sjöberg FS; Occasional Papers of the Samuel Noah Kramer Fund 11; Philadelphia: University Museum, 1989), 218; S. T. Davis, *Risen Indeed: Making Sense of the Resurrection* (Grand Rapids: Eerdmans; London: SPCK, 1993), 182; S. Coakley, "Is the Resurrection a 'Historical' Event? Some Muddles and Mysteries," in P. Avis, ed., *The Resurrection of Jesus Christ* (London: Darton, Longman & Todd, 1993), 100; B. Hebblethwaite, "The Resurrection and the Incarnation," in Avis, ed., *Resurrection*, 158; T. Lorenzen, *Resurrection and Discipleship* (Maryknoll, N.Y.: Orbis, 1995), 171; W. L. Craig, "John Dominic Crossan on the Resurrection of Jesus," in S. T. Davis, D. Kendall, and G. O'Collins, eds., *The Resurrection* (New York: Oxford University Press, 1997), 259; A. J. M. Wedderburn, *Beyond Resurrection* (Peabody, Mass.: Hendrickson; London: SCM, 1999), 57-60; S. Byrskog, *Story as History — History as Story: The Gospel Tradition in the Context of Ancient Oral History* (WUNT 123; Tübingen: Mohr [Siebeck], 2000), 193-194. 이 논지를 반박해 보려고 진지하게 시도한 글은 놀라울 만큼 드물다. J. M. G. Barclay, "The Resurrection in Contemporary New Testament Scholarship," in G. D'Costa, ed., *Resurrection Reconsidered* (Rockport, Mass./Oxford: Oneworld, 1996), 23은 이렇게 말한다. "여자들이 두드러진다는 점은 [빈 무덤의 역사성을 증빙하는 데] 보기만큼 강한 논증이 아니라. 그것은 단지 문학적 필요에서 발생했을 수 있기 때문이다. 즉, 만일 마가가 오직 여자들만이 예수 장사(葬事)를 목격한 증인으로 등장하는 자료를 갖고 복음서를 쓰고 있었다면, 빈 무덤을 발견했다는 것은 결국 그 여자들만 책임을 질(증명할) 수 있을 것이다." 그러나 우리는 이렇게 물어야 할 것이다. 만일 예수 장사를 빈 무덤 발견의 사전 단계로 다루지 않았다면, 마가가 사용한 어떤 자료는 왜 굳이 예수 장사를 목격한 증인에게 관심을 가져야 했을까? 더욱이, 마가가 예수 장사를 목격한 여자들을 열거한 명단(15:47)과 빈 무덤을 목격한 여자들을 열거한 명단(16:1)이 서로 다름도 고려해야 한다(다음을 보라). 이런 논지에 훨씬 적절치 않은 반응을 보인 글을 보려면, G. Lüdemann, *The Resurrection of Jesus* (Minneapolis: Fortress; London: SCM, 1994), 116-117을 보라. 때로 어떤 이들은 (예를 들어 Lorenzen, *Resurrection*, 173; T. Williams, "The Trouble with the Resurrection," in C. Rowland and C. H. T. Fletcher-Louis, eds., *Understanding, Studying and Reading: New Testament Essays in Honour of John Ashton* [JSNTSup 153; Sheffield: Sheffield Academic Press, 1998], 233) 여자들을 빈 무덤을 발견한 이들로 제시해야 했던 것은 남자 제자가 모두 갈릴리로 도망쳤다는 것이 널리 알려져 있었기 때문이라고 주장한다. 그러나 Wedderburn, *Beyond Resurrection*, 58-60은 그런 주장에는 당시 사람들이 남자 제자들이 예수가 죽은 뒤에 곧바로 갈릴리로 되돌아갔다고 생각했음을 설득력 있게 보여 주는 증거가 전혀 없다고 대꾸하는데, 타당한 반응이다. 어쨌든 제자들은 안식일에는 여행하지 않았을 것이다.

는 '변증 전설'(apologetische Legende, 불트만이 쓴 말)로서는 형편없는 변증이었을 것이다.[3] 아울러 우리가 만날 수 있는 부활 사건 기사 가운데 가장 이른 시기에 기록된 바울의 기사인 고린도전서 15장에 여자들이 등장하지 않는 이유를 설명할 때도 이 견해를 널리 사용한다.[4] 이번 장의 부제를 "그들이 들려준 이야기의 신빙성"이라 붙인 것도 그 때문이다. 이 부제는 일부러 모호하게 정했다. 신빙성이란 것이 그들의 이야기가 그 시대 사람들에게 의미하는 신빙성일 수도 있고, 21세기를 살아가는 우리에게 의미하는 신빙성일 수도 있기 때문이다. 좀 역설 같지만 논리에는 전혀 어긋남이 없다. 내가 인용한 논지(주장)는 바로 그 이야기들이 당시에 신빙성을 갖지 못한 지점에서 이제 그 이야기의 신빙성을 인정해야 할 이유를 발견하기 때문이다. 이 내러티브들은 그때의 확신을 전달하려고 공들여 설계하고 만들어 낸 것 같지 않다. 이 때문에 오늘날 비판적 사고방식을 품고 역사를 조망하는 사람들은 이 내러티브들이 역사를 말할 가능성이 크다고, 다시 말해, 믿을 수 있다고 본다. 나는 이 논지의 표현에 한 가지 조건을 덧붙이는 것이 중요하다고 본다. 사람들이 종종 말하듯이, 이런 논지는 1세기 사람들이 여자들의 이야기를 특히 신뢰할 수 있다고 판단하지는 않았으리라는 것을 시사한다. 물론 여기서 말하는 1세기 사람들은 1세기 **남자들**을 의미한다. 이야기를 들려주거나 듣는 여성이 보기에 이야기 속에서 여자들이 하는 역할이 그 이야기에 불리하게 작용했는지는 명백하지 않다. 이런 고찰이 필요한 이유는 적어도 남자만큼이나 많은 여자가, 아니 어쩌면 남자보다 많은 여자가 초기 기독교에 끌렸고, 이런 이야기를 가장 처음 들

---

[3] R. Bultmann, *The History of the Synoptic Tradition* (tr. J. Marsh; 2nd ed.; Oxford: Blackwell, 1968), 290; M. Dibelius, *From Tradition to Gospel* (tr. B. L. Woolf; London: Nicholson and Watson, 1934), 190도 비슷하다. Lüdemann, *Resurrection*, 118도 마찬가지로 마가복음 16장 1-8절을 이렇게 서술한다.

[4] 예를 들면 Gerhardsson, "Mark," 225-226; B. Witherington III, *Conflict and Community in Corinth* (Grand Rapids: Eerdmans; Carlisle: Paternoster, 1995), 300.

려준 이들이 이런 이야기에 이름이 나와 있는 네 여자였을 수도 있기 때문이다.

근래 페미니스트의 여러 접근법은 부활 내러티브에 등장하는 여자들에 관하여 상당히 전통에 충실하게 주장하는 이런 논지를 심히 비틀고 왜곡했다. 페미니스트의 접근법은 바울이 고린도전서 15장에서 제시한 기사에 여자들이 나오지 않음은 여자들을 비뚜로 쳐다보는 가부장주의의 편견 때문이라 주장하고, 심지어 복음서 내러티브조차도 부활 신앙의 기원에서 여자들이 행한 역할을 축소하고 평가 절하한다고 주장한다.[5] 다시 말하지만, 결국 그것은 여자들이 역사 속에서 수행한 역할을 더더욱 믿을 수 있는 것으로 만드는 결과를 낳을 뿐이다. 이런 이야기들을 기록해 놓은 복음서 기자들조차 이런 이야기들을 아주 편안하게 여기지는 않았으며 이런 이야기들이 암시하는 의미를 축소하려 했다면, 그들이 이런 이야기들을 기록해 놓았다는 것 자체가 더욱 놀라운 일이다. 복음서 기자도 여자들의 역할을 도저히 억누를 수 없을 정도로 그들의 역할이 분명 이미 전승 안에 아주 확고하게 자리 잡았을 것이다. 페미니스트가 내세우는 이런 논지에서 종종 볼 수 있는 한 측면은 힘과 권위라는 쟁점들이 얽혀 있다는 주장이다. 교회가 부활 증언에 권위를 부여했다가 그 여자들의 증언을 깎아내림은 여자들의 권위 억압을 반영한다. 말하자면 여자들이 초창기(가장 이른 시기의) 그리스도인 공동체 안에서는 권위를 행사했지만 복음서가 기록되

---

5   E. Schüssler Fiorenza, *Discipleship of Equals* (New York: Crossroad; London: SCM, 1993), 78; T. K. Seim, *The Double Message: Patterns of Gender in Luke-Acts* (Nashville: Abingdon; Edinburgh: T. & T. Clark, 1994), 147-163; C. Setzer, "Excellent Women: Female Witness to the Resurrection," *JBL* 116 (1997), 259-272; J. Lieu, "The Women's Resurrection Testimony," in S. Barton and G. Stanton, eds., *Resurrection* (L. Houlden FS; London: SPCK, 1994), 34-44; A. Fehribach, *The Women in the Life of the Bridegroom: A Feminist Historical-Literary Analysis of the Female Characters in the Fourth Gospel* (Collegeville, Minn.: Liturgical, 1998), 163-164; T. Mattila, "Naming the Nameless: Gender and Discipleship in Matthew's Passion Narrative," in D. Rhoads and K. Syreeni, eds., *Characterization in the Gospels* (JSNTSup 184; Sheffield: Sheffield Academic Press, 1999), 167-168; Wedderburn, *Beyond Resurrection*, 58; Bryskog, *Story*, 197.

던 당시 정황에서는 그 권위가 사라져 버렸다는 것이다. 따라서 이제 쟁점은 단순히 여자들의 이야기를 신뢰할 수 있느냐라는 것에서 그보다 분명한 문제인 위계 구조와 힘으로 옮겨 간다. 이런 쟁점 변동을 가장 강한 형태로 보여 주는 것이 페미니스트가 기독교의 기원을 재구성한 것이다. 내가 보기에, 이런 재구성은 여자 지도자들이 초창기 기독교 안에서 행한 역할에 관하여 그동안 무시해 온 증거를 올바로 부각시켰지만, 동시에 때로는 그런 논지를 확증도 제시하지 못한 채 추측만으로 극단까지 밀어붙이기도 했다. 그러나 우리는 분명, 여자들의 신빙성을 깎아내림이 존재했다면, 그리고 여자들의 신빙성을 깎아내리는 곳에서는 그런 점이 가부장 중심 사회 구조의 한 측면이었으며, 그런 사회 구조에서는 남자들이 공적 영역을 지배했고 여자들의 증언은 법정에서 배제할 수 있었을 것이라는 데 동의하지 않을 수 없다. 아울러 우리는 이런 여자들 이야기를 처음 들려주고 전달한 초기 그리스도인 공동체 안에서는 그러지 않았을 수 있다는 주장 역시 염두에 두어야 한다.

당시에는 (적어도 남자들에게는) 여자들의 이야기가 믿을 수 없는 것이었기 때문에 지금은 여자들의 이야기를 믿을 수 있다는 논지는 물론 모든 이를 설득하지는 못했다. 특히 독일 학계[6]에서 두드러지고 근래 게르트 뤼데만(Gerd Lüdemann)이 부활을 다룬 그의 책[7]에서 잘 보여 준 한 강한 전통은 빈 무덤 이야기를 늦은 시기에 나온 전설로 본다. 여기서 이런 주장을 이끄는 원리는 바울의 우선성인데, 이처럼 바울을 우선시하다 보니, 때로는 바울이 고린도전서 15장에서 제시하는 케리그마 요약(kerigmatic summary)이 빈 무덤과 여자들을 모두 언급하지 않고 넘어간다는 사실을 중시하는

---

6 디벨리우스의 양식 비평 작업이 취하는 이 접근법의 기원과 그 영향을 알아보려면, J. E. Alsup, *The Post-Resurrection Appearance Stories of the Gospel Tradition* (CTM 5; Stuttgart: Calwer, 1975), 23-24을 보라.

7 Lüdemann, *Resurrection*, 121.

결과를 초래할 뿐 아니라, 예수의 시신이 무덤에서 사라져야 할 필요성을 바울보다 뒤에 나타난 조잡한 변증이자 유물론적 발전으로 볼 수 있다는 점과 대비하여, 바울의 부활 이해는 몸이 없는 부활의 성격을 갖고 있었다고 주장하는 결과를 낳기도 한다.

이번 장은 저 쟁점에서 후자의 측면을 다루지는 않지만, 그래도 이 지점에서는 케리그마 요약과 복음서 내러티브의 관계를 강조하고 넘어가는 것도 유익하겠다. 고린도전서 15장 3-7절은 케리그마 요약 가운데 하나이며, 무덤에 있던 여자들 이야기와 예수가 부활 뒤 여자들에게 나타난 사건을 다룬 이야기는 복음서 내러티브에 속한다. 물론 이것들은 서로 장르가 다르다(구전이거나 글이다). 바울의 케리그마 요약은 "그리스도가 우리 죄 때문에(우리 죄를 위해) 죽었다"에서 시작하여 "그가 셋째 날에 일으킴을 받았다(부활하셨다)"를 거쳐 예수의 다양한 부활 후 현현을 제시한 목록에 이르기까지 일련의 사건들을 열거한 목록으로 구성되어 있다. 우리는 다른 자료, 특히 사도행전에 있는 여러 설교에서도 이런 케리그마 요약을 발견하는데, 여기서 제시하는 요약은 예수의 사역도 포함하며 그가 미래에 심판하러 오심도 내다본다.

무덤에 있었던 여자들을 다룬 복음서 내러티브를 희생시키고 바울의 글을 우선시하는 주장은 이런 이야기들이 케리그마에서 발전했다고 강조한다. 예를 들어 마가복음의 이야기를 보면, 정체를 알 수 없는 청년이 무덤에서 여자들에게 이렇게 말한다. "너희는 지금 십자가에 못 박혔던 나사렛 예수를 찾고 있구나. 그는 부활하셨다"(막 16:6). 학자들은 이 말이 본래 예수에 관한 교회의 케리그마 선포(그가 십자가에 못 박혔다가 부활했다)이며, 마가복음의 이 이야기가 이 선포를 중심으로 구성되었다고 말한다. 이 접근법을 반박하는 주장 가운데 적어도 두 주장이 설득력이 있어 보인다. 첫째, 이런 주장이 부활 내러티브에는 적용되고 예수 사역 이야기에는 적용되지 않는 이유가 분명하지 않다. 무엇보다 예수의 사역에 관한 것은, 예를 들어 예수가 "두루 다니며 선한 일을 행하시고 마귀에게 눌린 모든 이를 고치셨으니, 이는 하나님이 그와 함께하셨기 때문이다"(행 10:38)와 같이, 우리가 사도행전 설교에서 발견하는 요약 진술뿐이고, 그런 의미에서 우리가 복음서에서 발견하는 예수의 치유와 축귀 이야기가 케리그마에서 발전한 것이라고 믿는 이는 없으며, 설령 그렇게 믿는 이가 있다 해도 극소수다. 만일 예수에 관한 그런 이야기들을 처음부터 사람들에게 들려주었다면, 여자들의 부활 이야기와 다른 이들의 부활 이야기들도 바울이 고린도전서 15장에서 인용하는 케리그마 요약과 더불어 처음부터 들려주지 않았을까? 이런 이야기들을 처음부터 들려주지 말아야 할 이유가 있을까? 우리는 지금 두 장르(예수에 관한 하나하나의 이야기들과 복음서 이야기 전체를 집약한 케리그마 요약)를 다루고 있다. 이 두 장르는 초기 교회 안에서 공존했으며, 서로 다른 기능을 했다. 따라서 예수에 관한 하나하나의 이야기가 케리그마 요약에서 발전했다고 믿을 이유는 전혀 없다.[8]

그러나 둘째, 부활 내러티브가 케리그마에서 발전했다는 논지에는 큰 장애물이 하나 있다. 즉, 바울이 고린도전서 15장에서 예수가 부활 뒤에 나타난 이들을 열거한 명단과 복음서의 부활 내러티브가 현저히(그리고 당혹스러울 만큼) 일치하지 않는다는 점이 그것이다.[9] 바울의 요약에는 여자들에 관한 두 이야기(여자들이 빈 무덤을 발견한 이야기와 예수가 그들에게 나타난 이야기)가 나오지 않을 뿐 아니라(예수가 부활 뒤 엠마오로 내려가는 제자들에게 나타난 이야기도 바울의 요약에는 나오지 않는다), 복음서에는 바울이 열거하는 부활 후 현현 다섯 사례 중 세 사례에 상응하는 이야기가 존재하지 않는다. 즉 예수가 베드로에게 나타난 이야기, 한 번에 500명이 넘는 사람들에게 나타난 이야기, 야고보에게 나타난 이야기는 없다. 바울이 제시하는 다

---

8 Alsup, *Post-Resurrection*이 이를 주장한다.

9 Alsup, *Post-Resurrection*, 55-61을 보라.

른 두 경우(열두 제자에게 나타난 경우와 모든 사도에게 나타난 경우)도 복음서가 이야기하는 사도 그룹에 나타난 사례들과 연계하기가 쉽지 않다. 그 이야기들이 케리그마에서 나왔다면, 우리에게는 왜 부활한 예수가 베드로에게 나타난 이야기(누가만이 언급한다)나 야고보에게 나타난 이야기(히브리[인]복음 조각 사본만이 이런 이야기를 우리에게 들려준다)나 복음서 어디에도 없는 것 같은, 500명에게 나타난 이야기가 없을까? 바울이 인용하는 케리그마 요약과 복음서의 부활 내러티브 사이에 일치점이 없다는 이 상당히 특이한 현상은 우리가 지금 애초부터 서로 의존하지 않는 (그렇다고 꼭 서로 무관한 것도 아닌) 두 형식을 다루고 있음을 분명하게 확인해 준다. 예수 부활에 얽힌 사건들은 분명 교회가 처음 시작될 때부터 이 두 형식을 통해 전해졌을 것이다.

2. 복음서 부활 내러티브의 형성

나는 복음서에서 여자들이 행한 역할을 꼼꼼히 살펴보기 전에 이 섹션에서, 복음서 기자들이 자신들의 내러티브를 구전에 기초하여 지었다고 믿는다는 것을 간략히 말해 보려 한다. 나는 이런 전승들이 복음서에 통합되기 전에 어떻게 발전했는지 추적해 보려는 많은 시도가 대체로 설득력이 없으며, 기껏해야 증명할 수 없는 것에 지나지 않는다고 본다. 이번 장에서 나중에 논증하겠지만, 이런 전승 단위들이 사건을 목격한 이들의 구술 증언을 오히려 직접 반영하는 경우가 많다고 생각해야 할 이유들이 있다.

(1) 복음서 기자들이 구전으로 알았던 것은 따로따로 분리된 많은 내러티브 단위였으며, 이들 사이에는 안정된 연관성이 존재하지 않았을 가능성이 높아 보인다. 표5(437쪽)는 우리가 추측해 볼 수 있는 단위들로, 복음서에서 사용한 것들을 열거한다. (나는 정경 밖의 본문도 포함시켰다. 정경 밖의 본문이 정경 복음서에 의존하고 있고 상당히 늦게 기록되긴 했지만, 이런 종류의

비교 작업을 할 때에는 상당한 가치가 있다. 몇몇 경우에는 그런 본문이 설령 하나 혹은 더 많은 정경 복음서를 알았더라도 정경 복음서에 의존하지 않은 구전에 의존했을 수도 있다. 부활 내러티브의 경우, 이런 정경 밖의 본문 가운데 가장 흥미로운 본문들은 마가복음의 더 긴 끝부분(막 16:9-20), 곧 현대 학자 가운데 절대 다수가 후대에 마가복음 본문에 추가된 것으로 보며 나도 그 견해를 따르는 본문과, 남아 있는 본문이 첫 장 시작 부분에서 끝나며 어쩌면 예수의 부활 후 현현 내러티브만이 그 안에 들어 있었을지도 모르는 베드로복음,[10] 그리고 2세기 초에 나온 사도 서신(*Epistula Apostolorum*)[11]이다.

복음서 기자들이 부활 전승을 따로따로 분리된 내러티브 단위로 알았다는 결론은 이 내러티브 단위 가운데 두 단위를 같은 방식으로 연결한 복음서 기자가 둘 이상 존재하는 경우가 전혀 없다는 사실에서 끌어낼 수 있다. 각 복음서 기자는 전승 단위들을 그 나름대로 선별하고 결합하여 그 자신만의 독특한 내러티브 순서를 만들어 냈다. 예를 들면, 누가와 요한은 모두 무덤이 비었음을 발견한 두 이야기를 들려준다. 한번은 여자들이 발견했으며, 한번은 베드로가 발견했다(요한은 주가 사랑하신 제자도 함께 있었다고 말한다). 그러나 누가는 이 두 이야기를 단순하게 이어서 제시하는 반면, 요한은 첫 번째 이야기를 나누어 그 사이에 두 번째 이야기를 집어넣고 첫 이야기의 끝부분을 세 번째 이야기(예수가 무덤에서 막달라 마리아에게

---

10 우리는 이 부활 후 현현 내러티브에 관하여 좀 더 많은 것을 시리아어판 *Didascalia* 21 (R. H. Connolly, *Didascalia Apostolorum* [Oxford: Clarendon, 1929], 183; 참고. lxxv-lxxvi)에서 알 수 있다. 이곳은 레위를 언급하는데, 이는 사실상 이 자료가 베드로복음임을 확실하게 일러 준다. J. D. Crossan, *The Cross that Spoke: The Origins of the Passion Narrative* (San Francisco: Harper & Row, 1988), 10장은 베드로복음의 현존하는 마지막 세 구절을 *Didascalia* 21을 전혀 참고하지 않고 논하는 반면, Alsup, *Post-Resurrection*, 130-131은 베드로복음을 참고하지 않고 *Didascalia* 21을 논한다는 점이 이채롭다.

11 C. E. Hill, "The Epistula Apostolorum: An Asian Tract from the Time of Polycarp," *Journal of Early Christian Studies* 7 (1999), 1-53은 그것이 주후 117년부터 148년 사이에 소아시아에서 나왔다고 주장하지만, J.-N. Pérès, "L'*Épître des Apôtres* et l'*Anaphore des Apôtres*: Quelques Convergences," *Apocrypha* 8 (1997), 89-96은 시리아 동부에서 나왔다고 주장한다.

표5. 구전의 내러티브 단위

	마가복음	마태복음	누가복음	요한복음	베드로복음	사도서신	마가복음의 더 긴 끝부분	다른 책들
무덤 경비병		●			●			나사렛복음?
여자들이 빈 무덤 발견	●	○	●	●	○	○		
남자들이 빈 무덤 발견			●	●				
여자들이 본 부활 후 현현	(●)[1]	●		●		○	○	
여행자들이 본 부활 후 현현			●				○	
야고보가 본 부활 후 현현								히브리(인)복음, 첫 번째 야고보 묵시록
* 예수가 부활한 저녁에 제자들이 본 부활 후 현현			●	●[2]		○	○	
* 갈릴리의 산에서 제자들이 본 부활 후 현현		●						
* 갈릴리에서 물고기를 잡던 제자들이 본 부활 후 현현				●	●			
* 감람산에서 제자들이 본 부활 후 현현?[3]								사도행전, 베드로 묵시록, 영지주의 복음서들
승천			●			○	●	사도행전, 베드로 묵시록, 야고보 묵시록

● = 내가 판단하기에 본문이 현존하는 문헌 자료에 의존하지 않은 경우로, 구전에 직접 의존했을 가능성이 큰 경우.

○ = 현존하는 문헌 자료에 의존했을 가능성이 큰 경우. 사도 서신과 마가복음의 더 긴 끝부분은 정경 복음서에 의존한 전승들을 다시 들려주는 것으로 보이나, 정경 복음서 본문을 직접 사용하는 것 같지는 않다. (표의 "다른 책들" 부분에서는 이 쟁점에 관하여 아무런 판단도 하지 않았다.)

* 사도들이 사명을 수여받을 때 늘 함께 붙어 등장하는 내러티브.

1. 나는 마가가 여자들더러 제자들에게 가서 말하라고 한 내용을 예수가 마가와 아무 관련이 없는 여자들에게 나타난 이야기에서 가져왔을 가능성이 크다고 생각한다.
2. 요한복음은 이런 에피소드를 둘 갖고 있는데, 하나는 예수가 부활한 저녁의 에피소드이며, 다른 하나는 한 주 뒤에 일어난 에피소드다.
3. 이것이 승천과 구별된 내러티브 단위로 존재했는지는 밝혀내기가 힘들다.

나타난 이야기)와 긴밀하게 연결한다. 아울러 정경 복음서 기자들은 내러티브 단위들을 다양한 방식으로 연결하는 반면, 베드로복음은 그것이 담고 있는 세 내러티브 단위를 마치 서로 아무 연관이 없는 별개 단위처럼 그냥 차례차례 늘어놓는다. 이런 점에서 베드로복음은 정경 복음서보다 구전에 가까울지도 모른다. 구전에 가까울 수 있다는 것은 베드로복음이 정경의 어떤 복음서에도 의존하지 않았다는 뜻이 아니라,[12] 정경 복음서에 무엇을 의존했든 그것이 구술 과정을 통해 전달되었다는 뜻이다. 그런 과정에서 본문에 글로 들어 있던 자료의 영향은 계속되는 구전(구술 전승)에 흡수되었으며, 그런 구전은 구술의 독특한 특징들을 갖고 있었다.[13]

(2) 반면, 복음서의 부활 내러티브들을 살펴보면, 내러티브 전체를 아우르는 내러티브 설계에 대체로 공통 구조가 존재한다. 사람들은 때로 부활 내러티브가 복음서의 수난 내러티브와 다르다고 말한다. 수난 내러티브는 대체로 공통된 사건 배열 순서를 따르지만, 부활 내러티브는 그런 공통 구조를 갖고 있지 않기 때문이다.[14] 이런 말이 사실이 아님은 표6(440쪽)을 보면 알 수 있다. 본래 빈 무덤을 발견하는 것으로 끝났을 개연성이 높은 마가복음이라는 예외가 있긴 하지만, 정경 복음서는 모두 삼중 구조를

12　베드로복음과 정경 복음서의 관계를 두고 논쟁이 있지만, Crossan, *Cross*, 9장조차도 빈 무덤에 있던 여자들을 다룬 본문(12:50-13:57)이 마가복음에 의존하고 있으며, 그가 베드로복음 대부분에 들어 있다고 보면서 정경 복음서보다 저작 시기가 앞선다고 주장하는 초기 '십자가복음'의 일부는 아니었다고 생각한다. 하지만 H. Koester, *Ancient Christian Gospels* (London: SCM; Philadelphia: Trinity Press International, 1990), 238-239은 이 본문도 마가복음보다는 마가가 사용한 자료에 의존했을 수 있다고 생각한다.

13　이것은 R. E. Brown, "The *Gospel of Peter* and Canonical Gospel Priority," *NTS* 33 (1987), 321-343의 견해다. 반면 A. Kirk, "Examining Priorities: Another Look at the *Gospel of Peter*'s Relationship to the New Testament Gospels," *NTS* 40 (1994), 572-595은 오히려 본문 편집 과정을 마태복음과 마가복음의 관계, 그리고 누가복음과 마가복음의 관계에 관한 고전적 견해와 비교해 볼 수 있다고 본다. 나는 베드로복음이 '재구술화'(re-oralization)의 표지를 보여 준다고 본다. 재구술화에 관하여 알아보려면, Byrskog, *Story*, 16, 127, 138-144을 보라.

14　J. Jeremias, *New Testament Theology: Part 1: The Proclamation of Jesus* (tr. J. Bowden; New York: Scribner; London: SCM, 1971), 300. Lüdemann, *Resurrection*, 21도 동의하며 인용한다. 물론 수난 내러티브는 하나같이 훨씬 긴 사건 배열을 갖고 있다.

갖고 있어서,[15] 무덤이 비었음을 알리는 이중 증언으로 시작하고(증언하는 이는 여성 제자와 남성 제자, 아니면 경비병과 여자 제자들이다), 사도 그룹이 부활한 그리스도에게서 증언하고 복음을 전해야 할 사명을 받는 부활 후 현현 장면으로 끝난다. 빈 무덤과, 부활한 예수가 사도 그룹에게 나타난 사건 사이에서는 단 한 번의 부활 후 현현만을 이야기한다(마태와 요한은 예수가 여자들에게 나타난 사건을 이야기하고, 누가는 엠마오로 내려가던 두 사람에게 나타난 사건을 이야기한다). 이런 부활 후 현현 이야기는 모든 경우에 무덤 장면에서 제자들이 모여 있는 곳에 부활한 그리스도가 나타남으로 옮겨 가는 문학적 전이 기능(유일한 기능은 아니지만 필수 기능이다)을 갖고 있다. 이런 전이 기능은 복음서마다 다른 형태를 띠지만, 각 경우에 셋 중 중간 요소에 전이 기능을 부여한다. 분명 마가복음의 더 긴 끝부분을 지은 이는 마가복음의 끝부분을 자신이 누가복음과 요한복음에서 본 이런 공통 구조와 일치시키려 했겠지만, 이렇게 할 때 두 전이 내러티브(즉 그가 요한복음에서 안 내러티브와 누가복음에서 안 내러티브)를 포함시켰다.[16] 이런 삼중 구조가 마태복음, 누가복음, 요한복음에서 서로 다른 복음서에 의존함이 없이(내 의견) 각각 나타난다는 것은 아마도 그런 구조가 구술로 행한 설교에서 펼쳐졌음을 의미하지 않나 싶다. 복음서 기자들이 기록하며 얻은 것은 그 세 요소를 일정한 순서로 배열한 하나의 내러티브로 통합한 것이다. 아울러 우

---

15 G. Theissen and A. Merz, *The Historical Jesus* (tr. J. Bowden; Minneapolis: Fortress; London: SCM, 1998), 495도 이를 인정하지만, 좀 덜 정확하게 인정한다.

16 나는 마가복음의 더 긴 끝부분이 누가복음과 요한복음에 의존했다고 생각하고 싶지만(예를 들면 Lüdemann, *Resurrection*, 26-27도 그렇게 생각한다), 어떤 이들은 이 두 복음서 가운데 하나 혹은 두 복음서 전부와 마가복음의 더 긴 끝부분 사이에 존재하는 유사점이 구전에 의존했기 때문이라고 생각한다. 예를 들면 B. H. Streeter, *The Four Gospels* (London: Macmillan, 1924; New York: Macmillan, 1925), 348-350(요한복음이 아니라 누가복음에 의존했다); R. H. Smith, *Easter Gospels* (Minneapolis: Augsburg, 1983), 208(누가복음과 요한복음에 모두 의존하지 않았다). 아울러 나는 우리가 갖고 있는 마가복음의 더 긴 끝부분이 마가복음의 부록 역할을 하도록 지어졌다고 생각하고 싶지만, 부활 후 현현의 확장된 케리그마 요약을 반영한 것일 수도 있다. 반면, 많은 학자는 그것이 마가복음에 추가되기 전에 별개 텍스트로 존재했다고 생각한다(예를 들면 W. L. Lane, *The Gospel of Mark* [NICNT; Grand Rapids: Eerdmans; London: Marshall, Morgan & Scott, 1974], 604).

리는 이런 삼중 구조가 복음서 기자들이 일부러 신중하게 고른 어떤 서사적 경제성을 수반한다는 점에도 주목해야 한다. 다시 말해, 복음서 기자들은 예수의 부활 후 현현을 알려 주는 다른 구전들을 알았을 가능성이 있지만, 각 경우에 단 하나의 구전만을 골라 전승으로 전달할 위치에 놓아두었을 가능성이 있으며, 이렇게 고른 구전은 전달될 만한 방식으로 들려줄 수 있는 이야기여야 했다. 마태와 누가는 사도들에게 사명을 수여함이라는 맺음 요소(concluding element, 내러티브를 끝맺는 요소)로 하나의 이야기만을 골랐으며, 각 경우에 각기 다른 이야기를 골랐다. 요한은 예외인데, 그는 맺음 요소를 확장하여, 예수가 예루살렘에서 사도 그룹에 두 번째로 나타난 이야기를 추가하여서 그가 제시한 도마 이야기와 조화시키려 한다. 아울러 그는 에필로그라는 사치를 부림으로, 사실상 두 번째 사명 수여 이야기라 할 것을 21장에 포함시킨다.

표6. 복음서 부활 장면에 공통으로 나타나는 내러티브 구조

	빈 무덤 (이중 증인)	부활 후 현현	사도들에게 사명을 수여한 부활 후 현현
마태복음	무덤이 열렸음: 경비병 빈 무덤: 여자들	여자들(2)	갈릴리(산)에서 11
누가복음	빈 무덤: 여자들 빈 무덤: 남자들	여행자들(2)	부활 저녁 11+
요한복음	빈 무덤: 여자들 빈 무덤: 남자들	여자(1)	부활 저녁 10+ (한 주 뒤 11+) 갈릴리(고기 잡음)에서 7
베드로복음	입구: 경비병 빈 무덤: 여자들		갈릴리(고기 잡음)에서 3 (사명 수여?)
사도 서신	빈 무덤: 여자들	여자들(3)	(즉시) 11
마가복음의 더 긴 끝부분	빈 무덤: 여자들	여자(1) 여행자들(2)	부활 저녁 11

(3) 사람들은 복음서의 여러 부활 내러티브 사이에 상이점(相異點)들이 존재하는 것을 문제라고 생각해 왔는데, 그렇다면 이런 상이점들을 어떻

게 설명할 수 있는가?[17] 나는 다음과 같이 다섯 요소를 제시한다.

(a) 각 복음서 기자는 전승에서 **내러티브 단위들을 골랐다**. 그렇게 한 이유는 이런 단위들을 통합하여 하나의 장면을 만들어 내고 싶은 서사학상의 이유(narratological reasons)와, 그 자신의 신학 관심사와 목표 때문이었다.

(b) 복음서 기자들은 같은 내러티브 단위이지만 **이런저런 형태로 다양하게 변형된 구술 형태들**에 의존한다. 예를 들어 여자들이 빈 무덤을 찾아간 이야기를 보면, 마태는 마가복음에 의존하고 있으나, 내가 보기에 누가와 요한은 각자가 알고 있던 이 이야기의 구술 형태에 각각 의존하고 있다.[18] 누가가 요한에게 의존했다거나 거꾸로 요한이 누가에게 의존했다고 생각하지 않으면, 한 천사만이 등장하는 마가복음과 마태복음과 달리, 누가복음과 요한복음 이야기에 각각 두 천사가 등장함을 이 두 복음서 기자가 각각 행한 편집의 결과라고 말할 수 없다. 두 천사는 누가와 요한이 알고 있는 구술 형태의 이야기 안에 틀림없이 이미 들어 있었을 것이다.

(c) 각 복음서 기자는 자신들이 고른 내러티브 단위들을 연결하여 그것들을 **처음부터 끝까지 이어지는 하나의 내러티브 장면으로**(an overall narrative sequence) 통합해야 했다. 내가 이미 언급했듯이, 각 복음서 기자

---

17 빈 무덤에 있던 여자들을 이야기한 내러티브들에 존재하는 여러 상이점을 이야기의 신빙성을 저해하는 문제로 보는 견해를 보려면, 근래에 나온 U. Ranke-Heinemann, *Putting Away Childish Things* (tr. P. Heinegg; San Francisco: HarperSanFrancisco, 1994), 135-140; Williams, "Trouble," 221-222을 보라.

18 누가복음 24장 1-9절과 마가복음 16장 1-8절이 각각 사용하는 말은 썩 비슷하지 않아서 둘의 문학적 의존 관계를 보여 주는 데 아주 불충분하다. 우리는 누가가 마가복음을 알았고 사용했음을 안다. 그렇다고 해도 누가가 마가복음을 모델 삼아 이 특별한 내러티브를 그 나름의 버전으로 만들어 냈다고 결론지을 수 없다. 사람들은 누가가 이 본문에서 마가복음 본문을 편집했다고 주장하며, 많은 학자가 그런 편집을 이해하는 일에 착수했지만, 그런 이해 작업은 심히 의심스러운 전제에 의존하고 있다. R. J. Dillon, *From Eye-Witnesses to Ministers of the Word: Tradition and Composition in Luke 24* (AnBib 82; Rome: Biblical Institute Press, 1978), 1-8이 이 쟁점을 논한 것도 또 다른 의문을 낳을 뿐이다.

는 마태와 누가, 요한이 모두 공유하는 폭넓은 삼중 구조를 넘어, 내러티브 단위들을 그들 나름대로 통합해야 했다. 이 때문에 복음서 사이에는 중요한 차이가 생겼다. 이미 언급했듯이, 누가와 요한은 상당히 다른 이야기를 들려주는데, 이는 그들이 여자들의 빈 무덤 방문 이야기를 남자들이 빈 무덤을 방문한 이야기와 서로 다른 방식으로 결합했기 때문이다.

(d) **서사학상의 다른 이유**도 무시해서는 안 된다. 복음서 기자들은 능숙한 이야기꾼이다. 그들은 어떤 이야기를 호소력 있고 효과 있게 전달하려는 이야기꾼에게 필요한 자유를 행사했다. 복음서와 복음서를 비교하는 일은 복음서 사이에 서로 다른 부분이 발생한 신학적 이유에만 초점을 맞추고 서사학적 이유는 무시할 때가 자주 있다. 예를 들어, 각 복음서 기자가 이야기를 들려주는 방식을 고찰해 보면, 요한은 여자들이 빈 무덤을 발견한 이야기와 예수가 여자들에게 나타난 이야기를 오로지 막달라 마리아의 이야기로 들려주지만, 동시에 막달라 마리아가 "우리는 그들이 그(예수)를 어디에 두었는지 모른다"(요 20:2)고 복수형으로 말함으로써 자기 혼자만 있지는 않았음을 암시한다는 사실을 일부나마 설명할 수 있을지도 모른다. 한 인물에 초점을 맞추면, 독자는 그 덕분에 그 인물의 개성과 반응을 더 생생히 인식하며 그 인물 개인의 시각을 공유하여 장면 속으로 들어갈 수 있다. 마리아와 부활한 예수의 일대일 만남은 충만한 감성을 담고 있으며, 예수가 두 여자에게 나타난 장면을 묘사한 마태의 이야기는 따라오지 못할 방식으로 사람들을 끌어들인다. 그렇다고 요한이 한 마리아에게 초점을 맞춤에는 신학적 차원이 존재하지 않는다는 말이 아니다. 우리가 앞으로 보겠지만, 그런 차원도 존재하며, 다만 그런 서사학의 측면이 신학 차원에 이바지하고 신학 차원과 일관성을 가지고 있을 뿐이다.

(e) 마지막으로, 물론 각 복음서 기자의 특별한 신학 관심사가 그들이 어떤 이야기를 다시 들려줄 때 길잡이 역할을 한다. 때가 되면 적절한 곳에서 그런 관심사 가운데 몇 가지를 짚어 보겠다.

표7. 여자들에 관한 두 내러티브 단위

A. 여자들이 빈 무덤을 발견하다

	마가복음	마태복음	누가복음	요한복음	베드로복음	사도 서신
첫날 아주 일찍	●	●	●	●	●주님의	
여자들이 무덤에 가다	●3	●2	●3+	●1(+)	●1+	●3
향품을 가져오다	●		●		(?)	●
돌이 굴려져 있음을 발견하다	●		●	●	●	●
천사가 돌을 굴려내다		●			[●]	
*여자가 울다				●		
여자들이 천사(들)를 보다	●1	(●1)	●2	●2	●1	
천사(들)가 부활을 일러 주다	●	●	●			
*천사가 제자들에게 알리라고 하다	●	●				
여자들이 아무에게도 말하지 않다	●					
*여자들이 제자들에게 알리다		(●)	●	●		
*제자들이 믿지 않다			●			

B. 예수가 여자(들)에게 나타나다

	마태복음	누가복음	요한복음	베드로복음	사도 서신	마가복음의 더 긴 끝부분
예수가 여자들에게 나타나다		●2		●1	●3	●1
*여자들이 울다			●		●	
알아차리지 못하다가 알아차리다			●			
언급된 이를 붙잡다	●					
그들이 예배하다	●					
*그가 그들에게 제자들에게 알리라고 하다	●		●		●2회	
형제들	●		●		●너희	
*여자들이 세사(?)에게 알리다					●2회	●
*제자들이 믿지 않다					●2회	●

* A와 B가 모두 열거하는 모티프

(4) 표7(443쪽)은 여자들이 관련된 두 내러티브 단위의 다양한 형태를 분석한다. 즉, 여자들이 빈 무덤을 발견한 것과 부활한 예수가 그들에게 나타난 일이다. 이 표는 여러 기사 사이에 존재하는 일치점과 상이점을 요약 정리하여 제시한 것으로, 독자들이 이어지는 §§4-7에서 각 정경 복음서가 여자들의 역할에 관하여 제시한 내용을 논하는 동안 참고하면 유용할 것이다.

3. 여자들의 신빙성

누가복음 24장 10, 11절에 따르면, 무덤에서 돌아온 여자들이 사도들(곧 열한 사도)에게 예수가 죽은 자 가운데서 부활하셨다는 취지를 담은 천사들의 메시지를 전했을 때, "그들은 그 말을 말도 안 되는 소리라 여겨 믿지 않았다"(24:11). 마가복음의 더 긴 끝부분은 부활한 그리스도를 보았다는 막달라 마리아의 보고와 같은 말을 들려준다. 제자들은 "그것을 믿으려 하지 않았다"(막 16:11). 사도 서신은 정경의 내러티브들을 알고 있어도 그 내러티브들에 제약받지 않고 자유롭게 이야기를 다시 들려주면서,[19] 예수가 두 여자를 차례로 보내 자신이 죽은 자 가운데서 부활했음을 열한 제자에게 알리게 했다고 말한다. 그러나 제자들은 그때마다 여자들의 말을 믿지 않았다. "오, 여자여, 우리더러 그대 말을 믿으라는 것인가? 죽어서 묻힌 이가 어찌 살아날 수 있는가?" 제자들은 조롱하는 반응을 보인다(*Ep. Apos.* 10). 이 기사들은 단순히 여자들이 가져온 메시지의 내용이 믿을 수 없는 것임을 암시하는가, 아니면 메시지를 가져온 이들이 여자라는 점이 그 메시지를 더 믿을 수 없게 만들었음을 암시하는가? 남자들은 여자들이 이런

---

19 사도 서신은 확실히 마태복음, 누가복음, 요한복음에 의존한다. 무덤에 있던 여자들 이야기를 생생하게 들려주는 사도 서신의 최초 버전은 분명 '재구술화'에 해당하는 사례로 설명할 수 있을 것이다. 구술이 여전히 대세를 이루던 정황에서 복음서 본문을 사용하던 시대에도 구전을 자유롭게 각색하여 이야기해 주는 일이 계속되었는데, 이것이 재구술화다.

보고를 가져와서 진지하게 받아들이려 하지 않았을까? 본문 자체는 이런 물음에 딱 부러진 대답을 제시하지 않지만, 사도 서신에 나온 남자들의 말("오, 여자여, 우리더러 그대 말을 믿으라는 것인가?")은 여기서 여성이라는 점이 결코 무관하지 않음을 상당히 강하게 암시하는 것 같다.

하지만 그림이 똑같지는 않다. 마태가 제시하는 내러티브는 여자들이 받은 메시지를 제자들이 받아들였다고 보고하지는 않으나, 제자들이 그 메시지를 믿었음을 전제한다. 남자 제자들이 그 메시지를 믿었다고 해야 그들이 갈릴리로 가라는 예수의 지시에 실제로 순종한 사실을 내러티브에서 설명할 수 있기 때문이다(마 28:16). 아울러 우리는 메시지를 전하는 이들이 남자일 때도 똑같이 믿지 않음이라는 모티프를 사용한다는 점을 지적하지 않을 수 없다. 마가복음의 더 긴 끝부분은 두 여행자가 주를 보았다고 보고했을 때 나머지 제자들이 믿지 않았다고 말한다(엠마오로 가는 이들을 묘사한 누가복음 내러티브[24:34, 35을 보라]와 반대다). 요한은 막달라 마리아가 예수와 만난 것을 남자 제자들에게 알렸을 때 남자 제자들이 보인 반응을 언급하지 않고, 도마가 다른 남자 제자들의 보고를 믿으려 하지 않았던 것을 묘사한다(요 20:24, 25). 믿음이라는 쟁점은(심지어 제자들이 예수 바로 그이와 함께 있을 때도 쟁점이 되었다[마 28:17; 눅 24:37-41; 사도 서신 11]) 부활 내러티브의 주요 테마이며, 그 내러티브 안에서 여자들이 행한 역할에 국한되지 않는다.

그러나 성별(性別)이 이 쟁점의 유일한 측면은 아니므로 이 본문들을 다룰 때 성별이라는 측면을 과장해서는 안 된다면, 그럼에도 성별이 여전히 **한** 측면이 아닌가라는 질문이 남는다. 이 내러티브들이 가정하는 문화 정황은 여자들의 보고는 특히 불신받기 쉽다는 것인가? 이 질문에는 유대 법정에서는 적어도 하나의 일반 원리로서,[20] 여자들이 증인 자격을 갖지

---

20 미쉬나는 어떤 경우에는 여자들에게 증인 자격을 부여한다. R. G. Maccini, *Her Testimony Is*

못했다는 사실[21]을 참고하여 답할 때가 아주 많았다. 우리가 다루는 이야기들의 무대는 법정이 아니기 때문에, 이런 할라카 조각보다 오히려 요세푸스가 주장하는 다음 이유가 오히려 더 관련이 있을지도 모르겠다. "그들의 성(=여성)이 지닌 변덕스러움과 성급함 때문에"(Ant. 2.219).[22] 물론 이것은 고대인이 공통으로 갖고 있던 편견, 곧 여자는 남자보다 합리적이지 않고, 감정에 쉬이 휘둘리며, 외부의 영향을 더 쉽게 받고, 깊이 생각해 보지도 않은 채 곧장 결론을 내리기도 한다는 편견의 한 부분이다.[23] 이런 편견 때문에 결국 남자들이 여자는 믿을 수 없다는 정책을 일관되게 고수하게 되지는 않았지만, 특히 여자들이 보고한 것이 어떤 식으로든 어떤 믿음을 요구할 때 그런 편견이 신빙성을 판단하는 데 영향을 끼치지 않았으리라고 믿기는 어렵다.[24]

부활에 관한 여자들의 보고 같은 경우, 가장 관련이 있고 비교해 볼 만

True: Women as Witnesses according to John (JSNTSup 125; Sheffield: Sheffield Academic Press, 1996), 68; T. Ilan, *Jewish Women in Greco-Roman Palestine* (Peabody, Mass.: Hendrickson, 1996), 163-166. Maccini, *Her Testimony*, 66-70, 95-96, 228은 미쉬나가 제2성전기 말에 적용되던 법에 관하여 우리에게 알려 준다고 매우 쉽게 단정하며, R. J. Karris, "Women and Discipleship in Luke," *CBQ* 56 (1994), 18-19도 마찬가지다. 일란은 이렇게 주장한다. "랍비들은 여자들의 증인 자격을 인정하지 않았지만, 그 시대[그리스-로마 시대] 팔레스타인의 사법 체계는 바리새인의 뜻대로 작동하지 않았으며 실제로는 종종 여자들의 증언을 필요로 할 때도 있었다"(227). "종종"이라는 말은 요세푸스의 두루뭉술한 말과 양립할 수 있을 뿐 아니라 충분히 그럴듯하게 들릴 정도로 모호하지만, 우리는 요세푸스가 바리새인의 할라카(halakah)가 아니라 실제 유대 법정의 관습을 훌륭히 알려 주는 증인임을 주목해야 한다.

21 예를 들어 M. Hengel, "Maria Magdalena und die Frauen als Zeugen," in O. Betz, M. Hengel, and P. Schmidt, eds., *Abraham Unser Vater* (O. Michel FS; Leiden: Brill, 1963), 246; Jeremias, *New Testament Theology*, 306; Gerhardsson, "Mark," 217-218, 225; Seim, *Double Message*, 156; Byrskog, *Story*, 73-75.

22 그는 노예도 증인 자격이 없었다고 덧붙인다. "그들은 영혼이 저열하기 때문에, 탐욕 때문이든 두려움 때문이든 진실을 증언하지 않을 가능성이 높다."

23 참고. 예를 들면 Philo, *Quaest. Gen.* 4.15. 그러나 유대 문헌이 늘 이런 견해를 지지하지 않는다는 점에 주목해야 한다. 마카비2서 7:21; 유딧 8:29; *Bib. Ant.* 33:1; 40:4.

24 Maccini, *Her Testimony*, 77-82, 96, 228-229은 성별이라는 요소가 여자들을 불신하게 만드는 요인으로 본문에서 분명하게 나타나지 않으면 성별이라는 요소를 그런 요인으로 인정하지 않기도 한다. 이는 지나치게 엄격한 원칙이다. 그런 원칙은 성별에 따른 편견을 굳이 분명하게 언급하지 않아도 충분히 추정할 수 있을 정도로 그런 편견이 널리 퍼져 있었음을 무시하기 때문이다.

한 더 구체적인 증거가 있다. 그리스-로마 세계 전체를 놓고 볼 때, 교육받은 남자들이 여자를 종교 문제에서는 귀가 얇아 잘 속아 넘어가는 이들이며, 특히 허황한 미신에 빠져 신앙생활에 지나치게 몰두하기 쉬운 존재로 생각했음을 보여 주는 증거가 꽤 많다.[25] 예를 들면, 스트라본(Strabo)은 이렇게 지적한다. "철학자가 여자 무리를 대할 때 이성으로 영향을 끼치기는 불가능하며, 여자들을 권면하여 경외와 경건과 신앙으로 인도하기도 불가능하다. 도리어 여자들에게는 종교적 두려움을 안겨 줄 필요가 있는데, 이런 두려움을 일으키려면 신화와 경이가 필요하다"(*Geog.* 1.2.8).

우리에게는 다행히도 2세기 이교도 지식인으로 기독교를 무시하던 켈수스가 특히 부활의 증인이라는 말이 있던 막달라 마리아를 겨냥하여 이런 편견을 피력한 사례가 있다. "그는 죽은 뒤에 다시 살아나서 그가 형벌을 받은 흔적을 보여 주고 그의 손이 어떻게 뚫렸는지 보여 주었다. 그러나 누가 이를 보았는가? 여러분이 말하듯이, 미친 사람처럼 분별이 없는 한 여성이 보았고, 어쩌면 어떤 주술에 홀린 이들 가운데 다른 어떤 이가[26] 보았다"(*apud* Origen, *C. Cels.* 2.55).[27] 부활의 증인이 여성임에 초점을 맞추려

---

25   Juvenal, *Sat.* 6.511-591; Plutarch, *De Pyth.* 25 (Mor. 407C); Fronto *apud* Minucius Felix, *Octavius* 8-9; Clement of Alexandria, *Paed.* 34.28; Celsus *apud* Origen, *C. Cels.* 3.55; 딤후 3:6, 7. 아울러 R. MacMullen, *Christianizing the Roman Empire (A.D. 100-400)* (New Haven: Yale University Press, 1984), 39, 137 주33; R. Shepard Kraemer, *Her Share of the Blessing: Women's Religions among Pagans, Jews, and Christians in the Greco-Roman World* (New York/Oxford: Oxford University Press, 1992), 3, 211 주1; M. Y. MacDonald, "Early Christian women married to unbelievers," *SR* 19 (1990), 229-231; M. Y. MacDonald, *Early Christian Women and Pagan Opinion: The Power of the Hysterical Woman* (Cambridge: Cambridge University Press, 1996), 109, 123-124.

26   이 말은 남성형이다(τις ἄλλος).

27   H. Chadwick, *Origen: Contra Celsum* (2d ed.; Cambridge: Cambridge University Press, 1965), 109의 번역. 켈수스는 이 본문을 한 유대인이 썼다고 말하나, 오리게네스는 그 유대인이 지어낸 인물이라고 본다. 그가 인용한 유대인과 달리, 켈수스 자신은 부활의 첫 번째 증인의 성별과 관련하여 아무 일도 하지 않았다는 견해를 살펴보려면, G. Stanton, "Early Objections to the Resurrection of Jesus," in Barton and Stanton, eds., *Resurrection*, 81을 보라. G. W. Bowersock, *Fiction as History: Nero to Julian* (Berkeley: University of California Press, 1994), 5장은 (그리스 소설에서 나타나는 명백한 죽음과 '부활' 같은) 문화 배경을 묘사하는데, 켈수스는 이런 배경에 비춰 예수가 부활했다는 보고

는 켈수스의 반박 의도가 뻔히 보이긴 하지만, 켈수스가 예수의 부활에 관한 그리스도인의 주장에 관하여 알고 있던 내용에서 예수가 막달라 마리아에게 나타났다는 것이 얼마나 두드러졌는지, 켈수스 자신도 그 두드러짐을 이런 식으로 이야기할 수밖에 없었다는 것은 주목할 만하다. "미쳐서 분별이 없는" 또는 "발광한"[28] 여자라는 성별이 조롱을 담은 켈수스의 반박에 중요하다는 점은 의심할 여지가 없다.

그렇다면 무덤에 있던 여자들 이야기는 유대의 문화-종교 맥락 중 가장 먼저 어떤 문화-종교 맥락에서 이야기를 전해졌을까? 우리는 이 물음과 관련하여 몇 가지 증거를 원용할 수 있는데, 내가 아는 한 이 증거는 앞서 복음서 내러티브와 관련하여 언급하지 않은 것이다.[29] 이 증거는 위 필론의 「성경 고대사」에서 나온 것인데, 사람들이 이를 신약 시대 팔레스타인 유대교의 증거로서 아직도 무시하고 있음은 놀라운 일이다. 위 필론의 작품은 여자들에게 이스라엘 역사에서 눈에 띄게 두드러진 위치와 의미심장한 역할을 부여한다. 그는(he, 나는 이 작품 저자를 가리키는 인칭 대명사로 조심스럽게 남성형을 사용하지만, 그렇다고 분명 그 저자가 여성일 경우를 배제할 수는 없다)[30] 여자들이 하나님에게서 계시를 받고 그 계시를 전한 두 경우를 묘사한다. 이런 계시를 믿지 않는 이들은 여자들이 계시를 받고 전하는 것이

를 판단했을 것이다. 그는 이 시대에 부활이라는 주제가 널리 인기 있었던 것은 기독교 메시지의 영향 때문이라고 주장한다. 그러나 여자들의 신빙성이라는 쟁점은 다루지 않는다.

28 πάροιστρος라는 단어에 관하여 알아보려면, MacDonald, *Early Christian Women*, 2-3과 주7을 보라.

29 C. S. Keener, *A Commentary on the Gospel of Matthew* (Grand Rapids: Eerdmans, 1999), 699은 *Bib. Ant.* 9:10을 참고하지만, 그곳이 암시하는 의미는 고려하지 않는다.

30 이것은 P. W. van der Horst, "Portraits of Biblical Women in Pseudo-Philo's *Liber Antiquitatum Biblicarum*," in van der Horst, *Essays on the Jewish World of Early Christianity* (NTOA 14; Freiburg: Universitätsverlag; Göttingen: Vandenhoeck & Ruprecht, 1990), 122의 판단이기도 하다. 여성이 「성경 고대사」를 지었음을 가장 훌륭하게 주장한 글은 M. T. DesCamp, "Why Are These Women Here? An Examination of the Sociological Setting of Pseudo-Philo Through Comparative Reading," *JSP* 16 (1997), 53-80이다.

하나님 의도가 아니었다고 본다. 한 경우를 보면(*Bib. Ant.* 9:10), 여자가 모세의 누이 미리암인데, 성경은 미리암을 선지자라 부르며(출 15:20), 위 필론은 미리암이 소녀일 때 그 남동생이 태어나기 전에 선지자가 꿀 법한 꿈을 꾸었다고 말한다. 다음 글은 위 필론이 성경 이야기를 자세히 풀어 쓴 여러 이야기 가운데 하나다.

> 어느 날 밤 하나님의 영이 미리암에게 임하니, 미리암이 꿈을 꾸고 다음 날 아침 부모에게 그 꿈을 알리며 이렇게 말했다. "지난밤에 환상을 봤어요. 베옷을 입은 사람이 서 있는 걸 봤는데, 그 사람이 내게 이렇게 말했어요. '가서 네 부모에게 이렇게 말해라. "보라, 너희에게 태어날 아기가 물속에 던져지리라. 마찬가지로, 그를 통해 그 물이 말라지리라. 내가 장차 그를 통해 표적을 행하여 내 백성을 구하리니, 그가 늘 지도자 일을 행하리라."'"
> 미리암이 그의 꿈을 이야기했으나, 부모는 미리암의 말을 믿지 않았다.[31]

무덤에 있던 여자들 이야기와 유사한 점이 놀랍지만, 마가와 마태는 "가서 알려라"라는 천사의 명령을 기록해 둔 반면, 누가는 그들이 믿지 않았다고 보고한다. 위 필론의 기사에서 놀라운 점은 미리암의 부모가 의로운 부부 아므람과 요세벳이라는 점이다. 이 작품은 아므람을 위대한 믿음을 가진 사람이자 하나님에게 신실한 사람이며 하나님이 인정하는 사람으로 묘사했다. 이야기의 줄거리를 보면, 이 부부가 그들의 딸이 선지자가 꿀 법한 꿈을 꾸었는데도 믿지 않음에는 딱히 어떤 강한 이유가 없는 것 같다. 위 필론은 이 부부가 하나님의 계시를 받았다는 한 여자의 주장을 듣고도 믿지 않은 것을 아므람과 요게벳처럼 존경할 만한 인물들도 보임직

---

31 H. Jacobson, *A Commentary on Pseudo-Philo's Liber Antiquitatum Biblicarum*, vol. 1 (AGAJU 31; Leiden: Brill, 1996), 105의 번역.

한 반응으로 본다. 그러나 위 필론은 분명 미리암에게 주어진 계시를 진정한 계시로 묘사한다(위 필론은 9장 끝부분에서 이 예언이 이루어졌다고 지적한다 [9:16]). 따라서 독자들도 아므람과 요게벳이 딸의 예언을 믿었어야 한다고 생각할 수밖에 없다.

이 이야기를 이렇게 이해하는 것을 에둘러 확인해 주는 글이 바로 놀라울 정도로 유사하면서 대조를 이루는 요세푸스의 글이다. 요세푸스도 아므람과 요게벳의 아이가 이스라엘을 구원할 것을 예언하는 꿈을 기록한다. 하지만 이 경우에는 꿈을 꾼 이가 미리암이 아니라 아므람이다. 아므람은 꿈을 꾼 뒤, 그 꿈을 아내에게 이야기한다. 부부는 하나님의 약속을 믿는다(*Ant.* 2.210-218). 여기에서는 하나님이 한 남자에게 계시를 주시기 때문에, 그 계시를 믿느냐 마느냐라는 문제가 없다. 우리는 요세푸스가 미리암의 꿈에 관한 전승을 알고 그 전승을 고쳤는지,[32] 아니면 위 필론이 요세푸스가 기록해 놓은 전승을 알고 그 전승을 바꿨는지 확실히 모른다. 요세푸스는 분명 어떤 계시가 한 여자에게 직접 주어졌음을 묘사한 성경 본문조차도 바꿀 수 있었다. 창세기를 보면, 리브가가 태어나지 않은 자신의 아이들에 관하여 주에게 묻고 이 아이들에 관하여 선지자가 받을 법한 계시를 받는다(창 25:22, 23). 반면, 요세푸스의 글을 보면, 하나님에게 기도하고 하나님에게서 그 예언을 받은 이는 리브가의 남편 이삭이다(*Ant.* 1.257). 요세푸스는 하나님이 직접 여자에게 말하거나 여자를 통해 말한 경우를 성경에서 발견하면 그런 경우를 일관되게 모조리 제거하지는 않지만, 적어도 축소하는 것 같으며,[33] 그렇게 하나님에게서 직접 계시를 받은 여자

---

32 아마도 이런 가능성을 지지하는 것이 *b. Soṭ.* 11b, 12b-13a에서 미리암이 장차 이스라엘을 구원할 자인 모세에 관하여 들려준 (꿈이 아니라) 예언을 보고한다는 사실이 아닐까 싶다.

33 요세푸스가 마노아와 그의 아내 이야기를 다시 들려주는 것을 보면(*Ant.* 5.276-281), 계시라는 주제가 마노아를 유달리 아리따운 아내를 질투하고 의심하는 남편으로 묘사한 내용에 종속되어 있다. 다음에서 논한 위 필론 버전과 비교해 보라.

를 드보라(*Ant.* 5.200-209)와 훌다(*Ant.* 10.59-61)처럼 주로 성경이 선지자라 부르는 몇몇 여자로 국한하고, 성경은 선지자라 부르나(출 15:20) 요세푸스 자신은 그렇게 부르지 않는 미리암은 그런 여자에 포함시키지 않는다.[34] 요세푸스는 하나님이 여자에게 직접 계시하셨음을 믿지 않으려 하는 의견을 대변하는 것 같으며, 위 필론은 그런 생각을 반박하는 데 관심이 있었다.

위 필론의 작품에서 어떤 여자가 어떤 계시를 알려 주었을 때 그것을 믿지 않음이라는 이런 모티프를 볼 수 있는 두 번째 사례(*Bib. Ant.* 42:1-5)가 바로 그가 삼손의 출생에 관한 성경 이야기를 다시 들려준 곳이다. 위 필론 버전을 보면, 삼손의 부모인 마노아와 엘루마(위 필론은 마노아의 아내를 그렇게 부른다)가 그들 사이에 자식이 없음이 누구 책임인가를 놓고 싸운다. 엘루마는 이를 자신에게 계시해 달라고 기도한다. 그러자 하나님은 한 천사를 보내 엘루마가 불임이지만, 장차 나실인이 되고 이스라엘을 블레셋에게서 구할 삼손이라는 아들을 주겠다고 엘루마에게 일러 준다. 결국, 사사기도 그렇게 말하지만, 천사에게서 아들이 태어날 것을 들은 이는 삼손의 어머니였으며, 이 삼손의 어머니가 천사가 말한 것을 자신의 남편 마노아에게 알린다.

그(엘루마)가 집에 와서 남편에게 나아가 이렇게 말했다. "보세요, 나는 내

---

[34] B. Halpern Amaru, "Portraits of Biblical Women in Josephus' *Antiquities*," *JJS* 39 (1988), 147은 요세푸스가 창세기 18장 15절에 있는 사라와 하나님의 대화를 생략한다는 것(*Ant.* 1.213)을 지적한다. 창세기 라바(*Genesis Rabbah*)는 이 대화를 하나님이 "여자와 대화하는 게 필요하다고 여긴" 유일한 경우라 본다(20:6; 45:10; 48:20; 63:7). (창세기 라바는 하나님이 어떤 여자에게 말함과 하나님이 어떤 여자와 대화함을 구별하는데, 후자는 성경에서 창세기 18장 15절에서만 나타난다.) 그러나 비록 간단하게 줄여 말하지는 못해도, 여기서 요세푸스의 동기는 사라를 좋지 않게 묘사하는 것을 피하는 것이었을지도 모른다. 제2성전기 유대 문헌이 성경에 나오는 여자들을 계시를 받은 이로 묘사한 사례를 보려면, R. D. Chesnutt, "Revelatory Experiences Attributed to Biblical Women in Early Jewish Literature," in A.-J. Levine, ed., *"Women Like This": New Perspectives on Jewish Women in the Greco-Roman World* (SBLEJIL 01; Atlanta: Scholars Press, 1991), 107-125을 보라. 그가 제시하는 주요 사례는 희년서에 나오는 리브가, 요셉과 아스낫에 나오는 아스낫, 욥의 유언에 나오는 욥의 딸들이다.

손을 내 입에 대고, 헛되이 잘난 체하며 당신 말을 믿지 않았기 때문에 당신 앞에서 늘 입을 다물었어요. 주의 천사가 오늘 내게 와서 이렇게 알려 주며 말했어요. '엘루마야, 네가 그동안 아이를 낳지 못했다만, 네가 이제 잉태하여 아들을 낳으리라.'" 마노아는 아내 말을 믿지 않았다. 그는 혼란스럽고 슬퍼, 다락으로 올라가 기도하며 이렇게 말했다. "보소서, 제가 하나님이 우리 가운데서 행하신 표적과 이적을 듣거나 하나님 사자의 얼굴을 볼 자격이 없는 사람입니까?"(Bib. Ant. 42:4-5)[35]

마노아가 엘루마의 말에 보인 반응(마노아는 "아내 말을 믿지 않았다")은 성경 본문에서 분명하게 나타나지도 않고 성경 본문에서 꼭 그렇게 끌어낼 수밖에 없는 결론도 아니다. 이런 반응 역시 아마도 이것이 바로 하나님의 계시를 받았다는 여자의 주장이 받을 법한 반응이라는 위 필론의 예상을 보여 준다. 성경에서도 그렇지만 위 필론의 글에서도, 마노아는 아내 말을 듣고 기도한다. 그러나 위 필론은 마노아의 기도를 고쳐 다시 썼다. 마노아가 믿기 힘들었던 것은 이 계시가 남자인 자신이 아니라 자신의 아내에게 주어졌다는 점이다. 이야기가 이어지는 방식은 가부장제에서 비롯된 이런 편견을 분명하게 꾸짖는다. 하나님은 마노아도 하나님의 음성을 들을 만하다고 여기지만, 천사가 찾아간 이는 그의 아내였다. 천사는 그 아내를 보내 남편에게 이런 일을 전하게 한다(42:6, 7). 위 필론은 분명 이 이야기를 사용하여, 당시 널리 퍼져 있던 믿음, 곧 하나님이 직접 소통하는 대상은 남자이며 계시는 오로지 남자의 중개를 통해 여자에게 온다는 믿음을 반박한다. 위 필론은 오히려 어떤 계시가 여자에게 적확하게 주어지고 그 여자를 통해 비로소 그 남편에게도 전해졌음을 일러 주는 성경의 사

---

35 Jacobson, *Commentary*, 163의 번역. 다른 번역자들은 마노아의 기도를 질문으로 읽지 않지만, 나는 제이콥슨처럼 번역하는 것이 옳을 수도 있다고 생각한다.

례를 부각시킨다.

우리는 훨씬 후대 유대인이 민수기 라바(*Numbers Rabbah*)에서 같은 이야기에 관하여 제시한 주해에서도 비슷한 해석을 발견한다(따라서 이는 분명 어떤 공통된 주해 전통이 있었음을 보여 주는 증거일 것이다). 그 해석은 위 필론의 그것과 비슷하나 정확히 같지는 않다. 본문은 사사기 13장 12, 13절 주석인데, 이를 보면, 마노아가 천사에게 이렇게 묻는다. "당신의 말씀이 이루어지면, 그 아이가 따를 삶의 규칙은 무엇입니까? 그 아이는 무엇을 해야 합니까?" 그러자 천사는 이렇게 대답한다. "여자(네 아내)로 하여금 내가 그에게 말한 모든 것에 주의를 기울이게 하라."

> **마노아가 이렇게 말했다: 이제 당신의 말을 이르소서.** 마노아가 그에게 말했다: 지금까지, 내가 들은 것은 여자에게서 나온 말인데, 여자는 가르침을 줄 자격도 없고, 여자의 말은 믿을 수도 없습니다. **그러나 이제 당신의 말을 이르소서.** 나는 당신의 입에서 나온 말을 듣고 싶습니다. 나는 여자의 말을 믿지 않기 때문입니다. 여자는 말을 하는 동안에도 무언가를 바꾸거나 생략하거나 더할지 모릅니다. …… **주의 천사가 마노아에게 말했다: 나는 그 모든 일에 관하여 여자에게 말했다.** 그가 이렇게 말함은 그 여자를 영예롭게 하고 그 여자가 그(마노아)에게 사랑받게 하려 함이었나(*Num. Rab.* 10:5).[36]

여기서 마노아는 자신의 아내를 믿지 않는 이유를 분명히 밝힌다. 여자의 말은 믿을 수가 없다("여자는 말을 하는 동안에도 무언가를 바꾸거나 생략하거나 더할지 모릅니다")는 것이다. 이것은 여자에게는 합리적으로 사고하고 판단할 능력이 없다는 편견이며, 늘 존재하는 편견이다. 위 필론도 말하지

---

36 J. J. Slotki, *Midrash Rabbah: Numbers*, vol. 1 (London: Soncino, 1939), 366의 번역.

는 않지만, 그의 글에서 이런 편견이 작동하는 것 같다. 이런 편견이 여자를 계시의 적합한 수령자이자 전달자가 아니라고 생각하는 이유를 설명해 줄지 모른다. 그러나 위 필론의 글에서 가져온 두 사례가 가지는 특별한 가치는 계시를 받음이라는 쟁점의 중요성을 일러 준다는 것이다. 부활 내러티브에서 중요한 관건이 되는 것이 바로 계시를 받음이라는 쟁점이다. 여자들이 부활 메시지를 받았어야 했다는 것은 하나님이 자신의 백성을 다룰 때 남성을 우선시했다는 가정과 부딪친다. 위 필론은 그의 작품 전체에서 그런 가정을 열심히 반박하려 하는 것 같으며,[37] 이를 위해 성경 역사에서 등장하는 주요 남성 인물에 대응하는 여성을 묘사하는 방법을 사용하기도 한다. 즉, 입다의 딸이 두 번째 이삭이 되고,[38] 드보라가 두 번째 모세가 되는 식이다.

이런 점을 고려할 때, 여자들이 부활 내러티브에서 행한 역할이 유대인의 맥락에서 보기에 어떤 문제가 있다면, 여자들은 증인으로 신빙할 수 없다는 점이나 여자들은 종교 문제에서 미혹당하기 쉽다는 점이 아니라, 가부장제에 기초한 종교적 가정에 훨씬 가까운 무언가가, 즉 하나님은 세상을 대할 때 여자보다 남자를 우선시한다는 가정이 문제일지 모른다. 이런 이야기들을 보면, 하나님은 계시를 받아 그 계시를 중개하는 역할을 맡은 이로 남자보다 여자를 우선시한다. 종말에는 하나님이 나중 된 자로 먼저 되고 먼저 된 자 나중 되게 하셔서 누구도 하나님 앞에서 자랑하지 못하게 만드시는 지위 역전을 이루신다는데, 여자를 남자보다 우선시함도 종

---

37 위 필론이 여자들에게 주어진 계시와 여자들을 통해 주어진 계시의 사례로 제시하는 또 다른 경우로는 멜가(Melcha)가 아브라함에 관하여 한 예언(*Bib. Ant.* 4:11)과 드보라가 행한 선지자 사역과 가르침 사역(30장; 32:14, 15)이 있다. C. A. Brown, *No Longer Be Silent: First Century Jewish Portraits of Biblical Women* (Louisville: Westminster/John Knox, 1992), 218은 위 필론이 입다의 딸과 한나도 하나님 계시를 받은 자로 묘사한다고 생각한다.

38 참고. F. J. Murphy, *Pseudo-Philo: Rewriting the Bible* (New York/Oxford: Oxford University Press, 1993), 166-167.

말에 일어나는 지위 역전 가운데 하나가 아닐까?[39] 아울러 이런 점을 고려할 때, 우리는 누가의 내러티브에서 베드로가 여자를 믿지 않으면서도 곧장 무덤으로 달려가 자기 눈으로 확인하려 한 이유를 이해할 수 있다. 이는 마치 자신의 아내가 주장하는 계시를 믿지 않으면서도 자신 역시 아내와 같은 계시를 간절히 받고 싶어 한 마노아의 경우와 같다.

정경 복음서 기자 가운데 우리가 위 필론에서 본 모티프와 유사한 모티프를 제시하는 이가 누가인 것은 우연이 아닌 것 같다.[40] 누가복음 독자들은 여성 계시 수령자를 분명 놀랍게 여기지 않은 것 같다. 즉 여성 중심 색채가 강하게 드러나는 누가의 예수 탄생 내러티브와 유아기 내러티브에 등장하는 세 여자가 모두 계시를 받는다.[41] 위 필론은 여자와 남자를 나란히 대비하며 이야기하기도 하는데, 이와 비교할 수 있을 만한 것이 누가의 글에서 종종 눈에 띄는 경향, 곧 남성과 여성 인물 혹은 이 인물들에 관한 이야기를 남녀 짝을 지워 서술하는 경향이다.[42] 누가가 제시하는 부활 내러티브를 보면, 사도들이 무덤에서 돌아온 여자들의 보고에 보인 반응은 위 필론이 제시하는 유사한 모티프와 비슷한 기능을 한다. 즉 그것은 여자들에게 계시가 주어짐에 관한 남성의 편견을 반박한다. 사도들은 분명 여자들을 믿었어야 했다.[43] 엠마오로 내려가던 이들도 여자들이 말한 것을

---

[39] B. Witherington III, *Women in the Earliest Churches* (SNTSMS 59; Cambridge: Cambridge University Press, 1988), 165은 마가가 무덤에 있던 여자들을 이야기한 내러티브와 관련하여 이런 질문을 던진다.

[40] 이 모티프는 나중에 영지주의 복음서인 마리아복음 17장 16-22절에서 등장하는데, 이곳을 보면 예수가 남자 제자들이 아니라 한 여자(막달라 마리아)에게 은밀히 계시를 주었음을 베드로가 믿지 않는다.

[41] 앞의 3, 4장을 보라. 아울러 3장에서 위 필론을 언급한 곳들을 보라.

[42] 최근에 나온 논의가 Seim, *Double Message*, 2장이다.

[43] 일부 페미니스트 비평가가 누가복음과 사도 서신에서 남자 제자들이 여자들을 믿지 않음이라는 모티프를 이 저자들이 여자의 증언을 깎아내림을 보여 주는 표지로 가져다 쓴다는 점은 주목할 만하다. Setzer, "Excellent Women," 265-266; B. E. Reid, *Choosing the Better Part: Women in the Gospel of Luke* (Collegeville, Minn.: Liturgical, 1996), 201-202. 두 경우에 여자들의 보고가 진실이며 하나님이 그 보고에 권위를 부여한 것도 명명백백하고 남자들이 그 보고를 믿지 않은 게 잘못이라는 것도 명명백

보고하면서 무덤이 비었다는 말을 들어 놓고도 남자들은 부활한 그리스도를 못 보았기에 자신들이 부활한 그리스도를 분명 알아보지 못했음을 암시한다(눅 24:22-24). 예수는 그들이 자신을 알아보지 못함을 이렇게 꾸짖는다. "오, 어리석은 자들이여, 선지자들이 선포한 모든 것을 마음으로 믿기가 그리 더디단 말이냐!"(눅 24:25) 그러나 사실 누가의 부활 내러티브는 여자들의 역할을 축소하지 않는가? 여자들은 예수가 부활했다는 말을 가장 먼저 들었지만, 부활한 예수를 가장 처음 만난 이들은 아니었다. 부활한 주가 곧바로 남자들에게 나타나 온 세상에 그를 증언하는 증인이 되라는 사명을 수여한 점을 고려할 때, 여자들이 남자들에게 계시를 전달함은 그저 그 순간만 중요한 의미를 지닌 사건에 지나지 않은가?[44] 이제 우리는 모든 복음서에 조금씩 다른 방식으로 제시해 볼 수 있는 이 더 큰 질문을 살펴봐야 한다. 복음서 기자들이 그들이 제시하는 더 커다란 부활 후 현현 내러티브에 여자들의 역할을 통합시키는 방식은 여자들의 역할을 축소하는가?

백하다. Seim, *Double Message*, 156-163은 누가복음과 관련하여 이를 분명하게 간파하지만, 이런 사실을 철저히 따라가지 않는 모순을 범하고 만다. 쉬슬러 피오렌자는 누가복음 24장 11절을 누가가 여자들의 증인 자격을 인정하지 않은 본문으로 해석하는데, 이에 반대하는 견해를 보려면, S. Barton, "The Hermeneutics of the Gospel Resurrection Narratives," in Barton and Stanton, eds., *Resurrection*, 45-48을 보라. 이는 이런 결론을 내린다. "피오렌자가 채용한 방법이 부활에 관한 올바른 이해에 가장 좋은 기여를 하는 것은 아니며, 이런 접근법이 페미니스트의 관심사 자체에 가장 훌륭하게 기여하는 것도 아니라고 생각할 만한 근거들이 있다. …… 피오렌자가 취한 접근법의 약점은 피오렌자 자신의 해석이 이바지하려고 하는 관심사(이익)가 전승을 아주 편향되게 읽어 내도록 만든다는 것이다. 이는 마치 누가의 내러티브 표면 아래에 숨어 있다고 하는 남성 중심 세력들을 찾아내는 작업이 내러티브 표면에 자리한 것에 열린 자세와 공감하는 마음으로 귀를 기울이는 일을 대체해 버린 것과 같다"(47-48). 그러나 이런 페미니스트의 누가복음 24장 11절 해석은 페미니즘에 기초한 해석 등장 전의 해석에 기초하고 있는 것 같다. 예를 들어, R. H. Fuller, *The Formation of the Resurrection Narratives* (New York: Macmillan, 1971; London: SPCK, 1972), 100-101은 사도들의 믿지 않음을 기록해 놓은 것은 "사도들의 증언이 지닌 독립성을 보존하려 했기 때문이다. 즉 사도들이 제3자가 들려준 증언의 결과로 믿음을 가질 수는 없다. 그들이 직접 증언을 제공할 수 있으려면 그들 자신이 직접 보고 믿어야 한다"라고 주장한다. 그러나 마태가 이야기하듯이, 그들이 여자들을 믿지 못하여 직접 보아야 할 이유가 딱히 있지 않다.

[44] 참고. Seim, *Double Message*, 159 ("여자들이 보증한 전승은 멈춘 채 사라지고 만다"); P. Perkins, "'I Have Seen the Lord' (John 20:18): Women Witnesses to the Resurrection," *Int* 46 (1992), 33, 38.

4. 마태복음의 여자들

각 복음서에 등장하는 여자들의 역할을 더 면밀히 들여다볼 때는 마태복음, 누가복음, 요한복음이 공통으로 갖고 있는 삼중 내러티브 구조를 떠올려야 한다. 이 구조를 보면, 첫 번째 단위와 세 번째 단위(즉 빈 무덤과 사도들에게 사명을 수여하는 장면을 이루는 예수의 부활 후 현현 이야기)는 안정되어 있는 반면, 두 번째 단위는 이렇게 저렇게 변한다. 첫 번째 단위에서는 분명 여자들의 역할이 가장 중요하다. 마가복음의 경우에도 그렇지만 마태복음과 누가복음을 봐도, 여자들은 빈 무덤을 목격한 증인으로 유일무이한 자격을 가진다. 그들은 예수가 죽을 때 십자가 옆에 있었으며 예수의 시신이 무덤에 안치될 때도 그 무덤에 있었기 때문이다. 그들은 예수가 무덤에 안치될 때 죽은 상태였다는 것과 예수가 안치되었던 무덤이 부활 주일 아침에 그들이 비어 있음을 발견한 무덤과 같은 무덤이라는 것도 알았다. 마태복음 이야기에 나오는 경비병도 아마 이를 알았을 것이다. 그러나 마태는 그들의 이야기가 유대 당국자를 제외한 다른 누군가에게도 알려졌음을 시사하지 않는다. 이 때문에 이 경비병들은 여자들처럼 증인의 기능을 행하지 않는다. 여자들의 빈 무덤과 천사의 메시지 증언은 유일무이하게 그들만이 들려준 증언이었고, 지금 역시 그러하다. 무덤에 온 다른 어떤 사람도, 심지어 어떤 남자 제자도, 여자들이 들려준 것과 같은 증언을 재생하지 못했다. 따라서 복음서의 빈 무덤 이야기는 여자들의 증언으로 영원히 생명을 이어 가고 있다. 즉 이 이야기를 읽는 이들은 모두 **그 여자들의** 독특한 증언을 마주한다. 빈 무덤은 부활한 예수 자신이 사람들 앞에 나타난 사건과는 순서가 다르지만, 모든 복음서가 그것에 상당히 중요한 의미를 부여한다.

내가 제시했듯이, 삼중 구조의 두 번째 단위는 문학적 차원에서 볼 때 첫 번째 단위에서 세 번째 단위로 넘어가는 가교 노릇을 한다. 두 번째 단위는 부활한 주가 사명을 수여하려고 나타난 사도 그룹과 빈 무덤을 이어 준다. 마태복음을 보면, 여자들은 무덤에서 오는 길에 예수를 만난다. 이 때 여자들은 예수에게서 남자 제자들에게 갈릴리로 가라는 말과 거기서 남자 제자들이 예수를 만나리라는 말을 전하라는 명을 받는다. 이 내러티브는 여자들의 메시지가 열한 제자에게 전달되었으며, 열한 제자는 그 메시지를 믿고 순종했다는 가정을 내포하고 있다. 이렇게 하여 열한 제자는 갈릴리에 있는 산으로 갔고, 예수는 거기서 제자들에게 나타났다. 우리가 여기서 숙고해 봐야 할 문제는 이처럼 예수가 여자들에게 나타난 것을 첫 번째 단위에서 세 번째 단위로 넘어가는 위치에 놓아둔 것이 예수가 여자들에게 나타남의 의미를 단지 열한 남자에게 예수가 나타남이라는 사건의 사전 단계쯤으로 축소해 버리지 않나 하는 것이다. 나는 세 가지를 언급하고 싶다.

첫째, 위 필론의 엘루마와 마노아 이야기에서 제시하는 유사한 내용이 유익한 도움을 제공한다. 계시는 남자에게 와야 하고 남자를 통해 여자에게 전달되어야 한다는 남성의 생각은 거꾸로 여자가 계시를 받고 그 계시를 남자에게 전달해 주는 과정을 통해 뒤집히고 만다. 이어 남자도 직접 주의 천사를 만나지만, 그때는 이미 여자가 자신 앞에 나타난 천사를 만나고 그 남자를 부를 때다. 이는 이제 남자 자신이 천사를 만났을 때는 여자의 역할을 폄하하고 자신이 으레 하던 생각, 곧 남자가 여자보다 우선하는 특권을 갖고 있다는 생각에 빠질 수 없게 되었음을 확실하게 보여 준다. 마찬가지로 마태복음을 보면, 두 여자와 열한 남자가 주를 만나지만, 여자들의 체험이 시간상 앞설 뿐 아니라 남자들의 체험에도 필수불가결하다. 남자들은 여자들이 전해 준 계시를 믿고 순종했으며, 그때에 비로소 주를 만날 수 있었다. 여자들이 순서상 앞서는 점은 실제로 일종의 좋은 차별이다. 이 차별은 사람들이 보통 생각하는 남성 우위를 뒤집어서 예수의 부활 후 현현이 형성하는 새 질서에서 한 성(性)이 다른 성을 지배하며 누리는 특권을 배제하는 효과를 만들어 낸다.

둘째, 요한복음의 막달라 마리아처럼, 마태복음의 두 여자는 제자가 부활한 주에게 보여야 할 올바른 반응의 모델이다. 그들은 부활한 주를 예배하여 그가 누구인지 인정하며, 그 뒤 열한 제자도 그렇게 한다(마 28:9, 17). 이는 우연한 세부 사실이 아니라, 마태가 부활 후 현현에 관하여 더 제시하는 두 내러티브에서 두드러지게 나타나는 특징이다. 즉 이는 2장 11절에서 점성술사들과 더불어 시작된[45] 예수 예배라는 마태의 주제[46]에서 절정을 이룬다.

그러나 셋째, 가서 제자들에게 말하라고 여자들에게 이른 예수의 명령(마 28:10), 곧 여자들이 무덤에서 이미 천사에게 받은 명령(28:7)은 무엇을 암시하는가? 이것은 여자들이 열한 제자에게 전하고 나면 그 의미가 다 사라져 버리는 명령인가? 말하자면, 예수가 열한 제자에게 부여한 사명, 곧 모든 민족을 제자로 삼으라는 사명(28:18-20)에서 여자들, 그리고 열한 제자를 제외한 다른 모든 남자 제자를 제외하는 명령인가? 마태는 분명 열한 제자에게 부여된 어떤 특별한 역할을 묘사하지만, 그렇다고 여자들의 부활 증언이 그저 과도적이고 완결된 역할, 다른 이들의 역할로 대체된 역할이라 결론지을 필요는 없다.[47] 우리는 이미 여자들의 빈 무덤 증언이 확실히 계속 이어지고 있음을 언급했다. 따라서 그들이 살아난 예수 자신을 직접 보았다는 증언에도 같은 말을 할 수밖에 없다. 두 경우를 볼 때, "가서 말하라"라는 명령은 분명 당장 눈앞의 현실에만 적용할 수 있는 차원을 넘

---

[45] 따라서 마태의 부활 내러티브에서는 "부활한 이의 정체가 관심사가 아니다"라고 말하는 것은 옳지 않다(E. M. Wainwright, *Shall We Look for Another? A Feminist Rereading of Matthean Jesus* [Maryknoll, N.Y.: Orbis, 1998], 115).

[46] 마태는 προσκυνεῖν을 (단순히 어떤 우월한 인간에게 존경을 표시함을 나타내는 말이 아니라) 하나님을 예배함을 가리키는, 전문 용어에 준하는 말로서 예수에게 합당한 말로 사용한다. 마태는 예배가 예수에게 보여야 할 반응을 표현하는 것임을 강조한다. 그 증거를 살펴보려면, R. Bauckham, "Jesus, Worship of," *ABD* 3:813을 보라.

[47] Witherington, *Women in the Earliest Churches*, 174과 대조하라.

어선다. 이 일이 있은 뒤 여자들이 그들의 말을 듣고 싶어 하는 모든 이에게 이런 증언을 들려주길 멈췄으리라고 생각할 수는 없다. 따라서 여자들의 증언은 열한 제자의 증언으로 대체되지 않고, 도리어 계속하여 고유한 효력을 가진다.

5. 누가복음의 여자들

우리는 누가가 서술해 놓은 빈 무덤 기사를 보면서, 누가가 사도들이 여자들을 믿지 않았다고 말함으로 여자들에게 먼저 주어진 계시를 통해 남자가 여자보다 우선한다는 가정을 분명하게 비판하고 있음을 이미 보았다. 이 점을 다시 한 번 일깨워 줄 때가 엠마오로 내려가는 두 사람이 여자들의 이야기(눅 24:22, 23)를 낯선 사람에게 재차 들려줄 때다. 이때 이 낯선 사람은 그들의 말을 듣고 그들의 믿지 않음을 꾸짖는다(24:25). 우리는 베드로가 빈 무덤에 간 것[48]이 여자들의 보고에 힘을 실어 주는 반면, 여자들의 증언을 대신하지는 못함에 주목해야 한다. 오직 어느 무덤이 예수 무덤인지 아는 이는 그 여자들뿐이고(베드로도 이 점에서는 이 여자들에게 의지할 수밖에 없다), 오직 그 여자들만이 예수가 그 무덤에 없다는 것이 무슨 의미인지를 천사에게 들었기 때문이다(베드로의 놀람은, 여행자들의 말이 분명하게 일러 주듯이[24:21-24], 예수가 부활했음을 믿지 않음이 아니다).

누가복음에 들어 있는 삼중 구조의 두 번째 단위는 부활한 예수가 두 여행자에게 나타난 것이다. 이는 필요한 전이 기능(첫 번째 단위에서 세 번째 단위로 옮겨 가는 기능)을 행한다. 글로바(Cleopas)와 그의 동행이 빈 무덤 이야기를 다시 들려주고, 주를 알아본 그들이 예루살렘으로 되돌아가 제자

---

[48] 대부분 학자는 이제 24장 12절이 누가복음 원문에 속한다고 인정하지만, R. Mahoney, *Two Disciples at the Tomb: The Background and Message of John 20.1-10* (Theologie und Wirklichkeit 6; Frankfurt: P. Lang; Bern: H. Lang, 1974), 2장은 그 본문이 원문이 아니라는 것을 길게 주장한다.

그룹에 다시 합류하기 때문이다. 이때 주는 이 제자 그룹에게 나타나 사명을 부여한다. 누가는 분명 이 이야기를 첫 번째 단위에서 세 번째 단위로 넘어가게 해주는 이야기로 골랐을 것이다. 이 이야기 덕분에 그가 선지자들의 글을 담은 성경 본문 해석이라는 주제를 전개할 수 있었기 때문이다. 이 주제는 부활 내러티브가 제시하는 여러 주제에 누가 자신이 독특하게 기여한 것이다. 그렇지만 그 바람에 누가는 여자들에게서 부활한 주를 가장 처음 만난 이들이라는 특권을 박탈해 버린다. 나는 이 주제와 관련하여 우선 학자들이 자주 이 주제와 관련짓기는 하지만 오히려 학자들의 논제와 판단을 흐리는 오류임이 드러난 한 고찰 결과를 배제하지 않을 수 없다. 그 고찰 결과는 바로 초기 교회 안에서 권위를 놓고 벌어진 경쟁이 과연 무엇이 예수의 부활 후 첫 번째 현현인지 다투는 주장의 형태를 띠었다는 견해다.[49] 복음서의 모든 증거는 이 견해와 확실히 상반된다. 이 견해가 옳다면, 베드로를 장차 교회가 세워질 반석으로 묘사한 것에서 볼 수 있듯이 베드로를 강하게 부각시키는 마태복음이 왜 부활 후 첫 현현이 여자들에게 이루어졌다 말하고 베드로가 체험한 부활 후 현현은 따로 언급하지 않을까? 오히려 우리는 베드로가 부활 후 현현을 체험했음을 누가와 바울의 글을 보고 알 정도다. 누가가 이런 이유에서 여자들을 부활 후 첫 현현 체험자라는 특권을 누리는 지위에서 몰아내는 데 관심이 있었다면, 왜

---

49 G. W. Trompf, "The First Resurrection Appearnace and the Ending of Mark's Gospel," *NTS* 18 (1971-1972), 313, 325-327; E. Schüssler Fiorenza, *In Memory of Her* (New York: Crossroad; London: SCM, 1983)(『그*를 기억하며』, 감은사 역간), 51, 332; F. Bovon, "Le Privilège Pascal de Marie-Madaleine," *NTS* 30 (1984), 51-52; C. Osiek, "The Women at the Tomb: What Are They Doing There?" *Ex Auditu* 9 (1993), 105-106; J. D. Crossan, *Who Killed Jesus?* (San Francisco: HarperSanFrancisco, 1995), 207; Seim, *Double Message*, 159; S. Schneiders, "John 20.11-18: The Encounter of the Easter Jesus with Mary Magdalene — A Transformative Feminist Reading," in F. F. Segovia, ed., *"What Is John?": Readers and Readings of the Fourth Gospel* (Atlanta: Scholars Press, 1996), 160-161. G. O'Collins and D. Kendall, "Mary Magdalene as Major Witness to Jesus' Resurrection," *TS* 48 (1987), 631-646의 논지는 막달라 마리아의 증언을 다른 부활 후 현현 전승과 상충하는 것으로 보았다는 견해를 일부 반박하는 것을 목표로 삼고 있다.

그는 부활 후 첫 현현이 베드로에게 이루어졌는지, 아니면 엠마오로 가던 이들에게 이루어졌는지를 분명하게 밝히지 않고 그냥 그대로 내버려두었을까?[50] 마지막으로, 주가 베드로에게 자신의 양떼를 돌보는 목자의 머리가 될 사명을 수여한 일을 실로 자세히 설명한 요한이 이 일을 자신이 이야기하는 부활 후 현현 중 네 번째 현현 이야기에 포함시키는 이유는 무엇인가?[51] 어떤 이는 누가가 그렇게 배치하여서 베드로가 사명받은 일을 평가 절하한다고 주장하지만, 이 주장을 훨씬 명백한 결론, 곧 누가는 다가오는 교회사를 미리 보여 주는 기능을 지닌 누가복음 에필로그에 베드로가 사명받은 일을 배치하여, 주가 사랑하는 제자가 맡은 다른 역할과 함께 베드로가 받은 사명을 강조하고 있다는 결론과 대비해 보면, 그런 주장은 설득력이 전혀 없다. 나는 부활 후 현현이 일어난 시간 순서 자체가 어떤 특별한 권위를 부여해 준다는 생각이 초기 교회 안에 존재했다는 증거를 본 적이 없다.[52]

그렇다면 누가가 여자들에게 일어난 부활 후 현현을 빼 버린 결과는 무

---

50 분명 고린도전서 15장 5절의 영향을 받았는지, 많은 주석가는 당연히 베드로가 체험한 부활 후 현현이 첫 번째라고 생각하는 것 같다. 심지어 Fuller, *Formation*, 112은 누가가 베드로를 언급하는 말을 집어넣은 이유는 "엠마오로 가는 길에서 이루어진 부활 후 현현이 첫 번째 현현이라 말하는 그의 자료가 만들어 낸 인상에 누가 자신이 동의하지 않기 때문"이라고 생각한다. 그렇다면, 그는 그 인상을 바로잡으려고 어처구니없는 일을 한 셈이다. 엠마오로 내려가던 두 여행자가 엠마오에서 예루살렘으로 되돌아가는 동안 베드로에게 부활 후 현현이 이루어지지 않아야 할 이유가 있었을까?

51 R. E. Brown, "John 21 and the First Appearance of the Risen Jesus to Peter," in E. Dhanis, ed., *Resurrexit* (Vatican City: Libreria Editrice Vaticana, 1974), 246-261은 요한복음 21장이 예수가 베드로에게 나타난 부활 후 첫 현현 전승을 포함하고 있는데, 이 21장은 본래 요한복음에 들어 있지 않았던 요한의 글 조각을 보존하고 싶어 한 어느 후대 편집자가 요한복음에 덧붙여 놓았다는 이유로 요한복음에서 빼 버린 것이라고 주장한다. 나는 요한복음 21장이 이 복음서의 설계에 통합적으로 속하는 에필로그라고 생각한다.

52 도마복음 114와 마리아복음 17장 7절-18장 21절에 있는 베드로와 막달라 마리아의 논쟁은 어떤 부활 후 현현이 가장 먼저인가라는 쟁점을 언급하지도 않고, Bovon, "Privilège," 53-56(과 앞의 7장)이 목록으로 제시한 영지주의 문헌의 막달라 마리아 언급 내용들을 참조하지도 않는다. 이와 관련하여 이런 언급들이 흥미로운 이유는 베드로와 막달라 마리아가 영지주의 그룹에 의미하는 상징적 가치 때문이지만, 그런 언급들은 이것이 막달라 마리아가 체험한 부활 후 현현이 베드로가 체험한 그것보다 앞섰는가를 둘러싼 논쟁과 이어져 있음을 증명해 주지 않는다.

엇인가?(이것은 누가가 그 이야기를 알았는지 여부를 모른다 해도 던질 수 있는 질문이다) 누가가 무덤에 있던 여자들 이야기를 들려주고 다시 들려준 것으로 남성 우선을 전제하는 가정을 이미 충분히 반박했다. 이 때문에 누가는 (마태와 달리) 여자들만 따로 뽑아내 특별히 언급하지 않고도, 자신의 내러티브가 지닌 삼중 구조의 세 번째 요소 안에, 즉 예수가 증인의 사명을 부여한 제자 그룹에 여자들을 포함시킬 수 있었다. 사람들은 종종 여자들이 이 장면 속에 존재한다는 것을 알아차리지 못하고 넘어가 버린다. 누가가 예수의 제자들을 널리 뭉뚱그려 큰 그룹으로 묘사한다는 점에 거의 주목하지 않기 때문인데,[53] 누가가 예수 제자들을 이렇게 묘사하는 것은 마가와 마태가 열두 제자에 더 크게 집중하는 것과 다른 점이다(아울러 마가와 마태는 여자들을 뒤늦은 단계에 가서야 예수 제자 그룹에 추가한다). 예수가 열두 제자뿐 아니라 70인도 파송했다고 말하는 이는 바로 누가다(그러나 그 70인이 모두 남자였는지는 일러 주지 않는다). 누가복음이 묘사하는 예수를 보면, 그가 갈릴리에 있을 때와 예루살렘에 들어갈 때, 많은 제자가 함께한다. "그의 제자 큰 무리"(눅 6:17: ὄχλος πολὺς μαθητῶν αὐτοῦ), "수많은 제자 전부"(눅 19:37: ἅπαν τὸ πλῆθος τῶν μαθητῶν). 복음서 기자 가운데 누가만이 갈릴리 사역이라는 맥락에서 예수가 갈릴리 사역을 펼치는 동안 함께한 여자들을 언급하면서 그 가운데 몇 사람 이름을 언급한다(눅 8:2, 3). 이렇게 열두 제자를 언급한 말에 여자들을 덧붙인(8:1) 효과는 일부 페미니스트 주해가들이 불평하는 것처럼 여자들을 모두 남자뿐인 제자들과 나란한 한 그룹으로 만들거나 여자들을 열두 제자보다 아래인 무리로 만드는 것이 아니라, 누가가 예수의 제자들이라 부르는 더 커다란 제자 집단 안에서 열두 제자와 여자들을 각각 주목할 만한 두 그룹으로 가려내 제시하는 것이

---

53 이 주제를 다룬 문헌을 보려면, Karris, "Women," 10-12을 보라. 나는 여기서 여자들이 누가가 묘사하는 마지막 만찬 자리에 있었는가라는 쟁점을 다루지 않았다.

다.⁵⁴ 이는 누가복음의 더 큰 맥락에 비춰 보면 분명하게 드러난다. 누가복음 24장 6절도 이를 확인해 주는데, 이곳을 보면 무덤에서 만난 천사들이 여자들에게 예수가 아직 갈릴리에 있을 때 자신이 죽었다가 다시 살아날 것을 **여자들에게** 일러 준 것을 기억하라고 말한다. 물론 여기서 제시하는 수난 예언의 표현은 누가복음에 들어 있는 세 수난 예언 가운데 가장 충실하며 열두 제자에게 한 예언(눅 18:31)인 18장 32, 33절과 가장 비슷한데도, 갈릴리에서 제시한 예언이 아니다. 따라서 천사들이 가리키는 말은 "그 제자들/그의 제자들"(9:18, 43)에게 한 말인 9장 22절이나 9장 44절, 또는 두 구절 모두임이 틀림없다. 여자들도 이 "그 제자들/그의 제자들"이라는 말에 틀림없이 포함되어 있다.

예수가 개선장군처럼 예루살렘에 입성할 때 메시아를 부르며 환호한 큰 무리의 예수 제자들은(눅 19:37) 예수와 함께 예루살렘까지 온 이들이거나(참고. 23:49) 예수와 상관없이 따로 유월절을 지내려고 예루살렘에 도착한 이들이었다. 사도행전에 따르면 이들 가운데 대부분이 오순절 전에 있었던 약 120명의 "형제들"이라는 집단을 구성한 이들임이 틀림없다(행 1:15). 예수가 십자가에 못 박혔을 때, 열두 제자는 도망쳤지만 구경꾼들은 있었는데, 이 구경꾼 가운데에는 더 큰 예수 제자 무리가 들어 있었다. 누가는 이들을 예언의 메아리(시 38:11[마소라 본문은 12절]; 88:8[마소라 본문은 9절]) 때문에 "그를 아는 이들"이라 부른다. "그를 아는 모든 이들, **그리고** 갈릴리부터 그를 따라온 여자들"(눅 23:49: πάντες οἱ γνωστοὶ ... καὶ γυναῖκες αἱ συνακολουθοῦσαι αὐτῷ ἀπὸ τῆς Γαλιλαίας). 여기서 "그리고"는 "……을 포함하여"를 의미한다. 즉 여자들을 다시 생각해 보고 언급한 것이 아니라, 그들이 이제 이어지는 두 내러티브(예수 장사와 빈 무덤 발견)에서 주된 행위자

---

54 나는 C. Ricci, *Mary Magdalene and Many Others* (tr. P. Burns; Minneapolis: Fortress, 1994), 50-61과 견해를 달리한다. 리치는 열두 제자와 여자들이 누가가 "그의/그 제자들"이라 부르는 이들과는 구별된다고 생각하며, 열두 제자와 여자들이 그런 제자들보다 예수와 가까운 이들이었다고 생각한다.

로 등장하기 때문에 특별히 뽑아 언급한 것이다.

누가의 부활 내러티브는 제자들을 언급하면서, 열한 제자뿐 아니라 더 큰 그룹을 염두에 두고 있음을 분명히 밝히며, 여자들이 이 더 큰 그룹에 속한다는 것도 분명히 밝힌다. 무덤에서 돌아온 여자들은 "열한 제자와 나머지 모든 이에게"(24:9: τοῖς ἕνδεκα καὶ πᾶσιν τοῖς λοιποῖς)[55] 알린다. 엠마오로 가던 이들은 열한 제자에 속하지 않은 사람들이었으며, 본문도 이들을 말 그대로 "그들 가운데 둘"(24:13: δύο ἐξ αὐτῶν), 즉 "그들 무리 가운데 둘"이라 부른다. 이 두 사람은 정확히 평행을 이루는 표현으로 여자들을 언급한다. 문자 그대로 옮기면 "우리 가운데 어떤 여자들"(24:22: γυναῖκές τινες ἐξ ἡμῶν),[56] 곧 "우리 무리 가운데 어떤 여자들"이다. 따라서 이 사람들이 예루살렘으로 돌아와 "열한 제자 및 그들과 함께 있는 이들이 모여 있음"(24:33: τοὺς ἕνδεκα καὶ τοὺς σὺν αὐτοῖς)을 발견할 때, 독자들은 틀림없이 그 안에 여자들도 들어 있다고 생각할 수밖에 없다.[57] 이렇게 여자들도 포함되어 있

---

55 10절에서 여자들의 메시지를 받은 이들은 "사도들"(누가가 쓰는 말로 표현하면, 열한 제자)이 되는데, 이는 아마도 그들이 여자들을 믿으려 하지 않음에 따른 효과를 부각시키려고 그리한 것 같다(11절). 그들은 남자이자 사도로서 이런 계시는 그들에게 주어져야지 여자들에게 주어져서는 안 된다고 생각한다.

56 D가 ἐξ ἡμῶν을 생략해 버린 것은 편향인 것 같다. 즉 필사자는 여자들을 남자 제자 그룹에게서 멀리 떨어뜨려 놓고 싶어 했다.

57 이를 인정하는 학자 가운데에는 Dillon, *From Eye-Witnesses*, 8-9, 53-55, 291; Perkins, *Resurrection*, 167; Karris, "Women," 17; J. B. Green, *The Gospel of Luke* (NICNT; Grand Rapids: Eerdmans, 1997), 850이 있다. J. Plevnik, "'The Eleven and Those with Them' According to Luke," *CBQ* 40 (1978), 205-211은 24장 9절과 24장 33절에 있는 두 문구를 논하면서(그는 24장 13절과 22절은 이야기하지 않는다), 누가가 사도행전에서 이야기할 일, 곧 유다를 대신할 사람을 뽑는 일을 준비함으로 열한 제자 외에도 사도가 될 조건을 충족하는 이들이 더 있음을 분명히 밝힌다고 주장한다(행 1:21, 22: "주가 요한의 세례에서 시작하여 올려 가신 날까지 우리 가운데서 들어오고 나가실 때 줄곧 우리와 함께 있었던 사람들"). 그러나 누가가 초기 교회 안에서 열두 제자가 행한 특별한 역할을 강조함에도, 그가 "처음부터 목격자였던 이들"(눅 1:2)에게 보이는 관심은 열두 제자에게만 국한되지 않는다. 그가 여자들을 언급한 곳들(눅 8:2, 3; 행 1:14와 수난 내러티브 및 부활 내러티브)은 그런 점을 보여 주는 예다. 여자들은 사도가 될 자격을 충분히 갖고 있다. 누가는 이 용어를 열두 제자에 국한하여 사용하지만, 제자들이 여자일 경우는 예외다. 더욱이, 나는 우리가 누가복음 24장(이나 누가복음의 어떤 부분)을 읽을 때 사도행전의 내러티브를 염두에 두고 오로지 회고하듯 읽어야 한다고 생각하지 않는다. 사도행전 첫머리는 누가가 초기 교회에 관한 내러티브를 다루기 시작할 때 가진 특별한 관심사를 염두에 두고서 누가의 부활 후 현현 이해에 재차 초점을 맞춘다. 그렇다고 누가복음 24장도 틀림없이 같은 초점과 관심사를 갖고

다고 생각할지라도, 여자들이 그들 고유의 사명을 받을 필요는 없다. 그들은 예수가 사명을 부여한 온 제자 무리에 완전히 속하기 때문이다. 이것이 누가복음을 차례대로 읽어 가면 자연스럽게 다다르는 결론이다. 따라서 누가가 사도행전 서두에서 이 내러티브를 다시 시작한다는 점을 근거로 삼아 그런 결론을 거부한다면 방법론상 실수일 것이다.[58]

6. 요한복음의 여자들

요한이 여자들을 빈 무덤의 증인이라는 역할에서 대체로 밀어내 버리고 대신 베드로, 그리고 특히 주가 사랑하는 제자를 애호한다는 점은 의심할 여지가 없다. 요한은 여자 가운데 어떤 이가 예수 장사를 지켜봤다는 기록을 남기지 않았다. 이로 보아, 그는 분명 어떤 무덤이 예수가 묻힌 무덤인지 식별할 수 있는 막달라 마리아의 능력에는 관심이 없다. 막달라 마리아는 두 번이나 예수의 무덤을 찾았는데, 첫 번째 방문 때 어둠 속에서 무덤 입구에 있던 돌이 치워진 것만 보고 시신이 도둑맞았다고 결론짓는다.[59] 무덤 안을 가장 처음 본 사람은 베드로와 주가 사랑하는 제자였다. 이 지점에서 주가 사랑하는 제자를 지각 있는 증인으로 묘사하려는 요한의 특별한 관심이[60] 여자들의 역할을 밀어내 버렸다. 그러나 우리는 여자들을 제자들의 본보기로, 좋게 그리고 생생하게 묘사하기로 유명한 한 복음서

있다는 결론이 나오지는 않는다.

58 누가복음 24장 끝에 있는, '널리 사도에게 사명을 수여하듯 널리 공동체 전체에게 주어진 위임 명령'과 사도행전 첫머리에 나오는, 열한 제자에게 국한된 위임 명령 사이에 차이가 있음은 Crossan, *Who*, 205-206도 인정한다.

59 이것은 빈 무덤을 증언하는 '사도의 역할'이 아니다. M. Scott, *Sophia and the Johannine Jesus* (JSNTSup 71; Sheffield: Sheffield Academic Press, 1992), 225, 228은 견해를 달리한다.

60 R. Bauckham, "The Beloved Disciple as Ideal Witness," *JSNT* 49 (1993), 21-44을 보라. 이는 S. E. Porter and C. A. Evans, *The Johannine Writings* (Biblical Seminar 32; Sheffield: Sheffield Academic Press, 1995), 46-68에 실려 다시 출간되었다.

에서[61] 이것이 성 차별(gender bias)의 문제가 아님을 확실히 알 수 있다. 아울러 우리는 사도 그룹에게 사명을 수여하는 부활 후 현현 장면에서 여자들을 분명히 배제하는 마태와 달리, 그리고 여자들을 포함시키는 누가와 달리, 요한은 여자들이 예수가 부활한 주일 저녁에 제자 가운데 있는지 여부에 관하여 분명하게 말하지 않음(요 20:19-23)을 주목해야 한다. 이것은 여자들이 요한의 부활 내러티브에서 하는 역할이 가교 노릇을 하는 에피소드(transitional episode), 곧 막달라 마리아에게 일어난 부활 후 현현에 집중되어 있음을 의미한다. 그러나 (분명, 누가가 말하는 엠마오 행과 더불어, 부활 후 현현 내러티브 가운데 가장 기억할 만한 두 가지 중 하나인) 이 이야기는 요한이 삼중 구조의 첫 번째 요소와 세 번째 요소에서 여자들을 무시해 버린 것을 충분히 보상해 준다.

삼중 구조를 채용하는 복음서 기자 셋을 전부 살펴보면, 하나같이 두 번째 단위가 부활한 주에게 신자가 마땅히 보여야 할 반응의 모델 역할을 일부 하고 있다. 막달라 마리아의 경우를 보면, 마리아가 자신의 이름을 불러 주는 주를 알아봄에서, 그리고 마리아가 이제는 자신이 주를 다시 잃을까 두려워하며 주의 육신이 존재함에 집착하지 않아도 된다는 점을 깨달음에서 이런 점을 볼 수 있다.[62] 이 짧은 내러티브의 효과는 일대일 만남에서 드러나는 친밀함의 덕을 많이 보고 있는데, 이런 친밀함은 성경이 제시하는 부활 후 현현 이야기 가운데에서도 독특한 점이다(그러나 요한이 뒤이어 제시하는 내러티브들에서는 예수가 남아 있던 더 큰 제자 그룹 속의 특정한 개개인에게 주목하는 모습이 두드러지게 나타난다. 도마[20:26-29]와 베드로[21:15-22]).

---

61 T. K. Seim, "Roles of Women in the Gospel of John," in L. Hartman and B. Olsson, eds., *Aspects on Johannine Literature* (ConBNT 18; Uppsala- Almqvist & Wiksell, 1987), 56-73; S. M. Schneiders, "Women in the Fourth Gospel," in M. W. G. Stibbe, ed., *The Gospel of John as Literature* (NTTS 17; Leiden: Brill, 1993), 129-130.

62 물론 요한복음 20장 17절이 해석의 핵심이며, 이를 둘러싸고 광범위한 토론과 논쟁이 있었다. 여기서 그 토론을 다룰 수는 없다.

이는 C. F. D. 모울(Moule)*이 이 복음서의 '개인주의'라 부른 것과 일치한다.[63] 이 복음서는 막달라 마리아를 10장의 비유가 묘사하는 선한 목자의 양떼 가운데 한 마리 양으로 제시한다. 선한 목자는 그의 양을 알며, 그의 양들도 자신의 목자를 안다. 이 목자는 양 하나하나의 이름을 부르며, 양들은 낯선 자의 음성은 몰라도 자기 목자의 음성은 알아차린다(10:3-5, 14, 27). 마리아에게 나타난 예수는 그가 세상이 아니라 제자들에게만 자신을 보여 주겠다는 약속을 이행하기 시작하며,[64] 나아가 예수를 사랑하고 예수에게 순종하는 제자 한 사람 한 사람에게 따로따로 자신을 보여 주겠다는 약속을 이행하기 시작한다. "나를 사랑하는 자는 내 아버지께 사랑을 받을 것이요, 나도 그를 사랑하여 그 개인에게 나 자신을 보여 주리라(ἐμφανίσω αὐτῷ ἐμαυτόν)"(요 14:21).[65]

부활 후 현현 이야기와 뒤따르는 이야기, 곧 예수가 제자 그룹에게 사명을 수여하는 이야기(20:21: "아버지가 나를 보내신 것같이, 나도 너희를 보낸다")의 관계와 관련하여 두 가지 중요한 점이 있다. 첫째, (요한이 열두 제자가 아닌 다른 제자들, 곧 나다나엘과 주가 사랑하는 제자, 그리고 여자들을 강조하는 점을 고려할 때)[66] 제자 그룹은 아마도 열두(또는 열한) 제자에 국한되지 않을 것이

• 찰스 프랜시스 딕비 모울(Charles Francis Digby "Charlie" Moule, 1908-2007). 영국의 성공회 사제이며 신약 학자다. 케임브리지대 교수였고, 20세기 신약 학계에 큰 발자취를 남겼으며, 제임스 던을 비롯하여 신약 학계에 크게 기여한 제자들을 많이 길러 냈다.

63 C. F. D. Moule, "The Individualism of the Fourth Gospel," in Moule, *Essays in New Testament Interpretation* (Cambridge: Cambridge University Press, 1982), 91-109.

64 Setzer, "Excellent Women," 268은 21장 14절이 '제자들에게' 일어난 부활 후 현현만을 헤아린다는 이유로 요한이 막달라 마리아를 제자로 여기지 않는다고 주장한다. 확실히 제자들(복수형) 그룹에 일어난 부활 후 현현만을 헤아리고 있는 것이 분명하다.

65 NRSV는 불행하게도 특정한 성에 치우친 대명사를 피하려고 21, 23, 24절의 단수형을 모두 복수형으로 바꿔 놓아서 이 구절들이 일부러 표현한 놀라운 개인주의를 희석시켜 버렸다.

66 요한복음에서는 열두 제자가 그다지 중요하지 않음을 살펴보려면, A. J. Kostenberger, *The Missions of the Jesus and the Disciples according to the Fourth Gospel* (Grand Rapids: Eerdmans, 1998), 147-148을 보라.

다. 더욱이, 제자들에게 사명을 수여하는 현장에 열두 제자 중 하나인 도마는 없었다. 이는 요한이 제자들에게 사명을 수여함을 오직 그 제자들만 사명을 받은 것으로 제시하려 하지 않고 그들이 대표자로 사명을 받은 것으로 제시하려 한다는 것을 보여 준다. 여기서 이야기하는 경우에 존재한 제자 그룹의 정확한 구성은 중요하지 않은 문제라서 모호한 채로 남아 있다. 즉 그들이 어떤 제자이든, 결국 그들은 모든 제자를 대표한다. 요한복음 21장도 마찬가지다. 21장을 보면, 예수의 지시를 받아 물고기를 잡는 기적이 일어나는데, 이는 예수가 제자들에게 맡긴 사명을 상징한다. 물고기를 잡으러 나간 제자가 일곱인 이유는 일곱이라는 숫자가 완전함을 상징하기 때문이다. 굳이 이 내러티브를 현실감 있게 만들겠다고 제자 숫자를 늘릴 수는 없다. 일곱으로도 모든 제자를 대표하기 때문이다. 더욱이 요한은 다섯 제자의 이름만 밝히고 두 제자의 이름은 밝히지 않은 채로 놔두면서(21:2: ἄλλοι ἐκ τῶν μαθητῶν αὐτοῦ δύο), 늘 익명으로 제시하는, 주가 사랑하는 제자를 위해 한 공간을 남겨 놓을 뿐 아니라, 다른 어떤 제자가 대표하여 채워 넣을 수 있는 공간 역시 하나 남겨 놓는다. 이 다른 공간에 여자가 들어가지 못하게 막는 것은 아무것도 없다. 다시 말하지만, 물고기 잡이를 생생히 묘사한 이야기에서는 제자들이 남자들일 수밖에 없지만, 대표 역할을 한다는 점에서 그들은 여자들도 대표할 수 있다.

둘째, 마태복음에서 볼 수 있듯이, 마리아는 "가서 말할" 사명을 받지만 (요 20:17) 이 사명이 제자들에게 그의 메시지를 전달해야 할 사명의 전부가 아님이 분명하다.[67] 마리아는 분명 "사도들에게 전할 사도"[68] 이상의 존재다. 그러나 요한복음을 보면, 이런 메시지를 마태복음에 나타난 것과 다르게, 그리고 더 강조하여 전달한다. 마리아가 제자들에게 전달한 것을 보

---

67 Lieu, "Women's," 39과 대조하라.

68 이 전통적 칭호를 알아보려면, R. E. Brown, *The Community of the Beloved Disciple* (New York: Paulist, 1979), 190 주336을 보라.

면, 1인칭 직접 화법이 두드러지게 나타난다. "내가 주를 보았다"(20:18). 이 것이 바로 나중에 다른 제자들이 도마에게 한 말이다. "우리가 주를 보았 다"(20:25). 바울의 글에서는 이 말이 사도의 증언을 정의하는 내용이자 사 도의 증언을 가리키는 용어로 나타난다. "내가 사도가 아니냐? 내가 우리 주 예수를 보지 않았느냐?"(고전 9:1) 요한은 "사도"[69]라는 말을 사용하지 않 는다. 그러나 마리아에게 처음 주어진, 증언할 말은 요한복음의 부활 내러 티브를 관통하다가 20장 29절에서 정점에 이르는 '보고 믿음'이라는 테마 에 속한다. 요한은 예수가 부활 뒤에 나타난 제자들의 특권인 봄(seeing)을 평가 절하하지 않는다. 다른 이들은 보지 않고 믿어야 하지만(20:29), 그렇 게 믿을 때 이미 본 이들의 증언에 의존한다. 그런 의미에서, 다른 제자들 의 증언이 마리아의 증언을 대신하지 않으며, 마리아의 증언보다 위에 있 지도 않다. "내가 주를 보았다"는 고백이 요한복음에 들어 있는 것은, 마치 다른 제자들과 도마의 증언이 계속하여 부활한 주라는 실재를 설득력 있 게 증언하듯이, 마리아의 그 말도 요한복음을 읽는 모든 이에게 계속하여 그 실재를 증언하기 때문이다.

나는 마태복음, 누가복음, 요한복음의 내러티브들이 부활 이야기에서 여자들의 역할을 평가 절하하거나 제한했음을 시사하는 증거가 전혀 없다 고 결론짓는다. 남성이 여자들을 신빙하지 못할 존재로 여기는 편견을 분 명하게 일깨워 주는 곳을 봐도(눅 24:11), 오히려 그런 편견을 단호하게 뒤 집어 버릴 정도로 그런 증거가 전혀 없다. 독자가 그런 편견을 본문에 가 져올 수도 있겠지만, 그럴 경우에도 본문은 독자가 그렇게 할 만한 구실을 전혀 주지 않으며, 본문 내러티브들은 남성이 우선하고 여성은 믿을 수 없 다는 가정을 반박하고 뒤집어 버리는 결과를 다시금 내놓을 것이다. 이런 점은 기독교 밖 사람이라면 그리스도인이 제시한 내러티브의 이런 측면을

---

69 ἀπόστολος는 요한복음 13장 16절에서만 나타나는데, 이 구절에서도 전문 용어로 사용하지 않는다.

문제 있다고 여겼으리라는 가정과 완전히 일치하지만, 동시에 이런 점은 그리스도인 공동체 자체가 여자들이 행하는 중인 역할을 높이 존중했음을 시사한다. 시간이 흘러가면서 이런 존중의 강도가 약해졌다는 증거는 없는 것 같다. 이는 초기 기독교의 다양한 놀라운 측면 가운데 하나이며, 하나님이 종말론적으로 사회의 특권을 뒤집어 버리실 것을 아주 진지하게 받아들인 사회 안 그리스도인 공동체의 반(反)문화적 특질에 속하는 것이다. §8에서 이 점을 논증할 텐데, 그곳에서는 이 복음서의 여자들의 위치를 초기 기독교 운동 안에서 살펴보겠다.

7. 마가복음의 여자들

내가 마가복음을 마지막까지 남겨 둔 이유는 마가복음이 다른 세 복음서의 부활 내러티브가 갖고 있는 삼중 구조를 갖고 있지 않기 때문이고, 결국 그 점 때문에 마가복음이 끝나는 방식(즉 마가복음의 원문이 본래 16장 8절에서 끝난다는 점)이 지닌 의미를 둘러싼 논쟁이 독특하게 갖고 있는 쟁점들이 발생하기 때문이다. 이런 쟁점들이 우리가 현재 처한 정황에서 중요한 것은 그것이 마가가 여자들을 결국 좋게 묘사하느냐 아니면 좋지 않게 묘사하느냐에 관한 판단을 낳기 때문이다. 마가복음의 끝이 어디인가라는 난제를 해결하려면, 비록 서로 연결되어 있긴 하지만 그래도 구별해서 다루어야 할 몇 가지 문제가 있음을 인식하는 것이 중요하다. (1) 마가복음은 왜 빈 무덤 내러티브를 부활 후 현현 내러티브와 사도들에게 사명을 수여하는 내용으로 이어 가지 않고 빈 무덤에서 마치는가? (2) 왜 여자들은 "아무에게 아무 말도 못하는가?"(막 16:8) (3) 마가는 왜 그의 빈 무덤 이야기와 그의 복음서 전체를 끝낼 때 이 특별한 음조를 골랐을까?

 (1) 마가복음은 후대 독자와 편집자들이 지금과 같은 모습으로 끝남을 보고 이런 결말을 불만스럽게 여겨 결론을 추가하는 해결책을 요구하게

된 유일한 복음서다. 이는 마가가 지금과 같은 식으로 그의 복음서를 끝내서 첫 독자들의 기대를 무산시켰으리라는 것을 강하게 시사한다. (미숙한 결말이라고밖에 볼 수 없는) 이 뜻밖의 결말에 관한 설명에는 그럴듯한 생각의 흐름이 둘 있는 것 같은데, 이 둘은 서로 배척하지 않는다. 하나는 마가가 부활 체험을 이야기하지 않음이 부활한 이의 신비를 보존하려는 일종의 신학적 자제를 표현한 것이라고 본다. 이런 의미에서 프랜시스 왓슨(Francis Watson)은 마가가 부활 후 현현을 이야기하지 않음을 그가 부활 사건 자체를 이야기하지 않음과 연계한다.[70] 다른 하나는 십자가의 길로 예수를 따라감을 제자도로 보는 마가의 이해에 호소한다. 마가는 독자가 십자가 뒤에 남겨졌다는 느낌을 갖고 마가복음 끝으로 가지 못하게 막는데, 이는 독자가 이제 부활하여 영광 가운데 있는 주와 함께 있게 하려 함이다. 물론 이제 독자는 예수가 일찍이 복음서 이야기 안에서 예언한 것처럼 부활했음을 알고 있다. 그렇지만 변형 때 미리 보여 준 것처럼 부활한 이의 영광을 부활 후에 드러낸 이야기가 없다. 따라서 독자는 영광을 받은 예수, 그리고 그와 함께한 이들과 더불어 거처를 짓고 거기에 머무르고 싶어 한 베드로처럼(막 9:5) 오해에 빠지지는 않는다. 대신, 청년의 메시지(16:7)가 예수가 마지막 만찬 때 한 말을 되짚어 언급하여서(14:28) 독자를 복음서 이야기 속으로 다시 밀어 넣는다. 이 이야기에서는 고난과, 고난 앞에서 제자도가 실패할 가능성이 여전히 현실로 남아 있다.

이런 설명 줄거리 하나하나를 마가복음 마지막 구절에 있는 여자들의 침묵에 관한 어떤 특별한 이해와 연계할 수 있다. 이 침묵을 하나님의 나타남이나 초자연적 계시에 대한 올바른 반응으로 이해한다면, 그것은 독자가 부활의 신비 앞에서 여자들과 똑같이 경외감에 붙잡혀 공포를 갖게 만

---

70 F. Watson, "'He Is Not Here': Towards a Theology of the Empty Tomb," in Barton and Stanton, eds., *Resurrection*, 99-101.

드는 내러티브 방법에 속한다. 반면, 그런 침묵이 만일 여자들이 남자 제자들에게 가서 말하라는 명령을 받고도 이행하지 못한 여자들의 실패를 표현한 것이라면, 그 실패는 겟세마네에서 실패하고도 장차 갈릴리에서 그 실패를 극복할 것을 약속받은 남자 제자들의 실패와 하나가 된다. 이는 십자가에 못 박힌 그리스도의 제자로 살아가는 길을 실패에도 약속을 견지하는 길로 묘사한다.[71] 그러나 여자들의 침묵에 관한 이런 이해들이 마가가 부활 후 현현을 이야기하지 않음에 관한 두 갈래 설명에 필요하지는 않다.

(2) 여자들은 왜 아무에게 아무 말도 하지 않았을까?(οὐδενὶ οὐδὲν εἶπαν, 16:8) 마가는 여자들이 두려워했기 때문이라고 말하지만, 이 말의 의미를 두고 많은 논쟁이 있다. 한 해석 줄기는 여자들의 침묵이 그들이 받은 메시지를 베드로와 다른 제자들에게 전달하지 않았음을 의미한다고 추측한다. 이렇게 볼 경우, 남자 제자들이 실패한 것처럼, 결국 그때까지는 신실함을 지켜 온 여자들도 넘어지고 만 셈이다. "결국 여자들도 남자들과 다르지 않다 — 적어도 제자도의 관점에서는 그렇다."[72] 이는 결국 마가가 여자들을 좋지 않게 본다는 결론을 낳는 해석이지만, 그렇다고 마가가 여자들을 보는 견해가 그가 예수를 따르는 이 가운데 남자들을 바라보는 것보다 나쁘지는 않다. 하지만 내가 보기에 이 견해 지지자들은 왜 여자들이 받은 메시지를 전달하지 않았는지를 설명하지 못하는 것 같다. 그들은 무엇이 두려웠을까? 환상 속의 신비한 형체에 대한 경외감은 보통 그런 형체가 지시한 일을 행함으로 이어진다(예를 들어 에녹2서 1장을 보면, 에녹은 천사들이 행하라고 이른 것을 그의 아들들에게 말한다). 해석자들이 주장하듯이, 여자들이 도망치고 무서워한 것이 계시 체험에 보일 법한 적절한 반응이 아

---

71 A. T. Lincoln, "The Promise and the Failure: Mark 16:7, 8," *JBL* 283-300, 특히 299.

72 Lincoln, "Promise," 289.

니고 좋지 않은 행동으로 평가받아야 할 일이라면, 여자들이 받은 메시지를 제자들에게 전하지 못하게 막은 두려움은 대체 어떤 두려움이었을까? 그들은 남자들이 그들의 말을 믿지 않고 그들을 비웃을까 두려워했을까? 나는 더 나은 설명을 생각하지 못하겠다. 그러나 이 견해 지지자들은 그나마 아무 설명도 제시하지 못하는 것 같다.[73]

언뜻 보면, 여자들이 도망친 것이나 남자 제자들이 겟세마네에서 도망친 것이나 동일한 것처럼 보이지만(14:50, 52),[74] 그렇게 보이는 것은 마가가 묘사하는 실제 상황을 상상해 보지 않고 단순히 그 묘사에 쓴 말의 차원에만 머무르기 때문이다. 남자들이 겟세마네에서 도망친 것은 예수 옆에 있어야 하는데도 그리하지 못했음이며, 그들 자신에게 닥친 위험이 두려워 십자가의 길까지 예수를 따라가지 못한 것이다. 그러나 여자들이 예수에게 신실하고자 무덤에 머물러 있어야 했다는 것은 부질없는 말이다. 그들이 무덤에서 할 일은 어쨌든 끝났다. 그곳에서 만난 청년은 그들에게 가라고 말했다. 여자들이 비록 아무 말도 못했지만, 그래도 그들이 도망친 것은 제자도의 실패가 아니다.

사실 16장 7절이 남자 제자들의 실패를 에둘러 가리킨다는 사실 역시 여자들의 침묵이 곧 그들의 실패를 나타낸다는 생각을 뒷받침하지 않는다. 14장 28절을 되짚어 언급한 것은 갈릴리에서 이루어질 부활한 그리스도와 베드로 및 제자들의 만남이 그들의 실패 뒤에 회복을 수반할 것을

---

73 H. Kinukawa, *Women and Jesus in Mark: A Japanese Feminist Perspective* (Maryknoll, N.Y.: Orbis, 1994)는, 몰트만-벤델을 따라, 여자들이 도망친 것은 "예수의 시신이 사라져 이 일로 말미암아 자칫 소문이 돌고 폭동이 일어날 수 있어서" 그들이 "예수 추종자로 비난받고 체포될까 봐" 두려워했기 때문일 수 있다고 주장했다. 그러나 15장 40절에서는 체포를 두려워하지 않은 여자들이(남자 제자들도 그랬다) 새삼 이제 와서 체포를 두려워하게 되었다는 것은 설득력이 없어 보인다.

74 Lincoln, "Promise," 287; P. Danove, "The Characterization and Narrative Function of the Women at the Tomb (Mark 15,40, 41, 47; 16,1-8)," *Bib* 77 (1996), 390(그는 아울러 5장 14절과 13장 14절을 언급하면서, "ἔφυγον이 떠올려 주는 이 틀이 여자들을 좋지 않게 보는 평가를 확인해 준다"고 주장한다).

확실히 의미한다. (16장 7절이 유독 베드로의 이름을 골라 언급한 것은 그가 14장 29-31절에서 행한 역할 때문이다.) 그러나 회복이 있으리라는 이 약속은 여자들에게 주어진 것이 아니다.[75] 무덤의 청년이 여자들에게 말할 때는 여자들의 실패가 일어나지 않았다. 이런 점이 현학처럼 보일지도 모르지만, 여자들의 침묵을 실패로 여기는 해석이 조장하는 여자 제자들과 남자 제자들의 동화(여자 제자들이나 남자 제자들이나 마찬가지라는 견해)를 거부하는 것이 중요하다. 마가는 이 지점까지 열두 제자와 여자들에게 구별된 역할을 부여했다. 그 결과, 여자들은 남자 제자들이 이 내러티브에서 도망치는 데 성공한 뒤 한참 시간이 지났는데도 여전히 이 내러티브 안에서 활동하고 있다. 이런 상황에서 여자들이 결국 그들 자신도 회복하리라는 약속을 받지 못한 채 그들 나름의 실패를 맞이한다면, 틀림없이 문제가 있을 것이다.

여자들의 침묵을 불순종으로 보는 이해는 침묵을 절대적 의미로 받아들인다. 즉 그들은 그 어느 누구에게도 전혀 말하지 않았다는 것이다. 앤드루 링컨(Andrew Lincoln)*이 지적하듯이, 이런 점 때문에 남자 제자들이 갈릴리에서 예수를 만나리라는 예수의 약속이 이루어지는 게 방해받지는 않는다. 그 약속 자체가 이루어지는 데 여자들의 역할이 필요하지는 않기 때문이다.[76] (예를 들어, 베드로복음을 보면, 여자들이 아무 메시지도 받지 않고 메시지를 전달하지도 않지만, 제자들은 갈릴리로 간다. 고향으로 돌아가는 것밖에는 할 일이 없어 보였기 때문이다.) 그러나 여자들의 침묵을 절대적 의미로 받아들임에는 여전히 한 문제가 있다. 여자들의 침묵을 그렇게 받아들일 경우,

---

[75] 내가 보기에는 마가복음 14장 27, 28절(분명 남자 제자들만을 염두에 두고 있는 곳)을 되짚어 언급한 점을 고려할 때, 마가복음 16장 7절의 ὑμᾶς나 2인칭 복수형 동사들이 여자들도 포함하는 것 같지는 않다. Theissen and Merz, *Historical Jesus*, 497-498 주36이 이 쟁점을 논하는데, 이들은 이 쟁점을 확실하게 결정할 수는 없지만, 여자들을 포함한다고 생각하려 한다.

• 앤드루 링컨(Andrew T. Lincoln, 1944-). 영국의 신약 학자다. 바울의 종말론, 예수 탄생, 요한복음 등을 깊이 연구했다.

[76] Lincoln, "Promise," 292.

오직 여자들만이 그런 이야기를 알 것이기 때문에 마가가 그런 이야기를 들려줄 수는 없었을 것이라는 점이다. 마가가 말하는 빈 무덤 이야기의 끝 부분을 그 이야기 자체의 진실 주장을 파괴하는 역설적인 도구로 읽는 것은 타당하지 않다.

여자들의 침묵이 절대적이라고 생각할 필요도 없고, 그 침묵이 가서 베드로와 다른 제자들에게 전하라는, 무덤에서 만난 청년의 명령에 어긋난다고 생각할 필요도 없다. 마가복음 자체가 좋은 유비를 제공한다. 1장 44절을 보면, 예수가 고침받은 나병 환자에게 "아무에게 아무 말도 하지 말라(μηδενὶ μηδὲν εἴπῃς). 그러나 가서 네 자신을 제사장에게 보이라"라고 말한다(참고. 16:8: οὐδενὶ οὐδὲν εἶπαν). 일반적 금지와 구체적 명령이 상충하지 않는다. 여자들이 행하지 않은 일은 소식을 널리 알리는 것이었다. 그들은 거리에서 만나는 사람을 모두 세워 놓고 그 사람들에게 알리는 일을 하지 않았다. 그들은 다른 누구에게도 말하지 않았지만, 남자 제자들에게는 지시받은 대로 메시지를 전달했다.[77]

그 경우, 여자들의 침묵이 불순종이 아니라면, 무엇이 그 침묵을 설명해 줄까? 여자들은 무엇을 두려워했는가? 마가가 여자들을 묘사한 내용이 끝까지 좋은 쪽으로 이어진다고 보는 견해에 따르면, 여자들의 두려움은 신의 나타남 같은 것에 보일 법한 반응의 일부로 해석할 수 있으며, 그들이 8절 상반절에서 보인 '공포와 놀람'(τρόμος καὶ ἔκστασις)과 연속성을 지닌 것으로 해석할 수 있다. 그렇다면 8절 전체는 그들이 목격하고 경외심을 불러일으킨 나타남에 대한 그들의 반응을 묘사하는 것이며, 마가의 이

---

[77] 이를 주장하는 글이 D. Catchpole, "The Fearful Silence of the Women at the Tomb," *JTSA* 18 (1977), 3-10인데, 나는 이 글을 볼 수 없었다. 아울러 T. Dwyer, *The Motif of Wonder in the Gospel of Mark* (JSNTSup 128; Sheffield: Sheffield Academic Press, 1996), 191-192도 주장하는데, 이는 이 견해를 받아들이는 다른 이들을 인용한다(주174). J. L. Magness, *Sense and Absence: Structure and Suspension in the Ending of Mark's Gospel* (Semeia Studies; Atlanta: Scholars Press, 1986), 100도 이를 주장한다.

야기는 부활의 메시지가 이처럼 "사람들을 불안하게 하고 어찌할 줄 모르게 만드는"[78] 결과를 낳았다는 인상을 독자들에게 심어 주며 끝난다.[79] 링컨은 마가복음이 다른 곳에서는 "두려워하다"(ἐφοβοῦντο)를 신비한 것 앞에서 좋은 의미의 경외를 느낀다는 뜻으로 사용하지 않는다고 반대 의견을 제시하지만,[80] 이 의견은 정확하지 않다. 그 분명한 예를 하나 들어 보자. 예수가 폭풍을 잠재운 이야기를 보면, 예수는 폭풍 속에서 죽을 수도 있다는 제자들의 두려움과 그들의 믿음 없음을 연계하지만(막 4:40), 제자들이 다음 구절에서 경험하는 커다란 두려움(ἐφοβήθησαν φόβον μέγαν)은 믿지 않음에 따른 공포가 아니라 자연 요소들을 향한 예수의 명령에서 드러난 예수의 신성 앞에서 느낀 경외감이다.[81] 이 구절 하나만으로도 여자들이 16장 8절에서 느낀 두려움에 대한 좋은 평가와 유사한 사례를 충분히 제시할 수 있다. (이보다는 덜 분명하지만 그래도 두려움을 좋게 평가할 수 있는 사례가 5장 15, 33절, 6장 20, 50절, 8장 31절, 9장 6, 31절, 10장 33, 34절이다.)

침묵이 신비한 것이 나타났을 때 보일 법한 반응인지는 썩 분명치 않다.[82] 사람들이 유사한 사례라며 주장하는 것들은 대부분 실상 관련이 없다.[83] 그러나 고린도후서 12장 4절은 정말로 유사한 사례일 수도 있다.

---

78 Watson, "He is not here," 101.

79 Dwyer, *Motif*는 이것이 어떻게 마가복음 전체에서 발견할 수 있는 한 주제가 절정에 이른 경우인지 보여 준다. (아울러 이것이 독자에게 끼치는 효과를 신중히 살펴보는 접근법을 보려면, 201쪽을 보라.)

80 Lincoln, "Promise," 286-287.

81 예를 들면 Dwyer, *Motif*, 109-111; J. Marcus, *Mark 1-8* (AB 27A; New York: Doubleday, 1999), 334가 그렇다.

82 도망을 신비한 것에 대한 반응으로 제시한 증거가 몇 있다. 다니엘 10장 7절과 에녹1서 106장 4절이 그런 예다. 참고. 막 5:14.

83 G. O'Collins, "The Fearful Silence of Three Women (Mark 16:8c)," *Greg* 69 (1988), 501이 Pesch and Lightfoot에서 인용한 사례 가운데, 사무엘상 3장 15절을 보면, 사무엘이 엘리에게 환상을 보았다고 말하길 무서워한다. 그 환상이 엘리 가족에 대한 심판을 예언했기 때문이다. 또 에스겔 3장 26절, 24장 27절, 누가복음 1장 20절을 보면, 하나님이 특별한 이유로 침묵하게 한 기적을 이야기한다. 다니엘 7장 15, 28절, 8장 17, 27절, 10장 7절은 다니엘이 다른 이들에게 드러낼 수도 있던 것에 관해 침묵했다고 말하지 않는다. 신현(theophany)이 있으면 모든 이가 "주 앞에서 침묵할 수밖에 없다"는 히브리 성경/구

그 본문에서 바울은 "말할 수 없는 것, 어떤 사람도 되풀이할 수 없는 것" (ἄρρητα ῥήματα ἃ οὐκ ἐξὸν ἀνθρώπῳ λαλῆσαι)을 들은 일을 이야기한다. 여자들은 청년의 말을 어떤 묵시를 담은 비밀로, 예수의 제자들에게만 전하고 다른 이에게는 절대 드러나면 안 되는 비밀로 받아들였을 수 있다. 그들이 이렇게 생각한 것이 옳았을 수도 있다. 부활한 그리스도가 갈릴리에서 제자들에게 나타날 때에야 비로소 그 그리스도를 세상에 선포할 때가 이르기 때문이다. 복음서 어느 곳을 살펴봐도, 여자 제자든 남자 제자든, 부활한 주가 부활 소식을 알릴 사명을 제자들에게 분명히 수여하기도 전에 어떤 제자가 제자 집단 밖의 사람들에게 부활 소식을 전했다고 일러 주는 곳이 없다. 나는 이것이 마가복음 16장 8절에 있는 여자들의 침묵을 가장 설득력 있게 설명해 준다고 생각하는 편이다. 이 설명이 옳다면, 마가복음의 마지막 여섯 단어는 사실, 그런 비밀을 세상에 누설하지 않았다는 점에서 여자들을 **순종하는** 사람들로 묘사하는 셈이다. 그들은 마가복음 끝까지 신실함을 지킨다. 그뿐 아니라, 마가복음은 그들이 경외심을 품고 순종했음을 강조하며 마친다.

이것은 이른바 '메시아 비밀'(또는 메시아 은닉, messianic secret_ 옮긴이)이 마가복음 끝까지 계속됨을 시사하는 것 같다. 사실, 사람들이 종종 '메시아 비밀'이라는 제목 아래 묶는 본문들은 동질적이지 않지만 다양한 모티프를 많이 펼쳐 보이며,[84] 16장 8절은 부활이라는 비밀을 그런 다양한 모티프들에 또 하나의 모티프로 추가했을 수 있다. 사실, 마가복음 내러티브는 바디매오의 고백(10:46-52)이 지난 뒤, 곧 수난이 아주 가까이 다가온 지점 뒤까지 메시아 비밀 자체(예수가 곧 메시아요 하나님 아들이라는 것)를 유지하

약 성경의 모티프가 있지만(합 2:20; 습 1:7; 슥 2:13[마소라 본문 17절]), 그것이 곧 여자들이 아무에게 아무 말도 하지 않았다는 묘사가 이 사실을 떠올리게 하지는 않는다.

[84] J. D. G. Dunn, "The Messianic Secret in Mark," in C. Tuckett, ed., *The Messianic Secret* (IRT 1; London: SPCK; Philadelphia: Fortress, 1983), 116-131.

지는 않는다. 여자들이 남자 제자들에게만 전한 비밀은 예수가 죽은 자 가운데서 부활하셨다는 것이다. 이 비밀을 세상에 선포하는 것은 예수 자신이 제자들에게 나타남으로 이 비밀이 완전히 드러나기를 기다린다.

사람들에게 도외시된 메리 코츠(Mary Cotes)의 기고 글은 또 다른 접근법을 제시한다.[85] 코츠는 신비한 것 앞에서 경외감이나 두려움을 드러낸 마가복음의 사례들을 살펴본 뒤, 두려움은 침묵이 아니라 말을 만들어 낸다고 지적한다. 코츠는 여자들이 침묵한 것은 여성이라는 그들의 성별 때문에 주해 토론 때 대체로 무시당한 사실에서 비롯되었다고 주장한다. 여자들은 공중 앞에서 침묵해야 했다. 따라서 무덤에 있었던 여자들이 사실은 그들이 받은 메시지를 제자들에게 전하긴 했지만, 사회가 그들에게 기대하는 역할 때문에 공적 자리에서 그 메시지를 누구나 들으라고 이야기할 수는 없었다. 그들의 침묵은 "여자들이 공적 마당에서 이야기하길 삼간 전형적 사례"다.[86] 그들은 바로 공중 앞에서 말하는 것을 두려워했다.

> 거두절미하고 여자들이 드러내고 말하지 않는 것은 드러내고 말하기를 무서워하기 때문이다. 그들이 말하길 두려워하는 것은, 그들이 살아가는 세계에서는 공적 영역에서 말하는 사람은 남자라고 생각하기 때문이다. 여자의 영역은 당연히 집 안이라고 여기며, 여자의 위치는 남자보다 낮아야 한다고 생각한다. 이런 상황에서 여자들은 공적 마당에 참여해서도 안 되고, 그런 마당에서는 침묵해야 한다.[87]

---

85 M. Cotes, "Women, Silence and Fear (Mark 16.8)," in G. J. Brooke, ed., *Women in the Biblical Tradition* (Studies in Women and Religion 31; Lewiston, N.Y.: Mellen, 1992), 150-166, 특히 151-160.

86 Cotes, "Women," 166.

87 Cotes, "Women," 160.

코츠는 아울러 마가복음에서 예수가 그들에게 일어났거나 그들에게 알려진 일에 관하여 이야기하지 말라고 당부해야 했던 인물이 모두 남성이었음을 지적한다. 코츠는 분명 여자들이 공적 자리에서 침묵한 것을 과장한 것 같다. 우리는 이런 강력한 사회적 요구를 뒷받침하는 증거를 갖고 있지 않다. 하지만 존경할 만한 여자여도 친척이 아닌 남자들과 나누는 대화를 주도하지 않는 것이 통례였으리라는 것이 사실일지도 모른다.[88] 복음서(1세기 팔레스타인에서 사람들이 보통 따르던 실제 사회 관습을 가장 잘 보여 주는 증거가 복음서일지 모른다는 것이 놀랍다)는 여자들이 공적 자리에서 말하는 모습을 자주 제시하지 않지만, 그래도 몇몇 예외가 있다(마 15:22; 눅 11:27; 13:13).[89] 코츠는 마가복음 5장 33절을 근거로 내세우면서, 혈루증을 앓는 여자가 두려워하며 떤 것이 "공중 앞에서 뭔가를 천명해야 함에 대한 반응"이었다고 주장한다.[90] 이는 마가복음 16장 8절의 아주 좋은 평행 사례겠지만, 그것이 올바른 해석인지는 분명치 않다. 오히려 여자는 자신이 몰래 예수를 만진 것 때문에 예수가 화를 낼까 봐 두려워했을 가능성이 더 크다. 그러나 근래 주석가들은 이 여자의 두려움이 4장 41절과 5장 15절에서 나타나듯이, 자신에게 행해진 기적에 대한 종교적 경외심이었다고 보는

---

[88] 공적 자리에서 여자들과 말을 섞지 말라는 랍비의 권고를 보려면, Ilan, *Jewish Women*, 126-127을 보라. 보통 사람들이 이런 권고를 따랐다고 무턱대고 단정할 수는 없다. 여자가 공적 자리에서 아무 관계가 없는 남자와 말해서는 안 된다는 것을 일러 주는 증거를 그리스-로마 저술가의 글에서 보려면, J. H. Neyrey, "What's Wrong with This Picture? John 4, Cultural Stereotypes of Women, and Public and Private Space," *BTB* 24 (1994), 81을 보라.

[89] J. Dewey, "Women in the Synoptic Gospels: Seen but Not Heard?" *BTB* 27 (1997), 58은 공관복음에서 여자가 남자에 비해 침묵하는 것은 공관복음 기자들의 남성 편향 때문이라고 말한다. 이것도 한 요소일 수 있다. 그러나 듀이는 복음서들의 비일관성이 사회 현실을 반영하고 있지 않다고 주장하면서도, 정황(공적 상황인지 아니면 사사로운 상황인지)과 대화를 나누는 이들(친척, 가족의 친구, 낯선 이)의 구별을 충분히 고려하지도 않고, 그 대화를 주도하는 이가 여자인지도 충분히 고려하지 않는다. 여자가 공적 장소에서 낯선 남자에게 먼저 말을 거는 사례는 거의 없다. 심지어 유달리 말이 많은 네 번째 복음서의 여자들도 그러지 않는다. 반면, 요한복음에 나오는 베다니의 마리아는 11장 32절에서 자신의 언니처럼 예수와 기탄없이 말을 나누지만, 예수에게 기름을 부을 때는 그 저녁 자리에 많은 남자가 있어서 그런지 아무 말을 하지 않는다(12:1-8).

[90] Cotes, "Women," 160.

견해를 선호하는 것 같다.[91] 더욱이, 코츠는 여자들이 소식을 퍼뜨리려고 공적 자리에서 낯선 이들에게 이야기할 필요는 없었다는 사실을 확실히 무시한다. 그들은 그들의 집과 우물가와 시장 노점에서 만나는 여성 친구와 이웃에게는 말을 했을 것이다. 이 여자들은 그들의 남편에게 말했을 것이며, 여자들이 말한 소식은 퍼졌을 것이다. 요한복음 4장에 나오는 사마리아 여자는 여자로서 존경받을 만한 행위를 한 본보기는 아니지만, 이 여자가 자신이 전할 소식을 온 동네에 퍼뜨린 방식에는 아마도 적절치 않은 것이 없었을 것이다(요 4:28-30, 39).

그럼에도 1세기 유대 문화에는 성별 때문에 침묵해야 하는 측면이 있었다는 주장도 일리가 있을 수 있다. 나는 여자들이 마가복음 16장 8절에서 드러낸 두려움이 단순히 공중 앞에서 말하길 주저함이라고 보는 것은 타당하지 않다고 생각한다. 그렇다면 이는 오히려 복음서의 진부한 결말에 해당할 것이다. 그러나 신비한 것 앞에서 느끼는 경외심이 남자보다 여자에게 침묵을 만들어 낼 가능성이 높은 이유는 남자들과 함께 있는 자리에서 말을 삼가는 여자들의 문화 습관 때문일 수 있다. 이런 점에서 마가복음 16장 8절의 여자들과 9장 6절의 베드로 사이에 존재하는 평행 관계가 흥미롭다. 마가는 예수와 모세, 그리고 엘리야를 위해 세 거처를 짓자는 베드로의 제안을 보고한 뒤, 이렇게 설명한다. "그는 무슨 말을 해야 할지 몰랐으니, 이는 그들이 두려워했기 때문이다"(ἔκφοβοι γὰρ ἐγένοντο). 마지막 절은 마가복음의 마지막 말(ἐφοβοῦντο γάρ)과 상당히 유사하다. 제자들이 변형을 보고 느낀 두려움은 예외라 할 것은 아니지만, 그들은 그 앞에서 차라리 입을 다물었어야 했다. 무슨 말을 해야 할지 몰랐다면 차라리 침묵했어야 했지만, 오히려 베드로는 독특한 성격 탓인지(마가복음이 묘사하는

91　R. A. Guelich, *Mark 1-8:26* (WBC 34A; Dallas: Word, 1989), 298; Dwyer, *Motif*, 118; Marcus, *Mark 1-8*, 359-360.

베드로는 성급하고 종종 무언가 말을 하여 상황을 파악한다[92] 심각한 오해를 하는 잘못을 저지르고 만다. 이와 달리, 여자들은 침묵을 지킨다. 일어난 일은 그들이 이해할 수 없는 신비이기에, 이를 다른 이에게 설명하려 하는 것은 옳지 않다. 어쩌면 이것도 여자들이 마가복음 말미에서 여전히 마가가 묘사하는 남자 제자들의 실패 사례와 좋은 대조를 보여 주는 이들로 남아 있다고 이해할 수 있는 또 하나의 측면일지 모른다.

마가의 내러티브 세계인 은혜의 우주를 보면, 실패하지 않음이 실패함보다 꼭 '더 좋은 것'은 아니다. 마가는 분명 열두 제자를 반박하는 일에 몰두하지 않는다(그렇게 보는 것은 마가의 제자도 신학을 교회 내부의 권력 투쟁 같은 것으로 축소시키는 어리석은 짓이다).[93] 그러나 분명 마가는 일부러 그가 관심을 가진 두 그룹(열두 제자와 여자들)의 예수 따름이를 사용하여 두 가능성의 본보기를 제시한다. 즉 한편으로는 실패와 회복이라는 가능성의 본보기고, 다른 한편으로는 회복이 필요 없는 신실함이라는 가능성의 본보기다. 더욱이, 두 그룹을 성별을 따라 구분한 것은 우연이 아니다. 사회 문화의 맥락에서 볼 때, 베드로가 보여 준 것처럼(14:29-31) 자신이 죽을 때까지 예수를 따라갈 수 있다는 그릇된 확신은 여자보다 남자에게 유혹이 되었을 가능성이 크다. 여자들에게는 사랑하는 사람에게 부끄러움과 죽음을 무릅쓰고라도 신실함을 다하는 것이 그 시대 문화가 기대하는 역할이다.[94]

---

92 아마도 야고보와 요한은 침묵을 지켰겠지만, 마가는 이에 주목하지 않는다.

93 J. Painter, *Mark's Gospel* (NT Readings; London/New York: Routledge, 1997), 212-213은 마가가 예루살렘 교회 지도부를 논박한다는 이런 관념을 마가복음 끝까지 확장하면서, 여자들의 침묵이 곧 제자들이 예수의 지시에도 갈릴리로 가지 않고 신실치 않게 예루살렘에 그대로 남아 있었음을 암시한다고 주장한다(참고. 행 1:4!).

94 십자가 옆에 있는 것이 남자 제자들보다 여자 제자들에게 덜 위험했을 수도 있다. 남자들은 반란자로 의심받아 체포당할 위험을 더 컸을 것이기 때문이다. 그러나 여자들이 십자가에서 "멀리 떨어져" 서 있었다는 사실(막 15:40)을 겁에 질린 행동으로 이해해서는 안 될 것이다(Mattila, "Naming," 169, 178은 반대다). 로마 병사들은 여자들에게 더 가까이 오도록 허용했을 것이다. 여자들에게 다가온 위험이라는 쟁점을 다룬 글을 보려면, Gerhardsson, "Mark," 220-221을 보라. 그는 그들이 분명 그리 위험하지는 않았겠지만, 그래도 그런 판단을 할 위치에 있지는 않았다고 주장한다.

남자들은 실패와 회복을 통해 십자가에 못 박혔다가 부활한 이의 증인이 될 수밖에 없었다. 반면, 여자들은 그들에게 심한 동요를 일으킨 신비한 존재와의 만남을 통해 그들의 신실함을 그들의 문화가 그들에게 인정하는 역할을 넘어선 무언가로, 곧 온 세상을 변화시키는 사건의 증인으로 부름 받은 소명으로 바꾼다.

마지막으로 우리는 마가가 수난 내러티브 틀을 어떻게 짜고 있는가에 주목해야 한다. 그 틀을 보면, 남자 제자들이 실패하고, 여자들을 포함하는 두 이야기가 들어 있다. 예수가 베다니에서 기름 부음을 받은 이야기(14:3-9)와 여자들이 무덤을 찾아간 이야기다. 예수에게 기름을 부은 여자는 이 내러티브에서 예수가 죽어야 함을 가장 처음으로 받아들이는 사람이다. 무덤에 찾아간 여자들은 예수가 부활했음을 가장 처음 안 이들이다.

(3) 마가가 그의 이야기를 멈추는 지점은 이야기의 끝이 아니다. "본문에 없다는 것이 꼭 이야기가 없음은 아니다."[95] 독자는 무엇을 따라가야 하는지 안다. 마가의 내러티브에 등장하는 예수가 그것을 예언하기 때문이고, 이 마가 내러티브의 마지막 본문에서 청년이 여자들에게 한 말(막 16:7)이 예수의 예언을 독자에게 되새겨 주기 때문이다. 독자는 제자들이 예수를 갈릴리에서 만나리라는 것을 알 뿐 아니라(14:28), 제자들이 예수로 말미암아 고난당하는 중에도 복음이 온 세상에 전해지리라는 것(13:10, 14:9)을 알며, 또 다른 다양한 사건이 일어난 뒤에 주가 영광 가운데 오리라는 것도 안다(13:14-27).[96] 이처럼 마가복음의 끝은 "열린 결말"[97]이나 "늦춰진

---

95 Magness, *Sense*, 121.

96 이야기가 내러티브의 끝을 넘어 계속되어야 한다는 것이 지닌 이런 점들과 더 모호한 '미리 보여 주기'를 알아보려면, Magness, *Sense*, 108-113을 보라.

97 D. Marguerat, *La Première Histoire du Christianisme: Les Actes des Apôtres* (LD 180; Paris: Cerf; Geneva: Labor et Fides, 1999), 309.

끝"[98]이라는 내러티브 도구를 채용한다. 그러다 보니, 독자는 한 이야기가 끝났다는 만족감을 갖지 못하고 이 이야기의 나머지 부분이 어떻게 진행될지 스스로 상상해 봐야 한다. 고대 세계에 위대한 문학 모델을 제시한 「일리아스」와 「오디세이아」[99]는 물론이고, 사람들에게 영향을 끼친 헤로도투스의 「역사」도 이런 작품들이 결말을 이야기한 뒤에 비로소 일어날 사건들을 예언하는 내용을 담고 있다.[100] 마가복음 독자가 볼 때, 마가복음 끝 뒤에 이어질 이야기는 그들 자신도 관련된 이야기다. 따라서 열린 결말이라는 도구는 독자가 이야기 안에서 충분히 암시된 것을 통해 이야기의 끝을 투사하게 해줌과 동시에, 그 이야기가 마가복음의 끝에서 이야기의 끝과 세상의 끝으로 나아감에 따라 어떻게 전개될지를 이야기 안에서 스스로 상상하게 해준다.

마가는 왜 여자들의 침묵을 그의 내러티브에서 이야기하는 마지막 내용으로 삼았는가? 어쩌면 그것이 절대적 결말이어서가 아니라 적절한 정도의 결말이기 때문일지도 모른다. 그것은 곧 여자들이 그들이 받은 메시지를 남자 제자들에게 전하고 남자 제자들이 갈릴리로 가서 예수를 만난 뒤에야 비로소 다른 사건들이 만들어졌음을 의미한다. 마가복음 16장 8절은 이야기의 끝이 아니다. 하지만 이 구절은 16장 7절이 요구하는 일이 일어날 때까지는 더 이상 이야기가 없을 것임을 일러 준다. 독자가 예수의 예언을 통해 알고 있는 일들, 곧 예수가 갈릴리에서 제자들에게 나타나고 복음이 세상에 설교되는 일이 일어나기 전에는 이야기 줄거리의 새로운 발전이 없을 것이다. 여자들의 침묵은 여자들이 예수의 부활 소식을 남자 제자들에게 전하더라도 이 지점에서는 아직 세상에 복음을 선포하는 일이

---

98 Magness, *Sense*, 22과 여러 곳.

99 Magness, *Sense*, 28-34.

100 Marguerat, *Première Histoire*, 313-315은 헤로도투스를 예로 들어 역사 기록에서도 이 도구를 사용할 수 있음을 보여 준다.

시작되지 않았다는 것을 독자에게 일러 준다. 복음을 세상에 선포하는 일이 이 지점에서 시작될 수 없는 것은 여자들이 여자이기 때문이 아니라, 모든 복음서가 일러 주듯이 예수가 그의 증인들에게 증인이 될 사명을 수여하는 부활 후 현현에서 복음 선포가 시작되어야 하기 때문이다. 여자들의 빈 무덤 증언 자체가 복음 설교의 시작일 수는 없지만, 마가가 그 이야기를 들려주듯이, 빈 무덤 증언은 장차 선포될 복음의 일부가 되며, 그 복음을 확실히 뒷받침해 준다. 이는 마치 마가복음 14장 9절에서 한 여자가 예수에게 기름을 부은 사건도 장차 선포될 복음의 일부가 되리라고 말한 것과 마찬가지다.

8. 초기 교회에서 권위 있는 증인이던 여자들

근래 많은 학자는 여자들이 복음서 내러티브에서 행하는 역할이 곧 이 여자들이 초기 그리스도인 공동체 안에서 행한 역할을 반영한다고 보지만, 나는 이런 학자들의 경향에 맞서고 싶다. 학자들의 그런 경향은 알레고리화(allegorization)의 한 형태로, 복음서가 사실은 초기 교회에 관한 텍스트인데 예수에 관한 이야기로 위장해 놓은 것으로 읽는다.[101] 이는 복음서가 예수가 사역하던 '그때'와 복음서 독자가 살던 '지금'을 역사 면에서 여러 가지로 구별한다는 점을 무시한다.[102] 여자들이 그리스도인 공동체 안에서 행한 역할을 복음서에서 끌어내는 주장은, 그것이 어떤 주장이든, 지극히 신중하게 제시해야 한다. 그러나 나는 부활 내러티브의 경우, 우리가

---

[101] 나는 Karris, "Women," 4과 의견을 같이한다. 아울러 R. Bauckham, ed., *The Gospels for All Christians: Rethinking the Gospel Audiences* (Grand Rapids: Eerdmans; Edinburgh: T. & T. Clark, 1998)를 보라.

[102] E. E. Lemcio, *The Past of Jesus in the Gospels* (SNTSMS 68; Cambridge: Cambridge University Press, 1991).

식별해 낼 수 있는 것은 그리스도인 여자 전체가 행한 역할이 아니라 빈 무덤과 부활한 주를 목격한 특정한 여자들이 행한 역할이라고 생각한다. 내 생각에 우리가 말할 수 있는 것은 이 여자들이 예수에 관한 전승의 사도 같은 목격자이자 보증인 역할을 했으며, 특히 그의 부활에 관한 전승에서는 물론이고 분명 다른 측면에서도 그런 역할을 했다는 것이다. 그들의 증언이 복음서에서 텍스트 형태를 갖게 되었다는 것은 그들의 증언을 결코 다른 것으로 대체하거나 하찮게 여길 수 없음을 암시한다. 이는 이 여자들이 살아 있는 한, "우리가 주를 보았다"라는 그들의 증언은 주가 직접 자신의 부활을 증언할 사명을 수여한 자의 권위를 갖고 있기 때문이다. 우리는 신약 학계에서 확립된 경향, 곧 예수에 관한 구전이 초기 공동체 안에서 익명으로 전해졌다고 보는 경향을 조심해야 한다. 그렇게 보는 것은 마치 틀림없이 이런 이야기들을 처음 들려주고 전해 주었을 예수의 제자들이 기독교 운동이 진행되기 시작하자 곧바로 모두 사라졌다고 보는 것과 같다.[103] 그 반대로, 예수의 제자들은 유명했으며, 그 수도 많았다. 그들은 분명 전승을 적극 전해 주는 자로 계속 활동했다. 사람들은 그들이 목격자로 권위를 갖고 있음을 인정했고, 그들의 이런 권위는 다른 사람이 잇달아 전하는 전승들을 보증하고 전승이 허위로 발전되지 않게 전승들을 보호하는 시금석 역할을 했을 수 있다. 아울러 우리는 고대의 역사 기록과 역사 기록 이론이 목격자의 역할을 대단히 중요하게 여겼음을 기억해야 한다. 복음서에서 때로 목격자 개개인의 이름을 말하는 것은 독자가 그 사람을 사사로이 알지는 못해도 전해 들은 말(평판)을 통해 잘 알고 있는 사람들이 이야기 속에 존재함을 귀띔하는 것 같다. 이때 우리는 독자들이 이런 인물들의 직접 증언(직접 체험하고 들려준 증언)에 상당히 가까이 있다고 예상해야 한

---

103 참고. M. Hengel, *The Four Gospels and the One Gospel of Jesus Christ* (tr. J. Bowden; Harrisburg: Trinity Press International; London: SCM, 2000), 143-144.

다. 우리는 이런 가설을 무덤에 있던 여자들이라는 특히 흥미로운 사례로 검증해 볼 수 있다.

사무엘 뷔쉬코그(Samuel Byrskog)˙는 근래에 복음서 연구에 중요한 기여를 했다. 그의 기여는 방금 언급한 학자들의 경향, 곧 복음서를 예수의 역사 속에서 일어난 사건들을 목격한 이들에게서 멀리 떼어 놓는 경향을 바로잡는 데 이바지한다.[104] 뷔쉬코그는 그리스-로마 역사가들의 관습을 현대 '구술 역사'(oral history) 관습과 비교하고, 두 경우에 정보를 전해 주는 목격자의 역할이 아주 비슷함을 발견한다. 역사가들은 그들이 때로 인용하는 헤라클레이토스의 유명한 말, 곧 "눈은 귀보다 확실한 증인이다"[105]라는 말을 따라 그들이 사용하는 자료를 사건에 관여한 참여자들의 직접 경험이라 평가했다. 목격자의 경험은 그들 자신의 것이거나, 그들이 살아 있는 음성을 들을 수 있고 의문이 있으면 직접 물어볼 수 있는 또 다른 목격자들의 목격 경험이어야 한다. "목격 증언(autopsy)은 과거로 되돌아가는 데 필수불가결한 수단이었다."[106] 바람직한 목격자는 냉정하고 무심함 구경꾼(관찰자)이 아니라, 어떤 사건에 참여한 자로서 그 사건에 아주 가까이 있었고 그 사건을 직접 경험하여 자신이 본 것의 의미를 이해하고 해석할 수 있는 사람이었다. 역사가는 "사회적으로 사건과 관련이 있는 목격자를 선호했고, 목격자가 사건에 직접 참여한 이라면 더욱 선호했다."[107] 목격자는 "관찰자이면서 동시에 해석자"였다.[108] 그들이 들려주는 사연은 역사가

- 사무엘 뷔쉬코그(Samuel Byrskog, 1957-). 스웨덴의 신약 학자다. 초기 기독교 기원, 초기 기독교 전승 형성과 전달, 역사 속 예수, 사회 기억과 집단 기억 문제를 깊이 연구해 왔다.

104 Byrskog, *Story*.
105 Byrskog, *Story*, 52-53.
106 Byrskog, *Story*, 64.
107 Byrskog, *Story*, 167.
108 Byrskog, *Story*, 149.

들의 기록에 없어서는 안 될 부분이 되었다.[109]

뷔쉬코그는 복음 전승과 복음서 자체가 형성될 때에도 예수의 역사에 관한 목격자이자 정보 제공자라는 자격을 부여받은 개인들이 틀림없이 비슷한 역할을 수행했으리라고 주장한다. 그는 자신이 증명할 수 없다고 판단하는 가설에는 신중한 견해를 취한다. 마가복음이 벌거벗은 청년(막 14:51)과 구레네 사람 시몬(막 15:21)을 언급한 것은 이들이 수난 내러티브 뒤에 있는 목격자이자 정보 제공자라는 디벨리우스의 추측 같은 가설이 그런 예인데, 한편으로는 지나치게 신중하지 않나 싶기도 하다. 다른 설명들이 마가의 이야기 안에 그런 이들이 존재하는 이유를 적절히 설명해 줄 수 있다.[110] 뷔쉬코그는 본문 뒤의 구술 역사를 더 명확하게 밝혀 줄 실마리를 찾으며,[111] 몇몇 경우에는 그런 실마리를 일부 발견하기도 하는데, 십자가 옆에 있었던 여자들과 무덤에 있었던 여자들이 두드러진 예다.[112] 나는 그들이 뷔쉬코그가 인식하는 것보다 훨씬 좋은 예라고 제시한다.

모든 공관복음서가 반복하여 여자들을 '보다'라는 뜻을 지닌 동사들의 주어로 만든다는 것(마 27:55; 막 15:40; 눅 23:49, 55)은 복음서들이 목격자라는 그들의 역할에 호소하고 있음을 분명하게 보여 준다.[113] 시각의 우선성(앞서 인용한 헤라클레이토스의 말도 이 점을 보여 준다)이 고대 그리스 인지 이론의 특징이었으며,[114] 역사가들이 목격 증언을 강조한 것도 그런 특징과 궤를 같이했다. "그들은 시각을 통해 과거와 이어져 있었다."[115] 물론, 이것

---

109 Byrskog, *Story*, 64.
110 Byrskog, *Story*, 36-37, 66.
111 Byrskog, *Story*, 46, 66-67.
112 Byrskog, *Story*, 75-82.
113 참고. Gerhardsson, "Mark," 219-220, 222-223; Byrskog, *Story*, 75-78.
114 Byrskog, *Story*, 65.
115 Byrskog, *Story*, 64.

이 목격자의 회상과 증언에서 다른 감각을 배제한다는 의미는 아니지만, 시각의 우선성은 단순히 사건들에 관한 보고를 들은 것에 반하여 목격자가 실제로 거기에 있었다는 중요성을 의미한다. 본다는 것은 복음 전승에서 두드러지며, 그 자체 안에 듣는 행위를 포함한다(마태복음 11장 4절과 평행 본문인 누가복음 7장 22절. 마태복음 13장 16, 17절과 평행 본문인 누가복음 10장 23, 24절을 참고하라).[116] 십자가 옆과 무덤에 있던 여자들이 중요한 것은 무엇보다 그들이 본 것 때문이기도 하지만, 천사(들)의 메시지를 들었기 때문이기도 하다.

그들은 익명 그룹이 아니다. 즉 모든 복음서가 그들 가운데 일부의 이름을 언급함과 동시에, 그들 말고 다른 이들이 더 있음을 밝히거나 암시한다(마 27:55; 28:1,[117] 6; 막 15:41, 47; 16:6; 눅 24:10; 요 20:2). 이렇게 이름을 밝힘과 이름이 나오는 명단에 변화가 있다는 점이 지닌 중요한 의미를 제대로 인정하고 평가한 적은 없었던 것 같다. 뷔쉬코그는 특정한 이름들을 제시한 것은 "아마도 그들이 여성 목격자이기에 처음부터 어느 정도 의심을 받았기 때문이 아닌가 싶다"라고 추측한다.[118] 그러나 여자들의 이름을 밝히는 것이 그들의 신빙성에 관한 의심을 얼마나 누그러뜨릴 수 있었을지는 사실 분명치 않다. 이렇게 이름을 밝힘은 분명 여자들이 유일한 증인으로

---

116 Byrskog, *Story*, 103-104.

117 W. Carter, "'To see the tomb': Matthew's Women at the Tomb," *ExpT* 107 (1996), 201-205은 마태복음 28장 1절이 여자들이 단순히 증인이 아니라, "예수의 부활을 기대하며 기다릴 정도로 예수의 가르침을 이해하고 신뢰하는 이들"이라는 것을 일러 준다고 주장한다(205). 우리도 이를 여자들이 **지각 있는** 증인임을 일러 주는 말로 받아들일 수 있을 것 같다. 말하자면 네 번째 복음서에 나오는, 주가 사랑하는 제자처럼, 여자들은 그들이 증언하는 것의 의미를 이해하는 이들이다. 그러나 나는 그 증거가 이런 마태복음 28장 1절 해석을 뒷받침하는지는 확신하지 못하겠다. Witherington, *Women in the Earliest Churches*, 171은 F. 네이렁크(Neirynck, 1927-2012. 벨기에의 가톨릭 신학자이며 신약 학자다_ 옮긴이)를 따라 마태복음 28장 1절이 뒤따르는 이야기에 붙인 일종의 제목이지 여자들이 무덤에 간 동기를 서술한 글은 아니라고 이해한다. "하나님의 섭리 계획이라는 관점에서 봤을 때 여자들의 원래 의도가 무엇이었든, 이 복음서 기자는 여자들이 빈 무덤을 '증언하러' 왔고 그것에 관하여 증언하길 시작하리라는 것을 제시하고 있다."

118 Byrskog, *Story*, 77.

등장하는 사건들이 예수 이야기 전체에 유달리 중요하다는 점을 되비쳐 주는 것일 가능성이 더 크다.

각 복음서에 등장하는 이름들이 같지는 않지만, 막달라 마리아는 모든 복음서에 등장하며, 야고보와 요세의 어머니 마리아는 세 공관복음서에 등장한다. 이름이 나온 여자들을 담은 다양한 명단을 비교해 보는 것이 도움이 된다. 다음 표는 그런 이름들이 정경 자료와 정경 밖 자료에서 어떻게 등장하는지 보여 준다.

이런 명단들에서 한 복음서의 명단이 이름을 제시한 여자는 다른 복음서가 다르게 지칭한 여자와 같은 사람이라는 결론을 끌어내고 싶어 하는 유혹이 제법 널리 퍼져 있는데,[119] 우리는 이런 유혹에 맞서야 한다. 마리아가 특히 인기 있는 이름이었음을 기억하는 게 도움이 된다. 즉 모든 팔레스타인 유대인 여자 가운데 약 4분의 1이 마리아라 불렸다.[120] 따라서 어느 특정한 마리아를 어떤 식으로든 다른 마리아와 구별해야 했다. 예를 들어 복음서에 나오는 여자들을 보면, 아들을 언급하여 신원을 밝힌 여자(작은 야고보와 요세의 어머니 마리아가 그러한데, 몇몇 본문은 이 형태를 축약하여 사용기도 한다), 남편을 언급하여 신원을 밝힌 여자(글로바의 마리아), 그의 고향을 언급하여 신원을 밝힌 여자(막달라 마리아), 예수의 어머니(요한은 예수의 어머니라 부를 뿐 마리아라는 이름을 전혀 사용하지 않는다)가 있다. 이런 호칭은 여자들을 명확히 구별해 주는 기능을 한다. 따라서 우리가 본래 구별해야 할 여자들을 동일시하려 하는 것은 이런 식으로 이들을 서로 구별하려 한 목적을 철저히 놓치는 셈이다. 공관복음 기자들은 그들이 이름을 밝힌 여자들이 몇몇 여자에 지나지 않는다는 점을 분명히 한다. 이런 사실은 그

---

[119] 아마도 근래에 이런 관습을 가장 폭넓게 보여 준 사례가 J. Wenham, *Easter Enigma* (Grand Rapids: Zondervan; Exeter: Paternoster, 1984), 3장일 것이다.

[120] T. Ilan, "Notes on the Distribution of Jewsih Women's Names in Palestine in the Second Temple and Mishnaic Periods," *JJS* 40 (1989), 191-192.

표8. 이름이 나와 있는 여자들

	십자가	장사됨	빈 무덤
마가복음	막달라 마리아 작은 야고보와 요세의 어머니 마리아 살로메	막달라 마리아 요세의 (어머니) 마리아	막달라 마리아 야고보의 (어머니) 마리아 살로메
마태복음	막달라 마리아 야고보와 요셉의 (어머니) 마리아 세베대의 아들들의 어머니	막달라 마리아 다른 마리아	막달라 마리아 다른 마리아
누가복음			막달라 마리아 요안나 야고보의 (어머니) 마리아
요한복음	예수의 어머니 그의 어머니와 자매지간인 글로바의 (아내) 마리아 막달라 마리아		막달라 마리아
베드로복음 사도 서신(에티오피아어 텍스트)		막달라 마리아	사라 마르다 막달라 마리아

들이 제시한 명단 사이에 존재하는 차이를 잘 알 수 있게 해준다. 복음서 기자마다 특정 여자들의 이름을 밝힌 데는 그 나름의 이유가 있다.

따라서 우리는 이름이 나와 있는 여자 다섯(막달라 마리아, 야고보와 요세의 어머니 마리아, 살로메, 요안나, 글로바의 마리아)과 익명이지만 누구인지 특정한 여자 둘(세베대의 아들들의 어머니와 예수의 어머니)을 합쳐 모두 일곱이 있다고 결론지을 수 있을 것 같다.[121] 명단 사이에 존재하는 차이들은 사람들이 보통 인식하는 것보다 훨씬 흥미롭고 중요한 의미가 있다. 두세 증인을 세우라는 토라의 요구(신 19:15)는 여러 기사에서 분명 어떤 역할을 한다. 비르예르 에르핫손(Birger Gerhardsson)이 올바로 지적하듯이, 이 율법

---

[121] 예수 어머니의 자매(요 19:25)는 분명 요한이 말하는 그룹의 네 번째 여자가 아니라, 글로바의 마리아를 묘사한 말일 것이다. 앞 6장을 보라.

의 규율은 법정을 넘어 그 상황이 어떤 상황이든, 확실히 증명해 줄 증거가 필요한 삶의 상황에 폭넓은 영향을 끼쳤다.[122] 예수가 열두 제자를 보내면서 둘씩 짝을 지워 보낸 것도 분명 그런 이유인 것 같다(막 6:7). 공관복음이 여자들을 증인으로 내세우는 수난-부활 내러티브에서 각 경우에 두세 여자의 이름을 밝히는 점은 확실히 주목할 만하다. (공관복음이 몇몇 경우에 열두 제자를 언급할 때 이들을 이끄는 세 구성원의 이름을 밝히는 것도 비교해 볼 만한 현상일 수 있다. 막 5:37; 9:2; 14:33). 그러나 두세 증인을 세우라는 요구가 복음서들이 제시하는 특정 이름이 그때그때 달라지는 이유를 설명할 수 없음은 물론이다.

예르핫손은 이렇게 명단마다 이름이 달라졌을 만한 이유로 둘을 제시한다. 첫째는 "복음서 기자들이 두세 증인의 이름을 들어야 할 필요성이 그들이 그 사실들에 관하여 갖고 있던 지식보다 강했기" 때문이다. "그들은 자신들에게 익숙한 두세 이름을 자유롭게 열거한다." 그러나 이것은 마태와 누가가 마가복음을 알고 있었다면 왜 이름들을 바꿨는지 설명하지 않으며, 마가 자신이 세 경우(십자가, 장사, 빈 무덤)에 이름들을 바꾼 이유도 설명하지 않는다. 예르핫손이 제시하는 두 번째 가능성은(그는 이것이 더 개연성이 높다고 생각한다) "몇몇 여자가 무덤을 방문했지만, 한 내레이터가 그 가운데 두세 이름만 언급하길 원한 것은 그 여자들의 이름을 모두 밝힐 필요가 없었기 때문이거나 다른 내레이터와 같은 선택을 하고 싶지 않았기 때문이다."[123] 이것이 옳을 가능성이 높긴 하지만, 이 역시 명단들의 세부 차이에는 충분히 주목하지 않기 때문에 이 문제가 지닌 중요성을 충실히 간파하지 못하고 있다. 대체로 주석가들은 복음서 기자가 아주 세심하게 언급한 이름들에 거의 관심을 기울이지 않는다. 특히 페미니스트 비평

---

122 Gerhardsson, "Mark," 218.
123 Gerhardsson, "Mark," 223.

가들조차 복음서 사이에 존재하는 여러 차이가 이런 여자들에 더 주목하지 않은 채 그들을 고찰 대상에서 배제하는 근거라면서, 막달라 마리아 외에 다른 여자들은 대체로 무시해 버리는 경향을 묵인하는 점은 이상하기만 하다.[124] 사람들이 보통 증인으로 진지하게 받아들이는 이는 막달라 마리아뿐이지만, 오히려 본문이 실제로 제공하는 자료는 이름이 나와 있는 이 모든 여자를 복음서 이야기들을 전해 준 증인이자 정보 제공자로 진지하게 받아들여야 한다는 것을 일러 준다.

이런 명단 사이에 존재하는 여러 차이에서 상당히 흥미로운 점은 이 명단들이 증인인 여자들의 이름을 밝힐 때 보여 주는 세심한 **주의**다. 마가는 십자가 옆에 있었던 세 여자의 이름을 밝히고, 바로 그 세 여자를 무덤에 찾아간 이들로 제시하지만, 이 셋 가운데 두 여자만이 예수 장사를 지켜봤다고 말한다.[125] 이는 사람들이 알았던 이 세 여자의 증언에서 두 마리아만이 예수 장사를 지켜본 증인으로 알려져 있었고, 살로메는 그 증인으로 알려져 있지 않았기 때문이라고 설명할 수밖에 없다. 어쩌면 이와 비슷한 주의가 훨씬 인상 깊게 나타나는 곳이 마태복음이 아닌가 싶다. 마태에게 살로메는 분명 유명한 증인이 아니었다. 이 때문에 마태는 살로메를 명단에서 빼 버렸다. 마태는 십자가 옆에 있었던 여자들을 언급할 때, 세베대의 아들들의 어머니를 대신 언급한다. 세베대의 아들들의 어머니는 앞서 마

---

124 Setzer, "Excellent Women," 260-261; 참고. Lieu, "Women's," 42.

125 마가가 제시하는 여자 명단들에서 일어난 여러 변형이 다른 자료들을 사용한 결과라고 가정하여 설명하려는 시도가 이어지는 것(Bode, *First Easter*, 20-22이 그런 예들을 인용한다)은 터무니없다. 한 이론은 마가가 서로 다른 두 여자, 곧 "요세의 마리아"(막 15:47)와 "야고보의 마리아"(막 16:1)를 서로 다른 두 자료에서 발견했지만, 이들을 같은 인물로 여기고 15장 40절에서 두 자료를 조화시키며 "작은 야고보와 요세의 어머니 마리아"라 일컫는다고 생각한다(Bode, *First Easter*, 21). 마가가 처음에는 이 마리아의 두 아들을 언급하고 둘 중 한 아들의 별명까지 언급하는 식으로 이 마리아를 언급하여 독자와 청중이 이 여자가 누구인지 쉬이 알 수 있게 한 다음, 15장 47절과 16장 1절에서는 자유롭게 서로 다른 두 방식을 사용하여 그 여자가 누구인지 더 자세하게 밝혀도 되겠다고 느꼈으리라고 추측하는 편이 훨씬 쉽다. 이는 마치 마태가 이 마리아를 "야고보와 요셉의 어머니 마리아"라 소개한 뒤에는(마 27:56) 이 마리아를 "다른 마리아"(마 27:61; 28:1)라 부를 수 있었던 것과 같다.

태의 내러티브(마 20:20)에서 등장했고, 그의 복음서에만 유일하게 등장하는 여자다. 하지만 그는 예수 장사나 빈 무덤 장면에서는 세베대의 아들들의 어머니를 두 마리아에 추가하지 않는데, 이는 분명 세베대의 아들들의 어머니가 두 사건의 목격자로 알려져 있지 않았기 때문이다. 마태가 하려고만 했다면 세베대의 아들들의 어머니를 들어서 무덤에 있던 증인 수를 채울 수도 있었겠지만, 그는 자신이 증인으로 잘 알고 있던 두 여자만 제시하는 것으로 만족하는 꼼꼼함을 보여 준다. 누가는 여자들이 무덤을 찾아간 기사 끝부분에서만 여자들의 이름을 밝히면서,[126] 약방에 감초 같은 이인 막달라 마리아 외에, 그의 복음서에서만 독특하게 등장하고 이미 8장 3절에서 소개한 요안나, 그리고 야고보의 어머니 마리아를 열거한다. 이 세 번째 이름은 누가가 마가의 빈 무덤 내러티브에서 유일하게 빌려온 자료일 수도 있다. 누가가 요안나를 언급한 것은 그의 독특한 빈 무덤 이야기가 그의 독특한 자료에서 나왔음을 확실하게 일러 준다.[127] 마태처럼 누가도 마가가 이름을 밝힌 살로메를 생략하지만, 그래도 누가는 그의 복음서 앞부분에서 채용한 예수의 여자 제자 명단(8:3: 막달라 마리아, 요안나, 수산나)을 그냥 재생하지는 않는다. 누가는 막달라 마리아와 요안나를 빈 무덤 증인으로 알고 있었지만, 수산나는 분명 몰랐다.[128]

분명 여자 가운데 막달라 마리아가 두드러진다. 막달라 마리아는 모든 명단에 등장하며, 요한복음 19장 25절(과 사도 서신)을 제외한 모든 명단은

---

126 이것 때문에 막달라 마리아와 요안나라는 이름을 밝힌 것이 8장 2, 3절과 함께 일종의 인클루지오 기능을 하여, 이 여자들이 예수의 갈릴리 사역 초기부터 부활 때까지 예수와 예수의 이야기와 함께 있었음을 독자에게 되새겨 줄 수도 있다.

127 마찬가지로 누가가 글로바(Cleopas)의 이름을 밝힌 것(눅 24:18) 역시 엠마오 이야기의 목격자 출처를 일러 주는 것일 수 있다.

128 여자들과 관련된 각 복음서 기자의 이야기 또는 이야기들이 각기 다른 한 여자에게서 유래한 것이라고 추측해 볼 만하다. 예를 들면, 마가는 살로메에게서, 마태는 야고보의 어머니 마리아에게서, 누가는 요안나에게서, 요한은 막달라 마리아에게서 유래했다고 보는 것이다. 그러나 이것은 매우 지나친 추측이다.

막달라 마리아라는 이름을 가장 먼저 제시한다. 우리는 이를 공관복음이 베드로, 야고보, 요한이라는 이름을 열거할 때면 언제나 베드로라는 이름을 가장 먼저 제시하는 것(막 5:37; 눅 8:51 등)과 비교해 볼 수 있을 것 같다. 그러나 동시에 우리는 야고보와 요세의 어머니 마리아가 공관복음의 수난 내러티브와 부활 내러티브에 들어 있는 일곱 명단 전부에서 등장한다는 점에도 주목해야 한다. 비록 우리가 이 마리아와 그 아들들을 거의 모르지만, 그래도 이 마리아는 복음서 기자들과 이 복음서 기자들의 첫 독자와 청중에게는 잘 알려진 인물이었다. 아울러 이 마리아는 막달라 마리아와 더불어 마태복음 28장 8, 9절에서 예수의 부활 후 현현을 체험한다. 또한 요한복음 20장 11-18절처럼 본래 전승에는 막달라 마리아만이 예수와 함께 있었지만, 후대에 야고보와 요세의 어머니 마리아가 추가되었다고 생각해서도 안 된다. 모든 복음서 기자, 그중에서도 특히 마태가 이 여자 증인들의 이름을 제시할 때 기울인 주의를 고려하면, 이름들을 추가했다기보다 생략했다고 이해하는 쪽이 훨씬 쉽다. 요한이 오로지 막달라 마리아에 초점을 맞춤은 종종 개인들에게 초점을 맞추는 그의 내러티브 서술 경향에 비춰, 그리고 앞서 §6에서도 봤듯이 그가 예수와 맺고 있는 개인적 관계에 신학적 강조점을 둔다는 점에 비춰 쉽게 설명할 수 있다.

따라서 나는 뷔쉬코그에게 이의를 제기할 수밖에 없다. 그는 전승들에서 막달라 마리아가 두드러짐을 지적하면서 이렇게 써 놓았다. "따라서 어쩌면 증인이자 정보 제공자인 여성은 처음에는 그저 여자들의 집합체로 구성되어 있지 않았을지도 모른다. **초기 예루살렘 공동체 지체들은 특히 한 여자가 말하고 보존할 만한 가치가 있는 기억을 보유하고 있음을 깨달았을지도 모른다.** 그들은 누구에게서 정보를 얻어야 할지 알았다."[129] 뷔

---

[129] Byrskog, *Story*, 81; 참고. Perkins, "I Have," 31-41. 그는 예수의 부활을 증언한 여자 증인들을 다룬 논문 전체에서 오로지 막달라 마리아라는 이름만 언급한다.

쉬코그가 다른 곳처럼 여기에서도, 집단뿐 아니라 집단 안에 있는 특정 개인도 틀림없이 복음 전승 뒤에 있는 목격자이자 정보 제공자였다고 주장한 것은 옳다. "그룹과 문화는 기억과 회상을 하지 않는다. 개인이 기억하고 회상한다."[130] 그가 여자들의 경우에 실수한 것은 부활 내러티브들이 눈에 띄게 몇몇 여자의 이름을 밝힌 점과 이런 원리를 서로 연계하지 않은 것이다. 그 사건들을 직접 본 여성 목격자들은 단순히 어떤 집합체가 아니지만, 막달라 마리아라는 두드러진 여자를 제외하면, 그 여자들을 한 여자로 축소해 버릴 수도 없다. 여자들의 이름이 언급된 것은 바로 그 여자들이 모두 이런 역할을 다 수행했기 때문이다. 초기 교회에서 빈 무덤 이야기와 부활한 예수가 몇몇 여자에게 나타난 이야기와 관련하여 목격자이자 정보 제공자 역할을 한 여자들은 특히 막달라 마리아, 야고보와 요세의 어머니 마리아, 살로메, 요안나였다. 이 가운데 두 사람, 곧 막달라 마리아 그리고 야고보와 요세의 어머니 마리아는 예수 장사를 지켜본 증인으로 알려져 있었다. 복음서가 특정한 세 여자, 곧 글로바의 마리아와 예수의 어머니 마리아, 그리고 세베대의 아들들의 어머니는 십자가 옆에 있었다고 알려졌지만, 예수 장사나 빈 무덤을 본 증인으로 행동하지는 않았다. 이런 결론은 그 방법론이 의심스러운 '조화'(harmonizing)의 결과가 아니다. 여자들의 이름을 밝힌 여러 명단에 존재하는 차이들을 복음서 기자들이 세부 사실에 주의를 기울이지 않았거나 근거 없는 것을 지어 내어 생겨난 것으로 설명할 수는 없다는 인식에서 나온 것이다. 오히려 이런 결론은 복음서 기자들이 각 사건의 증인으로 알고 있던 여자들만 특히 주의를 기울여 열거했기에 그런 차이들이 생겼다고 봐야만 그런 차이들을 설명할 수 있다는 인식에서 나온 것이다.

뷔쉬코그는 복음 전승 뒤에 자리한 목격자들에게는 예수의 역사가 "그

---

130 Byrskog, *Story*, 255; 참고. 아울러 153 주44.

들이 다른 이에게 선포한 그들 자신의 구술 역사가 되었다. 사람들에게는 그들의 귀뿐 아니라 그들의 눈도 필요했다"고 써 놓았다.[131] 여자들이 행한 목격자 역할을 수동적 역할이라 생각한다면 실수일 것이다. 여자들은 그들 자신의 삶을 철저히 바꿔 버린 사건에 참여한 사람으로, 수난과 부활 사건 이야기들을 들려주고 또 들려주었을 뿐 아니라, 이런 사건의 의미를 해석해 주었다. 내가 앞서 그리스-로마 역사가들이 따른 관습에 관한 뷔쉬코 그의 설명을 요약하면서 지적했듯이, 목격 증언은 "단순히 수동적 관찰 문제가 아니다. 그것은 능동적 이해와 관련이 있다."[132] 여자들은 사건에 참여했고, 부활한 주에게서 직접 그의 증인이 되라는 사명을 받았다. 이 때문에 여자들은 그들 자신이 겪은 이야기를 구전을 통해 들려줄 방법을 만들어 내고 다른 이들이 들려주는 이야기가 진짜인지 검증할 수 있는, 권위 있는 증인의 자격을 갖게 되었다. 이런 여자들은 남성 복음 전승 전달자와 남성 복음서 기자가 찾아와 그들이 갖고 있는 기억을 떠올려 달라고 요청하면 그들의 이야기를 들려주었을 수도 있지만, 그래도 그런 요청을 받았을 때만 그들의 이야기를 들려주지는 않았을 것이다. 초기 공동체에서 두드러진 지체들이었고 아마도 이런저런 공동체를 두루 돌아다녔을 그들은 의심할 여지 없이 그들 스스로 이야기를 적극 들려주었을 것이다. 그들은 남자 사도와 달리, 보통 공적 자리에서 그런 일을 하지 않았을 수도 있다. 공적 공간에서는 여자들에게 사회적 제약이 있었기 때문이다. 그러나 그런 이유에서 그들이 사도처럼 권위 있는 증인 역할이나 복음 전승 형성자 역할을 했음을 부인할 수는 없다. 그리스도인 모임에서는 그런 제약을 둘 필요가 없었고, 여자가 머무는 공간처럼 여자들만 있는 자리에서는 그리

---

131   Byrskog, *Story*, 106.

132   Byrskog, *Story*, 147.

스도인이 아닌 외부인에게도 증언했을 수 있기 때문이다.[133]

뷔쉬코그는 복음서의 남성 중심 내러티브가 여자들의 증언을 심히 평가 절하했는데도, 여자들이 여전히 내러티브 안에 존재한다는 사실은 그들이 초기 기독교 전승의 남성 중심 색채에 맞서 틀림없이 영향을 끼쳤음을 증명한다는 견해를 고수하지만,[134] 본문에는 그런 견해를 뒷받침하는 근거가 없다. 나 자신이 부활 내러티브에서 여자들이 차지하는 위치에 관하여 연구한 결과(앞을 보라)에 비춰 볼 때, 그들의 증언을 우리가 지금 읽는 이야기로 형성하는 데 결정적으로 이바지한 남성 전승 전달자들이 비틀어 놓은 거울을 통해 우리가 여자들의 증언에 다가가고 있다고 생각할 이유가 없다. 오히려 그 반대로, 복음서 본문에 여자 하나하나의 이름이 존재한다는 것은 그들이 그들 자신의 구술 역사를 적극 전해 준 능동적 전승 전달자였으며, 그 여자들이 등장하는 복음서 이야기에서 우리가 알게 되는 것은 곧 그 여자들 자신이 들려준 이야기가 본문으로 자리 잡은 형태임을 일러 준다. 물론 복음서 기자들은 이런 이야기를 들려주는 모든 사람이 지닌 자유를 행사하여 그들 자신이 제시하는 구전, 곧 이 경우에는 본문이라는 형태로 제시하는 구전을 그때그때 바꿔 가며 다양하게 실연(實演)했으며, 우리가 보았듯이 그런 이야기들을 그들 자신의 신학적 강조점에 맞춰 각색하여 일정한 순서를 지닌 하나의 통합된 내러티브로 만들어 냈다. 그러나 우리는 복음서 기자들의 편집 뒤에는 남성들의 기나긴 전승 전달 과정이 있었다고 상상해서는 안 되며, 실제로 복음서 기자들 자신이 직

---

133 따라서 누가가 여자들을 "말씀을 섬기는 이들"(눅 1:2)인 목격자 가운데 포함시켰을 수도 있지만, 이를 판단하기는 어렵다. Loveday Alexander, *The Preface to Luke's Gospel* (SNTSMS 78; Cambridge: Cambridge University Press, 1993), 34-41, 80-81, 120-125은 αὐτοψία라는 단어와 그 동족어들이 역사가들의 글에서 두드러지게 나타나지 않음을 보여 주었지만(대신 알렉산더는 이런 말들을 의학 저술가들이 널리 사용했음을 강조한다), Byrskog, *Story*, 2-3장은 이런 접근법이 그리스-로마 역사가들이 목격 증언이라는 이상과 실제를 상당히 중요하게 여겼음을 희석시킴을 보여 준다.

134 Byrskog, *Story*, 81-82.

접 이런 여자들과 접촉했을 가능성을 배제해서도 안 된다. 대체로 우리는 이런 이야기를 읽을 때, 실제로 이름이 나와 있는 이 여성 목격자들의 눈으로 보고 있다고 확신할 수 있다. 이런 확신이 수난 이야기와 부활 이야기를 제외한 복음서 내러티브에서는 얼마나 타당할지 확인하기가 더 어렵지만, 그래도 여전히 적절하게 조사해 볼 수는 있다.

나는 복음서 기자들이 이야기를 들려주는 사람이자 편집자로서 그들 고유의 관심사를 가지고 자유를 행사했다고 제시했는데, 내가 제시한 것처럼 빈 무덤에 있었던 여자들의 이야기와 부활 후 현현을 체험한 여자들의 이야기가 내용상 여자들 자신이 직접 들려준 것이라면, 우리는 이런 이야기 사이에 존재하는 여러 차이를 축소할 수 없는 것으로 여겨야 한다. 우리가 이런 이야기 뒤에 있을 것으로 추측하는 원래 버전으로 가는 것은 불가능하다. 우리는 천사들을 없앨 수 없으며, 신화 색채가 덜한 사건을 재구성할 수도 없다.[135] 이것들은 의심할 여지 없이 서로 다른 여자들이 들려준 이야기다. 이 이야기들은 구전들을 이렇게 저렇게 서로 다른 모습으로 실연한 것이며, 이런 이야기 사이에 존재하는 상이점들은 구전을 실연할 때 예상한 것이고, 아무 문제가 없다고 여겼던 것이다. 그런 상이점은 사도행전에 등장하는 바울의 세 가지 회심 내러티브 사이에 존재하는 상이점보다 크지 않으며, 그 상이점만큼이나 문제될 것도 없다. 바울과 함께 다마스쿠스(다메섹)로 가던 이들은 바울에게 말하는 소리를 들었을까, 듣지 못했을까?(행 9:7; 22:9) 여자들이 본 천사는 하나였을까, 둘이었을까? 우리가 이런 물음의 답을 찾아야만 그들의 이야기를 신뢰할 수 있는 것은 아니다.

---

[135] 예를 들어 Bode, *First Easter*, 165-170. 요한복음 20장 1, 2절이 빈 무덤을 찾아간 여자들 이야기의 가장 이른 형태를 보존하고 있다는 주장(예를 들면 Jeremias, *New Testament Theology*, 304-305)은 지지할 수 없다. 그 내러티브 단위들을 분석해 보면, 요한이 20장 1, 2, 11-13절에 있는 단일 전승 단위를 개작했으며, 그런 단위 또 하나(20:3-10)를 그 안에 집어 넣었다는 것이 나타나기 때문이다.

9. 케리그마 요약에 등장하는 여자들

앞 섹션에서는 이 여자들 자신이 초기 그리스도인 공동체 안에서 그들의 이야기를 들려준 사도 같은 전승 전달자이며, 그 이야기들의 목격자이자 보증인이었음을 제시했다. 이런 점에서 이 여자들이 케리그마 요약에 존재하지 않는다는 주장이 더욱 놀랍고 당황스럽다. 우리는 마지막으로 고린도전서 15장을 살펴보기 전에 사도행전의 여러 설교에 들어 있는 케리그마 요약을 고찰해 보아야 한다.

나는 다른 곳에서 케리그마 요약, 곧 예수의 세례(또는 그보다 앞선 예수의 출생)에서 그가 장차 영광 가운데 강림하기까지 복음서가 펼쳐 놓은 이 이야기의 간략한 줄거리가 근본적으로 복음 전승(곧 예수에 관한 이야기와 예수의 말)에 의존하지 않는 독립된 구술 형태로 초기 교회 안에 널리 퍼져 있었다고 주장했다.[136] 이런 독립성은 복음 전승에서 나타나지 않는 독특한 용어가 케리그마 요약에서 등장한 점에서 일부 볼 수 있다.[137] 우리는 케리그마 요약의 증거를 사도행전과 고린도전서 15장뿐 아니라, 이사야 승천기와 이그나티우스의 글 같은 후대 기독교 문헌에서도 발견한다. 이러한 증거는 이런 케리그마 요약에서 어느 정도 안정성과 변화를 발견할 수 있음을 제시하는 데 도움을 줄 수 있다. 나는 케리그마 요약이 유연한 형태를 지녔다고 주장했다. 어느 경우에는 한 공식 덩어리(a stock of formulae)에 있는 항목들을 적절하게 선택할 수 있겠지만, 보통은 이야기의 핵심 요점들이 틀림없이 나타날 것이다. 케리그마 요약의 형태는 그 자리에서 즉각 만들어 낼 수 있었고 확장할 수도 있었다. 케리그마 요약은 여러 쓰임새가

136　R. Bauckham, "Kerygmatic Summaries in the Speeches of Acts," in B. Witherington III, ed., *History, Literature, and Society in the Book of Acts* (Cambridge: Cambridge University Press, 1996), 185-217.

137　Bauckham, "Kerygmatic Summaries," 197-198, 214-215.

있었지만, 그 가운데 하나는 분명 설교자에게 설교 줄거리를 제공하는 것이었다. 설교자는 그런 줄거리를 하나의 틀로 사용하면서, 복음 전승에서 가져온 이야기들을 들려주어 그 틀을 채워 넣었다. 그냥 요약만 사용할 때도, 복음 전승의 표현에서 영향을 받든 아니면 복음 전승에 있는 일련의 공식에 항목들을 추가하든, 틀림없이 복음 전승에서 영향을 받을 수 있었다. 우리는 일례로 사도행전의 케리그마 요약에서 이런 모습을 볼 수 있다. 사도행전의 케리그마 요약은 대부분 놀랍게도 누가복음에 의존하지 않는 독립성을 갖고 있지만, 때로는 누가복음에서 받은 영향을 일부 보여 주기도 한다(행 3:13b, 14; 13:24, 25, 28). 케리그마 요약의 전승과 복음서 이야기 및 복음서에 있는 말의 전승은 무관하지 않지만, 둘은 대체로 서로 의존하지 않고 독립해 있다. 케리그마 요약은 1세기 내내 구술 형태로 사용하면서 그 원래 형태를 유지한 것 같다.

누가는 분명 자신이 알고 있던 모종의 케리그마 요약들을 바탕으로 베드로와 바울의 설교 사례들을 제시했다(행 2:14-36; 3:12-26; 10:34-43; 13:16-41). 진짜 설교(훨씬 긴 설교)를 그저 하나의 문학 작품처럼 제시했으리라는 점에서는 기독교 설교자들이 설교 줄거리로 사용했을 모종의 케리그마 요약을 사용하는 것이 아주 적절했다. 누가는 자신의 내러티브에 등장하는 각 설교의 청중을 고려하여 이런 케리그마 요약들을 이렇게 저렇게 바꾸기도 하지만, 거의 대부분은 그저 자신의 독자가 이런 요약들이 같은 말을 반복하는 장광설임을 발견하지 못하게 하려고 케리그마 요약들에 그러한 변화를 준 것 같다. 그러나 동시에 그런 요약들은 공통점도 많다. 이 때문에 우리는 케리그마 요약이라는 형태가 상당한 안정성과 유연성을 동시에 갖고 있었음을 관찰할 수 있다. 이것은 고린도전서 15장 3-7절에 있는 바울의 케리그마 요약에 관한 몇몇 공통 가정이 대부분은 잘못임을 암시하는 것 같다. 바울은 어떤 특정 목적 때문에, 즉 그 전승이 고린도전서 15장에서 이어지는 부활 논의와 관련이 있기 때문에, 그 전승을 인용하고 있다. 따라서 그가 예수의 죽음으로 케리그마 요약을 시작하는 것을 이해할 수 있다. 그가 알고 있던 케리그마 요약이 예수의 사역을 포함하고 있지 않았다고 추측할 필요는 없다. 맥락상 예수의 사역은 그의 목적과 관련이 없기 때문이다. 바울이 케리그마 요약에서 인용한 것은 부활 후 현현을 어느 경우보다 자세하게 열거한 것일 수 있는데, 이 역시 이런 부활 후 현현들이 바울 자신의 목적과 아주 밀접한 관련이 있기 때문이다. 더욱이, 바울은 케리그마 요약이 본래 지닌 유연성 덕분에 전승과 다른 말을 하지 않으면서도 즉석에서 전승을 상당 부분 고쳐 이야기한다. 사람들이 종종 간파한 사실이지만, 8절은 틀림없이 바울이 전승 요약에 추가한 것이며, 6절 가운데 적어도 일부 역시 바울 자신이 집어넣은 것이 틀림없다. 바울은 자신의 목적 때문에, 자신이 전승에서 알던 부활 후 현현들을 생략해 버렸을 수도 있다. 바울이 물려받은 전승의 정확한 테두리를 판단해 보려는 시도가 많이 있었지만,[138] 그런 시도들은 케리그마 요약 형태의 본질에는 적절치 않다.

사도행전에 있는 설교 가운데 어느 것도 특정한 부활 후 현현을 인용하지 않는다. 2장 32절과 3장 15절을 보면(참고. 5:32), 사도는 하나님이 예수를 부활시켰다는 사실의 증인이라고 말할 뿐이다. 그러나 베드로는 10장 40, 41절에서 이렇게 말한다. "하나님이 셋째 날에 그를 다시 살려 나타내시되, 모든 사람에게 나타내시지 않고, 하나님이 증인으로 택하셨으며 그가 죽은 자 가운데서 부활한 뒤에 그와 함께 먹고 마신 우리에게 나타내셨다." 바울은 13장 30, 31절에서 이렇게 말한다(3인칭 형태에 주목하라). "하나님이 그를 죽은 자 가운데서 살리셨으며, 그는 그와 함께 갈릴리에서 예루살렘으로 올라간 이들에게 여러 날 동안 나타났으며, 그들은 이제 사람들 앞에 그의 증인이 되었다." 어느 경우든, 열두 제자만 언급하는 말인지

---

138 견해들을 개관한 글을 보려면, N. Taylor, *Paul, Antioch and Jerusalem* (JSNTSup 66; Sheffield: Sheffield Academic Press, 1992), 176-178을 보라.

(바울과 달리, 누가는 열두 제자만을 "사도"라 부른다), 아니면 우리가 누가복음을 통해 갈릴리뿐 아니라 예루살렘에서도 예수와 함께 있었고 부활한 그리스도를 증언한 증인으로 알고 있는 다른 많은 이도 함께 언급하는 말인지 분명하지 않다.[139] 사도행전 1장(1:2[택함받음], 3[40일], 4[먹음?], 8[증인], 그리고 21, 22절)과 유사한 점들은 전자를 시사하지만, 이것은 오해를 낳을 수도 있다. 누가는 사도행전 1장에서 철두철미하게 열두 제자에게 관심을 보인다. 여기서 열두 제자는 증인으로서 분명히 특별한 지위를 갖고 있으며, 이어지는 장들에서 초창기 그리스도인 공동체의 지도자로 등장한다. 사도행전 1장 2-13절 하나만 놓고 보면 열한 사도만이 부활한 그리스도를 만났다고 결론지을 수 있지만, 22절을 보면 그런 결론은 타당할 수 없다는 것이 분명하게 드러난다. 열두 제자 가운데 하나였던 유다를 대신할 자격을 갖춘 다른 이들이 있었기 때문이다(23절은 그 가운데 두 사람의 이름만 밝힌다). 그들이 유다를 대신할 자격을 가진 것은 예수 세례 때부터 예수 승천 때까지 예수를 따랐고, 무엇보다 예수의 부활을 증언할 수 있었기 때문이다. 이 다른 이 가운데 하나를 "우리[열한 제자]와 함께 그의 부활을 증언할 증인이 될"이로 뽑아야 했다(1:22). 이것은 열두 제자만이 어떤 사람을 증인으로 삼을 수 있었으며, 그런 역할을 할 자격을 갖춘 다른 이들이 다른 경로를 통해서는 증인 역할을 하지 못하리라는 의미인가? 이것이 누가의 견해일 가능성은 본질상 거의 없는 것 같다. 그것이 누가의 견해라면, "열한 제자 그리고 그들과 함께 있던 이들"(24:33)이 증인으로 지명되었다(24:48)는 누가복음 마지막 장의 말과 직접 충돌한다. 누가는 열두 제자의 특별한 역할이 정확

---

[139] 예를 들면 J. A. Fitzmyer, *The Acts of the Apostles* (AB 31; New York: Doubleday, 1998), 466은 10장 41절과 관련하여, 열둘보다 많은 사람이 포함된다고 생각한다(누가복음 24장 33절을 근거로 원용한다). 그러나 C. K. Barrett, *A Critical and Exegetical Commentary on the Acts of the Apostles*, vol. 1 (ICC; Edinburgh: T. & T. Clark, 1994), 527과 B. Witherington, *The Acts of the Apostles: A Socio-Rhetorical Commentary* (Grand Rapids: Eerdmans; Carlisle: Paternoster, 1998), 358은 열둘만 생각하는 반면, Barrett, *Acts*, 643은 13장 31절과 관련하여서는 열둘보다 많은 이가 포함된다고 생각하며, Fitzmyer, *Acts*, 516도 그렇게 생각하는 것 같다(위더링턴은 아무 말도 하지 않는다).

8장. 여자들과 부활

히 무엇인지 분명하게 말하지 않지만, 열두 제자의 역할이 다른 증인의 역할을 배제하지 못한다는 것은 확실하다.

만일 사도행전 10장 41절과 13장 31절이 언급하는 증인을 열두 제자로 국한하지 않는다면, 그들 가운데 여자들을 포함하지 말아야 할 이유가 없다(누가는 여자들을 초창기 그리스도인 공동체의 가장 중요한 설립 지체에 속하는 이들로 힘써 묘사했다[행 1:14]).[140] 이런 형태의 케리그마 요약은 부활한 예수가 여자들에게만 나타난 사건이나 함께 모여 있는 여자들과 남자들에게 나타난 사건을 들려주는 이야기를 활용한 설명이 곁들여질 가능성을 얼마든지 갖고 있다(나는 누가복음 24장 36-53절을 그런 경우로 이해해야 한다고 주장했다). 사도행전에 있는 어떤 케리그마 요약도 빈 무덤을 언급하지 않는다. 이는 고린도전서 15장 4절이 빈 무덤을 암시하거나 여자들이 무덤을 찾아간 이야기를 바울이 몰랐음을 증명해 주는지를 논할 때 자주 언급하지 않는 사실이다. 그러나 이는 중요한 사실이다. 누가는 확실히 이런 이야기를 알았고 그의 복음서에서 이 이야기에 중요한 자리를 부여하기 때문이다. 그는 무덤에 있던 여자들의 이야기가 중요하지만, 아주 간략히 말하는 케리그마 요약에서까지 등장할 정도로 필수불가결한 본질은 아니라고 생각한 것이 틀림없다. 이는 사도행전에 여자들이 무덤에 간 이야기를 언급하는 부분이 없는 이유를 충분히 설명해 줄 정도로 타당하다. 따라서 누가가 당연히 그리스도인 공동체 밖의 사람들에게 했을 이 설교들에 여자들의 이야기를 포함시키는 것은 자칫 남자 청중에게 불신을 살 수 있기 때문에 여자들 이야기를 포함시키는 것은 적절치 않다고 생각했을지 아닌지의 여부를 말하기는 어렵다(남자들이 여자들의 말을 믿으려 하지 않았음은 정경 복음서 기자

---

140 Lieu, "Women's," 41은 "사도행전이 열한 제자를 열거하면서, '[그] 여자들과 예수의 어머니 마리아 및 예수의 형제들'을 거의 변증하는 식으로 덧붙인다(행 1:13, 14)"고 말한다. 그러나 이것은 이렇게 일러 주는 여자들이 얼마나 중요한지를 간과한 것이다. 누가는 오순절 전 이 공동체 구성원 120명(1:15) 가운데 열한 제자, 여자들, 예수의 형제들만 특별히 언급할 가치가 있는 세 그룹으로 골라 언급한다. 누가가 이 세 그룹의 서열을 밝히고 있다면, 여자들이 예수의 형제들보다 위에 있음은 주목할 만한 일이다.

중 누가만이 언급한다(눅 24:11]).

고린도전서 15장이 무덤에 있었던 여자들을 언급하지 않음을 더 이상 언급할 필요는 없지만, 그래도 바울이 제시하는 부활 후 현현 사례에 여자들이나, 특히 막달라 마리아가 체험한 부활 후 현현이 없음에는 물음을 제기하지 않을 수 없다. 물론 사람들은 이것을 이런 부활 후 현현 전승이 고린도전서 15장보다 뒤에 비로소 생겨났음을 보여 주는 증거로 받아들였다.[141] 하지만 그 전승이 알려져 있었다면, 부활 후 현현 사례에서 여자들이나 막달라 마리아가 체험한 부활 후 현현을 빼 버린 것은 아마도 바울이 이런 케리그마 요약을 들었을 예루살렘 교회 지도자들에게서 비롯되었거나 바울 자신에게서 비롯되었을 수 있다. 학자들이 제시하는 설명 가운데 몇몇은 전자를 주장하고, 몇몇은 후자를 주장한다.

(1) 이 생략은 내가 논한 여자들의 증언에 대한 남성의 편견,[142] 특히 초자연적 계시나 하나님의 계시에 대한 여자들의 증언에 남성이 품은 편견 때문이었을 수 있다. 케리그마 요약이 복음을 외부인에게 설교하는 일을 도우려고 만들어졌음을 유념하는 것이 중요하다. 따라서 바울이 보고하는 케리그마 요약에서 부활한 예수가 여자들에게 나타난 사건을 빼 버린 것은 외부인들이 가진 편견 때문이었을 것이다. 이런 일은 예루살렘 교회라는 유대의 정황이나 바울이 복음을 전한 정황에서도 일어났을 수 있다(켈수스가 부활에 대한 여성의 증언을 조롱했음을 기억해 보라). 이처럼 변증 때문에 일어난 생략이 그리스도인 집단 안에서 여자들의 증언이 가진 권위와 반드시 갈등을 빚지는 않는다.

(2) 어떤 이들은 종종 '공식 증인(증언)'과 '비공식 증인(증언)'의 구별 같은 것을 제안하면서, 여자들이 체험한 부활 후 현현은 후자에 속하지만 바

---

141 예를 들면 Fuller, *Formation*, 78.
142 예를 들면 Witherington, *Conflict*, 300; Perkins, "I Have," 40, 41.

울이 열거한 사례는 오직 전자에 속하는 경우라고 주장했다.¹⁴³ 불행히도 우리는 부활한 예수가 베드로와 야고보에게 나타난 경우가 무슨 성격인지 모른다. 따라서 많은 학자가 그러하듯이, 그런 부활 후 현현이 베드로와 야고보에게 교회의 지도자 역할을 부여했다는 견해를 당연하게 받아들일 수 없다. 더욱이, 공식 증인(증언)과 비공식 증인(증언)을 어떻게 구별하든, 부활한 예수가 500명에게 나타난 경우(고전 15:6)를 공식 사례로 볼 수 있을지 알기 어렵다. 그러나 바울이 알던 요약은 부활 후 현현을 체험한 이들이 복음을 선포할 사명을 받은 부활 후 현현만 열거했을 수 있으며(복음 설교를 도울 목적으로 만든 케리그마 요약에서는 그렇게 하는 것이 적절했을지도 모른다), 부활한 예수가 500명에게 나타난 사례를 바울이 추가한 것은 그것이 그가 고린도전서 15장에서 천명하는 목적에 유용하기 때문이었을 수 있다. ("그 가운데 대부분이 지금까지 남아 있다"는 말은 어쨌든 바울 자신에게서 나온 말임이 틀림없으며, 바울이 여기서 분명하게 시도하듯이, 이 부활 후 현현은 부활이 진짜임을 증명하는 데 귀중한 증거다.) 바울은 9절에서 자신을 "사도 가운데 가장 작은 자"라 칭한다. 그가 이런 지위를 갖게 된 것은 부활한 예수가 전례 없이 특이하게도 늦게야 그에게 나타났기 때문이다. 이런 9절의 초점은 바울이 제시하는 부활 후 현현 사례를 적어도 사도에게 사명을 수여하는 현현이 대부분인 사례로 보는 견해에 어느 정도 힘을 실어 줄 수도 있을 것이다.

(3) 어떤 이들은 (2)를 더 구체적으로 변형하여, 부활 후 현현 사례(부활 후 현현을 체험한 이들) 가운데서 으뜸 자리를 놓고 경쟁이 있었다고 주장한다. 부활 후 현현을 체험했다는 것이 특별한 권위를 암시했기 때문이다. 아울러 바로 그런 이유에서 바울의 케리그마 요약은 여자들이 체험한 부활 후 현현을 게바(베드로)가 체험한 부활 후 현현으로 대체했다고 주장한

---

143 예를 들면 Wedderburn, *Beyond Resurrection*, 58. 그리고 O'Collins and Kendall, "Mary Magdalene," 637-638이 보고하는 학자들을 참고하라.

다.¹⁴⁴ 그런 대체가 바울보다 예루살렘 교회에서 비롯되었다면 이 견해가 더 설득력을 얻겠지만, 이 견해 주장자들이 가정하는 경쟁이라는 판에 야고보가 체험한 부활 후 현현을 끌어들이려 하면서 문제가 복잡해지고 말았다. 나는 이미 부활 후 현현 사례에서 가장 먼저 등장하는 경우에 이와 같은 의미를 부여하려는 생각을 복음서의 모든 증거가 전혀 지지하지 않음을 논증했다(앞 §5를 보라). 고린도전서 15장 5절은 복음서의 증거에 어긋나는 그런 이론을 뒷받침할 기초로 삼기에는 매우 취약하다.

(4) 안토이네트 클라크 와이어(Antoinette Clark Wire)˙는 자신의 새로운 논증에서 바울이 이처럼 폐쇄된 부활 후 현현 사례들을 내세워 고린도 여자 선지자들의 주장에, 곧 자신들이 현재 부활한 그리스도를 체험하고 그에게서 메시지를 받았다는 주장에 대항하는 것이 바로 고린도전서 15장에서 바울이 제시하는 논박 가운데 일부라고 주장한다. 따라서 바울은 "여자들의 말이 부활 신앙을 낳았다는 소식을 듣고도 고린도에서 예언하는 여자들을 지지하고 싶어 하지 않는다."¹⁴⁵ 이 견해가 타당한지는 고린도전서 해석에서 등장하는 훨씬 큰 쟁점들에 달려 있다. 내가 보기에, 바울은 그렇게 강하게 실현된 종말론과 같은 것에 반대하고 있지 않다. 고린도전서 주해를 살펴보면, 바울이 그런 종말론에 반대하고 있다는 주장이 인기를 끌었지만, 이제는 바울이 고린도 사람 가운데서 반대한 것은 그 자신의 신학과 다른 어떤 기독교 신학이 아니라, 고린도 사람들의 이교 배경과 정황이 그들의 사회적 가치와 믿음에 끼친 영향이라는 견해가 힘을 얻고 있다. 더욱이 내가 볼 때 바울은 지금 고린도의 여자 선지자들을 인정하되, 그

---

144 Schüssler Fiorenza, *In Memory*(「그ᅑ를 기억하며」), 332. 막달라 마리아를 고린도전서 15장의 전승에서 배제하는 데 작동했다고 추정하는 요소들에 관한 아주 복잡한 견해를 살펴보려면, Bovon, "Privilège," 52을 보라.

• 안토이네트 클라크 와이어(Antoinette Clark Wire, 1934-). 미국의 신약 학자다. 샌프란시스코 신학대학원 교수였으며, 고린도전서에 등장하는 여성을 깊이 연구했다.

145 A. C. Wire, *The Corinthian Women Prophets* (Minneapolis: Fortress, 1990), 162.

들의 메시지를 비판하는 것이 아니라 그들의 차림새를 비판하는 것 같다 (11:2-16).

(5) 마지막으로, 앤서니 티슬턴은 발터 퀴네트(W. Künneth)*를 따라, 고린도전서 15장 5절 뒤에 자리한 바울 전의 전승이 베드로를 우선시함은 그가 공중 앞에서 예수를 부인한 것이 그의 부활한 그리스도 체험을 십자가와 부활을 통한 변화와 회복 체험의 패러다임으로 만들어 주기 때문이라고 주장한다. 이것도 바울의 마음에 드는 것이었다. 바울이 8-10절에서 설명하듯이, 그 자신에게는 부활한 주에게 뒤늦게 사도로 부름받은 것이 그 어느 것과도 견줄 수 없는 은혜 체험이었기 때문이다.[146] 따라서 바울이 열거하는 부활 후 현현 사례들은 자신들이 부활한 주를 체험한 것이 은혜 체험임이 가장 뚜렷이, 가장 놀랍게 드러나는 두 사도의 사례로 시작하고 끝난다. 그러나 이 해석도 베드로가 체험한 부활 후 현현이 여자들의 체험을 대체해야 했던 이유를 아주 속 시원하게 밝혀 주지는 않는다. 바울이 제시하는 부활 후 현현 사례들이 시간순이라는 것(바울이 이 사례들을 제시하며 "뒤이어"라는 말을 반복하는 점이 그것을 암시한다), 그리고 여자들이 체험한 부활 후 현현이 베드로가 체험한 부활 후 현현보다 앞서 있었다고 알려져 있었기 때문에, 바울도 여자들에게 두 번째 자리를 부여할 수는 없었으며 다만 여자들의 체험 사례를 통째로 빼 버리는 일밖에 할 수 없었다는 말을 덧붙여야 할 것 같다.

내가 보기에, (1), (2), (5)의 설명이 어느 정도 타당한 것 같다. 그 가운데 어느 설명을 따라야 할지 판단하기는 힘들지만, 적어도 이 설명들은 바울의 케리그마 요약에서 여자들이 체험한 부활 후 현현을 언급하지 말아

---

* 발터 퀴네트(Walter Künneth, 1901-1997). 독일의 신약 학자도. 나치 시대 때는 고백교회에 참여하여 나치에 저항했으며, 불트만과 논쟁하는 가운데 말씀 중심의 신학을 주장하기도 했다.

[146] A. C. Thiselton, *The First Epistle to the Corinthians* (NIGTC; Grand Rapids: Eerdmans; Carlisle: Paternoster, 2000)(『NIGTC 고린도전서』, 총2권, 새물결플러스 역간), 1204.

야 했던 그럴듯한 이유들이 있음을 설명해 준다. 이 부활 후 현현 전승이 후대의 발전이라고 결론지을 필요는 없다. 더욱이 그 전승이 근본적으로 케리그마 요약과 복음서 내러티브의 전승에 의존하지 않고 독립해 있다는 것은, 여자들이 케리그마 요약에 등장하지 않는 이유가 무엇이든, 여자들과 부활에 관한 이야기를 복음서 내러티브 가운데에서는 여전히 들을 수 있었음을 의미한다. §1에서 보았듯이, 복음서 내러티브와 케리그마 요약이 일치하지 않는 점은 비단 여자들이 나오지 않는다는 점만이 아니다. 실제로 둘 사이에서는 서로 관련 있음보다 서로 관련 없음이 훨씬 분명하게 드러난다. 여자들이 체험한 부활 후 현현을 언급하지 말아야 했던 이유는 여전히 모호할 수밖에 없는 것 같지만, 그래도 그 사실 때문에 복음서 내러티브를 후대의 신화로 다루어서는 안 된다.

마지막으로, 우리는 사람들이 자주 가정하는 것처럼, 여자들이 사실은 고린도전서 15장 3-7절에 아예 나오지 않는 것은 아님에 주목해야 한다. 바울은 열두 제자가 체험한 부활 후 현현과 모든 사도가 체험한 부활 후 현현을 구별하는데, 이는 누가와 달리 그가 "사도"라는 용어를 열두 제자에게만 국한하여 사용하지는 않기 때문이다. 바울은 이 부활 후 현현 때, 바나바와 실루아노, 주의 형제 야고보처럼 그가 알던 다른 사도들도 열두 제자와 함께 있었다고 추정했을 것이다. 이제는 바울이 적어도 한 여자 사도, 곧 유니아(롬 16:7)를 알았고, 이 여자 사도를 크게 존경했다는 것을 사람들이 널리 인정하고 있다. 따라서 우리는 분명 그가 여자들도 부활 후 현현을 체험한 '모든 사도'에 당연히 포함된다고 여겼으리라고 결론지어야 한다.[147]

---

[147] 이는 Witherington, *Conflict*, 300도 인정한다.

고대 인명과 지명 찾아보기

ㄱ

가나안: …여자 27, 94-102
가나안 사람 76, 77, 78, 79, 82
가다라 257
가말루스: …의 아들 헤롯 245, 246
가말리엘, 대 168, 169
가믈라: …의 아들 여호수아 231
가바라: … 성 258
가바엘 193, 195
가버나움 241, 243
가야바 360
가이우스: 황제 237, 238, 239
가이우스 율리우스 244
가자카 166
갈대아 족속 75
갈레누스 305
갈렙/글루배 87, 90
갈릴리 152-154, 160, 239, 240, 243, 244, 248, 253, 256, 257, 273, 333, 335, 340, 393, 458, 463, 464, 473, 475, 483, 484
 …의 소지역들 241
갓: … 지파 160
거라사 257
겐 족속 92, 93, 94
겟세마네 '예수'를 보라
고라신 257
고산: …의 도시 156
구레네 사람 시몬: …의 아들들 395, 488
구사 200, 210, 211, 213, 214, 222, 239, 240, 241, 244, 247, 251, 270, 271, 272, 274, 278, 318, 334
 …의 아내 (요안나) 236, 240, 247, 251, 252, 261, 334, 338
그나스 97, 275
 …의 딸들 217
그랍테 220
그리스 252, 339
그므엘 75, 76
글로바(Clopas, 요 19:25) 184, 314, 331, 332, 339, 348, 349, 354, 367, 368, 370, 376
글로바(Cleopas[클레오파스, 눅 24:18]) 314, 331, 332, 339, 359, 360, 361, 362, 373, 378, 460, 494
기드온 118
긴자크: … 마을 166, 169
긴자크의 베냐민 165
길리기아 276

ㄴ

나그함마디 400, 402
나다나엘 468
나단 144
나바테아 218, 224, 237, 238, 251, 262, 263, 264, 265, 272, 273, 274, 275, 278, 279, 334
 …에 살던 유대인들 224
나사렛 257, 364
나사로 27, 28, 363, 421, 422, 423
 …의 누이들 410

나손 87, 88, 90, 91
나실인 451
나오미 32, 37, 38, 39, 45, 111
나하쉬파 402, 407
나할 헤베르 217, 218, 222, 226
나홀 75, 76, 77, 78, 79, 82
나훔: 선지자 170, 174, 175, 177
납달리
   ···의 아내 75, 77
   ···의 영토 152
네비 유니스 191
네하르데아 167
노아 57
누가
   ···의 계보 144
누가복음: ···의 부활과 여자들 460-466
누기오 293
니네베(니느웨) 156, 158, 170, 179, 191
   ···의 멸망 170, 174, 191
니시비스 157, 167
니케포루스 칼리스투스 382, 391

ㄷ

다니엘 132, 177
다리우스 193, 194
다마스쿠스(다메섹) 499
다마스쿠스, ···의 요한 287
다마스쿠스의 요한 287
다말 26, 56, 57, 60, 63, 65, 67, 71, 72, 74, 75, 78, 79
   ···의 혈통(조상) 65, 74-82, 94, 95, 96
다비다 281

다시온: ···의 아들 얀나이우스 249
다윗 34, 36, 37, 57, 59, 60, 61, 62, 64, 65, 68, 72, 85, 91, 92, 98, 99, 125, 128, 132, 135, 136, 141, 142, 162
   ···의 계보 46
   ···의 노래 135, 146
   ···의 도시 143
단
   ··· 지파 160
   ···의 영토 152
데라 76, 78, 79
   ···의 아들들 76, 78
도마 386, 404, 409, 445, 467, 469, 470
두로 92, 98, 257
두로의 히람 92
드루배나 291, 367
드루보사 292, 367
드루실라 276
드보라 51, 105, 113, 118, 121, 122, 129, 130, 133, 451
   ···의 노래 124, 135
   두 번째 모세 454
디나 86, 87
디랏 족속 94
디모데 278
디아스포라 159, 160, 161, 181, 182, 313
   메디아 24, 164, 165-172, 189, 190
   시온으로 돌아올 182

ㄹ

라가에 158, 192, 193, 194, 195
라게스 192

라구엘 79
라기스 172
라반 76
라비벨 264, 265
라이 192
라파엘 179, 192, 193, 195
라합 26, 56, 57, 58, 64, 70, 71, 72, 74, 81, 95, 96, 97, 99, 101, 102
　…의 혼인 83-94
라헬 76, 79, 110, 111, 119
람 90
레갑 92, 93
레아 57, 70, 79, 110, 111, 119, 173, 315
레아(Lea) 315
레온 314
레위 77, 78
　… 지파 86, 87, 94, 149, 161
　…의 아내 76
　…의 아들 얀나이우스 249
로마 101, 159, 184, 252, 255, 288, 289, 310, 318, 319, 336, 339, 393
루디아(리디아) 388
루디아(행 16:14) 233
루딤 족속 75
루시아(리시아) 388
루카니아 246
루키아누스 304, 305
루키우스 안토니우스 313
루푸스(루포) 293, 395
루푸스(루포), 로마 총독 271
룻 25, 26, 30-55, 56, 57, 58, 64, 68, 71, 72, 81, 90, 95, 96, 111

룻(Lud) 75, 76
르우벤 293, 314, 315
르하뱌 92
리브가 57, 70, 76, 77, 79, 112, 118, 119, 450
리비아: 왕후 239
리비아스 240
리얀 264, 265

ㅁ

마가 요한 311, 316, 317, 318
마가복음: …의 부활과 여자들 471-485
마나엔 213, 242, 243, 324
　…의 어머니 335
마나임 242
마노아 451, 452, 453, 455, 458
마니 399
마니교 399
마다이 157
마다인 살레 262
마랄라헤/신 269
마르다: 베다니의 26, 27, 208, 281, 363, 367, 373, 398, 399, 405, 407, 408, 409, 422, 491
　예수의 대화 상대인 401, 404
마르다: 보에투스의 딸 231
마르켈리나 407
마르켈리나파 407
마리아: …의 기도 123, 124, 126, 127, 129, 134
마리아: 글로바의 아내 26, 27, 211, 212, 339, 347-378, 490, 491, 496
　…의 정체 348-362
　팔레스타인에 있는 교회의 선교에서 …가 한 역할 362-370

마리아: 루포의 어머니 410
마리아: 마가 요한의 어머니 209, 232
마리아: 베다니의(마르다의 자매) 26, 27, 208, 363, 398, 407, 409, 410, 418, 422, 423, 480
마리아: 야고보와 요세의 어머니 26, 27, 211, 212, 320, 332, 352, 357, 363, 381, 389, 394, 396, 397, 409, 422, 423, 490, 491, 493, 494, 495, 496
마리아: 야고보의 딸 409
마리아: 예수의 누이 381, 382, 383, 398
마리아: 예수의 어머니 26, 27, 62, 63, 64, 69, 70, 73, 103-148, 325, 349, 363, 375, 382, 388, 398, 490, 491, 496
   …의 낮은 지위 136-148
   누가복음에 나오는 103-148
   예수의 대화 상대인 401, 404
   하나님의 이스라엘 구원을 매개하는 114-136
마리아: 인기 있는 이름 315
마리아(롬 16:6) 311
마리아(Maria) 315, 392
마리암메: 인기 있는 이름 173, 250, 251
마세야 223
마태 71, 404, 409
마태: …의 계보 56-74, 144
마태복음: …의 부활과 여자들 457-460
마호자 219, 220
막달라 249, 333
막달라 마리아 26, 27, 199-200, 210, 212, 235, 319, 320, 322, 323, 332, 348, 349, 363, 370, 378, 382, 383, 394, 396, 397, 398, 404,

406, 407, 409, 411, 413, 418, 418, 422, 423, 442, 447, 448, 461, 462, 466, 467, 469, 470, 490, 491, 493, 494, 495, 496, 505
   …에게 나타난 예수 468
   예수의 대화 상대인 401, 404
   예수의 무덤에 있던 436
   요한복음의 459, 466, 467, 468
말론 35, 36
맛다디아: 인기 있는 이름 250
맛디아 409
메대 사람 나훔: 랍비 165, 174, 175, 177, 183
메디아(메대) 156-161, 163, 165, 166, 169, 170, 171, 174, 175, 177
메삭 135
메소포타미아 75, 77, 167
메스필라 191
멜기세덱 80
모니무스 246
모세 79, 86, 87, 88, 92, 111, 112, 118, 173, 217, 275, 357, 449, 450
   …의 노래 133, 134
   …의 예언 170
   …의 율법 228
모세, 이름 314
모압 49, 89
   … 출신인 룻 32
모압 사람 64, 95
무라바트 222, 226
무라바드, …의 파피루스 229
무사이오스 314
무하얄 266
므나손/므나세아스 314

므나헴 242
므낫세 161, 162
므낫세, 이름 314
미가 92, 275
미가야: 이믈라의 아들 92
미리암 86, 87, 91, 112, 113, 134, 135, 136, 449, 450, 451
미리암, 인기 있는 이름 173, 315
미아루스: …의 아들 헤롯 245
밀가 76, 77
   …의 자매 78
밀레투스(밀레도) 238
밉타히야 223

ㅂ

바나바 309, 322, 323, 364, 366
바누엘 165, 172-181, 182
바돌로매 404
바디매오 27, 396, 418, 478
바락 133
   …의 노래 135
바로스: … 지파 164
바르 카파라 314
바르 코크바 169
바리새인 168, 279, 280, 446
바바다 217, 219, 220, 224, 225, 227, 229, 236, 245
   …의 의붓딸 셸람지온 227
바벨론 158, 159, 160, 167, 190, 191, 196
   …에 있는 유다의 포로들 169
바사바 316, 318
바예자타(왜사다) 270, 272

바울 28, 198, 286, 287, 291, 292, 294, 295, 302, 305, 306, 307, 308, 309, 310, 312, 323, 339, 361, 364, 365, 367, 369, 432, 433, 434, 478, 499, 501, 502, 503, 504, 505, 506, 507
   …과 함께 있던 이들 499
   …의 동료 죄수들 294-296
   …의 부활 이해 433, 434
   …의 친척 293
바핫모압: … 지파 164
밧세바 64, 65, 68, 72, 95, 352
베냐민 149, 150, 155, 161
베다니, …에 있던 예수 483
베드로(게바) 206, 321, 322, 340, 364, 369, 377, 378, 404, 409, 434, 435, 455, 460, 461, 462, 466, 467, 472, 473, 481, 482, 495, 501, 502, 506
   …의 장모 283
베들레헴 35, 90, 307, 386, 387
   …에서 태어남 145
   …의 여관 주인들 233
베레니케: 아그리파 2세의 딸 240, 276
베레스 34, 58, 60, 63
베르니케 250
베사라 240
베이루트 393
벧 쉐아림 172, 240
벧엘: …에 대한 예언 178
벳새다 257
보아스 34, 35, 36, 39, 40, 41, 45, 58, 68, 69, 70
   라합의 아들 83, 84, 85, 90
보에투스: …의 딸 마르다 231
부아 118

브넌나 110
브두엘 76
브루투스, 마르쿠스 유니우스 292
브리스가(브리스길라) 287, 291, 311, 363
브리아 155
브살렐 91
브엘세바 176
블레셋 451
비텔리우스: 로마 총독 251-252, 271
빌라도, 본디오 270, 324, 360
　…의 아내 27
빌립 318, 332, 404
빌립보 가이사랴 257

ㅅ
사가랴(엘리사벳의 남편) 107, 114, 140
　…의 노래 136
사독 166
사드락 135
사라 57, 70, 79, 111, 119, 120
사라: 사도 서신에서 빈 무덤에 있던 491
사라: 인기 있는 이름 173, 250
사라: 토비트의 조카 178
사래 48
사마리아 153, 156, 157, 239
사마리아 여자(요 4장) 481
사무엘 126
사벨리우스주의자 402
사울 315
사탄 389
사파트 247
사피아스(사파트): …의 아들 예수 245, 247, 256, 261
삭개오 208
살로메 '헤롯 대왕'을 보라
　비밀 전승의 원천인 407-408
　산파 390, 391
　예수의 누이 380, 381-393
　예수의 대화 상대인 401-407
　예수의 제자 26, 27, 212, 357, 379-427, 491, 494, 496
　인기 있는 이름 173, 250
　정통 저술가들이 서술한 409-413
살로메 그룹테(그랍테) 220, 221
살로메 알렉산드라 279, 280
살로메 코마이세 217, 219, 220, 221, 224, 225, 236
살만에셀, 왕 188
살몬(살마) 36, 64, 69, 70, 74, 85, 86, 88, 89, 90, 91, 93, 94
　…의 아내 64
삼손
　…의 어머니 112, 120
　…의 출생 451
삽비라(sapphira)(행 5:1) 229, 230
삽비라(shappira): 인기 있는 이름 250
삿두: … 지파 164
샤파트 '사피아스'를 보라
세라 150
세라(베레스의 쌍둥이 형제인) 58, 60, 63
세례 요한 258, 273, 280, 334
　…의 세례 465
　…의 탄생 106, 107
　선구자 107, 108, 114

하나님에게 성별되어 드려진 131
세마 94
세베대 211
　…의 아들들의 어머니　27, 357, 391, 394,
　395, 412, 491, 493, 494, 496
세포리스　240, 253, 255, 256, 258
　…의 귀족 312
셀라 67
셀레우키아(셀레우케이아) 167
셈 75, 76, 80
　…의 딸 82
　…의 자손 75
셀람지온: 유다 킴베르의 딸인 219, 220
소시바더 293
소아시아 233, 339
솔로몬 58, 65, 144
수갓 족속 94
수마타르 하라베시 268, 269
수산나　26, 200, 210, 212, 216, 320, 332, 410,
494
슈바이투 265
스다구 312
스룹바벨 144
스불 217
스불론, …의 영토 152, 153
스알디엘 144
스키토폴리스 253
스트라본 447
슬로브핫: …의 딸들 217
시나이(시내), …산 263
시나이(시내)의 아나스타시우스 382
시돈 98, 257

시돈 사람 98
시드기야 61
시리아 267, 399
시리아의 에프렘 72
시몬: 바리새인 343
시몬: 인기 있는 이름 313
시몬파 407
시브앗 족속 94
시므온 76, 77, 78, 104, 129, 390
　…의 노래 136, 138
　메시아 예수를 찬미하는 182
　인기 있는 이름 250, 313
시브온(Symeon) '시므온'을 보라
시므온(시몬): 글로바의 아들인 184, 354,
356, 358, 359, 360
시므온 벤 셰타 225
시스라 133, 147
시온 182, 186, 187
실라이우스 237, 238, 239, 274, 275
실바누스/실루아노(실라)　309, 311, 313,
315, 316
십보라 79
십브라 118

ㅇ
아각 270
아굴라 291, 311, 363
아그리파(아그립바) 1세 237, 238, 243, 244
아그리파(아그립바) 2세 237, 238, 249, 276
　… 지지파 256
　…의 딸 베레니케 238, 276
아나니(또는 아나냐), …의 문서고 222

아나니아 229
아니무스 246
아니아, 이름 314
아니아누스 314
아담 57, 144
아디아베네 156-161, 220
아딘 164
아라비아 262
　…에 사는 유대인 217-218
아람 74, 75, 76, 78, 80
아람 족속 75
아랍 부족 268, 274
아레타스 4세 273, 274
아론 85, 87, 140
아르박삿 75, 76
아르벨라 157
아르시노에 398, 399, 410
아르쿠(또는 아드쿠) 268
아르타크세르크세스(아낙사스나) 3세 165
아리스다고 294
아리스토불루스(아리스도불로)(롬 16:10) 243
아리스토불루스 3세 243
아리아노스 194
아말렉 272
아말렉 족속 270
아모스 92
　벧엘에 대한 …의 예언 178
　이사야의 아버지 92
아므람 275, 449, 450
아벳느고 135
아볼로 309
아브라함 57, 59, 62, 64, 79, 132, 275

… 집안 65, 75
…의 희생 제사 120
아셀 150, 151, 153, 154, 155
… 지파 23, 149
아셀 지파 151-165
아스낫 81, 112, 451
아스테르 313
아시리아(앗수르) 153, 156, 158, 188, 191 ('니네베'도 보라)
…의 멸망 170
아시리아(앗수르) 족속 75
아우구스투스(아구스도): 황제 106, 239
아이기디우스 288
아자랴: …의 아들 아나니(또는 아나냐) 222
아자렛 188
아자리아 179
아키바 152, 184
아킵보 294
아파메아 287
아폴론: … 신전 238
아폴리투스 270
안나
　…의 이름 172, 173, 174
　복음서와 역사 속의 181-185, 325
　선지자 26, 104
　아셀 지파의 149-196
안드레 404
안드로니고 286, 287, 288, 291, 293, 294, 295, 298, 305, 309, 310, 311, 319, 339, 340, 366, 367, 368
안디옥: … 교회 284
안티파테르 270

고대 인명과 지명 찾아보기　　　517

안티파트로스 290
안틸루스: …의 아들 율리우스 카펠라 245, 246, 247
알라트 268
알렉산더 395
알렉산드라 252
알렉산드로스, 대왕 193
알렉산드리아의 클레멘스 368, 369, 380, 414, 415, 417, 418
알리우: …의 아들 슈바이투 265
알키모스 313
알패오 355
암마 250
암미나답 90
암브로시아스터 287
암블리아 312
압달라트 268
앗수르 75, 76
야고보 26, 27, 340, 404, 407, 434, 435, 494, 495, 506, 507
　　…의 승계자 355
　　예수의 형제인 354
야곱 57, 63, 75, 110
　　…의 아들들 57
야김 313
야손 293, 359
　　인기 있는 이름 314
야에사이우스: 마티아스의 아들 246
야엘 118, 121, 122, 133
야이로: …의 딸 27
얀나이 249
얀나이우스 249

얌니아 239
에녹 473
에데사 399 ('우르파'도 보라)
에돔 족속 272
에메사 276
에배네도 311
에베소 295
에베소의 루푸스 305
에브라임 161, 162
　　…의 계보 155
에브랏/에브라다 87, 90
　　베들레헴 출신 … 사람 90
에서 86, 270, 272
에스더 50, 118, 313
에스라 158, 163, 164
에우리피데스 305, 307
에파프라디토스(에바브로디도) 290, 294
에파프라스(에바브라) 290, 294
에피파니우스 287, 381-382, 385, 391, 392, 408
엑바타나 158, 191, 192, 193, 194, 195
엔크라테이아파 402
엘 67, 74, 78, 82
엘가나 344
　　…의 자녀들 110
엘닷 92
엘람 75, 76
엘람 족속 75
엘레판티네
　　…에 살던 여자들 223, 226, 227, 228
　　…에 있던 유대인들 222
　　…의 혼인 계약서 230

엘루마 451, 452, 458
엘르아자르(엘르아살): 대제사장 163
　인기 있는 이름 250
엘리 85
엘리멜렉 35, 36, 40, 88
엘리바스 272
엘리사벳 103-148, 173, 325
엘리세바 85
엘리아김 313
엘리암 64
엘리암(아히도벨의 아들) 64
엘리야 481
엘리에제르 벤 히르카누스 152
엘부르즈, … 산맥 192
엠마오 330, 367, 434, 445, 462, 465, 467
여고냐 58, 60, 61
　…의 형제들 58
여라므엘 90
여리고 87
　…에 들어간 정탐꾼 88
여호수아 85, 87, 88, 98, 99, 118, 132
여호수아, 대제사장 231 (가믈라'도 보라)
여호아하스 61
여호야긴 61
여호야김 61
여호이쉬마 222
여호한나 315
영지주의 404, 405, 406, 408
예루살렘 140, 150, 151, 154, 159, 160, 161-172, 178, 179, 181, 182, 183, 211, 284, 316, 338, 356, 357, 440, 463, 464, 465
예루살렘의 소프로니우스 382

예수 20, 22, 51, 64, 73, 114, 181, 182, 199, 200, 201, 203, 235, 236, 255, 257, 283, 284, 319, 320, 321, 323, 324, 332, 335, 337, 338, 339, 343, 344, 367, 368, 388, 389, 390, 395, 397, 398, 404, 406, 424, 428, 475, 476, 485, 486
　…를 장사 지냄 111, 464, 466
　…를 증언한 여자들 485-499
　…와 살로메의 대화 416, 417
　…의 말들 403
　…의 부활 후 현현 434, 504
　…의 출생에 대한 마태복음의 기록 129
　…의 탄생 106, 108
　겟세마네에 있는 376, 474
　메시아 478
　베다니에서 기름부음받은 483
　부자들을 비판한 258
　사람의 아들 203
　사피아스(사파트)의 아들 245, 256, 261
　여자들과 …의 부활 428-509
　요안나와 동행한 198-216
　이름 314, 359, 360
　하나님의 아들 478
예슈아 314
예후드 155
오리게네스 287, 297, 307, 412, 413
오벳
　나오미의 손자인 37
　다윗의 할아버지인 37
오모다스 237, 238, 239
오스로에네 269
요게벳 449, 450
요나단: 인기 있는 이름 249

요밥 86, 92

요세 26, 27

요셉 '바사바'를 보라

요셉 76, 77, 112

요셉(마리아의 남편) 58, 63, 104, 114, 132, 141, 142, 144, 349, 381, 385, 387, 388, 391, 400

　…의 형제 글로바 355

　콥트어로 기록된 …의 역사 388

요셉: 인기 있는 이름 250, 313, 315, 316, 318

요아킴 143

요안나 26, 27, 197-346, 357, 394, 396, 405, 410, 411, 491, 494, 496

　사도 같은 증인인 319-332

　예수와 그 제자들과 동행한 198-216

　예수의 사역에 대한 재정 기여 236

요하난 벤 자카이 184

요한(사랑받는 제자) 340, 372, 373, 377, 383, 404, 409, 436, 466, 467, 469, 495

　인기 있는 이름 249, 250, 251, 313

요한나 315

요한복음: …의 부활과 여자들 466-471

욥 86, 92

　…의 딸들 451

욥바 172

우르바누스(우르바노) 292, 312

우르파(고대의 에데사) 267, 268

우리 91

우리아 65, 95

　…의 아내 56, 58, 65, 68, 72, 352 ('밧세바'를 보라)

웃시야 121

위 프리마시우스 287

유니아

　…라는 이름 286-292, 295, 296, 305, 307, 308, 309, 310, 315, 316, 318, 339, 340, 366, 367

　요안나로도 알려진 286

유니아누스 289, 291

유니아스 288, 289

유다 57, 58, 60, 61, 63, 67, 68, 76, 77, 78, 161

　… 지파 65, 80, 86, 87, 88, 94, 149, 150, 161, 164

　… 출신 포로들 169

　…의 형제들 57, 58

　이름 314

　인기 있는 이름 250, 313

유다 킴베르 227

유다, 가룟 322, 503

유대 224, 239, 307

　… 광야 236

　…의 로마 총독들 270

유대 북부 155

유딧 113, 118, 119, 121, 122, 129, 183, 185, 230

　…의 남편 230

　…의 노래 124, 135, 146

　허구 인물인 184

유럽 159

유스투스 245, 315, 316

유티미우스 지가베누스 382, 391

유프라테스강 159, 160, 167, 186, 188

율리아 292

율리아 크리스피나 245

율리우스/율리아누스 314

율리우스 아프리카누스 364

율리우스 카시아누스(가현설 주장자) 402
율리우스 카펠라 245, 246, 255
이두메아(이두매) 247, 251
이드로 93
이방인 187, 254, 274, 275, 276, 278, 369
이사야 92
이삭 63, 76, 113, 450
이새 145
이스가 76, 77, 87
이스라엘 87, 121, 134, 149, 164, 170, 172, 448
　… 포로 169
　…의 가난한 이들 138-139
　…의 노래 135
　…의 평화로움 187
이집트(애굽) 184, 265, 266, 388, 400, 406
입다 113
　두 번째 이삭 454

ㅈ

자그로스: … 산맥 192
자바이 269
자카이: 쿠자의 아들 269
젤로미 387-388
조로아스터, …의 어머니 192
조일루스의 아들 네온 313
족장 76
지롱 267, 268

ㅋ

카르포크라테스파 406, 407, 408, 414
　마가비밀복음 414, 417, 418
카시아누스 425

카이미 268
카이사리아 마리티마(가이사랴) 253
카피토, C. 헤레니우스 239
칼키스 243
켈수스 407, 408, 447, 448, 505
코린투스 274
코마이세 '살로메'와 '바바다 코마이세'를 보라
코모디아누스 187, 188
코카바 364
콜로포스: …의 주교 287
콤마게네 276
콤프수스 245, 247
콤프수스, 콤프수스의 아들 245
쿠르티우스 194
쿠자(구사, Kuza) 264, 265, 266, 272
　…의 아들 압달라트 268
　…의 아들 자카이 269
　…의 아들들 267
크리소스토무스, 요한 287, 288, 297, 307
크리스푸스: 아그리파 2세의 침소관 245
크리스푸스: 콤프수스의 아들 240, 245
크세노폰 191
크세르크세스(아하수에로): 왕 159
크테시폰 167
클레오파트라 400
키프로스 250

ㅌ

디리키이이이(막달라) 256
　…의 시민 249
타무트 222
타우마스투스 237, 238

고대 인명과 지명 찾아보기　　521

테오도레토스 287
테오도루스 415
테오도투스(발렌티누스주의자) 402
테오필락토스 382, 391
테오필루스 252
테오필루스의 아들 여호하난 252
테헤란 192
토비아 158, 179, 192, 193
토비트 158
   …의 노래 135
   …의 이름 172-181
   …의 조카 178
토비트서: …가 기록된 곳 190-196
트라야누스 184
   …의 통치 356
티그리스강 157
   …의 동쪽 191
티글라트 필레세르(디글랏 빌레셀) 3세: 왕 152, 156
티베리아스(디베랴) 240, 241, 244, 245, 246, 247, 252, 253, 254, 255, 256, 257, 258, 259, 277, 278, 279, 317, 333, 335
   …의 귀족 282, 312, 318
   …의 시민 256
   …의 집안 249
   …의 하층 민중 261
   …의 헤롯 247
티베리우스(디베료) 238

ㅍ

파두스: 로마 총독 271
파르마쉬타(바마스다) 270, 272
파르티아(바대) 158
파사엘리스 273
파울루스 315
파피아스 242, 243, 318, 371
팔레스타인 233, 245, 252, 253, 278, 317, 337, 362-370, 392, 393, 428
   …의 로마 통치자들 271
페누엘 '바누엘'을 보라
페니엘 '바누엘'을 보라
페니키아 154
페레아 240, 251, 273
페로라스 280
페르시아(바사) 158
페트라: …에서 나온 나바테아 명문 266
펠릭스: 로마 총독 271
폴리크라테스 371
폼페이 246
프톨레마이오스: 왕 163, 237, 238 ('아그리파 2세'도 보라)
플라쿠스: 로마 총독 271
플로루스: 로마 총독 271, 272
피스투스 245
필론 305

ㅎ

하갈 79, 112, 263
하나냐 314
하나냐, 이름 314
하니나 314
하란 76
하르포크라테스파 407
하만 269, 270, 271, 272

하볼: …강 156, 157, 158
하스몬 왕조 153, 154
하얀 264
한나 51, 110, 111, 113, 118, 120, 125, 130, 131, 132, 344
　…의 노래 123, 124, 125, 126, 127, 128, 134, 135, 138, 139, 146
　…의 이름 172 ('안나'도 보라)
한나, 이름 174, 314
할라: …의 지역 156, 158
함맛 92
함므다아 270
헤게시푸스 382
헤그라 262, 263, 265
헤라클레이토스 487, 488
헤로디아 26, 252, 273, 277
헤로디온(롬 16:11) 243, 293
헤롯: 가말루스의 아들 245
헤롯 5세 243
헤롯 7세 243
헤롯 대왕 69, 105, 273
　…의 남동생 280

…의 누이 살로메 219, 238, 275
헤롯 안티파스 24, 200, 213, 214, 215, 237, 239, 241, 242, 243, 253, 254, 255, 258, 274, 277, 324, 334
　…의 주화 259
　…의 추종자들 244
　…의 청지기의 아내 200, 237-261
헤벨 155
헤스론 90
헬레나 407
헷 사람 65, 95
홀로페르네스 146, 147
홀 87
　베들레헴의 아버지 90
홀다 451
히라 92
히르카누스 2세 242
히르카니아 166
히스기야 135, 152, 162
히에라폴리스(히에라볼리) 318
히에로니무스 287
힐렐 184

근현대 저자 찾아보기

A

Aharoni, Y. 155
Alexander, L. 498
Alexander, P. S. 169, 262
Allberry, C. R. C. 379, 398, 400, 426
Allen, G. 115
Allison, D. C. 56, 60, 75, 84, 85, 100
Alsup, J. E. 361, 432, 434, 436
Amit, Y. 109
Arav, R. 257
Ardenzen, J. P. 420
Arlandson, J. M. 12, 129, 143, 210, 216
Archer, L. J. 12, 226, 228, 235, 352, 354, 369
Aviam, M. 154
Avis, P. 429
Avi-Yonah, M. 240, 241

B

Baarda, T. 399
Bailey, K. E. 134
Baker, J. A. 187
Bal, M. 104
Bammel, E. 171
Barag, D. 252
Barclay, J. M. G. 278, 429
Barrett, C. K. 350, 503
Bartlett, J. R. 172
Bartlett, J. V. 332
Barton, S. 431, 447, 456, 472

Bauer, W. 410
Bauckham, R. 22, 126, 133, 144, 145, 159, 168, 171, 174, 184, 189, 245, 252, 257, 284, 312, 315, 317, 355, 356, 359, 359, 360, 361, 364, 374, 375, 376, 385, 423, 459, 466, 485, 500
Beare, F. W. 68
Beasley-Murray, G. R. 350, 357, 372
Behrens, H. 429
Bekkenkamp, J. 124
Benoit, P. 250, 355
Betz, O. 446
Bledstein, A. J. 33, 35, 46
Blinzler, J. 348, 350, 355, 357, 381, 382, 383, 384, 391, 423
Bode, E. L. 429, 493, 499
Boman, T. 325
Bösen, W. 257
Bosworth, A. B. 194
Bovon, F. 461, 462, 507
Bowden, J. 12, 49, 139, 198, 205, 257, 263, 438, 439, 486
Bowersock, G. W. 447
Bredin, M. 65, 96
Brenner, A. 13, 33, 34, 35, 46, 49, 50, 65, 107, 110, 111, 119, 124, 131, 133, 230
Brewer, D. I. 78
Brink, A. 30, 31
Brock, S. 303
Brooke, G. J. 12, 39, 479

Brooten, B. J. 286
Brown, C. A. 12, 110, 133, 454
Brown, R. E. 56, 64, 65, 70, 71, 75, 84, 85, 106, 120, 125, 139, 140, 150, 350, 371, 372, 414, 421, 422, 438, 462, 469
Brueggemann, W. 54, 125
Buckley, J. J. 383, 384, 403
Budge, E. A. W. 188, 388, 390, 399
Bultmann, R. 350, 372, 430
Bunyan, J. 197, 428
Burer, M. H. 287, 297, 298, 299, 300, 301, 302, 303, 304, 305, 306, 307, 308, 309
Burkitt, F. C. 263, 264
Burns, P. 12, 53, 204, 380, 464
Byrskog, S. 429, 438, 446, 487, 488, 489, 495, 496, 497, 498

C

Cadbury, H. J. 262, 314
Campbell, E. F. 32
Capel Anderson, J. 129, 132
Carson, D. A. 189, 350, 372
Carter, W. 489
Cassidy, R. J. 200
Catchpole, D. 476
Cave, C. H. 171
Cave, F. H. 171
Cervin, R. S. 287, 288, 289
Chabot, J. B. 355
Chadwick, H. 447
Chapman, J. 242
Charles, R. H. 77, 190

Charlesworth, J. H. 187, 302
Cherix, P. 212, 389, 411
Chesnutt, R. D. 112, 118, 451
Childs, B. 37, 128
Chilton, B. D. 284
Co, M. A. 199
Coakley, S. 429
Cogan, M. 100, 123, 344
Cohen, N. G. 163, 246, 313, 314, 315
Cohen, S. J. D. 226, 243, 249, 277
Coleridge, M. 106, 139, 150
Connolly, R. H. 410, 436
Cook, J. E. 126, 130
Cook, S. A. 263
Corley, B. 416, 421
Corley, K. E. 12, 67, 72, 214, 278, 281, 284
Cotes, M. 479, 480
Cotter, W. 212
Cotton, H. M. 217, 218, 220, 221, 226
Cowley, A. 227, 228
Coxon, P. 33
Craig, W. L. 429
Cranfield, C. E. B. 296, 297
Cribbs, F. L. 373
Crossan, J. D. 14, 414, 416, 417, 421, 436, 438, 461, 466
Cullmann, O. 385

D

Dalman, G. 266, 267
D'Angelo, M. R. 12, 363, 367
Daniélou, J. 187

Darr, J. A. 214, 258
Davies, S. L. 326
Davies, W. D. 56, 60, 75, 84, 85, 100
Davis, S. T. 429
D'Costa, G. D. 429
De Stryker, E. 385, 386
Deissmann, G. A. 242, 313, 314
Derrett, J. D. 230
DesCamp, M. T. 33, 110, 130, 275, 448
Deselaers, P. 161, 178, 190
de Vaux, R. 250, 355
Dewey, J. 328, 343, 344, 480
Dhanis, E. 462
Dibelius, M. 295, 430
Dijk-Hemmes, F. van 33, 34, 48, 124, 133
Di Lella, A. 170
Dillon, R. J. 377, 378, 441, 465
Dodd, C. H. 288, 296
Doughty, C. 262
Drijvers, J. W. 267, 268, 269
Dubois, J.-D. 404
Duncan, G. S. 295
Dunn, J. D. G. 294, 295, 297, 366, 478
Dussaut, L. 321
Dwyer, T. 476, 477, 481

E

Eakin, F. 351
Edelman, D. 155
Edmundson, G. 308, 310
Ego, B. 271
Eichler, B. L. 100, 123, 344
Elliott, J. K. 183
Ellis, E. E. 293, 308, 365
Endres, J. C. 77
Eskenazi, T. C. 155, 162
Esler, P. F. 147, 214
Evans, C. A. 89, 126, 284, 466
Evans, C. F. 214

F

Farris, S. 125, 139
Fehribach, A. 12, 431
Fiensy, D. A. 240
Fischer, I. 46
Fitzmyer, J. A. 110, 120, 125, 150, 182, 230, 262, 287, 329, 331, 353, 503
Fletcher-Louis, C. H. T. 429
Flusser, D. 182, 252
Fornberg, T. 125, 260
Fortna, R. T. 370
France, R. T. 133
Frankel, R. 153, 154
Fraser, P. M. 246, 289, 290
Freed, E. D. 70, 87
Freund, R. A. 87
Freyne, S. 154, 209, 241, 243, 248, 253, 256, 257, 258, 260
Frick, F. S. 230
Friedman, M. A. 226
Fry, V. R. L. 241, 262
Frymer-Kensky, T. 100
Fuchs, E. 36
Fuller, R. H. 456, 462, 505

G

Galil, G. 156
Gempf, C. H. 324
Gerhardsson, B. 429, 430, 446, 482, 488, 491, 492
Geyer, J. 44
Gildersleeve, B. L. 351
Giron, N. 267, 268
Glotz, G. 195
Goehring, J. E. 414
Golomb, D. M. 126
Goodman, M. 165
Graf, D. F. 263
Granquist, H. 124
Grassi, J. A. 12, 380, 395
Green, D. E. 63
Green, J. B. 140, 141, 198, 203, 211, 212, 286, 465
Green, W. S. 169
Greenfield, J. C. 217, 218, 220, 226, 227, 313
Grieve, A. 242
Grossfeld, B. 270, 271
Grudem, W. 287
Guelich, R. A. 481
Gunther, J. J. 355, 359, 423

H

Halpern-Amaru, B. 119
Hamel, E. 129
Hanhart, R. 192
Hanson, J. S. 144
Hanson, K. C. 73, 281

Hardy, T. 33
Harmer, J. R. 242
Harrington, D. J. 110, 126, 353
Hartman, L. 125, 260, 467
Hastings, A. 242, 324, 325
Hastings, J. F. 195, 288
Hawthorne, G. F. 293
Headlam, A. C. 288, 296
Healey, J. 263, 264, 265, 267, 268, 269
Hebblethwaite, B. 429
Heil, J. P. 75
Heine, S. 12, 205
Hellholm, D. 125, 260
Hemer, C. J. 313, 324, 359
Hengel, M. 263, 446, 486
Henten, J. W. van 133, 245, 249
Hess, R. S. 125
Higgins, A. J. B. 368
Hill, C. E. 436
Hoehner, H. W. 241, 243, 254, 273, 325
Hogan, M. P. 110, 123
Holl, K. 381
Hollis, S. T. 126
Horbury, W. 184, 250, 319, 399
Horsley, R. A. 105, 111, 144, 239, 240, 241, 246, 248, 249, 253, 254, 255, 256, 312, 313
Horst, P. W. van der 79, 245, 249, 448
Houlden, L. 431

I

Ilan, T. 13, 57, 172, 173, 212, 217, 218, 222, 224, 229, 231, 232, 233, 234, 235, 247, 250,

252, 279, 280, 313, 358, 392, 400, 446, 480, 490
Isenberg, W. W. 382

J
Jackson, A. V. W. 192
Jacobson, H. 217, 449, 452
James, M. R. 187, 385, 389, 399, 411
Japhet, S. 155, 156, 162
Jeremias, J. 171, 368, 438, 446, 499
Johnson, M. D. 75, 80, 82, 84

K
Kaestli, J.-D. 212, 389, 411, 416
Kajanto, I. 290
Kane, J. P. 171
Karris, R. J. 199, 204, 446, 463, 465, 485
Kasher, A. 97, 154, 273
Katzoff, R. 217, 226, 227
Keener, C. S. 63, 99, 448
Keller, H. M. 12
Kendall, D. 429, 461, 506
Kinukawa, M. H. 12, 474
Kirk, A. 438
Kitzberger, I. R. 12, 209, 236
Klauck, H. J. 383, 384
Klijn, A. F. J. 399
Knights, C. H. 93
Kobelski, P. J. 110, 123
Koester, H. 416, 417, 438
Kokkinos, N. 237, 240, 241, 243, 244, 245, 246, 273, 275, 276, 277
Kostenberger, A. J. 468

Kotansky, R. 400
Kraeling, E. G. 222, 223, 227, 228
Kraemer, R. S. 12, 33, 112, 119, 327, 351, 447
Krauss, S. 271
Künneth, W. 508

L
LaCocque, A. 147
Lagrange, M.-J. 288, 289, 293
Lambdin, T. O. 126
Lampe, P. 286, 289, 292
Lane, W. L. 421, 439
Lawlor, H. J. 381, 382
Layton, B. 384
Lefkowitz, M. R. 33
Legrand, L. 125
Lelyveld, M. 403
Lemcio, E. E. 485
Levin, S. 380, 407, 414, 419
Levine, A.-J. 12, 33, 112, 118, 119, 327, 451
Lewis, N. 226, 227, 313
Lieu, J. 431, 469, 493, 504
Lifshitz, B. 314
Lightfoot, J. B. 242, 297, 477
Lincoln, A. T. 473, 474, 475, 477
Linss, W. C. 63
Littmann, E. 262, 265, 266, 267, 268
Loding, D. 429
Lorenzen, T. 429
Lüdemann, G. 429, 430, 432, 438, 439
Luker, L. M. 91
Lunny, W. J. 429

Luz, U. 63, 75
Lyke, L. L. 89

M

Maccini, R. G. 12, 230, 310, 445, 446
MacDonald, D. R. 403
MacDonald, M. Y. 447, 448
Mahoney, R. 460
McHugh, J. 372, 397
McKnight, E. V. 108
MacMullen, R. 447
McVey, K. E. 30, 56, 103, 149
Magness, J. L. 476, 483, 484
Malina, B. J. 140, 148
Maloney, L. M. 154, 259
Mann, J. 152, 157
Maraqten, M. 262
Marcus, J. 477, 481
Marguerat, D. 254, 416, 483, 484
Marquant, J. 194
Marsh, J. 430
Marshall, I. H. 183, 184, 361, 377
Martin, R. P. 293
Massaux, É. 405
Matthews, E. 246, 289, 290
Mattila, T. 431, 482
Mayer, G. 172, 174, 393
Mayser, E. 351
Meier, J. P. 245, 416
Meisterhans, K. 351
Ménard, J.-E. 389, 403
Meredith, D. 265, 266

Merz, A. 257, 258, 439, 475
Meyer, M. W. 414
Meyers, C. 33, 34, 36, 39, 42, 43, 44, 48, 50, 110
Milik, J. T. 250, 355
Millar, F. 165, 237, 278
Miller, C. W. E. 351
Modi, J. J. 192
Moltmann-Wendel, E. 12, 49, 197, 198
Moore, C. A. 133, 190, 191
Mosala, I. J. 140
Moule, C. F. D. 296, 468
Moxnes, H. 280, 281, 285
Muddiman, J. 378
Mulder, J. 79
Munro, E. 414, 416
Murphy, F. J. 454
Mussies, G. 245, 249

N

Negev, A. 263, 266, 267, 268, 269
Neirynck, F. 151, 378, 383, 416, 489
Neubauer, A. 186
Neusner, J. 89, 157, 165, 167, 168, 315
Neyrey, J. H. 140, 281, 480
Nickelsburg, G. W. E. 161, 178, 190
Nolland, J. 58, 201, 214, 321, 329
Norelli, E. 254
Noy, D. 172, 184, 243, 250, 289, 314, 315, 319, 399

O

Oakman, D. E. 73, 281
Oates, D. 191
Oded, B. 156, 157, 158
Oberlinner, L. 357, 383, 423
O'Collins, G. 429, 461, 477, 506
Olsson, B. 467
Oppenheimer, A. 157, 165, 166, 167, 169, 192
Osgood, S. J. 39
Osiek, C. 461

P

Paffenroth, K. 326
Pagels, E. 411
Painter, J. 482
Pardee, D. 168
Pardes, I. 47, 111, 131
Parente, F. 240
Parrott, D. M. 398
Pastor, J. 240, 245
Paterson, G. 119
Pérès, J.-N. 436
Perkins, P. 408, 429, 456, 465, 495, 505
Petersen, W. L. 399
Piper, J. 287
Pitard, W. T. 75
Philonenko, M. 187
Plevnik, J. 465
Poffet, J.-M. 254
Polzin, R. 100
Poorhuis, M. 244
Porten, B. 222, 223, 227, 228

Porter, S. E. 466
Pressler, C. 50
Price, J. J. 247
Primavesi, A. 54

Q

Quesnell, Q. 200
Quinn, J. D. 83, 84

R

Radet, G. 194
Rahmani, L. Y. 174, 249, 358
Rainey, A. F. 155
Rakel, C. 119, 133, 134, 136
Ramsey, W. M. 195
Ranke-Heinemann, U. 441
Rapske, B. 295
Rengstorf, K. H. 245
Reid, B. E. 12, 103, 209, 213, 216, 280, 455
Revillout, E. 390, 400
Rhoads, D. 431
Richards, K. H. 155, 162
Richardson, P. 238, 258, 273
Ricci, C. 12, 52, 53, 204, 210, 327, 380, 464
Riesner, R. 171, 295
Riches, J. 400
Robbins, V. K. 108, 132, 142
Robert, J. 351
Robert, L. 351
Robinson, J. M. 382, 388, 390, 411, 414
Rogers, S. C. 44
Rosaldo, M. Z. 44

Roth, M. T. 429
Rumscheidt, B. 12, 204
Rumscheidt, M. 12, 204
Rousseau, J. J. 257
Rowland, C. 429

S
Safrai, C. 239, 244
Saldarini, A. J. 126, 217
Salomies, O. 290
Sanday, W. 288, 296, 324, 332
Sanders, E. P. 248, 396
Sanders, J. A. 89, 126
Satlow, M. 226, 227
Satran, D. 160
Santucci, L. 347
Satterthwaite, P. E. 125
Sawicki, M. 250, 251, 262, 333
Schaberg, J. 71, 72, 85, 142
Schäfer, P. 169
Schalit, A. 245, 247
Scharper, P. 200
Schenke, H.-M. 416
Schermann, T. 287
Schiffman, L. H. 217
Schmidt, F. 187
Schmidt, P. 446
Schneemelcher, W. 385, 389, 399, 402
Schneiders, S. 461, 467
Schoedel, W. R. 398
Schottroff, L. 12, 204, 282, 283, 284, 285
Schürer, E. 165, 167, 182, 237

Schüssler Fiorenza, E. 11, 12, 16, 202, 327, 346, 365, 366, 367, 368, 369, 379, 431, 461, 507
Schwabe, M. 314
Schwartz, D. R. 238, 240, 241
Schweizer, E. 63
Schwemer, A. M. 263
Scott, D. 295
Scott, J. M. 126
Scott, M. 12, 466
Scullion, J. J. 75
Segal, E. 87
Segal, J. B. 268
Segbroeck, F. van 150, 151, 383
Segovia, F. F. 461
Seibert, G. 194, 195
Seim, T. K. 12, 182, 185, 205, 211, 213, 214, 215, 281, 328, 431, 446, 455, 456, 461, 467
Setzer, C. 431, 455, 468, 493
Sevrin, J.-M. 416
Shatzman, I. 273
Sievers, J. 240
Sijpesteijn, P. J. 359
Sim, D. 206, 207, 208, 210, 211, 216, 236
Simpson, D. C. 190
Sjöberg, A. W. 429
Ska, J. L. 104
Skehan, P. W. 147
Slotki, J. J. 453
Smallwood, E. M. 237, 238, 239, 276
Smith, D. 187
Smith, M. 380, 385, 387, 390, 398, 402, 407,

412, 414, 416, 417, 418, 420, 427
Smith, R. H. 439
Sokoloff, M. 171
Solin, H. 290
Sparks, H. F. D. 303
Sperling, S. D. 168
Stahl, A. F. von 194
Stanton, G. 431, 447, 456, 472
Stark, J. K. 262, 268, 269, 355
Stein, A. 33, 244
Stern, S. 96
Stibbe, M. W. G. 467
Stone, M. E. 161, 169, 187
Stoppard, T. 47
Stott, D. 295
Strack, H. L. 270, 271
Strange, J. F. 253
Streeter, B. H. 324, 439
Stroker, W. D. 425, 426
Struthers Malbon, E. 108
Swete, H. B. 391
Swidler, A. 286
Swidler, L. 326
Syreeni, K. 431
Szubin, H. Z. 223

T
Talmon, S. 92, 93
Tardieu, M. 404
Taylor, J. E. 96
Taylor, N. 502
Terrien, S. 136

Theissen, G. 96, 97, 154, 254, 257, 258, 259, 277, 439, 475
Thiselton, A. C. 127, 508
Thompson, D. 39
Thompson, T. 39
Thorley, J. 287
Tigay, J. H. 100, 123, 344
Torrey, C. C. 190, 191
Tov, E. 123, 217, 344
Trafton, J. L. 303
Trautmann, C. 389, 390, 400
Trible, P. 35, 45, 50
Trompf, S. W. 423, 461
Troost, A. 107, 111, 142, 143
Tuckett, C. M. 400, 405, 478

U
Unieta, C. B. 236

V
VanderKam, J. C. 133, 217
Vermes, G. 165, 237
Via, E. J. 283
Viteau, J. 302

W
Wainwright, E. M. 12, 63, 66, 67, 71, 72, 459
Wall, B. 347
Wallace, D. B. 287, 297, 298, 299, 300, 301, 302, 303, 304, 305, 306, 307, 308, 309
Wansink, C. S. 294, 295
Wasserstein, A. 226, 227

Watson, F. 472, 477
Wedderburn, A. J. M. 245, 429, 431, 506
Weinfeld, M. 156
Weitzman, S. 124, 133, 135, 136, 170
Wengst, K. 139
Wenham, D. 133
Wenham, G. J. 125
Wenham, J. 355, 490
Westermann, C. 75
White, S. A. 133
Wilcox, M. 150, 182
Willi, T. 162
Williams, M. H. 174, 252, 278, 314, 317
Williams, T. 429, 441
Williamson, H. G. M. 153, 156, 162, 164
Wilson, R. M. 383, 385
Wire, A. C. 507
Witherington III, B. 12, 150, 207, 230, 379, 380, 395, 430, 455, 459, 489, 500, 503, 505, 509
Wood, H. G. 262, 314
Woolf, B. L. 430
Wright, R. B. 302
Wuthnow, H. 355

Y

Yadin, Y. 226, 227, 313, 353
Yardeni, A. 218, 222, 223, 226, 227, 228, 229
Yaron, R. 219, 222, 223, 224, 226, 228, 230, 231
York, J. O. 129, 139
Young, R. D. 118

Z

Zadok, R. 156, 157, 176, 179
Zahn, T. 269, 270, 271, 308, 383
Zarowitch, Y. 88
Zimmermann, F. 178, 190, 192, 193, 194

고대 문헌 찾아보기

구약 성경(히브리 성경)
창세기
4:1 131
6:3 357
10:22 75, 76
10:22(칠십인경) 75, 76
11:29 76, 77
11:29(칠십인경) 76
12:3 62
12:10-13:2 49
13:16 159, 186
15:5 159, 186
15:9, 10 120
15:16 96
15:18-21 96
16:7-14 112
16:11 139
17장 79
17:4 189
17, 18장 119
18:15 451
19:32 109
19:34 109
21:1-7 119
21:6, 7 120
22:18 62
22:20 76, 77
22:20(칠십인경) 76
22:21 75, 76

24:28 42
25:3(칠십인경) 79
25:20 78
25:21 119
25:22, 23 450
26:4 62
28:5 78
28:14 62
29:31-33 120
29:31-30:24 119
29:32 121
30:14, 15 109, 110
30:22-24 120
31:20 78
31:24 78
32:12(마소라 본문 13) 159, 186
32:30, 31 176
35:19 90
36:15, 16 270, 272
36:16 272
36:18 272
36:33 86
38장 74, 80
38:1 92
38:2 74, 76
38:11 78, 80
38:13 92
38:24 81
38:25 92

38:26 67
41:45 76
46:10 76
46:16 60
46:17 150
48:7 90

출애굽기
1:15-21 118
2:1-10 109, 110, 111
2:22 120
6:15 76
6:23 85
15장 125, 133, 134, 136
15:1 133
15:1, 2 134
15:1-18 135
15:4-6 134
15:12 136
15:16 134
15:20 134, 449, 451
15:21 113, 134, 135
17:10 87
17:12 87
23:23 95
23:28 95
24:14 87
31:2 87
33:2 95

34:11 95

레위기

12:6-8 143
21:9 81
26:38 152, 158

민수기

1:4-16 322
1:7 85
2:3 85
6:25 177
7:12-17 85
10:14 85
10:29 79
11:27, 28 92
26:20 79
26:46 150
27:1 11 217, 218
34:21 92
36장 217

신명기 170

7:1 95
7:2 99
7:3, 4 95
10:21 134
19:15 386, 491
20:15-18 99
20:17 95
23:3 95
26:5 78

26:5(칠십인경) 78
26:7 138
29:28 152, 188-189
31, 32장 170
31:17, 18 176, 180
32:20 176, 180
32:39 178
34:7 357

여호수아

2:1(칠십인경) 67, 83
2:3(칠십인경) 83
2:8-13 89
2:9-11 99
2:10, 11 68
2:12 68, 93
2:12, 13 99
2:18 93
3:10 95
6:22-25 99
6:23(칠십인경) 83, 87
6:25(칠십인경) 83, 87
6:25 68, 93, 100
9장 100
13:6 98
15:59a(칠십인경) 90
19:24-31 152
24:29 132

사사기

1:16 93
1:31, 32 152

2:8 132
3:5, 6 95
4, 5장 118
4:9 147
4:17-22 118
5장 105, 113, 124, 125, 133, 135
5:7 130
5:17 152
5:24 119, 121
5:24-27 118
5:28-30 109
9:54 147
13장 120
13:2-5 112
13:11 110
13:12, 13 453
17:2-4 87
18:30 152

룻기 30-55, 57, 111

1:1 85
1:1, 2 46
1:2 90
1:3 40
1:6-2:2 109
1:8 42
1:9 40
2:15, 16 39
2:17-3:5 109
3:1 40
3:10 68
3:16-18 109

4:1-12 40
4:6 39
4:9, 10 40
4:9-12 35
4:11 90
4:11, 12 40
4:12 60
4:14, 15 40
4:14-17 35, 109
4:17 35, 40
4:17b 36, 37
4:18(칠십인경) 84
4:18-22 34, 37, 85
4:19(칠십인경) 84
4:20, 21(칠십인경) 84, 90

사무엘상
1, 2장 110, 118, 123, 128, 172
1:1-2:10 120
1:6, 7 110
1:11 123, 131, 132, 139
1:24-28(칠십인경) 344
1:24-28(마소라 본문) 344
1:24-2:11 123
2장 125, 135
2:1 134
2:1-10 113
2:4-8 146
2:5b 127
2:6 124
2:10b 128
2:11(칠십인경) 344

2:11(마소라 본문) 344
3:15 477
4:19 92
4:21 92
8:2 91
9:16 138
15:8 270, 272
17:12 90, 91
18:23 128, 139

사무엘하 64
11장 72
11:3 64, 65
11:4 68, 72
11:6 65
11:21 65
11:26 65
12:9, 10 65
22장 135
22:28 128, 146
23:1 128
23:34 64

열왕기상
4:16 152
5:1 92
9:13 152
9:20, 21 95
17:24 153

열왕기하 69
5:2, 3 109

15:29 152, 155
17:6 156, 158
18:11 156, 158
21:19 154
23:30-25:10 61
23:36 154
24:16 61

역대상
1-9장 58, 59
1:34(칠십인경) 84
1:44(칠십인경) 86
2장 90, 91
2:1-11(칠십인경) 84
2:1-15 85
2:4 60
2:5(칠십인경) 84
2:9(칠십인경) 84
2:9, 10(칠십인경) 84
2:9-15 91
2:10 85, 91
2:11(칠십인경) 84, 89, 90, 91
2:19 90
2:19, 20 87
2:20 91
2:24 91
2:43, 44 94
2:50 87
2:50, 51 91
2:51 89, 90, 91
2:54 90, 91
2:54, 55 89, 92, 94

2:55　92, 93, 94
3:1-24　92
3:5　64, 91, 144
3:10　91
3:12(칠십인경)　84
3:14(칠십인경)　84
3:16　61
3:17　61
4:1　87
4:4　87, 90, 176
4:21　79, 88
4:21, 22　89
4:21-23　88
4:22　88, 89
4:22, 23　88
4:23　89
5:8　94
5:26　153, 156
6:3-5　60
7:27　89
7:23　155
7:30　155
7:30, 31　155
7:30-40　155
7:31　155
7:31, 32　155
8:13　94, 155
8:16　155
8:17　155
8:25　176
9:2　162
9:2-34　161

9:3　161, 163
23:17　92
24:21　92
26:25　92

역대하
30장　162
30:5　153
30:6-9　176
30:9　180
30:10, 11　153, 154
30:11　152, 153
30:18　153
34:6　153

에스라
8:2, 3a　164
8:3b-14　164
9:1　95

느헤미야
9:14　132
11:4　161

에스더　118
3:1　270
9:9　270, 272

욥
42:17c-d(칠십인경)　87

시편
18:27(마소라 본문 28)　146
27:4　185
37:11(칠십인경)　377
38:11(마소라 본문 12)　377, 464
50편　84
67:1　177
71:17b(칠십인경)　62
71:19　134
72:5　121
72:17b　62
73-83편　84
80:2　176
80:3　176, 177, 180
80:7　176, 177, 180
80:19　176, 177, 180
87:8(칠십인경)　377
88:8(마소라 본문 9)　377, 464
89:3(마소라 본문 4)　132
89:4　121
89:5(마소라 본문)　121
89:10(마소라 본문 11)　135
105:42　132
113:7-9　127

잠언
21:13　180

아가
2:16　50
3:4　42
6:3　50

7:10(마소라 본문 11) 50
8:2 42

이사야
1:1 92
8:23(마소라 본문) 152
9:1 152
10:33, 34 145
11:1 145
11:4 139, 144
12장 134, 135
12:1 134
14:32 139
38장 125
38:9-20 135
40-66장 175, 182
40:1 175
49:13 175
51:3 175
51:12 175
52:9 175, 182
54:7, 8 178
54:8 176, 180
61:2 175
66:13 175

예레미야
22, 23장 69
22:24-30 61, 69
31:13 175

에스겔
3:26 477
24:27 477
34장 98, 99
34:16 98
34:23 132
34:23, 24 98
34:30 98
37:24 132

다니엘
3장 135
6:20(마소라 본문 21) 132
7:15 477
7:28 477
8:17 477
8:27 477
9:17 477
10:7 477

호세아
1:10 159, 186

요엘
1:1 91

아모스
8:10 178

오바댜
20절 156

요나
2장 125

미가
3:4 176
5:2(마소라 본문 1) 90, 145
7:6 92

나훔 170
1:7 179

스바냐
1:7 478

스가랴
1:17 175
2:13(마소라 본문 17) 478

말라기
3:1 185
3:22(마소라 본문) 132
4:4 132

외경/제2경전
토비트 190-196
1장 190
1:1 179, 180
1:4, 5 170
1:6-8 170
1:9 161
1:10 158
1:14 158

1:20 180
1:21 180
2:1 180
2:6 170, 178
3:3-5 178
3:4 170
3:6 180
3:7 158
3:7-9 109
3:15 161
4:1 158
4:6-11 180
4:7b 180
4:12, 13 161
4:16 180
5:2 192
5:6 158
5:6b 192
5:13, 14 180
6:2 191
8:3 193
8:20 193
8:20-10:8 193
9:4 193
9:6 193
10:7 193
11:15 178
11:17 149, 158
12, 13장 170
12:8-10 180
13장 135, 178
13:2 135, 178

13:3-17 170
13:5a 179
13:5b 178
13:6 180
13:9 179
13:9-17 179
14:4 158, 170, 174
14:4-7 175
14:5 179
14:5-7 170
14:8-11 180
14:12-15 158
14:15 170, 174

유딧 125
8:7 230
8:8 185
8:29 446
8:32 121
8:33 119
9:9-11 147
9:10 147
9:11 133, 146
13:15 147
13:17-20 119
13:18 121
13:19, 20 121
15:9, 10 119
15:12 119
16장 124, 133, 135
16:1 134
16:1-17 113

16:5 147
16:5, 6 146
16:5-12 146
16:6 136
16:22 184, 185
16:23 184
16:24 230

에스더 추가
16:22 301, 305

집회서
42:9, 10 235

마카비1서
3:51 138
5:21-23 153
11:37 303-304
14:48 304

마카비2서
3:11 165
7장 118
7:20 119
7:21 446
8:22 250, 313
9:29 242
15:36 304

에스드라1서
4:13-32 44
8장 163

8:29 164
8:30-40 164

에스라4서(에스드라2서) 187-188
10:20 175
10:49 175
13장 151, 185-189
13:1-13a 186
13:9-11 187
13:12 187
13:21-55 186
13:37, 38 187
13:39 187
13:40 151, 187
13:41, 42 188
13:42 188
13:43-47 188
13:45 152, 188
13:47 187

신약 성경
마태복음 457-460
1-7장 63
1:1 59
1:1-17 56
1:2 57, 58, 60
1:3 26, 58, 60, 63
1:4 85
1:4, 5 85
1:5 25, 26, 58, 83, 84, 87, 90
1:6 58, 351, 352
1:6-11 144

1:7 84
1:9 84
1:10 84
1:11 60, 61
1:11, 12 58, 61
1:12, 13 144
1:16 58
1:17 59, 61
1:21 67
2장 69
2:2-12 62
2:6 307
2:11 459
4:21 351
8:5-13 101, 281
10:2 322, 351
10:3 351, 355
11:4 489
11:7-9 259
11:21 257
13:16, 17 489
13:33 325
13:55 143, 349
14:3 26
14:20 100
15:21 98
15:21-28 96
15:22 96, 98, 480
15:24 98
15:27 100
15:29-31 100
15:31 100

15:32-39 100
15:36, 37 100
18:17 386
18:21 401
20:8 237
20:20 211, 395, 494
22:13 282
22:16 244
25:1-12 325
25:7-9 111
27:32 395
27:55 204, 488, 489
27:55, 56 203, 357, 395, 412
27:56 211, 311, 320, 352, 357, 384, 389, 391, 394, 395, 493
27:61 311, 320, 357, 384, 394, 412, 493
28:1 311, 320, 357, 384, 394, 395, 412, 489, 493
28:6 489
28:7 459
28:8, 9 495
28:9 459
28:9, 10 367
28:10 459
28:16 445
28:17 445, 459
28:18, 19 62
28:18-20 102, 459

마가복음 471-485
1:29-32 326

1:31　282
1:44　476
3:6　244
3:14　202, 322
3:16-19　396
3:17　351
3:18　351, 355
3:21-35　373, 374
3:31-35　213, 326, 423, 424
4:10　331
4:40　477
4:41　480
5:14　474, 477
5:15　477, 480
5:21-43　326
5:22-24　209
5:33　477, 480
5:35-43　209
5:37　492, 495
6:1-6　257
6:3　143, 349, 423
6:7　368, 492
6:14-16　243
6:17　26
6:17-29　324
6:19　26
6:20　477
6:21　243
6:22　26
6:30　322
6:50　477
7:24　98

7:24-30　326
7:26　96
8:31　477
9:2　492
9:5　472
9:6　477, 481
9:31　477
10:28-30　374
10:33, 34　477
10:34　421, 427
10:34, 35　420
10:35　421
10:35-45　420
10:46　396, 414, 417, 421, 427
10:46-52　478
12:13　244
12:41-44　210, 326-327
13:3, 4　401
13:10　483
13:14　474
13:14-27　483
14:3　410
14:3-9　327, 423, 483
14:3-10　325
14:9　483, 485
14:14, 15　376
14:27　376, 377
14:27, 28　475
14:28　472, 474, 483
14:29-31　475, 482
14:33　492
14:50　376, 474

14:51　488
14:51, 52　421, 422
14:52　474
15:21　171, 311, 315, 395, 410, 488
15:40　211, 212, 311, 320, 352, 357, 373, 374, 377, 379, 381, 384, 387. 389, 391, 393, 394, 419, 423, 474, 482, 488, 493
15:40, 41　203, 327, 357, 376, 393, 395, 422
15:41　204, 423, 489
15:47　211, 311, 320, 327, 351, 352, 357, 374, 384, 394, 419, 429, 489, 493
16:1　211, 212, 311, 320, 351, 352, 357, 374, 379, 384, 387, 389, 393, 394, 396, 399, 412, 419, 422, 429, 493
16:1-8　327, 329, 330, 430, 441
16:3　111
16:6　433, 489
16:7　330, 472, 474, 475, 483, 484
16:8　471, 473, 476, 477, 478, 480, 481, 484
16:8c　477
16:9-20　436
16:11　444
16:12, 13　331
16:18　318

누가복음 460-466

1장 106, 107, 110, 113, 114, 115, 116, 117, 119, 132, 148

1, 2장 106, 107, 125, 128, 325

1:2 465, 498

1:5 106, 140, 173, 325

1:5a 115

1:5-2:52 141

1:5-7 107

1:5-80 103-114

1:8-20 107

1:13 131

1:15 131

1:16, 17 115

1:20 477

1:21-23 107

1:24, 25 107, 114

1:25 120, 131, 141

1:26-38 107

1:27 140, 141

1:31-37 119

1:32 141, 142

1:32, 33 115

1:33 121

1:34 142

1:35 142

1:36 114, 140

1:38 132

1:39-45 107, 109, 110

1:41-45 119

1:42 121

1:43 141

1:45 132

1:46-55 137

1:46-56 107

1:48 121, 123, 125, 132, 136, 139, 140

1:49 134, 136

1:50 138

1:51 134, 136

1:52 136, 140

1:52, 53 125

1:54, 55 115

1:55 125

1:57-60 114

1:57-61 107

1:59, 60 131

1:59-63 114, 131

1:62-66 107

1:67-79 107

1:68-79 115

1:80 107

2장 105, 106, 107, 132, 183

2:1 106, 115

2:1-52 105

2:7 233, 390

2:8-20 143

2:11 143, 145

2:19 106

2:24 143

2:25 175, 182, 390

2:28-32 182

2:31, 32 182

2:32 115

2:34 129, 138

2:36 149, 150, 155, 165, 176

2:36, 37 150

2:36-38 150

2:37 181, 183

2:38 154, 175, 181, 182

2:51b 106

3:23 63

3:23-38 144

3:27 144

4:18 261

4:22 143

4:25, 26 326

4:39 282, 283

4:44 201

5:11 206

6:13 322, 331

6:13-16 201, 202

6:14-16 396

6:15 351, 355

6:16 351

6:17 201, 202, 331, 463

6:24, 25 258

6:30-36 286

7:1-10 215, 281

7:11 202

7:11-17 325, 326, 328

7:22 489

7:24, 25 260

7:24-26 259

7:33, 34 260

7:36-50 325, 326, 343

8:1 201, 463
8:1-3 53, 198, 199, 201, 203, 204, 322, 325, 327, 331, 340, 341, 342
8:1a 340
8:2 201, 235
8:2, 3 23, 27, 203, 210, 279, 283, 285, 319, 320, 321, 340, 341, 344, 396, 463, 465, 494
8:2, 3a 201
8:2a 201
8:3 198, 201, 205, 206, 207, 210, 237, 260, 261, 283, 285, 320, 368, 494
8:3b 201
8:9 331
8:43-48 341
8:51 495
9:1 201, 331
9:1-6 200, 202
9:7-9 243
9:9b 324
9:10 322, 331
9:12 331
9:13 205
9:18 203, 464
9:22 203, 464
9:28 340
9:43 204, 464
9:44 203, 464
9:51-18:14 325
9:59, 60 213

10:1 201, 368
10:1-20 200, 202, 328, 331, 342
10:5-8 205
10:23, 24 489
10:38 281
10:38-42 325, 326, 405
10:39 363
10:40 282, 283
11:21 204
11:27 480
11:27, 28 213, 325
11:49 322, 331
12:15 204
12:33 204
12:37 282, 283
12:41 401
12:44 204
12:53 213
13:1-3 324
13:1-5 324
13:10-17 325, 326, 328
13:13 480
13:16 389
13:20, 21 325
13:31, 32 215, 324
13:32 258
14:26 213
14:33 204
15:8-10 325, 326
15:9 111
16:1 204
16:19 258

17:5 322, 331
17:8 282, 283
18:1-5 229
18:1-14 325, 326
18:28, 29 206
18:28-30 213
18:31 331, 340, 464
18:32, 33 203, 464
18:35 396
18:35-24:53 329
19:2-10 209
19:8 204, 208
19:37 201, 331, 463, 464
21:24 294
22:3 331
22:8 205
22:14 322, 331
22:25-27 282, 284
22:27 282, 283, 285
22:30 182
22:47 331
23:4-12 324
23:8 243
23:12 324
23:27-31 325
23:49 203, 320, 331, 341, 357, 375, 377, 395, 396, 464, 488
23:50 340
23:55 396, 488
23:55, 56 320
23:55-24:4 111
23:55-24:11 203

23:56-24:9 396
24장 322, 329, 465, 466
24:1-9 441
24:1-11 329, 330
24:4 329
24:6 203, 320, 330, 464
24:9 331, 465
24:9, 10 320
24:9b, 10 321
24:10 198, 203, 311, 319, 320, 321, 322, 331, 351, 352, 357, 375, 384, 389, 394, 396, 405, 465, 489
24:10, 11 444
24:11 112, 444, 456, 465, 470, 505
24:12 377, 378, 460
24:13 465
24:13-32 331
24:18 314, 324, 331, 359, 360, 494
24:21-24 460
24:22 465
24:22, 23 460
24:22-24 456
24:24 378
24:25 456, 460
24:33 322, 331, 465, 503
24:34, 35 445
24:36-49 322
24:36-53 504
24:37-41 445

24:48 503

요한복음 466-471
2:1 349
2:1, 2 376
2:3 349
2:5 282
2:9 282
2:12 349, 350, 376
4장 481
4:8 205
4:28-30 481
4:39 481
4:46 241
4:46-54 209
4:53 241
6:23 256
6:42 349
6:71 351
7:5 376
10:3-5 468
10:14 468
10:27 468
11장 421, 422
11:1, 2 363
11:1-22 405
11:32 480
12:1-8 423, 480
12:2 282, 405
12:2, 3 363
12:3 410
12:6 208

13:1-20 284
13:2 351
13:14 285
13:16 470
13:26 351
13:29 208
13:36, 37 401
14:5 401
14:8 401
14:21 468
14:22 401
14:23, 24 468
16:32 377
19:23 350
19:24, 25 350
19:25 211, 331, 347, 348, 349, 351, 355, 362, 370, 376, 383, 384, 397, 494
19:25-27 370-378, 383
19:26 350
19:26, 27 370, 371, 372, 377
20장 329, 378
20:1 397
20:2 378, 442
20:1, 2 499
20:1-18 370
20:2 489
20:3-10 378, 499
20:11-13 499
20:11-18 495
20:14-17 367
20:17 467, 469

20:18 323	2:9 158, 182	12:12 232, 281, 317, 363
20:19-23 467	2:14-36 501	12:12, 13 209
20:21 468	2:32 502	12:25 205, 284, 317
20:24, 25 445	2:42-47 199	13:1 213, 215, 242, 324
20:24-29 386	2:44, 45 208	13:16-41 501
20:25 470	2:46 209	13:22 351
20:26-29 467	3:12-26 501	13:24, 25 501
20:29 470	3:13b, 14 501	13:28 501
21장 462, 469	3:15 502	13:30, 31 502
21:2 350, 469	4:32 204	13:31 322, 503, 504
21:14 468	4:32-35 199	14:14 322
21:15 351	4:32-5:11 208	15:14 313
21:15-22 467	5:1 229	15:22 315, 359
21:16 351	5:12-16 199	15:27 315
21:17 351	5:32 502	15:32 315
21:23, 24 371	5:34 168	15:34 315
	5:36, 37 171	15:37-39 317
사도행전 466	6:1 171, 204-205	15:40 315
1:2 322, 503	6:1, 2 283, 284	16:1 278
1:2-13 503	6:2 283	16:9 292
1:3 503	6:5 171	16:14 233
1:4 482, 503	6:9 171	16:14, 15 281
1:8 503	8:26-39 215	16:19 315
1:13 351, 355	9:7 499	16:25 315
1:13, 14 504	9:36 281	16:29 315
1:14 322, 323, 375, 465, 504	9:39 281	16:37 316
1:15 331, 464, 504	10:1-48 215	17:4 315
1:21 322	10:34-43 501	17:5 201
1:21, 22 317, 322, 465, 503	10:38 434	17:10 315
1:21-23 331	10:40, 41 502	17:12 215
1:22 317, 503	10:41 503, 504	17:14 315
1:23 315, 318, 503	11:29 205, 284	17:15 315

18:2 281
18:5 315
18:26 364
19:31 215
20:4 351
21:8 332
21:8, 9 324
21:16 171, 314, 324
22:9 499
26:7 182
27:2 295
28:21 169

로마서
7:23 294
15:25 204
16:1 365
16:3 287, 291, 293, 364
16:3-15 28
16:4a 295
16:6 293, 311, 315
16:7 286, 288, 289. 291, 292, 294, 297, 298, 300, 302, 303, 304, 307, 308, 309, 315, 316, 366, 509
16:10 243
16:11 243, 293
16:12 291, 367
16:13 293, 311, 315, 410
16:15 292, 367
16:21 293, 314

갈라디아서
1:2 365
1:19 309
4:25 263

고린도전서
1:1 365
4:9 309
7:12-16 365
9:1 309, 323, 470
9:5 309, 364, 366, 367, 368, 369
9:6 309
11:2-16 508
15장 430, 431, 434, 500, 501, 505, 506, 507
15:3-7 433, 501, 509
15:4 504
15:5 309, 462, 507, 508
15:6 502, 506
15:7 309, 361, 376
15:8 502
15:9 309, 506
16:11, 12 365
16:12 365
16:19 364

고린도후서
1:1 365
1:19 315
8:22 365
8:23 309, 365

9:3 365
10:5 294
12:4 477

빌립보서
2:25 294, 309, 365
4:21 365

골로새서
4:3 294
4:10 294, 317
4:11 315
4:12 294
4:14 290
4:18 294

데살로니가전서
1:1 315, 359
2:7 309
3:2 365

데살로니가후서
1:1 315

디모데후서
3:6, 7 447
4:11 290, 317
4:19 364

빌레몬서
1절 294
2절 294, 365

10절 294
13절 294
23절 294
24절 290, 294, 317

히브리서
11:31 83, 87

야고보서
2:25 83, 87

베드로전서
5:12 311, 315
5:13 311, 317

베드로후서
1:1 313

유대교와 기독교 외경 문헌
Acts of Thomas 399

*Apocalypse of Peter
(Ethiopic)* 437

Apostolic Church Order
26장 405
26-28장 420

Apostolic Constitutions
3:6 384, 410, 420
3:9 420
3:15 368

Ascension of Isaiah 500
1:2 92
3:2 151, 158
4:22 92

2 Baruch
10:19 233
44:7 175
62:5 151
77:17 151, 187
77:22 160, 186
78:1 151, 160, 186, 187

*Book of the Resurrection
by Bartholomew* 389
8:1 411

*Coptic Dormition of the
Virgin* 411

Coptic History of Joseph
2:3 388
8:3 389

*Dialogue of the Savior
(CG III,5)*
126:17 398, 401
131:19 398, 401
134:25 398, 401
137:3 398, 401
139:8 398, 401
140:14 398, 401

140:19 398, 401
140:23 398, 401
141:12 398, 401
142:20 398, 401
143:6 398
144:5 398, 401
144:16-145:5 403, 404
144:22 398, 401

Didascalia
3:6 405, 409, 420
3:9 420
3:12 410, 420
16장 368
21장 436

2 Enoch
1장 473

Epistle of the Apostles
436, 437, 440, 443, 444, 491
9, 10 405
9-11 410
10 444
11 445

Ethiopic Didascalia
3:6 405

*First Apocalypse of James
(CG V,3)* 398, 400, 437
36:20-22 399

38:15-39:8 398
38:16, 17 398
40:25 398
40:25, 26 398, 406
40:25-41:18 404
40:26 398, 405

Gospel of the Egyptians
401, 424-425

Gospel of the Egyptians (CG III,2 and IV,2) 402

Gospel of the Hebrews 437

Gospel of Mary (BG 8502,1) 398
10:1-17:20 408
10:2, 3 404
10:10-17:7 401
17:7-18:21 462
17:16-22 455
18:10-15 401
18:14, 15 404

Gospel of the Nazarenes 437

Gospel of Peter 397, 436, 437, 440, 443, 491

Gospel of Philip (CG II,3) 382
59:6-11 382, 384, 398
63:25-30 385
63:32-36 382
63:33 398
63:33-64:5 401, 404
63:34, 35 383
70:9-17 403
73:9-15 385

Gospel of Thomas 401
21 398, 401, 403
22 403
37 403
61 400, 403, 408, 425-426
114 398, 404, 462

Joseph and Aseneth
14-17장 112
21:10-21 113

Jubilees 57, 86, 451
7:18 75, 76
9:2-6 75
9:5 75, 76
16:30 79
19:10 76
22:20 77
25-27장 118
25:1-5 77
27:10 77

27:12 77, 78
27:13 77
29:12 77
29:18 77
30:1-7 77
30:8-17 77
34장 78
34:20 75, 76, 77, 78
34:21 77, 78
37:9 78
37:9, 10 78
38:3 78
40:10 76
41장 74, 78
41:1 74, 75, 76, 82
41:1, 2 74
41:6 78
41:7 78, 79
41:13 78
41:17 78

Latin Gospel of Pseudo-Matthew
13 387

Letter of Aristeas 163
32 163
39 163
46-50 163

Lives of the Prophets
3:16 160

3:17 160
6:2 92

3 Maccabees
2:12 138
6:1 301, 305

4 Maccabees
14-18장 118
17:5 119

Protevangelium of James
143, 382
1:1 143
5:2 143
9:1 143
9:2 143, 385
13:1 143
17:1, 2 385
17:2 387
18:1 385, 386
19:2 390
19:3 386
20:1 386, 389
20:4 386
25:1 385, 387

Psalms of Solomon
2:6 301, 302
17:30 305

Pseudo-Philo (Biblical Antiquities) 20, 57, 86, 97, 110, 275, 448
4:11 454
4:14 77
8:7-8 86
9:5 81
9:8 357
9:10 112, 449
9:16 450
18:13, 14 81
20:7 81
21:1 81
23:5 119
23:7 120
23:7, 8 119
29장 217
29:1 217
30장 454
30-33장 118
30:1 81
31:1 147
31:3-9 118
31:7 147
31:9 147
32:1 133
32:1-17 113
32:5 119
32:12 118, 119, 121
32:14, 15 454
32:16, 17 133
33:1 130, 446

33:4 130
33:6 130
40:4 446
40:5-7 113
42장 131
42:1-5 451
42:1-43:1 120
42:3-7 112
42:4, 5 452
42:5 112
42:6, 7 452
44:2 87
44:7 81
45:3 81
49:8 120
50, 51장 118, 120
50:1, 2 110
50:2 119
51:2-6 130
51:3-6 113, 126

Secret Gospel of Mark
380, 413-424, 427

Sibylline Oracles
2:170-176 187
2:171 151
13:56 96

Sophia of Jesus Christ (CG III,4)
90:17, 18 398

98:9 398, 401

114:8 398, 401

Testament of Asher

7:6 160

Testament of Job

1:1 87

Testament of Judah

9:1 77

10:1 74, 76, 78, 82

10:1, 2 74

10:6 74

11:5 79

Testament of Levi

11:1 76

Testament of Moses

3:4 151

3:6 151

4:9 151, 186

Testament of Our Lord 401

1:2 409

1:15 409

1:16 405, 409

1:19 409

1:23 409

1:35 409

1:40-43 409

1:46 409

2:4 409

2:19 409

사해 사본

Qumran manuscripts

1QH 123

4Q196-199 170

4Q196-200 178

4Q200 170

4Q544 86, 87

1QM 1:2, 3 187

1QM 2:2, 3 187

1QM 2:7 187

1QM 3:13, 14 187

1QM 4:16 187

1QM 5:1, 2 187

1QM 6:10 187

4QSam^a 123, 344

4Q Tobit 150

Manuscripts from other locations

Mur 19 229

Mur 20 228

Mur 20 line 3 228

Mur 20 lines 11-12 229

Mur 21 228

Mur 21 line 10 228

Mur 21 line 13 228

Mur 29 line 1 359

Mur 29 verso line 3 354

Mur 30 229

Mur 30 lines 25-26 354

Mur 30 line 33 354

Mur 33 line 5 355

Mur 115 226, 229

Mur 116 226, 227, 229

Yadin 7 219

Yadin 10 228, 229

Yadin 10 line 5 228

Yadin 10 line 16 228

Yadin 16-17 220

Yadin 18 226, 229

Yadin 18 lines 46-49 227

Yadin 18 line 51 227

Yadin 18 lines 70-71 227

Yadin 19 219

Yadin 19 lines 23-25 220

Yadin 21 229

Yadin 22 229

Yadin 23 217

Yadin 23-25 220

Yadin 24 217

Yadin 40-41 220

XḤev/Se 63 221

XḤev/Se 64 220

XḤev/Se 64 lines 16-17, 40-41 220

XḤev/Se 65 226, 229

XḤev/Se 69 226, 229

명문과 파피루스

CIJ (Corpus Inscriptionum

Judaicarum)
211 173
300 173
411 172
575 173
598 173
614 173
634 173
888 353
907 172
909 353
937 353
946 353
948 352, 353
949 353
964 353
983 246
1000 352, 353
1007 352, 353
1013 172
1014 172
1035 353
1038 358
1039 358
1061 352, 353
1088 172
1107 353
1108 353
1144 353
1145 353
1147 353
1160 352, 353

1169 353
1172 353
1198 353
1199 353
1237 353
1245 353
1253 353
1265 353
1284 353
1294 353
1295 353
1296 353
1297 353
1311 353
1313 353
1314 353
1317 353
1338 353
1341 353
1353 353
1356 353
1362 353
1384 353
1387 353

CIL (Corpus Inscriptionum Latinarum)
III.55 314
VIII.8499 314
10.3377 313

CPJ (Corpus Papyrorum Judaicorum)
18 319
20 314
28 line 17 314

Elephantine Papyri
B3.5 222
B3.6 227, 228
B3.7 223
B3.8 228
B3.10 223
B3.11 223
B3.17 223

Fd Xanth 7.76.1.1.1.4 305

Lachish seal 172

Mada'in Salih inscriptions
H4 265
H18 263
H21 264

Masada Ostraca
399 353
400 353
401 353
402 353
403 353
405 353

Oxyrhynchus Papyri

654 406

1408 304

2108 304

2705 305

Peloponnesos 1,G,5,2,8 304

TAM 2,1-3,838 305

TAM 2,1-3,905 305

TAM 2,905,1 305

Turfan manuscripts 399

M-18 399, 410

타르굼과 랍비 문헌

Aggadat Esther

3:1 (13b/14a) 269

Babylonian Talmud

b. 'Abod. Zar. 7b 165

b. 'Abod. Zar. 34a 169

b. 'Abod. Zar. 39a 169

b. Ber. 8b 169

b. Ket. 10a 225

b. Ket. 82b 225

b. Ket. 104a 231

b. Ket. 105a 165

b. Meg. 14b-15a 88, 89

b. Meg. 14b 89

b. Mo'ed Q. 20a 166

b. Naz. 44a 166

b. Qid. 72a 158

b. Sanh. 11a-b 168

b. Sanh. 101a 65

b. Sanh. 110b 152

b. Šem. 12:2 166

b. Shab. 121a 238

b. Soṭ. 13:6 269

b. Soṭ. 10 82

b. Soṭ. 11a 93

b. Soṭ. 11b 450

b. Soṭ. 12b-3a 450

b. Suk. 27a 238

b. Ta'an. 11b 169

b. Ta'an. 24a 172

b. Yeb. 16b-17a 158

b. Yoma 18a 231

Mekilta de R. Ishmael to Exodus

18:27 93

Midrash Rabbah on Canticles

56:6 314, 315

Midrash Rabbah on Exodus

1:17 87, 91

48:4 87, 91

Midrash Rabbah on Genesis

20:6 451

33:5 169

45:10 451

48:20 451

57:4 86

63:7 451

85:4 92

85:10 80, 81

Midrash Rabbah on Leviticus

25:6 80

32:5 314

Midrash Rabbah on Numbers

4:8 80

8:9 87, 89

10:5 91, 453

13:4 80

15:19 92

Midrash Rabbah on Ruth

2:1 80, 88, 89

2:2 88, 89

2:3 88, 89

2:4 88, 89

8:1 80

Mishnah

m. B. Bat. 5:2 165

m. B. Bat. 8:1 231

m. B. Bat. 8:2 218

m. B. Bat. 8,5-7 224

m. B. Meṣ. 4:7 166

m. B. Qam. 9:5 166

m. Ket. 4:5 352

m. Ket. 8:1 222
m. Rosh. HaSh. 1:3-4 169
m. Naz. 3:6 172
m. Naz. 5:4 165
m. Ohol. 17:5 169
m. Sanh. 10:3 151, 152, 188
m. Shab. 2:1 165
m. Sheq. 3:4 166
m. Ta'an. 4:5 164

Palestinian Talmud
y. B. Bat. 8:1 (16a) 218
y. Ma'as. Sh. 5:4 (56c) 168
y. Sanh. 1:2 (18d) 168, 169

Sifra on Leviticus 26.38
269:1 152, 158

Sifre Numbers
78 88, 89

Sifre Deuteronomy
281 231
357 184

Targum I to Esther
5:1 269

Targum II to Esther
3:1 269

Targum to 1 Chronicles
2:19 87
2:54 91
2:55 92
4:4 87

Targum Jonathan to the Former Prophets 126

Targum to Job
2:9 86

Targum to Judges
1:16 93

Targum Pseudo-Jonathan to Genesis
38:6 80
38:24 81

Tosefta
t. Ber. 2:5b 165
t. Sanh. 2:6 168, 169
t. Shab. 13(14).9 240
t. Yad. 2:20 218

기타 고대 문헌
Alciphro
2.2 351

Anastasius of Sinai
Quaest. 153 381, 384

Aristeas the Exegete (apud Eusebius, Praep. Evang.)
9.25.1-3 87

Aristophanes
Eccl. 727 352

Celsus (apud Origen)
C. Cels. 2.55 447
C. Cels. 3.55 447

1 Clement
6:2 147
12:1 83
12:1-8 87
12:2 351
12:3 83
12:5-8 89

2 Clement
5:3 401
12:2 403

Clement of Alexandria 413
Exc. Ex. Theod. 67 402, 425
Letter to Theodorus 380
Letter to Theodorus 1.19-20 406
Letter to Theodorus 3:11-13 415
Letter to Theodorus 3.14-16 414

Strom. 3.6.45 **402, 424**
Strom. 3.6.53.3 **368**
Strom. 3.9.63 **402, 424**
Strom. 3.9.64 **402, 425**
Strom. 3.9.66 **402, 425**
Strom. 3.13.92 **402, 425**

Commodian
Carmen apol. 940-944 **188**
Carmen apol. 941-986 **187**
Carmen apol. 943 **188**
Instr. 1.42 **187**
Instr. 1.42-43 **188**

John Chrysostom 297

Demetrius the Chronographer (*apud* Eusebius, *Praep. Evang.*)
9.29.1-3 **79**

Discourse by Demetrius of Antioch on the Birth of Our Lord 388, 390

Ephrem
"Hymns on the Nativity" 2 **103**
"Hymns on the Nativity" 9 **30, 56, 72**
"Hymns on Virginity" 24 **149**

Epiphanius
Ancoratus 60.1 **381**
Index discipulorum **287**
Pan. 26.8.1-3 **398, 408**
Pan. 26.8.2-3 **401, 408**
Pan. 78.7.2 **382**
Pan. 78.7-8 **384**
Pan. 78.7.6 **384**
Pan. 78.8.1 **381, 382**
Pan. 78.8.1-2 **382**
Pan. 78.8.6 **381**
Pan. 78.9.6 **381**
Pan. 78.13.1 **382**
Pan. 78.13.2 **411**
Pan. 79.7.3-4 **411**

Euripides, *Bacch.* 305

Eusebius
Hist. Eccl. 2.16.1 **406**

Fronto (*apud* Minucius Felix, *Octavius* 8-9) 447

Galen
De Methodo Medendi 14.10.242 **305**

Hegesippus
(*apud* Eusebius, *Hist. Eccl.*)
3.11 **354**
3.32.3 **184, 357**
3.32.6 **184, 354, 357**
4.22.4 **354**

Hermas
Vis. 2:4 **220**

Herodian 1.7 **305**

Herodotus, *Hist.* 484

Hippolytus
In Dan. 2.19.5 **83**
On the Song of Songs frg. 15 **405, 410**
Ref. 5.7.1 **398**
Ref. 5.7.1-9 **402**
Ref. 5.7.9 **402**
Ref. 5.71 **407**
Ref. 10.9.3 **398, 407**

Homer
Iliad **484**
Odyssey **484**

Irenaeus
Adv. Haer. 1.2.3-4 **384**
Adv. Haer. 1.8.1 **384**
Adv. Haer. 3.11.7 **405**

Josephus, *Antiquities*
1.124 **278**
1.143-144 **75**

1.151 76
1.152 357
1.153 76
1.213 451
1.257 450
2.210-218 450
2.219 446
3.54 87
5.8-10 68
5.8-15 87
5.8-30 83
5.11-14 87
5.12 89
5.200-209 451
5.276-281 450
5.318-323 85
6.224-225 238
9.279 158
10.59-61 451
11.131-132 163
11.131-133 159, 169
11.133 151, 186
12.239 314
12.385 313
13.75 319
13.78 319
13.79 319
14.143 237
14.183 242
15.406 237
16.220 239
16.220-225 275

16.280 239
16.295-296 239
17.20 242
17.41-42 280
17.56-57 274
17.147 219
17.189 219
17.321 219
18.33 237
18.38 248
18.158 239
18.194 238
18.237 237
18.273 243
18.311 167
18.311-313 167
18.379 167
19.363 237
20.2 237
20.14 237
20.43 169
20.49-51 171
20.68 157
20.71 171
20.94-95 171
20.97 237
20.99 237
20.107 237
20.132 237
20.139 276
20.142 237
20.145 276

20.162 237
20.197 237
20.213 246
20.222 246

**Josephus, *Against Apion*
(C. Apion.)**

1.51 243

**Josephus, *War*
(Bellum Judaicum)**

1.199 237
1.215 242
1.319 245
1.487 238, 275
1.576 274
1.577 274
1.646 219
2.98 219
2.117 237
2.169 237
2.223 237
2.247 237
2.252 237
2.271 237
2.273 237
2.418 305
2.566 247
2.595 238
2.597 249
2.599 247
2.639 255

3.450 247
4.567 171-172, 220
5.5 351
5.6 351
5.11 351
5.249 351
5.250 351
5.252-253 172
5.398 351
6.305 237
6.355 172

Josephus, Life (Vita)
5 315
32 245
32-34 255
33 240, 243, 245
34 245
35 256, 261
65 245, 254
66 247, 255, 256
66-67 256
69 245
87 245
96 243, 247
112 241, 243
119 240
126-128 238
131 249
134 245, 247, 261
134-135 256
149 241, 243

175 245
177 241
220 243
246 245, 258
266 243
296 245
305 243
382 245
386 249
388-389 245
392 241
393 245
427 315

Julius Africanus (apud Eusebius, Hist. Eccl.)
1.7.14 359, 364

Justin
Dial. 111.4 83

Juvenal
Sat. 6.511-591 447

Lucian
D. Meretr. 1.2 305
Harm. 1.17 305
Peregr. 4 306
Peregr. 6.1 305
Peregr. 12 295
Peregr. 22.2 304
Merc. Cond. 28 305

Lycurgus
Against Leocrates 305

Manichean Psalms of Heracleides 400
189 lines 13-23 398
192 lines 20-21 398
192 lines 21-24 398
194 lines 19-22 398

Manichean Psalms of Thomas
Psalm 16 400, 426

Martyrdom of Polycarp
14:1 304

Origen
C. Cels. 1.65 410
C. Cels. 5.62 398, 405, 407, 412
In Jos. 3.3-5 83
In Jos. 7.5 83
In Matt. 16.5-12 83
In Matt. 144 412

Papias (apud Eusebius, Hist. Eccl.)
3.39.9 318, 324

Philo
Fug. 10 305

Leg. 199 **239**
Leg. 203 **239**
Leg. 216 **166**
Leg. 299 **237**
Quaest. Gen. 4.15 **446**
Virt. 220-222 **82**

Pistis Sophia 398, 401
19 **401, 404, 405**
38-39 **398, 405**
42-43 **404**
54 **404, 405**
57 **398, 405**
58 **404**

59 **398, 419**
61 **419**
61, 62 **398, 419**
62 **419**
73 **398, 405**
80 **398, 405**
97 **401, 404**
132 **404**
145 **404**

Plutarch
De Pyth. 25 (Mor. 407C) **447**
Mor. 205A **352**

Rufus Medicus
Quaest. Medic. 20 **305**

Strabo
Geog. 1.2.8 **447**

Tertullian
Adv. Marc. 4.19.1 **405**
Carn. 7.9 **382, 384**

Xenophon, *Anabasis*
3.4.10-12 **191**

복음서의 여자들

초판 발행	2025년 2월 25일
지은이	리처드 보컴
옮긴이	박규태
발행인	손창남
발행처	(주)죠이북스(등록 2022. 12. 27. 제202-2000070호)
주소	02576 서울시 동대문구 왕산로19바길 33, 1층
전화	(02) 925-0451 (대표 전화)
	(02) 929-3655 (영업팀)
팩스	(02) 923-3016
인쇄소	송현문화
판권소유	ⓒ(주)죠이북스
ISBN	979-11-93507-48-3　03230

책값은 뒤표지에 있습니다.
잘못된 도서는 교환하여 드립니다.
이 책 내용을 허락 없이 옮겨 사용할 수 없습니다.